KB271154

쇼켄황태후의 표상과 여성의 국민화

황후의 초상

Portraits of Shōken Empress

지은이 와카쿠와 미도리(若桑みどり) 1935년 토쿄(東京) 출생. 토쿄예술대학 미술학부 예술학과 전공 수료. 로마대학에 유학한 후 토쿄예술대학·치바대학(千葉大学)·카와무라학원여자대학(川村学園女子大学)의 교수를 역임하였다. 전공은 서양미술사, 표상문화사, 젠더사이다. 주요 저서로는『장미의 도상학(薔薇のイコノロジー)』,『이미지를 읽는다(イメージを読む)』,『전쟁이 만든 여성상(戦争がつくる女性像)』,『상징으로서의 여성상(象徴としての女性像)』 등이 있다.

옮긴이 건국대학교 대학원 일본문화·언어학과 김경리(일본문화), 김시은(일본어학), 김영희(일본문화), 김은주(일본어학), 변정아(일본문학), 안영신(일본문학), 우연희(일본문학), 유지혜(일본문학), 이은주(일본문학), 宮内桂子(일본어교육)

황후의 초상

쇼켄황태후의 표상과 여성의 국민화

1판 1쇄 인쇄 2007년 9월 01일
1판 1쇄 발행 2007년 9월 10일

지은이 / 와카쿠와 미도리
옮긴이 / 건국대학교 대학원 일본문화·언어학과
펴낸이 / 박성모
펴낸곳 / 소명출판
출판고문 / 김호영
등록 / 제13-522호
주소 / 137-878 서울시 서초구 서초동 1621-18 (란빌딩 1층)
대표전화 / (02) 585-7840
팩시밀리 / (02) 585-7848

somyong@korea.com / www.somyong.co.kr

값 26,000원

ISBN 978-89-5626-278-9 93910

황후의 초상

쇼켄황태후의 표상과 여성의 국민화

Portraits of Shouken Empress

와카쿠와 미도리若桑みどり 지음
건국대학교 대학원 일본문화·언어학과 옮김

소명출판

일러두기

1. 일본어의 한글 표기는 다음과 같은 원칙에 따랐다.
   ① 어두음에 한해서 일본어 원음을 충실히 반영하는 형태를 취하였다.
      예 加藤弘之 → 가토 히로유키(×), 카토 히로유키(○)
   ② 인명・지명에 한해서 모음 「あ・い・う・え・お」가 중복 될 경우엔, 단음으로 표
      기하였다.
      예 大久保利通 → 오오쿠보 토시미치(×), 오쿠보 토시미치(○)
2. 인명은 처음에 한해서 일본어와 생몰연도를 표기하고, 그 다음부터는 한글만 표기하
   였다.
3. 고유명사에 해당하는 신문명・잡지명은 일본어 원음대로 표기한 뒤 신문・잡지를 붙
   였다.
   예 女学雑誌 → 여학잡지(×), 조가쿠잡지(○)
4. 본문의 각주는 역자 주이고, 미주는 저자 주이다.
   예 각주: 1), 미주: 1*
5. 한국 독자의 이해를 위해 원서에는 없는 황후사진을 한 장 추가하였다(그림 5).

이 책을

1895년에 태어나 1987년에 돌아가신 내 어머니께 바친다.

그녀는 몇 차례의 전쟁을 견뎌내고

5명의 아이를 낳은 무명의 여성이었다.

와카쿠와 미도리(若桑みどり) 씨의 『황후의 초상(皇后の肖像)』은 일본의 근대화 과정에서 새로운 여성 국민화의 표상으로 이용되었던 황후의 이미지와 그 역할을 젠더의 시점에서 분석한 것이다. 이 책의 목적은 저자가 서론에서 밝히고 있듯이 메이지 근대국가가 어떤 방법으로 여성을 국민화하였는지, 또한 이때 황후의 표상이 어떻게 사용되고 어떤 효과를 거두었는지 밝혀냄으로써 메이지 근대국가의 젠더구조 구축과정을 보여주는 것이다.

저자는 서양미술사·표상문화사 및 젠더사 연구자로서『장미의 도상학(薔薇のイコノロジー)』(1985), 『전쟁이 만드는 여성상(戦争がつくる女性像)』(1995), 『상징으로서의 여성상(象徴としての女性像)』(2000) 등 젠더문화론과 관련된 많은 저서를 남기고 있다. 이 책 또한 젠더의 시점에서 자신의 전공분야인 서양미술사와 표상문화사를 바탕으로 하여 방대한 문헌을 섭렵하면서 '만들어진' 황후의 초상을 자세하게 분석하고 있다. 이처럼 미술사와 문화사, 그리고 젠더사를 아우르는 다각적인 관점에서 황후의 표상을 통하여 일본 근대사를 읽어낸 저서라는 점에서 이 책의 의의를 찾을 수 있으리라 여겨진다.

저자는 메이지 초기의 사진에는 전통의상을 입고 등장한 황후가 중기로 넘어오면서 양장으로 바뀐 점에 주목하면서 황후의 양장은 근대국가 안에서 여성이 맡아야 할 역할 모델을 상징하는 것이었지만, 이는 표면상으로 근대화를 반영한 것처럼 가장하면서 실제로는 남성 혈통의 천황제를 옹호하는 한계를 지니고 있다고 말한다. 결국 쇼켄황태후는 국모로서 '여성의 국민화'를 위해 남녀평등의 환상을 양장으로 시각화하지만 한편으로는 전통복장으로 전통적 부덕(婦德)을 표상하면서 여자로서의 순종과 정숙의 미덕을 국민에게 제시한 것이라고 볼 수 있는 것이다.

　　메이지기의 근대화 과정에서 여성을 가정 내의 사적인 존재에서 국민으로 국가에 통합해갈 때 황후와 그 초상이 했던 역할은 양처현모(良妻賢母)라는 가정 내 역할의 연장이었다. 양처현모란 문자 그대로 남편에게는 좋은 아내, 아이에게는 어진 어머니라는 의미이다. 이 말은 일본뿐만 아니라 한국(賢母良妻), 중국(賢妻良母)에서도 유교적 색채가 짙은 여자교육의 의미로 쓰이고 있다. 하지만 이것은 한국과 중국의 전통이 아니라 근대 일본에서 유입된 것임에 주목할 필요가 있다. 양처현모 사상은 남녀의 성별역할 분업론에 따라 '남자는 밖에서 일을 하고, 여자는 가정을 지킨다'는 의미로서 여성의 사회적 역할을 가정 내에 한정하는 것이다. 이는 가정 영역과 공공 영역을 분리하는 서구의 '근대가족' 개념과 일치하고 있다. 남자는 공공 영역, 여자는 가내(家內) 영역이라는 성별분업에 기초하는 '근대가족' 개념의 등장으로 여자는 가사와 육아 역할을 담당하게 된 것이다.

　　이와 같은 개념은 남녀의 성별 영역이 남성과 여성의 생물학적 차이에 의한 자연스러운 구분이고, 여성은 독립된 존재가 아니라 기본적으로 남성과 아이와의 관계로 위치가 결정되는 상대적인 존재이며, 여성은 남성보다 열등하고 남성에게 종속된 존재라는 사고방식이 전제된 근대 서구 중산계급의 가족중시 이데올로기로서 노동자계급까지 확산되었던 것이다. 이로써 여자는 가정 바깥세계와 단절된 존재, 즉 주부(主婦)가 되었다. 또한 가정에 갇힌 여자들에게 가정교육의 역할이 부여되어 '교사로서의 어머니'상이 선명하게 두드러지게 된다. 양처현모라는 사상은 19세기 서구의 근대화 과정에서 탄생한 여성상이다. 좋은 아내와 어머니로서의 역할은 가정교육의 필요성으로 인해 국가를 위한 우수한 차세대 국민을 양성하는 사회적 입장이 됨과 동시에 남녀차별도 발생시켰던 것이며 이러한 '남녀차별' 여자교육을 받아들인 일본은 종래의 유교적 여성관을 가미하여 '양처현모' 사상을 완성한 것이다. 그리고 이 사상은 황후의 역할 모델을 통하여 이제까지 가정 내의 역할에만 머물러 있던 여성을 국민으로 편입하는 데 유효하게 사용되었던 것이다.

1995년, 명성황후 시해 100주기를 기념하여 제작된 뮤지컬 '명성황후'가 100만여 관객을 동원하며 국내는 물론 해외에서도 호평을 받고 있다. 이 열풍을 타고 조선의 마지막 황후로서 비극적으로 생을 마감한 명성황후에 대한 일반인들의 관심은 물론 그 생애에 대한 재평가 움직임도 일고 있다. 이와 함께 명성황후의 사진 진위에 대한 논쟁 또한 치열하다. 하지만 그 진위 여부를 떠나 사진 속 여성들이 모두 전통의상을 입고 있다는 점에 주목할 필요가 있다. 이는 사적 영역이 아닌 공적 영역을 표상하고 있기 때문이다. 이 '표상'의 문제는 일본의 근대화 과정에서 황후의 어진영을 둘러싼 양장과 전통복장의 문제와도 연결되는 것이다. 이 책에서 제시하고 있는 '시각화'된 황후의 초상이 근대 일본의 여성사 연구뿐만 아니라 '명성황후의 초상' 연구에도 밑바탕이 될 수 있기를 희망한다.

끝으로 이 책은 건국대학교 대학원 일본문화·언어학과의 대학원생들이 공동세미나를 통해 내용을 분석하면서 공동으로 번역한 것이지만, 한 권의 책으로 만들어지기까지는 몇 사람의 수고가 더해졌다. 공동번역의 한계를 극복하기 위해 번역한 초고를 원문과 다시 비교하며 주석을 단 유지혜, 번역투의 문장을 읽기 쉽게 다듬어 준 안영신, 이 책의 마지막 교열을 위해 출판사에서 고생한 우연희, 그리고 흔쾌히 이 책의 출판에 동의해 주신 소명출판의 박성모 사장님, 이들에게 감사의 마음을 전한다.

2007년 6월

건국대학교 대학원 일본문화·언어학과

:: 차례

서론

황후는 메이지의 근대국가 형성에서 결정적인 역할을 하였다. 만약 황후가 없었다면 일본의 근대국가 형성은 있을 수 없었을 것이다. 황후의 존재는 근대국가의 심장부였다. 그럼에도 불구하고 최근에 이르기까지 메이지 역사학에서 황후는 거의 언급되지 않거나 메이지천황을 내조하는 아내로서 부수적이고 주변적으로 논해졌을 뿐이었다. 이것은 모든 여성이 남편의 내조자로서 부수적이고 주변적으로만 논해지는 것과 마찬가지이다. 또한 이것은 본래 여성이라는 존재가 사회 속에서 부수적이고 주변적으로만 보이는 것과 마찬가지이다. 여성의 존재는 사회에서도 역사에서도 보이지 않는 것이다.

사회와 역사에서 보이지 않는 존재가 된 여성을 보이는 존재로 만들자는 움직임이 1970년대부터 전 세계적으로 일어났다. 바로 젠더(Gender)[1]의 역사

---

1) 사회적 의미로서의 성(性)을 가리키는 용어. 생물학적인 의미로서의 성을 뜻하는 섹스(Sex)와 구별된다. 성에 대한 영문표기 섹스(Sex) 대신 새로 쓰기로 한 것으로서 1995년 9월 5일 베이징(北京) 제4차 여성대회 정부기구(GO) 회의에서 결정되었다. 젠더와 섹스는 우리말로 '성'이라는 같은 뜻이지만 원어인 영어로는 미묘한 어감차이가 있다. 섹스라는 말이 성적 욕

관이자 사회관이다. 젠더의 역사관이란 인간의 역사를 전적으로 남성이 관련된 정치·경제·법률·과학기술 진보의 관점에서만 보는 것이 아니라, 사회를 구성하고 있는 모든 인간을 시야에 두고 그중에서도 남성과 여성을 둘러싼 권력관계를 밝혀나가는 것을 지향하는 역사관이다. 사회가 그것을 구성하고 있는 모든 구성원에 의해 만들어지고 움직인다는 인식이 있다면 인구의 절반을 차지하는 여성이 사회나 역사 속에서 상당히 중요한 존재라는 것은 누가 보아도 분명하다. 인구 절반의 역사가 다루어지지 않았다면 그것은 역사학의 결함이라고 할 수 밖에 없다.

그렇다면 여성은 어디로 '숨어버린' 것일까. 정치나 경제밖에 다루지 않는 역사가에게는 보이지 않는 곳에서 여성은 분명히 역사를 만들고 있었다. 보이지 않는 곳이란 바로 가정이다. 여성들은 남성이 주인이자 그들의 이름으로 불리는 사적인 집안에서 자식을 낳고 가족이 살아가기 위한 의식주라는 생활유지(subsistence)를 뒷받침하는 일에 종사했다. 이것은 생명을 탄생시키고 유지시키는 노동으로서 이른바 인간에게 기본적이고 불가결한 노동임에도 불구하고 남성의 눈에는 진보가 없고 생리적이며 열등한 노동으로 비쳐 왔다. 따라서 이런 종류의 노동에는 임금이 지불되지 않으며, 진보가 없는 곳에 역사가 존재하지 않는다면 그것은 역사가 없는 노동이 되는 것이다. 그 때문에 여성은 역사에서 보이지 않게 된 것이다.

그렇다면 왜 여성이 공적인 '역사 추진의 위업을 달성하는' 일에서 추방되어버린 것일까. 그 이유를 찾는 것도 젠더사의 중요한 일이었는데 이를 위해 젠더 인류학, 젠더 고고학도 공동 작업을 했다. 왜냐하면 여성이 공적인 영역과 역사서술에서 제외된 것은 인류학적·고고학적 과거로 거슬러 올라가기 때문이다. 현재 여성이 공적인 영역에서 사적인 영역으로 추방 또

망과 연관된 데 반해, 젠더라는 용어는 성의 구별을 성적 욕망으로부터 떼어내어 성의 차이를 규정할 때 사용된다. 젠더는 원래 문법에서 명사의 성을 구별할 때 쓰는 용어로서 성적 욕구와는 무관하다. 그러나 젠더라는 말을 사용함으로써 섹스라는 말에 포함된 의미를 숨기려는 경우도 있다. 유럽연합(EU)과 미국 등 많은 국가에서 사용되는 젠더 개념에는 남녀간의 차별적인 섹스가 아닌 모든 사회적인 평등함을 실현해야 한다는 의미가 함축되어 있다.

는 갇히게 된 것은 주로 여성의 생식능력 때문으로 여겨지고 있다. 인류역사의 어느 한 단계에서 여성의 생식능력이 남성의 소유재산, 즉 물건으로 여겨진 것인데 이는 양을 늘리고 재산을 축적하기 위해 암컷 양을 목장에 몰아넣는 것과 매우 비슷하다. 암컷의 생식능력을 관리하면 양질의 새끼 양을 원하는 만큼 얻을 수 있다. 더구나 많은 암컷에게 많은 새끼를 낳게 하는 데 수컷은 최하 한 마리만 있으면 된다. 그리고 그 수컷은 힘이 세고 체격이 크며 생존경쟁에서 싸워 이겨야 한다.

목축에서 발전한 이 사고방식은 남성의 정자가 종(種)이 번영하는 기본이고 근원이며, 여성의 자궁은 남성의 종자를 뿌리기 위한 용기(빌린 배)에 지나지 않는다는 생각을 만들어냈다. 따라서 힘이 있는 남성은 그 종자를 확보하기 위해 여러 여성을 소유할 수 있다. 장남은 혈통과 재산을 계승하고, 그의 성씨나 고용인, 그리고 조상의 제사를 계승하게 되었다. 장남 이외의 남성은 노동력이나 병력이 된다. 본문에서도 다루겠지만 메이지 최초의 징병령은 대를 잇는 남자를 면제시켰다. 노동력과 병력은 모든 시대의 국가 존립과 확대의 필수 조건이었기 때문에 자식을 많이 낳는 것은 국력을 강화하는 일이었다. 사실 여성의 최대 공헌은 여기에 있었다. 여성은 역사를 만드는 것이 아니라 인간을 만들어 온 것이다. 한편 여성이 태어나면 다시 자궁으로 쓸 수 있다. 결혼을 하면 또 자식을 낳을 수 있고, 타락하거나 가난하면 창부로 쓰고 버릴 수도 있다. 이 외에도 여자는 남자보다도 저렴한 노동자로 쓸 수 있다. 실을 만들거나 짜는 일은 여자의 생산 효율이 훨씬 높다. 이 점은 고대 그리스나 근대국가도 마찬가지이다.

이리하여 남자는 아버지로부터 산업과 정치를 계승하고, 여자는 어머니로부터 출산과 가사를 계승하는데 이처럼 남성의 성을 사회 중심에 놓는 인류사적 성별역할분담 시스템을 가부장제라고 한다. 이 가부장제 사회가 언제부터 시작되었는지에 대해서는 여러 가설이 있고 지역마다 제각각이지만 대략 역사 속에서 국가가 탄생한 시기가 그 합의점으로 제시되고 있다. 이제는 고전으로 여겨지고 있는 엥겔스(Friedrich Engels, 1820~1895)의 『가족・사유

재산·국가의 기원』1*은 제목 자체가 매우 시사적이다. 가족과 사유재산과 국가는 기원이 동일하다는 의미이다. 즉 사유재산이 축적되었을 때 이것을 유지하고 확대하여 자기 자식에게 계승시키는 시스템이 만들어진 것이다.

재산이 축적되지 않고 소 한 마리를 집단 전체가 먹던 원시적인 시대에는 근육활동에 능숙한 남성이 소를 죽이고 원시적인 채집과 경작은 여성이 담당하였다. 종의 보존을 위해서는 여성의 다산이 제일 중요했기 때문에 여성의 다산을 기원한 대지모신(大地母神, Great Mother)2)과 같은 토우(土偶)가 세계 각지에 남아 있다. 여기에서 아이의 부모가 확실한 것은 여성뿐이기 때문에 아이의 혈통은 여성으로 이어지고 생식력을 지닌 여성의 권력이 강했는데 이것이 모계제 또는 모권제이다.

인류가 모계제에서 가부장제로 바뀐 것은 앞에서 언급한 바와 같이 재산이 축적되면서부터라고 여겨지고 있다. 재산 축적은 농경 발달과 목축 발명으로 이루어졌다. 이때 자신이 속한 집단의 재산을 지키거나 많은 재산을 축적하기 위해 다른 집단과의 전쟁이 시작되었고, 이후 전쟁은 재산을 획득하거나 지키기 위한 필수 수단이 되었다. 전사(戰士)라는 존재가 무기를 들고 싸우며 사회의 명예와 권력을 획득한 후 여성의 지위는 더욱 하락하였다. 이와 같이 생명을 죽이는 남성이 사회의 전면에 나서면서 대왕이나 영웅으로 숭배되고 생명을 낳는 여성의 지위는 낮아졌다.2* 보다 강력한 전력(戰力)을 지닌 집단의 우두머리가 다른 집단을 정복, 통합하고 광대한 영토를 획득하여 왕이 되었다. 왕은 권력을 장악하고 군사력 중심의 국가조직은 물론 법률·종교·도덕·역사·문화를 만들어 냈다.3*

종교는 유일한 왕이 전 인민을 지배하는 정당성을 보증하기 위한 신을

---

2) 스위스의 심리학자 C. G. 융의 용어. '태모(太母)'라고 번역한다. 집단무의식 속에 존재하는 원형의 하나이다. 개인이 자기 현실의 어머니와의 경험에 바탕을 두고 품게 되는 어머니상(像)이 아니라 태고적부터 어머니라는 것이 경험의 침전물(沈澱物)로서 어머니상, 즉 어머니인 대지라고 하듯이 모든 것을 낳는 풍요한 대지, 또한 모든 것을 삼켜버리고 빨아들여 없애는 죽음의 세계라는 이미지로 나타난다. 인간이 태어나기 전에 있던 곳, 죽으면 가는 곳으로서 세계의 근원인 어머니상이다.

만들어 냈다. 이집트와 중국에서도 왕이라는 존재는 신이나 하늘에 의해 정해지거나 또는 신의 자식이거나 그 조상이 신이라고 여겨졌다. 따라서 왕의 조상인 신을 숭배하는 국가 종교와 신적 기원이 담긴 건국신화가 만들어졌다. 왕이 남성인 만큼 신은 남성이어야 했다. 여왕이 지배한 태고시대의 공동체에서는 여신이 주신(主神)이었지만 남성이 왕권을 독점했을 때에는 주신이 남신(男神)으로 바뀌었다. 이집트, 그리스, 로마 모두 마찬가지이다. 원시 신화는 어머니인 여신의 위대함을 담기는 했지만 남신에게 지배 또는 종속되거나 자연체가 되었다. 즉 어머니라는 자연체로서 권력을 상실하는 배경이 되었던 것이다.

　　역사는 국가의 신적 기원과 왕이 세운 업적의 영광을 다루기 위해 창출되었다. 문학과 시각문화는 이것을 표상의 형태로 민중에게 알리고 감동시키고 설득하기 위해 창조된 것이다. 베르길리우스(Publius Vergilius Maro, B.C. 70~BC 19)의 아에네이스(Aeneis),3) 파르테논(Parthenon)4)의 장식조각 등 그 예는 매우 많다. 미술 역사상 가장 많은 기념비적 작품은 왕권이나 국가의 표상이다.4* 일본에는 이러한 종류의 역사로서 『코지키(古事記)』와 『니혼쇼키(日本書紀)』가 있는데 이는 천황의 조상신들이 등장하는 일본의 신적 건국신화를 역사로 다룬 것이다. 고대 로마제국의 멸망 이후, 베르길리우스의 작품을 역사라고 생각하는 서구인은 없다. 서구에서는 일찍부터 역사가 신화와 다르다는 당연한 인식이 있었다. 하지만 일본에서는 1945년까지 학교에서 신화를 역사로 가르쳤고 이를 부정하는 자는 법으로 처벌되었다. 이것은 고대 로마제국이 국가 자체로는 멸망했지만 일본의 경우는 국가로서 존속되었기 때문이기

---

3) B.C. 26년 무렵부터 집필을 시작한 미완성의 장편서사시. 로마의 국민적 서사시로서 구상하여 오랫동안의 내란을 수습하고 평화를 실현시킨 아우구스투스를 기념하기 위한 의도로 썼다. 트로이의 영웅 아에네이스를 등장시켜 그의 인물상과 행동을 통해 로마의 역사를 상징적으로 나타냈다.
4) 고대 그리스의 신전. 아테네 아클로폴리스에 세운 고전 초기의 뛰어난 건축이다. 페르시아 전쟁에서 승리한 감사의 뜻으로 아테네의 수호여신 아테네에게 바친 신전이다. 조각가 페이디아스가 감독을 맡았고, 설계는 이크티노스, 시공은 칼리크라테스가 담당하여 B.C. 447년~B.C. 438년에 걸쳐 완성하였다.

도 하다. 역사학이 과학이라고 주장한 학자들은 박해를 받았다. 이와 같은 의미에서 일본은 패전에 이르기까지 고대를 종언시킬 수 없었던 것이다.

함무라비법전5) 이래 법률은 왕국의 정의를 실행하기 위해 정비되었다. 로마법도 마찬가지이다. 도덕은 무엇이 국가에서 옳고 무엇이 범죄인지 개인에게 보여주고 행동방침을 부여하는 법의 정신이다. 법은 이를 어긴 자를 재판하였다. 개인의 행동 지침인 도덕은 기본적으로 개인적인 신체와 정신의 주변, 즉 사적인 영역을 지배하는 규율이고, 종교와 함께 정신과 심성에 파고들어 인격을 결정하는 무서운 힘이다. 국가가 국민 개개인에게 국가를 유지하고 확대하는 마음을 각인시키는 것은 바로 도덕을 통해서이다. 종교와 도덕은 국가를 유지하는 소프트웨어이고 국가조직과 군사설비는 하드웨어이다. 어떤 국가도 이 소프트웨어가 가동되어야 움직일 수 있다. 무기가 있어도 방아쇠를 당기는 것은 개인이고, 생산수단이 있어도 가치를 창조하는 것은 개인이다. 국민의 마음을 왕국의 유지와 확대로 향하게 하기 위해서는 반드시 국가종교와 도덕이 필요하였다.

이러한 의미에서 국경이 없는 보편적 종교는 국가의 적이었다. 한 나라의 왕보다 신이 존중되기 때문이다. 토요토미 히데요시(豊臣秀吉, 1536~1598)나 토쿠가와 이에야스(德川家康, 1542~1616)가 그리스도교 신자를 근절시키고, 메이지 이후 근대 내셔널리스트가 그리스도교 신자를 비국민이라고 부른 것은 이러한 이유 때문이다. 한편 그리스도교 국가의 군주는 프랑스 절대주의의 왕과 같이 왕권신수(王権神授)를 제창하거나 16세기 이후의 영국 왕처럼 스스로 국가차원의 그리스도교를 창시하여 신을 국가의 편으로 만들었다.

한편, 도덕은 오로지 개인의 사적 주변을 정비함으로써 반국가적·반질서적 요소를 사적인 부분에서 배제하려고 했다. 특히 모든 국가에서 도덕의 주요목적은 가족이라는 틀 안에 개인을 확실하게 가두고 국민의 성(性)을 관리하는 것이었다. 성은 무질서와 혼란을 유발하는 반사회적 에너지였기 때

---

5) 고대바빌로니아 제1왕조 제6대 왕 함무라비왕이 제정한 설형문자로 된 법전. 세계에서 가장 오래된 성문법이며 '눈에는 눈, 이에는 이를'이라는 동태복수법(同態復讐法)으로 유명하다.

문에 남성과 여성의 성적 에너지를 가족이라는 틀 안으로 흡수하여 다음 세대의 국민을 생산하는 방향으로 나아가게 하는 것이 질서의 핵심이었다. 그중에서도 여성의 성을 컨트롤하는 것은 매우 중요한 일이었다. 왜냐하면 여성의 성적 에너지를 방치해 두면 그 여성이 낳는 아이의 아버지가 불분명해지기 때문이다. 이것은 축적된 재산과 가족혈통의 계승이 조상의 종자로 이루어진 직계 남자에서 남자로 이어져야 하는 가부장제를 붕괴시키고 만다. 가부장제를 지키는 것은 여성의 정절, 즉 남편 이외의 아이를 낳지 않는다는 도덕이다. 한편, 남성은 종자를 전해야 하기 때문에 여러 명의 여자와 성적 관계를 맺어 자신의 종자를 확보한다. 본처가 남자아이를 낳는다는 보장이 없기 때문이다.

따라서 인류는 매우 오랫동안 남성의 복혼(複婚)과 여성의 단혼(單婚)을 제도화하고 도덕규범으로 인식시켜 왔다. 함무라비법전부터 로마법과 유교도덕에 이르기까지 이 모두가 여성의 정절과 남편에 대한 종속을 가르쳐온 도덕이다. 유대교와 이슬람교가 그 엄격한 예라고 할 수 있다. 이와 동일한 이유로 그리스도교도 여성의 정절과 남편에 대한 순종을 다루었지만 이 경우는 정절이 남녀 쌍방의 의무였다. 근대에 들어서 서구 선진국들과 대립했을 때, 일본의 서구주의자가 남녀 쌍방의 의무를 주장하고 일본사회의 일부다처를 맹렬히 비난한 것은 이러한 배경 때문이다. 그러나 어느 쪽이든 가부장제 국가의 모든 도덕이 남편에 대한 여성의 정절을 여성 도덕의 제1명제로 삼은 것에는 변함이 없다.

가부장제사회의 도덕 중 또 하나의 기본 명제는 나이가 많은 남성, 즉 한 집안의 주인인 가장에 대한 가족 전원의 복종이다. 가장 오래된 로마법은 가장권을 제일 중요한 법으로 정했는데 이것은 가장이 여성과 연소자·친족·고용인의 가족에게 휘두르는 절대적인 지배권을 보증하고 있었다. 유교에서는 이것이 기본적인 사항이었다. 유교도덕의 기본인 오륜에서는 부모에 대한 효와 남편에 대한 아내의 순종이 모든 덕의 기초였다. 가부장제 국가에서는 가장의 권력이 왜 이렇게 중시되었을까. 그 첫 번째 이유는 가장에게 지배권을 위양함으로써 국가의 시선이 미치지 않는 국민 개개인의 신체와 성을 관리하도록 하기 위해서이다. 국가는 국가를 거대한 대가족으로 만들고 가장을 통솔한다. 이로써 개개인에게 미치는 국가의 지배는 말단까지 이르게 되어 효과적으로 집중된다. 두 번째로 자연적인 피와 이에 대한 애착으로 연결된 가족을 국가의 메타포(Metaphor)로 삼음으로써 눈에 보이지 않는 국가에 대한 충성과 피로 인한 헌신을 국민의 심성에 각인시킬 수 있다. 가족이라는 '자연'적인 공동체를 국가로 확대함으로써 실제로는 인공적인 집단 국가를 자연화 할 수 있기 때문에 국가를 운명공동체로 의식하게 할 수 있게 된다. 부모에 대한 효가 군주에 대한 충으로 연결되는 것, 가족에 대한 사랑이 국가에 대한 사랑으로 동화되는 것, 이것 없이 전쟁 체제는 조직될 수 없다. 가족을 필요로 하는 것은 국가이다.

특히 국가가 국민 전체를 직접 통치하게 된 근대에 들어와서 가족의 중요성은 역사상 최고조에 이르렀다. 중세 봉건제에서는 토지를 소유한 영주가 민중을 통솔했지만 국민국가가 된 근대국가는 위정자 또는 군주가 그 개인의 역량만으로 수많은 인민을 통치해야 한다. 서구에서는 16세기부터 18세기에 전성기를 누렸던 절대주의 왕정이 그러했다. 그러나 새롭게 등장한 자본가계급이 국가 정치에 대한 참여를 요구했기 때문에 영국에서는 명예혁명과 청교도혁명이 일어나고 프랑스에서는 부르주아혁명이 일어나 절대주의 왕정은 소멸되었다. 이후 왕정을 지속시키기 위해 왕은 국가의 의사결정에 부르주아세력을 참가시키지 않을 수 없게 되었다. 일정한 세금을 낸 남성이 국정에 참여할 수 있는 의회정치와 입헌체제가 바로 그것이다.

그러나 자본주의가 발전하고 자국 내의 생산과 소비가 둔화되면서 저렴한 자원과 노동력 그리고 새로운 토지와 거대한 소비를 찾아 자국과 멀리 떨어진 후진·미개·원시의 땅으로 진출하기 시작한 제국주의 단계에 이르자 국가는 타국 침략과 식민지 쟁탈전을 위해 거대한 병력이 필요하게 되었다. 이를 위해 국가의 남성은 모두 병역의무를 지게 되었다. 이것이 국민개병(国民皆兵)이다. 일정한 연령에 도달한 남자를 징병하기 위해 일가(一家)의 호적이 정비되고 일가에게는 각각의 남자를 국가에 내보낼 의무가 부여되었다. 이때 비로소 부르주아계급과 귀족·호족뿐만 아니라 하층농민과 빈민의 가족까지 국가의 관심과 보호육성, 관리와 교육대상이 된 것이다. 모든 국민은 호적제와 징병제로 인해 비로소 어딘가의 가족에 속하게 되었고, 가족이라는 신분으로 국민임을 보증받게 되었다. 국가는 결혼·출생·사망을 가족별로 점검함으로써 국민의 신체와 인구를 엄격하게 관리할 수 있게 되었다.

근대국가의 성립

이와 같은 근대국가 안에서 가족의 중요성이 높아진 것은 당연한 일이다. 국가는 이미 가족 이외의 지배 단위를 상실했기 때문이다. 역으로 말하면 가족은 국가통치의 기초단위가 되어 직접 국가의 관리를 받게 되었다. 여기에서 여성의 생식을 관리하는 것이 국가적 이해와 직접적으로 연결된 것도 당연한 일이다.

첫째, 여성을 생명유지장치(subsistence)로 여기는 것. 둘째, 생명의 생산자로 여기는 것. 이로써 국가는 노동력과 병력의 공급을 보증받는다. 이를 위해 국가는 여성에게 가정에서 출산·육아·가사를 행하는 것이 도덕적이라는 교육을 철저하게 할 필요가 있다. 또한 한 가정의 주부이고 어머니라는 존재가 여성 최대의 미덕이고 행복이라는 심성을 창출하기 위한 문화를 대량으로 생산하여 여성을 설득하지 않으면 안 된다. 무엇보다도 중요한 것은 여성이 가정 이외에는 살아나갈 장소가 없다는 것, 즉 사적인 영역이 여성의 운명적인 영역이고 공적인 세계에는 있을 곳이 없음을 알려 주는 시책을 실행하는 것이다.

근대국가에서 여성의 선거권과 피선거권은 20세기에 이르기까지 주어지지 않았고, 관료가 되거나 기업을 세우는 것, 그리고 정치집회를 개최하는 것도 금지되었다. 근대국가는 정비된 시책과 법 제도를 통해 보다 더 견고

한 남녀의 성별역할을 조직화하고 그 도덕과 문화를 발전시켰다. 근대국가는 남녀차별 역할의 제도화가 특징이라 할 수 있다. 이것은 근대국가론의 고전인 앤더슨(Anderson) 씨의 시야에는 들어있지 않았다.[5*]

이와 같은 인식은 조지 모스(George L. Mosse) 씨의 『내셔널리즘과 섹슈얼리티』, 아이다 블럼(Ida Blom)이 편집한 『젠더화된 국민들』과 바바라 케인(Barbara Caine)과 글랜더 슬러가(Glenda Sluga)의 『유럽사를 젠더화한다』 제4장 「성·인종·국민·제국」, 베를호프(C. Werlhof)와 톰젠(V. B. Thomsen)의 『세계시스템과 여성』 등에 서술되어 있다.[6*]

그러나 일본은 근대 세계시스템 속에서도 독자적인 입장에 있었다. 16세기의 지리상 발견 이래 서구 선진국가는 '뒤떨어진' 아시아·아프리카·남아메리카 등으로 자원과 노동력을 구하기 위해 식민을 시작하면서 자본축적이 지구적 규모의 수탈에 인해 조직적으로 이루어지게 되었다. 이때 세계적 규모의 수탈과 축적 시스템이 만들어졌는데 이것이 바로 세계시스템이다. 산업이 발달하고 상비군을 정비하여 무기와 병력을 지닌 근대국가가 축적의 중심이 되고, '뒤떨어진' 농업국 아시아와 아프리카의 국가들은 수탈당하는 주변이 되었다.[7*]

이와 같은 세계시스템 속에서 국가는 더 이상 영역내의 고립된 집단이 아니다. 이와 같이 세계규모로 식민이 시작된 지 한 세기가 지난 무렵, 17세기 초 일본은 쇄국을 하면서 고립을 지켰다. 그리고 200여 년이 지나 세계규모의 자본주의가 전 지구를 뒤덮으면서 동아시아로 진출해왔을 때 일본은 세계 자본주의의 요청으로 마지못해 개국을 하게 된다. 그동안 일본은 세계와의 관계에서 개국문제를 미루어 왔던 것이다.

메이지정부는 주변화되는 것을 거부하고 중심에 참가하기를 원했다. 서구가 중심이었기 때문에 일본은 서구의 과학기술과 문화를 급속히 받아들여 아시아에서 빨리 탈피하고자 하였다. 부국강병, 식산흥업(殖産興業), 탈아입구(脫亞入歐)라는 슬로건은 이와 같은 국가의 방침을 잘 보여주고 있다. 이를 위해서는 무엇보다도 우선 산업, 군사에 종사할 '국민'을 창출할 필요가 있었다. 따라서 서구각국의 국민 모습이 연구되고 도입된 것이다.

근대국가는 국민을 생산하는 것이 여성임을 알고 있었다. 앞에서 서술했듯이 국가의 기초는 가정이고 가정에서 병사와 노동자가 생산되기 때문이다. 만약 여성이 가정을 포기하면 국가도 국민도 재생산되지 않는다. 생명이 유지되지 않는 것이다. 따라서 일본에서도 여성을 가정의 틀 속에 가두기 위해 온갖 수단이 사용되고 구조화되었다. 양처현모(良妻賢母)라는 단어를 만들어내고, 여성에게 가정의 아내와 어머니로서의 여성이라는 역할을 부여하여 국민생활의 기반을 짊어지게 하고, 다음 세대의 국민을 생산하는 역할로 고정시켰다. 식산흥업, 부국강병 이전에 국민 그 자체의 생산이 보증되어야 한다. 자식을 많이 낳은 어머니는 국가로부터 포상을 받았다. 여성의 자궁은 남편의 것 이상으로 국가의 것, 더 나아가 천황의 것이 되었다.

일본의 어머니는 전시에 아들을 출정시킬 때 천황에게 돌려드리는 것이라고 말했다.[8*] 여성에게 국가는 직접적으로 나타나지 않는다. 그것은 여성도덕을 통해 그녀의 신체, 성, 심성, 노동을 지배하는 눈에 보이지 않는 권력이었다. 여성의 국민화는 여성의 신체적, 성적 영역—결혼, 가족형성, 모성에 대한 강요—에 의해서 이루어졌다.

나는 메이지국가의 여성을 말하기 위해서 장황하게 국가의 역사에 대해 말했다. 그러나 지금까지 서술한 모든 것이 메이지국가에서 여성이 차지하는 위치를 이해하기 위한 전제가 된다는 점을 이 책을 읽으면서 이해하게 될 것이다. 정리해보면, 메이지의 여성들은 근대국가의 형성과정에서 국가의 기초단위인 가정을 지탱하고 국민의 생명을 유지하고 키워나가는 요원으로서 확실하게 가정과 연결되어 있었다. 위정자는 국가에서 여성들이 얼마나 중요한 존재인지 잘 알고 있었다. 따라서 여성들에게 정치나 경제에 관련된 권리를 부여하지 않고, 아내가 되고 어머니가 되는 것 외에는 개인으로서도, 국민으로서도 생존의 이유가 없다고 가르치고자 하였다. 그러나 국가는 여성에게 이러한 이념을 강제로 교육시킨 것이 아니었다. 양처현모라는 이상적인 여성모델을 내걸고 교육과 매스컴, 문학과 시각표상, 상징을 이용하여 여성들의 심성에 각인시킨 것이다. 따라서 이와 같은 문제를 이해하기 위해서는 상징과 표상에 대한 연구가 반드시 필요하다.

이 당시 여성 국민화의 이상적인 모델이자 살아있는 규범으로 아름답게 등장한 사람이 훗날 쇼켄황태후가 된 하루코황후의 의연한 모습이었다. 황후의 모습, 말, 행동, 존재는 메이지여성들에게 새로운 국가에서 여성이 해야 할 역할을 그 어떠한 교과서나 논설보다도 분명하게 가르쳐 주었다. 황후도 그 목적에 부응하기 위해 눈물겨운 성실함으로 의무를 다한 것이다.

황후가 없었다면 메이지 근대국가는 근대국가의 기초 조건인 가족국가를 형성할 수 없었을 것이다. 위대한 어머니인 국토를 위해서 피를 흘리는 국민의 심성을 만들어낼 수 없었을 것이다. 그러나 이것은 황후가 실제로 무엇을 했는지 몇 명의 아이를 출산했는지와 상관없다. 중요한 것은 표상―상징의 창출이다.

이 책의 목적은 메이지가 만들어낸 국가가 여성을 어떤 방법으로 국민화했는지, 또한 이때 황후의 표상이 어떻게 사용되고 어떤 효과를 올렸는지 밝혀내는 것이다. 바꾸어 말하면 황후의 표상을 분석함으로써 메이지 근대국가의, 즉 현재에도 과거가 되지 않은 이 나라의 젠더적 구조의 기초가 어떻게 구축되었는지 보여주는 것이다.

<h1>제1장 어진영御眞影 —창출된 근대국가의 표상</h1>

어진영 제작의 배경과 경위

　메이지에 시작되는 근대국가의 국가 구상과 그 토대를 이루는 천황제의 지배원리를 표상의 영역에서 가장 상징적으로 나타내는 것이 메이지천황상이라는 사실은 타키 코지(多木浩二) 씨의 고전적인 작품『천황의 초상(天皇の肖像)』에서 제시되었다.1* 이 책은 먼저 천황의 초상이 천황친정(天皇親政)의 제도화와 함께 여러 단계를 거쳐 바뀌어 간 과정을 제시하고, 이어서 민중 차원에서 생산된 니시키에(錦絵)6)의 분석을 통해 국민에게 천황이 어떻게 보였는지 또는 어떻게 보이게 했는지를 제시하였다.

---

6) 에도시대 우키요에(浮世繪) 화가 스즈키 하루노부(鈴木春信, 1725~1770)가 히라가 겐나이(平賀源內, 1728~1780)와 함께 1765년 이후 개최한 회력교환회(繪曆交換會, 당시의 태음력에서는 해마다 대월(大月)과 소월(小月)이 바뀌었기 때문에 그림으로 월의 대소를 표시한 것이 회력)에서 다양한 디자인의 회력를 선보이기 위해 제작한 우키요에의 다색도(多色度) 판화. 이후 우키요에 판화의 대명사가 되었다.

또한 1887년 이후에는 회화(絵画)라는 허구를 텍스트로 삼고, 이를 사진이라는 모방적 복제수단으로 대량생산하여 신민(臣民)에게 하사하는 작업이 국가적으로 시행되었음을 지적하였다. 즉 국민이 허구의 천황상을 현실의 초상으로 예배한다는, 역사상 유례를 찾아볼 수 없는 특이한 전술에 의해 '현실의(살아있는 몸의)' 천황상을 접하면서도 신성한 예배상(禮拜像)으로 숭배하는 몸짓을 익히게 함으로써 '아버지'이자 '신'인 천황의 통치를 유지하는 국민의 심성이 형성되었다는 것이다.

이 책에서는 타키 코지 씨가 다루지 않았던 황후의 어진영을 다루고자 하는데 우선 순서에 따라 천황 '어진영'의 창출 배경과 경위에 대해 개관해 보기로 하겠다.

유신 당시의 정치상황과 어진영이 만들어지기까지 국내외 상황에 대해『메이지천황기(明治天皇紀)』[7]을 참고로 조사해보면 천황의 초상이 필요하게 된 직접적이고 가장 긴급한 이유는 국제외교상의 필요성 때문임을 알 수 있다. 어진영을 촬영하게 된 이유에 대해서『메이지천황기』(제2권) 1873년 9월 15일자에는 "지난 2월, 특명전권부사(特命全権副使) 오쿠보 토시미치(大久保利通, 1830~1878)와 이토 히로부미(伊藤博文, 1841~1909)가 서기관 코마츠 나리하루(小松済治, 1847~1893)를 데리고 미국에서 귀국할 즈음, 특명전권대사 이와쿠라 토모미(岩倉具視, 1825~1883)가 나리하루에게 어사진(御写真)의 하사를 궁내성에 신청하게 하고……"라고 적혀 있다.[2*] 당시 이토 히로부미와 오쿠보 토시미치 등이 미국에 건너간 것은 조약개정의 교섭을 위한 것이었는데 이에 관한 전권위임장을 요청하기 위해 두 사람이 일단 귀국하였을 때 사진을 요청한 것이다. 사절단이 사진을 필요로 했던 것은 서구각국과의 우호에 즈음하여 국가원수의 사진을 교환하는 외교의례가 불가결하다고 인식했기 때문이

---

7) 『메이지천황기』는 궁내성(宮內省)의 임시제실편수국(臨時帝室編修局)이 1915년부터 1933년까지 18여 년을 통해 편집한 것이다. 본문은 260권으로, 1852년 9월 탄생부터 1912년 7월 붕어(崩御)에 이르기까지 61년간 천황 공사(公私)의 동정을 기술하고, 아울러 당시 정치상·사회상 등 모든 방면의 주요사항을 다루고 있다. 이것은 천황의 전기(伝記)임과 동시에 정치를 중심으로 한 메이지의 역사서이기도 하다.

었다.

　이와쿠라 사절단은 1872년 1월 25일 미국 대통령 그랜트(Ulysees S. Grant, 1822~1885)와 회견하고, 같은 해 2월 3일 제1회 조약개정을 위한 교섭에 들어갔다. 사절단은 국서(国書)를 가지고 외국의 국가원수를 방문하여 국제외교의 실마리를 찾는 것을 하나의 사명으로 여기고 있었지만 국가원수의 사진교환이라는 외교의례에 대해서는 알지 못했던 것 같다. 일시 귀국한 부사에게 사진을 의뢰한 것은 그러한 이유일 것이다. 이 당시에는 천황의 초상사진이 정식으로 존재하지 않았다. 사실 부사 일행은 다시 미국으로 건너갈 때 초상을 가지고 가고 싶었을 것이다. 하지만 『메이지천황기』가 "두 명의 부사가 다시 미국으로 건너갈 5월이 되어도 아직 만들어지지 않았다"고 적고 있듯이 사진촬영이 너무 늦어져서 시간을 맞추지 못했다. 그 내용을 보면 궁내성은 해외로 보낼 초상에 대해 여러 가지 궁리를 하고 있었으며, 실제 기마상(騎馬像) 촬영도 했던 것을 알 수 있다. 그러나 이것이 공식적인 초상사진이 되지는 않았다. 결국 부사 일행이 다시 미국으로 갈 때까지 완성되지 않아서 나중에 보내준다는 약속을 받고 부사 일행은 출발했다.

　한편 1872년 5월에서 7월에 걸쳐 천황은 오사카(大阪)·추고쿠(中国)·큐슈(九州)를 순행(巡幸)하고 있었다. 이 순행은 국민에게 천황의 친정(親政)을 알리고 천황을 '보여주는' 행위였다고 타키 코지 씨는 지적하고 있다.3* 이 시기에는 인민에게 천황의 친정을 체험하게 하는 것이 외교적 배려보다 우선시되었거나 아니면 나중에 서술하듯이 천황이 촬영을 좋아하지 않았기 때문이거나 혹은 천황의 사진을 촬영하여 외국에 보낸다는 전대미문의 사태에 대해 궁내성이나 천황측근의 저항이 있었거나 아무튼 여러 이유가 겹쳤기 때문일 것이다.

　『메이지천황기』에서도 분명하지는 않지만 이 순행이 있은 후 8월에 처음으로 전통의상을 입은 천황상이 촬영되었다고 기록되어 있다.4* 사진사는 우치다 쿠이치(内田九一, 1844~1875)이고, 이날 천황뿐만 아니라 황후의 촬영도 이루어졌다. 이 사진을 8월 5일 궁내대보(宮内大輔) 마데노코지 히로후사

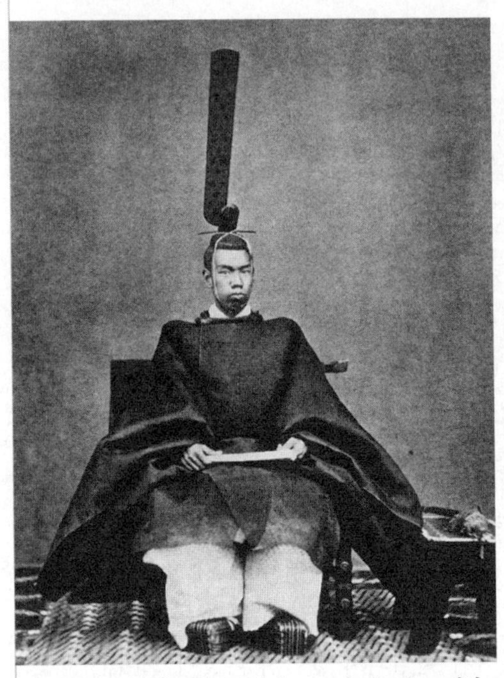

그림 1 메이지천황 초상(소쿠타이), 1872년, 内田九一 촬영 | 그림 2 메이지천황 초상(노우시), 1872년, 内田九一 촬영

(万里小路博房, 1824~1884)가 황태후에게 헌정(献呈)하였고, 이어서 9월 3일에는 황태후의 사진도 촬영되었다고 기록되어 있다. 따라서 7월 20일부터 8월 5일 사이에 천황과 황후의 초상이 최초로 촬영되었다고 할 수 있고 이 사진은 사절단에게 보내졌다. 사진을 신청한지 8개월 이상 지났으므로 결코 빠른 대응이라고 할 수는 없다.

『메이지천황기』에 의하면, 9월 15일 우치다 쿠이치는 천황과 황후의 사진을 여러 크기로 72장 찍었다. 의상도 여러 벌이었는데 "하나는 전통적인 소쿠타이(束帶)[8]차림이고 다른 하나는 노우시(直衣)[9]을 입고 머리에 킨코지(金巾子)[10]를 쓴" 것이었다. 첫 번째 사진은 성인식, 대혼식(大婚式), 입태자 의식을

---

8) 헤이안시대(平安時代) 이후 천황을 비롯한 문무백관의 관복.
9) 헤이안시대 이후 천황과 쿠게(公家)의 평상복.

비롯한 궁중제사에 예복으로 사용되는 복장인데 옻칠한 것으로 보이는 의자에 앉아 부채를 들고 있으며 옆의 작은 탁자에는 칼이 놓여 있다(그림 1). 평상복 차림의 사진도 남아 있는데 이것은 머리에 킨코지(金巾子)를 썼다(그림 2).

메이지신궁(明治神宮) 편 『5개조 서약문 발포 130년 기념전, 메이지천황의 초상』에 의하면 이 사진도 소쿠타이 차림의 사진과 같은 시기에 동일한 사진사가 촬영한 것이라고 기록되어 있다.[5*] 똑같이 의자에 앉아 있고 옆 탁자에는 칼

그림 3 하루코황후 초상(코우치기), 1872년, 内田九一 촬영

이 놓여 있는데, 부채를 든 오른손이 소매에 감추어져 자세가 조금 좌우비대칭이고 시선도 소쿠타이 차림의 사진 쪽이 늠름하다. 두 사진의 차이는 카펫에도 있다. 앞의 것은 마름모꼴 무늬의 융단 위에 삼나무로 만든 카펫을 깔고 있고, 뒤의 것은 큰 원형 무늬가 있는 카펫이며 이는 황후의 사진과 동일하다.

황후는 노우시 차림의 천황 사진과 똑같은 카펫 위에 노송나무 부채를 펴고 코우치기(小袿)[11]에 옷자락이 긴 하카마(袴)[12]를 입고 머리에는 사이시(釵子)[13]를 꽂고 서 있다(그림 3). 즉위식이나 대혼식, 입태자 의식에는 이른바

---

10) 천황의 관(冠)에는 무몽관(舞文冠)과 킨모지관(金巾子冠)이 있다. 무몽관은 제사용이고, 킨모지관은 평상용이다.

11) 헤이안시대 이래 입게 된 고위 궁녀의 웃옷. 정장에 준하는 것으로 보통의 우치기(袿)보다 기장이 짧다.

12) 일본 전통의상 중 겉에 입는 하의. 허리에서 발목까지 덮으며 넉넉하게 주름이 잡혀 있고, 바지처럼 가랑이진 것이 보통이나 스커트 모양도 있다.

13) 여성이 소쿠타이를 착용할 때 사용하는 금속재료의 머리핀.

쥬니히토에(十二單)[14]를 최고의 예장(禮裝)으로 삼고 있는데 이 옷차림은 연중 제사의식에서 황후의 예복이었다. 이처럼 첫 번째 초상사진은 천황과 황후 모두 전통의상이고 부속물도 예로부터 전해져 오는 칼과 부채이다.

앞에서도 말했듯이 이 사진이 미국에 보내졌다. 그 의미는 궁중의 전통이었던 일본 고유의 의복과 머리형태가 처음으로 '일본의 얼굴'로서 세계에 공식적으로 발표되었다는 데 있다. 그 자체가 매우 획기적인 사건이었다. 이에 관한 반응을 알아볼 수는 없지만 아마도 서구인의 눈에는 머리형태나 의복 모두 동양의 민족의상으로 비쳤을 것이다. 이는 궁중에서 전통의상을 목격했던 외국인의 수기(手記)에서도 알 수 있다.

1887년부터 2년간 메이지궁정의 서구화를 위해 식부관(式部官)에 초빙되어 체재하고 있던 몰(Ottmar von Mohl, 1846~1921)은 궁중의 나인들에 대해 "잘 어울리는 예스러운 일본의 궁정의상"[6]*을 칭찬하듯이 언급하면서 「일본의 민족의상」이라는 제목을 붙인 부분에서는 "내가 궁정의 여성을 위해 민족의상의 채용을 제의했다"고 기록하고 있다.[7]* 왜냐하면 "페테르부르그, 부다페스트, 루마니아 등의 궁정에서는 민족의상이 사용되고 있기" 때문이었다. 그러나 이토 히로부미는 이미 궁정에서 전통의상의 폐지를 결정했기 때문에 이제 와서 바꿀 용의가 없었다. 그는 "일본에서 중세는 이미 극복되었다. 먼 훗날에는 일본이 민족의상으로 복귀할지도 모른다. 그러나 이미 궁정여성의 의례용 의복은 서양식 의상으로 결정했다"고 언급했다고 전하고 있다.

몰은 메이지의 근대건축보다는 쿄토(京都)와 나라(奈良)를, 양복보다는 전통의상을 칭찬하고 있는데 이는 메이지시기에 일본을 방문한 외국 지식인들의 일반적인 경향이었다. 하지만 이렇게 몰이 칭찬한 이유는 전통의상이 그림처럼 아름다워서라기보다 어울리지 않는 양복이 너무 보기 흉했기 때문이었다. 또한 몰이 일본의 전통의상을 '민족의상'이라고 표현한 것에는 양복을 당연히 서구의 (따라서 세계의) 보편적 복장이라고 보는 시선이 포

---

14) 여성 소쿠타이의 속칭. 여러 벌의 홑옷을 껴입었으며, 겉으로 갈수록 짧아져 소매가 겹쳐 보였기 때문에 유래된 이름이다.

함되어 있다.

원칙적으로 일본의 전통의상이 민족의상이라면 양복도 당연히 서양 여러 종족들의 민족의상이므로 양쪽 모두 각국의 고유한 복장인 것이다. 그러나 사실은 전혀 그렇게 인식되지 않았다. 왜냐하면 세계경제는 이미 구조적으로 서구 선진국의 주도로 움직이고 있고 이에 따라 문화도 서구문화, 신체(즉 인종) 또한 서구적인 것이 선진적이라고 인식되었기 때문이다. 특히 중심적 위치에 있는 서구인들은 주변화된 아시아, 아프리카문화 및 신체성이 뒤떨어지고 열등하다고 인식하고 있었다.[8*]

세계시스템 속의 중심성이 확립되어 있었던 19세기에 일본은 주변화, 즉 식민지화되지 않기 위해 스스로가 서구인의 가치관을 받아들이고 그 가치관에 입각하여 일본을 선진 문명국가로 만들 필요가 있었고 또 그렇게 함으로써 중심으로 들어갈 필요가 있었다. "중세는 극복되었다"는 이토 히로부미의 언급은 문자 그대로 근대화의 선언으로 보인다. 사실 몰은 이토 히로부미가 "일본에서 의상문제는 정치문제이기 때문에 궁내성은 결정적인 견해를 말할 수 있는 권한이 없다"고 말했다고 적고 있다.[9*] 또한 "의상문제는 절대적 권위를 지닌 이토 히로부미의 말 한 마디로 궁중에서는 양장으로 결정되었지만 국민들 사이에서는 강한 반감이 생겼다. 그 때문인지는 모르겠지만 내가 확신하는 바에 의하면 이 문제는 당시의 여론을 뒤흔들어 마침내 내각 개각을 단행하는 계기를 만들었다"고도 적고 있다. 몰의 인식이 정확하지는 않지만 전통의상과 양장을 둘러싸고 천황측근의 보수파와 이토 히로부미를 비롯한 외국체재파와의 대립이 있었던 것은 분명하다. 이것은 의상문제보다 훨씬 깊고 기본적인 문제인 일본국가의 설계에 관한 대립이 겉으로 드러난 표상이고 '정치적인' 문제였던 것이다.

나중에 자세하게 언급하겠지만 궁중의상의 개혁은 1887년에 이루어졌는데 의상문제가 처음으로 첨예화된 것은 1872년에서 1873년 사이였던 것으로 보인다. 두 번째 사진은 첫 번째 사진보다 1년 뒤에 촬영되는데, 이때 천황이 서양식 머리형태와 양복차림이었다는 사실이 이를 증명하고 있다.

그림 4 메이지천황 초상, 1873년, 內田九一 촬영

『메이지천황기』에 의하면 천황은 1873년 4월에 단발을 하고, 같은 해 6월 서양풍 군복을 정장으로 입게 되었다. 구체적으로는 "각국 제왕의 제복을 참작하여 군복 규정을 정하고 자문을 구하여 약식 복장을 정하게 되었는데 규정의 개요는 정식과 약식 모두 상의는 검은색 융으로 만든 재킷에 빳빳한 옷깃, 하의는 흰색 융, 모자는 배 모양으로 한다. 단, 정식 복장의 자수는 금선, 약식 복장은 검은색 실로 하고 정식 복장의 모자에는 흰색 타조 깃털을, 약식 복장에는 검은색 타조 깃털을 부착한다"[10*]고 정해졌다.

1873년 9월 미국에서 이와쿠라 토모미가 귀국하였다. 다음 달인 10월 8일 천황은 궁성 내의 사진관에서 '새로 제정된 군복'을 입고 촬영하였고 사진은 이틀 후에 완성되었다. 사진에는 전신과 반신이 있는데 둘 다 "모자를 벗어 탁자 위에 놓고 칼을 지팡이처럼 의자에 기대어 세운" 것이었다(그림 4). 양손으로 칼을 들고 있는 것과 한쪽 손을 의자 팔걸이에 걸친 두 종류가 있고, 크기는 대형과 중형이 있다.

새로운 대형사진은 곧바로 이탈리아 황제의 조카 등에게 선사되었고, 11월 7일에는 각 부현(府県)의 청원을 받아 하사하도록 규정이 정해졌다.[11*] 현에 따라서는 청사에 공개하는 장소를 마련하여 현민(県民)이 천황의 초상을 볼 수 있는 기회를 주는 곳도 있었다. 『메이지천황기』는 국민이 천황과 황후의 사진을 볼 수 있게 된 것은 1873년 말경부터라고 전하고 있다.

양장을 입은 천황상의 정치적 배경

첫 번째 사진도 부분적으로는 부현(府県)에 하사된 기록이 있으나 제도적으로 하사된 것은 두 번째 사진이다. 세계와 국민에게 제시된 새로운 초상이 소쿠타이와 노우시가 아닌 서양식 머리에 서양식 군복이었다는 점에 주목할 필요가 있다. 앞서 언급했듯이 정부가 서구화·문명화의 필요성을 느끼게 된 것은 '외압'과 '내압' 때문이었다. 따라서 우선 1872년부터 1873년 사이에 국내외적으로 어떤 사건이 있었는지 살펴보고자 한다.

1872년은 유신정부에게 외교상 중대한 문제가 일어난 해이다. 이른바 마리아루스호 사건과 창기해방령이 그것이다.12* 같은 해 7월 요코하마에 정박 중이던 페루 국적의 마리아루스호에서 학대를 견디다 못한 청나라의 노동자 한 명이 바다로 뛰어들어 영국군함에게 보호를 요청하였다. 인도를 받은 일본은 이를 노예매매 사건으로 심리에 부쳤고 최종적으로 청나라 노동자는 해방을 얻게 되었다. 그러나 페루 측은 일본에도 이와 같은 노예매매가 있음을 창녀관련 문서 등을 제시하며 반론했는데 일본정부는 이를 국제적 굴욕으로 판단하고 창기해방, 이른바 '우마(牛馬)해방'15)을 실시하였다.

『메이지천황기』(제2권) 1872년 8월 기록에는 이 사건에 관한 자세한 내용이 있다. 여기에는 페루선장 리카르도를 비롯하여 학대 실상을 시찰해 그것이 서구각국에서 엄금하는 노예제도와 같은 상태임을 외무경 소에지마 타네오미(副島種臣, 1828~1905)에게 통고한 영국 대리공사 왓슨(R.G. Watson), 이에 동의한 미국 대리공사 셰퍼드(C.O. Shepherd), 이들의 명령을 받고 심리와 재판을 맡았던 카나가와현권령(神奈川県権令) 오에 타쿠(大江卓, 1847~1921) 등이 등장한다. 『메이지천황기』는 다음과 같이 서술하고 있다.13*

---

15) 창기해방령 발표 당시 사법성에서 창부들을 소와 말에 빗대어 표현했기 때문에 우마(牛馬) 해방이라고 부르기도 했다.

우리 정부의 영단은 마침내 사건을 공정하게 해결하고……9월 2일 판결안 등을 각국 공사들에게 배포하여 사건의 진상을 해외에 알렸다. 각국 정부는 앞을 다투어 우리나라의 의거에 경탄하면서 이 공평한 판결은 마땅히 전 세계의 공법이 될 만하다고 칭찬하였다.

이처럼 『메이지천황기』는 일본의 분명한 입장을 세계에 보였다는 내용으로 결론을 맺고 있으나, 실제로는 페루로부터 배상금청구 재판이 제소되었고 이에 대해 러시아 황제가 일본의 조치를 지지했음에도 불구하고, 결과적으로 이 사건은 일본의 전근대적인 인신매매와 여성의 성을 공적으로 상품화하는 것을 수치로 여기지 않는 일본 남성의 섹슈얼리티를 세계에 드러낸 것이었다.[14]

이처럼 일본 영해 내에서 일어난 사건에 대한 정부의 대처가 국제사회의 눈 앞에서 감시받고 평가되면서 일본은 어쩔 수 없이 일본이 국제세계 속의 근대화된 국가임을 증명하도록 강요당하였다. 오에 타쿠는 이 심판 중에 인신매매는 국제법뿐만 아니라 일본의 국내법으로도 받아들일 수 없다는 말을 했다. 이 점에 대해 페루 측은 앞에서와 같은 반론을 펼친 것이다. 『메이지천황기』는 1872년 10월 2일 창기해방을 실시한다는 내용과 함께 "다른 국가의 국민들에게 인정(仁政)을 베풀고자" 하는데 "인신매매에 준하는 행위가 국내에서 행해지는 것은 실로 나라의 큰 수치이므로 가능한 한 속히 이를 금지해야만"했다고 적고 있다.[15]

이 사건은 일본국가 '근대화'의 실체를 잘 보여주고 있다. '해방'된 창기들 중에는 실제 생계를 꾸려나갈 길이 없어서 그대로 유곽에 머무를 수밖에 없는 이들이 많았다. 또 업자들은 이 돈벌이가 잘되는 사업을 계속하기 위해 여러 획책을 하였다. 그 결과 1873년 12월 12일 토쿄부(東京府)는 '가시자시키(貸座敷)'[16]라는 명목으로 매춘업자들의 영업을 허가하고 창기 규칙 등

---

16) 본래는 술자리나 연회를 위해 돈을 내고 빌리는 방을 일컬었으나 메이지 이후로는 공창이 방을 빌려서 영업을 한다는 의미에서 유곽, 창가(娼家)의 의미로 쓰였다.

을 제정함으로써 사실상 신체를 구속받는 창기에 의한 매춘제도를 부활시켰다.[16]* 단 국제적으로 지탄받는 일이 없도록 그것이 창기자신들의 '자유의지'임을 출원한다는 조건으로 영업허가증을 발급하였다.

이후 여자들은 스스로 원해서 매춘을 하는 것으로 간주되었다. 요시미 카네코(吉見周子) 씨는 이 때문에 창기들은 원해서 매춘을 하는 음부(淫婦)라는 성격을 띠게 되었고, 세간의 지탄은 더욱 가혹해졌다고 지적하였다. 이와 같이 창기들이 한층 더 도덕적으로 격하된 것을 계기 삼아 국제사회의 윤리에 저촉되지 않는 척 가장하면서 성적 노예로서의 매춘제도를 유지했던 것이다.

이 사건은 천황의 초상과 직접적으로 아무런 관련이 없지만 유신 이후 5년, 일본이 더 이상 아시아의 구석 자리에만 머물러 있을 수 없게 되고 국제법정으로 끌려나왔을 때, 경우에 따라서는 국내의 인습과 기존의 가치관을 전환할 수밖에 없는, 또는 적어도 전환한 것처럼 위장해야 할 필요에 직면했을 정도로 국제사회의 감시 속에 내던져졌음을 알려준다.

1872년은 외국 왕실과의 국제외교가 일시에 활발해진 해이기도 했다. 10월 17일에는 러시아 황태자 알렉시스(Alexis)가 세계 일주를 하던 중 천황을 방문하였다. 『메이지천황기』는 황태자의 방문에 따른 궁중 및 군대의 성대한 환영의식을 상세하게 기술하고 있다.[17]* 한편 특명전권대사로서 서구각국을 순회하고 있던 이와쿠라 토모미는 각국의 군주를 알현하면서 세계외교를 펼치고 있었다. 1871년 11월 10일에 출국한 그는 1873년 9월 13일 귀국했는데 그동안 서구각국을 차례로 방문하면서 세계의 군주들을 알현했다. 이에 관한 내용은 『메이지천황기』에 특필사항으로 빈번히 등장하고 있다. 이 기록을 살펴보면 일본이 세계의 황실과 관계를 맺게 되면서 그들의 동태에 주의를 기울이고 있었음을 알 수 있다.

예를 들어 1872년 11월 5일 기록에는 같은 해 7월 14일에 이와쿠라 일행이 윈저성에서 영국 왕을 알현했을 때 대사들이 일부러 새로 제작한 대례복을 착용한 것까지 적고 있다.[18]* 또한 같은 달 12일에는 이탈리아 왕의 손자 탄생을 알리는 친서를 가지고 이탈리아 대사가 천황을 방문하였다. 이듬 해

1873년 1월 10일에는 "황후가 처음으로 외국인의 조례를 받으시다"라고 적혀 있다.

이때 처음으로 외국공사 부부가 천황과 황후를 배알했다. "외국공사 중 부부가 함께 체류하는 경우 부부를 초대하여 황후와 함께 신년 인사를 받도록 정하였다. 따라서 오후 2시 천황과 황후가 소어소대(小御所台)에서 미합중국 특명전권공사 찰스 드 롱 부부, 러시아 대리공사 부츠오프 부부를 만났다." 이때 천황은 처음으로 "일어서서" 두 나라 공사 부부의 알현을 받았다. 게다가 이것은 "외국 부인 배알의 효시"였으며 "찰스 드 롱 부부 등은 감격하고 물러났다"고 적혀 있다.[19*]

여기에서 '일어서서'라는 것은 궁중에서 천황은 원래 좌정한 채 알현을 받아왔으나 바로 전 해인 1872년에 영국 대리공사 왓슨이 "알현을 신청할 때 서구의 일반적 풍습에 따라 천황이 일어서서 알현받기를 외무경에게 요구하였고, 이에 대해 외무경은 외국사절들이 우리나라에 왔으면 우리나라의 의례에 따라야 한다며 일단 이를 거부했지만 결국 일어서서 알현받기로 결정했다"는 사정이 있었다.[20*]

천황은 개국 이래 처음으로 일어서서 알현을 받는다는, 즉 서양식 복장에 걸맞은 태도로 공식의례를 치르게 되었다. 양장은 그 신체성과 태도까지 변화시킨 것이다. 이것과 새로운 사진의 제작은 따로 떼어서 생각할 수 없다. 초상은 1872년 11월 15일 미국 주재를 명받은 변리공사 우에노 카게노리(上野景範, 1844~1888)와 이탈리아 총영사로 임명된 나카야마 죠지(中山讓治)가 공사관과 영사관에 사진을 걸게 해 달라고 요청했으며 같은 달 18일에 이와쿠라 토모미도 어사진(御写真, 천황의 초상)의 하사를 청원하는 등 그 수요가 점차 늘어났다.[21*]

1872년의 개혁

한편 1872년에는 국내에서도 네 가지 중요한 사건이 있었다. 첫 번째는 1872년 8월 3일에 반포된 문부성 학제이다. 학제반포의 취지는 다음과 같은 것이었다.[22*]

> 많은 사람들은 학문을 무사 이상의 것으로 정하고 농공상업자 및 부녀자들은 배울 필요가 없다고 생각한다. 또한 학문을 하는 소수의 무사들도 학문이 뜻을 세우는 기본임을 망각하고 쓸데없이 시를 읊거나 공론을 펼치니 이를 실천하지 않는 자들의 폐해를 없애고 화족·사족·졸족(卒族)[17]부터 농·공·상 종사자 및 부녀자에 이르기까지 평등하게 학문에 임하게 하여 반드시 모든 마을과 가정에 배우지 못한 자가 없도록 한다.

즉 지금까지 학문에 임하는 것은 무사계급 이상으로 정해져 있었지만 이제부터는 모든 계층의 사람 및 여성, 다시 말해 모든 국민이 교육을 받아야 한다는 것이다. 이것은 앤더슨 씨 등의 말대로 '국민화'의 기초요건이었다.

두 번째는 1872년 10월 15일에 일본제국의 기원을 진무천황(神武天皇)의 즉위년으로 결정한 것이다. 이로써 새로운 제국이 무엇을 기점으로 하고 무엇을 기준으로 시간을 계산할지가 결정되었다. 일본의 시간은 진무천황의 즉위부터 시작된 것이다. 이는 새로운 제국의 우주관이 진무와 메이지라는 두 천황을 시간의 축으로 하여 창출되었음을 의미한다.

세 번째 사건은 천황과 요직 인물의 궁중복을 '양장으로 바꾼' 개혁이다. 『메이지천황기』 1872년 10월 10일 기록에는 대례복 및 통상예복을 양복으로 제정했다고 하면서 그 이유를 다음과 같이 적고 있다.[23*]

---

17) 메이지 초기의 신분호칭 중 하나. 아시카루(足輕) 이하의 하급무사가 이에 해당한다. 이 호칭은 1870년부터 시작되었으나 2년 뒤에 폐지되었다. 폐지 이후 대부분 사족으로 편입되었고, 일부가 평민으로 편입되었다.

"유신 이래 의복제도가 통일되지 않아서 위아래가 혼동되고 사람마다 각기 다르므로 예전부터 복식을 통일할 계획으로 요직의 고관들에게 자문을 구하였으나 ……쉽게 그 결론을 볼 수 없어 결국은 육·해군 장졸의 복제만 정했다." 궁중에서도 "여전히 구습을 답습하여 이칸(衣冠)18)을 기본으로 하고 카리기누(狩衣)19)와 히타타레(直垂)20)를 입는 전통을 고수하였으며 마(麻)로 만든 카미시모(裃)21)를 하급자의 예복으로 삼았다. 하지만 작년 8월 천황이 대신과 참의에게 복제 변혁의 필요성을 알리고 올해 서국순행에 즈음하여 양복을 입고 모범을 보여주시니 이로써 일반복제의 방침 또한 확립"되어 이칸(衣冠)과 그 밖의 구습이 모두 폐지되고 문관이 착용하는 예복이 양복으로 정해졌다.

네 번째는 가장 중요한 사건인 징병령이다. 천황은 같은 해 11월에 징병조서를 내렸다. 『메이지천황기』에는 "징병제도를 선포하고 모든 장정을 병적에 편입시켜 국가보호의 기반을 세우셨다"고 적혀 있다. 같은 해 12월 1일 태정관고유서(太政官告諭書)가 조서와 함께 전국에 반포되었는데 그 내용은 다음과 같다.24*

우리 조정에서는 옛 부터 나라의 모든 이들이 병사였고 천자(天子)가 원수(元帥)였다. 그런데 호겐(保元)·헤이지(平治)의 난22) 이후 이 제도가 무너져 병권이 결국 무관에게 넘어가고 나라는 봉건이 우세하게 되었다. …… 그러나 정치가 바뀌어 이제는 옛 제도인 군현(郡縣)을 부활시켰으므로 …… 이젠 무사만이 아니라 모두가 천황의 백성이 된다. …… 서양인들은 이를 일컬어 혈세(血稅)라고 한다. 또한 국가에 재해가 있으면 이를 막는 것이 곧 자신의 재해를 막는 기초가 되니 국민이 병역에 임하는 것은 자연의 섭리이지 우연히 만들어진 작위의 법이 아니다.

고대 일본에서는 국민이 모두 병사였으며 천황은 그 지휘관인 원수였다.

---

18) 헤이안시대 이후 쿠게가 궁중에서 입는 근무복. 소쿠타이(束帶)를 간소화한 의상이다.
19) 헤이안시대 이후 천황과 쿠게의 평상복.
20) 카마쿠라시대(鎌倉時代)이후 부케(武家)의 대표적 의상.
21) 에도시대에 관직이 없는 무사의 정장으로 신분이 있는 초닌(町人)도 착용이 허용되었다.
22) 1156년과 1159년에 각각 일어난 무사의 내란으로 무사가 정계에 진출하는 큰 계기가 되었다.

그러나 중세봉건시대에는 무사만이 병사가 될 수 있다는 악습이 있었다. 하지만 유신 이후 모든 국민은 다시 병사가 되었고 천황은 '원수'로 돌아온 것이다. 이것은 유신 당시의 일반적인 수사학이었고 새롭게 창출된 여러 제도와 시책을 천황이 권위를 가지고 있던 과거 전통의 부활로 설명하려는 전략이었다. 이것은 문자 그대로 '전통의 창조'이다. 홉스봄(Hobsbawm) 씨는 전통의 창출을 근대국가의 주요 특징이라고 정의했는데 이는 일본에도 그대로 적용된다. 그의 말에 따르면 이것은 어떤 특정 행위의 가치와 규범을 반복과 연속을 통해 주입시키기 위해 과거로부터의 연속성을 암시하는 일련의 의례적 또는 상징적 행위이다.[25*]

또한 홉스봄 씨는 근대국가가 이제 막 시작한 것을 왜 오랜 전통인 것처럼 보이려고 하는지에 대해 몇 가지 목적을 들고 있다. 이것은 인공적인 공동체의 귀속의식을 확립하거나 권위를 정당화하고, 신앙과 가치체계와 행위의 인습성을 교육하기 위해서이다. 그에 의하면 국민이란 자연적으로 존재하는 것이 아니라 그것을 표상하고 표현하며 상징하는 여러 제도로 인해 만들어지는 것이기 때문이다.[26*]

이러한 사실을 고려해보면 당시의 징병령에서 군대에 가는 것이 자연적이고 필연적인 것이지 우연도 작위적인 것도 아니라는 점을 강조한 이유를 잘 알 수 있다. 또 홉스봄 씨는 "'만들어진' 전통의 특수성이란 역사적인 과거와의 연속성이 대부분 가공이라는 점"을 지적하면서 "이것은 근대세계의 끊임없는 변화 및 혁신과 사회생활의 적어도 어느 한 부분을 영구불변의 것으로 구조화하려는 시도"라고 적고 있다. 이를 통해서 징병제 반포를 목전에 두고 진무기원(神武紀元)을 설정해야 했던 이유도 이해할 수 있을 것이다. 진무천황은 몸소 나라를 평정한 무인(武人) 천황이기 때문에 메이지천황은 이를 부활시킨 것이다. 이와 같은 시나리오로 국민징병이 전통화되고 천황친정 및 군인천황의 정통성이 보증되는 것이다.

그리고 이것은 앞서 언급한 양복제도의 확립과 아주 밀접한 관계에 있다. 군대가 서구열강과 같은 군복을 모방한다면 지휘관인 천황도 대원수다운 최고위의 서양군복을 착용해야 한다. 하지만 이것은 고대 일본인이 상하가 분리된 의복을 입었기 때문에 서구를 모방한 것이 아니라 태고의 전통을 부활시켰을 뿐이라는 것이다. 이것은 15년 후의 황후 양장개혁 때에도 강조되는 사항이다. 이로써 천황은 1873년 4월에 단발하고 6월에 서양식 군복을 정장으로 입게 되었다.[27*]

같은 해 10월에 촬영한 서양군복 차림의 두 번째 어진영은 이러한 상황을 배경으로 하고 있는 것이다.[28*] 국제외교가 일상화되어 간다는 것은 헤어스타일, 복장, 신체의례의 국제화가 절실히 필요함을 의미하고, 학제 반포와 징병령 시행은 교육과 군사에 의한 국민화가 드디어 제도화되었음을 의미한다.

기원(紀元)의 설정, 학제 시행과 징병령, 그리고 복제의 제정이 같은 해에 이루어진 것을 보면 이 해에 국가제도의 전반적인 설계가 완성되었음을 알 수 있다. 또한 이러한 제도화를 통해 일본의 국민화 정책이 궤도에 오르고 뿔뿔이 흩어져 있던 일본 민중이 국민으로 획일화되기 시작하였다. 이 획일성이 분명하게 드러난 시책은 제복의 통일이다. 국제화와 국민화 정책의 결과로 천황의 초상은 양장을 입어야만 했던 것이다.

1873년 시점에서 천황의 초상은 소쿠타이에서 군복으로 바꾸

그림 5 하루코황후 초상

었지만 황후의 초상은 여전히 일본 전통의상으로 장신구는 물론 바닥에 깔린 카펫까지도 바뀌지 않았다. 자세히 보면 황후의 시선이 약간 아래를 향하고 있다는 점, 1872년(그림 3)에는 부채를 활짝 펴고 있지만 1873년(그림 5)에는 반만 펴고 있다는 점 등 미미한 차이밖에 없다. 앞에서 언급한 메이지 신궁의 사진집은 양장의 천황 사진이 제작된 1873년에 황후의 사진도 함께 제작되었다고 적고 있지만 분명하지 않다.[29]* 왜냐하면 의상, 머리모양, 융단, 배경 등 모든 것이 1872년의 그것과 똑같기 때문이다.

만약 새로 촬영한 것이라면 제작자가 천황의 초상은 전면적으로 바꾸어야 하지만 황후의 초상은 전혀 바꿀 필요가 없다고 생각한 것이 된다. 어찌 되었든 결과적으로 1873년에 공포된 어진영에서 천황은 양장이었지만 황후는 그대로 전통의상이었다. 부채를 반만 펴든 황후상과 양장의 천황상이 짝을 이루어 여러 형태로 국내외에 유포되었다. 1882년에 바이도 쿠니마사(梅堂国政, 1848~1920)가 그린 니시키에는 이때의 사진을 기초로 한 것이다(그림 6).

그림 6 황후초상·메이지천황, 니시키에, 1880년, 梅堂国政

이와 같은 비대칭성은 두 사람의 자세에도 현저히 나타나 있다. 천황은 의자에 앉아 있는 반면 황후는 서 있다. 이것이 이후에 제작되는 모든 어진영에도 답습되었다. 1873년에 제작된 황후의 사진이 전통의상에 머물러 있다는 사실은 황후가 근대화의 테두리 밖에 놓여 있음을 의미한다. 이것은 근대국가를 향한 발걸음 속에서 가장 근대화되어야 할 요소는 남성국민이고, 여성의 역할에는 개혁의 필요가 인정되지 않았거나 혹은 그 필요성이 없었거나 아니면 남성은 근대화하고 여성은 전통을 유지한다는 명확한 의도를 보여준다. 또 천황은 앉아 있고 배우자인 황후가 서 있다는 것은 제왕은 옥좌에 앉아 있어도 아내는 서서 그를 모셔야만 한다는 궁중의 전통적 남녀주종관계가 무의식적으로 유지되었기 때문이다.

황통의 계승─석판화의 정치학

최근 들어 이때 촬영된 사진 이른바 어진영이 전국의 학교 등에 하사되어 섬기는 것이 의무화되기 훨씬 이전에 많은 국민들 사이에서 나돌고 있었다는 사실이 밝혀졌다. 그것은 한 장짜리 석판화인데 요코타 요이치(橫田洋一) 씨에 따르면 1874년 6월 18일자 『신분잡지(新聞雜誌)』에는 「황족의 진영(眞影)」과 태정대신(太政大臣) 산조공(三条公)[23], 우대신(右大臣) 이와쿠라공(岩倉公), 참의 및 그 '아내'들까지 전부 이름을 단 사진을 가판에서 일주(一朱)[24]에 판매하는 가게가 성황을 이루었다는 기사가 실려 있다고 한다.[30*]

---

23) 쿠게출신의 정치가 산조 사네토미(三條實美, 1837~1891)를 지칭한다. 존왕양이운동에서 주도적인 역할을 하였으며, 유신 후에는 태정대신, 내각제 발족 후에는 내대신(內大臣)을 역임하였다.
24) 에도시대 1량(一兩)의 16분의 1에 해당하는 금화 또는 은화을 말한다.

『메이지천황기』 1872년 5월 19일 기록에 따르면, 대장성(大蔵省)은 조폐권두(造幣権頭) 마스다 타카노리(益田孝徳)와 고용외국인 킨들(Thomas William Kindle, 1816~?)이 세계 각국의 제도를 모방하여 천황의 초상을 화폐에 새겨넣을 것을 건의하였지만 이를 거부하였다고 한다.[31*] 또 1874년에는 사진사 우치다 쿠이치가 복사할 목적으로 원판의 하사를 청구했지만 이 또한 허가되지 않고 「천황사진판매금지령」이 내려졌다.[32*]

이렇게 천황의 사진은 복사나 판매가 금지되어 있었음에도 불구하고 군주의 얼굴을 보고 싶어하는 민중의 욕망에 의해 실제로는 복사되어 판매되고 있었다. 도야먀 시게키(遠山茂樹) 씨는 이 금지령과 관련된 사료와 함께 『아사노신문(朝野新聞)』에 실린 타카기 노보루(高木登)라는 사람의 「진영의 금지를 논하다」라는 논설을 제시하고 있다. 여기에서는 민중이 군주의 얼굴을 보고 싶어하는 것은 당연한 일이고, 군민(君民)이 서로 도와 국가의 행복을 유지하는 신시대가 왔음에도 불구하고 천황과 황후의 진영 판매금지 법령을 통해 군주전제의 전형적인 관습인 '군민격절(君民隔絶)'을 실시하고 있음을 확실하게 알게 되어 "당장 신문을 던져 버리고 수심에 잠겨 혼자 앉아 있다"[33*]라고 적혀 있다. 더욱이 그는 일반 서민에게 금지된 진영이 대신(大臣) 등에게는 하사되고 있다는 점을 지적하면서 이것은 "일반 양민이 군주의 모습을 보고 싶어하는 마음을 빼앗은 것"이라고 분개하고 있다. 이 논설에서 신정부에 기대했던 사람들이 금지령을 통해 생각지도 않은 비근대적인 권력과 직면한 충격을 읽어낼 수 있다. 제6장에서도 언급하겠지만, 이것은 천황의 지폐번각금지(紙幣翻刻禁止) 때에도 일어난 반응이었다. 이러한 모습을 보면 국제외교를 위한 사진만으로는 민중의 요구를 충족시킬 수 없게 되었으며 이제 천황의 초상은 민중에게 배포되어야만 한다는 것을 알 수 있다.

마스노 케이코(増野恵子) 씨는 1880년대 초기부터 황실의 석판화로 제작된 초상이 250개 정도 생산되었고 그 대부분이 정월 초하루에 발행된 신문의 부록이었음을 밝혀냈다.[34*] 1881년의 「대일본고귀초상(大日本高貴肖像)」(町田市立国際版画美術館寄託)[35*]과 「황국고귀초상(皇国高貴肖像)」(梅宮源二郎) 등이

그림7 황국고귀초상, 석판, 1882년, 梅宮源二郎

그 사례인데, 이들 모두가 1873년에 우치다 쿠이치가 촬영한 사진의 특징을 잘 표현하고 있으므로 이를 기초로 제작된 것임에 틀림없다(그림 7). 이런 형식의 석판화는 1889년, 즉 천황과 황후가 양장을 차려입은 어진영이 나올 때까지 많이 제작되었다.

이러한 초상의 대부분은 서구의 메달리온(medallion) 모형을 본 딴 타원형의 테두리 안에 들어 있다. 이 타원은 고대 로마의 황제, 유명인의 프로필을 새겨 넣은 카메오(cameo)와 펜던트(pendant), 혹은 금화나 동화(銅貨)에 사용된 것이다. 중세에서도 우의의인상(寓意擬人像)·성인·12사도 등의 흉상을 메달리온의 테두리 안에 모자이크 비법으로 새겨 넣은 작품이 많다. 메달리온은 보통 역사화나 종교화의 주제와는 별도로 고유한 의미가 있는 상징적 인물상을 표현할 때 사용되고 있다. 르네상스시대에는 고대의 영웅과 황제상이 고대 조각이나 카메오를 모방한 형태로 메달리온에 새겨져 궁전이나 시청의 장식에 고대적 권위를 부여하였다.

또한 인쇄술이 발달하면서 책의 속표지에 수록된 저자의 초상이나 헌정하는 왕후(王侯)의 초상 등이 메달리온 형식으로 된 목판·동판인쇄가 빈번하게 등장하였다. 고대 황제나 고대의 유명인이 메달리온 형식으로 표현되어 있었기 때문에 이 형식은 기술적(narrative)이라기보다는 기념적(monumental)이라는 의미를 지니게 되었다. 메달리온에 둘러싸인 형상은 주위와 단절되어 다른 차원에 놓임으로써 현실성과 시간을 초월하는 상(像)이 된다.

메달리온이 왕후(王侯)뿐만 아니라 기억할 만한 초상사진의 일반적 형식이 된 것은 이러한 이유 때문이기도 하다. 메달리온 형식이 일본에 유입된 경로 중 하나는 키오소네(Edoardo Chiossone, 1833~1898)를 통해서일 것이다. 왜냐하면 이미 키오소네는 메달리온형식으로 토스카나(toscana) 공(公) 부부의 초상을 그렸기 때문이다(그림 8). 또 하나의 경로는 외국의 사절을 통해서일 것이다. 당시 서구에서는 이 형식이 지극히 일반적인 형식이었기 때문에 외국의 사절로부터 유사한 것을 선물받았을 것이고 이것이 하나의 계기가 되었을 가능성도 매우 높다.

그림 8 토스카나공 부부 초상, Edoardo Chiossone

아무튼 중요한 것은 메달리온형식의 집단초상화가 무엇을 의미했는가라는 점이다. 현실 공간 안에 놓인 어진영은 천황 또는 황후가 공간 속에서 현실적으로 존재함을 실감하게 만드는 것이다. 그러나 메달리온에 둘러싸인 여러 인물의 집합초상화는 첫째, 메달리온에 포함된 인물의 기념비적 중요성을 민중에게 전달하였다. 이것은 개인이 아니라 높은 신분에 있는 '사람들'의 지위를 민중에게 보여 준다. 이른바 지배집단의 초상이다. 둘째, 지위가 있는 사람들 사이의 위계제도(位階制度)를 국민에게 각인시키기 위해 생산되었다. 이것은 소위 위계제도의 표상인 추단(雛壇)[25]이나 추단이라고 속칭되는 내각대신(內閣大臣)의 기념사진과 같은 기능을 발휘하였다.

실제로 2001년 5월에 카나가와현립(神奈川県立) 역사박물관에서 개최된 전시회『왕가의 초상(王家の肖像)』에는 『메이지절 장식품 괘도(明治節お飾り掛図)』(개인소장)라는 제목의 타이쇼(大正) 초기 상징적 집단초상화가 출품되었다(그림 9). 여기에는 다이리비나(內裏雛)[26] 모습의 천황과 황후가 최상단에 위치하고, 그 아래에 메이지의 원훈(元勳)들이 각각의 위계에 따라 배치

그림 9 메이지절 장식품 괘도, 석판, 1910년대 초기, 개인소장

---

25) 계단식으로 된 좌석을 말한다.
26) 천황과 황후의 모습을 본떠서 만든 남녀 한 쌍의 인형을 말한다. 3월 3일 히나마츠리(雛祭)에 장식도구로 사용된다.

되어 있다. 그 몸의 크기는 하단으로 갈수록 작다. 하단에는 자동차, 전차, 기차 등 문명의 이기(利器), 짐승 가죽을 입고 창을 쥐고 있는 야만인, 긴 담뱃대를 든 중국인, 문신을 한 아이누인 등이 뒤섞여 그려져 있는데 그들의 크기는 상, 중단에 있는 어떤 일본인보다도 작다. 국내의 위계제도가 그대로 제국이 지배하는 식민지와 소수민족을 보는 시선의 연장선상에 있음을 보여주는 귀중한 그림 자료이다.

다시 메이지 중기의 석판화 중 황실관계 집단초상을 검토해보면, 예를 들어 1881년에 제작된『대일본고귀초상(大日本高貴肖像)』에서는 상단에 천황과 황후가 새겨지고, 그 아래에 우대신 이와쿠라 토모미, 태정대신 산조 사네토미, 좌대신 아리스가와 타루히토친왕(有栖川熾仁親王, 1835~1895)[27]의 얼굴이 새겨져 있다. 말할 필요도 없이 이것은 천황과 황후에 이어서 세 명의 대신이 나라의 중심임을 국민에게 보여주고 있는 것이다.

하지만 대량 생산된 황실석판화 중 가장 많은 형식은 중앙에 천황, 왼쪽 아래에 황후, 오른쪽 아래에 에이쇼황태후(英照皇太后, 1833~1897)가 배치되어 있는 집단초상화이다. 앞에서 제시한 1881년의『황국고귀초상』이 그 한 예이며 이외에도 수많은 예가 마스노 케이코 씨의 연구를 통해 보고되고 있고, 앞에서 언급한 전람회에서도 전시되고 있다.[36*]

어진영의 경우도 그렇지만 나중에 분석하는 바와 같이 황실은 상위자가 오른쪽, 하위자가 왼쪽이라는 배치를 선택하고 있기 때문에 황태후는 황후보다도 높은 지위라 할 수 있다. 그 이유는 몰도 놀라며 기록해 놓은 것처럼 궁정에서 황후의 지위는 황태후의 아래였기 때문이다.[37*]『메이지천황기』에서도 황후와 황태후를 병기할 때는 반드시 "황태후·황후"라고 적고 있다.

유교의 가족도덕에서 이것은 당연한 것이었다. 황후는 황태후의 며느리이고 황태후는 천황의 어머니이자 황후의 시어머니이다. 천황의 아버지는 죽었기 때문에 천황의 혈통 즉 황통은 천황의 어머니에 의해 증명된다. 천

---

27) 에도 말기와 메이지시대의 황족. 원로원 의장, 육군참모총장 등을 역임한 정치가이자 군인.

황은 과거와 현재의 두 여성에 의해 지탱된다. 이 경우 천황만 양장이고 두 여성이 전통의상인 것은 여성의 차별화를 의미하고 있는데 이에 관해서는 제4장에서 언급하도록 하겠다.

천황은 어머니, 아내보다 지위가 높다. 그러나 여자들 중에서 제일 위대한 것은 천황의 어머니였다. 황태후가 천황의 생모가 아니었다는 점은 문제가 되지 않는다. 일부다처가 상식인 궁중제도에서 중요한 것은 천황의 후손 여부에 있으며 어머니는 배를 빌리는 존재일 뿐이다. 하물며 신분이 높은 오섭가(五摂家)28)에서 시집온 정실이 궁중의 유일한 대표자인 것은 당연한 것이다.

하루코황후(美子皇后)도 요시히토친왕(嘉仁親王, 1879~1926)의 생모는 아니지만 친왕이 9살 때 황태자(儲君, 천황이 측실에서 얻은 황자)가 되어 친왕의 실제 어머니가 되었다. 그 이후로는 최상부에 천황의 메달리온, 좌우에는 황태후와 황후, 천황의 바로 아래에는 황태자가 위치하는 마름모꼴의 석판화가 제작되었다. 1886년에 제작된 『귀현초상(貴顕肖像)』(薮崎芳次郎)이 그 예이다(그림 10). 이 그림에서는 두 여성이 옆에 있고 황위를 계승하는 아들이 가운데 그려져 있다. 중요한 것은 이로써 부부와 아들, 그리고 그

그림 10 귀현초상, 석판, 1886년, 薮崎芳次郎

---

28) 후지와라씨(藤原氏)의 적류(嫡流)로서 카마쿠라시대(鎌倉時代)에 성립한 쿠게 중 최고위의 가문. 대납언(大納言), 우대신, 좌대신을 거쳐 섭정(攝政)과 관백(關白)으로 승진할 수 있는 가문이다. 코노에(近衛), 이치조(一條), 쿠조(九條), 니조(二條), 타카츠카사(鷹司) 등 5개 가문이 있다. 이러한 5개 가문을 섭관가, 오섭가라고 부른다.

아들 부부와 손자라는 황
통이 눈에 보이는 형식으
로 국민에게 제시되었다는
점이다.

1901년에 제작된 『고귀
어존영(高貴御尊影)』(太田節
次)은 3대에 걸친 황통의
계승을 최종적으로 보여
주고 있다(그림 11). 이것은
키오소네의 어진영을 바

그림 11 고귀어존영, 석판, 1901년, 太田節次

탕으로 한 것인데 상단 좌우에 메이지천황과 황후, 가운데에는 타이쇼천황과
황후가 배치되어 있고 중앙 윗부분에는 이 그림의 주인공인 황손 장남, 아래
에는 황손 차남이 배치되어 있다. 황손이 중심인 이유는 황손의 탄생이야말
로 황족의 영속을 상징하기 때문이다.

유화에 의한 리얼리즘의 시도

1874년에는 이탈리아 화가가 천황과 황후를 유화[29]로 그린 초상화가 제
작되었다(그림 12, 그림 13). 이것은 1873년에 촬영한 사진을 이탈리아로 보내
그리게 한 것이다. 1874년 11월 5일 『메이지천황기』에는 "동맹국의 황제와
대통령의 초상을 궁중에 걸어 두자는 의견이 있어서 그 제작을 외무성에 명
한다"고 적혀 있다. 이때 이탈리아에 체류 중이던 영사 나카야마 죠지가 그

---

29) 원문에는 유채(油彩)라고 되어 있으나, 이것을 미술에서는 유화라고 하므로 유화로 번역하
기로 한다.

그림 12 메이지천황 초상, 1874년, Giuseppa Ugolini   그림 13 황후 초상, 1874년, Giuseppa Ugolini

임무를 맡았다. 나카야마는 "천황과 황후의 존영(尊影)을 함께 걸면 실로 우주의 장관을 이룰 것"이라며 밀라노의 화공 주세페 우고리니(Giuseppa Ugolini, 1826~1897)에게 1873년 10월에 촬영한 어진영을 유화로 모사(模写)하여 그리게 한 다음 1874년 11월 4일 천황에게 봉헌했다. 다음 날 천황은 이것을 보고 포상으로 5백 엔, 아카치 니시키(赤地錦)[30] 1포목, 치리멘(縮緬)[31] 6필을 하사하였다.[38*] 이탈리아의 신문은 이와 같은 일본의 시도가 동맹국과의 우호를 깊게 하기 위한 천황의 의사이고, 이는 유럽 각국에서도 이제까지 없었던 것이라고 치켜세웠다.

우고리니는 황후를 의자에 앉혔다. 왜냐하면 서구 화가의 상식에 따라 귀부인은 남성보다 앞에 앉아야만 하고 부부상은 균형을 이루는 것이 적절하

---

30) 빨간색이 들어간 비단을 말한다.
31) 견직물의 일종으로 바탕이 오글쪼글한 비단을 말한다.

다고 판단했기 때문일 것이다. 황후는 의자에 앉아 있기 때문에 부채를 접고 있다. 이 그림은 대상의 세세한 부분까지 치밀하게 묘사하는 유화 본래의 특징을 살린 사실적 작품이기 때문에 흐릿한 사진의 초상보다 훨씬 선명하게 메이지천황의 육체적 또는 정신적인 특징을 그려내고 있다. 부자연스러운 자세로 의자에 앉아 있는 황후의 얼굴은 사진에서는 알 수 없었던 당시의 전통적인 화장을 선명하게 보여주고 있다. 이것은 궁중에 바쳐졌지만 어진영으로는 기능하지 못했다. 타키 코지 씨는 원래 사진사인 우치다 쿠이치가 제왕상(帝王像)의 상징성을 몰랐기 때문에 그 원형을 이루는 천황의 자세를 편안한 모습으로 찍었지만 이는 서구 왕실 문화에서 보면 제왕으로서 위엄있는 자세는 아니었다고 지적하였다.[39*] 그런데 아오키 시게루(青木茂) 씨는 우고리니가 1878년에는 좌상이 아닌 4분의 3신상을 그렸다고 적고 있다.[40*] 타키 코지 씨도 이를 언급하고 있지만 필자는 이 작품을 찾아낼 수 없었다. 아오키 시게루 씨는 우고리니의 입상을 1879년에 타카하시 유이치(高橋由一, 1828~1894)가 모사했다고 한다.

실제로 타카하시 유이치는 우고리니가 그린 최초의 좌상이 바쳐진 직후인 1874년 12월 20일에 우고리니의 유화를 모사하게 해달라며 토쿄부(東京府)지사 오쿠보 이치오(大久保一翁, 1818~1888)에게 「성상배사원서(聖像拜写願書)」[41*]를 제출하였다. 그러나 이 청원은 1874년 12월 25일에 "서면을 통해 청원한 내용은 지금 즉시 답하기 힘든 것이므로 궁내성으로부터 허가를 받아야 한다"며 문전박대를 당했다.[42*] 원래 유화의 리얼리즘이 지닌 기록성을 추구하면서 서구풍의 초상화를 회화의 주요 목적 중 하나로 여기고 있던 타카하시 유이치는 절실하게 뛰어난 유화인 우고리니의 천황초상을 보고 모사하고 싶었다.[43*] 타카하시 유이치는 자신이 유화초상을 고집한 이유를 1871년에 저술한 『유화개업규칙서(油画開業規則書)』에서 다음과 같이 적고 있다.[44*]

유화의 가장 큰 장점은 문명국의 예를 보면 알 수 있다. 서양 각국은 위로는 제왕에서 아래는 서민에 이르기까지 일생에 한번 초상을 그려서 자손에게 전한다. 그중에서도 특히 제왕의 초상은 그 나라의 가장 뛰어난 화가나 외국인 가운데 명성을 떨치는 화가에게 그리게 하였는데 그림 값은 그들이 평생 먹고 살 수 있을 정도였다고 한다.

또한 타카하시 유이치는 궁중의 어물(御物)[32]을 배알 한 후 결손이나 수리 등을 하고 싶다는 청원서를 이토 히로부미 등과 같은 요직자에게 빈번하게 제출하였다.[45]* 또한 그는 제국군인의 그림과 전사자의 초상 등을 그리고자 하는 제안서도 수차례 제출하였는데 이는 서구 근대국가에서 유화 화가가 담당한 국가적 역할을 적극적으로 이어받으려는 것이었다. 천황의 초상을 그리고 싶다는 청원도 그의 국가주의적 이념에서 나온 것으로 여겨진다.

결국 이로부터 5년이 지난 1879년 2월 10일, 그는 원로원 어용계(御用係)로부터 원로원에 걸기 위한 천황의 초상제작을 위촉받았다. 이때 고세다 요시마츠(五姓田義松, 1855~1915)가 황후를, 아라키 간보(荒木寬畝, 1831~1915)가 황태후를 그리게 되었다. 『메이지천황기』 1879년 1월 29일자는 "원로원 의사당에 내걸기 위해 세 분의 사진의 하사를 청원하였다. 이날 사진을 하사하고 유화로 복사하는 것을 허가하셨고, 따라서 원로원은 4월에 화가 타카하시 유이치에게 천황의 어반신(御半身) 유화를 그리도록 명하였다"고 적고 있다.

실제로 타카하시에게 원로원으로부터 초청장이 온 것은 2월 10일이기 때문에 『메이지천황기』에서 '4월'이라고 하는 것은 너무 늦은 감이 있다. 황후와 황태후의 유화는 이미 촬영된 사진의 모사임을 한 눈에 알아 볼 수 있기 때문에 둘 다 1879년에 완성되었다고 볼 수 있다. 그러나 타카하시 유이치가 그린 천황의 초상화는 1880년에 완성되었다. 늦게 그려졌을 가능성을 배제한다면 실제로는 2월에 '어사진'대로 복사하도록 위촉받았다가 어떤 이유로 4월에 '반신상'을 그리도록 위촉이 수정되었거나 혹은 다시 위촉받았다고 추측할 수 있다. 이 반신상이 어떤 것인지는 불명확하다.

---

32) 천황가에서 전해 내려오는 소장품을 말한다.

그림 14 메이지천황 초상, 1880년, 高橋由一

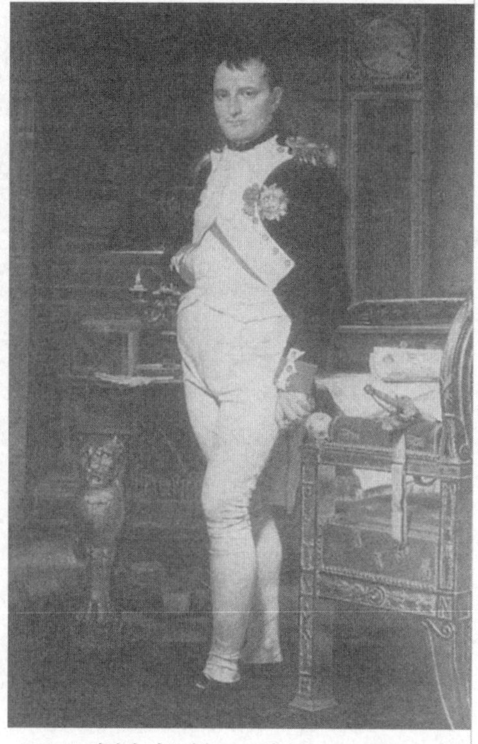

그림 15 서재의 나폴레옹, 1812년, Jacques Louis David, 워싱턴 내셔널 갤러리

따라서 결국 황후와 황태후의 초상과 함께 현재 보존되어 있는 타카하시 유이치 작품의 초상은 우치다 쿠이치가 촬영한 좌상 사진을 복사한 것이 아니라고 할 수 있다. 이것은 분명히 우고리니가 그린 메이지천황의 복제품이다. 또한 1873년에 제정된 정복(正服)은 우고리니가 그린 초상을 모방해서 치밀하게 재현하고 있지만 여기에는 1876년에 제정된 국화꽃 대수장(大綬章)과 부장(副章)이 추가되어 있다(그림 14).

그림의 원형이 우고리니가 그린 것이든 타카하시 유이치 자신이 그린 것이든 이것이 프랑스 신고전주의 화가 자크 루이 데이비드(Jacques Louis David, 1748~1825)가 그린 『서재의 나폴레옹』의 영향을 받고 있음은 분명하다(그림 15).

그림 16 독일 육군참모 멕켈 초상 / 프랑스 해군기관 대감 베르탕 초상, 1896년, 『타이요』 2호

그림 17 제철소장관 야마우치 테이운 초상, 1900년, 『타이요』 6호

1912년 『타이요(太陽)』의 임시 증간호 「메이지성천자(明治聖天子)」에는 문학박사 미카미 산지(三上参次, 1865~1939)가 메이지천황을 '대제(大帝)'라 부르고, 알렉산더 대왕, 나폴레옹 1세로 비유하면서 '나폴레옹 대제'의 초상을 게재하였다.[46]* 원래 1873년에 제정된 정복의 모자가 나폴레옹의 모자였기 때문에 나폴레옹이 천황의 이미지 형성에 관련되어 있었음을 알 수 있다. 옆에 테이블을 두고 칼을 차고 당당하게 서 있는 초상은 전형적인 서구 군인의 모습인데, 당시 일본에 소개된 초상사진을 보더라도, 『타이요』 2호에 게재되었던 독일 육군참모 멕켈(Klemens Wilhelm Jacob Meckel, 1842~1906, 일본육군 고문), 프랑스 해군 기관 대감(海軍機関大監) 베르탕(Emile Bertin, 1840~1924, 일본해군 고문)의 초상이 이

를 답습하고 있다(그림 16). 게다가 일본 고위공무원 제철소장관 야마우치 테이운(山內堤雲, 1839~1923)도 자신의 초상을 나폴레옹 또는 메이지천황과 똑같이 촬영하도록 하였다(그림 17).[47*]

나폴레옹을 원형으로 삼았는지 여부는 속단할 수 없지만 1861년 입헌군주국가로 통일된 이탈리아의 초대 황제 빅토리오 임마누엘 2세(Vittorio Emanuele II, 1820~1878)가 국왕을 선언했을 때의 사진은 4분의 3신상으로 타카하시 유이치가 그린 천황상과 동일하게(우고리니는 이탈리아인이기 때문에 그 원전도 그러했을 것이다) 한 손에 칼을 든 늠름한 자세이다(그림 18). 그의 아들로 1878년에 즉위한 이탈리아 2대 황제 움베르토 1세(Umberto I, 1844~1900)도 이 자세를 답습하였다(그림 19).

그림 18 이탈리아국왕 빅토리오 임마누엘 2세 초상, 1861년 이후

그림 19 이탈리아국왕 움베르토 1세 초상, 1878년 이후

그림 18이 타카하시 유이치가 그린 메이지천황의 초상에 가장 가깝다는 것은 한눈에 알아볼 수 있다. 칼을 든 왼손, 테이블에 올린 오른손, 훈장과 부장을 단 화려한 군복, 왼쪽 다리에 힘을 주고 오른쪽 다리는 힘을 뺀 편안한 자세, 무언가를 노려보는 듯한 시선이 공통적이다. 이탈리아가 일본과 같은 신흥 입헌군주국가였기 때문인지는 모르겠지만 일본과 이탈리아는 외교적 친분이 깊었고, 이탈리아 대사는 메이지 초기부터 일본의 궁중의식에 중요한 역할을 담당하고 있었다고 『메이지천황기』에 자주 언급되고 있다. 실제로 이탈리아 국왕의 사진이 천황에게 공식적으로 헌정된 기록은 1883년 4월 19일자에서 "이탈리아 황제 움베르토 1세 및 황후 마르게리타(Margherita, 1851~1926)가 국왕의 사진을 타루히토친왕에게 부탁하여 천황에게 진헌"했다는 것이 아마 최초일 것인데 그 사진은 이런 종류의 초상이었을 것이라고 여겨진다. 서 있는 모습으로 칼을 들고 견장과 훈장을 단 예복을 입고 옆에 있는 탁자에 모자를 벗어 놓은 것은 좌상을 제외하면 기본적으로 키오소네 작품의 어진영과 똑같은 유형이다.

1883년뿐만 아니라 황실외교를 통해 수많은 서구 왕실의 초상이 끊임없이 들어온 것은 기본적으로 어진형 형성에 영향을 주었고, 어진영 제작을 촉진했던 것이다. 그중에서도 특히 우고리니, 키오소네 모두 이탈리아인이었음을 감안하면 이탈리아 국왕의 초상이 큰 영향을 미쳤을 것으로 여겨진다.

1888년 - 천황상의 이상화

타카하시 유이치와 우고리니가 천황 어진영의 발전 과정에서 수행한 역할의 의미는 궁중으로 하여금 유화의 사실주의와 박진감을 살리는 정신적 표현력을 착안하도록 만들었다는 점에 있을 것이다. 서양의 회화는 두 가지 서로 상반되는 기능을 갖고 있었다. 하나는 대상을 마치 살아 있는 것처럼 활기차게 묘사하는 사실성이고, 다른 하나는 그 사실성을 통해 어떠한 이상화나 허구도 박진감 넘치게 묘사할 수 있다는 점이다. 일루조니즘(illusionism)[33]이라 불리는 까닭이다. 바로 이 점에서 최종적으로 그려지고 가장 존숭받으며 배포된 진정한 어진영이라 할 수 있는, 키오소네가 그리고 마루키 리요(丸木利陽, 1854~1923)가 촬영한 1888년의 이상적 초상이 창안된 것은 아닐까 생각한다.

그림 20 이탈리아 국왕 움베르토 1세 왕비 마르게리타의 초상, 1878년

여기에 이르기까지 궁정에는 외국 여왕과 왕비들의 초상이 여러 장 헌상되었다. 앞서 말했듯이 통일된 이탈리아의 2대 황제 움베르토 1세와 황후 마르게리타의 초상이 1883년 천황에게 헌상되었다. 이 초상이 실제로 어떤 것이었는지 알 수 없지만 이탈리아에서 유포되고 있던 왕비의 사진은 알 수 있다(그림 20).

---

33) 속이는 그림효과. 자연주의 예술의 '환영성'. 원근법으로 그려진 것을 실제로 여기도록 눈을 속이는 회화기법이다. 대표적으로 발다사레 페루치(Baldassarre Peruzzi, 1481~1536)의 벽화가 있다.

마르게리타는 황후답게 '영원한 여성', '이탈리아의 진주', '이탈리아의 어머니'로서 대단히 칭송받은 전설적인 여성으로 그녀의 이름을 기념한 잡지까지 간행되고 있으며, 그녀의 이름을 딴 피자는 지금도 국민적 인기를 얻고 있다.48* 후지와라 후사토시(藤原房俊) 씨는 그녀가 인기 없는 국왕을 대신하여 민심의 통합기능을 보완하여 이탈리아의 국민형성에 공헌했다고 지적하고 있다. 이 왕비의 초상에서는 우선 무엇보다도 화려한 의상과 장식품이 눈에 띈다. 1888년에 실시된 황후의 화려한 서양의복으로의 변화는 이러한 초상화와의 접촉과 무관하지 않다.

이탈리아 왕비의 초상보다 1년 빠른 1882년 3월 29일에 영국 대사인 해리 팍스(Harry Smith Parkes, 1828~1885)가 빅토리아여왕(Alexandrina Victoria, 1819~1901)의 초상을 헌상하였다. 『메이지천황기』에는 전년도에 빅토리아여왕의 손자 2명이 일본을 방문했을 때 당연히 여왕의 초상을 가지고 왔어야 했는데 가져오지 못했기 때문에 이날 대사가 대신 가져왔다는 설명이 적혀있다.49* 이때 천황은 황후와 함께 어학문소(御学問所)에서 초상화를 보았다. 하지만 이 초상이 어떤 것이었는지는 모른다. 이 시기에 천황에게 외국군주의 초상이 상당히 많이 헌상되었다는 점은 기록상으로 분명하다. 이러한 초상화들은 매우 중요한 역사적 자료이다.

이때부터 1888년까지의 외교상황을 보면, 1883년 5월 20일에 이토 히로부미는 러시아 황제 알렉산더 3세(Alexander Ⅲ, 1845~1894)와 황후의 제관식에 참석하기 위해 모스크바로 출발했다가 같은 해 8월 4일에 일본으로 돌아왔다. 이전에는 헌법조사라는 명목으로 1년 남짓 유럽에 있었는데 그동안의 체험이 이후에 실시되는 궁정의례의 서양화의 기폭제가 되었다. 1883년 6월 9일, 보병대좌(歩兵大佐) 와타나베 히사시(渡辺央)가 유화로 그린 '오스트리아와 싸우는 나폴레옹 1세의 그림'을 헌상하고, 구리화병 한 쌍을 하사받았다. 같은 해 9월 14일에는 하와이국(Kingdom of Hawai)34)의 황제 칼라카우아(Kalakaua,

---

34) 1810년부터 1893년까지 하와이군도에 있었던 왕국(건국선언은 1795년)이다. 1893년 혁명이 일어나 공화제로 바뀌었고, 1898년에는 미국에 합병되어 소멸하였다. 정치적으로는 입헌

1836~1891)[35]가 자신의 초상과 친서를 증정했다. 1887년 1월 10일에는 아키히토친왕(彰仁親王, 1846~1903)이 부인 요리코(賴子)와 함께 독일황제 빌헬름 1세(Wihelm Ⅰ, 1797~1888)와 황후 아우구스타(Augusta, 1811~1890)를 알현하였다. 1887년 6월에는 빅토리아여왕 즉위 50년 행사에 관한 통보를 받고 이때 유럽에 머물고 있던 아키히토친왕이 천황의 대리인 자격으로 버킹검궁전과 웨스터민스터 대성당에서의 행사에 참가하였다. 그러나 영국 궁정에서의 대우도 좋지 않았을 뿐만 아니라 '동양의 한 작은 섬'으로 무시당했던 사실이 기록으로 남아 있다.[50*]

헌법조사를 마치고 귀국한 후, 1885년 12월부터 1887년 9월까지 내각총리대신과 궁내대신을 겸하고 있던 이토 히로부미는 서구 여러 나라들과의 교류를 고려하여 새로운 어진영의 제작을 의뢰했지만 받아들여지지 않았다. 1873년 촬영된 낡은 사진은 각국 왕족과 귀빈들에게 증정하기에 적합하지 않았기 때문이었다.[51*] 『메이지천황기』 제7권에는 다음과 같은 내용이 실려 있다.[52*]

> 천황이 사진촬영을 좋아하지 않았다. 현재 사진으로 존재하는 것은 프랑스 구식 군복을 착용한 것을 비롯하여 모두 십 몇 년 전에 촬영한 것이기에 외국황족이나 귀빈에게 증정하는데 적합하지 않아서 부탁하는 사람이 있을 때마다 대신들이 그 의견을 처리하는데 곤란을 겪었다.

그래서 궁내대신 히지가타 히사모토(土方久元, 1833~1918)는 "폐하에게 비밀로 하고 몰래 사진을 찍을 수밖에 없다"며 시종장(侍從長) 토쿠다이지 사네츠네(德大寺實則, 1839~1919)와 의논하고, 1888년 1월 14일 천황이 시바(芝)공원 내의 야요이샤(弥生社)에 행행(行幸)했을 때 이탈리아에서 온 대장성 인쇄국의 고용외국인 키오소네에게 이 일을 의뢰하였다. 이날 천황은 경찰관의

군주제를 취하였다.

35) 하와이국 제7대 황제. 재위기간은 1874년부터 1891년까지이다. 세계에서 처음으로 일본을 방문한 국가원수이다.

유도와 검도, 토쿄스모협회(東京相撲協会)가 주최한 스모를 관람한 뒤 여러 친왕들과 내무대신 야마가타 아리토모(山形有朋, 1838~1922) 등과 함께 식사하는 자리에 도착하였다. 키오소네는 옆방에서 문틈으로 천황 모르게 스케치하여 이를 근거로 콩테(conte)[36]로 완성하였다. 그 다음에 이 원본을 키오소네의 지도 하에 사진사 마루키 리요가 촬영하여 십여 일 뒤에 어진영으로 완성하였다(그림 21).

그림 21 메이지천황 어진영, 1888년, Edoardo Chiossone · 丸木利陽

이를 보고 "천황이 지닌 뛰어난 풍채와 성군으로서의 위용을 제대로 그려냈다"며 모두들 감탄하였다. "나중에 천황의 어진영으로 널리 하사된 것은 이를 기초로 한 것이다."[53*] 어진영이 완성되고, 마침 외국 왕족의 증여 의뢰가 있었다. 따라서 허가를 주청했을 때 천황은 바로 허가했는데 히지가타 히사모토는 이를 어진영의 특별한 허가라며 매우 기뻐하였다.

타키 코지 씨는 이때 완성된 초상과 1873년 사진을 비교한 후, 구도 · 자세 · 인상의 세 가

---

36) 연필의 원조라고 할 수 있는 콩테는 원래 'Crayon de Conte'라 불리는 고형 물감의 한 종류로 프랑스의 화학자이며 화가였던 니콜라 자크 콩테(Nicolas Jcques Conte, 1755~1805)가 만들었다고 해서 창안자의 이름을 따서 콩테라고 명명하고 있다. 제조회사에 따라 초크(chalk)라고도 한다. 전통적으로 천연 소재를 그대로 보여주는 세 가지 색이 사용된다. 콩테는 농담이 풍부하며 예로부터 콩테화로서 하나의 회화분야를 형성해왔다. 크레용과 같은 재질로 데생보다 크로키에 적당하며 연필보다 농도가 진하고 화면의 부착력도 우수하다. 특히 흰색 콩테는 초크라고도 하는데 석회석에 물과 고착제를 섞어 만든 것으로서 목탄이나 콩테로 그린 그림의 밝은 부분을 강조할 때 많이 사용된다. 프랑스의 콩테가 만든 연필 모양의 크레용.

지 관점에서 '이상적인 군주상'이 되었다고 분석하였다.[54]* 사진촬영을 좋아하지 않던 천황이 식사하는 도중에 몰래 그렸다는 제약 때문인지 모르지만 이번에도 좌상이었다. 두 사진의 가장 중요한 차이는 왼손에 칼을 쥔 천황이 몸을 앞으로 내밀고, 오른손 주먹을 테이블 위에 올려놓고 있다는 점이다. 이로써 비록 앉아 있더라도 만군을 호령할 수 있을 것 같은 늠름한 지도자의 초상이 되었다. 두 주먹은 힘과 결의를 표현하고 있다. 이것은 빅토리오 임마누엘 2세와 움베르토 1세의 주먹과 똑같으므로 키오소네의 생각이었을 것이다.

1873년의 초상과 동일한 것은 군인으로서의 풍모이다. 앞서 말했듯이 군인으로서의 웅장함은 더욱 극대화되었다. 1882년에 군인칙유(軍人勅諭)[37]가 포고되어 천황을 정점으로 군인체제가 정비된 것도 이를 뒷받침하였다.

서구의 군주들에게는 수염이 반드시 있었기 때문에 이때의 어진영부터 수염이 추가되었다. 일본에서 친숙했던 서구의 군주초상은 이토 히로부미가 경애하고 모범으로 삼았던 독일 빌헬름 1세의 위엄있는 카이저수염을 비롯하여 러시아 황제 알렉산더 3세의 수염 등 수없이 많다. 앞에서 서술한 이탈리아 국왕도 과장된 카이저수염을 기르고 있었다.

무엇보다도 큰 변화는 용모의 질적 변화다. 1873년 초상이든 우고리니= 타카하시 유이치 초상이든 양쪽 다 메이지천황의 개인적인 신체가 그대로 드러나 있다. 그만큼 현실과 가까워졌고, 이로 말미암아 천황의 풍모를 아는 사람에게는 친근감이 더욱 두터워졌을 것이다. 그러나 개인의 신체는 필연적으로 그가 속한 인종과 민족성을 대표한다.

여기에서 꼭 주목해야 할 왕족사진이 있다. 그것은 『타이요』 제2권 13호에 실린 『페르시아 국왕 낫세르 앗딘 사(Naser ad Din Shah, 1848~1896) 폐하』의 초상이다(그림 22). 견장 등은 서구풍이지만 왕의 용모는 확실히 백인이 아닌 유색 피부에 가깝고 페르시아의 헐렁한 민족의상과 민족모자도 동양적 색

---

37) 1882년 1월 4일에 메이지천황이 육해군에게 내린 칙유. 군대가 천황직속임을 강조한 내용은 군인들의 정신교육에 이용되었다.

그림 22 페르시아 국왕 낫세르 앗딘 샤 폐하의 초
상, 1912년, 『타이요』 13호

그림 23 손자를 안고 있는 오스트리아 황제, 『타이
요』 13호

채가 진하며 손에 쥔 칼도 완만하게 곡
선을 이루는 동양풍이다. 또 이 초상에
는 "흉도에게 암살당하셨다"라는 설명
이 적혀 있다.

같은 호에는 나중에 서술할 오스트리
아 황제가 군복 차림으로 황손을 안고
있는 초상(그림 23)과 앞에서 설명한 그
림 17의 제철소장관 야마우치 테이운의
초상이 있다. 이러한 초상들이 천황의
어진영과 놀랄 정도로 흡사함은 말할
필요도 없다. 여기에서 일본의 천황은
오스트리아 황제가 표현하는 서구적 신
체와 의상과 매우 비슷하고, 또 상류층
계급은 천황의 초상과 너무 비슷하다.
이에 비해 분열이 계속되는 아시아 · 오
리엔트의 민족적 왕군의 초상은 그 국
민이나 문명과 마찬가지로 차별화되어
있다.

이와 같이 '이상적인 군주상'은 그림
으로 그려짐으로써 그 개별적 신체성과
함께 인종과 민족성을 없애고, 백인적
신체는 물론이고 적어도 '보편적' 제왕
의 초상이 되었다. 이때 작가 키오소네
자신이 천황의 옷을 입고 모델 역할을
하였던 것도 초상이 신체적으로 백인화
되는 것을 강화시켰다.[55*] 이것이 사진
으로 복제되어 교육칙어과 함께 교육현

장과 부현관청으로 즉 국민에게 하사되었고, 국민은 사진이 지니는 실사라는 관념 때문에 이상적인 제왕상을 틀림없는 진실된 모습으로 느꼈던 것이다. 히지가타 히사모토를 비롯하여 궁내대신 이토 히로부미가 이를 환영했던 것도 무리는 아니다. 이로써 천황상의 아이콘(icon, 定型聖像)이 완성되었기 때문이다.

이 무렵 황후의 초상에도 큰 변화가 일어났다. 비로소 황후상도 양장이된 것이다. 그러나 몇 가지 이유로 황후의 어진영 제작은 천황의 어진영 제작보다 1년 늦은 1889년 6월 14일에 촬영되었다. 『메이지천황기』에는 "그날 황후께서 사진사 스즈키 신이치(鈴木眞一, 1834~1918)를 불러서 촬영하게 하시고 다음 날은 사진사 마루키 리요를 시켜 똑같이 촬영하게 하셨다"라고 쓰여 있다(그림 24).[56*]

촬영시기가 늦어진 이유는 알 수 없지만, 황후의 촬영 직후인 1889년 8월 19일에 키오소네에게는 "어진영 제작에 최선을 다한 노고를 위로"하는 만찬과 포상이 내려졌다. 또 같은 날 『메이지천황기』에 따르면 마루키 리요는 "사진을 조정하기 위해 키오소네의 지도를 받아 사진을 수십 번 촬영하고, 십 여일에 걸쳐 마침내 완성한 노고를 칭찬받아 특별히 상금 백엔"을 받았다.[57*]

이처럼 키오소네에게 어진영 제작의 노고와 포상이 내려진 것이 1889년 8월이고 마루키 리요에 대한 포상도 같은 시기였음을 생각하면 일부 학자가 말하듯이 황후의 어진영이 실사(實寫)이고 키오소네가 관여하지 않았다는 것은 타당하지 않다. 마루키 리요가 키오소네의 지도를 받아 천황과 황후의 어진영 제작을 맡았던 것은 분명하다. 다만 천황의 어진영은 처음부터 콩테를 촬영한 것이었지만 황후의 경우에는 『메이지천황기』에도 키오소네가 그렸다는 기록이 없고 스즈키 신이치와 마루키 리요가 이틀에 걸쳐 촬영했다고만 되어 있기 때문에 어쩌면 실사를 근거로 수정했을지도 모른다. 아니면 키오소네가 별도로 황후의 초상을 콩테로 그렸다고도 생각할 수 있다. 마루키 리요가 촬영한 어진영을 근거로 했다고 여겨지는 4분의 3신상의 황

그림 24 황후어진영, 1889년, 鈴木眞一·丸木利陽

후 콩테가 별도로 존재하고 있기 때문이다.

이토 히로부미 소장의 초상

1917년 6월 10일 이토 히로부미의 후계자는 이토 히로부미의 소유인 '은사관(恩賜館)'을 메이지신궁봉찬회(明治神宮奉賛会)에 헌납했다. 이 건물은 1881년에 아카사카어소(赤坂御所)의 별관으로 축조되어 황실전범(皇室典範)과 제국헌법을 심의한 장소였다. 동궁어소(東宮御所)[38]를 개축하기로 했을 때 메이지천황은 1907년 1월 17일 '대전기초(大典起草)'의 공로를 치하하여 이 건물과 이전비용을 이토 히로부미에게 하사했다. 이토 히로부미는 이 건물을 오이마치(大井町)로 이전하고 은사관이라고 명명하였다. 이듬 해 기원절(紀元節)[39]에는 은사관의 완성과 함께 헌법발포 20주년이 개최되었다. 이때 이토 히로부미가 한 연설은 다음과 같다.[58*]

> 저는 결코 국체(國體)의 변천이 아니라 정체(政體)의 변천이라고 말했습니다. …… 저는 국체 그 자체에 있어서는 우리 역사가 생긴 이래 일본에서 혁명은 없다는 것입니다. 즉 진무천황 이래 황통을 계속 이어온 것은 분명합니다. 따라서 일본국은 진무제의 후예인 만세일계(萬世一系)[40]의 황통이 지배하시므로 국체는 변함이 없다고 저는 단언합니다. 그러나 정체는 때에 따라 변천해야 한다고 생각합니다. …… 산조 사네토미, 이와쿠라 토모미, 키도 타카요시(木戸孝允, 1833~1877), 오쿠

---

38) 황태자의 거처를 말한다.
39) 1945년 이전의 4대 경축일 중 하나. 진무천황(神武天皇)이 즉위한 날로 추정되는 2월 11일을 기념하는 날로서 전후 '건국기념일'로 바뀌었다.
40) 천황에 관한 정치·역사 이데올로기의 일종. 일본은 신의 자손인 천황가에 의해 다른 나라와 같이 혁명과 왕조 단절의 경험 없이 통치되어 왔다고 하는 사관에 근거해 황통의 일계나 천황제의 영속 등을 주장하는 것.

보 토시미치는 생존 중에 일관되게 점진주의를 취했고 결국 1881년에 이르러 1890년을 기점으로 국회를 열 것이 정해졌습니다. 이에 대한 입장을 정하지 않으면 일본에 어떤 분요분란(紛擾紛亂)이 초래될 지 알 수 없었기 때문입니다. 우리들은 봉건을 버리고 헌법을 만들기로 결정했습니다. 저도 칙명을 받들어 유럽으로 가서 철저히 조사하고 돌아왔습니다. 귀국 후 초안을 만들어 폐하에게 보여 드린 후, 오늘 여러분을 초대한 이 은사관에서 추밀원을 개최하고 모두 함께 심의하라는 분부를 받았습니다. …… 폐하는 한 번도 빠짐없이 왕림하시어 평의(評議)를 들으셨습니다. …… 마침내 1889년 2월 11일 기원절을 기해 발포된 후 스무 번째 맞이하는 기원절입니다. …… 실은 이곳에 마련되어 있는 진수성찬은 폐하께서 여러분에게 하사하신 것입니다.

이와 같은 이토 히로부미의 인사가 끝난 후 야마가타 아리토모가 내빈대표로 답사를 하고 이토공(伊藤公)의 만세삼창과 함께 '은사의 술을 기울이며' 화기애애한 가운데 폐회하였다.

이토가문이 기증한 이 건물은 1918년에 미나토구(港区) 아카사카로 이전되어 현재는 메이지기념관 내의 '헌법기념관'이 되어 있다. 이때 이토 히로부미의 장서 7,000여 권과 함께 천황과 황후의 초상도 기증되었는데 이 가운데 서적 등은 칸토대지진으로 소실되었지만 초상은 남아 있다(그림 25, 그림 26).

앞에서 언급한 메이지신궁편집(明治神宮編集)의 『메이지천황의 초상』에 따르면 남은 2장은 모두 키오소네의 작품이라고 한다. 이는 그 정밀함이 더할 나위 없는 필치로 보아 분명하다고 생각된다. 이 천황상은 배포된 어진영과 동일한 형태이므로 그 원본이 같은 것으로 추측되지만 그림 속의 배경은 다르다. 보통 어진영의 배경으로는 무늬가 있는 벽지가 보이지만 이 그림의 배경에는 그림자 이외의 무늬는 없다. 또한 의자의 조각장식과 무늬는 보통의 것보다 확실히 선명하고 상세하다. 모두 국화 무늬임을 확실히 알 수 있다.

키오소네는 몇 장의 콩테를 그렸던 것 같고 그중에 한 장을 이토 히로부미에게 직접 헌납한 것으로 여겨진다. 키오소네는 1891년에 대장성의 고용

그림 25 메이지천황 초상, Edoardo Chiossone, 明治記念館

그림 26 황후 초상, Edoardo Chiossone, 明治記念館

이 만기되었을 때 이토 히로부미를 방문했는데, 이때 이토 히로부미는 내각 총리대신 마츠카타 마사요시(松方正義, 1835~1924)에게 키오소네의 종신연금을 인가해주도록 주선하였다.59* 『메이지천황기』은 키오소네가 1891년 7월 6일에 훈삼등(勳三等)의 서훈을 받고, 11월에 연금 1,200엔, 1893년 7월에는 은급년액(恩給年額)41) 1,000엔이 결정된 일을 기록하고 있다(『明治天皇紀』第7卷, 8月). 매우 잘 묘사된 이 초상은 이와 같은 이토 히로부미의 노력에 대한 특별한 감사의 표시로서 키오소네가 증정한 것은 아닐지 추측된다.

짝을 이루는 황후상도 보통 것과는 몇 가지 현저한 차이를 보인다. 먼저 배경을 이루는 벽면이 보통 것은 평판으로 장식이 없지만 은사관의 것은 허

---

41) 공무원을 대상으로 한 옛날의 연금제도를 말한다.

그림 27 왕비 마르게리타 초상, 1878년경

리 부근의 벽면에 덧그려진 국화 장식이 천황의 의자장식과 대칭을 이루고 있다. 또한 보통의 어진영에는 장미 꽃병 뒤에 동으로 만들었다고 여겨지는 항아리가 한 개 더 놓여 있지만, 여기에서는 제외되고 단지 큰 장미꽃 두 송이가 꽃병에 꽂혀 있을 뿐이고 테이블에 있는 책의 모양도 다르다.

가장 큰 차이는 황후가 전신입상이 아닌 천황과 같은 4분의 3신상으로 되어 있고, 양자대칭(symmetry)이 명확하게 의식되고 있다는 점이다. 이로써 천황의 부속물(attribute)은 군모와 칼, 황후의 부속물은 장미와 책이라는 점이 한층 더 명확하게 보인다. 이탈리아 마르게리타 황후의 4분의 3신상과 비교하면 흉착(胸着)과 치마 모두 아주 비슷함을 알 수 있다(그림 27).

이 버전은 민간에 공개된 증거가 있다. 『타이요』 제1호 권두그림은 국화로 테두리를 둘러 화려하게 장식되어 있다. 배경의 소품 등을 보아도 이는 확실히 이토가문의 버전이다(그림 28).

그림 28 메이지천황·황후 초상, 1895년, 『타이요』 제1호 권두그림

1887년의 위기와 이토 히로부미

메이지사 연구는 이토 히로부미가 1883년 8월 3일 귀국 이후 1890년 헌법 공포까지 행했던 개혁에 집중되어 있다. 특히 사카모토 카즈토(坂本一登) 씨는 이 일련의 개혁들 중에서 가장 중요한 것은 '궁중' 개혁임을 거듭 강조하고 있다.[60*] 사카모토 카즈토 씨에 의하면, 천황은 그 당시 내각과 상대적으로 자립한 존재로서 시보(侍補, 제도로서는 1879년 10월 13일에 폐지되었지만 사적으로 힘을 지녔으며 특히 나중에 서술하는 바와 같이 국체유지 유교적 공교육에 절대

적인 영향력을 지녔다)[61]*라고 칭해지는 일군의 보수주의자들에 둘러싸여, 특히 모토다 나가자네(元田永孚, 1818~1891) 등의 전통적인 정치관에 친근감을 가지면서 급격한 서구화나 개혁에 혐오감을 품고 있었다. 이 문제를 해결하고 천황을 명실 공히 '입헌군주화'함으로써 강력하고 구심적인 정치의 중심으로 만들 필요가 있었다.[62]*

이토 히로부미는 스스로 궁내대신이 되어 궁중에 깊이 관여함과 동시에 옛 쿠게(公家), 다이묘(大名), 유신공신을 포함한 화족제도(華族制度)를 확립하였다. 기본적으로 이것은 거세지는 민권파에 대항하고 입헌정치 속에서 지배계급으로 이뤄지는 상원(上院)의 구성원을 제도화할 필요가 있었기 때문이다. 이와쿠라 토모미도 똑같은 필요를 느끼고 움직였지만, 사카모토 카즈토 씨가 지적하듯이 노력의 방향은 전통적인 질서를 재확인하고 재생산하기 위한 것이었다.[63]* 여기에는 기존의 신분제도와 사회질서의 유지를 통해 정치적 기반과 정치의 중심력을 굳건히 하려는 정치관이 존재하고 있었다.

이와 달리 이토 히로부미는 '무능한 화족'[64]* 밑에 있는 자들의 불만을 고려하여 그 출신의 귀천과 관계없이 공이 있거나 유능한 무사를 규합하여 새로운 권력집단의 창출을 의도하였다. '기존의 신분질서를 실질적으로 청산하고 새로운 상승지향을 부단히 도입하는 제도를 창설함으로써 정부의 지지기반을 육성'하려고 했던 것이다.[65]* 이리하여 1884년 7월 7일 화족제(華族制)가 제정되고 신귀족계급 확정이 실행되었다.

본 절과 직접적으로 관련이 있는 이토 히로부미의 개혁 중 중요한 것은 입헌체제와 양립하는 궁중의 국제화였다. 메이지천황이 서양적인 것을 좋아하지 않고 서양인과의 접견을 싫어했음은 널리 알려진 사실이다.[66]* 그러나 이토 히로부미는 천황에게도 서구 입헌군주국의 군주를 모델로 하는 새로운 행동규범을 요구하였다. 『메이지천황기』를 찾아보면 분명히 알 수 있듯이 황실의 주요 행사는 여러 나라와의 외교였다. 외교는 일본의 문명화와 근대화에서 불가결한 문제였다.

사카모토 카즈토 씨는 이토 히로부미가 우선 천황의 의향을 존중하면서 천황으로부터 개인적인 신뢰를 쟁취하는데 성공한 후 '천황의 서양알레르기'를 해소함과 동시에 1886년에는 인격적인 신뢰 하에 궁중개혁을 추진했다고 서술하고 있다.[67*] 1884년에 천황은 서구화를 요구하는 이토 히로부미에게 난색을 표하고 모토다 나가자네에게 "서구화를 바라는 이토가 기필코 궁중개혁을 할 것이다. 그러면 틀림없이 후궁의 의복에도 영향이 있을 것이니 참으로 난처할 따름"이라고 말하였다.[68*] 사카모토 카즈토 씨가 지적하고 있듯이 이 변화를 상징적으로 보여주는 것은 '황후의 양장화'였다. 사카모토 카즈토 씨에 따르면 "이토는 궁중 국제화의 일환, 즉 외국과의 교제에 불가결한 장치로서 1884년 이후 황후의 양장화를 염원하고 있었다. 그러나 천황의 소극적인 자세 때문에 1886년에 이르기까지 이토는 이 문제에 손도 대지 못하고 있었다"고 한다.[69*]

이와 같았던 황후의 양장화는 1886년 6월 23일 "앞으로 황후궁에서도 경우에 따라서는 서양 복장을 착용해야 하므로 황족과 대신 이하 각 부인들도 조정의 의식을 비롯한 예식에 상응하는 서양 복장을 준비할 것"이라는 천황의 윤를 통해 이루어졌다.[70*] 7월 30일에 황후는 처음으로 양장 차림으로 화족여학교(華族女学校)[42)]를 방문하였고 8월 3일에는 아오야마어소(青山御所)에 행차하였다. 천황은 여기에 불만을 나타내지 않았다. 궁내차관 요시이토모자네(吉井友実, 1828~1891)는 이토 히로부미에게 보낸 편지에서 "황후 폐하께서 양복을 입고 왕림하셨사옵니다. 이는 시대의 흐름을 따르신 것이오나 뜻밖이어서 황송할 따름이었습니다"라고 당시의 상황을 적고 있다.[71*]

1886년 중반 이후 이토 히로부미는 궁중의식과 행사에도 국제적인 색채를 드러내기 시작하였다. 그는 1886년 중반에 구습을 타파하고 천황과 황후에게 후키아게교엔(吹上御苑)[43)]내에서 이탈리아 곡마사 키아리니(Chiarini) 곡

---

42) 황족과 화족의 자녀 중 여자의 교육기관으로 1885년에 설치된 학교. 궁내성이 관할하였다. 1906년 가쿠슈인(學習院)으로 합병되었다가 1918년에 죠시가쿠슈인(女子學習院)으로 독립되었고, 제2차 세계대전 이후 다시 가쿠슈인에 통합되었다.
43) 황거(皇居)의 내부에 있는 정원. 에도 중기에는 정원을 관리하는 후키아게부교(吹上奉行)를 두기도 하였다.

마단44)의 공연을 보여드렸다.[72*] 이리하여 이듬해인 1887년 신년의식에는 황후가 양장 대례복을 입기에 이르렀다.[73*] 또한 같은 해 3월에는 독일 궁정의 시종이었던 몰 부부를 초빙하여 궁중의례의 국제화를 실천하였다.[74*]

몰은 이미 기술한 바와 같이 개인적으로는 궁중복장의 양장화에 반대했지만 황후의 예복 등에 대해서는 궁정 여관(女官)출신이었던 아내의 예복을 모델로 제공했을 뿐만 아니라 국산 직물로 양장에 적합한 제품을 만들도록 지도하였다.[75*] 어진영으로서 세계에 배포된 초상의 의상이 손색없는 수준을 유지했던 것은 이들 부부의 조언 때문임이 분명하다.

제2장에서 다루겠지만 황후의 양장은 사소한 문제가 아니라 이토 히로부미가 추진한 근대화 정책의 중요한 시책 중 하나로서 주목할 필요가 있다.

황후의 양장이나 궁중예식의 서구화는 바야흐로 세계시스템 속에서 절대적인 권력으로 다가오는 열강에 대해 일본이 '야만적'이지 않고 '문명국'임을 보여주는 국제정치의 연장선상에서 이루어졌다. 헌법조사를 위해 유럽에 체류 중이던 이토 히로부미는 서구문명의 위협을 통감하고 마츠카타 마사요시에게 보낸 1883년의 편지에 "그리스도교를 믿는 자는 서로 통하고 …… 이를 믿지 않는 자는 점차 절멸시키려고 한다. 서구인이 동양과 교류하려는 데는 이러한 마음이 있음이 불을 보듯 뻔하다. 실로 우리 동방의 형세는 풍전등화라 할 수 있다"[76*]라고 쓰면서 위기감으로 가득 찬 국제인식을 나타냈다. 일본의 국제적 열등성을 여실히 드러낸 조약개정 논의에서도 일본은 서구세계와 호환성있는 법전을 정비하고 또한 이를 알리는 작업을 거쳐야만 했다.[77*]

"문명국인지 아닌지의 판정권을 지니는 것은 서구열강이고, 이때의 판정기준은 바로 서구문명의 학습능력과 습득 정도"[78*]였다. 실제로 이런 점에

---

44) 1886년에 일본을 방문한 서양 곡마단으로 일본에서는 챠리네(チャリネ)라 불렸다. 당시 코끼리나 호랑이 등의 곡예를 선보이면서 대대적인 화제를 불러일으켰다. 이후 각지에서 '일본 챠리네'라 칭하는 곡마단이 등장할 정도로 서양곡마의 대표명사가 되었다. 1889년에 다시 일본에서 공연을 하였다.

서 설령 '가면일지라도' '보호색으로서' '적어도 풍속만이라도' 서구화와 그리스도교화가 필요하다고 인식하는 지식인이 많았다. 예를 들어 프랑스에 체류 중이던 하라 타카시(原敬, 1856~1921)는 "서구각국에 대해 우리나라의 지위를 향상시키기 위해서는…… 우선적으로 사회 상류층은 될 수 있는 한 유럽 즉 그리스도교 인민처럼 품행을 바르게 하거나 위장이라도 하는 것이 가장 긴요하다고 생각합니다"라고 이토 히로부미에게 편지를 쓰고 있다.[79*] 또한 이 무렵 영국에 있었던 개진당(改進党)의 간부 야노 후미오(矢野文雄, 1850~1931)도 1885년 6월의 「류도통신(竜動通信)」에서 "이제 우리나라가 외교를 시작한지 20년이나 되었지만 실력은 아직 서구각국과 그 지위를 나란히 할 정도까지는 결코 미치지 못하고 있다. 하지만 적어도 도시문화만큼은 서구각국의 경멸을 피하여 그들과 같은 지위를 얻고자 한다"라고 쓰고 있다.[80*] 또한 이토 히로부미의 심복으로 궁중개혁을 담당했던 내대신(内大臣)의 비서 나가사키 쇼고(長崎省吾, 1850~1927)처럼 "바야흐로 서구의 모든 문물은…… 세계에서 탁월한 실적을 남기고 있다. 따라서 그들은 우리가 그들과 다른 점을 보면 우리를 배척할 것이다. …… 세상 이치를 생각하면, 전 세계에서 가장 세력있는 서구문명을 따르고 이에 의지하여 그 배척을 면하는 것은 세상 순리를 따르는 것"이라고 생각하는 이도 있었다.[81*]

따라서 양장차림의 천황과 황후 초상을 창출하는 것은 일본의 '문명'을 가시화하는 것, 이미 많이 거론되어 왔던 것처럼 '국민'에게 보이도록 하는 것 이상으로 우선 서구열강에게 자신의 문명을 시각화하고 이를 설득하기 위한 필수조건이었다. 이것은 헌법정비나 의회개설과 동일한 계기를 지니는 국제정책이었다. 독일에 주문한 황후의 대례복은 대략 총액이 130,000엔이었다.[82*] 총리대신 연봉이 10,000엔, 로쿠메이칸(鹿鳴館)[45]의 총 공사비가

---

45) 메이지시기에 '외국인 접대소'로 세워진 건물명(1883년 건축). 계획을 추진한 것은 외무경 이노우에 카오루(井上馨, 1835~1915)이다. 이노우에는 불평등조약의 개정을 위해 일본이 문명국임을 외국인에게 보일 필요가 있다고 생각하였다. 이노우에의 외교정책을 로쿠메이칸외교라고 부른다.

180,000엔이었다고 하므로 황후의 대례복은 거대한 건물 한 채를 짓는 것과 맞먹는 영단(英斷)을 필요로 했던 국책이었음을 알 수 있다.

한편 일반 여성들은 황후의 양장을 어떻게 보았을까. 야마카와 키쿠에(山川菊栄, 1890~1980)는 『모녀 이야기(女二代の記)』에서 당시 사범학교 여학생이었던 어머니 아오야마 치요(青山千世)의 말을 빌어서 다음과 같이 쓰고 있다.[83*]

> 1885년에 …… 복고라는 명분하에 실제로는 서양의 복장을 그대로 모방하는 궁중의 명령이 내려졌습니다. 이것은 조약개정을 위해서 고육지책으로 마련한 양복, 양옥, 양식, 댄스, 외국어의 장려 등과 같은 성급하고 피상적인 로쿠메이칸식의 귀족적인 서구화주의를 공식적으로 선언한 것이었습니다. 같은 해 여름방학에는 여자사범(女子師範)에서도 트레머리를 땋는 방법, 양복을 재봉하는 방법에 관한 강연회를 개최하니 졸업생들도 참석하라는 통지를 받고 치요도 욘반초(四番町)의 친정에서 학교에 다니며 강습을 받았습니다. 이후 치요는 한 번도 일본식으로 머리를 땋은 적이 없으며 평생 트레머리로 일관했는데 …… 거리를 걸으면 아이들이 뒤따라오며 '소똥, 소똥'하고 놀리거나 '라샤멘, 라샤멘'[46]하고 부르며 작은 돌을 던지는 등 몹시 귀찮았다고 합니다. …… 빅토리아시대의 복장은 손이 많이 가는 갑갑한 것으로 바느질을 하거나 입을 때도 성가시고 손목까지 감싼 좁은 소매와 걸을 때 구두 끝만 살짝 보일 정도로 긴 옷자락 등 정말 불편하기 짝이 없기 때문에 유럽에서조차 진보적인 여성들 사이에 복장개량의 목소리가 높았을 정도였습니다.

야마카와 키쿠에는 양장에 반대하고 있던 대표적인 국수주의자 중 한명으로서 자작(子爵) 후쿠바 비세(福羽美静, 1831~1907)를 거론하면서 국수주의는 표면적으로 패하여 물러난 듯하지만 "국수주의는 정말로 패한 것일까요 양이당(攘夷党)이 하룻밤 사이에 돌변한 메이지정부의 지도자 중에는 후쿠바 자작 못지않은 국수주의자, 복고주의자, 천황의 신권(神權)과 세계제패를 의심치 않는 광신자도 많고 또한 단순한 권력주의자, 입신출세주의자도 많으며 …… 양복을 입고 외국어를 구사해도 자유평등이라든가 여성의 인권과

---

46) 양을 의미한다. 서양 어부가 면양(綿羊)을 배안에서 사육하고 범한다는 속설에 따라 일본에 와 있는 서양인의 첩이 된 일본여성을 비하하여 부르는 말.

같은 시민혁명의 이상(理想)을 이해하는 자는 적고, 설령 말한다 해도 이를
실천하는 자는 더욱 적었다." 또한 "벌족(閥族) 관료들 중에는 아내나 딸에게
양복을 입히고 학교교육을 받게 하며 외국어나 댄스를 배우게 하는 자는 많
았지만 이 역시 다도나 꽃꽂이와 마찬가지로 귀부인들의 취미로서 허용된
것에 불과하며 인간으로서의 자각이나 독립능력을 익히도록 하는 것은 아
니었습니다"라고 서술하고 있다.[84*]

하사와 아이콘화

『메이지천황기』 1872년 5월 19일 기록에 따르면 대장성은 조폐권두(造幣
權頭) 마스다 타카노리(益田孝徳)와 고용외국인 킨들이 세계 각국의 제도를
모방하여 천황의 초상을 화폐에 새기자는 건의를 거부했다고 한다.[85*] 1875
년에는 사진사 우치다 쿠이치가 복사할 목적으로 사진원판의 하사를 청원
한 것을 허가하지 않고 오히려 '천황사진매매금지령'을 내렸다.[86*] 타키 코
지 씨는 화폐에 천황상의 사용을 금지하고 매매를 금지한 것은 천황상의 사
용방법에 차이를 두기 위한 것이라고 지적하고 있다. 천황에게 따라다니는
신성한 존재라는 신앙이 천황의 존재와 그 표상을 분리하기 어려운 것으로
만들었다는 것이다.[87*]

이렇듯 성스러운 존재의 성성(聖性)이 그 그림에도 깃들어 있다는 관념은
드문 것은 아니다. 그리스도교를 비롯한 많은 종교에서 예배그림은 모두 이
관념에 기초하고 있다. 전형적인 것은 비잔틴미술(Byzantine Art)의 아이콘(icon)
인데 여기에서는 신을 그린 그림에도 신성함이 깃들어 있다고 하여 예배의
대상이 된다. 원래는 동방의 비잔틴제국 황제가 스스로 권위를 널리 세우고
말단에 이르기까지 제국을 통치하기 위해 초상에 대한 예배를 제도화한 것

에서 시작된 것으로 제국의 국교인 그리스정교에도 초상예배가 파급되었다.

따라서 민간에서의 매매나 화폐에 새기는 것도 금지되었던 초상이 오로지 배례를 위해 전국의 학교 등에 하사되었다는 사실은 천황상의 아이콘적 성격을 단적으로 보여준다. 즉 천황상을 신상(神像)과 같이 여기도록 함으로써 천황이 신성함을 지닌다는 의미이다. 이것은 어진영라는 단어에도 나타난다. 천황의 최초 초상사진은 단지 '어사진(御写真)'으로만 불렸다. 어진영은 불교계에서 부처의 사리나 불상, 탱화, 개조(開祖)·시조(始祖) 등의 공식적인 초상을 가리키는 말이다. 이것이 교육칙어와 함께 하사되었을 때 천황 초상에 붙여진 것은 본존(本尊)풍의 우상으로 배례하는 자세를 국민에게 명한 것임과 동시에 천황상의 우상화를 의미하는 것이라고 사토 히데오(佐藤秀夫) 씨는 분석하고 있다(그림 29).[88*]

그림 29 교육칙어와 함께 하사된 어진영

새로운 어진영은 1889년 12월부터 공립고등소학교에 하사가 허가되었고, 다음해 10월부터는 시정촌(市丁町)의 소학교와 유치원이 인근 학교에서 복사하는 것을 허가되었다. 마침내 전국의 유치원생까지, 즉 모든 국민이 새로운 어진영을 접하게 된 것이다. 나아가 1891년에 문부성은 도부현(道府県)에 "학교에 하사된 어진영은 교육칙어와 함께 학교 내 일정 장소에 모셔야 한다"는 훈령을 내렸다. 그 결과 그리스도교 등과 같은 신앙을 지닌 국민 중에는 어진영에 배례하지 않는 사람도 있었는데 이는 불경스럽다고 하여 혹독한 지탄을 받게 되었다.

가장 유명한 사건은 1891년 1월 9일에 발생한 우치무라 간조(内村鑑三, 1861~1930)의 불경사건이다. 이날 제일고등중학교(第一高等中学校)[47]의 강당에서는 천황과 황후의 어진영을 내걸고 그 옆에 충군애국의 성심을 표하는 호국기를 세우고 교원과 학생들에게 예를 올리는 칙어봉독식이 거행되었는데, "일본 신민이라면 누가 감격하여 울지 않겠는가. 본교 교원인 우치무라 간조만이 이를 이상히 여겨 예를 다하지 않아 신성한 식장을 더럽혔다"[89*]라는 것이다. 이에 대해 니시다 기타로(西田幾多郎, 1870~1945)는 「헌법을 위반한 그리스도교도의 처분」이라는 제목으로 우치무라 간조의 처분을 주장하면서 "이 사건은 매우 사소하게 보이지만, 국체(国体)의 영욕(栄辱)과 관련되고 자제교육의 방침에 많은 영향을 미치는 것"[90*]이라고 고발하였다. 의견은 분분했지만 결국 우치무라 간조는 면직이 아닌 내부해고가 되었다.

이노우에 데츠지로(井上哲治郎, 1855~1944)는 『쿄이쿠시론(教育時論)』 제279호~제284호의 「교육과 종교의 충돌」이라는 글에서 우치무라 간조가 불경한 태도를 보인 것은 그가 그리스도교를 신봉하고 있기 때문인데, 그리스도

---

47) 1886년 제국대학령에 의해 홋카이도(北海道)와 오키나와현(沖縄縣)을 제외하고 전국을 5개 지역으로 나누어 설치되었다. 제일고(第一高) 본과(本科)는 현재 토쿄대학 교양학부의 전신이다. 1894년 고등학교령에 의해 구제고등학교(舊制高等學校)가 되었고, 수업연한도 2년에서 3년으로 연장되었다. 참고로 제이고(第二高) 본과는 현재 토호쿠대학(東北大學) 교양학부, 제삼고(第三高) 본과는 현재 쿄토대학 교양학부, 제사고(第四高) 본과는 현재 카나자와대학(金澤大學) 문학부·이학부·교양부, 제오고(第五高) 본과는 현재 쿠마모토대학(熊本大學) 문학부·이학부이다.

교도는 유일신을 믿고 있으므로 애국의 정신이 없다고 지적한 후 "예수교도는 자신도 모르게 애국심을 잃어버리고 다른 사람의 행위를 의아해하고 풍속을 거스르며 질서를 문란케 함으로써 나라의 통합을 해친다. 실로 이것보다 큰 나라의 재앙은 없다." 왜냐하면 "우리나라는 예로부터 신도(神道)의 가르침이 있는데 여기에는 셀 수 없을 정도로 많은 신이 있으며 그중 최고의 신 아마테라스 오미카미(天照大神)는 황실의 조상으로 불릴 뿐만 아니라 역대의 천황 또한 모두 신으로서 존경받고 숭배받는다"[91]*라고 적고 있다.

우치무라 간조는 『쿄이쿠시론』 제285호에 이노우에 테츠지로가 언급한 스펜서(Herbert Spencer, 1820~1903)의 『대의정체론(代議政体論)』 영문과 그 번역을 인용하면서 이노우에 테츠지로의 주장을 반론하는 공개장을 실었는데 그 내용은 다음과 같다.[92]*

> 복종의 본성(즉 군주정체를 있게 하는 것)은 수많은 죄악의 원인이다. 이것은 복종하지 않는 고결한 기사들을 고문하고 살육하여 바스티유와 시베리아의 참상을 저지르고, 지식과 사상의 자유, 진정한 진보를 억압한다. 또한 이것은 모든 시대에 왕실의 폐해를 물려주어서 그 폐해가 나라 안에 퍼지게 한다. …… 주권에 대한 복종은 도덕과 지식의 증진과 동시에 후퇴하고 없어진다. 과거의 무용(武勇) 숭배에서 오늘날의 '아첨주의(flunkyism)'에 이르기까지 복종의 정신은 인성의 가장 비열한 곳에서 가장 강하다.

이후로도 어진영에 대한 불경사건은 끊이지 않았다. 어진영은 처음에는 외국과의 외교의례, 천황의 친정(親政)을 주지시키는 시각장치였다. 그러나 1888년에 이르러 이것은 국민에게 배례를 명령하는 아이콘이 되었다. 배례를 행하지 않는 자를 범죄자로 단죄하는 '성화밟기'가 된 것이다. 이어서 우치무라 간조는 어찌하여 그리스도교 신도가 칙어를 배례하는 다른 인간보다도 불충·불효·불신·불화·불손하다고 말할 수 있느냐며 다음과 같이 비판하고 있다.

아침에 어진영에 엄숙한 배례를 드리고 저녁에 문란한 연회에 참석하는 사람은 어떠한가. 뿐만 아니라 숙연하게 칙어에 배례하는 자가 술을 마시며 떠들어대는 것은 우리들로 하여금 역겹게 하기에 충분하다. ……일본국의 교육사회는 칙어발포 이래 불경자를 떠들썩하게 비난하는 것만큼 도덕상의 진보가 있었는가. 학생의 근면공겸(勤勉恭謙)은 발포 이전과 비교하여 현저하게 진보하였는가. 교원의 진솔검절(眞率儉絶), 학생에 대한 애정과 희생정신은 전에 비해 얼마나 진보가 있는가.

이제 어진영의 초상과 그 의미에 대해서 정리해보고자 한다. 첫째, 양장은 '근대화, 국제화'의 요청으로 이루어졌다. 이로써 천황상은 서구 선진국의 군주와 대등해지고 호환성을 얻게 되었다. 이것은 이토 히로부미 등과 같이 서구체재의 경험이 있는 위정자들에 의해 추진된 국책이었다. 둘째, 군복, 군모, 건장한 체구, 손에 칼을 쥔 몸짓은 군인천황을 표상하고 모범적인 국민상, 즉 '군대'의 수장임을 보여주는 것으로 군제—병제 및 군인칙유 반포와 깊은 관련이 있다.[93]* 셋째, 어진영의 '보편적' 특징(개성, 인종성, 민족성을 불식한)과 정면성(正面性)은 교육칙어 및 봉대(奉戴)제도를 통해 이것이 유일한 '신상(神像)'으로서 배례해야 하는 국민전체의 숭배상임을 가능하게 했다. 천황의 의사와 상관없이 교육현장의 말단에서 일어나기 시작한 것은 개인의 비극이며, 마침내 모든 일본인에게서 종교, 사상의 자유를 근본부터 빼앗는 중대한 억압 장치로 변모할 가능성을 지니고 있었던 것이다.

어진영에 나타난 천황의 신체와 용모는 그 당시 어떠한 일본인의 신체나 용모보다도 훨씬 이상적인 것이었다. 이것은 서구의 군주에 필적하는 체구, 복장, 용모의 위엄을 지니고 있었다. 일본적인 풍체와 얼굴 생김새, 결발(結髮)[48]을 극복함으로써 국민보다도 한 발 앞서 서구화된 신체는 처음에는 서구세계와 대등하게 대치할 의도로 창출된 것이었지만 나중에는 일본 안에서의 서구로서 뒤떨어진 국민을 압도하였다.

귀족과 고위관료는 경쟁하듯이 천황초상의 모습에 가까워지려고 했고,

---

48) 머리를 묶음. 또는 묶은 머리.

이를 통해 새로운 지배계급에 속해 있음을 보여주려고 하였다. 이것은 민간 잡지에 거의 매호마다 게재된 귀인귀녀(貴人貴女)의 양장으로 국민에게 제시되었다. 메이지시기에 일반서민이 어떤 체구와 복장으로 생활했는지를 생각해보면 이들의 복장이 어진영 및 이를 추종하는 신지배계급의 초상과 현격한 차이를 보여주고 있었음을 알 수 있다.

제2장 황후의 어진영

여성국민이란 무엇인가

서양식 군복을 입은 천황의 어진영은 대외적으로는 문명선진국과의 호환 가치를 창출하고 대내적으로는 국민화 특히 1884년의 군인칙유, 1885년의 징병령 개정, 즉 국민개병의 형태를 취하며 '남성의 국민화'를 목표로 삼았다고 할 수 있다. 반면에 양장을 입은 황후의 어진영은 첫째 어디까지나 천황과 짝을 이루어 '근대국가의 근대적 부부상'을 대내외적으로 전시하는 것, 둘째 열강의 왕비와 비교해도 손색없는 문명화된 양식이라는 점이 중요한데 양장차림 모습은 주로 이 때문이었다고 생각된다. 이에 대해서는 본장에서 구체적으로 검토할 예정이다. 셋째로는 국내의 신민을 대상으로 한 '여성의 국민화'라는 새로운 테마를 염두에 두었던 것도 분명하다.

여성의 국민화는 근대국가의 새로운 과제였다고 할 수 있다. 특히 일본에서는 여성이 아버지, 남편, 아들을 따르는 삼종지도(三從之道)를 주창하는 유교도덕의 확고한 전통계승과 봉건사회 신분제도의 억압으로 여성은 일가(一家)의 가장에게 종속되고 정치적으로 무력한 존재였다. 따라서 여성을 어떻게 통제하고 그 에너지를 이용할 것인지에 관한 과제가 국가에게 있다는 사실이 표면적으로는 드러나지 않았다고 할 수 있다. 그러나 국민 모두를 직접 지배하는 근대국가의 기능을 원활하게 하기 위해서는 반드시 국민의 절반에 해당하는 여성을 국책에 따라 통제할 필요가 있었다. 그 통제방침은 정치상황에 따라 변하기도 했지만 기본적으로 다음과 같은 두 가지 지침을 지녔다.

첫째, 여성에게 일본 국가를 이해하도록 하여 국민의 일원임을 자각하게 하는 것이다. 이는 메이지시기의 여성교육에서 일관되게 유지된 부분이었다. 후쿠자와 유키치(福沢諭吉, 1835~1901), 도이 코카(土居光華, 1847~1918) 등과 같은 개명파부터 카토 히로유키(加藤弘之, 1836~1916), 이와모토 요시하루(巖本善治, 1863~1942)는 물론 여성 지도자 시모다 우타코(下田歌子, 1854~1936), 미와타 마사코(三輪田眞佐子, 1844~1927)에 이르기까지 여성에게 국민으로서의 자각을 하도록 하는 사상은 모두 동일하였다.[1]

둘째, 국가 내에서 여성이 있어야 할 위치와 한계를 가르치는 것이다. 그 기본적인 논거는 19세기 세계가 공통적으로 지니고 있던 성별 분업관이었다. 이것은 남성과 여성은 생리적으로 다르기 때문에 이에 따른 성격과 천직의 자질도 다르며 국가에서의 역할도 엄연히 구별되어야 한다는 것이었다. 이런한 관점에 의거하여 국가는 여성의 성적 에너지, 즉 출산능력을 가장 중시하여 국민을 생산하는 모체(母体)로서 여성을 확보하려고 했다. 게다가 국가 입장에서는 태어난 국민이 유용한 인재이어야 국가적인 이익이 되기 때문에 그냥 아이를 낳고 방임할 것이 아니라 충성스럽고 선량한 국민으로 양육하는 것이 여성의 기본적 의무임을 가르칠 필요가 있었다.

이를 위해 여성은 그저 무지한 모체가 아니라 국가에 대해 알고 국가에 공헌하는 남자를 교육할 수 있을 만큼의 지식과 교양을 지녀야만 한다. 또 남성이 정치·경제·군사 등 국가운영에 필요한 노동에 전념할 수 있도록 쾌적한 노동력 재생기능을 지니는 가정을 운영할 수 있을 만한 능력과 자각도 필요하다. 따라서 여성의 국민적 위치란 우선 여성은 가정에 있어야 할 것, 남성의 노동력 재생을 위한 의식주에 전념하는 아내일 것, 우수한 국민을 재생산하는 어머니일 것, 이 세 가지 항목이 여성의 '국민적 의무'가 되었다. 이것이 나중에 분석할 양처현모 정책이다.

이 정책은 애초부터 이항 대립적 요소를 가지고 있어서 이를 둘러싼 많은 논쟁과 문제가 야기되었다. 국가의 대사를 안다는 것은 좋든 싫든 정치에 눈을 뜨게 되는 것이고, 교양을 지닌다는 것은 인류역사와 해외사정에 밝아짐을 의미한다. 1870년대 후반에 번성한 여학교가 선전한 바와 같이 여성이 가정경영을 위해 과학과 의학, 위생, 경제와 수학도 알아야 한다면 그 결과 여성이 자립하여 남성이 독점하고 있는 공적인 영역으로 진출할 위험이 있다.

따라서 여자교육의 정책은 여성교육이 지나치게 여성의 지적 가능성을 개발하지 않도록 교육목적을 '아내와 어머니가 되기 위해서'라고 분명히 한정하고, 여성에게는 최소한의 지식만 부여한다는 방침을 여러 차례 확인하고 있다. 결국 중요한 것은 여성이 가정에서 나가지 않을 것, 그 모든 에너지를 남편내조와 자녀양육에 소비할 것, 그리고 국가의 기초단위인 가정을 유지하고 건전한 심신을 지닌 다음 세대의 국민을 보급하는 것이 여성의 국민적 역할이었다.

두 번째 역할은 현재 가정을 꾸리지 않은 젊은 여성과 독신 여성을 저임금 노동, 즉 저렴한 노동력으로 활용하고 시중이나 간호 등 '여성적'인 임무에 동원하는 것이다. 식산흥업의 맨 밑바닥을 구성하는 저임금 노동자, 군사국가의 밑바닥을 지탱하는 간호현장에 여성을 동원할 필요가 있었고, 이를 위해 여성에게는 어느 정도의 자율성과 근면, 책임감 등이 필요했다. 그러나 이 경우에도 공장이나 현장의 지휘자, 의사나 병원장은 남성이기 때문에 그녀들은 남성이 여성보다 우위에 있음을 알고 있어야 한다. 여성은 남녀의 생리적 비대칭성을 잘 인지함으로써 가정과 국가에서 남성을 떠받드는 유용한 역할을 수행할 수 있는 것이다.

메이지의 여성과 여자교육론에 대해서는 유학자에서 자유민권사상가에 이르기까지 여성을 칭찬하거나 그 한계를 강조하는 등 다양한 논조의 의견을 내놓았지만 그 기본은 모두 공통적으로 위와 같은 내용들로 이루어져 있다. 이것이 아무리 에도시대의 여성멸시와 무시에서 벗어난 것처럼 보이고 여성성(女性性)과 모성을 찬미하는 미사여구를 지닌다고 해도 남녀의 능력이 기본적으로 대등하고 동일한 인간의 존엄과 자유를 지니며 직업과 생활방식을 자주적으로 선택할 수 있고, 이런 의미에서 결혼과 출산도 여성의 자유의사로 이루어지는 것이기 때문에 국가 주권에서 소외된 성별역할을 여성에게 강제하는 것은 권리침해이자 평등 원칙에서 벗어난다는 논조—즉 가부장제 사회의 큰 틀을 부술 수밖에 없는 사상—는 전혀 찾아볼 수 없었다. 이 이론이 공식적으로 일본에 처음 등장한 것은 전후(戰後)의 신헌법(新憲法)이다.

여성 자신이 남성과 다른 이해(利害)의 부분을 깨닫고 남성과 다른 사상이나 세계관을 획득하게 되면 남성중심주의로 성립된 가정과 국가도 내부로부터 붕괴된다. 가정도 국가와 마찬가지로 상상의 공동체이기 때문에 고도의 인공적인 모조품이며 정치적인 집단이다. 메이지시기에도 당시의 가정이 남성에게는 유리해도 여성에게는 불리하며 이것을 파괴하지 않는 한 인간으로서의 자유도 존엄도 획득할 수 없다고 주장하는 여성이 있었다. 그러나 이것은 사회주의사상과 마찬가지로 위험하였다. 국민으로서의 여성을 육성하는 정책과 이론이 활발해지는 한편, 여성의 자유와 권리를 제한하는 시책과 이론이 지배적이 되어 갔다.

메이지의 여성사 연표를 보면 한 눈에 알 수 있듯이 여성의 국민화는 여성의 국가적 권리와 의무의 발생이라는 눈에 보이는 개혁으로 추진된 것이 결코 아니다. 국가의 의사결정권에서 제외된 이상 여성과 국가는 애초부터 무관하다. 국가는 남성에 의한 것이지 여성에 의한 것이 아니다. 또 국가가 가부장 제도를 기반으로 유지되는 한 여성은 국가 속에서 주인공이 될 수 없다. 가부장제 국민국가 속에서 여성은 항상 타자이고 무관한 존재이다. 그러나 국가 입장에서는 그러한 사실을 여성이 알아차리지 못하게 하는 것이 무엇보다도 중요했다.

국가가 여성을 인정한 가장 놀라운 사건은 1872년의 학제 발포이다. 이때 여자에게도 남자와 동일한 의무교육이 주어졌기 때문이다. 같은 해 토미오카제사공장(富岡製糸工場)이 개업하고 여공 210명이 입사하였다. 이것은 여성이 하급 노동력으로 산업현장에 투입되었음을 의미한다. 또 1873년에는 여자가 호주가 되는 것과 아내 쪽에서 제기하는 이혼소송이 허가되었다. 1874년 무렵에는 근대적 일부일처제를 주장한 모리 아리노리(森有礼, 1847~1889)의 '처첩론(妻妾論)'이 등장하였다.[2*] 여기에는 "부부의 관계는 인류의 큰 근본이며 그 근본이 바로서야 도를 행할 수 있다. 도를 행해야만 나라는 비로소 시작되고 굳건히 서게 된다"라는 유명한 문구가 명시되어 있다.

또 다음 3장에서 자세히 분석하겠지만 후쿠자와 유키치의 『학문의 권장(学問のすゝめ)』과 『남녀동수론(男女同数論)』, 존 스튜어트 밀(John Stuart Mill, 1806~1873)의 『자유론』을 바탕으로 도이 코카의 『문명론여대학(文明論女大学)』 등과 같은 남녀동권론이 1877년까지 출판되었다. 자유민권운동이 활발했던 이 시기부터 1881년 무렵까지는 참정권 중심의 여권 획득을 위해 변론활동을 하는 여성 민권가가 배출되었고 이에 관해서는 여성사 연구자들의 연구가 많이 존재한다.[3*]

그러나 국가의 방향은 여성의 권리가 확장되기보다는 오히려 제한되는 쪽으로 향하였다. 1874년 제정된 부현회(府県会) 규칙에서는 여성에게 부현회의원 선거권을 주지 않기로 결정되었으며, 1879년에는 남녀별학(男女別学)을 지시하는 교육령이 제정되었다. 1880년에는 악명 높은 집회조례가 포고되어 여성의 정치집회 조직과 참가가 제한되었고, 1886년에는 여성이 중학교와 대학교에 진학할 수 없다는 제학교령(諸学校令)이 제정되었다. 1888년에는 여성에게 공민권을 주지 않기로 결정한 시제정촌제(市制町村制)가 제정되었다. 1889년에는 대일본제국헌법, 중의원의원 선거법, 귀족원의원 선거법이 일제히 제정되어 포고되었는데 여기에서도 여성에게는 선거권이 주어지지 않았다.

물론 피선거권은 애초부터 없다. 1890년에는 여성의 정치활동을 전면적으로 금지하는 집회 및 정사법(政社法)이 연이어 공포되었다. 같은 해 제1회 제국의회가 개최되면서 입헌정치가 발족되었다. 입헌정치가 확립된 해에 여성의 정치활동이 금지되었다는 것은 국정은 남성의 것이고 여성은 이로 부터 배제된다는 구조가 국가적 제도로 확립되었음을 의미한다.

메이지시기의 여성정책과 그 상황은 국가적인 여성역할이 남녀로 분리되 도록 추진되었을 뿐만 아니라 상하로의 분화(分化)도 추진되었다. 1899년 여 학교령(女学校令)이 제정되어 중상층 여성도 중등교육을 받게 되었지만, 여 공의 비참한 노동상황을 보고한 요코야마 겐노스케(横山源之助, 1871~1915)의 『일본의 하층사회(日本之下層社会)』도 같은 해 출판되었다. 1900년에는 치안 경찰법이 공포되어 여성의 정치활동 금지를 지속 강화하는 한편 적극적으 로 국가정책을 응원하는 여성 집단이자 전쟁협력을 위한 여성동원 단체이 자 '주부'집단인 애국여성회(愛国婦人会)[49]가 1901년 창립되었다.[4*] 이와 같 은 일련의 시책을 따라가 보면 국가는 여성의 권리확장운동과 자유로운 정 치적 활동을 억누르고 가부장제적인 남녀 성역할의 틀을 한층 더 강화하는 한편 국책에 따른 방향으로 여성을 유도했음을 알 수 있다. 게다가 카타노 마사코(片野真佐子) 씨가 서술했듯이 이러한 적극적 여성운동의 선봉으로 추 대된 것은 황후였다.

이와 같은 문맥에서 보면 1910년 대역사건(大逆事件)[50]에 연루되어 투옥된 칸노 스가(管野スガ, 1881~1911)의 교수형은 국가가 원하는 여성 국민상에 반 하는 '반국민적 여성'에 대한 징벌로서 상징적 의미를 지니게 된다. 칸노 스 가는 메이지 여성의 불행한 상황을 상징하는 '일부다처'와 천황제를 불가분 의 관계로 생각하였다. 그녀는 "남자의 입에서 여성 정조론을 들을 때마다

---

49) 1901년 의화단사건을 계기로 오쿠무라 이오코(奥村五百子, 1845~1907) 등이 창설한 부인 단체. 병사의 위문, 위족과 상이용사의 구호, 기타 사회사업에 공헌하는 것을 목표로 삼았다. 1942년에 대일본부인회(大日本婦人會)에 통합되었다. 당시의 '부인(婦人)'이라는 용어는 '결 혼한 여자'라는 의미가 아니라 현재의 '여성' 일반의 의미로 사용되었다. 따라서 그 의미를 살리기 위해 이 책에서는 '부인'을 '여성'이라고 번역하였다.
50) 1910년 일부 사회주의자들이 세웠던 메이지천황 암살계획을 이유로 많은 사회주의자와 무정부주의자들을 검거한 사건.

······실소를 금할 수 없고······진실로 순결한 남자는 예외로 치더라도 ······이것은 사실상 여성을 노예시하고 심하게 모욕하는 것"5*이라면서 "천황은 모든 미신의 근본"이라고 단언하였다.6*

국가의 입장에서 이와 같은 칸노 스가의 발언이 지니는 중대한 위험성은 그녀가 직관적이긴 하지만 여성을 불행한 억압 상태에 놓이게 만드는 가부장제와 천황제를 결부시켰다는 점이다. 또한 사회주의자 사카이 토시히코(堺利彦, 1871~1933)는 오늘날 사회에는 '귀부인과 가정을 지닌 주부와 창녀가 여자의 3대 유형'인데 이 가운데 귀부인은 '마음이 끌리지 않는 남자에게 생활을 위해서 몸을' 팔고, 주부는 '남편을 섬기며 위로하면서 자식을 키워야하는 자로 정해져서 강제적으로 가정에 들여앉혀'진 '완전한 노예 처지'이며, 하층계급의 여자는 남자가 노동을 파는 것 이외에 살 길이 없는 것과 마찬가지로 성을 파는 것 이 외에는 생활할 방법이 없다고 지적하고 있다.7*

실제로 여자가 살아가는 유일한 길은 결혼이었다. 따라서 여자가 적당한 배우자를 얻지 못할 경우에는 지옥과 같은 괴로움을 겪어야 했고 그 처지가 노예와 같았다는 사실은 메이지시기 문학에 그려진 여성의 비극을 통해 확인할 수 있다. 1896년에 죽은 히구치 이치요(樋口一葉, 1872~1896)의 모든 작품은 초경을 맞이했을 때 팔려나간 소녀, 극빈으로 인해 창부가 되고 동반자살로 죽게 되는 여자, 가난한 연인과 억지로 헤어져 남편의 무정함과 냉혹함에 눈물지으며 남동생의 입신출세를 위해 집에 머무르는 여자 등과 같은 메이지 여자들의 고뇌를 그려내고 있다. 타카무레 이치에(高群逸枝, 1894~1964)에 따르면 그 고뇌는 "무릎 아래는 마음대로 움직일 수 없는 상태로 대지에 묶여 그 얼굴을 창공으로 향하고 있는 메이지여성의 자아의 고뇌"이다.8* 그중에서도 1907년 이즈미 쿄카(泉鏡花, 1873~1939)의 『부계도(婦系図)』는 신흥 자본가이자 권력자인 남자에게 유린당한 불행한 여자를 지키고 그와 대결하는 하층민 출신 남자의 비극을 그린 걸작이었다. 이 소설 속에는 게이샤 신분을 지닌 여성의 비극과 사생아인 소녀의 비극이 부각되어 있다.9*

후카야 마사시(深谷昌志) 씨는 메이지시기의 여성정책에 대한 전전(戰前)의 비판 중 가장 통렬한 것으로서 주간 『샤카이신문(社会新聞)』(1907년 7월 21일)에 게재된 사카이 토시히코의 다음과 같은 문장을 들고 있다.[10*]

> 양처(良妻)란 무엇인가. 한 사람의 아내를 말한다. 음탕함을 파는 것이다. 일본제국 2천만의 남자는 문부성을 통해 공공연하게 창기양성소(여학교 — 인용자 주)를 개설하고 있다. 현모(賢母)란 무엇인가. 한 사람의 어머니를 말한다. 자식을 낳고 키우는 것이다. 일본제국 2천만의 남자는 문부성을 통해서 생식기양성소를 경영하고 있다.

이와 마찬가지로 후쿠다 히데코(福田英子, 1865~1927)가 창간한 『세계여성(世界婦人)』에 실린 사카이 토시히코의 논설 「여성의 천직(婦人の天職)」도 선견성(先見性)으로 가득 차 있다.[11*]

> 또한 어떤 사람은 여성의 천직이 집을 지키는 것이라고 한다. 이것은 마치 개의 천직이 문을 지키는 것이라는 말과 같다. 원래 개는 산이나 들에서 자유롭고 독립적인 생활을 해야 한다. 그 당시에는 지켜야 할 문이라는 것도 없었다. 이후에 인간에게 힘으로 눌려 복종을 강요받아 가축이라는 처지에 놓이고서야 비로소 문을 지키는 역할을 지시받게 된 것이다. 어째서 이것을 가지고 개의 천직이라고 하는가. 여성이 집을 지키는 것 또한 이와 같다. 남자에게 눌려 복종을 강요받아 노예와 같은 처지가 됨으로써 결국 이러한 괴로운 역할도 짊어지게 된 것이다. …… 여성만이 할 수 있는 특별한 천직은 오직 임신, 분만, 수유뿐이다. 하지만 이것은 결코 여성이 평생 동안 해야 할 일은 아니다. 따라서 여성은 이 특별한 천직 이외에 남력(男力)과 동등하게 일반인의 천직을 완수해야 한다.

이시기에 칸노 스가, 코토쿠 슈스이(幸德秋水, 1871~1911), 사카이 토시히코 등의 헤이민사(平民社)[51)]는 매월 '여성강연회(婦人講演会)'를 개최하면서 베벨

---

51) 1903년 11월에 러일전쟁을 향한 개전 움직임에 대해 비전론(非戰論)을 주장하고 있던 『요로즈초호(萬朝報)』가 개전론으로 돌아서자 비전론을 주장해오던 『요로즈초호』의 기자 코토쿠 슈스이와 사카이 토시히코는 비전론의 주장을 관철시키기 위해 『요로즈초호』를 퇴사한 후, 사회주의사상의 선전과 보급을 위한 신문사 헤이민사(平民社)를 개업하였다. 형태는 신

(August Bebel, 1840~1913)의 『여성론(婦人論)』을 최초로 소개하기도 했는데 청중은 매우 적었다.[12] 1901년에 결성된 애국여성회(愛国婦人会)가 당시 5만 명의 여성을 모았다는 사실을 들은 후쿠다 히데코는 이를 한탄하며 자신들의 강연회에 이 정도의 여성이 모여 주었다면 하고 개탄하였다.[13]

정부 입장에서는 사회주의 사상이든 여성평등론이든 모두 위험한 사상이었기 때문에 공론에 불과한 사회주의자의 천황 암살계획을 함정수사로 탐지하고 그들을 체포한 후 12명을 교수형에 처하였다. 이와 같은 대역사건은 국민에게 천황을 거역하면 어떻게 되는지 공포심과 함께 알려 준 대사건이었다.

필자는 어려서부터 어머니에게 이 사건의 무서움을 들으며 자랐다. 그중에서도 여성이 교수형을 당했다는 사실은 여성들에게 여성도 용서하지 않는다는 교훈을 주었다. 물론 당국이 가장 두려워 한 것은 천황을 '죽일 수도 있다'는 사상이었지만 특히 여성 사형수의 단죄는 드러나지 않은 수많은 반국가주의적인 여성에 대한 본보기였다고 생각된다.[14] 이와 같은 공포심은 여성들의 정치적 행동을 동결시키기에 충분한 협박이었다.

또한 국가의 입장에서는 천황제의 전복이라는 대역죄를 저지른 여성이 동일한 죄를 저지른 남성에 비해 두 배로 죄가 무거웠을 것이다. 첫째, 그녀는 천황제에 반역했다. 둘째, 그녀는 정치활동을 금지당한 여자임에도 불구하고 이러한 젠더적 경계를 일탈하였다. 이를 방치하면 메이지 초기 이래로 쌓아 온 여성의 국민화가 와해될 수 있다. 이것은 국가가 이상으로 삼는 가부장제도의 성역할분담 중 결코 사적 영역에서 공적·정치적 영역으로 일탈해서는 안 된다는 여성국민의 역할 모델에 가장 반대되는 여성상으로서 그 단죄에는 국가에 거역하는 여성에 대한 징벌이라는 의미가 있었다. 한편으로 국가정책의 응원단인 '애국여성회'는 한층 더 활발한 활동을 전개하여

___

문사였지만 사회주의자와 사회주의 지원자들의 중심적 역할을 하면서 사실상 사회주의협회(社會主義協會)와 함께 사회주의운동의 중심조직이 되었다. 1903년 11월 15일부터 1905년 1월 29일까지 주간 『헤이민신문(平民新聞)』을 간행하였다.

1910년에는 회원이 46만 명에 달하였는데 그 주재자는 바로 황후였다.

황후라는 여성국민의 이상

　하루코황후(美子皇后)의 이야기는 메이지국가 여성국민의 이상적인 모습으로 창출되었다. 하루코황후는 대대로 천황의 정실을 배출하는 오섭가(五攝家) 중 하나인 이치죠(一条) 가문출신으로 1849년 4월 17일(양력 5월 28일) 이치죠(一条) 좌대신(左大臣) 후지와라 타다카(藤原忠香, 1779~1863)의 삼녀로 태어났다. 어린시절부터 동궁비(東宮妃)로 양육된 그녀는 18세에 궁궐로 들어갔으며 메이지천황보다 한 살 연상이었다. 궁궐로 들어갈 때 이름을 마사코(勝子)에서 하루코로 바꾸었다.[15*]

　카타노 마사코 씨는 황후가 어렸을 때부터 미래의 황후로서 많은 자질을 지니고 있었다는 이야기는 측근에 의해 만들어졌음을 지적하고 있다.[16*] 그 가운데 하나는 황후가 서민생활을 잘 이해하고 있었다는 소문의 근거로 알려져 있는 일화, 즉 황후태부(皇后太夫) 카가와 코미(香川香三)가 일기에 기록한 "아버지가 집에 망루를 만들어 거기에서 염색집 부모와 자식이 가업에 힘쓰는 모습을 보여 주며 근면을 가르쳤다"는 내용이다.[17*] 이 이야기는 장래 식산흥업의 중심이 되고 특히 황후의 보호 영역이 되었던 염직과 수공예를 황후와 결부시킴과 동시에 황후가 도덕서와 와카(和歌)를 통해 국민에게 보여준 근면이라는 미덕의 모범을 어려서부터 교육으로 몸소 체험하였음을 암시하고 있다. 이는 『메이지천황기』에서 황후가 천황에게 "집이 소실되어 오카사키(岡崎)의 별장에 임시 거주하시던 어린시절, 매일 목격하신 농부의 생활상태 등 민간의 병고를 종종 말씀하셨다"면서 황후가 서민의 실상을 천황에게 말씀드리는 역할을 맡고 있었다는 것과도 연결된다.[18*] 그리고 천황은 신문 등을 읽지 않았지만 황후는 매일 각종 신문을 훑어보고 세상물정에 정통하여 필요한 경우에는 천황에게 말씀드렸다고 황후를 가까이에서 모신 여관(女官) 야마카와 미치코(山川三千子)는 쓰고 있다.[19*]

또한 황후의 성품 가운데 가장 특필된 것은 현명함과 좋은 기억력, 특히 한서(漢書)에 정통하다는 것 등으로 총명함과 학구적인 기질로 정평이 나 있었다. 이 점은 한학을 중심으로 하는 도덕률의 성립과 천황 측근의 유학자 또는 천황제를 지탱한 유학사상과의 관계에서 황후가 중요한 존재 — 상징으로 이용되기 때문에 제3장에서 논하기로 하겠다. 궁중에서 시강(侍講)의 한서 강의가 이루어졌음은 『메이지천황기』에 자세하게 기록되어 있는데 천황, 여관들과 함께 강의에 참석한 황후가 특히 열심이었고 우등생이었다. 천황은 후궁에 있는 여관들에게 모두 '겐지이름(源氏名)'[52)]를 붙여 주며 즐겼는데 황후를 '텐구상'[53)]이라고 불렀다.[20*]

황후의 가인(歌人)으로서의 재능에 대해서는 '가성(歌聖)'이라는 정평이 있다.[21*] 1877년 이후에는 타카사키 마사카제(高崎正風, 1836~1912)가 와카의 스승이었으며 황후는 1879년부터 1912년까지 36,000 수의 와카를 지었다. 우에다 아츠시(上田景二)는 황후의 와카에는 특히 도덕적인 것이 많다고 하며 국정교과서(1911년 『여자고등소학교 독본』 3권)에 실린 와카는 프랭클린(Benjamin Franklin, 1706~1790)의 12덕(十二德)이라고 말하고 있다.[22*]

프랭클린의 12덕 와카란 1875년 시강(侍講) 모토다 나가자네가 황후에게 프랭클린이 평생 극기자제하며 덕을 연마하고 품성을 도야하기 위해 12덕목을 벽에 써놓고 스스로 경계했다며 보여준 것에 매우 감동하여, '절제' · '청결' · '근로' · '침묵' · '확지(確志)' · '성실' · '온화' · '겸손' · '순서(順序)' · '절약(節儉)' · '평안(寧靜)' · '공의(公義)'의 미덕을 와카로 읊은 것이라고 도구

---

52) 『겐지모노가타리(源氏物語)』에 등장하는 후궁들의 이름에 빗대어 부르는 이름을 말한다.
53) 얼굴이 붉고 코가 높으며 신통력이 있어 하늘을 자유로이 날면서 심산(深山)에 산다는 상상의 괴물을 말한다. 총명하고 학구적인 기질을 지닌 황후를 '괴짜'로 여겨 이러한 별명을 지은 것으로 보인다.

치 겐쥬(洞口献寿)는 말한다. 이 가운데 '근로'를 노래한 "닦지 않으면 보석도 빛을 발하지 못한다. 사람의 마음도 이같이 연마해야 한다"라는 와카는 나중에 화족여학교에 하사한 '금강석(金剛石)'이라는 유명한 우타(歌)의 원형이다. 또한 '겸손'을 노래한 "높은 산을 비추는 강물은 낮은 쪽으로 흘러간다. 사람도 이처럼 겸손하면 좋겠구나"라는 와카는 자신을 어디까지나 천황의 그늘 아래에 있는 존재로 여기는 황후의 공손한 신조를 노래하고 있다고 볼 수 있다.[23*]

원래 유학자인 모토다 나가자네가 미국 개신교의 윤리강목을 좌우명으로 삼고 있었다는 사실이 신기한 일이지만 와카에 드러나는 황후의 마음을 보면 유교의 가르침과 별반 다르지 않은, 본래 황후의 내면에 있던 여성도덕과 합치하고 있음을 알 수 있다. 여성 국민을 향해 읊은 황후의 교훈적인 와카가 여성국민 교육에서 담당했던 역할은 매우 큰 것이었다.

가장 유명한 것은 전술한 바와 같이 황후가 1885년 화족여학교 개교 당시 교훈으로 하사한 두 수의 와카 '금강석'과 '물은 그릇에 따라(水は器)'이다. 이 두 와카는 오쿠 요시이사(奧好義, 1858~1933)가 작곡하여 화족여학교에서 먼저 불려지고, 이후 1945년까지 여학교의 창가(唱歌)로서 전국의 여학생들에게 애창되었다.[24*] 현재 60대 후반 이상의 일본여성은 모두 이 노래를 알고 있을 것이다.

황후의 와카에는 서정미가 적고 도덕적이고 정치적인 것이 많다. 도구치 겐쥬는 "(황후)폐하의 와카에는 무릇 인륜과 오상(五常)의 도리가 포함되지 않은 것이 없습니다. …… 폐하와 국민을 포함하지 않는 것은 거의 없습니다"라고 말하고 있다.[25*] 1869년부터 1912년까지 새해 와카발표회에서 읊은 와카의 대부분은 메이지국가와 천황을 찬미하는 정치적인 내용이다. 그것도 천황의 시대를 국민과 함께 찬미하거나 국민과 천황을 연결하려는 취지로 만들어진 것이 많다. 예를 들면 1877년의 "천황과 국민의 마음을 색으로 표현하면 언제나 변함없는 소나무의 푸른빛이로다"라는 우타와 1879년의 "(천황은) 일장기 높이 걸고 국민이 우러러보는 시대의 빛이로다" 등이 있다.

1880년대 후반부터 1890년대 전반까지는 국가신도(神道)와 관련된 우타가 두드러진다. 1890년의 "신의 시대부터 뿌리 내려오는 변함없는 일본의 번영은 한이 없구나"와 1892년의 "하늘 문을 열었던 신의 시대를 생각하니 산마루에 떠오르는 아침 해가 눈부시구나" 등이 있다. 또한 "이렇게 은혜가 충만한 시대에 태어난 것이 기쁘기 한량없구나" 등은 메이지천황의 정치를 크게 찬미하고 국민에게 천황친정을 대대적으로 선전하는 것으로, 분명 국민에게 많은 공감과 행복을 주었음에 틀림없다. 그리고 "천황의 은혜로운 시대를 우러러보는구나. 수많은 국민이 한결같은 마음으로"라든가 "국민들도 한마음으로 우러러 보는구나 어진 시대의 일본이 가야할 길이여", 그리고 "민초의 굶주림을 어찌하나 고민하는 이 밤에 소매에도 눈물이 흘러넘치는구나" 등을 읽으면 황후의 와카가 분명 국민의 마음을 통합하고 위로해 주었을 것이라고 추측된다.

오자키 유키오(尾崎行雄, 1858~1954) 조차 황후의 유명한 와카 "얕은 계곡물도 물줄기를 막으면 흘러넘치듯 국민의 마음을 잘 헤아려야 할 것이라"에 대해 "실로 정치의 비결을 설파하여 국민을 위로하는데 부족함이 없다"[26*]며 칭찬을 아끼지 않았고, 도구치 겐쥬도 이 와카에 대해 "진정한 6,000만 동포의 자애로운 어머니"인 "국모폐하"의 증명이라면서 "얼마나 민본주의이셨는지 추측하기가 어렵지 않습니다"라고 평하고 있다.[27*]

또한 황후는 러일전쟁 당시 전쟁의 성과보다는 사상(死傷)을 당한 군인을 위로하는 와카를 대량으로 만들어 국민을 감격시켰다. "전쟁 승리 소식을 들을 때마다 병사의 몸이 염려되는구나"와 "나라를 위해 싸우다 크게 다친 병사를 보니 눈물이 나는구나" 그리고 "궁궐의 화롯불조차도 추운 이 밤에 병사들은 서리를 밟고 있겠구나" 등은 전시에 병사를 위로하는 국가적 여성의 역할을 전형적으로 담당한 것으로 국민들이 감복하기에 충분하였다.

식산흥업에서 여공을 격려하는 것 또한 황후가 이룬 공적의 중요한 부분이다. 황후는 국영 토미오카제사공장을 방문했을 때, "물레가 잘 돌아서 이 시대를 살리는 길이 열리는 구나"라는 정곡을 찌르는 우타로 생산을 장려하고, 국제적십자사에 가맹했을 때에는 "일본의 자애로운 마음이 모든 나라에까지 이르는 시대로다"라고 노래하고 있다.[28*]

또한 황후는 이와쿠라 토모미나 이토 히로부미와 평범한 주종관계가 아니라 국가건설을 위한 동지로서 그들의 업무를 잘 이해하고 있었다. 이를 보여주는 우타가 이와쿠라경 추도회에서 황후가 읊은 "서리를 거쳤기에 대군의 관(冠)이 된 흰 국화꽃이여"인데 만년의 이와쿠라경의 백발을 흰 국화에 비유한 뛰어난 우타이다. 이토 히로부미에게 내린 와카는 "하늘의 신도 아실테지 군주를 섬기는 충실한 부하의 마음을"이다. 이는 사실상 천황제국가의 유지와 국체유지를 위한 국가제도의 설계사로서 활약한 이토 히로부미에게 아주 적절한 우타인데 황후가 이들의 사업을 이해하고 있었음을 잘 알 수 있다.[29*]

근대적 여성윤리의 거점이었던 『조가쿠잡지(女学雑誌)』도 황후를 칭송하는 기사(제2호, 1885년 8월 10일)의 삽입그림으로서 『황후 와카회(和歌会)』를 그린 그림을 소개하면서 황후는 "황송스럽게도 궁중에 직전(織殿)을 설치하시고" "여학교에 행차하시고" "하민 구제를 위한 하사금을 내리셨다"며 방직, 교육, 복지라는 이상적인 황후의 세 가지 역할을 들어 황후의 덕을 칭송하고 있다. 또한 쥬니히토에를 입고 와카를 읊는 황후의 그림에는 일본고유의 전통을 체현하는 자로서의 황후가 표상되어 있다(그림 30).

한편 황후가 평범한 여성이 아니라 용감하고 행동력이 있는 비범한 여성이었다는 일화

그림 30 황후와카회 그림, 조가쿠잡지 제2호 권두그림, 1885년

도 많이 소개되어 있다. 황궁 대선직(大膳職) 야마구치 나가타네(山口長胤)는 "폐하는 어린 시절 매우 지기 싫어하는 성격이셨다. 예전에 입궁하시기 전 어소(御所)에서 소란스러운 일이 있었을 때도 혼자 몸으로 조리(草履)를 신고 거실에서 마당으로 뛰어나와 곧장 사각문 앞으로 나가 무장한 무사 등을 신기한 듯 바라보셨을 정도로 담대한 성격"이라고 1868년 토바후시미(鳥羽伏見)전쟁 때의 일화를 술회하고 있다.[30*] 이외에도 보신전쟁(戊辰戰爭)[54] 당시 궁궐에 있는 약혼자 천황이 염려되어 포탄 속을 뚫고 문안하러 갔다는 일화, 천황과 함께 군함을 타면서 거친 파도에 꿈쩍도 하지 않았다는 이야기 등 황후의 대담성에 대한 일화도 풍부하다.[31*]

이리하여 특집으로 발행된 1923년 5월 1일자 『타이요』 「황태후 승하」에는 각 방면에서 쏟아진 최대의 찬사가 실려 있다. "고금에 다시없는 성덕대업을 이룬 훌륭한 메이지천황의 이상적인 좋은 배필로서 일본여성 최고의 아름다운 성품과 덕망이 고금에 비할 데 없고 국내외 서민의 밝은 빛으로 존경받으셨던 우리 황태후 폐하", "세계에서도 보기 드문 고귀한 인격자를 잃게 되어 애통함을 이루 다 말할 수 없이 슬프다"[32*]라는 등의 내용이었다. 이 특집은 '이상적인 황후가 되신 황태후궁'이라는 제목으로 황후의 공적을 다음과 같은 네 가지로 정리하고 있다.

첫째, '메이지천황의 좋은 배필' 즉 최고의 뛰어난 지도자였던 메이지천황에게 가장 잘 어울리는 배우자였다는 점이다. "메이지천황은 말할 것도 없이 일본남성 최고미(最高美)의 전형"이고, 황후 또한 "일본여성 최고미의 화신이었"고, 또한 "성덕대업의 그늘에 숨은 위대한 여성의 헌신적 공로"라며 내조의 공을 칭송하고 있다.[33*]

둘째, 황후가 새로운 국가에 어울리는 '신황후학(新皇后学)을 창건' 했다는 점이다. 메이지천황이 "모든 일을 진무창업의 시작에 기초하여" 제업(帝業)을 창건했듯이 황후 또한 이에 걸맞는 비범하고 독특한 '황후학'을 창건했

다는 것이다. 이 '황후학'이 무엇인지는 상세히 검토해야 한다. 요컨대 일본 국가의 정치사에서 특히 중세 이후, 천황의 존재는 분명히 드러났지만 그 아내는 황후궁에 기거하면서 황후로서 정치의 표면에 드러난 일이 없었는데 메이지시기야말로 표면에 나타난 '황후의 시대'의 효시라는 것이다.

셋째, 황후가 메이지천황의 성덕에 대한 최대의 찬미자였다는 점이다. 황후는 천황의 덕을 찬미하고 그 시대를 칭송하며 "이를 시로 표현하고 시신(詩神)과 같이 우아하고 아름다운 가사로 영원히 찬미"했다. 황후가 지닌 가성(歌聖)으로서의 재능은 그녀로 하여금 '천황의 성덕에 대한 이상적 찬미자'이자 '성덕대업의 천사와 같은 찬미자'라는 소리를 듣게 만들었다.

넷째, 메이지여성의 도리에 대한 대표자로서의 황후이다. 즉 메이지유신은 "구체제의 혁신과 함께 이제까지의 사회 미풍양속도 함께 파괴"해갔지만 "바뀌어야 할 신도덕의 건설은 쉽게 이루어지지 않고 사회 풍조와 질서는 매우 위험한 상태에 빠졌다." 이처럼 위정자가 인식한 '도덕적 혼란'이라는 문제는 메이지천황의 세 가지 어려운 문제 중 하나인데 이는 '세계열강의 위협 앞에 놓인 국가의 유지'라는 문제, '오랜 봉건체제에 익숙한 국가의 통일'이라는 문제와 함께 가장 중요한 과제였다고 정리하고 있다. 이와 같은 세 가지 어려운 문제 가운데 '도덕적 혼란'에 대해 황후는 최대의 공헌을 했다는 것이다. "이때에 현명한 황후는 여성으로서 어떻게 대처해야 할지 가장 정확하고 분명하게 이해하셨다"는 설명처럼 이것은 새로운 여성의 도리, 즉 여성의 도덕을 국민에게 제시한 것이다. 그것은 바로 천황순행의 송영(送迎)때마다 사람들 앞에서 부부의 정다운 모습을 보여줌으로써 "부부의 도는 인륜의 근원이며 사회교육의 근본이 됨을 몸으로 보여준" 것과 시어머니인 에이쇼황태후(英照皇太后)에게 '효도'를 다했다는 것이다. 또한 황후는 그 미덕을 국민에게 널리 확산시키기 위해 선행을 표창하고 『메이지효절록(明治孝節錄)』과 『부녀감(婦女鑑)』을 관공서와 학교에 두루 하사했다. 12덕 와카의 하사도 마찬가지이다. 여성교육의 장려도 같은 취지에 의한 것이었다. "황후폐하는 일본에서 여성 서양학의 선각자이자 메이지 신여성의 어머니"이며 메이지 "여성도덕의 혁명가"인 것이다.

황후의 다섯 번째 미덕은 '인자' 즉 자선이다. 불행한 서민과 병자를 구호하고 전시위문은 물론 직접 붕대를 감아서 이를 하사하는 등 "밤낮으로 서민처럼 부지런히 일하셨다"는 것이다. 이에 대해 도구치 겐쥬도 황후를 "인자의 여신"이나 "자선의 신"이라 부르며 외국인들이 황후를 "나이팅게일의 재림"이라고 말하는데 이는 사실이라고 칭송하고 있다.[34*]

마지막 미덕은 황후가 "이상적인 입헌적 황후"였다는 것이다. 그 내용을 보면 우선 황후가 아내의 역할을 잘 알고 있어서 결코 "정치에 참견하지 않았다"는 것이고, "신황후학은 황실과 정치의 구별을 지극히 분명히 하여 무슨 일이 있어도 부중(府中, 정치 영역)에 결코 누를 끼치지 않는다는 것을 확고부동의 원칙으로 삼았다. 그리고 황후폐하는 이 범위 안에서 황후로서 여성으로서 해야 할 최선을 다하셨다. 황후폐하는 철두철미하게 정치에 참견하지 않으셨으며 대권의 가장 엄숙한 수호자는 천황폐하이시다"라는 것이다. 게다가 황후는 누구보다도 '입헌의 성지(聖旨)'를 체득하고 있었기 때문에, 헌법의 제정으로 천황이 인민과 고락을 함께하게 되었던 것처럼 그리고 천황이 인민 개개인의 지덕의 발달과 사상의 자유를 보증했던 것처럼 풍속과 교육 등의 진보 발달에 노력한 것이다. 이 글을 쓴 기자는 앞에서 언급한 "얕다고 하여 물줄기를 막으면 흘러넘친다"라는 와카도 입헌정신을 명쾌하게 보여준 것이며, "이 와카 한 수는……도리와 정의가 매우 명쾌하여 30년간 늘 입헌정치를 말하면서도 아직 이를 해결하지 못한 자칭 입헌정치가들을 자멸하게 만들 수 있는 묘안이 아니겠는가"라고 절찬하고 있다.[35*]

이상과 같이 하루코황후의 이야기를 이상적인 일본여성으로서 정리하면 첫 번째는 천황의 가장 좋은 반려자로서 정치에 관여하지 않고 스스로의 본분을 지키면서 내조의 공을 쌓은 '이상적인 아내'였다는 것. 두 번째는 전통문화의 유지자이자 천황친정의 최대 찬미자이며 국가의 시(詩)의 여신이었다는 것. 세 번째는 부부와 부모 자식 사이의 인륜을 지키고 여성교육과 국민복지에 헌신하는 자비의 여신이자 여성도덕의 체현자였다는 것이다.

황후의 신체

실제로 황후를 만난 사람들, 그중에서도 궁중이나 정부에 속하지 않는 민간인들은 황후를 어떻게 보았을까. 황후에 대한 그들의 인상은 황후의 외형에 불과했기 때문에 그저 황후의 신체, 복장, 몸짓, 음성 등으로 국한된다. 신체적 특징에 대해서는 이구동성으로 매우 작고 화려했다고 하지만 건강 상태에 대해서는 의견이 둘로 나누어져 확실하지 않다. 『메이지천황기』에서도 병환 기록이 많이 보이긴 하지만 천황만큼은 아니다. 또 순환기 계통이 약해서 매년 겨울에는 누마즈(沼津)에서 생활했다는 기록도 있다. 그러나 이와 달리 큰 병 없이 대체로 건강했다는 증언도 있다.[36*]

한편 황후가 불임이었다는 것은 확실하여 이에 관해서는 여성적 발육이 잘 되지 않았다는 등 소문이 끊이지 않았다. 불임이라는 이유로 이혼설도 있었지만 이를 시모다 우타코가 필사적으로 반대했음을 카타노 마사코 씨가 밝혀냈다. 그러나 필자는 그 원전을 찾지 못했다.[37*] 생리적인 문제에 대해서는 공식기록이 있을 리가 없다.

외국인의 눈에도 황후는 훌륭한 존재였다. 미국대사관에서 근무한 무관의 아내인 버네트(Frances Eliza Hodgson Burnett, 1849~1924)는 일본을 매우 우호적으로 생각하고 있었는데 그녀는 황후가 승하하셨을 때 기자들에게 "폐하는 매우 몸집이 작은 분이었습니다. 확실히 일본의 전통의상보다는 양복이 어울리지 않았을지도 모르지만 폐하의 위엄에는 전혀 손색이 없었습니다. 그 눈빛은…… 귀인의 빛을 발하셨습니다"라고 황후에 대한 인상을 말하고 있다.[38*]

또 메이지 말기에 화족여학교에서 영어교사로 근무한 엘리스 베이컨(Alice Mabel Bacon, 1858~1918)은 황후가 화족여학교를 방문했을 당시의 인상을 다음과 같이 적고 있다.[39*]

> (황후는)체구가 작고 여윈 여성(물론 이런 말을 해서는 안 되지만)으로서 비둘기
> 색 비단 옷에 하얀 매화꽃이 달린 파리제 비둘기색 보닛(bonnet)[55]을 쓰고 계셨습니
> 다. …… 저에게 황후의 얼굴은 매우 슬픈 듯이 무언가를 참고 있는 것처럼 보였습
> 니다. 사람들은 그녀가 지적이고, 훌륭한 성품을 지니셨다고 합니다.

궁중예법 고문인 몰은 실제로 황후에 대한 찬사를 아끼지 않는 외국인
중 한 사람이었다. 그에 따르면 황후는 다음과 같았다.

> 인품이 매우 뛰어났으며 유럽의 왕비와 거의 흡사한 자태를 지니셨다. …… 친근
> 하면서도 지적이신 황후는 여성 지배자의 이름 그대로 궁중의 영혼이시다.[40*]
> 하루코황후에게는 자녀가 없었다. 그럼에도 불구하고 1879년 토쿄에서 태어난 황
> 태자 하루노미야(明宮)의 어머니로서 교육에 심혈을 기울였다. 원래 일본의 황실친
> 족법에 따르면 천황에게는 측실이 인정될 뿐만 아니라 늘 있어 왔다. 측실이 낳은
> 자식이라도 천황이 인정하고 양자로 삼으면 적자로서 황위계승권을 갖게 된다. 예
> 로부터 천황은 12명의 측실을 둘 권리가 있었다. 측실은 궁중에 거주하였다. ……
> 지금 궁중에는 천황의 측실이 6명 있다. 그 가운데 한 명인 일반훈장위원회(一般勳
> 章委員會) 위원장 야나기하라(柳原) 백작의 딸이 황태자 하루노미야의 생모이다.
> 이외에도 5명의 내친왕(內親王)과 태어난지 얼마 안 되어 죽은 테루히토친왕(輝仁
> 親王, 1893~1894)의 생모 역시 측실이다. 궁중에서 측실의 지위는 높지 않지만 일
> 단 아들을 낳으면 고위 여관(女官), 그리고 딸을 낳으면 황후에게 소속된 궁중 여관
> 으로 승격된다. 이러한 측실은…… 늘 고풍스러운 일본식 복장(和服)의 궁정의상을
> 입고 있었으며 궁중 '밖'으로는 좀처럼 모습을 보이지 않는다. 그렇다고는 하나 내
> 가 본 바로는 그녀들의 모습이 보이면 마치 오리엔트 전체, 특히 터키에서 술탄
> (Sultan)[56]의 측실들에게 하는 것과 같은 경의를 표하게 된다.[41*]

여기에서 몰의 말투가 뒤떨어지고 신기한 오리엔트의 일반적인 풍속을
보는 서구인의 시선이라는 점에 반드시 주의해야 할 것이다. 특히 후궁을

---

55) 차양이 크고 끈이 달린 여성·어린이용 모자. 뒷머리까지 폭 싸듯이 쓰고 턱 아래에서 끈
   을 맨다.
56) 이슬람교 최고 권위자인 칼리프가 수여한 정치적 유력 지배자의 칭호. 아랍어로 왕, 지배
   자를 뜻하는 말이다.

술탄의 하렘(harem)과 동일시하고 있는 것은 분명하다. 엄격한 프로테스탄트(Protestant) 입장에서 보면 이와 같이 다른 풍속은 민족학적으로 묘사될 수밖에 없다. 더욱이 그는 천황과 황후의 생활에 대해 다음과 같이 말하고 있다.[42*]

> 오랜 관습에 따르면 황후는 하루걸러 천황을 섬기고 다른 날에는 측실이 천황을 섬기도록 되어 있다. 측실이 천황을 섬기는 순번은 쿄토의 궁정에서 제일 영향력이 큰 궁중 여관 즉 여자 식부장(式部長)이 결정하였다. …… 1868년 메이지유신 이후 이 관직을 맡은 사람은 없었고 그 후에도 공석이었다. 이처럼 예로부터 전해지는 황실친족법에 대한 사고방식, 제도, 관례가 유럽인에게 약간은 경이로운 대상이 되었지만 일본인에게는 전혀 그렇지 않았다. 하지만 일본인도 유럽의 그리스도교적인 사고방식을 알고 있기 때문에 궁중의 이러한 관습에 관해서는 조심스러워할 수밖에 없다. 나는 일상대화 속에서 이러한 관습을 단편적으로 알게 된 것에 불과하지만 아무튼 문화사적인 관심을 불러일으키기에 충분하기 때문에 결코 무시해서는 안 된다.

여기에서 몰은 궁정에서 천황의 '어머니'인 황태후의 지위가 황후보다도 높은 것에 관해서도 길게 서술하고 있다. 어머니를 처보다 우위에 두는 유교적인 풍습도 부부를 최고 단위로 여기는 그리스도교 신자에게 민족학적 흥미를 불러일으키는 대상이었을 것이다.

여관으로서 궁중에 있었던 야마카와 미치코는 당시의 궁중에 관해 현실감 있게 술회하고 있다. 이에 따르면 당시 궁중에는 화족출신의 여관이 13명, 사족출신의 고등관대우가 10명, 여유(女嬬)라고 불리는 판인여관(判仁女官)이 30여명, 기타 잡사(雜仕), 여관의 시녀, 하녀까지 "정말로 여성천국이라는 이름에 걸맞을"만큼 많았다.[43*]

지위가 제일 높은 것은 여관장(女官長) 전시(典侍)[57] 타카쿠라 히사코(高倉寿子)로 천황이 붙여 준 겐지이름(源氏名)은 신쥬(新樹)이다. 전시(典侍) 야나기

---

57) 메이지시대 이후 궁중의 고위급 여관, 상시(尚侍)의 다음 자리이다.

하라 나루코(柳原愛子, 1859~1943)는 사와라비(早蕨), 권전시(權典侍)[58] 치구사 코도코(千種任子, 1855~1944)는 하나마츠(花松), 또 다른 권전시(權典侍)인 오구라 후미코(小倉文子, 1861~1929)는 히자쿠라(緋桜), 권전시(權典侍) 소노 사치코(園祥子, 1867~1947)는 고키쿠(小菊), 권전시(權典侍) 아네가코지 요시코(姉小路良子)는 후지바카마(藤袴), 권전시(權典侍) 대우인 이마조노 아야코(今園文子)는 아토노 시라하기(後の白萩) 또는 데치(丁稚)(천황의 마음에 들지 못하여 퇴관)였다. 이상이 전시(典侍)이고 그 외에 장시(掌侍)[59]는 고이케 미치코(小池道子, ~1915)로서 고전에 뛰어나 궁중의 무라사키 시키부(紫式部)로 불렸다고 한다. 그러나 천황은 그에게 겐지이름과 함께 별명도 붙여 주었는데 미치코(道子)의 겐지이름은 야나기(柳), 별명은 구구리사루(くくり猿)였다. 야부 카네코(薮嘉根子)는 모미지(紅葉)와 오스기(お杉), 츠모리 요시코(津守好子)는 와카나(若菜)와 오사카(大阪), 그 외에 '냔(にゃん)' 이라든가 '스즈메(すずめ)'로 불린 여관도 있었다. 야마카와 미치코가 바로 스즈메였다. 그 아래의 명부(命婦)[60]에게는 아오메다마(青目玉), 우도(うど), 오카메(お亀), 사루(猿) 등과 같이 용모와 체형을 연상시키는 별명을 붙였다.44*

이러한 여관의 역할에 대해 야마카와 미치코는 "권전시는 속된 말로 첩"이라고 대수롭지 않게 적고 있다.45* 타이쇼천황의 생모인 전시 야나기하라 나루코에 대해 야마카와 미치코는 다음과 같이 적고 있다.46*

> 양대 전시로 불리며 타카쿠라씨(高倉氏)와 함께 가장 높은 지위에 있었던 상당한 세력가이긴 했지만 어렸을 때는 전시였고 13살 때부터 에이조황태후(英照皇太后)의 여관으로 진급한, 이른바 궁중 안에서만 있던 사람으로서 세상사에 대해서는 아무 것도 몰랐기 때문에 노녀(老女) '후키'가 모든 것을 일임했다고 합니다. '후키'는 어렸을 때부터 오랫동안 근무했기 때문에 황태자가 태어날 때의 상황 등에 대해 자랑인지 푸념인지 알 수 없는 이야기를 눈물 흘리며 들려주었는데 '산실(産室)'에 오

---

58) 천황의 수행원 궁녀를 말한다.
59) 메이지시대 이후 궁중여관 계급의 일종이다.
60) 내시사 하급여관의 호칭이다.

시고 나서도 심하게 히스테리를 부려서 어쩔 방법이 없었고, 시녀는 물론 간호사마저 모두 휴가를 갔기 때문에 며칠 동안 혼자서 잠잘 시간도 없이 시중을 들었다'고 술회하곤 하였다.

사사키 스구루(佐々木克) 씨에 의하면 이러한 상황은 대략 중세 이후 후궁의 역할이 천황의 하렘으로 한정되면서 오랫동안 계승되어 온 것이다.[47]*
황후에 대해서는 야마카와 미치코도 다음과 같이 찬사를 아끼지 않았다.[48]*

신체는 작고 참으로 화사하셨습니다. 또한 특별한 병도 없으셨고 갸름한 흰 얼굴에 가는 눈매와 야무진 입매, 코는 약간 높은듯 하지만 뭐라고 트집 잡을 곳 없이 아름다운 분이셨습니다. …… 화장을 다 마쳤을 때에는 항상 옆에 있었음에도 불구하고 '아, 이렇게 아름다울 수가'라며 넋을 잃을 정도였습니다.

또한 야마카와 미치코는 황후의 노고에 관하여 이렇게 적고 있다.

황후폐하는 어릴 때부터 황후로 내정되어 특별한 교육을 받았고 어린 나이에 황후가 되셨기 때문에 책임도 무겁고 모든 것에 조심스러운 성격이기도 해서 뭐든지 말로 하기까지는 심사숙고하셨습니다. 많은 여관을 잘 관리하는 것만도 상당히 힘든 일이었습니다. …… 세상 사람들이 생각하는 것처럼 권전시와의 분쟁 따위는 꿈에도 생각 할 수 없는 일입니다.

이어서 그녀는 다음과 같이 한탄하고 있다.[49]*

이 총명한 황후에게 대를 이를 황자가 태어나지 않은 것은 너무나 유감스러운 일입니다. 만약에 황태자라도 태어나셨다면 이로 인해 일본 역사의 한 페이지가 바뀌었을지도 모른다는 등의 부질없는 공상들을 해봅니다. 옛날에는 남계(男系)에만 얽매여 여자의 배는 빌리는 것으로만 생각하며 모성을 너무 무시했던 것은 아닐까요

카타노 마사코 씨는 메이지천황의 측실에서 태어난 자식이 전부 15명인데 그중 8명이 뇌질환으로 사망하고 그 가운데 2명은 태어나자마자 죽은 일

을 언급하고 있다.[50*] 실질적으로 메이지천황은 일부다처제를 엄수하였다.『
메이지천황기』에는 이러한 황자, 황녀의 출생과 죽음에 대해 충실하게 기록
되어 있다.

그 가운데 요시히토친왕은 1887년에 황태자가 됨과 동시에 황후의 실자
(實子)가 되었다. 마침내 천황의 후계자가 생겼으므로 그 의식과 연회는 매
우 화려하였다. 『메이지천황기』는 궁중에서 이 정도로 화려한 연회는 없었
다며 다음과 같이 적고 있다.[51*]

> 1887년 8월 31일 요시히토친왕은 9살 때 하루코황후의 실자로 결정되었다. 전례
> 에 따라 …… 황족, 대신, 궁중고문관, 궁내제관(宮內諸官), 사향간시후(麝香間祗候),
> 여관 등 39명을 불러서 연회를 …… 베푸는 동안에 즐거움이 가득하여 여러 명에게
> 춤을 추고 노래를 부르게 했다. 군주와 신하가 이렇게 즐거워하는 것을 일찍이 본
> 적이 없다.

한편 민간인 아오야먀 치요는 학생시절인 1875년 11월 29일 여자고등사
범학교의 개교식에서 본 황후의 모습을 그녀의 딸인 야마카와 키쿠에에게
다음과 같이 전하고 있다.[52*]

> 머리모양은 오스베라카시[61], 히나인형 옷처럼 예쁘게 겹쳐진 하얀 옷깃 위에 빨
> 간 치리멘으로 만든 키모노(着物)와 붉은색 하카마. 그 위에 걸친 겉옷은 노란바탕
> 에 빨간 국화꽃을 수놓았고, 붉은색 하카마의 옷자락 사이로 하이힐의 앞코가 살짝
> 엿보였습니다. 아직 20대인 젊디젊은 황후는 정말로 향기가 나는 듯 아름다웠습니
> 다. …… 축사가 낭독되는 동안 얼굴, 눈, 속눈썹 하나까지도 움직이지 않아 마치 3
> 월의 히나인형 같았습니다.

수석으로 입학한 아오야마 치요는 그때 『권선훈몽(勸善訓蒙)』이라는 한서
중 자모(慈母)의 가르침에 관하여 발표를 한 후 황후로부터 "발표 잘 했어요"

---

61) 에도시대까지 있었던 여자 머리모양의 하나. 앞머리를 옆으로 부풀리고 후두부에서 모아
　서 묶어 뒤로 길게 늘어뜨린다.

라는 칭찬과 함께 컴퍼스와 같은 작도세트를 하사받았다. 한서에 능한 황후는 그때 잔잔한 미소를 띠고 있었다고 하는데 이렇듯 황후가 발표를 칭찬한 것은 그 내용을 잘 알고 있었기에 공감하며 평가했던 것으로 여겨진다.

그러나 여자사범을 졸업한 여성들 중에도 자유민권운동에 투신한 사람이 여러 명 있었다고 야마카와 키쿠에는 적고 있다. 아오야마 치요의 친구인 마츠모토 오기에(松本荻江, 1851~1899)라는 여성은 자유당의 여자 소시(壯士)로 활동하며 포목행상이라는 명목하에 2, 3엔짜리 물건을 주고 10엔을 받아가는 일을 했다. 이런 일은 자유당이 쇠퇴할 무렵에 흔한 일이었으며, 이후 출세한 사람들은 이러한 옛 관행 때문에 평소 비자금을 준비하고 있었다고 한다.[53*]

한편, 정치가로 성공한 남성인 메이지정부의 지도자들이 겉으로만 도덕을 과시하거나 근대화로 위장한 것에 대해 민간여성의 눈길은 혹독하였다. 야마카와 키쿠에가 특히 거론하고 있는 자는 천황의 시강(侍講)으로 황후의 내지를 받아 도덕서 『메이지효절록』(황후의 어진영에 그려져 있는 책)을 편집한 국학자 후쿠바 비세이다. 그녀에 의하면 그들은 "국수주의자, 복고주의자, 천황의 신권과 세계제패를 의심하지 않는 광신자"로서 "단순한 권력주의자나 입신출세주의자도 많고 …… 양복을 입고 외국어를 구사해도 자유평등이라든가 여성의 인권과 같은 시민혁명의 이상을 이해하는 자가 적고 이를 실천하려는 자는 더더욱 적었다."

야마카와 키쿠에는 「로쿠메이칸 시대의 여자노예(鹿鳴館時代の女奴隷)」라는 절에서 유신기의 정치가나 중신들의 중혼(重婚)이 너무도 심각하여 이로 말미암아 여성들이 얼마나 비참한 상황에 놓여 있었는지 자신의 친척이었던 여성의 비참한 생애를 실례로 들어 증언하고 있다.

구(旧) 구마모토번(熊本藩)의 야마다 노부미치(山田信道, 1833~1900)는 미토(水戸)에 재판소장으로 부임하였을 때 독신이라 속이고 17살의 키요(きよ)를 아내로 맞이하였는데 그는 본처 외에 집안에 1명, 집밖에 2명의 첩을 두고 있어서 키요는 악몽과 같은 생활을 하였다.[54*] 야마카와 키쿠에에 따르면 이

야마다 노부미치라는 인물은 공직을 두루 거친 후 남작(男爵)까지 되었고, 마츠카타내각(松方内閣)에서는 농상무대신을 역임하였으며, 이노우에 코와시(井上毅, 1843~1895), 사사 토모후사(佐々友房, 1854~1906)와 함께 국권당(国権党)을 결성하여 자유당 분쇄에 광분했다고 한다. 또한 야마카와 키쿠에는 "날씬한 야회복 차림의 사진들도 아직 내 눈에 생생한데 로쿠메이칸 당시의 귀부인 중에는 야마다 남작의 부인처럼 화려한 여인, 아름다운 여성노예도 적지 않았다"고 술회하고 있다.

그녀는 이 외에도 고향에 버려진 지사(志士) 키쿠치(菊池) 아무개의 아내가 간절한 그리움으로 출세한 남편의 집을 찾아갔다가 본처인 척하는 기생에게 쫓겨나 투신한 이야기, 첩에게 빠진 남편이 정조를 의심하는 척하여 아내를 죽이고(당시의 법률은 아내를 불륜 현장에서 죽이는 것은 죄가 아니었다) 첩과 살았다는 이야기 등을 분개하며 생생하게 적고 있다. 그녀는 "출세한 지사나 원래 혁명가였던 자의 눈에는 유신기에 버려진 전처나 새로 맞이한 후처 양쪽 모두 인간으로 보이지 않기는 마찬가지였다"고 적고 있다.[55]

야마카와 키쿠에는 두 번이나 수상을 역임한 사츠마(薩摩) 출신의 쿠로다 키요타카(黒田清隆, 1840~1900)가 아내가 부정하다는 소문을 듣고 아내를 죽인 사건도 고위 공직에 있었던 이 시대 남성의 성적 폭력으로 설명하고 있다.[56] 그러나 몇몇 역사가들은 이것이 낭설에 불과하다고 말하고 있다. 이구로 야타로(井黒弥太郎) 씨에 의하면 쿠로다 키요타카가 주정뱅이가 된 원인은 폐결핵으로 아이를 낳지 못하는 아내와의 불행한 가정생활에 있다고 한다. 오히려 "그는 도의심이 강했기 때문에 부부사이도 원만하고 다른 고관처럼 첩을 두는 일도 없었다. 만일 아내가 건강하여 아이를 잘 낳고 내조를 잘했다면 그의 인생은 더욱 가치가 있었을 것이다. 예를 들면 이토 히로부미와 어깨를 나란히 할 수 있는 정치가"가 되었을지도 모른다는 것이다.[57]

따라서 1878년 3월 28일에 쿠로다 키요타카가 병든 아내를 죽였다거나 땅에 묻었다는 소문이 있었다 해도 그것을 확인할 수 없기 때문에 믿기 어렵다는 것이다. 이구로 야타로 씨에 의하면 오쿠보 토시미치가 대경시(大警

視) 카와지 토시나가(川路利良, 1834~1879)에게 이 소문을 수습하도록 명령하였고, 이것이 오쿠보 토시미치 암살의 한 요인이라고까지 적고 있다.[58*]

또한 이구로 야타로 씨는 이와 같은 불행한 가정(병든 아내)을 가진 쿠로다 키요타카가 화류계에서 노는 것은 당연하다는 식으로 적고 있으며, 그에게 시바신메이(芝神明)의 후사키치(房吉)라는 애인이 있었음을 시인하고 있다. 화류계 여성과 재혼하여 행복한 가정을 일군 이토 히로부미가 쿠로다 키요타카에 비해 행운이었다는 것이 그를 동정하는 남성 역사가들의 주장이다. 사실의 진상은 전혀 알 수 없지만 쿠로다 키요타카의 아내가 병으로 힘들어하다가 주정뱅이 남편에게 살해당하여 땅에 묻혔다고 한다면 그 여성처럼 비참한 경우는 없을 것이다. 하물며 그 살인자가 『메이지천황기』에서 자주 언급되는 고위고관이라는 이유로 죄를 추궁당하지 않았다면 그 비참함은 더욱 크다. 사실상 살인을 정당화할 수 있던 것은 오로지 아내의 불륜이라는 점밖에 없기 때문에 야마카와 키쿠에가 언급한 소문은 쿠로다 키요타카의 살인을 정당화하기 위해 만들어진 소문일 가능성도 있는 것이다.

그러나 여기에서 중요한 것은 메이지시기에 존재한 남녀 양성관계의 비대칭성이고 유신을 추진했던 남성들의 남근중심주의와 일부다처주의이다. 아오야마 치요나 야마카와 키쿠에처럼 근대화된 여성들은 이러한 고위층 남성들의 남근중심주의가 그들이 표면상 추진하고 있는 근대화를 실제로는 배신하고 있음을 민감하게 느끼고 있었고 이것을 여성에 대한 모욕이라고 분개했던 것이다.

하야카와 노리요(早川紀代) 씨는 후궁의 측실제도를 황후의 성에 대한 모욕으로 보고 있다.[59*] 그러나 카타노 마사코 씨는 황후의 인기가 바로 거기에 있었다고 한다. 카타노 마사코 씨는 사실상 일부다처제로 눈물을 흘린 메이지시기의 여성들은 "자신의 성적 굴욕을 숨기려고도 하지 않고 천황과의 아름다운 부부상을 연기하는 황후"에게 공감할 수밖에 없었다고 추측한다.[60*] 마찬가지로 황후의 인내가 남성 중심적 성을 향락하고 있는 남성 지도자들에게는 보기 드문 부덕(婦德)으로 보였다. 황후가 참고 있기 때문에 자신의 아내가 인내하는 것은 당연하였다.

한편 서구주의자나 그리스도교 도덕의 신봉자 등과 같이 축첩제를 아시아의 후진성, 혹은 시민의 미덕을 배반하는 악덕으로 여기는 사람들에게는 그것이 비난의 표적이 되었다. 일부일처제는 선진 서구 여러나라에서 입헌정치나 경제기구의 완비와 동등한 가치를 지니는 근대국가의 도덕정비에 있어서 기반을 이루는 것이었다. 성은 바로 개인적인 문제가 아니라 사상적, 정치적, 국제적인 문제였다. 일본이 근대국가체제의 정돈을 원한다면 몰이 관찰했던 후궁을 세계에 드러내서는 안 되었던 것이다.

궁중개혁

천황 한 사람의 사적생활을 위해서 50명이상의 여성이 후궁에 기거하고 있었다. 게다가 무로마치시대(室町時代)인 16세기 중반 오기마치천황(正親町天皇, 1517~1593) 때부터 천황의 사적공간인 후궁은 남자의 출입이 금지되었고, 이후 천황의 일상 환경은 농밀한 여성적 세계가 지속되다가 메이지를 맞이하였다.[61*] 사사키 스구루 씨에 따르면 에도막부 말기에 후궁에서 천황 측근의 실무를 담당하고 있었던 것은 내시국(内侍局)의 우두머리인 장교국(長橋局)으로 천황에게 올라오는 모든 문서는 장교국 앞으로 보내는 것이 관례였다고 한다.[62*] 따라서 궁 안팎에서 뇌물이 많았고, 이 자리에서 1년 근무하면 천량(千両)의 소득이 생겼기 때문에 '센료나가하시(千両長橋)'라고 불릴 정도로 권세를 떨치고 있었다. 또한 천황에 대한 일부 여관(女官)의 발언권도 강력하였다.

이에 따라 천황의 모습도 전통적인 옷차림에 옅은 화장을 하고 머리를 묶고서 어두운 발(御簾)안에 앉아 있는 여성적인 모습이 되었다. 이에 대해서는 1868년에 영국대사 해리 팍스와 함께 천황을 알현한 일본통 외교관 어네스트 사토(Ernest Mason Satow, 1843~1929)의 유명한 서술이 있다.[63*] 영국 외교관은 천황이 화장하고 있음에 놀라움을 금치 못했다.

메이지의 원훈(元勳)은 여관과 같은 전통적 세력을 없애고, 여성적인 천황상을 일신하기 위해 1869년 10월과 1871년 7, 8월에 걸쳐 대담한 궁정개혁을 단행하였다. 오쿠보 토시미치, 이와쿠라 토모미 등이 새로운 천황에게 바랐던 것은 남성적이고 능동적인 제왕이었다.[64*] 즉 천황은 여성에게 둘러싸인 후궁생활에서 벗어나 태정관(太政官)[62)]에 스스로 임석하여 집무를 보고, '군덕보도(君德補導)'라는 제왕학을 학습하기 위해 정해진 학문을 소화하고, 제왕 및 군지휘자에 걸맞게 승마훈련을 하는 등 천황의 일상생활도 궁내성이 태정관의 지배하에 놓이게 된 1869년 이후에 개혁되었다. 남성적이고 능동적인 동시에 근대적인 천황을 훈육하는 것이 관제개혁과 천황의 공적생활의 개혁이었다면 후궁개혁은 사적생활의 개혁이었다고 할 수 있다.

역사가가 말하는 것처럼 궁중개혁은 천황과 남성정치가의 직접적인 접촉을 막으며 근대적 천황의 육성에 장애가 되는 여성 집단의 배제도 주된 목적이었음에 틀림없다. 정부는 앞에서 언급한 몰을 비롯한 선진국 서구인의 눈에 궁정의 후궁조직이 터키의 하렘과 같이 보이기를 원하지 않았던 것이다. 사사키 스구루 씨와 하라구치 키요시(原口淸) 씨는 이점을 지적하지 않고 있으며, 『메이지천황기』도 이와 같은 궁중개혁을 기술하면서 "궁에서 금지하는 제도에는 선례(先例)와 고격(古格)을 지키는 것이 많다. 천황의 신하는 당상화족(堂上華族)[63)]만 될 수 있었고 조정이 생긴 이래 여관의 권세를 부려 걸핏하면 천자의 성덕을 가리는 일 등이 있었다"고 언급하고 있을 뿐이다.[65*]

그러나 궁중개혁의 중요한 목적 가운데 하나는 너무나도 노골적인 일부

---

62) 일본 율령제의 직명(職名)으로 신기관(神祇官)과 함께 중앙 최고 행정기관이다. 장관은 태정대신(太政大臣)이다. 다만 태정대신은 적임자가 없으면 두지 않고, 보통은 좌대신(左大臣)과 우대신(右大臣)이 장관으로서의 역할을 담당했다. 태정대신과 좌대신·우대신을 가리켜 태정관으로 부르는 경우도 있다.
63) 메이지유신 후 화족이 된 사람 중 원래 구계집안 사람을 말한다.

다처의 하렘을 개혁하고 천황과 황후에 의한 근대적인 일부일처의 형식을
갖추는 데 있었다.

하라구치 키요시 씨의 지적에 따르면 1871년 폐번치현(廃藩置県)[64]과 함께
실시된 관제개혁 직후의 대규모 궁정개혁 단행은 새로운 국가건설의 첫걸
음에 해당하는 개혁이었다.[66] 참의(参議)가 된 사이고 타카모리(西郷隆盛,
1827~1877)와 키도 타카요시, 대장경(大蔵卿) 오쿠보 토시미치 등 무사출신자
들이 협의하여 산조 사네토미, 이와쿠라 토모미 등과 같은 쿠게(公家)를 내
세워서 7월 4일 민부대승(民部大丞) 요시이 토모자네를 궁내대승(宮内大丞)으
로 임명하도록 하고, 7월 12일 제도취조계(制度取調掛)로서 궁내성과 내정제
도(内廷制度) 개혁을 준비하게 하였다.[67] 그 요점은 다음과 같다.

첫째 화족의 내정사무 독점과 시종(侍従)의 전유를 폐지. 둘째 황후 및 여
관들에 대한 고전학습 권장과 어전강독 참관의 허락 등이다.[68] 이것은 얼
핏 보아 알 수 있듯이 쿠게 화족중심으로 굳어진 전통적 궁정에 사족이 관
여하여 궁정을 변혁함과 동시에 여관과 황후에게도 학문을 권장하여 그녀
들을 계몽한다는 근대화의 의도를 나타내고 있다. 그 후 보다 대담한 인사
쇄신이 있었고, 8월 1일의 내정 쇄신에서는 가장 획기적인 일이 발생하였다.
그것은 다름 아니라 여관의 총파면과 새로운 임용이었다.

『메이지천황기』는 다음과 같이 적고 있다.[69]

당시 궁중(禁中) 및 황태후 어소(御所)의 여관은 전시 이하 잡사에 이르기까지 모
두 128명이다. 히로하시 시즈코(廣橋靜子)는 그들 중 제일 높은 일전시(一典侍)이
고 타카노 후사코(高野房子)는 이전시(二典侍)이다. 두 전시 모두 조정 이래 궁녀
(女房)집안 출신으로 그 권세가 가히 후궁을 압도하여 황후의 뜻이라 할지라도 따
르지 않는 일도 종종 있었다. 또한 선례와 구격(旧格)에 기반한 여관의 관습을 고집
하여 고루하기 짝이 없었고 걸핏하면 천황의 성덕을 가리곤 하였다. 궁내대신 토쿠
다이지 사네츠네, 시종장 카와세 신코(河瀬眞孝), 궁내대보(宮内大輔) 마데노코지

히로후사, 궁내소보(宮內小輔) 요시이 토모자네 등이 이를 매우 걱정하여 황태후와 황후에게 진언했던 바, 마침내 이와 같은 성단(聖斷)으로 후궁의 권력이 비로소 황후에게 돌아오게 되었다.

이후 황후의 명령을 받아 근무할 것과 가문에 관계없이 여관을 등용할 것이 결정되었다. 여기에는 두 가지의 목적이 적혀 있다. 하나는 여관이 전횡하는 구폐를 타파하고 신정부의 의향에 따른 궁정운영을 하는 것, 또 하나는 내정의 용무와 권한을 여관에서 황후에게 이관하여 통솔하도록 하는 것이다. 이때 요시이 토모자네는 "여관의 봉서(奉書)[65]라고 일컬어지며 모든 것을 다이묘(大名)에게 제출하게 했던 수 백 년 이래의 여권(女権)이 하루아침에 사라지니 유쾌하기 그지없다"고 일기에 적고 있다.[70*] 또한 당시 외국을 시찰 중이던 오쿠보 토시미치와 이와쿠라 토모미에게는 "이번에 백년의 폐해를 제거하셨습니다. …… 이러한 변혁 이후에 황후는 자신의 옷을 스스로 입으실 정도로 매우 분발하시고 계십니다"라고 보고하고 있다.[71*]

하라구치 키요시 씨에 따르면 1871년의 궁정개혁 결과, 태정관에 친히 임석하여 임무를 보는 정치적 군주에 걸 맞는 천황을 완성하기 위해 천황의 일상생활을 바꾸고, 인습적인 당상화족과 여관을 대신하여 강하고 활발한 사족의 무사적 요소를 도입한다는 목적이 완수되었다고 한다.[72*] 또한 아스카이 마사미치(飛鳥井雅道) 씨는 후궁여관에게서 후궁의 결정권을 빼앗은 것은 정치를 장악한 남자가 천황측근을 지배할 수 있도록 한 것과 다름없다고 말하고 있다.[73*]

카타노 마사코 씨는 후궁여성이 모든 정치지향의 권력을 박탈당한 결과, 이후 후궁은 '천황의 사생활에 관련된 축소된 공간으로 전환'되고, 후궁의 정치화를 억제하는 일이 황후의 역할로 주어졌다고 고찰한다.[74*] 또한 오사 시즈에(長志珠絵) 씨는 이 개혁을 천황이 군주로서 형성되어 가는 한편 근대 황후의 역할은 결국 천황의 사적 공간으로써의 후궁을 통괄하는 '아내'의

---

65) 고문서 형식의 하나로 주인의 의향을 받아 시종자(從者)가 하달하는 문서를 말한다.

역할을 명확히 획득해가는 과정이었다고 주장한다.[75*]

궁정개혁에는 이러한 목적과 결과가 있었다고 생각하지만 본서에서 강조하고 싶은 것은 천황상의 근대화, 궁정의 근대화, 무사계급 출신 정치가의 궁정지배권 확보와 함께 천황의 '아내' 및 '주부(主婦)'는 여관이 아니라 황후임을 명확히 했다는 점이다. 이로써 공적업무에서는 사족의 보좌역할, 사적용무에서는 황후의 주부역할(정치주체가 아니라 '내조'라는 역할형성)이 결정됨으로써 공과 사를 구별하고 남녀의 성역할을 명확히 하여 국민국가의 가족모델을 창출했다는 점은 그 의의가 매우 크다.

이를 전제로 국민은 천황의 '아내'가 구체적이지 않은 후궁 여관집단이 아니라 황후 그 자체임을 알았다. 메이지 이전에는 그 존재를 명확히 하지 않았던 '천황의 아내'로서의 '황후'가 처음으로 의식되었던 것이다. 이를 전제로 비로소 황후의 시각화, 즉 황후의 양장, 행계(行啓)[66], 사적(事績) 등에서 국가적인 여성역할의 시각화도 가능해졌다. 황후의 양장이 일련의 서구화 노선에서 견인 역할을 했던 것도 우선 황후의 현재화(顯在化)가 궁정개혁으로 완성되었기 때문이다.

가부장제 재확립―『황실전범(皇室典範)』

메이지국가에서 황후위치를 파악하는 데 가장 중요한 수단은 천황과 황후의 법적 지위를 규정한 『황실전범(皇室典範)』이다. 1883년 8월 4일자 『메이지천황기』는 1년 반에 걸쳐 유럽에 있던 이토 히로부미의 귀국과 그곳에서 얻은 사상에 대해 다음과 이례적으로 길게 적고 있다.[76*]

---

66) 태황태후, 황태후, 황후, 황태자, 황태자비, 황태손 등의 행차를 말한다.

히로부미는 독일과 오스트리아에 오랫동안 머물면서 양국의 헌법과 정치조직에 관심을 갖게 되었고 독일 황제 빌헬름 1세를 알현하는 한편, 재상 비스마르크도 만나 정치기구에 대해 조언을 받았다. 또한 독일학자 그나이스트(Rudolf von Gneist, 1816~1895)와 오스트리아학자 슈타인(Lorenz von stein, 1815~1890)에게 헌법에 대해 배웠다. 이토 히로부미는 이와쿠라 토모미에게 보낸 편지에 '두 스승에게 국가조직의 기반을 배워서 영원히 우리 황실의 기초를 다지고 …… 입헌군주의 정체(政体)를 확립하여 군권(君權)을 강화함으로써 입법, 행정과 같은 조직 위에 두어야 합니다. 오늘날 우리나라에서는 영국과 프랑스의 자유롭고 과격한 주장을 받아들이는 자가 많은데 이를 통제하기 위해서는 독일과 오스트리아의 학설을 받아들여야 합니다'라고 적었다.

이토 히로부미는 이와 같은 신념을 기초로 궁중의 전반적인 개혁을 실시하였는데 이 개혁이 궤도에 오른 1886년에는 문제의 핵심이라고 할 만한 『황실전범』의 초안이 만들어지고 1888년에 완성되었다. 사카모토 카즈토 씨는 이토 히로부미의 목적이 황실을 정치로부터 분리하고 더 나아가 천황을 정치적 주체로부터도 분리하는 것이었다고 지적한다.[77*] 그 목적은 황실과 정치를 분리함으로써 정변으로부터 천황제를 지켜 황실의 영속성을 확보하는 데 있었다. 이토 히로부미가 『황실전범』을 확고히 한 후 비로소 헌법기초에 착수했다는 점을 보더라도 황실 문제가 얼마나 기반적인 문제로 파악되고 있었는지 알 수 있다.

젠더사의 측면에서 볼 때 황실전범에는 매우 중요한 의의가 있다. 하야카와 노리요 씨는 메이지국가에서 남녀 양성의 관계성을 재편성하는데 황실전범이 결정적인 역할을 하고 있음을 지적하였다. 그것은 『황실전범』이 '일부다처제'를 용인했다는 점이다.[78*]

『황실전범』을 책정한 애초의 목적은 '세계에 유례없는 만세일계의 국체'와 '국가의 중심으로서의 황실' 확립에 있었다. 1888년에 개최된 추밀원(枢密院)의 최초 의사진행은 『황실전범』에 관한 것이었다. 이는 입헌체제를 확립하는 데 천황의 위치가 그 무엇보다도 가장 우선시되었음을 의미한다. 이

때 이토 히로부미는 "헌법조차도 황실전범을 지배할 능력은 없다"고 말하면서 천황을 이후 만들어지는 헌법의 테두리 밖에 두었다.[79*]

『황실전범』제1장 제1조 원안은 "대일본 황위는 조종(祖宗)의 황통인 남계(男係)의 남자가 계승한다"이고, 이를 보강하는 제2조는 "황위는 황장자(皇長者)가 계승한다"고 되어있다. 추밀원에서 논의하던 중 소에지마 타네오미(副島鍾臣, 1828~1905)는 "황위가 왜 장적자에게 계승되지 않는가"라는 질문을 하였다.[80*] 이에 대해 의장은 "황위는 황장적자(皇長嫡子)에게 계승되지 않고 황장자에게 계승된다고 하는 이유는 황위가 반드시 황적자에게 계승된다고 단순하게 말할 수 없기 때문이다. 모름지기 황적자가 없을 경우에는 황서자가 계승할 수밖에 없다"는 답변을 했다.

이때 이노우에 코와시는 번외 발언에서 『황실전범』을 의회에 상정하면 "사람들이 모여 황실 계승에 대해 제멋대로 논의하게 되어 오히려 황실의 존엄성을 모독할 우려가 있다"고 했다.[81*] 이는 당시에 이미 황후는 불임이고 한 명 살아남은 남아가 서출이었기 때문에 나온 발언이었을 것이다.[82*]

이토 히로부미가 헌법보다 빨리 『황실전범』을 확립하려고 했던 중요한 이유는 그가 "우리나라에서 중심으로 삼을 것은 오직 황실에 있을 뿐"이라고 확신하였고, 게다가 황실의 신성함이 신대(神代) 이후의 '만세일계(万世一系)'에 있었기 때문이다.[83*] 이 점은 1889년에 이토 히로부미의 이름으로 출판되었지만 사실은 그의 브레인 역할을 담당한 이노우에 코와시가 저술한 『대일본제국헌법의해(大日本帝国憲法義解)』와 『황실전범의해(皇室典範義解)』를 통해 알 수 있다. 여기에서 이노우에 코와시는 『코지키(古事紀)』, 『니혼쇼키(日本書紀)』, 『소쿠니혼키(続日本紀)』를 대량으로 인용하면서 만세일계의 천황 권력이 일관됨을 주장하였다.

'천황기관설'로 유명한 미노베 타츠키치(美濃部達吉, 1873~1948)는 『수조헌법정의(遂条憲法精義)』(1925년)에서 "헌법이 기초이고 황실전범은 마땅히 그 아래에 있어야 한다"고 주장하였다.[84*] 이 주장과 대립하는 호즈미 야츠카(穗積八束, 1860~1912)의 제자 우에스기 신키치(上杉慎吉, 1878~1929)는 저서 『신고헌법술의(新稿憲法術義)』을 통해 "황위와 국가는 하나이므로 나눌 수 없고 황위계승과 같은 문제는 처음부터 가장 중요한 국가의 근본법으로 삼아야 한다. ……황실이 사적 존재가 아니고 천황이 사적인 행위를 하지 않는다는 것은 우리 국체와 떨어질 수 없는 고유제도"로서 "황실전범은 대일본제국헌법과 나란히 우리국가의 실질적인 헌법의 연원"이라고 반론하였다.[85*]

사실 제국헌법의 제1장 제1조는 이를 계승하여 "대일본제국은 만세일계의 천황이 통치한다." 제2조는 "황위는 황실전범이 정하는 바에 따라 황실의 남자 자손이 계승한다." 제3조는 "천황은 신성하여 감히 범할 수 없다"라고 명시되어 있고, 보칙 제74조에는 "황실전범 개정은 제국의회 의결을 거칠 필요가 없다"는 제어장치가 마련되었다. 이후 전후의 새로운 일본국헌법이 만들어지기까지 국민은 황실에 대해 일체의 언급과 비판을 할 수 없게 되었다. 마치 신을 대하듯이 신성시되었다. 이토 히로부미는 이것으로 일본 국가의 설계를 거의 완성했다고 할 수 있다.

하야카와 노리요 씨가 지적하듯이『황실전범』과 제국헌법의 천황관련 조항이 가부장제의 재확인이나 법적 확립으로 파악되는 이유는 가부장제의 근간이 인류의 계보를 남성혈통 중심으로 받아들이고, 물질적이고 문화적인 재산과 권력의 계승자를 장남에게만(즉 남자에서 남자로) 상속시키는 제도이며, 이것을 정당화하고 자연화(자연의 이치에 합당하다는 것)하기 위한 종교, 법, 윤리, 심성을 정비하고 유지하는데 있기 때문이다.

말할 것까지도 없이 이 제도와 문화는 고대국가 성립 이후 세계적으로 유지되어 온 것으로 아시아나 일본만의 특징은 아니다. 그러나 서구에서는 역사적인 흐름 속에서 자연스럽게 몇 가지 제어장치가 생겼다.

첫째, 그리스도교의 보급과 서구각국의 그리스도교 국교화이다. 그리스도교는 남녀결혼이 신의 의사에 따르는 것이라 규정하고, 교회는 이를 인간이 천국으로 구제받기 위한 성스러운 행위 중 하나라며 신성시하였다. 따라서 왕위에 있을지라도 첩을 거느리는 것은 악덕으로 지탄받을 뿐 아니라 본처가 낳은 아들만 왕위를 계승한다는 철칙이 지켜져 본처가 남아를 낳지 못하는 경우에는 이혼이나 재혼을 반복하든지, 아니면 어쩔 수 없이 여왕을 세우거나 왕조 자체를 교체하는 경우가 흔하였다.

둘째, 르네상스에서 싹트고 프랑스혁명을 거쳐 근대시민사회에서 보편화된 인권사상이다. 이에 따르면 남녀 모두 인간으로서 모든 권리를 동등하게 갖는다. 한 남성이 여러 여성과 성적 관계를 맺는 것은 그리스도교 입장에서는 음란하여 지옥에 떨어지는 죄로 간주되고, 인권사상 입장에서는 여성의 존엄성을 침해하는 것이며 인격모독이다. 따라서 서구 시민사회도 가부장제 사회제도의 유지라는 큰 틀 안에서는 일본과 별반 다를 바 없었지만 일부일처라는 도덕은 윤리와 법의 근간을 이루고 있었다.

한편 그리스도교적 윤리도 없고 인권사상 혜택도 못 받은 일본에서는 천황에서 평민에 이르기까지 남자 혈통의 존속이 가장 중요하여 남성의 혈통을 확실히 존속시키기 위한 수단으로써 또는 이를 구실로 삼는 다처제가 당연시되었다. 여기에서 여성의 성은 남성의 혈통을 유지하기 위해 사용되는 변수(단지 빌리는 배)에 지나지 않고, 사회와 역사의 중심축은 남성에서 남성으로 이어지면서 기술되어 왔다.

이런 사회에서는 여성의 자궁은 남성의 정자를 받아 그 결과를 남성에게 건네주는 밭으로 인식되었다. 종자가 기본이고 핵심이며 여성은 그것을 받는 도구에 지나지 않기 때문에 많으면 많을수록 좋았다. 원시 모계제 사회에서 실제로 아이를 생산하는 어미의 자궁이 불특정 다수의 종자보다도 생명보존의 핵심으로 존중받았던 것과는 대조적이다.[86*]

중요한 점은 인류 역사상 부계, 모계라는 두 종류의 혈통존속 제도가 있으며 어느 것 하나 유일하고 절대적인 천리(天理)라는 제도는 존재하지 않는다는 과학적 태도를 취해야만 한다는 것이다. 그렇다고는 해도 일부다처제가 유교에 의해서 정통화되고 그 결과 심성(心性)에 아로새겨져 남성주체의 사회체제가 유지되어 온 일본인들이 메이지 초기에 서구의 강력한 일부일처제에 관한 법과 문화를 대면했을 때 그 당혹감과 혼란은 상상을 초월하고도 남는다.

여기에서 황실전범이 만들어지기 전까지 가족법에서 볼 수 있는 메이지 국가의 가부장제 이데올로기에 대해 주목하고자 한다. 1870년에 제정되어 공포된 『신률강령(新律綱領)』의 권두에는 친족의 범위와 등급을 보여주는 5등친도(五等親図)가 게재되어있다. 이 가운데 본처의 적자는 1등친(等親),[67] 사생아는 3등친으로 정해졌다. 그러나 강령에서는 처첩 모두 '2등친'으로 법률상 배우자로서 동등하게 인정되었다. 따라서 적자, 서자 모두 공식적으로는 정식자녀로 규정되었다.[87*]

타카야나기 신조(高柳真三) 씨는 고대부터 에도시대까지 일본은 일부다처제, 즉 처첩제가 유지되었기 때문에 메이지정부도 초기에는 이 전통을 계승하여 처첩제도를 법률로 인정했다고 말했다.[88*] 이 강령은 원래 명청률(明清律)을 모델로 삼은 것이므로 그 14율 192개조가 명나라의 철저한 신분제와 부계관념에 입각하여 처첩의 동격을 인정한 것이다.[89*]

이 강령 속에서 처첩은 모두 2등친으로 가족 속에서 동등한 지위를 부여받았다. 그러나 남편의 존속부모에 대한 죄는 본처나 첩 모두 동일하지만, 첩이 남편과 그 친족에게 저지른 범죄는 처보다 한 단계 더 무거웠고 첩에 대한 남편의 범죄는 처보다 훨씬 가벼웠다. 형벌 측면에서 첩은 일꾼취급을 받은 것이다. 남편은 아들이 있는 경우를 제외하고 첩이 죽었을 때 상복을 입지 않는다. 간통에 대한 죄과는 처와 첩이 동일하며 남편이 간통현장에서 저지른 살인은 무죄였다.

메이지의 개명파지식인들은 이 법률이 서구의 법률과 일치하지 않고, 특히 그리스도교적 도덕에 위배되므로 일본이 후진국 아시아와 동일시될 우려가 있다고 생각했다. 따라서 1882년 '마침내 유사 이래의' 이 제도를 폐지하고 부부단혼제를 채용하게 되었다고 타카야나기 신조 씨는 지적하고 있다. 또한 그는 근대적 혼인법의 성립을 메이지 초기 법제사의 대변혁이라고

---

67) 가족의 계급적 서열을 정한 것. 예를 들면, 처에서부터 봐서 남편은 1등친, 남편에게서 봐서 처는 2등친. 혈연관계의 친밀도를 측정하는 척도인 친등과는 전혀 다르지만 현재는 혼용되고 있다.

도 지적하였다. 그러나 그 이면을 들여다 보면 단순히 서구국가와의 호환성에 대한 배려뿐만 아니라 국민국가를 형성하기 위한 법정비가 가장 중요한 요인이었음을 알 수 있다. 왜냐하면 근대 국민국가의 형성에서 빠질 수 없는 호적법의 성립은 당연히 국민의 결혼형식에 대한 통제라는 형태로 귀결되기 때문이다.

나중에 언급하듯이 국민국가의 필수요건 가운데 하나는 국민 징병제도와 조세제도이다. 이를 통해 국민은 비로소 한 명도 빠짐없이 국가의 일원으로 귀속되는데 그 기초단계가 바로 1871년 4월 4일의 호적법 제정이다. 강령에서 처첩제도는 그 배우관계를 신청하지 않고 사실관계만으로 충분했지만 호적법은 국민의 출생과 사망을 모두 신고하도록 의무화하고 다소 늦고 우여곡절이 있어도 처첩 모두 배우자관계 신고를 하도록 했다.[90*]

처첩 배우관계 신고제도 성립까지의 복잡한 경위를 보면 이 시대까지의 일본은 사실혼 관습이 뿌리 깊게 퍼져있고 남성의 성을 중심으로 하는 '자유로운' 성적 관계가 사적인 영역에 방치되어 있었다고 볼 수 있다. 이것이 바로 에도 애호가들이 '자유롭게 즐기는' 성문화가 있었다고 회상하는 까닭인 것이다.

하야카와 노리요 씨는 당시 위정자의 처첩관을 알 수 있는 것으로 1876년의 원로원 논의를 인용하고 있다.[91*] 원로원의관 호소카와 준지로(細川潤次郎, 1834~1923)는 서구는 중혼을 금지하고 있는데 아시아에서는 그렇지 않으므로 이에 대한 규제가 필요하다며 "처가 있는데 다시 장가가는 것에 대한 법률 조항을 만드는 건"이라는 의견서를 제출하였다. 이에 대해 야나기하라 사키미츠(柳原前光, 1850~1894)는 다처는 민간에 약간 있을 뿐 일본에서는 처첩병립의 관습이 있어서 서양의 일부일처를 받아들일 수는 없지만 첩의 폐지라면 이해할 수 있다고 했다. 그러나 오규 유즈루(大給恒, 1839~1910)는 일부일처제가 천황의 뜻에 맞지 않을 뿐만 아니라 첩의 폐지는 영향이 클 것이라며 반대하였다. 결국 투표결과는 8 : 8이 되었고, 의장 판결에 따라 중혼 금지에 대한 규정은 체결되지 않았다.

그러나 외국통 호소카와 준지로가 서구와 비교하여 말했듯이 신률강령 및 그 개정율령도 처첩제도를 공인한 것이었기 때문에 대부분의 지식인이나 정치가는 이것이 서구적 규범에 적합하지 않다고 여겼고, 마침내 1878년에 새로운 형법 초안을 구상하는 과정에서 '첩 폐지'가 다시 논의되었다. 타카야나기 신조 씨의 연구에 따르면 이 초안에서는 이미 처첩이라는 문자가 삭제되어 있고 오직 배우자 및 '처(婦)'라는 문자밖에 없었다고 한다. 1879년 2월 27일에 형법초안 심사국은 "앞으로 첩이라는 문자를 폐지하므로 형법 초안에는 첩에 관한 조항이 없다"고 하면서도 현재 첩인 자는 2등친이기 때문에 간통과 동일시되어서는 안 되므로 각 조항에 첩이라는 문자를 다시 넣으면 어떤가라는 「의견서」를 태정관에 제출하였다.[92*] 이 「의견서」에 대한 답변인 「법제국의안(法制局議案)」은 타카야나기 신조 씨가 인용하며 지적했듯이 '근대적 일부일처제 제정에 대해 과감한 열의를 피력한 것'이었다. 그 내용은 다음과 같다.[93*]

남자가 처첩을 소유하는 것은 일본의 풍속이고 종래 법률로도 공인된 것이지만, 한 남자가 두 명의 처나 여러 명의 처를 두는 것은 본처의 권리를 침해하며 한 집안의 불화를 일으키는 근본이자 천리를 어기고 인정에 반하는 것이라 할 수 있다. 서구각국의 법률을 살펴보면 일부양처(一夫兩妻)를 인정하는 곳은 없다. 이처럼 천리를 어기고 인정에 반하는 풍습을 고수하면서 여러 동맹국가에서 법률로 인정하지 않는 것을 우리 법률에서만 인정하는 것은 필시 외국인의 신뢰를 받는데 문제가 생긴다.

이와 같은 태정관의 확고한 의향은 1880년 7월 17일 제36호로 포고된 새로운 형법전에 반영되었고 이는 1882년 1월 1일부터 시행되었다. 타카야나기 신조 씨는 첩 폐지에 대해 강하게 반대했던 대서기관 오자키 사부로(尾崎三郎, 1842~1918) 외 세 명의 건의안을 논문에서 인용하였는데 이를 재인용하면 다음과 같다.[94*]

이 제도(첩)는 예로부터 내려오는 고유의 것이다. 국가가 시작된 이래 수천 년 동안 위아래 구분 없이 이어온 규범이므로 바꾸어서는 안 된다. 지금 현재 우리나라의 귀하신 윗분들을 보라. 도대체 본처 소생이 몇 분이나 계시는가.

즉 당시 최고 권세에 있는 자 중에 도대체 본처 소생이 몇 명이나 있겠는가 하는 것이다. 물론 나카야마 요시코(中山慶子, 1836~1907)가 낳은 메이지천황도 그 부류에 속한다.

그밖에도 하야카와 노리요 씨는 쓸데없이 서구를 쫓는 것을 혐오하며 처첩병립을 일본의 전통으로 고수하려는 논의를 다수 수집하였는데 1880년 형법초안 심의록에 기록된 시바하라 야와라(柴原和, 1832~1905)의 의견도 그중 하나이다.

그는 처의 간통에 관한 조항인 형법 311조에서 '첩'을 포함할 것을 제안하였다. 그 이유는 "하늘에서 물려받은 우리 황통이 끝없이 면면히 계승되고 있는 것은 첩이 있기 때문이다. 첩이 없다면 황통에 미치는 영향은 지극히 크고 화족, 사족, 평민도 이러한 풍습이 있으니 수백 년에 걸친 풍속을 깨서는 안 된다"는 것이다. 이것은 대서기관들과 같은 취지로 '귀하신 윗분들'이라는 표현이 천황으로 바뀌었을 뿐 문제의 핵심을 분명히 하고 있다.

오규 유즈루는 이에 찬성하며 "위로는 천황부터 아래로는 인민에 이르기까지 형법을 준수해야만 한다. 만약에 천황을 별도로 하지 않으면 큰 해가 생긴다"고 말했다. 즉 여기에서는 첩의 온존이 '국체의 근간을 이루며 연면한 황통확보'에 불가결한 것이라고 인식되었던 것이다.[95*]

황후와 일반국민의 처의 성에 대한 모독

하야카와 노리요 씨가 강조했듯이 형법제정을 단행하고 법적으로 첩을 소멸시킨 사회적 배경에는 1870년대의 활발한 계몽적 처첩론이 있었다. 그 대표적인 것이 1874년에 나온 후쿠자와 유키치의 『학문의 권장』이다. 여기에서 그는 하늘 아래 모든 사람은 평등하다는 사상을 제시하였고 이것이 남녀평등에도 영향을 미쳤다. 특히 일부다처는 여성에 대한 남성의 모멸로써 후쿠자와 유키치가 증오하는 바였다. 따라서 그는 이에 대해 다음과 같이 적고 있다.[96]*

> 본디 세상에 태어난 자는 남녀 모두 사람이다. …… 그런데도 집안에서는 공공연히 사람을 치욕스럽게 하는데(처첩동거를 의미한다―인용자주), 이를 문제삼는 자가 없는 것은 무엇 때문인가. 『여대학(女大學)』이라는 책에는 여자에게 삼종지도가 있어서 어려서는 부모를 따르고 결혼해서는 남편을 따르며 나이 들어서는 아들을 따라야 한다고 적혀 있다. 또한 여기에는 남편이 술을 마시고 기생에게 빠져 집안을 돌보지 않는 등 음란 방탕한 행동을 해도 여자는 음란한 남편을 하늘같이 여기며 안색은 부드럽게 말투는 온화하게 하며 이를 이상하게 여기지 않고 표내서는 안된다. 불경에 죄 많은 여자라는 문구가 있다. 그 문구를 보니 실로 여자는 태어나면서 대죄를 저지른 죄인과 다름없다. 또한 한편으로는 여자를 책망하니 『여대학』에서는 처의 칠거지악으로 음란하면 안 된다며 분명하게 그 재판을 적고 있다. 이는 남자에게는 매우 편리하다. 너무도 편파적인 가르침이 아닌가. 필경 남자는 강하고 여자는 약하다는 힘의 논리로 남녀상하의 법도를 세우는 가르침인 것이다.

같은 해 1874년 5월부터 이듬해 2월까지 5회에 걸쳐 『메이로쿠잡지(明六雜誌)』에 연재된 모리 아리노리의 「처첩론」은 메이지 전기의 폐첩론에 큰 영향을 미쳤다. 그는 이 글의 머리말에 "부부의 관계는 인류의 큰 근본이며 그 근본이 바로 서야 도를 행할 수 있다. 도를 행해야만 나라는 비로소 시

작되고 굳건히 서게 된다"고 적고 있다.[97*]

이와 같은 모리 아리노리에 대해 타카야나기 신조 씨는 다음과 같이 총
괄하고 있다. 즉 "남편은 대부분 노예를 가진 주인이고 그의 처는 마치 팔
려온 노예와 다름없다"고 보는 모리 아리노리는 처첩제도를 비문화적이며
비인륜적인 미개사회의 잔재로 보며 이런 미개제도가 존재하는 근원은 결
국 여성에 대한 남성의 이기적인 폭력과 학대에 있다고 평가한다.

이처럼 처첩제에 대한 모리 아리노리의 논지는 강력한 것이지만 결국 그
의 주장은 일본의 국가발전을 위해 일부일처제의 확립이 불가결하다는 국
가건설론이다. 「처첩론」의 개략적인 내용은 사회적 윤리의 토대는 무엇보
다 부부관계에 있고 부부관계가 인간의 도덕에 입각함으로써 사회적 도덕
이 달성되고 국가는 다른 나라들과 대등한 관계를 유지하고 하나의 국가로
서 성립한다는 주장이다. 또 결혼하면 그 당사자 간에는 권리와 의무관계
가 생긴다는 것이다. 즉 남편은 처에게 자신을 내조하도록 하는 권리와 처
를 경제적으로 보호하는 의무를, 처는 남편에게 자신을 경제적으로 지원하
고 보호할 것을 요구하는 권리와 남편을 내조하는 의무를 갖는 것이다. 이
권리와 의무가 부부간에 이루어져야 비로소 사회와 국가가 성립된다는 것
이다. 그러나 일본에는 남편이 처를 마음대로 부리고 이혼하는 현상을 규
제하는 법률이 없고 오히려 남편의 첩을 허용하는 법이 있어서 윤리가 서
지 않는다는 것이다. 또한 토쿠카와시대부터 가문유지를 위해 실시한 양자
제도는 혈통을 경시한 것임을 지적하고 있다. 첩의 자식이 가독(家督) 상속
권을 갖는 것은 부당하고 본처와 첩의 배를 빌려 난 자식을 친자관계로 간
주하는 것은 무정비의(無情非義)하며 인간성에 반한다는 것이다. 그리고 주
인과 노예 같은 부부관계, 남편은 내키는 대로 정욕을 부리며 처에게만 정
절을 요구하는 것 또한 무정비의하다고 지적하고 있다. 한편 여성은 집안
을 지키고 자녀를 교육하는 어머니로서 막중한 책임이 있기 때문에 존중되
어야 하고 이로 말미암아 여성을 향상시키기 위한 여자교육의 필요성을 제
기하고 있다. 논문의 마지막에서 모리 아리노리는 새로운 혼인법을 제안하

고 당사자의 자유의사에 따른 혼인, 증인의 존재, 계약서 교환, 혼인신고, 한 쪽이 정조를 지키지 않음에 따른 혼인파기와 같은 내용이 들어간 초안을 작성했다.

이와 같은 논의들은 타카야나기 신조 씨가 정리했듯이 유력한 남녀동권과 일부일처제 건설론으로서 1882년에 공포된 신형법에도 영향을 주었을 것이다. 그러나 여기에는 하야카와 노리요 씨가 지적하듯이 부부가 구성하는 가정을 단위로 국가를 확립하는 국가주의적 가족관의 원형이 보인다.[98]* 또 여성평등을 말하고는 있지만 이것은 어머니로서 막중한 책임을 다하여 국가에 공헌하기 위해 교육의 기회를 주어야하고 또한 존중되어야 한다는 것이지 모든 여성이 무조건적으로 존중됨을 의미하는 것은 아니다.

실제로 1880년대 후반에 모리 아리노리는 국가주의적 색채를 더욱 드러냈다. 즉 1887년 7월의 토쿄고등여자학교 졸업식에서 국가는 남녀로 성립되고 인간의 우열은 어머니의 교육에 따른 것이며 현명한 여자는 현모, 자모가 되기 때문에 여자교육은 중요하고, 어머니와 처가 되는 여자는 국가의 일부이고 그 행위는 사회에 지대한 영향을 끼치며, 인내를 가지고 시부모를 섬기는 것이 신일본 건설에 도움이 된다고 연설하면서 단순히 국가주의적일 뿐만 아니라 유교적 논리로 회귀하는 발언을 했다.

정부는 거세지는 계몽 사상가들의 주장에 밀리는 한편 선진각국의 일부일처제도와의 호환성을 이유로 첩이라는 문자를 지웠고 그 결과 일본은 일부다처제에서 일부일부제로 변환하였다. 그러나 타카야나기 신조 씨가 결론짓고 있듯이 여기에는 두 가지 문제가 남아 있었다. 하나는 첩제도와 밀접한 관련을 가진 서자제도가 보존되었다는 것이고, 다른 하나는 첩이라는 문자가 법률상에서 사라졌을 뿐 그 존재는 사실상 남았다는 것이다. 즉 "첩은 그저 법률상으로 이름이 사라졌을 뿐 그 사실관계는 인정하였으며, 법은 이 사실관계와 손을 잡고 첩의 자식을 새로운 의미를 가진 서자로 삼는 길을 만듦으로써 지금까지의 첩 제도와 타협"[99]*한 것이다.

앞에서 말했듯이 신율강령에서는 첩의 자식이나 본처의 자식 모두 공생자였지만 1873년에 사생자법이 제정되면서 본처 이외의 자식은 모두 사생자가 되었다.[100*] 그러나 아버지는 자유롭게 근친상간 등 몇 가지 예외 경우를 제외하고는 자유롭게 사생자를 인정하고 서자로 삼을 수 있었다. 자식으로 인정받은 서자는 아버지 호적에 들어가 상속권을 인정받았다. 서자는 그 부모가 법률상 혼인관계에 있다면 적출자(嫡出子) 신분을 얻을 수 있었다. 1898년에 민법은 '호주가족제'를 제정하여 가장권과 부권(夫権)에 의한 서자 인정을 가능하게 한 것이다.

이처럼 일부일처제로의 대전환은 표면상으로 일어났을 뿐 다처의 사실관계를 온존하는 길을 열어두었다고 할 수 있는데 무엇보다도 그 정신을 무위로 되돌린 것은 천황의 복수시비제(複数侍妃制)를 온존시킨 『황실전범』이었다. 메이지시기에 한 나라의 법은 위아래 모두 일관된다고 종종 거론되기 때문에 천황에게는 측실이 허용되고 민간에게는 허용되지 않는다는 것은 있을 수 없었다. 『황실전범』은 남자 종자의 절대성과 이것을 위한 일부다처제의 정당성을 다시 한 번 천하에 공인한 것이었다.

하야카와 노리요 씨는 『황실전범』과 그 이후 민법의 여러 규정에 의해서 실질적으로 일부일부제가 '유산'되었다고 지적한다.[101*] 또한 이로써 근대국가의 필수조건(정치적으로는 입헌제도와 국민의회, 경제적으로는 자본제와 자유시장, 사회적으로는 시민사회와 일부일부제)이 붕괴되었다고 본다. 그리고 『황실전범』이 성립된 이후인 1898년의 민법 「호주가족제」는 천황시비제를 민간에게 확대한 법이라고 해석한다. 참고로 같은 민법의 제801조에서는 남편이 처의 재산을 관리하는 것, 제311조에서는 남편이 처의 간통현장에서 즉시 상대남자나 자기 부인을 죽이는 것이 허용되고 있다.[102*]

하야카와 노리요 씨는 이리하여 "황후와 일반국민의 처의 성에 대한 모독"이 이루어졌다고 주장한다.[103*] 단 황후 자신이 그러한 의식을 갖고 있었는지는 전혀 알 수 없지만 이는 별로 문제되지 않는다. 황후의 도덕에 대해서는 제3장에서 자세히 고찰하고자 한다. 여기에서는 황후의 모든 전기문이 황후의 중요한 미덕으로서 '질투심이 티끌만큼도 없는 분'이라고 칭송하며

'여성의 귀감이자 양처현모의 전형'으로 존숭했다는 사실만을 언급해 두고자 한다.[104*]

『황실전범』에 이어 1884년 화족제도가 확립되고 화족의 가계도와 공로에 따라 5단계의 작위가 수여되었다. 또 새롭게 문무공신 504명에게는 "황조 고금의 연혁을 고려하고 중국과 서구각국의 제도전장(制度典章)을 절충하여" 작위가 수여되었다. 이때 "화족의 호적과 신분은 궁내성이 관장하게 하고, …… 작위 세습은 남자에 한하며 대를 이을 아들이 없다면 그 직위를 상실한다"는 형식적인 가부장제적인 법이 제정되었다.[105*] 이때에도 대를 이을 아들이 없는 경우 아들을 얻기 위해 첩을 두었음은 말할 필요도 없다.

여제(女帝) 결격 – 천황제 지배구조로부터 여성의 최종적 배제

이미 앞에서 서술했던 것처럼 『황실전범』의 제1조는 황위계승자의 자격을 황통에 속하는 "남계 남자"로 규정하고 있다. 이것은 종래에 실제로 존재했던 여제(女帝) 제도의 명확한 폐지를 의미하는 것이며, 예로부터 내려온 계승법을 크게 변경하는 것이었다. 코바야시 히로시(小林宏) 씨는 1876년 제1차 국헌안(国憲案)에 여제의 존재가 있었지만 1878년 제2차 국헌안에서는 삭제되고 1880년 제3차 국헌안에서는 다시 여성 계승이 어쩔 수 없는 경우에만 허용되었다고 전하고 있다. 그러나 본격적인 황실관련 법전의 제정 시기에 들어선 1884년과 1885년의 「황실제규(皇室制規)」에서는 여계 계승이 명확히 부정되었다.

결국 여제 폐지는 처음부터 정해져 있던 것이 아니라 1880년대 전후의 논의 속에서 그 방향을 잡지 못하고 있었다.[106*] 이것이 최종적으로 규정된 것은 1879년에 태어난 황태자가 별 탈 없이 성장한다는 사실도 힘을 실었주기는 했지만 결국 여제 폐지가 국가의 중대한 방향성—가부장제의 확립—과 관련되어 있었기 때문이다.

여제 폐지에 결정적인 역할을 한 것은 1885년에 이토 히로부미로부터 헌법과 황실전범의 기초를 부탁받은 궁내성도서두(宮內省図書頭) 이노우에 코와시였다. 1889년에 이노우에 코와시는 이토 히로부미에게 "황실전범 중 황통과 관련되는 것은 더 할 나위 없이 중대한 사안으로"라며 특별히 「근구의견(謹具意見)」이라는 문서를 제출하였다.[107*] 여기에서 이노우에 코와시는 정치결사인 오우메이샤(嚶鳴社)[68]의 토론회 중에서 시마다 사부로(島田三郎, 1852~1923)와 누마 모리카즈(沼間守一, 1843~1890)가 주장한 여제 부정론을 인용하면서 이에 찬동하고 있다. 하지만 그들의 논거는 매우 우스운 것이었다.

먼저 시마다 사부로는 인류에는 남녀가 있고 인간이라면 결혼하는 것이 자연스러운데 만약 여제를 내세우면 그녀는 결혼하지 않고 독신이어야 하기 때문에 부자연스럽다는 것이다. 또한 만약 남편을 맞이하더라도 신하인 남성과 결혼할 수는 없다. 왜냐 하면 "황제의 대위(大位)를 높이 받들어 숭배하여 신민이 가까이 할 수 없는 존재로 만드는 것이 군주제 국가의 첫 번째 이념"[108*]이기 때문이다. 즉 군주에게는 보통의 인간이 근접할 수 없는 신성함이 필요한데 여제가 황제의 혈통을 지니지 않는 남성과 결혼하면 군주의 위엄이 사라져 버린다는 것이다. 여기에서 시마다 사부로의 전제조건은 남성만이 황통을 유지할 수 있다는 것이며 황녀도 황통을 유지할 수 있다는 점을 고려하지 않고 있다. 따라서 여제도 이미 황통을 지니고는 있지만 당연히 남성만이 황통을 계승할 수 있다고 생각하고 있기 때문에 인민은 여제와 결혼하는 남성을 도저히 존숭할 수 없다는 것이 된다. 여기에서 두드러

---

68) 원로원 대서기관(大書記官) 누마 모리카즈가 1878년에 설립하였다. 토쿄에 본사를 두고 칸토(關東)와 토호쿠(東北)에 지사를 두었으며, 자유민권과 국회개설을 주장하였다. 사원은 1,000명 이상이었다. 1879년에 관리의 연설활동이 금지되자 10월에 『오우메이잡지(嚶鳴雜誌)』을 간행하였고, 11월에는 기관지 『토쿄요코하마마이니치신문(東京橫浜每日新聞)』을 발행하였다.

진 점은 남성의 혈통만이 정통적인 계도를 형성하는 근본이고 여성의 배는 변수에 불과하다는 전형적인 남근지상주의이다. 결국 황통과 관련 없는 첩이라도 그것은 신성한 혈통을 담는 도구에 지나지 않으므로 측실 출신은 문제 삼지 않는 반면 여제의 남편은 큰 문제가 되는 것이다.

이어서 「근구의견」은 누마 모리카즈의 의견을 언급하고 있다. 누마 모리카즈는 일본이 서양과 달리 남존여비이므로 여성이 천황이 되면 황실의 존엄을 잃는다고 주장한다. 즉 "남자를 존경하고 여자를 비하하는 관습이 인민을 지배하므로 여제를 세우고 남편을 둘 수 없음은 두 말할 나위가 없다는 것이다."[109*] 이것은 결과를 원인으로 보는 논의이므로 반론할 가치도 없는 어리석은 논리이다.

여제를 허용하지 않으면 황통이 단절될지도 모른다는 당연한 위구심에 대해 이노우에 코와시는 "황통을 번영시키기 위한 방법은 여러 가지가 있다"며 우려할 필요가 없다고 서술한다.[110*] 그 방법이라는 것이 황서자(皇庶子)의 황위계승권임은 말할 필요도 없다. 이렇듯 결과적으로 이노우에 코와시가 과거 어느 시대보다도 엄격한 남성지상주의적인 계승법을 확립한 이유는 무엇일까. 그 배경에는 필시 천황제의 위기의식이 있었음에 틀림없다. 전술했던 것처럼 세계와 대치해야 하는 근대화의 폭풍 속에서 이토 히로부미는 혈통의 신성함만을 지배 원리로 삼는 천황을 입헌정치와 자유민권사상의 폭풍으로부터 지키고 황실을 정권으로부터 독립시켜 그 기반을 영구히 할 것을 염원하였다. 이를 위해서는 천황제와 가부장제의 연계를 강화하고 확인할 필요가 있었을 것이다.

가부장제의 이데올로기와 심성 및 관습은 봉건제도를 갓 벗어난 많은 남성 국민이 공유하는 것이고 그 지지기반은 광범위하며 견고했다. 여성을 정치와 경제 등 국가의 중추인 공적 영역에서 배제하는 다양한 법을 정비하였다. 그 결과 여성을 가정이라는 사적 영역에 가두고 남성의 성적인 혹은 생활적인 수반자로 주변에 둠으로써 봉건사회부터 이어지는 남성의 지배구조는 사실상 그대로 남았다. 이로써 메이지국가는 보수적인 모든 남성 국민을 아군으로 삼게 된 것이다.

여성의 목소리는 정치집회규제법이나 선거법에 의해 사전에 국정에 반영되지 않게 되었다. 따라서 여성은 정치적으로 없는 존재나 다름없다. 남성 국민만 아군으로 삼으면 국가 건설은 가능한 것이다. 이런 남성들 위에 본래 고대·중세적인 권력이었던 천황, 쿠게, 무사계급이 새롭게 변화되었다고는 하나, 그 실체는 구 지배세력인 계층의 지배가 더해지면 국가형성은 실로 순조롭다. 변혁은 필요 없었고 오히려 쓸데없는 혼란을 부른다. 수정이 필요할 뿐인 것이다.

세계사에서 실제 혈통으로 존중받는 사상은 프랑스 혁명으로 끝났다. 따라서 이를 중심으로 신국가를 건설하려는 이토 히로부미의 고충은 쉽게 상상할 수 있다. 그 주변을 확고한 고대·중세적 시스템으로 굳혀야 하는데 그중 가장 뿌리 깊은 시스템이 가부장제이기 때문에 이것으로 국체를 견고히 하는 것이야 말로 국민의 사생활·도덕·심성을 동원하면서 천황제를 구축하는 최고의 전략인 것이다. 메이지정부가 왜 여성 정치가, 여권신장론자를 적대시하였는가, 칸노 스가를 왜 교수형에 처했는가. 그것은 남녀평등 사상이 계급폐지사상만큼 국가의 근간, 만세일계의 천황제를 뒤흔드는 위험한 사상이었기 때문이다.

이렇게 생각하면 애매하게 다루어져 오던 여제의 존속을 다시금 명확히 부정하는 것이 국가계획자의 중요한 과제임은 당연하다. 1886년 이토 히로부미로부터 헌법초안의 기초를 위촉받은 이노우에 코와시는 오쿠니누시노카미(大国主神)[69]의 국양고사(国讓故事)에 있는 '다스리다(しらす)'[70]에서 시사를 받아 제1조를 "대일본제국은 만세일계의 천황이 통치한다"[111]*라고 했다. 이 이론에 의하면 외국의 군주는 '지배하다(うしはく)'[71]의 통치이며 일본은 '다스리다'의 통치이다. '다스리다'란 군덕(君徳)에 의한 지배를 의미한다.[112]*

---

69) 나라를 만든 신으로서의 존칭이다.
70) '知らす'는 공평무사한 통치의 형태로서 다스린다는 의미이다.
71) '領く'는 사적인 소유를 통해 지배한다는 의미이다.

이 이론을 전제로 이노우에 코와시는 여계와 여제를 부정하는 논리를 만들어 냈다. 즉 그는 외무성 법률고문관이었던 독일인 헤르만 뢰슬러(Hermann Roesler, 1834~1894)와 주고받은 편지에서 "국법상 황위 상속은 문무 양권을 통괄하고 시행하는 능력을 필요로 하기 때문에 여성 및 금치산자는 황위 계승권에서 제외하는 것이 당연하다"[113*]고 쓰고 있다. 그리고 「오륜과 생리(五倫과 生理)」라는 논고에서는 유교의 오륜이 단순히 유교의 도덕적인 것이 아니라 인간의 신체생리 구조에서 만들어진 것이라고 규정하였다. 따라서 '자연 조화의 불가사의한 작용'이고 동서고금을 막론하고 "인간이 세상에서 살아가기 위해 피할 수 없는 생활의 궤도"라고 단정하였다. 또한 "모든 윤리의 관계는 생리적으로 인간 신체의 조직구조에 근거를 둔다"며 "남자는 용맹해서 고상한 덕을 겸비하고 여자는 온화해서 기미정치(機微精緻)의 자질을 갖추어 하나는 밖을 다스리고 다른 하나는 안을 다스리는 데 적당한 고유의 성질이라 할 수 있다"[114*]고 주장하였다.

이노우에 코와시의 생각은 일본의 황제가 남성이어야 했다. 왜냐하면 힘으로 나라를 지배하는 외국의 군주와 달리 일본의 군주는 '고상한 덕'으로 나라를 통치하기 때문이다. 이와 같은 미덕은 남성에게만 있으며 여성은 이러한 미덕을 선천적으로 가질 수 없다. 따라서 일본 국가의 통치는 남성인 천황에 의해서만 가능하다.

여기에는 결정적인 젠더 차별이 있다. 여성은 생리적으로나 심리적 또는 지적 측면에서 군덕을 가질 수 없는 성이라고 단정하고 있는 것이다. 물론 여성에게 덕이 전혀 없는 것은 아니다. 온화하고 감정이 섬세한 고유의 덕을 지니고 있다. 이것은 애초부터 여성이 가정을 지키는데 적합하다는 것이며 남성이 국가를 다스리는 것도 고유한 성질에 의한 것이다. 즉 여성은 여성인 한 생리적으로 국가를 다스리는 데는 적당하지 않다는 생각이다.

헤르만 뢰슬러는 고작 영국여왕의 예를 들어서(당시 영국은 빅토리아여왕이 통치하고 있었다) 여성이 반드시 덕이 없는 것은 아니라고 반론하고 있지만 이 반론은 애초부터 무의미하였다. 왜냐하면 천황을 기축으로 삼은 메이지의 국가설계는 성의 차이를 발생시킨 것이 아니라 사전에 여성의 열등성을 필수적인 전제로 삼아야 가능했기 때문이다. 만세일계의 황통이라는 유례 없는 국체 창조에 "하늘이 내려주신 황제의 자리는 하나"가 되어야 한다. 여계의 배제는 불가결한 것이었다.[115*]

오사 시즈에 씨는 이에 대해 "천황인 것은 남자라는 것과 같은 의미이다. 황후란 어디까지나 주권 천황의 처이고 '사적' 영역에 관련된 또 다른 하나의 성으로서 그 위치가 정해졌다"고 총괄하고 있다.[116*] 반복하지만 천황을 기축으로 하는 메이지국가의 설계가 성의 차이를 만들어낸 것은 아니다. 여성의 '본질적인' 열등성을 당연한 전제로 했을 때에만 국체의 구축이 가능했던 것이다. 이 근거에 따라 국가는 천황을 정점으로 하는 남성지배 제국이 되고 여성은 공적세계에서 철저히 배제된 이류 국민으로 살아가게 된 것이다.

황후상과 그 부속상징

메이지국가는 항상 상반되는 이중의 필요성에 쫓기고 있었다. 한편은 국체유지인데 그 방향은 필연적으로 보수적이고 전통적이었다. 그러나 다른 한편은 국제사회에서 선진국이 되고자 하는 요구였기 때문에 모든 것을 국제적 가치에 형식적으로 부합시킬 필요가 있었다. 실제로는 앞에서 서술했듯이 천황이 절대적인 우위에 존재하는 국체를 만들어냈지만 군주의 아이콘을 창출함에 있어서는 서구의 일부일처제에 바탕을 둔 군주부부상을 모방하여 이것을 황후와 한 쌍으로 제작하여 하사하고 교부하였다.

천황의 사진초상이 국내외적으로 필요하게 된 경위는 제1장에서 서술한 대로이지만 위에서 말한 이유로 천황의 본처인 황후의 시각화가 필요하게 되어 황후도 1872년과 1873년에 천황과 함께 전통의상을 입고 사진을 찍었다.[117]* 이에 앞서 1871년에 내정(內廷)이 황후 중심으로 개혁되었음은 이미 언급한 대로이다.

1873년에는 천황상이 전통의상에서 양장으로 바뀌었지만 황후상은 전통의상 그대로였다. 그 이유는 추측할 수밖에 없는데 국제적으로 보더라도 아시아와 아프리카 각국의 근대화 과정에서 남성은 서구 선진국가들의 남성과 같은 양장을 착용하고 여성은 민족의상을 착용하는 예가 많다. 이다 브롬(Ida Blom) 씨는 근대에 주변 또는 반(半) 주변화된 각국의 남녀 복장이 표상하는 이념에 차이가 있음을 지적하고 있다.[118]*

세계시스템의 '중심'인 서구복장이 주변 또는 반주변 국가에서 '근대화' 또는 '중심성'의 표상이 되었다는 점을 여기에서 확인할 필요가 있다. 한편 전통적 또는 민족적인 의상은 그 국가나 민족의 '전통'을 표상하였다. 아이슬란드가 독립운동을 추진하였을 때 여성들은 민족의상을 유니폼으로 착용했는데 이다 브롬 씨는 이것이 '민족의 어머니'를 상징했다고 적고 있다. 이 복장은 꼭 끼는 코르셋으로 불룩해진 가슴을 강조하고 낙낙한 스커트(임신복)는 모성의 자궁을 상징하며 함께 착용한 앞치마는 가정에 대한 의무를 상징했다. 일본도 제2차 세계대전 당시 전통의상에 앞치마를 걸친 여성복이 애국의 상징이 되었음을 이다 브롬 씨에게 꼭 전하고 싶다.

민족의상은 어떠한 경우에도 남성에게는 적용되지 않았고 여성용이었다. 또한 이다 브롬 씨는 민족의상은 여성이 입는 유니폼이지만 이는 또한 여성을 국민의 일원으로 각인시키고 그녀들을 개개의 자유로운 개인이 아닌 국가모성으로 통합하기 위해서라고 고찰하고 있다. 이 점은 전시 일본도 마찬가지이다. 이다 브롬 씨에 의하면 아시아나 아프리카에서도 여성은 남성보다 오랫동안 민족의상을 입었다. 간디는 민족의상을 직접 입었을 뿐만 아니라 창시자이기도 했다. 인도의 사리(sari)와 이집트의 차도르(chador)는 서구의 타락한 문화로부터 여성들을 지키기 위한 상징이었고 지금도 마찬가지이다.

한편 남성의 슈트(suit)는 국제적으로 자본주의 체제하의 직업인을 나타내는 상징으로서 전 세계 남성들이 착용하였다. 여성은 전통을 지키는 자이고 남성은 근대화의 주인공임을 보여주려는 남녀의 상이한 의상착용은 양복으로 바꿔 입은 천황과 전통의상을 입은 채로 남은 황후의 옷차림이 나타내는 의미를 잘 설명해 준다. 일본은 1873년에서 1883년까지 천황과 황후가 서로 다른 의상을 착용한 어진영을 가지고 있었다.

황후가 양장차림으로 사진을 찍은 것은 1889년 6월 14일인데 제1장에서 서술한 것처럼 『메이지천황기』에는 "황후께서 사진사 스즈키 신이치를 불러 촬영하게 하시고 다음 날은 사진사 마루키 리요를 시켜 똑같이 촬영하게 하셨다"고 쓰여 있다.[119*] 앞에서 언급했듯이 황후의 양장을 단행한 사람은 이토 히로부미였다. 그가 의도한 것은 황후의 양장을 통해 일본의 여성도 국제사회 속에서 호환성 있는 존재로 만드는 것과 동일한 양장차림을 한 천황과의 대칭성을 창출함으로써 근대적 일부일처제에 기초한 부부상을 명확히 내세우는 것이었음에 틀림없다.

이리하여 1889년의 황후 어진영은 서구의 귀부인에 비해 손색없는 고귀한 양장차림이 되었다. 섬세한 자수로 장식한 몸에 딱 붙은 벨벳 상의와 바탕에 무늬가 많이 있는 태피터(taffeta, 호박단)[72]나 브로케이트(brocade, 능라)[73]로 보이는 중량감 있는 견직물 스커트, 많은 다이아몬드를 별처럼 장식한 티아라(tiara, 머리장식),[74] 팔꿈치까지 오는 긴 장갑과 두 줄로 된 팔찌, 세 줄로 장식된 목걸이와 반달 모양의 브로치, 고귀한 신분을 나타내는 긴 옷자락을 끄는 트레인(train)[75]은 이후 황후 '제복'의 일부를 구성하게 되었고 황후를 모방한 황족 여성이나 화족 여성들의 신분을 나타내는 복장이 되었다. 우선 이것은 니시키에로 그려졌고 타이쇼와 쇼와시기에는 엄청난 양의 잡지 그라비어(gravure, 사진요판)와 아동용 도서 등에 복제되었다.

1935년생인 필자가 유년시절에 가지고 있던 아동문학전집의 권두에는 천

---

72) 광택이 있는 얇은 견직물로 여성복이나 리본에 사용하였다.
73) 금실을 씨실로 하여 무늬를 놓은 화려한 비단의 일종이다.
74) 부인용 보석으로 장식한 관의 일종, 보석을 아로새긴 머리장식을 말한다.
75) 고귀한 신분을 나타낸다고 조언 받아서 가필하였다(원주).

황과 황후를 비롯하여 호화로운 양장과 보석을 몸에 걸친 황족 여성들의 사진이 대량 복제되어 있었다. 이 복장은 일반서민들의 복장과 너무나 동떨어져 있어서 그녀들을 마치 이국의 신비한 세계에 사는 사람처럼 느끼게 하였다. 이다 브롬 씨는 주변, 반주변 국가의 의복제도에는 서구풍은 남성, 민족풍은 여성이라는 성별의 차이가 있다고 보았는데 일본의 경우는 이와 동시에 서구풍의 정도가 계급의 높이와 비례하고 있었다. 이것은 식민지시대의 인도 등과 같이 서구 종주국에 지배당했던 식민지적 상황과 유사하다.

궁전 한 채를 건축하는 것과 맞먹는 거금으로 마련된 황후의 양장은 근대화와 함께 계급적 탁월화라는 시각적인 역할도 하였다. 이것은 여성국민이 황후를 동경의 대상으로 삼기에 충분한 이미지였다. 황실 여성의 호화로운 복장은 시각적인 오락이 부족한 시대의 여성들에게 마치 여배우의 그라비어처럼 동경하는 여성미, 고급스럽고 호화로운 생활의 상징으로 소비되었던 것이다. 이와 같은 황후의 양장은 독일 궁정의 사정을 가르쳤던 몰의 조언에 따라 독일의 황후이자 프러시아 왕국의 왕비였던 아우구스타를 본보기로 삼았다고 하며 서양 예복차림을 한 황후의 옷맵시는 서구인들의 칭송을 받았다.[120*] 단 나중에도 언급하겠지만 키오소네가 만든 어진영은 이탈리아의 마르게리타 황후가 입은 의상과 유사하다.

황후는 오른쪽에 보조 탁자를 두고 있는데 그 위에는 장미꽃 화병이 놓여 있다. 이 꽃은 서양의 꽃으로 일본에서 자생하는 것이 아니다. 장미는 서양의 왕비나 귀부인의 초상에 항상 등장하는 고귀한 꽃이다. 이 '장미'는 천황 어진영의 '칼'과 대칭하는 것으로 칼이 군인이나 힘 등 남성을 상징하듯이 장미는 아름다움과 사랑, 그리고 여성성을 상징하고 있다. 즉 황후의 초상에는 양장이라는 형식을 취한 근대화와 장미라는 형태를 취한 여성성이 서구의 회화와 공통되는 초상형식으로 철저하게 묘사되었던 것이다. 이토 히로부미의 관점에서 본다면 아직 민족적 단계에 머물러 있던 고대 복장차림의 1873년의 황후상이 1889년에는 서구 왕비상과 동일한 형태로까지 높아진 것이 된다. 또한 서구의 회화에 공통되는 초상을 그 부속물과 함께 표상의 테이블에 올려놓을 수 있었다는 것이야말로 1889년의 근대화와 서구화가 달성한 지점을 시각문화적 측면에서 보여주는 것이었다.

그러나 황후의 어진영에는 또 하나의 부속물이 있었다. 그것은 보조 탁자 위에 장미꽃과 함께 놓여 있는 책이다. 마루키 리요와 키오소네의 작품인 1889년의 황후초상 사진에는 적어도 두 가지 버전이 있었다. 하나는 탁자 위에 책이 아니라 네모난 물체(옻칠을 한 문갑과 같은 것)가 놓여 있다. 여기에는 배경이나 장식도 없고 의자도 아무렇게나 놓여 있다. 이것은 주로 개인이 소장하고 있으며 메이지신궁에도 보관되어 있지만 어진영이 되지는 않았다(그림 31). 형태가 분명치 않지만 이것은 그 후 1898년에 석판으로 된 「황후어존영(皇后御尊影)」(작자 미상)의 탁자 위에 있는 상자와 매우 유사하기 때문에 필시 이 석판화는 전통의상을 입은 황후상에 1889년의 옆 탁자와 화병과 상자를 첨가하여 존영(尊影)을 만든 것으로 보인다(그림 32).

그림 31 황후어존영, 1889년, Edoardo Chiossone · 丸木利陽, 明治神宮記念館

그림 32 황후어존영, 석판, 1898년, 작자미상, 明治神宮記念館

그러나 일반에게 하사된 버전에서는 상자가 책으로 바뀌었다. 나중에 서술할 키오소네판에도 책이 선명하게 그려져 있다. 전통의상을 입은 여성에게 어울리는 옻칠한 상자에서 양장차림 여성에게 어울리는 책으로 바뀐 것이 극히 단시간에 행해졌음을 알 수 있다. 여기에 그려진 전통적인 방법으로 만들어진 8권의 서적은 황후의 명령으로 편찬된 도덕서 『메이지효절록』과 『부녀감』이라고 필자는 생각한다.

필자는 이 서적의 원본을 국회도서관에서 확인해보았는데 권수나 모양이 초상과 일치하였다. 모두 1889년 이전에 간행된 이 책들은 황후가 내려주신 수신(修身)으로서 국민에게 보급되었다. 이 두 가지 국민도덕서는 황후가 모토다 나가자네, 후쿠바 비세, 콘도 요시키(近藤芳樹, 1801~1880), 니시무라 시게키(西村茂樹, 1828~1902) 등에게 명하여 편찬하도록 한 것으로, 기본적으로 여성국민들에게 온순함과 정절이라는 유교적인 여성도덕을 교육하는 내용이었다. 교육칙어와 함께 하사되고 배부된 어진영과 어울리는 부속물이다. 이 도덕서의 내용에 대해서는 제3장에서 자세히 다루도록 하겠다.

서구풍 의상과 유교적 도덕서가 함께 그려져 있는 황후의 어진영은 메이지정부가 여성국민들에게 부과한 상반되는 두 가지 요구를 훌륭히 표상하고 있었다. 첫째는 서구화와 근대화이고, 둘째는 정절과 온순한 유교적 여성도덕의 교화(教化)이다. 근대적인 옷차림과 전통적인 부덕(婦德)이라는 상반된 두 가지를 통합할 수 있었기에 황후는 일본여성의 귀감이 되었고 이것이야말로 황후를 통해서 전 일본여성들에게 보여준 모범적인 여성상이었다.

정리해보면 양장차림의 황후 어진영은 '근대화'와 '유교도덕'의 결합을 표상하는 것이다. 즉 양장으로 서양 왕비초상과의 호환성을 획득하고(근대화), 장미꽃은 천황상의 특징이었던 남성원리를 보완하는 여성의 역할을 보여준다. 그리고 도덕서는 한편으로 여성해방이나 권리확장운동을 주창하는 서구적 여권신장론자를, 다른 한편으로는 음란하고 방자한 독부(毒婦)나 음부(淫婦)인 악덕 여성을 견제하고, 그 반론으로서 유교적 부덕을 제시하기 위한 것이었다. 이리하여 천황상이 보여주는 군국화, 근대화를 이면에서 지

탱하고 유교나 가부장제적 도덕을 지원하는 여성상의 모델로서 황후상이
천황상과 나란히 배치되었던 것이다.

미덕과 학예의 수호자인 황후상

왕비 혹은 왕비에 준하는 여성의 초상에 부속물로 책을 배치한 것은 고
금을 통해 수없이 많다. 의식(儀式)적인 초상을 제외하면 왕비만을 그린 서
구의 초상에는 두 가지 유형이 있다. 하나는 왕비가 적출자를 안은 모습인
'모성 유형'이라는 범주이고, 또 하나는 '학예와 미덕의 수호자'로서의 왕비
상이다. 이토 히로부미가 모범으로 삼았고 프러시아의 가장 이상적 왕비로
칭송받는 프리드리히 빌헬름 3세(Friedrich Wilhelm III, 1770~1840)의 왕비 루이제
(Luise von Mecklenburg Strelitz, 1776~1810)와 8명의 아이를 낳은 빅토리아여왕은 모
성 유형의 전형이다.[121*] 세계사적으로 본 왕비와 여왕상의 분석은 다음 장
에서 이루어지므로 여기에서는 '책과 함께 있는 왕비'의 초상을 중심으로
검토해보고자 한다.

근대적인 절대주의 궁정의 왕비상 또는 귀부인상이 정형화된 것은 유럽
의 정치체제가 절대주의로 물든 16세기의 일이다. 후세까지 계승되는 왕비
의 초상과 양식을 완성시킨 것은 두 사람의 궁정화가, 이탈리아 토스카나공
국의 코시모 1세(Cosimo I, 1519~1574)의 궁정화가 아뇰로 브론치노(Agnolo
Bronzino, 1503~1572)와 영국의 헨리 8세(Henry VIII, 1491~1547)의 궁정화가 한스
홀바인(Hans Holbein der Jüngere, 1497 / 98~1543)[76]이다. 브론치노가 1544년부터
1545년에 걸쳐 그린 코시모 1세의 왕비 에레오노라(Eleonora di Toledo, 1519~1562)

---

76) 한스 홀바인(Hans Holbein der Ältere, 1465(?)~1524)의 아들이며, 독일 르네상스를 대표하는
　　화가이다. 1532년 이후 헨리 8세의 궁정화가로서 활동하며 왕·왕비들의 초상화를 그렸다.

그림 33 에레오노라 톨레도의 초상, 1544~1545년, Agnolo Bronzino, 우피치 미술관

초상은 질적인 면에서나 착상 면에서나 후세 왕비상의 원형이 되었다(그림 33).

이 왕비 초상의 특징은 우선 왕비의 무표정에 있다. 브론치노는 냉정하게 감정을 나타내지 않는 것이 군주 및 궁정인의 격식에 맞는 것(comme il faut)임을 잘 알고 있었다. 그는 코시모 1세를 비롯하여 모든 군주의 가족 초상을 그렸는데 그 표정의 냉정함과 무표정은 어린 아이까지 마찬가지였다. 무표정은 혈통으로 지배권을 획득한 자의 특권이었다.

15세기 도시국가의 지배자들이나 공화제 도시국가의 위정자들은 무인 또는 문인에 걸맞는 개성과 인간성을 표출함으로써 지배의 이유가 그들의 인간성에 의한 것임을 선전하였다. 그러나 절대왕정시기에는 왕후귀족의 초상에서 인간적인 모습이 사라졌다. 인간성이나 개성이라는 현실적인 성향은 동시에 왕후의 신체성과 연약함, 평등함과 범용(凡庸)을 드러내기 때문이다. 절대주의 왕정의 군주는 인간미를 불식시키고 개인적인 신체성을 최대한 드러내지 않음으로써 칸토로위츠(Ernst H. Kantorowicz) 씨가 말하는 이른바 초인적인 '왕의 신체'를 표상할 필요가 있었던 것이다.[122*]

이 초상의 두 번째 특징은 의상과 액세서리의 호사스러움과 그 치밀한 묘사이다. 왕비는 절대주의 궁정 취향의 발상지로 여겨지는 스페인 왕실 출신으로 그 출신의 고귀함과 함께 막대한 지참금으로 유명하며 호화로운 의상과 보석으로 치장하지 않으면 사람 앞에 나서지 않았다고 한다. 넘쳐나는 진주

액세서리와 아플리케(appliqu)[77] 와 자수로 호사스럽게 볼륨감을 준 화려한 무늬의 비단의상 묘사는 호화로움을 완벽하게 기록하기 위한 화가의 열의와 기량이 돋보여 마치 사진과 같은데 이는 의상과 보석이야말로 왕비의 지위와 신분을 상징하고 있었기 때문이다. 진주가 다산의 여성 표상이고 석류 문양은 스페인 왕국과 에레오노라의 상징이며 또한 석류의 많은 열매는 다산과 풍요의 상징이므로 그녀가 11명의 아이를 낳은 것을 칭송하고 있다.

그림 34 루크레티아 판티아티키의 초상, 1540년, Agnolo Bronzino, 우피치 미술관

세 번째 특징은 왕비가 적출(嫡出)의 남자 아이를 안고 있는 것이다. 이 아이는 둘째 아들이었다. 메디치가(Medici Family)에서는 대대로 차남을 교황으로 삼도록 되어 있었기 때문에 두 번째 아들의 탄생은 매우 축하할 만한 일이었다. 참고로 왕비가 장남을 안은 초상은 없으므로 차남의 탄생이 얼마나 기념할 만한 일이었는지 알 수 있다.

마찬가지로 1540년경에 브론치노는 한 손에 책을 든 귀부인의 초상을 그렸다(그림 34). 『루크레티아 판티아티키(Lucrezia Panciatichi)의 초상』이 그것인데 앞에서 서술한 왕비상과 표정 및 묶은 머리는 물론 자세도 비슷하고 의외로 메이지천황의 초상과도 유사하다. 무표정과 호화스러운 의상은 동일한 궁정적

---

77) 바탕천 위에 다른 천이나 레이스, 가죽 따위를 여러 가지 모양으로 오려 붙이고 그 둘레를 실로 꿰매는 수예를 말한다.

이상에서 나온 것이지만 이 여성이 아이가 아닌 책을 들고 있는 점에서도 비슷하다. 손에 든 책은 이 여성이 나중에 위그노(Huguenot, 프랑스 신교도) 혐의를 받아 투옥되어도 굽힐 줄 모르는 신념과 지성을 지니고 있었음의 증명일 것이다. 적어도 이 여성은 신체의 풍요가 아니라 정신의 풍요를 나타내고자 책을 부속물로 선택한 것이다.

한스 홀바인은 헨리 8세와 그 불행한 왕비들의 초상을 다수 그렸다. 그중 여왕 엘리자베스 1세(Elizabeth Ⅰ, 1533~1603)의 모친78)이 처형된 직후에 왕과 결혼하여 헨리 8세가 열망한 왕자를 낳은 뒤 죽은 제인 시무어(Jane Seymour, 1509~1537)의 초상이 유명하다. 이 초상은 일단 무표정이며 경직된 얼굴과 호화롭고 대담한 디자인, 목걸이와 반지, 머리장식과 보석이 들어간 장식용 허리띠(sash)79) 및 왕비의 의상을 장식한 은사(銀糸)의 사실성을 살리는데 정성을 들이고 있다.123* 얌전하게 각지 긴 손 이외에는 전혀 소지품이 없다. 한스 홀바인은 유명한 저술가인 에라스무스(Desiderius Erasmus, 1466~1536)의 초상을 그린 화가이다. 대체로 그가 그린 초상에는 모델의 정신을 표상하는 부속물이 그려지곤 하였는데 이 왕비는 헨리 8세를 조신하게 섬기듯이 손을 맞잡고 오른쪽을 향하고 있을 뿐이다.

이것은 한스 홀바인이 헨리 8세를 위해 제작한 『튜더(Tudor) 왕조』(1537년)라는 제목의 화이트홀 궁전 내 챔버 프리비 대벽화(소실)의 일부로서 계획되었다. 레미기우스 랜풋의 묘사에 의하면, 이 혈통서와 같은 벽화에는 선왕 헨리 7세(Henry Ⅶ, 1457~1509)와 그의 왕비 요크의 엘리자베스(Elizabeth of York, 1466~1503)가 상단에 서있고, 이후에 에드워드 6세(Edward Ⅵ, 1537~1553)를 낳은 제인 시무어가 오른쪽에, 헨리 8세는 발을 벌리고 칼을 쥔 위협적인 자세로서 있다(그림 35).

양 손을 조신하게 맞잡고 있는 제인 시무어는 호화로운 의상을 입고 화

---

78) 앤 불린(Anne Boleyn, 1504~1536). 잉글랜드 왕 헨리 8세의 둘째 왕비.
79) 장식띠. 죔쇠를 사용하지 않고 장식으로 붙이는 부드러운 재질로 된 폭이 넓은 허리띠를 말한다.

그림 35 튜더왕조, Hans Holbein, 레미기우스 랜풋의 묘사

려한 양탄자 위에 서서 스커트 위에 강아지를 올려놓고 있다. 개는 충실과 정절의 상징으로 미망인의 서약을 주제로 한 초상에 자주 그려졌다. 이 벽화는 왕조와 혈통계승에 대한 전형적인 초상이다. 혈통을 계승해 나가기 위한 두 세대의 부부가 나란히 그려져 있는 이 벽화는 결혼이라는 의례를 중시하는 그리스도교 왕가의 계통도로서 대표적인 작품이다. 일본의 천황가도 왕가의 계통도인 이 형식을 석판화로 계승했다는 사실은 제1장에서 살펴본 바와 같다.

한스 홀바인이 그린 책을 든 여성상 중에서 『(왕실재무감사관부인)레이디 길포드(Lady Guildford)의 초상』(1527년, 세인트루이스 시립미술관)이라는 흥미로운 그

그림 36 레이디 길포드의 초상, Hans Holbein, 1527년, 세인트루이스 시립미술관

림이 있다(그림 36). 이 여성의 남편 초상화는 기하학 모양의 배지를 단 베레모를 쓰고 가슴에는 가터훈장(The Most Noble Order of the Garter)[80]을 달고 감시관의 관장(官杖)을 쥔 위엄과 지위가 있는 남자를 남김없이 그려내고 있다. 그러나 아내의 경우는 기도서로 보이는 책을 공손하게 들고 여성이 그리스도교 신앙생활로 가정을 순결하게 지키고 있는 것이 강조되어 있다. 또한 그녀는 몇 겹의 각기둥 앞 원기둥에 몸을 기대고 그녀의 뒤에는 마르기 시작한 담쟁이덩굴이 그려져 있다. 기둥은 '코스탄티아(Constantiia)'를, 담쟁이덩굴은 정절을 비유한 것이다. 이 식물은 남편 뒤에도 있다. 그들은 이것으로 상호간의 정절을 나타냈던 것이다.

여왕 중의 여왕인 헨리 8세의 딸 엘리자베스 1세 또한 자신의 초상에 정치적인 의미를 담았다. 왕위에 오른 후 엘리자베스 1세의 정형적인 초상은 대체로 지구를 나타내는 구체와 왕권의 주석을 지니고 있는 모습이었다. 그러나 그것과는 별개로 그녀는 종종 '소쿠리'를 든 자신의 모습을 그리게 하였다(그림 37). 시에나국립회화관에 있는 17세기 초(예전에는 페데리코 주카리(Federico Zuccari) 소장)의 초상은 호화스러운 보석과 의상으로 차려입은 여왕ー그러나

80) 영국 왕실에서 수여하는 최고 훈장이다.

반지를 끼고 있지 않다—이 왼손에 금속 소쿠리를 들고 있고, 그림 왼쪽 아래에 이탈리아어로 "좋은 것은 아래로 떨어지고, 나쁜 것은 소쿠리에 남는다"는 표어(motto)가 적혀 있다.

소쿠리는 선악을 선별하는 '현명'을 상징함과 동시에 대플리니우스(Gaius Plinius Secundus)가 『박물지(博物誌)』에서 말한 고대 로마의 베스타(Vesta)[81] 신전을 섬기는 순결한 무녀 토키아의 기적 이야기 '토키아의 소쿠리'에서 비롯된 것이다. 이 무녀는 처녀의 순결을 지켜야 하는 무녀의 법도를 어겼다는 무고한 죄를 뒤집어쓰고 그 혐의를 풀기 위해 여신에게 기도하여 테베레(Tevere)강에서 소쿠리로 물을 옮겨 그 처녀성을 증명하였다. 여기에서 처녀왕 엘리자베스 1세는 스스로의 처녀성을 선언하기 위해 토키아의 소쿠리를 들고 있는 것이다.[124*] 이 초상에서 엘리자베스 1세는 미덕의 보호자라기보다는 스스로를 미덕의 체현자로서 표현하였다.

그림 37 소쿠리를 든 엘리자베스여왕, 시에나 국립회화관

엘리자베스 1세의 12세 무렵 작자 미상의 초상화가 하트필드 왕실 컬렉션에 있다(그림 38).[125*] 이 초상은 한스 홀바인의 왕비상과 매우 비슷하지만 젊은 황녀는 독서대에 두꺼운 책을 놓고 손에는 기도서를 들고 있음으로써 자신의 신앙과 지성을 보여주고 있다. 이탈리아 제3대 황제 빅토리오 임마누엘

81) 고대 로마의 불의 신, 가정의 수호자. 처녀신으로 여겨지며 그리스 신화의 헤스티아(Hestia)에 해당한다.

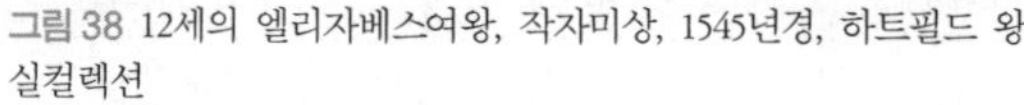

그림 38 12세의 엘리자베스여왕, 작자미상, 1545년경, 하트필드 왕
실컬렉션

그림 39 이탈리아왕비 엘레나의 초상, 연대미상

3세(Vittorio Emanuele III, 1869~1947)의 왕비가 된 엘레나(Elena del Montenegro, 1873~
1952)가 맞선 사진으로 보낸 19세 때의 초상사진도 책을 들고 있는 모습이다
(그림 39). 젊은 여왕 또는 왕비의 미덕은 책으로 나타났다고 볼 수 있다.

그러나 필자가 초상이나 구도에서 황후상과 매우 가깝다고 생각하는 것
은 1755년에 그려진 루이 15세(Louis XV, 1710~1774)의 애첩 퐁파두르(Madame de
Pompadour, 1721~1764) 부인의 초상이다(그림 40). 백과전서파의 후원자였던 이
재녀(才女)는 황후가 입고 있던 호화스러운 견직물과 흡사한 큼직한 문양의
은 비단 의상을 입고, 무릎에는 악보를 펼쳐놓고 테이블 위에는 백과전서를
올려놓았다. 테이블 위의 책은 초상의 모델이 이 책들의 출판을 원조했다는

것과 그녀가 명성 있는 학예의 보호자임을 보여주는 전형적인 초상으로 하루코황후의 초상은 이를 계승하고 있다(그림 41).

한편 퐁파두르가 애호하고 비호하던 화가, 프랑수아 부셰(François Boucher, 1703~1770)가 그린 『퐁파두르 부인상』(1750년, 루부르 미술관)은 음악과 회화의 보호자로서의 여성의 화려한 미모를 강조하기 위해 분홍 장미를 머리와 가슴, 바닥에 흩어 놓았다(그림 42). 부셰는 1756년과 1758년에도 장미무늬의 의복을 입거나 바닥에 장미가 흩어져 있는, 또는 장미 정원에서 독서를 하고 있는 여성을 그리고 있다. 1758년 빅토리아앨버트미술관(Victoria and Albert museum)에 있는 초상에는 여성이 장미 정원에 앉아 여러 권의 책 위에 팔꿈치를 세우고 독서를 하고 있다. 이것은 여성의 여성스러움과 지성을 동시에

그림40 퐁파두르 부인의 초상, 1755년, Maurice Quentin de La Tour, 루부르 미술관

그림41 퐁파두르 부인의 초상(부분), 책상 위의 지구의와 백과전서

표상하고 있는 것이다.

덧붙여 말하면 루이 15세의 공식 초상은 갑옷을 입고 측면 탁자에 털이 달린 투구와 주석을 놓고 있는데 언제라도 그것을 쓸 준비가 되어 있는 듯 오른손을 투구에 올리고 왼손에는 칼을 쥐고 있다(그림 43). 군인으로서의 왕과 왕비 혹은 측실의 학예라는 대비는 메이지천황과 황후도 동일하다.

이 외에 루이 14세(Louis XIV, 1638~1715)의 애첩이었던 맹트농(Marquise de Maintenon, 1635~1719) 부인의 초상판화를 그린 앙뜨와누 톨반의『맹트농 부인의 초상』(1705년, 파리국립도서관판화실)(그림 44)은 책상 위에 상록수 화분을 놓고 양손에 책을 들고서 그 지성을 나타내고 있다. 이와 같은 측실들은 자녀를 자랑

그림 42 퐁파두르 부인의 초상, 1750년, François Boucher, 루부르 미술관

그림 43 루이 15세 초상, 1750년, Carle Vanloo, 베르사이유 궁전

그림 44 맹트농 부인의 초상, 1705년, 앙뜨와누 톨반, 파리국립도서관판화실

할 수 없었기 때문에 오로지 학예와 지성을 초상화하였다. 이외에도 카르파 네체의 『몽테스팡(Montespan) 부인』(1670년, 드레스덴(Dresden) 미술관), 쟝 마르크 나티에(Jean-Marc Nattier)의 『로안(Roanne) 공작 부인』(1741년, 톨레도(Toledo) 미술관), 펜틴 라투르(Fantin de Latour)의 『뉴턴에 대해 성찰하는 페랑 양』(1753년, 뮌헨 알테 피나코테크(Alte Pinakothek)) 등과 같이 수많은 '지성과 미덕의 여성'들이 책과 더불어 그려졌다.126*

장미는 특히 왕비의 고귀함과 아름다움을 찬미하기 위해 이용된 표상이다. 미술사상으로도 유명한 벨라스케스(Diego de Velázquez, 1599~1660)의 『왕녀 마르게리타(The Infanta Maria Marguerita)』(빈 미술사미술관)는 오른손에 빨간 장미를 쥐고 있다. 또한 요한 조파니(Johann Zoffany, 1733~1810)가 그린 하노버(Hanover)왕조 조지 3세(George Ⅲ, 1738~1820)와의 사이에서 13명의 자녀를 낳은 샬롯(Sophia Charlotte, 1744~1818) 왕비의 초상(1771년)에는 넘쳐날 정도로 많은 장미의 금속 화병이 놓인 테이블이 그려져 있다(그림 45).

한편 남편인 조지 3세는 편안한 자세로 의자에 앉아 있는데 테이블에는 벗어놓은 나폴레옹풍의 모자와 칼이 놓여있다(그림 46). 이 장미와 칼의 대칭은 메이지천황과 황후의 초상과도 동일하며 프랑스에서 시작된 장미와 칼의 조합은 영국에서도 유행했음을 알 수 있다. 토머스 게인즈버러(Thomas Gainsborough, 1727~1788)는 조지 3세와 샬롯 왕비 사이에 태어난 아이를 메달리온

그림 45 조지 3세 왕비 샬롯의 초상, 1771년, Johann Zoffan, 로열 컬렉션

그림 46 조지 3세의 초상, 1771년, Johann Zoffan, 로열 컬렉션

그림 47 조지 3세일가의 초상, 1771년, Thomas Gainsborough, 로열 컬렉션

그림 48 「고귀한 장미」, Spooner, 『시각변화』, 1838년

속에 넣어서 그리고 있다. 메이지시기에 제작된 황실 일가의 석판화와 비교해보면 흥미롭다(그림 47).

이 전통은 19세기 빅토리아여왕에게도 이어진다. 1838년 출판된 스푸너(Spooner)의 『시각변화(Optical Transformation)』에서는 빅토리아여왕이 '잉글랜드의 고귀한 장미'로 표상되어 있다(그림 48).127* 스탠리 와인트라웁이 소장한 만년의 빅토리아상도 측면의 탁자 위에 분홍 장미

그림 49 만년의 빅토리아여왕

가 놓여 있다(그림 49). 단 빅토리아의 공식 초상은 엘리자베스 1세의 전통을 이어 왕관, 왕석(王錫), 지구를 부속물로 하고 있다. 이것은 그녀들이 왕비가

아니라 여왕이었기 때문이다.

왕비로서 세계의 왕실에 보내지는 일본 황후의 초상은 복장과 풍채가 서구적이었을 뿐만 아니라 절대주의 이후 궁정문화의 왕비초상 전통을 답습한 것이었다. 일본 황후의 초상은 학예와 미덕의 수호자인 '지적 여성'으로서의 왕비초상 계통에 속해 있었다. 또한 이것은 군인과 무인으로서 힘의 상징인 천황의 '칼'과 대비되는 '책'과 '장미'로 장식되어 군주와 그의 처가 국가적인 자리에서 분담하는 성역할을 상징하고 있지만 이러한 대비 역시 서구의 근대가 전승해 온 것이었다. 일반적으로 황후상은 궁정고문 몰의 수기를 근거로 실재 프러시아 왕비 아우구스타를 모방한 것으로 여겨지고 또한 이것이 '사진'이라는 소문에 의해 마치 인위적이지 않은 실사로 여겨져 왔지만 아우구스타의 실제 초상은 이것과 유사하지 않다. 사실 이것은 왕비의 초상전통을 잘 아는 키오소네가 이토 히로부미의 뜻에 따라 창조한 상징의 황후상이었다.

천황부부상 – 근대적 일부일부제의 모델

1889년 헌법발포일에 황후는 다이아몬드 왕관에 장미색 드레스를 입고 천황과 함께 식전에 임했다. 궁중예절 고문인 몰도 이 식전에서 "황실의 여성과 우아한 여성의 무리는 매우 좋은 인상을 주었다"며 만족하고 있다(그림 50).[128]* 이후 천황부부는 마차에 동승하여 축하 퍼레이드를 함으로써 아마도 처음으로 민중 앞에 한 쌍의 부부의 모습을 보여주었다. 이것을 보고 영어교사 엘리스 베이컨(Alice Mabel Bacon, 1858~1918)[82]은 다음과 같이 매우 기뻐

---

[82] 츠다 우메코(津田梅子, 1864~1929) 등의 초청으로, 1881년부터 1년간 일본에서 화족여학교의 영어교사를 역임하였다. 일시 귀국했다가 다시 1900년부터 2년간 토쿄여자사범학교와

그림 50 헌법발포식 그림, 니시키에, 1889년, 楊州周延

했다.[129*]

　이 축하 퍼레이드에서 처음으로 천황과 황후가 같은 마차에 동승하셨습니다. 이 일은 일본 여성들에게 큰 진보를 가져왔습니다. 왜냐하면 천황의 인격은 황후보다 훨씬 위이기에 민중 앞에서 황후와 같이 마차를 탄 모습을 보이는 것은 불가능했기 때문입니다. 그러나 어제 천황이 동승하심은 결혼을 통해 황후도 천황과 동등한 사회적 지위를 얻게 되었음을 천황 자신이 인정하신 것입니다. 처의 지위에 대한 서양적 사고방식을 공식적으로 채용한 것입니다. 퍼레이드는 제가 이제까지 본 것 가운데 가장 훌륭한 것이었습니다.

　카타노 마사코 씨는 이를 전후로 하여 여권론을 주장하는 일본의 여성들 사이에서 황후의 현재화(顕在化)에 대한 동감과 찬미의 마음이 높아진 것을 예로 들어 지적하고 있다.[130*] 그리스도교 계열의 『조가쿠잡지』 제163호(1889년 5월 25일호)도 황후를 칭찬하고, 여권주장론자인 키시다 토시코(岸田俊子, 1864~1901)(실은 15세에 문사어용괘(文事御用掛)가 되어 황후에게 맹자를 강의한

여자영학숙(女子英學塾, 후일 津田塾大學)의 영어교사로 부임하였다.

경력이 있다)도 헌법발포 이전인 황후탄생일 5월 28일 '축사'에 "우리들은 여성이기에 다른 성에 비해 보다 깊고 절실하게 황후폐하를 따른다"고 적었다.

그리스도교 신자 및 여권론자가 황후에게 공감한 것은 천황과 나란히 서 있는 황후의 모습에서 일부일부제의 모델을 보았기 때문일 것이다. 앞서 서술했듯이 황후의 현재화가 그리스도교 이론 중심의 서양인에게는 일본이 국가를 내세워 일부일처라는 도덕에 다가가는 것으로 여권론자에게는 축첩제도로 무시당하던 일본 여성의 지위향상을 의미하는 것으로 보였음이 분명하다.

앞에서 검토했듯이 메이지초년에는 계몽사상가 뿐만 아니라 일부일부제의 실현, 첩 제도와 창기 제도 폐지, 상속에서의 남녀동권사상이 무시할 수 없는 조류를 이루고 있었다. 이후 계몽사상의 영향력은 후퇴하였지만 그렇다고는 해도 근대국가의 형성과 인민의 국민화를 위해서는 시민사회의 남녀 규범, 즉 일부일부제로 견고해진 가족을 기반으로 한 국민의 통제가 불가결하였고, 이것이 부국강병의 기반이라는 생각은 지속되었다. 다만 이것을 얼마나 국체에 맞추어 구축할지가 문제였다. 하야카와 노리요 씨는 이 형태를 "국민은 천황에게 책임을 다하는 신민이고, 그 가운데 남성은 천황에게 공적 책임을 다하고 여성은 선량한 처이자 어머니로서 책임을 다함으로써 남녀모두 국가에 흡수된다"고 총괄하고 있다.[131*] 또한 "근대 일본에서는 사적가족인 한 쌍의 남녀관계가 국가의 부국강병에 기반이 되고" "사적인 시민의 도덕이 국가적 규범이 된다"[132*]고 지적하고 있는데 이는 매우 적절한 지적이다.

그러나 시민적 도덕=국가적 규범이라는 도식은 근대 일본에만 해당하는 것이 아니다. 서구의 국민국가에서 일부일부제에 기초한 시민도덕은 국민 형성의 필수조건이었다. 조지 모스 씨는 『내셔널리즘과 섹슈얼리티』에서 국민국가와 시민도덕 문제를 포괄적으로 논하고 있다.[133*] 그는 '근대 최강의 이데올로기'는 '내셔널리즘'과 '리스펙터빌리티(respectability, 시민적 가치)'

두 가지였다고 지적하고 있다. 그는 18세기 근대 내셔널리즘이 출현했을 때 리스펙터빌리티의 이상과 섹슈얼리티의 정의가 동시에 발생했다고 본다.

오늘날 세계에서 보편적 규범으로 여겨지는 작법, 도덕, 성적 태도는 사실 이 시기 이후에 내셔널리즘으로 규정된 것이지 예로부터의 것도, 보편적인 것도 아니다. 근대국가는 자본주의를 경제기반으로 삼고 있는데 여기에서 산업의 중심을 담당하는 것은 부르주아계급이다. 구제도의 지배자였던 봉건적 귀족계급을 대신해서 부르주아가 패권을 장악하자 이와 함께 대의제(代議制)와 입헌정체가 구성되어 근대국가가 성립되었다. 이와 같은 부르주아계급이 패권을 장악함과 동시에 곧바로 이와 상응하여 그들의 성적 가치관에 근거한 '시민적 가치관'이 국가의 논리가 된다. 이것은 막스 베버(Max Weber, 1864~1920)가 『프로테스탄티즘의 논리와 자본주의 정신』에서 언급한 벤자민 프랭클린(Benjamin Franklin, 1706~1790)의 도덕론에 전형적으로 나타난 근면, 근로, 검약, 의무, 정열의 억제, 순결의 논리이다.[134*]

조지 모스 씨는 이 논리를 '시민적 가치'라고 한다. 이 논리로 인해 부르주아 및 프띠 부르주아로 구성된 중산계급은 하층계급과 귀족으로부터 자기를 구별한다. 그들에 의하면 하층계급은 게으르고 귀족계급은 방자하며 음탕하다. 프랑스 구제도의 궁정문화가 지녔던 노골적인 에로티시즘은 확실히 시민계급인 디드로(Denis Diderot, 1713~1784)와 그뢰즈(Jean-Baptiste Greuze, 1725~1805)를 분개하게 만들었다. 게다가 서구의 경우에는 귀족계급이 세습제와 함께 세습해 온 가톨릭 문화권의 성적 '관용=방자'에 반발하여 종교개혁이 일어나고 이 경건주의가 게르만 각국과 영국 국교회에 침투해간 역사가 있다. 이것은 신교도가 나라를 세운 미국에서도 마찬가지이다.

조지 모스 씨에 의하면 18세기부터 19세기까지 프로테스탄티즘이 부흥하여 루터파, 국교회, 칼뱅파는 중산계급에 적극적으로 다가가 그 엄격한 생활양식을 결정해 나갔다고 한다.[135*] 루터파, 칼뱅파, 영국 복음주의 모두 인간관계와 일상적 생활의무를 신성시하고, 남녀의 성적 관계에서 관능성을 제거함으로써 결혼과 가정은 신앙을 공동 실천하는 장소가 되었다. 이와 함께 조지 모스 씨는 영국, 프러시아의 왕과 황제들도 국민의 내실을 차지하는 중산계급의 생활양식과 심성을 모방하게 되었다고 지적한다.

제5장에서 검토하겠지만 빅토리아여왕이나 루이제왕비가 국민적 인기를 얻은 비밀은 그녀들이 중산계급의 어머니나 주부처럼 행동했기 때문이었다. 이것이 절대주의시대의 왕후지배와는 전혀 다른 근대국가의 군주 모습이고, 또한 지배와 지위를 보전하기 위한 전략이기도 했다. 시민적 가치관으로 보면 루이 14세나 15세의 애첩들이 현재화했을 뿐만 아니라 문화와 정치도 좌우하던 구제도 시대의 성적 관용은 그저 퇴폐일 뿐이었다.

일본은 개국과 함께 이들 나라와 대등한 근대국민국가 형성조건을 서둘러 정비하기 위해 근대적 법체계 확립과 서구와 동일한 풍속·도덕을 받아들이고 근대국가를 지탱하는 자주·자유 국민을 교육으로 양성하여 그 문명화를 추진할 필요가 있었다. 1881년 정변 이후에는 후퇴했지만 이 중산계급이야말로 후쿠자와 유키치가 1874년 당시에 생각한 '국민창출론'의 관념상 주역이었다. 아스카이 마사미치(飛鳥井雅道) 씨는 메이지 초기의 지식인이 지닌 위기감은 국가를 지탱하는 '국민'의 부재 상황에 있었다고 본다.[136]* 후쿠자와 유키치는 1874년 1월 『학문의 권장』에서 "일본에는 단지 정부가 있을 뿐 아직 국민이 없다고 말할 수 있다"라고 개탄하였다. 여기에서 '국민'이란 정치사회와 시민사회에 적극적으로 참가하는 계층을 말한다. 그는 "나라의 문명은 위에 존재하는 정부에서 발생하는 것이 아니고 아래에 있는 소민(小民)에서 발생하는 것도 아니며 반드시 그 중간에서 발생하여 서민이 나아갈 곳을 가리키고, 정부와 병립하여 성공을 기약할 수" 있다고 적고 있다. 또한 와트(Watt James, 1736~1819)와 아담 스미스(Smith Adam, 1723~1790)도 "나라의 집정이나 노역을 맡는 소민이 아닌, 그야말로 국민의 중간에 위치하여 지력을 가지고 현세를 지휘"한 것이라며 '중등계층(中等階層)'의 중요성을 주장하였다. 아스카이 마사미치 씨는 오쿠보 토시미치도 영국풍의 의회정치를 염두에 두고 후쿠자와 유키치에게 접근한 것으로 보고 있다.

성숙된 자본주의 국가가 되기 위해서는 필연적으로 자본주의 정신을 지닌 시민계급과 그들의 생활형식, 섹슈얼리티를 국가의 도덕과 법의 중심에 놓게 된다. 그러나 일본에서는 이러한 산업을 담당하는 시민도 그 문화도 충분하게 성숙되지 않았다. 그 이유는 시민이 수백 년에 걸쳐서 자신의 권리를 봉건귀족에게서 탈취해내고 자신의 정체(政体)와 그 문화를 창조한 것이 아니라 봉건적인 각 세력이 근대화의 추진자가 되었기 때문이다. 그 결과 봉건적 세력은 결코 그들의 지배를 위협할만한 '근대화'는 행하지 않았고, 그렇게 될지도 모르는 모든 싹을 애초에 잘라버렸다. 따라서 일본의 '근대화'는 부분적이고 표층적인 것에 머무를 수밖에 없었던 것이다.

구세력을 유지하기 위한 정책상의 요점은 모든 개혁의 테두리 밖에 천황을 두고 이를 성역화하여 국가 본연의 모습에 대한 민중의 논의를 봉쇄한 것이다. 이를 핵심으로 사상통제를 강화하고 사형이나 우익에 의한 암살을 통해 일본인의 뇌수에서 시민혁명이라는 문자를 영구히 말소시킬 수 있으며 또한 그렇게 해야만 한다. 이것만 확보하면 시민에 의한 시민을 위한 근대화를 반드시 저지할 수 있다. 이것이 메이지 위정자이 생각한 최대의 정치적 과제였다. 이를 위해서 근대화는 모두 정부의 주도로 이루어져야 했다. 사회 모든 국면에서 국가의 지배 피라미드가 붕괴되지 않는 한도 내에서 근대화가 준비되고 국민에게 제시되었다. 젠더 차별에서도 가부장제는 흔들림조차 없도록 법으로 지켜졌다. 정치집회나 선거권은 여성에게 금지되었다. 그러나 일부일처제의 외관을 다듬어서 남성과 여성의 역할을 각각 명확하게 구분하고, 가정과 국가 속에서 여성의 존재이유를 부여하고 이를 권장하면서 반복하여 칭찬하고 빈번하게 표상함으로써 형식상 여성의 지위가 향상된 것처럼 보이게 하였다.

그러나 그것은 표면일 뿐 일부다처제와 이것을 지지하는 섹슈얼리티(남성을 성의 상수(常数)로 보고 여성을 변수(変数)로 보는)는 법과 문화와 심성 속에서 활발하게 활동하였다. 의식, 무의식, 공적, 사적인 곳에서 여성차별과 억압은 유신 이래 백 수 십년이 지나도 이 나라에서는 건재하다. 서구적 근대화에 영합한 겉치레에 지나지 않는 개혁과 변혁되지 않은 본질이 겉과 속이

다른 기이하고 교묘한 국가를 만들었다. 만약 구세력을 진지하게 전복하려
는 남성이나 가부장제 사회를 진지하게 붕괴하려는 여성이 출현했을 때에
는 그들의 언론을 봉쇄하고 실제로 말살하는 것은 국가권력에게나 눈에 보
이지 않는 폭력에게나 쉬운 일이었다. 이 나라의 정부는 구세력과 구제도의
실질을 지키고 표면을 진화시켰다. 이 때문에 이 나라에는 언제나 서로 상
반되는 겉과 속이 있었다.

엘리스 베이컨이 마차에 동승한 천황부부를 바라보며 천진난만하게 기뻐
하는 한편, 다른 한편에서 독일의 궁정귀족이었던 몰은 그의 궁정기(宮廷記)
에서 아오키 슈조(青木周蔵, 1844~1914)나 이토 히로부미에게 부탁받아 황실의
례 전반을 서양과 호환성 있는 것으로 만들려고 했을 때 가장 어려웠던 점은
황과 황후를 비록 형식적으로라도 '나란히' 있게 하는 것이었다고 적고 있다.

그는 일본 궁정의 여러 '이습(異習)'에 대해 열거한 부분에서 무엇보다도
우선 황태후가 황후보다 높은 지위에 있는 것을 들면서 다음과 같이 적고
있다.[137]*

일본식 사고방식으로는 천황, 황후가 공식적으로 평등하다는 것이 불가능했다.
천황은 부인인 황후보다 높은 위치이다. 그렇기 때문에 될 수 있는 한 부부가 함께
등장하는 일은 꺼려졌다. 천황이 황후와 같은 궁정마차를 탄 것과 같은 사태는 서
양의 풍습에 대해 크게 양보한 것으로 생각되었다. …… 특히 초기에는 이러한 개
혁을 천황이 단행하게 하는 것은 실로 어려웠다. 그 때문에 양식(樣式)의 개념으로
는 불가결한 것이지만 일본식 개념으로는 인정하기 어려운 왕비에 대한 예의작법
을 천황도 지키게 하기 위해 자주 수상 또는 궁내대신의 개입이 필요하였다. 이 일
을 통해서도 궁중에서 일본고래의 관습과 서양의 작법이 얼마나 격하게 충돌해야
했는지, 그리고 일본식과 서양식이 얼마나 정면으로 대립했는지 알 수 있다. 양자
중 한 쪽이 다른 쪽을 지나치게 침해하지 않는 방편을 생각해내는 것이 불가능하다
고 여겨지는 일도 자주 있었다.

여기에서 서양인 몰이 가장 개혁하기 어려웠던 것은 황후의 지위를 둘러

싼 일본의 구습이었음을 알 수 있다. 또한 몰은 천황의 국화 원유회(園遊會)[83]에 대한 내용에서도 다음과 같이 적고 있다.[138*]

> 먼저 황후가 많은 수행자를 데리고 모습을 나타내시고 정원으로 나가는 계단 아래에서 천황을 기다리셨다. 아무래도 번거로운 문제가 생긴 것 같았다. 들어보니 궁중 내부에서 예의 작법을 둘러싸고 어려운 문제가 생긴 것 같다. 시종장 토쿠다이지 사네츠네와 궁내대신 히지카타 히사모토가 두 번씩이나 부탁했음에도 불구하고 천황은 서양식으로 황후와 나란히 정원을 걸으려고 하지 않았다.

그렇다 하더라도 몰은 측실을 용인하고 황태후보다 낮은 지위에 있으며 천황보다 하위에 놓인 황후의 전체적인 입장을 설명한 후 "그러나 하루코 황후는 궁중의 전원에게 공감을 얻고 누구에게나 존경받는 여주인이셨다"면서 다음과 같이 칭찬을 아끼지 않았다.[139*]

> 옛날 일본의 왕비들은 무릇 여성들이 그러했듯이 공식적인 장소에는 나타나지 않았다. 메이지유신 이래 왕비들도 서양식으로 교제할 의무를 지게 되었고, 감수성이 강한 지금의 황후는 서양식으로 왕후의 직무를 열심히 다하셨다. 독일제국 황후 겸 프러시아왕국 왕비인 아우구스타의 실례가 일본 황후의 모범이 되었다. 국민교육제도에 대한 관여, 환자 간호, 일본적십자회장 취임, 외교단과 함께 토쿄의 궁중을 방문하는 외국의 왕후들에 대한 접대, 그리고 시대의 정신적인 모든 움직임에 관심을 기울이는 것 등이 일상생활 속에서 황후가 가장 마음을 쓰신 것들이었다. …… 이후 황후는 독일 제2제국 초기 황후의 실례를 따라 많은 업적을 이루셨다. …… 이 고귀한 여성과 가깝게 지낸 자가 결코 잊을 수 없던 것은 좋은 인품과 자연스럽게 배어나오는 따뜻한 마음, 그리고 고상한 사고방식이었다.

하루 빨리 선진국 수준으로 천황을 부부상으로 표상하지 않으면 안 된다는 메이지정부의 생각은 1872년에 천황의 사진을 작성할 당시 이미 황후와

---

83) 넓은 의미에서는 야외에서 행해지는 연회를 의미하지만 일본에서는 일반적으로 천황이나 황후가 야외에서 주최하는 사교모임을 의미한다.

황태후 사진을 작성하고 외국에는 부부상을 보냈던 것에서도 분명히 알 수 있다. 그러나 최근에 메이지시기 미술의 전문연구자가 밝혔듯이 일본 국내에 유포된 여러 형태의 석판화 중 메이지 10년대(1870년대 중반에서 1880년대 중반까지)의 초상은 부부상이 아닌 천황, 황태후, 황후의 삼위일체였다. 이것은 제1장에서 서술한 바와 같다. 천황을 정점으로 하고 아래쪽을 두 여성이 지탱하는 이 도상(図像)에는 남성 한명과 그 어머니와 부인인 여성이라는 가부장제의 성차별 구조가 명백히 드러나 있다. 게다가 부인보다도 어머니를 높게 보는 유교적 위계제도는 결코 근대적이라고 할 수 없다.

그러나 『군인칙론사(軍人勅論写)』(薮崎芳次郎, 1888년), 『제국헌법발포칙어(帝国憲法発布勅語)』(潮瀬茂一, 1889년)(그림 51), 『교육칙어사(教育勅語写)』(勝山繁太郎 · 夫島德三朗, 1891년)(그림 52) 등과 같이 국가의 근간에 관련된 공식문서에 첨부된 초상에는 모두 천황부부만으로 이루어진 근대적 왕후부부의 병립상이 각인되었다. 또 제1장에서 서술했듯이 이들 초상과 동시병행적으로 황태자의 생모인 권전시(権典侍) 야나기하라 나루코가 황후, 황태후와 동일화면에 인쇄된 도상도 적지 않게 발행되었다. 여기에는 일부다처라는 본심과 일부일처라는 겉모습이 교묘하게 구분되어 사용되었다.

이와 같은 상황 속에서 이윽고 근대적인 부부상으로서 천황과 황후상은 전국적인 교육현장에 어진영으로 하사됨으로써 국민에게 공지되었다. 1890년 10월 3일 '교육칙어발포'와 함께 문부성은 그 사본을 전국 학교에 하사하고 이를 축제일 의식에서 교장이 낭독하도록 하였다. 이듬해 1891년, 천장절(天長節)[84] 지구절(地久節)[85] 진무천황 즉위일 등과 같이 나라가 정한 행사에서는 천황과 황후의 초상사진(=어진영)에 대한 배례와 '키미가요(君が代)' 제창이 '소학교 경축일 대제일의 의식규정'으로 의무화 되었다. 1891년, 교육칙어 사본에 대한 배례를 거부한 제일고등중학교 강사 우치무라 간조가 불경죄로 파직당한 이야기는 이미 언급한 대로이다.

---

84) 1868년부터 제정된 천황 탄생의 경축일. 1945년 8월 15일 이후 천황탄생일로 개칭되었다.
85) 황후 탄생일의 옛 명칭이다.

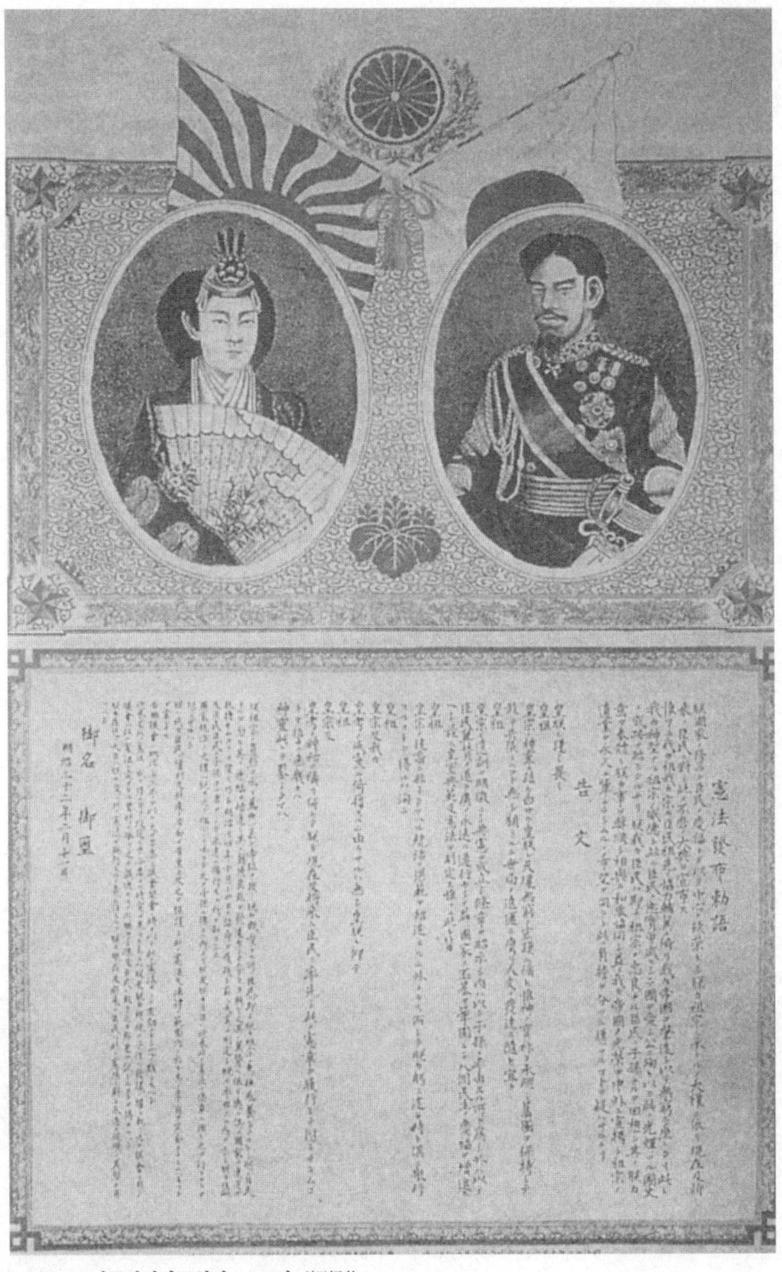

그림 51 제국헌법발포칙어, 1889년, 潮瀨茂一

그림 52 교육칙어사, 1891년, 勝山繁太郎 · 夫島德三朗

교육칙어와 어진영이 한 쌍을 이루어 학교에서 숭배의 대상이 되었다는 것은 문자로 표현된 사상과 함께 천황·황후의 표상이 국민교육에서 중시되었음을 의미하고, 또한 이것은 메이지의 이미지교육이 지니는 의의가 얼마나 큰지 다시 한 번 보여주고 있다. 특히 숭배의 대상이 부부상이라는 점은 획기적이었으며 이것은 교육칙어의 '부부가 서로 화합하고'(일부일처제)를 표상하는 것이었다.[140*] 이때 정부는 천황부부를 '국가적 부모'로서 강조하려고 했다.

교육칙어를 시행한 다음해, 이노우에 테츠지로(여자수신교과서의 저자)는 『칙어연의(勅語衍義)』를 발표했는데 여기에서 그는 "국민이 신민(臣民)인 것은 부모자식의 관계처럼, 즉 한 나라는 한 가족의 확충인 것이다. 따라서 한 나라의 군주가 신민을 지휘하는 것은 자비로운 마음으로 한 가족의 자손을 대하는 것과 다르지 않다. …… 신민 또한 모든 자손이 엄한 아버지와 자비로운 어머니를 따르는 마음으로 삼가 듣고 감사해야 한다"고 설명하고 있다. 또한 여기에서는 '자비로운 마음, 기미정치(機微精緻)'를 보완하는 것이 '황후'의 역할로 되어 있다. 시스템이 형성되는 과정의 선택지 중 하나였던 '여제(女帝)'는 제도적 확립시기에 부정되었기 때문에 황후는 어디까지나 주권 천황의 처이고 처의 역할이라는 위치를 국민에게 보여줄 필요가 있었다.[141*]

사토 히데오 씨는 '어진영'과 '교육칙어', 그리고 이것들이 학교와 관계 맺어 온 역사의 가장 큰 특징은 그 '취급 방법'—당시의 용어로 하자면 '봉체(奉体)'—에 있었다고 지적한다. 이 지적은 전혀 지성적이지 못한 신체와 심성을 보다 효과적으로 길들이기 위한 이른바 종교적이고 주술적인 몸짓의 집단적 체험에 의한 국민화 전략에 대해서 상당히 흥미로운 문제를 제출하고 있다.[142*] 즉, 천황과 황후의 초상사진에 대한 배례나 교육칙어의 봉독과 전문암송이라는 수신적(修身的) 의무, 이와 같은 이미지와 문장이 지닌 교육적·사상적 내용보다도 어진영의 '존재' 자체가 보다 심각한 심적 영향력을 지녔다는 것이다. 사토 히데오 씨에 의하면 '어진영' 하사를 계기로 국가 경축일, 특히 기원절과 천장절에 배례의식이 도입되고 교육칙어 배포를 계기로 국가 경축일의 학교 의식이 정식화되었기에 때문에 그때까지 단순한 휴일이었던 국가 축제일은 아이들에게 교육칙어와 어진영의 '존재'가 무겁게 짓누르는 '배례의식의 날'이 되었다는 것이다(이것은 1941년 국민학교에 입학한 필자가 공유한 체험이다).

봉안전(奉安殿)[86]에 안치되어 있는 '어진영'을 정중하게 꺼내어 배례하고, 교장이 '교육칙어'를 꺼내어 봉독하고, 훈화, 키미가요, 축제일 창가 제창을 주된 내용으로 하는 학교의식 형태는 1891년 6월 문부성령인 「소학교 경축일 대제일 의식 규정」으로 정형화되었다. 간소화 등 몇 가지 관례에 따라 의식 시행상의 세부규정은 1907년 4월에 문부성이 제정한 「예법요항」에서 새롭게 정식화되고, 여기에 '궁성을 멀리서 배례하는 것', '국기계양' 등이 받아들여져 소학교뿐만 아니라 모든 학교에 적용되었다. 사토 히데오 씨에 의하면 어진영 배례와 창가 제창을 도입한 것은 문부대신 모리 아리노리였다.[143*]

이것은 바로 학교에서 시작된 '천황 마츠리'라고 사토 히데오 씨는 지적한다. 그리고 동시에 이것은 일본의 공동체 사회 속에서 행해져 온 마츠리가 아닌 '서구의 그리스도교 예배 의식의 흉내'였다고 사토 히데오 씨는 지적한다.[144*] 모리 아리노리는 어진영 배례와 동시에 '기원절가(紀元節歌)'와 '천장절가(天長節歌)'의 악보를 배포하여 참가자 전원이 제창하도록 규정하였는데 참가자 전원 제창이라는 관습은 일본에서 성명(声明) 이외에는 존재하지 않았다고 사토 히데오 씨는 분석한다. 학교 창가에 의한 정신적 일치효과는 분명 서구 초등학교 등의 교과(敎科)를 받아들인 것이라 할 수 있는데 서구의 정신일치를 위한 제창 습관은 프로테스탄트 예배에서 시작되었다.

또한 사토 히데오 씨는 '교육칙어' 봉독이 그리스도교 의식에서 목사의 성서낭독과, '교장 훈화'는 목사의 설교와 대응한다고 보고 있다. 그리고 어진영에 대한 배례는 가톨릭 예배당 제단에 걸려 있는 그리스도상과 프로테

---

86) 어진영과 교육칙어의 사본 등을 안치하기 위해 학교 내에 만든 시설. 1920년대 후반부터 30년대에 걸쳐서 보급되었다.

스탄트의 십자가에 대한 배례와 유사하다고 본다.[145*] 사실 '우치무라 간조의 불경사건'과 이를 잇는 '교육과 종교의 충돌'을 야기한 공교육에서의 천황제 숭배의식은 대항자인 그리스도교의 예배의식을 모방했던 것이다. 사토 히데오 씨는 "이 기묘해보이는 모순과 콤플렉스야말로 바로 근현대 천황제의 실체 그 자체였던 것이다"라고 정리하고 있다.[146*]

교육칙어 사본의 하사가 널리 보급된 1891년 4월에 문부성은 제2차 소학교령 시행상의 규칙 「소학교 설비준칙」에서 학교는 어진영 및 교육칙어를 안치하기 위한 '안치'장소를 설비해야한다고 결정하였다. 이때 1층에 배치하면 학생이 배례 대상의 위를 걷게 되므로 2층에 안치하는 경우가 많았고 이 때문에 화재 시 교장이나 교사가 순직하는 예가 다수 보고되었다.[147*]

1923년 관동대지진으로 인한 화재 중에 '어진영을 수호하고 직무에 목숨을' 바치기 위해 많은 교원이 안치실로 뛰어 들어가 9월 1일 하루 만에 아홉 명의 교장과 교사가 죽었다. 그 가운데 카나가와현(神奈川県) 아시가라시모군(足柄下郡) 사카와심상소학교(酒匂尋常小学校)[87)]의 교사인 1900년 태생, 즉 24살의 스기사카 타키(杉坂タキ) 교사는 "대지진 때 일직으로 근무하던 중 지진을 당해 어진영 안치소 앞에서 '어진영 어진영'이라고 외치며 목숨을 걸고 이를 보호하다가 불길에 휩싸여 순직"하였다.[148*] 대지진은 불가항력적이었다. 1939년 오사카에 태풍이 불어 닥쳤을 때에도 두 명의 교장이 순직하였다. 미군의 공중 폭격이 심해진 1945년에도 후쿠이(福井), 아이치(愛知), 효고(兵庫), 나라(奈良), 후쿠오카(福岡), 나가사키(長崎), 카고시마(鹿児島)에서는 폭격을 맞은 교사(校舍)에서 어진영을 구하려던 교장과 교사가 폭사 당했다는 기록이 있다.[149*]

1921년 1월 6일 화재가 난 학교에서 어진영을 꺼내기 위해 불길에 몸을 던졌다가 무너지는 계단과 함께 추락하여 사망한 나가노현(長野県) 하니시나

---

87) 심상소학교는 1886년 소학교령에 의해 설치된 초등교육기관의 명칭. 이때 수업연수는 4년간이었고, 이후 수차례의 변천을 거쳐 1907년부터는 6년간으로 연장되었다. 1941년의 국민학교령에 의해 국민학교가 설치된 후 사라졌다.

군(埴科郡) 난조심상소학교(南条尋常小学校)의 교장 나카지마 나카시게(中島仲重)의 비참한 죽음은 『나가노신문(長野新聞)』의 지면을 통해 큰 논의를 불러일으켰다. 이 논의는 『속・현대사자료(続・現代史資料)』(8)의 350면에서 371면까지 채록되어 있다. 이것은 당시 일본인에게 어진영이 어떤 것이었는지 알게 해주는 실로 흥미진진한 자료이다.

대표적인 것을 들어보면 나가노 중학교 교장인 에구치 토시히로(江口俊博)는 "한 생명을 버리고 불길로 뛰어들면서까지 사수해야 한다고는 생각하지 않는다." 또한 "목숨을 버려서라도 어진영을 지키지 않으면 비(非) 국민이라든가 어진영은 죽어도 반출해야한다고 강요하는 것이 문제"라고 썼다. 이에 대해 토야마 신이치로(遠山信一郎)라는 인물은 "우리들은 어진영에 대해 실제로 그곳에 폐하가 계시다는 정신을 가져야"하며 신하는 언제든지 폐하를 위해 죽을 수 있다는 정신을 지녀야하기 때문에 폐하의 존재와 같은 어진영을 위해서 죽는 것은 당연하다고 했다. 또한 "연대(聯隊) 깃발과 어진영은 그 형태를 달리하고 하사 형식은 다르지만 그 정신은 동일하다"고 하면서 교장이 지닌 정신의 위대함은 노기 마레스케(乃木希典, 1849~1912) 대장과 다름없고 교장 순사의 의의는 "건국의 대정신의 결정(結晶)"이라고 칭찬하고 있다.[150*]

논의의 대세는 대략 두 가지로 나누어진다. 하나는 어진영이 단순한 사진, 말하자면 한 장의 종이에 지나지 않으므로 어진영을 폐하와 같이 신성시할 필요가 없다는 것이다. 사람의 생명은 이보다 귀중하기 때문에 사진을 위해 목숨을 거는 것은 폐하가 바라시는 바가 아닐 것이라는 양식론(良識論)이 상당히 많은 것은 일정 부분 경탄할 만하다. 아마도 1921년이라는 시대의 탓일 것이다. 그러나 이후 대세를 차지하는 국수주의적 정신이 논의의 절반을 차지하고 있다. 글을 쓴 사람은 군인이나 국가주의적 집단의 멤버들이다. 그 대표적인 예로서 국세원(国勢院) 총재 오가와 헤이키치(小川平吉, 1870~1942)의 의견을 들 수 있다. 그는 "일본제국은 황실을 중심으로 한 국가이고, 일본민족은 황실을 중심으로 발전해야만 하는 민족이다. 따라서 일본민족의 전통적 감정과 도덕적 관념은 모두 황실을 중심으로 한다. 황실 숭

배의 마음을 다해 자기 한 몸을 희생하면 그 장렬함은 실로 신을 울릴 만하다"라고 적고 있다.[151*]

이를 계기로 문부성을 비롯한 지방행정 당국은 숙직체제 강화, 관리책임의 명확화, 교직원의 봉체(奉体) 실천의식 육성 등을 법령으로 내놓고, 학교 측은 비극을 피하기 위해 학교 건물로부터 독립된 장소에 내화(耐火) 건축으로 봉안전을 만드는 등의 조치를 취하였다. 쇼와 초기에는 문부성대신(文部省大臣) 관방건축과(官房建築課)에서 신사형식으로 된 '신명식(神明造)'으로 방화와 환기장치를 설치한 모범설계를 제시하였다.[152*] 필자가 졸업한 초등학교(현재 타이토구(台東区) 타니나카소학교(谷中小学校))의 봉안전은 교정에 있었다. 이리하여 아이들은 등하교시 학교부지 안에 설치된 봉안전을 향해 가장 정중한 경례를 하도록 요구 당했다. 바로 사토 히데오 씨의 지적처럼 봉안전의 독립으로 인해 의식 때에만 행해지던 어진영 배례는 일상적인 행동이 되어갔던 것이다.[153*]

더 나아가 주목해야할 것은 봉안전의 대부분이 신도(神道)의 신사와 같은 신명식으로 만들어졌다는 점이다. 이로 인해 어진영은 신체(神体)와 동등한 것이 되었다. 아니 신체이기 때문에 그 사당은 신사형식을 취했다고 말할 수 있다. 이로 인해 천황의 사진은 그야말로 명실 공히 종교적인 아이콘으로 완성되었다. 메이지 초기에는 외교상의 시각적 명함으로 출발한 것이 쇼와 초기에 이르러서는 완벽하게 아이콘이 된 것이다.

천황부부상의 비대칭성

어진영의 설치방법에 대해서는 1913년 3월 26일 발포된 「소학교관리규정(小学校管理規程)」 13조 및 같은 해 6월 20일 제국대학 총장과 그 직할 학교

장들 앞으로 내려진 문부차관의 통첩에 다음과 같이 적혀 있다.[154*]

> 어진영을 배치할 때는 다음 그림과 같은 순서에 따르도록 한다.
> '천황폐하 황후폐하'

어진영이 하사된 직후에 종종 내려졌던 「두 분 폐하의 어진영을 받드는 위치」에 관한 통첩은 "천황폐하를 오른쪽으로 하고 황후폐하를 왼쪽으로 한다"고 지정하고 있었기 때문에 현장에서 혼란을 일으켰다. 따라서 이 두 개의 조문(条文)을 통해 다시 그림으로 그려서 보여주고 오른쪽이란 "신하 쪽에서 볼 때 왼쪽"이라는 설명을 첨가했던 것으로 생각된다.

키타하라 메구미(北原惠) 씨는 어진영의 좌우 배치는 일본의 전통적 배치 —예를 들면 히나인형의 장식에서 천황과 황후를 본떠 만든 인형의 배치 —와는 반대임을 지적하였다.[155*] 이러한 배치가 서구 왕실의 부부상에서 이입된 것인지 알아보기 전에 동서양 문화사에서 좌우의 계층(hierarchy)이 어 떠한 의미를 지니는지에 대해 개략적으로 고찰하고자 한다.

프랑스의 중국 연구가 마르셀 그라네(Marcel Granet) 씨에 의하면 중국에서 좌(左)와 우(右)는 "음(陰)과 양(陽)에 의한 분류라는 이부제적(二部制的) 분류 조직"에 속해 있는데 좌는 양으로 남성에 속하고 우는 음으로 여성에 속한 다고 한다.[156*] 그러나 중국은 언제나 '상좌(尚左)'의 문명을 갖고 있는 것이 아니라 방위나 용도에 따라서 좌우의 교체가 일어난다고 한다. 또한 무라시 타 시게오(村下重夫) 씨에 의하면 그것은 시대에 따라 다른데 주(周)에서는 상 좌였지만 전국시대나 진(秦)·한(漢)시대에는 '상우(尚右)'가 되었고, 이 시기 에 '좌천(左遷)'과 '좌우(左愚)'라는 '좌천(左賎)'사상이 확대되었다가 육조(六朝) 와 당(唐)·청(淸)시대에 상좌가 부활하였다(단 원(元)은 제외한다).[157*]

일반적으로 일본에서는 고대로부터 상좌사상이 있었다고 하는데 그 근거 중 하나로 들 수 있는 것이 이자나기와 이자나미의 건국신화에서 "양신좌 선·음신우선(陽神左旋·陰神右旋, 남자 신이 왼쪽으로 돌고 여자 신이 오른쪽으로 돌다)”하여 “양신선창·음신후화(陽神先唱·陰神後和, 남자 신이 먼저 소리를 내고 여자 신이 이후에 그에 답하다)”라는 것이다.[158*] 그러나 이것은 마르셀 그라네 씨가 말하는, 남성은 좌선회(左旋回)로 운명을 열고 여성은 우선회(右旋回)로 운명을 연다는 중국의 방향 및 방위에 관한 우주론의 영향이라고 생각된다. 이 신화에는 명료한 남존여비사상이 존재하는데 좌우의 차별은 대부분의 경우 관직과 같은 계급과 성(性)의 차별화와 밀접하게 관련되어 있다.

이자나기가 강물로 왼쪽 눈을 씻고 있을 때 태양신 아마테라스오미카미(天照大神)가 그 눈에서 태어났다는 신화는 언뜻 보기에 남존여비(男尊女卑)에 반하는 것이다. 그러나 이때 오른쪽 눈에서는 달의 여신이 태어났기 때문에 이 경우 아마테라스오미카미는 태양, 즉 가장 높은 위치에 있는 신으로 해석하면 지위가 높은 자는 왼쪽에서 태어난다는 기준은 변하지 않는다. 단 이것이 왜 여성신이었는가에 대해서는 별개의 논의이다(이 문제는 제6장에서 논하기로 하겠다). 관직에서는 645년에 상위좌대신(上位左大臣)과 차위우대신(次位右大臣)이 정해지고 대보율령(大宝律令) 이후 좌우(左右) 명칭으로 직위가 정해졌다.

한편 우(右)를 존중하는 사상은 아프리카와 인도유럽문화권에서 일반적이다. 이 문화권에서는 좌우를 성(聖)과 속(俗), 혹은 청결과 불결이라는 이원적 대립표상으로 사용하는 것을 흔히 볼 수 있다. 좌우의 차이와 남녀의 차이가 밀접하게 관련된 예는 아프리카 탄자니아의 고고족인데 여기에서 오른쪽은 그 단어 상으로도 남성과 결부되어 식사할 때 부계친족이 앉는 쪽, 성교할 때 남자가 자는 쪽, 선(善)과 정치적 권위를 의미한다. 이에 반해 왼쪽은 여자 쪽을 의미하며 배변할 때 사용하는 쪽, 성교할 때 여자가 자는 쪽, 모계친족이나 외가 혈족이 앉는 쪽, 서쪽이나 아래쪽 방향, 악(惡)과 약함(弱)이라는 의미와 결부되어 있다.[159*]

고대 로마에서도 상좌(尚左) 사상이 있었음은 라틴어의 우(右)와 좌(左)가 각각 선(善)과 길(吉), 악(惡)과 흉(凶)의 의미를 지니고 있었다는 사실로도 알 수 있다. 유대민족의 성서인 『구약성서』에도 “하나님의 우편(右便)”이라는 말이 계속 나오는데 이는 신(神)의 정의(正義)를 의미하고 있다. 이러한 표현이 가장 두드러지는 것은 '시편(詩篇)'인데 예를 들면 제18편 35절, 44편 3절, 45편 4절, 63편 8절, 73편 23절 등이다. 이 가운데 110편 1절과 5절 "여호와께서 내 주에게 말씀하시기를 내가 네 원수로 네 발등상 되게 하기까지 너는 내 우편에 앉으라 하셨도다"와 "주의 우편에 계신 주께서 그 노하시는 날에 열왕을 쳐서 파하실 것이라"는 최후의 심판인 "노하시는 날"에 예수 그리스도와 아버지되는 하나님과의 위치관계를 보여준 것이다.

그리스도교 도상학(図像学)88)에서 좌우의 의미가 더욱 명료한 것은 '최후의 심판'이다. 그리스도교 도상의 경우 가장 주의해야 할 것은 '하나님의 오른쪽'이라고 할 때 이것은 화면에 그려진 '하나님' 쪽에서 볼 때 오른쪽이기 때문에 그림을 보는 사람 쪽에서는 왼쪽에 놓인다는 점이다. 여기에서는 심판관 그리스도의 쪽에서 볼 때 오른쪽이 선인(善人)과 천국, 왼쪽이 악인과 지옥을 나타낸다. 따라서 관람하는 쪽에서 보면 왼쪽이 선(善)이고 오른쪽이 악(惡)이 된다. 그리스도교 회화는 대체로 주(主)의 쪽을 중심으로 배치되기 때문에 관람하는 쪽에서는 그 좌우가 바뀌는 것이다.

그러나 오른쪽이 정의와 힘, 정통성과 권리이고 기본적으로 남성 쪽이라는 점은 변하지 않는다. 또한 여기에서 유의해야 할 것은 "너의 오른편에 둔다"는 의미는 반드시 상위(上位)에 둔다는 것이 아니라 그 정의의 힘이 된다는 것이기도 하다. 따라서 '성모재관(聖母載冠)' 등에서 성모가 그리스도에게 관을 받을 때는 성모가 그리스도 쪽에서 보아 오른쪽에 있는 것이 보통이다. 여기에서 혼란이 일어난다. 좌우라고 하는 경우 그리스도교 도상과 같이 신의 입장에서 보아 좌우인지 감상자 입장에서 좌우인가 하는 것이다. 따라서 앞에서 기술한 1913년의 어진영 봉치규정에서도 "오른쪽을 천황폐하의 위치로 한다"고 하고 "신하가 바라보는 쪽에서 왼쪽"이라고 되어 있는 것은 "신(神)의 입장에서 보아" 천황이 오른쪽이지만 신하로부터는 왼쪽이

---

88) 주로 그리스도교나 불교의 미술 따위에서 조각이나 그림에 나타난 여러 형상의 종교적 내용을 밝히는 학문이다.

라는 의미로 파악할 수 있다. 이러한 의미에서 어진영에 관한 규정은 '신의 입장에서 보아' 천황은 오른쪽, 신하에게는 왼쪽이라고 명확하게 규정하고 있는 점에서 그리스도교 도상의 좌우와 같은 것이다.

이러한 좌우기준으로 세계역사상 왕후의 부부 그림을 보면 우선 고대이집트 왕의 부부상은 주지하는 바와 같이 근대왕정 이전에 지배자가 부부 한 쌍으로 이만큼 시각화된 일이 없을 정도로 부부상이 많은데 거의 모두 적어도 분리할 수 없는 형태로 조형되어 있는 것은 전부 관람자 측에서 볼 때 왕이 왼쪽, 왕비가 오른쪽이다. 『멘카우라(Menkaura)와 카메렐넵티(Khamerernebty) 왕비』(기원전 2500년경, 보스턴 미술관) 등을 보면 확실할 것이다. 왕비가 왕의 등 뒤로 팔을 두르고 마치 왕을 보호하는 듯한 행동을 하는 것은 이집트가 원칙적으로 남성 왕제이지만 모계 혈통에 따라 왕위에 오를 수 있기 때문이다.

고대 로마에서 초대황제 아우구스투스(Augustus, B.C. 63~A.D. 14)는 자신과 왕비의 더블 이미지를 메달에 새기기도 했지만, 중세유럽의 왕족은 부부상을 거의 만들지 않았다. 중세 후기의 분묘조각은 예외이다. 왕후부부상은 절대주의 왕정이 융성했던 16세기부터 많이 그렸는데 좌우를 일반화할 수 있을 정도는 아니다. 앞에서 언급한 헨리 8세의 『튜더 왕조』 벽화에서 2대째 부부는 관람하는 쪽에서 볼 때 남성은 왼쪽, 여성은 오른쪽에 나란히 있지만 아르침볼도(Giuseppe Arcimboldo, 1527~1593)가 그린 합스부르그(Hapsburg)의 막시밀리언 2세(Maximilian Ⅱ, 1527~1576)의 부부상에서는 남녀의 위치가 반대이다.

그러나 17세기 후반부터 18세기에 걸쳐 왕후부부상에는 일정한 형식이 생긴다. 궁중의례를 창출하는데 열심이었던 합스부르그의 요셉 2세(Josef Ⅱ, 1741~1790)가 1756년에 그리게 한 궁중연회도에서는 장중하고 의례적인 의복을 입은 왕부부가 관람자 쪽에서 볼 때 왕이 왼쪽, 왕비가 오른쪽 왕좌에 앉아 있다(그림 53). 또한 매우 도덕적인 우의(寓意)를 담은 정치적 초상으로서 1685년 바바리아의 선제공(選帝公) 막시밀리언 2세(1679~1776)와 그 아내 마리아 부부상이 있다(그림 54). 월계수 테두리를 두른 타원의 메달리온 안에 공

그림 53 요셉 2세 대관축전, 1765년, Martin van Meytens, 빈 쉘부른 궁

그림 54 선제공 막시밀리언 2세와 공비 마리아, *Florus Anglo-Bavariae* (Liege, 1685)의 속표지

(公)은 왼쪽, 공비(公妃)는 오른쪽에 그려져 있는데, 공의 아래에는 견인불발의 원기둥을 든 우의(寓意) 여성상이, 공비의 아래에는 아이를 안고 있는 '자애'가 각각의 미덕을 칭송하고 좌우쌍방에 '명성(名声)'이 트럼펫을 불고 있다. 이것은 프로테스탄트의 미덕 윤리와 왕부부의 덕을 결부시킨 전형적인 신교도 왕족의 부부상이다.160*

필자가 본 바에 의하면 18세기 이후의 독일, 영국, 러시아에서는 왕후

부부가 거의 이와 같은 좌우배치로 그려져 있다. 이는 메이지개국 이후에 일본과 친교가 있었던 몇몇 외국의 황제부부상을 보아도 알 수 있다. 『타이요』 제2호에는 1890년에 즉위한 "러시아황제 니콜라스 2세(Nicholas Ⅱ) 폐하와 황후 알렉산드라 헤어드로브나(Alexandra Fyorodovna) 폐하"의 사진이 복사되어 있는데 여기에서도 독자 쪽에서 보아 왼쪽에 황제, 오른쪽에 황후가 있다(그림 55). 또한 같은 『타이요』 제2호 권두그림으로는 프러시아 황제 빌헬름 2세 (Wilhelm Ⅱ, 1859~1941)와 황후 빅토리아(Victoria)의 가족초상이 실려 있다. 여기에서도 왼쪽에 황제, 오른쪽에 황후가 서 있다. 이탈리아의 빅토리오 임마누엘이나 움베르토 부부는 좌우가 지켜지지 않았다. 왕비가 왼쪽에 있는데 그 이유는 확실치 않다. 그들이 위계표현에 그만큼 가치를 두지 않았다고 해석하는 수밖에 없을 것이다.

한편 영국의 빅토리아여왕 부부상에서는 결혼식 판화(1840년 1월 10일)가

그림 55 러시아황제 니콜라스 2세와 황후 알렉산드라, 1897년, 「타이요」 제2호 권두그림

그림 56 영국여왕 빅토리아와 앨버트공의 결혼식, 판화, 1840년

관람자 쪽에서 볼 때 여왕이 왼쪽, 앨버트(Albert, 1819~1861) 공이 오른쪽에 있다(그림 56).

유명한 윈터홀터(Franz Xaver Winterhalter, 1805~1873)의 『1846년의 로열패밀리』에서도 여왕은 왼쪽, 공은 오른쪽에 앉아 있다(그림 127 참조). 이것은 요컨대 빅토리아 쪽이 왕위에 있기 때문에 앨버트 공보다 지위가 높다는 것을 화가도 명백히 의식하고 그렸음에 틀림없다.

이상으로부터 두 가지 점을 알 수 있다. 첫 번째는 중국과 일본은 고대부터 좌(左)를 존중하는 문화를 지니고 있었고, 유럽 특히 유대 그리스도교 문화권은 우(右)를 존중하는 관습을 지니고 있었다는 점이다. 양쪽은 성속(聖俗), 선악(善惡), 존비(尊卑)에 세계나 사회의 존재를 이원적으로 대립시켜 사고하는 사고방향, 그리고 세계관을 좌우의 위계성에 결부시켰다는 점에서 공통되고 있다. 좌우의 차이관념이 좌우배치의 계급성과 젠더, 또는 타자성(他者性)의 기호가 된 것은 양쪽 문명이 동일하다.

두 번째로 메이지시기의 위정자는 앞에서 언급한 조례를 통해 천황부부의 어진영 배치방식을 주지시킨 1913년까지는 관람하는 쪽에서 볼 때 천황은 왼쪽, 황후는 오른쪽이라는 배치를 결정하였다. 문부성은 공식 배례상(拜礼像)으로서 배례될 때 그 부부상의 좌우가 바르게 배치되는 것이 중요하다고 여겨 전술한 바와 같은 배치를 통지하였다. 아마도 이와쿠라경을 대표로 하는 사절단이 유럽 각국의 궁정을 방문하다가 근대국가의 왕후부부 배치를 경험적으로 알았다든지 독일에서 궁정의 모든 것을 학습한 이토 히로부미의 지도가 있었든지 혹은 궁정고문 몰이 시사했든지(이 경우가 가능성이 높지만) 그 이유가 무엇이든 여기에서도 일본이 부부의 배치를 서구풍으로 바꾼 것은 확실하다. 또한 일단 결정된 남녀의 좌우배치가 말단까지 철저하게 준수되어야 했던 것은 그 배치에 지위의 상하, 남녀의 차이라는 정치성이 들어 있었기 때문이다. 이것은 평등한 것처럼 배치된 부부상에 위계질서와 남녀성차의 질서를 부여하여 남녀가 완전히 대등하지는 않음을 보여주고 이를 하나의 질서로 지킬 필요가 있었기 때문이다.

대등하게 배치된 부부상의 비대칭성은 실은 좌우배치뿐만 아니라 그 도상(図像)에 보다 선명하게 나타나 있다. 사토 히데오 씨는 황후가 입상(立像)이고 천황이 좌상(坐像)이기 때문에 황후는 상대적으로 작아 보인다고 지적하였다. 또한 천황의 용모가 '무국적(無国籍)'인 것에 비해 황후의 용모는 명백한 아시아적 특징을 보여주는 것에 주목하였다.[161]* 이를 이어 오사 시즈에 씨도 "남성을 크게 여성을 작게 하는 비대칭적인 묘사방법으로 양자의 권력관계를 노골적으로 나타낸다"고 고찰하고 있다.[162]* 확실히 황후는 전신상으로 서 있고 천황은 반신상으로 앉아 있기 때문에 양자의 사진이 같은 크기로 배치된 경우, 황후는 작게 멀리 보이고 천황은 가깝고 크게 보인다. 따라서 바라보는 쪽에서 보면 천황의 뒤에 황후가 대기하고 있는 것처럼 보인다.

필자는 이것이 의식행사에서 천황이 왕좌에 앉고 황후가 서서 시중을 드는 관습에서 비롯되었다고 생각한다. 카타노 마사코 씨는 1914년에 작성된 타이쇼천황의 부부상을 메이지천황의 부부상과 비교하여 전자가 크기나 자세 모두 대칭이며 한 쌍의 부부상을 형성하고 있다고 고찰하였다(그림 57). 그러나 그녀는 동시에 테이메이황후(貞明皇后)가 여성스럽게 눈을 내리깔고 여성성을 지키고 있는 한편 쇼켄황태후는 왼쪽 방향으로 얼굴을 들고 입을 굳게 다문 위엄 있는 모습이라는 지적을 잊지 않았다.[163]* 또한 양자의 위계 차이를 문자 그대로 정확하게 보여주는 것이 천황이 두르고 있는 대훈위국화욱일대수장(大勲位菊花旭日大授章)과 황후가 두른 서보장(瑞宝章)이다. 이 위계 제도는 1875년에 정해졌다. 남성과 여성에게는 수여되는 훈장이 달랐다.[164]*

그림 57 타이쇼천황부부 초상, 1914년

훈위의 차이는 천황과 황후의 위계 차이를 명백히 보여주고 있다.

그런데도 천황과 황후는 한 쌍으로 국민에게 제시되었다. 부부 한 쌍으로 시각화됨으로써 천황은 '남자인 것', 황후는 '여자인 것'이 구별되고 재확인되었다.[165*] 남성으로서 한 가정과 한 나라의 주인인 천황의 초상, 그리고 여성으로서 한 가정과 한 나라의 아내이자 어머니인 황후상인 것이다. 천황과 황후상은 동시에 한 쌍으로 배치됨으로써 양자의 실질적인 불평등과 비대칭성이 부상되었다.

만세일계의 국체를 유지하기 위한 측실제도와 서자제도를 근간으로 하면서 부부 한 쌍의 근대적인 일부일처 모델을 신민에게 공시하는 것 자체가 이미 그 표리의 이중성을 보여주고 있다. 이것은 일반국민의 부부협력과 부모에 의한 가정의 이상상(理想像)을 나타내는 것이었지만 척도의 대소로 인해 천황의 뒤에 대기하고 있는 황후로서의 모습이 부상되었다. 또한 좌우의 배치 결정은 남녀 자리의 명백한 차이를 보여주고 있었다. 훈장의 상하지위도 남녀의 타고난 상하관계를 상징하고 있었다. 이것은 너무도 당연한 일이었기 때문에 누구도 기이하게 느끼지 않았다. 그러나 이 근대적인 부부상의 세밀한 부분에는 남녀간의 위계제도와 남녀성차의 견고한 이데올로기가 깊이 각인되어 있다. 이것은 일본사회 속에서 여성이 놓여 있던 상황 바로 그것이었다.

제3장 황후의 도덕 – 여훈서와 유교

『메이지효절록(明治孝節錄)』과 『부녀감(婦女鑑)』의 도덕

　황후 어진영의 부속상징물로 그려진 2권의 도덕교과서는 10년의 제작연대 차이가 있고 편집자와 내용상에도 차이가 있다. 『메이지효절록』은 1877년 황후의 내지에 따라 편집되어 황족 신하들에게 반포되었다. 편집자는 천황의 시강(侍講)이자 츠와노번(津和野藩)의 신도가(神道家)이며 메이지국가 형성에서 궁중제사의 기초 확립에 고심한 후쿠바 비세이다.[1]* 총4권으로 구성된 이 책의 서문은 모토다 나가자네가 한문으로 썼다. "가족이 도덕을 확립하면 나라의 도덕이 확립된다. 나라가 강해지느냐 약해지느냐는 국민의 도덕 여하에 달려 있다"라는 사상은 이후 가족국가론의 키워드로서 훗날까지 되풀이되었다. 이것은 "개인이 독립해야 국가가 독립한다"는 후쿠자와 유키치의 사상과 대립되는 것으로서 개인을 대신하여 가족이 국가의 단위가 되는 것이다.

또한 서문에는 이 도덕서가 황후의 뜻에 따라 특별히 만들어진 것이고, 황후는 이에 따라 덕과 선을 권장하고 계시기에 각자 감격하는 마음으로 이를 지켜야 하며, 한 사람의 효행, 한 여자의 정절이 수많은 사람들에게 영향을 미쳐 문명국이 된다는 의미의 가르침이 적혀 있다.[2]* 범례(凡例)는 콘도 요시키(近藤芳樹, 1801~1880)가 적었는데 여기에는 효제충신(孝悌忠信)의 미덕이 있는 인물전을 선택하였다고 서술되어 있다. 그 중심내용은 덕이 있는 남녀의 열전이다. 이중에서 여성과 관련된 것만을 발췌해보면 두 남편을 섬기지 않는 정절녀 이치(いち), 시어머니를 돌보는 효부 슌(春), 일을 하면서 시어머니를 모시고 아들을 키우는 과부 타키(たき), 의붓자식을 사랑하는 코세(こせ), 노파와 아이를 홍수에서 구해낸 하루(はる), 남편이 없을 때 집에 든 도적의 칼을 빼앗아 자신도 상처를 입었지만 '가족의 안전을 지켜내고' '도적도 감탄시킨' 소요(そよ), 강간하려는 승려에 반항하여 살해당하면서까지 절개를 지킨 '희대의 열녀' 센(せん) 등이 열거되어 있다.

특히 센이라는 여자에 관해서는 정절을 지키기 위해 죽은 여성에게는 전쟁터에서 나라를 위해 죽은 병사와 같은 훈공을 주어야 한다면서 '전장에서 목숨을 잃은' 병사에게는 '금 150엔을 하사' 하는데 '부도(婦道)를 지키다 집에서 목숨을 잃는 것'도 전사한 병사와 같은 보상을 받을 가치가 있다고 칭찬하고 있다. 전체적으로 위난(危難)·재해(災害)·극빈(極貧)이라는 비상사태에 저력을 발휘한 열부(烈婦)가 모범으로 열거되어 있는 것이 특징적이다. 정절과 효행이라는 유교적 미덕이 근간을 이루고 있음은 물론이지만 강도에게 칼을 휘두르는 여자나 홍수에서 가족을 구해낸 여자, 여공 일을 하면서 한 가족의 경제를 책임지는 여자 등은 모두 남편이 없을 때 물리적 또는 경제적 임무를 짊어지는 용기와 강인함 같은 남성적인 힘을 발휘할 필요가 있다는 편집자의 생각을 엿볼 수 있다.

카타노 마사코 씨는 "계몽주의 전성기에 기획된 효절록은 여자교육의 보급을 바라는 황후의 선견성을 보여준다. 이것은 천황의 명령으로 1879년 모토다 나가자네가 편찬에 착수한 『유학강요(幼学綱要)』라는 기획보다 앞서는 것으로 앞으로 남편을 돕고 자녀를 교육하는 여성의 올바른 자세가 단지 순종과 가사가 전부가 아니라는 황후의 진보적인 여성관을 반영하였다”고 서술하고 있다.[3]

그러나 『메이지효절록』은 분명 빈곤한 가정을 부양하는 여공이나 한 가정을 이끄는 과부 등과 같이 ‘강한 여성’을 선택하고 있지만 그 강인함은 모두 예외 없이 ‘시어머니, 시아버지, 남편, 아이’를 보살피고 있다. 이런 의미에서 보면 어느 하나 유교적 가족논리에서 벗어난 것은 없다. 여성이 개인적으로 사업을 한다거나 가족관계에서 벗어나 공적인 공적(功績)을 세웠다는 이야기는 하나도 없다. 이러한 틀 안에서 거론된 여성은 구폐(舊弊)한 여성보다 생각이나 행동력을 지녔지만 그 행동력이나 강한 의지로 실행하는 것은 효행이고 정절이다.

더욱 더 놀라운 것은 최고의 찬사를 받은 것이 병든 남편 앞에서 음란한 승려에게 살해당한 센이라는 여자이라는 점이다. 절개를 지키고 죽는 것과 병사가 전쟁터에서 죽는 것이 은유적으로 동일하게 취급되는 것이다. 남성이 목숨을 바쳐 지키는 것은 국가의 평화이고 여성이 목숨을 걸고 지키는 것은 정절이라는 편집자의 생각을 알 수 있다.

이는 바꿔 말하면 국가를 위해 죽는 것이 남자의 미덕인 것처럼 여성은 정조에 위기가 닥치면 죽어야 마땅하다는 것을 의미한다. 죽어야 할 자는 간부(姦夫)이지 불행하게 당한 여성 쪽이 아니다. 신체적인 정조는 정신적인 순결보다 낮은 것이다. 폭한에게 당한 강간은 불행한 사고이므로 여성에게는 책임이 없다. 어떠한 경우에도 생명보다 존귀한 것은 없다. 하물며 여성에게는 털끝만큼의 책임도 없는 것이다. 그러나 정조를 더럽힌 경우에는 죽어야 한다는 남성본위의 미덕이 동서양을 비롯한 대부분의 보편적인 가부장제 사회에서 규범화되어 있기 때문에 지금도 여전히 강간 피해자가 “왜 죽어서라도 정조를 지키지 않았는가”라며 비난받는 뒤바뀐 심판이 발생하고 있는 것이다.[4] 이러한 사례가 전형적으로 보여주듯이 본질적으로 『메이지효절록』의 미덕에는 근대화된 것이 전혀 없다.

그러나 흥미로운 것은 모토다 나가자네가 나중에 『교학성지(教学聖旨)』에서 선언한 바와 같이 이 책에는 민중을 감화시키기 위해 여러 곳에 인상적인 일본화가의 묵화가 삽입되어 있어서 마치 그림책처럼 독자에게 현장감을 줌과 동시에 깊은 인상을 남기게 고안되어 있다는 점이다. 이로 인해 큰 홍수의 재해나 범죄 현장이 독자에게 비정상적인 박력으로 다가온다. 간부에게 당하는 센의 참극을 그린 제4권의 좌우양면 삽화에서는 여자의 선혈이 내뿜어져서 선정적인 충격을 안겨준다(그림 58).

이 그림은 메이지초년에 유행한 이른바 '피투성이 그림(血みどろ絵)'과 유사하다. 예를 들어 삽화신문으로 인기를 모은 『토쿄니치니치신문(東京日日新聞)』 제1호에 실린 「여행 중인 악승이 정부를 살해하다(旅の悪僧貞婦を殺す)」(1872년 2월 21일)라는 제목의 니시키에를 참조하고자 한다(그림 59).[5*] 험악한 인상의 승려가 이불 위에서 반항하는 유부녀를 찔러죽이고 있다. 물론 피도

그림 58 정절녀 센, 『메이지효절록』 삽화, 1877년, 松本楓湖

흩어져 있다. 어진영이 그려진 정
연하게 놓인 서적의 삽화가 길거리
의 선정적인 대중잡지의 삽화와 이
토록 비슷하다는 것은 예상 밖의
일이다. 그러나 과연 이것이 우연
의 일치였을까.

『토쿄니치니치신문』을 펼치면
메이지초년의 세태가 얼마나 살벌
하고 퇴폐적이며 혼란의 극치였는
지 추측할 수 있다. 이것은 『메이지
천황기』를 펼치는 것과는 완전히
대조적인 것으로 시간은 같지만 그
곳에는 하층사회의 다른 차원이 있
다. 이것은 유신 이후 도덕의 가치
체계와 권력조직, 그리고 경제구조
가 급격히 변한 사회에서 민중이 얼

그림 59 여행 중인 악승이 정부를 살해하다, 『토쿄니치
니치신문』, 1872년 2월 21일

마나 위험하고 통제되지 않는, 내일이 보이지 않는 생활을 하고 욕망대로 범
죄를 저질렀는지를 알려준다. 마치 이때까지 내버려져 있던 칼을 사용하여
이제껏 칼을 휘두를 일이 없던 하층민과 여자들이 마음가는 대로 살육을 시
작한 것과도 같다. 일반민중의 범죄사건은 칼을 사용하는 잔인한 것이 많다.
이혼당한 남편이 아내를 입속부터 몸까지 찌른 그림 등은 차마 볼 수 없을
정도로 가학적인 것이다.

성범죄도 비정상적인 것이 많다. 어머니와 두 딸이 한 남자를 공유한 끝
에 어머니를 기둥에 붙들어 매고 그 앞에서 세 사람이 쾌락을 즐기거나, 죽
은 사람과 관계를 하면 불능이 고쳐진다고 하여 죽은 여성을 무덤에서 파내
어 범하거나, 애인과 도모하여 방해가 되는 남편을 독살하는 등 참으로 비
정상적인 세계이다. 특히 여자의 극악무도한 범죄가 많다. 아니 그렇다기보

다는 뉴스로서 언급되는 일이 많다고 해야 할 것이다. 이 모습은 오륜과 완전히 반대되는 세계이다. 남성이 여성을 죽이는 것은 흔한 일이었다. 이것은 뉴스가 되지 않는다. 무사가 하층민을 죽이는 것은 당연하였다. 이것도 뉴스가 되지 않는다. 여성이 남성을 죽이고 아래 사람이 윗사람을 죽였기 때문에 뉴스가 된 것이다. 아마도 민중은 그 뉴스를 '즐겁게' 소비했을 것이다. 양이 많다는 것은 다량 소비되었음을 의미한다.

『토쿄니치니치신문』 1874년 12월 13일자에 실린 니시키에는 후카가와(深川)에 사는 25살의 떡집 여주인 이토(いと)가 소승(小僧)인 가네요시(兼吉)와 정을 통해 병든 남편을 독살한 모습을 그리고 있다.6* 1875년 6월 29일자에는 「동물만도 못한 독부 오나카(鬼畜も及ばぬ毒婦お仲)」라는 기사가 있다. 아사쿠사(浅草)에 있는 베니야(紅屋, 화장품가게)의 여주인 오나카(お中)가 종업원 미노키치(巳之吉)와 정을 통해 생긴 아이를 낙태시키고 남편을 독살하고 집에 불을 질렀다는 기사이다. 그녀는 "남편을 죽이고 불을 지르고 간통하고 아이를 죽이는 등 동물만도 못한" 독부로 그려져 있다.7* 『야마토신문부록 니시키에(やまと新聞付録錦絵)』에서는 1887년 8월 20일자 기사로 기생 하나이 오바이(花井お梅)가 상자 가게의 미네키치(峯吉)를 살해한 사건을 보도하면서 피묻은 칼을 휘두르는 오바이를 그리고 있다.8* 이 사건은 가와타케 모쿠아미(河竹黙阿弥, 1816~1893)의 각색으로 1888년 4월 나카무라좌(中村座)89)에서 『월매훈롱야(月梅薰朧夜, つきとうめかおるおぼろよ)』라는 작품으로 상연되었고 신파와 소설로도 제작되었다. 매정한 남편을 죽인 여성의 살인극을 대중이 소비했다는 증거이다. 이외에도 남자를 죽인 독부(毒婦)의 예는 끊이질 않았다.

가부장제사회의 남근중심사상에서는 성적욕망에 사로잡혀 폭력을 행사하는 것이 오히려 '남자다운' 특성으로 용인되고 긍정되어 왔다. 그러나 여성이 성적 욕망에 사로잡혀 남성을 죽이는 것은 세계의 전복이자 도덕의 붕

---

89) 가부키(歌舞伎) 극장을 말한다. 에도의 3대 극장 중 하나이다. 1624년에 나카무라 칸자부로(中村勘三郎)가 에도의 나카바시(中橋)에 창립했을 때에는 사루와카좌(猿若座)로 불리었지만 1651년 사카이초(堺町)로 옮기면서 나카무라좌로 이름을 바꾸었다.

괴이다. 여기에는 성이라는 세계의 시스템이 붕괴되는, 즉 잇키(一揆)90)와 우치코와시(うちこわし)91)가 존재한다. 민중은 하나이 오바이나 타카하시 오덴(高橋お伝, 1848~1879)92)을 통해서 잇키나 우치코와시와 비슷한 파괴의 쾌감을 느꼈음에 틀림없다. 파괴된 것은 기존의 여성도덕이다. 상냥함, 무력, 정절, 순종, 수동, 자모와 같은 여성신화가 붕괴되었다. 이것은 낡은 도덕을 유지해오던 사회질서가 붕괴된 징후였다. 낡은 규범은 붕괴되었지만 새 규범은 아직 만들어지지 않았다. 혼란이란 어떤 의미에서는 해방이다. 대중은 독부의 모습에서 해방을 느꼈던 것이다. 실제로 그들이 알고 있는 여자들은 남성과 마찬가지로 금전과 성에 욕망을 품고 기회만 있으면 얼마든지 폭력을 행사할 수 있는 존재이다. 낡은 규범 속에 억압되어 왔던 자들의 욕망이 폭발한 시대였다.

『메이지효절록』은 이러한 민중의 혼란과 해방에 맞서 모토다 나가자네가 의도하는 유교적 미덕의 재편을 통한 민중의 교화를 목표로 한 것이다. 만약 그렇다고 한다면 삽화로 민중이 소비한 피투성이 그림을 사용하는 것은 효과적일 것이다. 여기에는 남성이 여성을 죽이고 있고 여성은 다시 정조를 지키기 위해 살해당하는 수동적 미덕의 화신으로 그려지기 때문이다. 바로 그렇기 때문에 『메이지효절록』의 편집자는 센을 전사한 병사와 같은 반열에 놓고 영광스러운 존재로 만든 것이다. 여자는 남자에게 살해당하는 것이 바른 질서이고 그 반대는 무질서한 것이다. 여성의 성을 제어하는 것이야말로 질서회복의 요점임이 분명해졌다. 여성의 성 해방이 가부장제사회의 무질서를 불러일으키는 근원이라는 것은 막말유신의 범죄 담론에서 비롯된 것이다.

이후 모토다 나가자네는 1879년에 유학적 수신교육의 필요를 역설한 『교

---

90) 중세 소영주들의 동지적인 집단에서 시작된 농민의 무장봉기를 말한다.
91) 에도시대 흉년에 빈민이 부잣집·관청을 때려 부수고 약탈하던 폭동을 말한다.
92) 카나가키 로분(仮名垣 魯文, 1829~1894)의 『타카하시 오덴 야차담(高橋阿伝夜叉譚)』의 모델이 된 여성. '메이지의 독부'로 불리었다.

학성지』, 1882년에는 수신교과서 『유학강요』를 천황의 명의로 전국의 초등학교에 배포하였다. 이것은 마침내 국가의 도덕을 결정하는 1890년의 교육칙어로 응축되는데 이 교육칙어 또한 모토다 나가자네의 유교사상이 기반을 이루고 있음은 나중에 서술하고자 한다.

한편 『부녀감』은 1884년에 황후가 여자교육을 위해 편찬토록 한 것으로 특히 여성을 대상으로 한 도덕서이다. 이듬해인 1885년에 화족여학교 창립령(創立令)이 내려지고 같은 해 11월 13일 개교식에는 황후가 행차하였다. 창립령에는 "곰곰이 생각해보면 여자는 한 사람의 어머니가 되는 자로서 그 자녀를 이끌어 나가야 하는 하늘의 본분이 있으므로 각지에 여학교를 세운다"고 적혀 있다. 또한 교장 타니 타테키(谷干城, 1837~1911)는 "학생으로서 근면하게 지(知)를 연마하고 덕을 키운다. 집에서는 효자숙녀가 되고 시집가서는 양부정녀(良婦貞女)가 되어 가도를 지키고, 나아가 자녀를 교육하고 남편을 내조"하게 하자고 연설하였다.9* 이때의 교사 대표는 시모다 우타코였다.

이에 앞서 같은 해 7월에 천황은 화족여학교의 교과규칙에 대해 이의를 제기하였다. 『메이지천황기』에 의하면 천황은 여학교의 과목에 화학과 물리가 있는 것을 반대하면서 다음과 같이 모토다 나가자네에게 말했다고 한다.10*

> 여자의 과목는 보통 일본학, 한학(漢學), 서양학에 재봉과 같은 실기과목이 있으면 된다. 물리나 화학과 같은 것에는 흥미만 있으면 된다. 또한 교장이 남자학교의 교장과 같아서는 바람직하지 않다. 교장은 활발한 사람보다도 침착하고 무게가 있는 사람이 좋다. 여자교육의 폐해는 지나친 활발함 때문에 생기는 경우가 많다.

원래 천황이 모토다 나가자네를 통하여 유교를 가까이 했음은 아래와 같은 사실에서도 엿볼 수 있다. 예를 들면 『메이지천황기』 1882년 3월 9일자 기록에는 모토다 나가자네가 예전에 천황에게 강의했던 『논어(論語)』의 「학이장(学而章)」을 출판하고, 이것을 천황과 황후에게 헌상하면서 "이것은 성

인의 어록입니다. …… 한번 읽어주신다면 성덕을 더하실 수 있습니다"라고
말한 것이나 이를 기꺼이 받아들인 천황이 "칙유를 내릴 때 인용하도록 하
라"고 명령했던 것 등을 보아도 충분히 알 수 있다.[11*]

『부녀감』과 일본인의 도덕

『메이지천황기』(제6권) 1887년 10월 13일자에는 "황후는 친왕, 대사 이하
에게 부녀감을 하사하셨다. 이에 앞서 황후는 여러 차례 화족여학교를 방문
하셨다. …… 여자교육의 근본은 여자의 덕성을 함양하는 데 있다고 생각하
셨고 이를 위한 교과서가 필요하다고 깊이 느끼셨다"[12*]고 적혀 있다. 그리
고 황후는 궁내성 3등출사(三等出仕) 니시무라 시게키에게 명하여 "일본, 중
국, 서양의 도서를 두루 섭렵하여 부녀언행의 귀감으로 삼아야 할 것을 채
록하고 편수하셨다. 이것이 올해 6월에 완성된 총 6권의 부녀감이다. ……
내년 1월에 화족여학교 학생들에게 각각 한 부씩 하사하시고, 이후에는 이
것을 각 여학교에 배포하고 유학강요와 함께 배우도록 하셨다"고도 적혀
있다. 『부녀감』의 배포에 대해서는 『조가쿠잡지』(1888년 4월 7일) 제104호에
실린 광고에서 "이 책은 여성의 귀감이 되는 일본, 중국, 서양의 효녀, 열부,
현모 등의 언행사적을 수집한 궁내성의 소장판이다. …… 금년 1월 황후궁
이 화족여학교 학생에게 하사"하셨는데 그 내용이 유익하므로 일반여성이
나 여성교육자에게 1엔에 판매한다고 선전되고 있다.

이것을 『메이지효절록』과 비교해보면, 선행미덕을 쌓은 여성이 일본이나
중국뿐만 아니라 서구에도 미치고 있다. 『부녀감』 전 6권에 등장하는 121명
중 일본인이 36명인데 서구인은 50명이었다. 카타노 마사코 씨는 이것이 '서
구화주의'를 받아들여 판에 박힌 정효(貞孝)에 모도(母道), 자선 등을 도입시

키고 삼종칠거(三從七去)와 사행(四行—婦德, 婦言, 婦容, 婦巧)에서 삼종칠거를 제거하여 화족 여학교 교과서에 적합하게 만든 것이라고 지적하고 있다.[13*]

『부녀감』에는 예를 들어 제2권에 등장하는 마그리트(Margriet)처럼 약혼자가 사고로 눈이 멀었지만 굳이 결혼을 감행하여 정절을 지킨 프랑스 여성,[14*] 남편이 귀양길에 나서게 되었는데도 부귀영화를 버리고 남편을 따라 간 알바치(Alberch) 부인 등과 같이 유교의 열녀전과 다를 바 없는 이야기도 많다.[15*] 대체로 역경과 극빈에 처하거나 난치병에 걸린 남편을 버리지 않은 아내의 '정절'이 동서양을 넘어 빈번하게 등장한다.

이 책의 의도는 제1권의 첫 번째 이야기로 부모의 무덤을 지키고 조상의 제사를 게을리 하지 않은 의봉금계녀(衣縫金継女)[93]의 에피소드를 실었다는 점에서도 분명하게 알 수 있다.[16*] 그녀는 부모와 조상을 중히 여겨 조정으로부터 상을 받고 종신연금을 받았다고 쓰여 있다. 필자는 조상과 부모에 대한 효양은 유교 미덕의 핵심이고 이 도덕서의 핵심이라고 생각한다. 다만 이 경우에는 낡은 유교적 미덕이 어떻게 근대의 옷을 입을지가 문제가 된다.

이렇게 보면 제1권에 등장하는 이나 코켄(稲生恒軒)의 아내 하루코(波留子)는 이 도덕서가 '누구를 상대로 했는지' 추측할 수 있는 좋은 예이다. 하루코는 부유한 상인의 아내였다. 그녀의 생애 전반부는 『여대학』에 나오는 유교적 미덕 그 자체가 나열되고 있다. 그녀는 어린 시절 계모를 친어머니처럼 섬기고 계모가 죽자 그녀가 남긴 아이들을 애지중지하였으며 시집을 가서는 '종순정조(從順貞操)'하여 시부모를 모시고 사치를 싫어하고 검소를 즐기며 하인에게 인자하였다. 또한 '여공의 일을 잘하여' 재봉에 뛰어나고 글을 읽고 쓸 줄 알아서 왕래서신, 화폐와 기물, 의복의 수선까지 모두 상세히 부기에 기록하고 조상의 사적을 조사하여 7권의 책으로 편집하였으며 조상의 제사를 빠뜨리지 않았다. 또한 신앙심이 깊고 아이에게 『소학(小学)』을 가르쳤을 뿐만 아니라 77세로 세상을 뜨기 직전에 죽을 것을 예상하여 유언

---

93) 『大日本史』 권224 열전 제151 열전편에 나오는 일화이다.

을 남기고 아이에게는 수신(修身)에 필요한 중요한 점을 적어서 남겨놓았다. "정말로 부녀로서 귀감이 될 만하다."[17*]

이것은 삼종의 유교미덕에 부기, 가정, 자녀교육, 도덕의 보유자라는 서구근대 부르주아 계급의 아내가 지닌 전형적인 미덕을 종합한 것으로 중산계급의 주부가 될 여성을 염두에 둔 교훈이라고 할 수 있다.

카타노 마사코 씨가 지적하고 있듯이 화족여학교용, 즉 일본지배계급의 아내가 될 계급의 여성들을 대상으로 새로운 근대적 여성상이 제시되고 있는 것이다. 예를 들면 미국 대통령 매디슨(James Madison, 1751~1836)의 부인 돌리(Dolley Madison, 1768~1849)가 퍼스트레이디로서 내조를 잘한 공로(매디슨이 인망을 얻은 것은 전적으로 부인의 덕에 의한 것이다),[18*] 독일의 종교학자 친젠도르프(Zinzendorf, 1700~1760)의 부인, 지질학자 버클랜드(William Buckland, 1784~1856)의 부인, 박물학자 프로벨의 부인, 논리학 교사 해밀튼(William Hamilton, 1788~1856)의 부인 등, 각 분야의 일류 인사를 적극적으로 내조하여 그 성공의 절반을 담당한 아내들을 열거하고 있다.

여기에서 흥미로운 것은 정치가의 아내는 사람의 이름을 잘 기억하고 모든 사람에게 애교 있는 행동으로 호감을 갖게 하며, 도덕가의 아내는 남편을 도덕적 위기에서 구하고, 과학자의 아내는 때로는 돌을 파내거나 구술내용을 기록하고 또는 강의 재료를 준비하고, 저술가의 아내는 국정경제와 문학 등 여러 종류의 뉴스를 수집하는 등 실로 다양하게 남편의 사회적 기능을 보좌하는 역할 수행이 제시되어 있다는 점이다.

이것은 하루코황후의 기록과도 연결된다. 이미 소개한 바와 같이 황후는 여관들을 관리하고, 가신을 배려하고, 중신에게 인정을 베풀고, 세상물정에 밝고, 여러 종류의 신문을 빠짐없이 읽어서 천황을 보좌하였다. 이러한 근대적 아내의 모습을 보다 분명히 제시하고 있는 것은 제2권에 등장하는 존 스튜어트 밀(John Stuart Mill, 1806~1873)과 아내의 다음과 같은 관계이다.[19*]

(밀은) 아내의 내조로 학문의 반을 성취했다. 『자유의 도리(自由の理)』라는 책을

그 예로 들 수 있다. 하지만 이 책이 완성되었을 때 아내는 이미 세상을 떠났다. 그
래서 밀은 다음과 같이 말하였다. '나의 아내는 이 좋은 책의 방향을 제시해준 사람
이자 절반의 저술자이다. 그녀는 나의 좋은 친구이자 아내이다. 뛰어난 식견과 진리
를 구명하는 좋은 친구인 아내의 힘 덕분에 이 책을 편찬하고 공을 이루게 되었다.

한편 내조의 공뿐만 아니라 여성의 사회적 공헌도 중시되고 있다. 빈곤자
에게 자선활동을 한 영국인의 아내, 고아의 구제, 병자, 신체장애인, 임산부
에 대한 자선사업을 한 프랑스 법관의 아내, 제너(Edward Jenner, 1749~1823)가
종두를 발명하자마자 어린이에게 우두(牛痘)를 접종한 영국 여성, 과부회(寡
婦会)·고아원·권업회(勧業会)·고아학교를 창설한 스코틀랜드의 여성, 육아
원을 창설한 18세기 프랑스의 여성, 여성 죄수에게 갱생의 길을 열어준 영국
의 여성, 식민지 동인도에서 여자학교를 설립하고 구제와 교육을 실시한 영
국인의 아내, 전염병이 돌 때 헌신적으로 간호를 한 프랑스 여성 등 하나같
이 강한 신념의 노력가이자 독지가인 여성이 소개되고 있다. 이러한 미덕은
여성을 사회와 분리시켜 온 유교적 열녀전에서는 거의 볼 수 없는 것이었다.
    그러나 사회에서 자선과 복지는 여성의 역할이기 때문에 이는 가부장적
인 가정에서 여성에게 부과된 보살핌의 역할이 사회로 연장된 것에 지나지
않으며 그 자체가 성차별 역할을 뛰어넘은 것은 아니다. 복지와 자선을 실
행하기 위해서도 지력과 체력이 필요하기 때문에 그 자체가 사회적 사업임
은 확실하다. 하지만 이것은 여전히 정치·경제·문화의 중심을 차지하는
창조활동이 아니다. 이곳은 남성의 성역이기 때문에 여성에게 내줄 수 있는
것은 기껏해야 복지·후생 정도이다. 경계를 넘는 것은 허락되지 않는다.
    그러나 18세기 이탈리아 볼로냐(bologna)의 여성 로라는 예외적인 존재이
다. 그녀는 빈곤하게 태어났지만 친한 신부(神父)에게 라틴어와 프랑스어를
배우면서 보기 드문 재능을 발휘하였다. 그때 신부는 그녀가 '재봉 가사를
그만두고' 학업에 전념하도록 부모를 설득하여 대학에 진학한 후 논리학·
심리학·물리학 방면에서 항상 1등을 하고 일찍이 여성에게는 선례가 없었

던 철학박사가 되었다. 게다가 결혼하여 아이를 낳고 온유함과 정절로써 부
도(婦道)를 지켰으며 나중에는 대학교수까지 되었다. 『부녀감』에서는 그녀에
대해 "가장 감동적인 것은 학문을 하면서 가사를 버리지 않고 가사를 하면
서 학문을 버리지 않은 것이며 또한 아이를 잘 교육시킨 것이다. 이는 세상
의 귀감이다"[20]*라고 적고 있다. 이와 마찬가지 예로서 혜성과 성군(星群)을
발견한 독일의 천문학자 캐롤린(Caroline Lucretia Herschel, 1750~1848), 살벌하고 야
만적인 폭력을 휘두르는 부상당한 군인을 야전병원에서 헌신적으로 간호한
무명의 여성 등은 모두 새로운 여성상이다.[21]*

　후카야 마사시 씨는 『부녀감』에서는 유교적 경향도 약해지고 있다고 지
적하고 있다.[22]* 문부대신 모리 아리노리가 학교제도의 개혁에 착수한 것은
이 책이 하사된 1887년이다. 이 무렵에 그가 '현모(賢母)' 교육사상을 지녔음
은 여러 여자학교의 강연기록을 통해서 추정해볼 수 있으므로 여기에는 모
리 아리노리의 사상이 부분적으로 영향을 주었을 것이다.[23]* 모리 아리노리
는 1887년 토쿄여자학교 졸업식에서 다음과 같이 말하고 있다.[24]*

　　여자 교육의 주안점을 요약하자면 한 사람의 양처가 되고 현모가 되어 한 가정을
　　정리하고 자녀를 훈도(薰陶)하기에 충분한 기질 재능을 양성하는 데 있다. …… 국
　　가부강의 근본은 교육에 있고 교육의 근본은 여자교육에 있다. 여자교육의 흥성 여
　　부는 국가의 안정과 관련된다는 점을 잊지 말아야 한다.

　이것은 "아내는 곧 재덕(才德)으로 남편을 보필하고 어머니는 곧 도의로
자녀를 교육한다. 따라서 부녀가 현명해야 가정이 흥하고 인재를 길러낼 수
있다. …… 한 여자의 현명함은 한 가족의 흥함과 쇠함에 관련되고, 한 가족
의 흥함과 쇠함은 곧 천하를 다스리는 기초이므로 여자의 임무 또한 막중하
다"는 『부녀감』 서문의 사상과 동일하다.
　편집자 니시무라 시게키 자신은 1886년에 『일본도덕론(日本道德論)』을 저
술하여 유교·불교·그리스도교를 부정하고 근면·절검·강의(剛毅)·인

내·신의·진취·애국심·황실봉대를 덕으로 하는 '국민도덕'을 장려하였
다.25* 그는 1873년에 모리 아리노리, 후쿠자와 유키치, 카토 히로유키 등과
함께 메이로쿠사(明六社)를 발기한 동료였다. 그는 1875년에 3등시강(三等侍
講)이 되고 이듬해에 사직했지만 궁중을 빈번히 방문하면서 천황과 황후에
게 서구의 저서들을 강의하였다.

1880년 개정교육령에 따라 교과의 머리말에 '수신(修身)'이 들어가고 이를
특히 중시해야 한다는 방침이 내려졌다. 문부성은 이를 위해 '편집국'을 설
치했는데 편집국장이 되어 수신교과서를 편집한 사람이 바로 니시무라 시
게키이다. 그는 1881년 누마즈(沼津)에 수신학사(修身学社)를 설립하고 1884년
에 이를 일본강도회(日本講道会)라고 개칭하였다. 또한 같은 해 그는 3등출사
(三等出仕)로 궁내성에 들어가 시강국(侍講局) 문학어용계(文学御用係)가 되었
다. 『일본도덕론』은 일본강도회의 취지를 서술한 것이다.

니시무라 시게키는 여기에서 기본적으로는 국민의 도덕적 기초를 확고히
하고 인심을 통합하는 것이 국가안녕과 부국강병의 기초라며 국민도덕의
확립을 요구하고 있다. 그 다음으로 일본에는 도덕의 핵심을 이루는 종교가
없다는 점을 지적하고, 에도시대 이후 불교는 하층사회가 믿고 유교는 상류
사회가 신봉하고 있지만 양자는 상극이 되어 일본의 종교가 될 수 없다고
한다. 또 남존여비, 축첩제(蓄妾制), 재혼금지를 유교의 폐해라 하며 매춘과
공창제도를 공격하고 있다. 그가 권장하는 국민도덕이란 피안(세상 밖)의 생
을 중시하는 종교가 아니라 사회와 국가에 유익한 도덕을 말하며, 구체적으
로는 농촌 도덕질서의 회복, 저축장려, 식량비축, 재해방비의사회시책을 토
대로 미덕을 권장하고 이를 국민의무로 삼으려고 하였다. 그리고 여기에서
는 "무릇 나라에 있는 자는 천황을 제외하고는 모두 국민"이다.26*

또한 그는 서양이 그러하듯이 법을 준수하고 세금을 납부하고 징병에 복
종하는 세 가지 의무를 철저히 하는 것이 중요하다고 주장하였다. 그 다음
으로 교육을 보급하는 일, 복지를 시행하는 일, 공익사업에 기금을 내는 일,
병이나 재해에서 구조하는 일, 고뇌하는 사람을 위로하는 일, 분쟁을 조정

하는 일, 선행을 칭찬하는 일, 국가의 일을 맡고 있는 사람을 우대하는 일 등을 국가의 덕으로 삼고 있다. 이와 같은 공공도덕을 유지하기 위해 개인 적인 품성을 연마하는데 그 덕목은 기본적으로 서양의 도덕 개념에 의한 것이지만 국정이 다르기에 "나는 동서의 학문을 절충하고 고금의 차이를 감안하여 국민의 품성을 키우는데 여덟 항목이 필요하다고 정하였다"고 한다. 즉 근면·절검·강의(剛毅)·인내·신의·진취·애국·만세일계의 황실을 받드는 것, 이것이 일본인의 도덕이다.27*

마지막 8번째 내용을 제외하고는 모두 그리스도교의 7가지 미덕이다.28* 마지막에 제시된 황실을 받드는 것, 그중에서도 특히 '만세일계의'라는 것은 서구국가들의 도덕적 근원이 결국 그리스도교의 신에 있다는 점을 이해한 후, 서구국가들의 왕실은 유위전변(有為転変)94)하여 결국 현세의 정국에 의해 지배되어 왔지만 "진무창업(神武創業) 이래 황위일계로서 다른 형통과 섞이지 않았다는 점은 참으로 세계적으로도 유래가 없으며 이것은 실로 일본국민이 만국에 자랑할 만한 것"이라고 적고 있다. 즉 천황은 유구하고 영원하기 때문에 영원한 그리스도교의 신에 필적하며, 일본국가의 영구성을 보증하는 것은 이 혈통이 하나로 이어져 온 천황뿐이라는 것이다. "황가에 변동이 생기면 곧 본국에 변동이 생기고 민심이 일정하지 않으면 국가는 견고하지 않다." 또한 "서양 각국의 정부가 종교를 숭배하는 것은 생각하건데 민심이 향하는 곳을 일정케 하려는 데 있다."29* 일본에서 천황을 숭배하는 것이 국민도덕에서 중요한 것은 이것만이 민심을 통합할 수 있기 때문이다.

따라서 니시무라 시게키가 『부녀감』에서 제시한 생생한 실례들은 기본적으로 이러한 국민도덕론의 이념에 비추어 선택한 것이고, 특히 그가 여성국민에게 요구하는 도덕을 제시한 것이라는 점은 분명하다. 그리고 지성·의사(意思)·행동력에 있어서도 근대국가의 여성에 적합한 힘과 수준이 요구되었다는 점은 이미 관찰한 바와 같다. 하지만 결론적으로 말할 수 있는 것

---

94) 불교용어로 인연에 의하여 생긴 것은 참다운 실재(實在)가 아니므로 잠시도 머무르지 아니한다는 뜻으로, 세상사가 변하기 쉬워 덧없음을 이르는 말이다.

은 아무리 지성·의사·행동력이 뛰어난 능력을 지닌 여성일지라도 그 능력을 반려자인 남편에게 바치거나 혹은 가정적 미덕으로 지키지 않으면 안된다. 여자는 학자·교육자·자선가인 동시에 아내이자 어머니라는 것이 불가결한 미덕이었다. 여성이 아무리 뛰어나더라도 여성의 성역할, 달리 말하자면 '부덕(婦德)'을 갖출 경우에만 칭찬받을 가치가 있고 열전에 그 이름을 올릴 자격이 있다. 독신으로 혜성을 발견한 여성 천문학자도 그녀의 선생님이자 동거자였던 오빠와 함께하고, 오빠가 죽은 뒤 그의 딸, 즉 조카를 훌륭하게 양육함으로써 비로소 정당하게 평가받고 칭찬받았던 것이다.

『부녀감』에서는 아무리 확고한 의지와 견고한 인격 그리고 강한 정열과 지성을 지닌 여성이라도 세계 속에서 여성 스스로 자신의 존재를 주장하는 것이 아니라 남성의 지배권내의 우등생으로서 지배권을 침범도 이탈도 하지 않는다. 왜냐하면 그녀들의 이야기가 남성에 의해 이야기되고 있기 때문이다. 이것이 중요하다. 그녀들 중 어느 누구도 남성의 아내, 어머니, 여동생이 아닌 다른 존재로서는 다루어지지 않는다. 모두 남성 측에서 바라본 바람직한 여성들이다. 남성이 보기에 바람직한 여성이란 성별의 규범을 이탈하지 않는 여성이고 남성의 존엄을 범하지 않는 여성이다.

남녀의 성역할을 유지하는 틀 안에서 새로운 근대국가와 자본주의사회에 적합한 수준 높은 여성을 양성할 필요성, 이것이 『부녀감』과 이를 잇는 양처현모론의 전부를 관통하는 목적 중 하나이다. 후카야 마사시 씨와 카타노 마사코 씨가 지적하듯이 『부녀감』은 분명히 유교적 색채가 약해지고 계몽적이기는 했지만 여기에 등장하는 여성 112명의 전기를 자세하게 읽어보면 효성스러움·정숙함·온순함과 같은 유교적 여훈(女訓)이 끊임없이 살아있음을 알 수 있다. 이것은 새로운 옷을 입은 유교이고 황후의 양장처럼 다른 옷으로 바꿔 입은 것에 불과하다.

1894년 요코야마 준(橫山順)은 서구와 그리스도교에 관련된 삽화를 전부 제거한 형태의 『유년교육 부녀감』을 출판하였다.[30*] 이 책의 표지는 시즈카 고젠(靜御前, 1165(?)~1211(?))[95]이다. 요코야마 준이 서술한 머리말에는 "부모에게 효도하고 남편에게 절개를 지킨다.” 또한 “때로는 남자를 능가하는 용기가 있어야 한다.” 또한 과부가 되거나 빈곤하거나 아이를 남기고 남편이 세상을 떠난 경우에는 몸을 아끼지 않고 부지런히 일하며 아이의 교육도 가능케 하라는 교훈이 적혀 있다.

『부도(婦道)에 관하여』라는 장(章)으로 시작되는 이 책은 부용(婦容)·부언(婦言)·부공(婦功)·부덕(婦德) 중에서 제일 중요한 것은 부덕이고, 부덕 중에서 제일 중요한 것은 정절이라면서 다음과 같은 내용을 기재하고 있다.[31*]

> 여성은 아무리 영리하고 용모가 아름답다 하더라도 정절을 잊으면 가치가 없다. 기생과 창녀들은 용모가 아무리 아름답고 간교하여도 마음이 정해진 곳이 없으므로 부패한 여자이다. 이러한 자는 스스로도 화류계라고 말하고…… 스스로 자신을 버린 자임을 알아야 한다. 그러므로 바르고 성실한 여성은 자신을 옷의 안감으로 남편을 그 표면으로 여기고 남편은 일생 한 사람뿐이라고 여기며 남편을 내조하여 앞에 내세우고 결코 자신을 앞세우지 않도록 한다. …… 꼴사나운 정욕 때문에 귀중한 품행이 그릇되는 일이 없도록 해야 한다.

이렇듯 유년교육용으로 재편집된 『부녀감』은 분명 초판에 보였던 근대적 부분이 제거되고 부정되었다. 또 머리말에서는 정절을 지키는 가정의 여자와 성매매를 하는 여성으로 여자를 구분하고 화류계에 발을 들여놓지 못하도록 여성을 위협하고 있다. 이 구분은 서구사회의 성모(聖母)와 에바(eva, 이브의 별칭)의 구분에서도 예를 볼 수 있듯이 가부장제사회가 여성을 통치하기 위한 보편적인 상용수단이다.[32*] 물론 남성이 가정에는 정숙한 아내를, 기생집에는 창부를 두었다는 점은 모두가 알고 있는 대로이다.

---

95) 미나모토 요시츠네(源義経, 1159~1189)의 애첩.

『부녀감』에 이르는 메이지의 도덕관과 그 교육의 역사

1872년에 학제가 발포된 후 남녀구분 없이 여자도 8년제 심상소학교를 졸업해야 했다. 이와 같은 비약이 어떻게 가능하게 되었는지에 대해 후카야 마사시 씨는 '여러 외국의 사정'을 들고 있다.[33*] 학제의 제정에 맞추어 해외사정을 시찰한 타나카 후지마로(田中不二麿, 1845~1909)는 미국의 교육에 착목하여 "보통 학문은 귀천을 따지지 않고 빈부를 가리지 않으며 남녀 모두 교육받을 필요가 있"음을 배우고 귀국하였다.[34*] 또한 학제취조계(学制取調係)의 한 사람인 우치다 마사오(内田正雄, 1838~1876)는 『화란학제(和蘭学制)』를 번역하면서 초등교육은 원칙적으로 남녀공학이라는 점을 배웠다.[35*] 후카야 마사시 씨에 의하면 해외조사의 '결과로써' 학제 중에 남녀의 공통교육이 추가된 것이지 여자교육에 대한 통찰과 이상에 의한 것은 아니었다고 하더라도 1872년 11월이라는 빠른 시기에 츠다 우메코(津田梅子, 1864~1929) 등 소녀 5명이 미국유학을 감행했던 것 등을 보면 메이지정부는 여자교육에 상당히 호의적이었다고 서술하고 있다.

남녀공통 학제를 제정한 진정한 목적이 국민의 반수를 차지하는 여성의 '국민화'에 있었음은 분명하다. 이것은 학제의 시행에 맞추어 각 부현(府県)이 발포한 취학고유(就学告諭)의 취지에서도 찾아 볼 수 있다. 취학고유 그 자체에는 국가적인 견지에서 전 국민의교육이 필요하다는 설명이 많이 포함되어 있다. 그러나 특히 여자교육의 필요성에 대해 언급한 야마나시(山梨), 이바라기(茨城), 시마네(島根), 나고야(名古屋) 등의 지역에서는 여자가 어릴 때부터 우타(唄), 샤미센(三味線), 조루리(淨瑠璃) 등의 유예(遊芸)에 시간을 소비하고 장래 남편의 일을 도와 가정(家政)을 담당하여 재산을 늘리는 일도 하지 못하는 어리석은 여성이 되지 않도록 한다는 내조형과 '교육의 초급은 어머니의 책임이며 장래 개명부국의 근원은 어머니의 정성이 기초가 된다'고 하면서 차세대 국민의 양육자로서 어머니의 중요성을 부국강병의 견지에서 훈시하는 어머니형이 있다. 위정자는 자본주의에 의한 국가경영과 국가의식을 지닌 국민을 육성하기 위해 내조와 모성이 필요하다는 의식과 의도를 분명히 가지고 여자의 국민화를 고려하여 단행했음을 알 수 있다.[36*]

이러한 움직임에 박차를 가한 많은 계몽사상가의 여자교육론에 대해서는 나중에 서술하겠다. 1888년 구마모토(熊本)의 여학교 설립취지에는 "여자도 역시 국가를 조직하는 중요한 분자(分子)임을 안다면 여자교육의 필요성은 두말할 필요가 없다"고 되어 있는데 이것이 여자교육정책의 기본이념이었다.[37*]

메이지초년부터 1880년대 중반까지 후쿠자와 유키치의 『학문의 권장』(1872년), 도이 코카의 『문명론여대학(文明論女大学)』(1876년), 후카마 우치키(深間内基)가 번역한 밀의 『남녀동권론(男女同権論)』(1882년), 유노메 호류(湯目補隆)의 『구미여권론(欧米女権)』(1882년), 오자키 유키오(尾崎行雄, 1858~1954)가 번역한 스펜서의 『권리제강(権利提綱)』(1882년) 등이 잇따라 출판되면서 계몽사상가는 국가의 기초인 여성의 자각과 교육의 필요성을 외쳤고, 이로 인해 학제가 한층 더 고도화되고 광범위해지는 한편 이미 이 시기를 전후로 이에 대한 반동도 일어나고 있었다.

그 반동은 처음에는 서구문화의 유입에 대해서 적의를 품었던 학자, 사상가, 정치가들 가운데에서 생겨났지만 1880년대 중반 전후로는 천황의 성지(聖旨)라는 형태로 궁내성에서 나왔고 문부성은 이를 즉시 전국의 교육정책에 적용하였다. 표적은 물론 교과서였다. 카이고 토키오미(海後宗臣) 씨는 『근대교과서총설(近代教科書総説)』에서 1880년대 중반 전후로 정부의 교과서 통제정책이 강화되면서 일본전통에 적합하지 않는 교과서를 비판하거나 사용을 금지하였다고 서술하고 있다.[38*]

이러한 반동의 역사 속에서 정부의 교육정책 전환을 보여주는 중요한 문서가 천황의 성지로 공포된 1879년의 『교학성지』이다. 이로 인해 개명시대의 정신은 일변하고 교육내용과 교과서도 대폭 개정되어 갔다. 『교학성지』의 전반부는 천황 자신이 직접 저술했다고 일컬어지는 「교학대지(教学大旨)」

이다. 이 글은 모토다 나가자네가 작성하고 내무경(內務卿) 이토 히로부미가 문부경(文部卿) 테라지마 무네노리(寺島宗則, 1832~1893)에게 제출하였다. 요컨대 이 글의 취지는 '서구화'를 우려하여 유교로 되돌아가려는 것이며 대부분이 측근 유학자들에 의해 작성되었다.

교육사 연구는 1897년 이후에 보수화되는 것을 정설로 보고 있는데 가장 자유로운 논의가 성행했던 1880년 중반 전후에 궁내성이 천황의 의사라며 출판한 것은 모두 다 이미 국가주의적 정신으로 일관하고 있다. 애초부터 천황 측근에게 존재했던 왕정복고 내셔널리즘(국가주의)의 저류가 서구·근대화 사상과의 병렬적인 갈등시기를 거치면서 점차 전자가 후자를 몰아내고 힘을 키워 교육·교과서·수신이라는 방법으로 위에서부터 국민정신을 지배해갔다고 봐야 할 것이다.

「교학대지」에는 이미 그 방향이 제시되어 있다. 매우 중요한 내용이기 때문에 소개하고자 한다.

> 교육의 근본은 인의충효(仁義忠孝)를 먼저 익히고 그 다음에 지식재예(知識才藝)를 탐구하는 것이다. 이것은 일본의 전통이자 상하 일반의 가르침이다. 그러나 최근에는 지식재예만을 존중하고 인의충효를 등한시하는 풍조가 있다. 유신 초에는 구습을 깨고 세계의 지식을 구하는 탁견으로써 한때 서양의 장점을 수용했지만 그 결과 인의충효를 등한시하고 헛되이 서양풍을 경쟁하게 되어 장래 군신부자(君臣父子)의 대의도 모르는 국민이 될지도 모르니 이는 대단히 두려운 일이다. 따라서 앞으로는 조상이 해온 것처럼 오로지 인의충효를 가르치고 공자의 가르침을 기본으로 삼아 도덕과 재예의 본말을 바르게 하여 양쪽 모두를 구비하도록 해야 할 것이다.[39*]

여기에서는 지나친 서구화를 막고 예로부터 내려온 유교도덕에 기인한 교육을 핵심으로 삼는다고 선언하고 있다. 「교학대지」 다음은 「소학조목2건(小学条目二件)」이다. 여기에서는 소학교가 인의충효의 마음을 "머릿속에 감각적으로 배양"시키지 않으면 "다른 것이 함부로 귀에 들어와 먼저 주축을 이루게 되어 나중에는 아무것도 이룰 수 없다"고 한다. 따라서 소학교에는 "고금의 충신 의사, 효자, 절개를 지킨 부녀자의 사진을 걸어두고, 어린이가 학교에 입학할 때 우선적으로 이 그림을 보도록 하고 그 행실을 설명하여 충효의 대의를 제일 먼저 뇌수에 자각시킬 필요가 있다"[40*]고 한다. 즉 천황은 충신의사들의 초상을 소학교 초년생에게 보여주고 이를 이미지로 만들어서 도덕을 각인시킬 것을 권장하고 있는데 이것은 천황이 몸소 그러한 지시를 내렸다고는 여겨지지 않을 정도로 매우 놀랄만한 일이다. 하지만 천황 자신이 혹은 모토다 나가자네가 확신을 가지고 시각표상이야말로 무지무구한 아이의 국민화 교육에 불가결하다고 한 것은 대단히 흥미롭다. 이로 인해 메이지정부가 시각표상의 정치적 중요성을 충분히 알고 그것을 구사했음이 분명해지기 때문이다. 어진영의 게시도 이 무렵부터 고안되었을지 모른다.

모리 아리노리도 1889년 기후현청(岐阜県庁)에서 부장 및 현회(県会)의 상설위원(常置委員)들에게 연설을 했을 때 여자교원 교육에는 애국심배양 수단으로 이미지 표상을 사용해야 한다며 회화의 교육적 의의를 언급하였다. 여자교원들에게는 '어머니가 자녀를 양육하는 그림, 자녀를 가르치는 그림, 장년이 되어 군대에 가기 전 어머니와 이별하는 그림, 국난을 맞아 자녀가 용감하게 싸우는 그림, 자녀의 전사 보고를 어머니에게 전하는 그림' 등을 교실에 내걸 것을 제안하였다. 모리 아리노리는 여자교육이 국가의 안위와 관계된다고 말하고 있지만 이러한 그림 시리즈의 목적은 여성이 남자를 낳아서 전쟁에 보내고 무사히 죽음을 맞이하게 하는 데 있는 것 같다. 이 연설을 소개한 하야카와 노리요 씨는 이런 식으로 국가의 의무를 다하는 선량한 어머니가 마침내 일본이 전쟁에 돌입해서는 군국의 어머니, 야스쿠니(靖国)의 어머니로 비약하게 되었다고 적고 있다.[41*]

앞에서 말한 것처럼 1880년에 개정교육령이 반포되어 교과내용 서두에서 수신을 다루도록 결정되었는데 같은 해 문부성에 '취조계(取調掛)'가 설치되어 지방에서 사용되던 교과서를 조사하고 이 중에서 교과서로서 적당하지 않다고 인정되는 것을 사용금지하였다.[42]* 카이고 무네시게 씨는 사용금지된 내용에는 생리(生理), 도덕, 정치가 많았다고 지적하고 있다. 생리는 풍속을 문란하게 함으로 소학교 교과서로 적당하지 않고, 민권을 주장하는 정치사상은 국가의 질서를 어지럽히고, 서양의 윤리를 설명한 도덕은 일본의 전통적 도덕관에 반한다는 이유였다. 즉 모두 1879년의 성지(聖旨)에 위배된다는 것이었다. "이와 같이 메이지 초기 문명개화의 번역교과서는 일본의 전통사상과 풍속에 위반된다는 이유로 대다수가 금지되고 소학교 교과서에서 그 모습을 감추게 되었다."[43]* 그리고 1881년에는 '소학교 교칙강령(小学校教則綱領)'이 제정되었다. 천황은 그 초안을 검토하였고 교육은 「교학대지」의 방침에 따라 수신을 중시하게 되었다. 이때 중등과(中等科) 여학생에게는 '재봉'이 추가되었다. 고등과(高等科) 여학생에게는 '경제'가 아닌 '가정경제'가 추가되었다.[44]* 소학교의 역사는 일본사만을 다루게 되었다. 교육의 쇄국인 것이다. 서구의 역사는 자유와 권리가 지나치게 많기 때문에 유해하다고 판단되었던 것이다. 같은 해에 정변[96)이 일어났다. 이후 혁명을 거친 영국·미국·프랑스의 정치사상은 배척하는 대신 독일학을 채용하였고, 한학(유교)의 부흥도 현저해졌다. 이러한 상황 속에서 교육의 유교화가 착실히 진행되어 1882년에는 모토다 나가자네가 편찬한 『유학강요』가 궁내성에서 수신교과서로 간행되어 전국학교에 배포되었다.

1882년의 수신교과서 『유학강요』는 「교학대지」의 사실상 필자이자 『메이지효절록』의 편집자이기도 한 모토다 나가자네가 편찬한 것이기 때문에 그 개요를 살펴보는 것은 이후의 일본 도덕교육을 알기 위해서도, 황후 어진영에 등장하는 수신서의 배경지식을 알기 위해서도 꼭 필요하다. 『유학강요』는 1882년에 지방장관회의가 개최되었을 때 천황이 하사하였는데 그 서문

---

96) 이른바 '메이지 14년 정변'을 말한다. 1881년 10월에 개척사 소유의 관유물을 부정한 방법으로 불하한 것을 중지시키고, 그 책임을 물어서 참의 오쿠마 시게노부(大隈重信, 1838~1922) 등을 정부에서 추방한 사건. 이를 계기로 10년 후에 국회를 개설하겠다는 천황의 약속이 발표되었다.

또한 모토다 나가자네가 썼다. 이에 따르면 이 책은 1879년에 천황의 내지(內旨)를 받들어 편찬에 들어갔다고 한다.[45*]

이 책의 '범례'는 "먼저 들어가는 것이 주인이 된다. 마음의 기초를 세우는 것이 필요하다"고 적고 있다. 즉 이 책의 내용들이 순수한 마음에 각인되어 심성을 형성하도록 의도하고 있는 것이다.[46*] 전체적으로는 19개의 덕목과 이에 대한 구체적인 예로 이루어져 있다. 첫 번째는 '효행'이다. 여기에는 논어·시경·대학·중용·맹자의 인용이 있고 진무천황을 효의 모범으로 들고 있다.[47*] 진무천황이 효의 모범이 된 이유는 "천신을 받드는 것은 대효(大孝)라 말할 수 있다"며 적고 있듯이 황조의 제사를 대효라고 보기 때문이다. 이것은 바로 육친부모에 대한 효가 조상숭배와 통하고 국가의 기원신에 대한 숭배로 연결됨을 보여주는 좋은 예이다.

두 번째는 충절이다. 충절과 효행을 '인륜의 최대 의의'로 삼고 있는 것이다. 여기에는 오토모베 하카마(大伴部博麻), 와케 키요마로(和気清麻呂, 733~799), 스가와라 마미치(菅原真道, 741~814), 쿠스노키 마사시게(楠木正成, 1294~1336), 쿠스노키 마사츠라(楠木正行, 1326~1348), 이외에 중국의 고사(故事)가 이어지고 있다. 이하 덕목을 나열해보면 화순(和順)·우애·신의·근학(勤学)·입지(立志)·성실·인자·예양(礼讓)·검소·인내·정조·염결(廉潔)·민지(敏智)·강용(剛勇)·공평·도량·식단(識断)·면직(勉職)이다. 228개의 범례 중에 여성은 31명인데, 그 덕목은 '정조'가 14명, '화순'이 9명, 나머지는 기타이다. 여성도덕의 중심인 '화순'에 대해서 모토다 나가자네는 다음과 같이 말한다.[48*]

사람은 남녀가 있고 그러므로 반드시 부부가 있다. 그리하여 부자가 있고 형제가 있으며 이로써 한 가족을 이룬다. 남편은 밖을 다스리고 아내는 집안을 다스린다. 부부가 화순하면 한 가족이 다스려진다. 이른바 인륜은 부부로부터 시작된다. 화순은 충효와 마찬가지로 인륜의 대의(大義)가 된다.

두말할 것도 없이 이 논리는 남녀의 존재이유를 부부와 가족으로서만 인정하고 있다. 그리고 남성을 밖=공적세계, 여성을 안=사적세계로 엄격하게 배치하고 이를 인류의 기초라고 선언하는 것이다. 『유학강요』는 여성의 귀감이 되는 중국 황후의 두 가지 예를 다루고 있는데 그중 당태종비 장손(長孫)은 고전 학식이 풍부하고 황제에게 많은 지혜를 주었지만 죽을 때까지 정치에는 참견하지 않았다며 칭찬하고 있다.

이와 같은 사상의 소유자가 1945년 이전의 일본체제를 유지하고 '제국신민'을 창출한 정신적 지주인 '교육칙어'의 주된 기초자였다. 실제로는 모토다 나가자네와 이노우에 코와시가 각각 원안을 작성하였다. 이노우에 코와시는 1872년부터 1873년에 걸쳐서 프랑스에 체재한 경험이 있다. 이를 통해 그리스도교 국가가 종교와 국가정치의 대결로 비극이 끊이지 않았던 것은 모두 그리스도교가 원인이라며 이를 부정하기에 이르렀다.[49*] 말하자면 그는 서구의 역사를 움직이는 왕권과 교황권의 대결, 신교와 구교의 대립, 신교를 받드는 세력이 펼친 반체제운동이나 독립배반의 움직임을 그리스도교에 내재된 문제라고 보고, 이를 안정된 국가유지에 적합하지 않은 종교로 본 것이다. 그는 유교를 그리스도교에 대항하는 종교로 평가하면서 "제정일치, 관부(官府) 이외에 승부(僧府)는 없다. 수많은 독서를 통해서 얻은 결론은 단연코 유교가 으뜸이다. …… 유교를 스승으로 삼아…… 대학, 중용, 논어, 맹자로 법령을 작성하고 책을 저술하여 학교의 가르침으로 삼아야 하며 이것이 옳음은 먼 훗날이 되지 않아도 알 수 있다"고 주장하였다. 그는 유교를 낳은 중국이 쇠퇴한 원인은 과학을 모르고 실업을 잊고 '문자벽(文字癖)'에 빠졌기 때문이라며 부국강병을 위해 서양의 과학기술을 받아들임과 동시에 사상과 윤리 부분에서는 유교를 국가의 기본으로 삼으려 했다고 나카지마 쇼조(中島昭三) 씨는 고찰하고 있다.[50*]

교육칙어는 이와 같은 신념을 가진 이노우에 코와시가 기초를 세우고 유학자 모토다 나가자네가 감수하여 완성하였다. 「교학대지」의 초안자였던 모토다 나가자네는 당연히 궁중과 부중(府中)의 일체론에 입각한 제정일치,

즉 유교를 기초로 한 '국교(国教)' 수립을 생각하고 있었다.[51*] 이에 반해 이토 히로부미는 정교분리를 주장하였다. 양자의 대립은 1879년 최고회의에서 이토 히로부미가 시보(侍補)의 출석 요구를 거부하고 시보제도를 폐지하기에 이르렀다.

카이고 무네시게 씨의 『교육칙어성립사연구(教育勅語成立史の研究)』에 의하면 모토다 나가자네가 생각한 교육칙어의 초안은 공자의 가르침을 기본으로 하였다.[52*] 이에 대한 분석은 나카지마 쇼조 씨의 논문에도 상세하게 나와 있는데 그 주요내용은 첫째 천황이 다스리는 유구불변의 국체임을 확정하고, 둘째 신민은 천황을 존경하고 천황은 신민을 사랑하는 부모와 같은 관계임을 제시하고, 셋째로 아버지의 자애, 자식의 효도, 형제의 우애, 부부의 화합, 친구의 신의, 즉 오륜을 기본 덕목으로 가르치고, 넷째로 천하에 부끄럼이 없는 일본의 선풍미덕(善風美德)을 기를 것을 맹세하고, 마지막으로 이러한 것들은 조상 대대로 변함없는 신민교육의 원리이기에 외국에 어떠한 종교가 있다 해도 영구히 이 원리를 지켜야 한다면서 끝을 맺고 있다.

나카지마 쇼조 씨의 연구에 의하면 국회도서관이 소장하고 있는 『요시카와 아키마사 문서(芳川顕正文書)』 안에 이노우에 코와시의 초안이 있는데 여기에는 이노우에 코와시와 모토다 나가자네의 합작부분과 이노우에 코와시 고유의 부분이 나뉘어져 있다고 한다. 이노우에 코와시의 초안은 이미 모토다 나가자네의 의견을 받아들인 것으로 생각되는데 그 전반부에는 발포된 것과 동일하게 유교의 오륜이 설명되어 있다. 다만 여기에는 "국가의 헌법을 중시하고 국법을 준수하고 …… 조정에 일이 있으면 정의와 용기를 바치며 …… 신민의 향토를 지켜야 한다"는 것과 '근대국가, 입헌정체, 징병제도'의 정신을 고취하는 것을 잊지 않고 있다.

교육칙어 발포 자체는 실제로 모토다 나가자네의 국교공포운동의 결실이었다. 문부대신 요시카와 아키마사(芳川顕正, 1841~1920)의 『교육칙어환발유래(教育勅語渙発由来)』에 따르면 교육칙어가 발포된 동기는 유신 이후 "서양학문을 하는 자는 모두 지육(智育)을 으뜸으로 삼고 철학 교수법을 앞 다투어 논쟁하며 경쟁만 하여 따를만한 논리가 없다”는 것이다. 도덕을 논하는 학자는 없고 그리스도교와 불교, 유교 등의 주장이 뒤섞여 있다는 것이다. 게다가 문부성은 국민사상의 혼란을 해결하려고 하지 않았다. 이때 1890년 2월에 개최된 지방장관회의에서 여러 지방장관들이 학교가 지식 교육에 치우쳐 있고 도덕의 근본인 충효를 설명하는 교사가 없다면서 무언가 지령을 내려 달라고 문부성에 압력을 가한 것이 그 발단이라고 한다.[53*]

교육칙어의 전문을 여기에서 인용하는 것은 생략하기로 한다. 대신 이 교육칙어가 여성들의 교육자에게 어떻게 해석되는지를 알아보자. 이와모토 요시하루가 주간했던 『조가쿠잡지』의 제238호는 1890년에 교육칙어가 발포되자마자 곧장 전문을 게재하고 독자적인 해설을 내놓았다. 이것은 언뜻 보기에 의외인 것 같기도 하고 영합한 것으로도 보이지만 실제로는 ‘교육칙어’의 내용이 진실로 이와모토 요시하루를 감동시켰다고 해석할 수도 있다. 사실 그가 제창해왔던 가족론과 교육칙어가 합치되기 때문이다.

교육칙어는 총론, 내용, 결어로 이루어져 있는데 총론의 “짐이 생각하건데 우리 황조의 황실종가가 시작된 후 넓고 멀리 덕을 수립하니 그 마음이 깊고도 두텁다. 신민은 그 마음을 충과 효로서 하나로 만들라”는 덕목과 결어의 “이 길은 실로 우리 황조의 황실종가가 남긴 가르침이므로 자손 신민이 함께 준수해야할 바”라고 제시된 덕목을 몸에 익힘으로써 “천양무궁(天壤無窮)한 황운을 보호하고 받드는 것은 짐의 충성스럽고 선량한 신민인 자만 가능하고, 이로써 조상의 유풍을 세상에 충분히 알릴 수 있다”고 되어 있다. 따라서 천황의 황위는 조상으로부터의 유덕이 국가존립의 기반이라는 ‘국체론’에 의거하고, 국가의 시작과 덕의 확립을 황조의 덕택으로 돌리고 있다는 점, 또한 천황의 조상은 곧 일본국민의 조상이기에 신민(臣民)은 모두 자손이고 한 마음으로 천황의 가르침을 지켜야 한다는 점을 교육의 기본으로서 제시하고 있다.

이는 1945년까지 일본교육의 근간을 이룬 사상이다. 이로써 ‘조상이 같으므로 결국 일본국민은 모두 가족’이라는 사상이 제도화된 것이다. 그리고

“각 가정에는 제각기 호주와 아버지가 있지만 이들을 시간축의 길이와 덕의 높이로 통괄하는 최고의 호주, 최고의 아버지는 천황이다”라는 것이다. 이것이 선행 연구, 즉 후지타 쇼조(藤田省三) 씨 등이 비판해온 가족국가론의 법적 텍스트인 것이다. 어진영과 함께 전 국민에게 하사되어 수시로 읽혀지고(아이가 이해하는 것은 거의 불가능했다 해도) 설명되었던 이 텍스트 이상으로 천황제지배의 원리를 철저히 했던 것은 없다.

교육칙어의 중간 내용은 황조가 세운 미덕을 열거하면서 “부모에게 효도하고 형제간에 우애 있고 부부는 서로 화합하고 친구는 서로 믿으라”고 되어 있다. 이것은 물론 유교의 오륜에 가깝지만 이와모토 요시하루는 이를 다음과 같이 근대적 국민에게 요구되는 보편적 자질이라고 해설하고 있다.

> 조심스럽고 공손하게 그 등사본을 살펴보면 일본건국의 기초가 깊고 두텁기 때문에 조상이신 선황께서 나라를 세우시는 매우 넓고 큰 유래를 먼저 고하고 있다. 충과 효는 우리 일본국체의 순수하고 뛰어난 요체임을 깨우치게 하시고 교육의 근원이 실로 여기에 있다고 가르치신다. 집에서는 우선 부모에게 효도해야 한다. 부모에게 효도함으로써 근신하고 사랑이 더욱 깊어져 형제자매간에 우애가 생기고 부부 자손간에 사랑이 생겨 가족이 화목하고 즐거워진다(원본에는 이 문구가 없다. ‘부부가 서로 화합한다’라고 적혀 있을 뿐이다. ‘사랑’이라는 말은 이와모토 요시하루가 만든 것이다). 밖에서는 우선 군주에게 충성을 다해야 한다. 군주에게 충성을 다함으로써 국가를 사랑하게 되고 국민이 화목해진다. 어느 날 어떤 일이 생기면 의로운 용기로 국가에 봉사하고 군주를 위하여 전사하여 다른 모욕을 방지하는 것은 무엇보다도 신하의 무궁한 영광이기에 진실로 성심을 다해 군주에게 충성을 다해야 한다. 따라서 충효는 실로 교육의 근원이고, 무릇 미덕은 여기에서 나온다고 말할 수 있다.

이처럼 이와모토 요시하루는 교육칙어를 안(内)에서는 가족·친자·부부·형제의 화락(和樂)을 권장하는 것으로 받아들이고 공(公)에서는 천황을 위해 전사하는 것을 본분으로 삼음으로써 사(私)에서는 ‘효’, 공에서는 ‘충’이 교육의 기본이라고 이해하였다. 또한 가정에서 사랑을 알게 됨으로써 나라를 사랑하는 것도 알게 된다면서 이른바 '충효일체'라는 교육칙어의 사상에 찬성하고 있다.

패전 이듬해인 1946년에 이에나가 사부로(家永三郎) 씨는 이토록 오랫동안 그리고 깊게 일본국민을 정신적, 도덕적으로 구속해온 교육칙어를 사상사적으로 고찰하였다.[54*] 이에나가 사부로 씨는 1935년 사학대회에서 와타나베 이쿠지로(渡辺幾治郎, 1867~1960)가 「이토 히로부미와 모토다 나가자네의 사상적 알력」이라는 제목으로 발표하였던 것을 중시하고 있다.[55*] 이에 따르면 입헌정치와 교육문제를 둘러싸고 이토 히로부미와 모토다 나가자네 사이에 심각한 알력이 계속되었는데, 국교를 정해 국민을 이끌어야 한다는 모토다 나가자네의 생각에 이토 히로부미는 반대했지만, 결국 모토다 나가자네는 천황을 보좌하여 교육칙어를 발포하기에 이르렀다. 이 학회의 발표에서 와타나베 교수는 메이지천황이 입헌정치에 관해서는 이토 히로부미의 손을, 교육에 관해서는 모토다 나가자네의 손을 들어주었다고 말했다고 한다.

이에나가 사부로 씨는 이 사실이 교육칙어의 사상적 배경에 매우 중요한 사실을 제시해 준다고 한다. 즉 교육칙어는 모토다 나가자네의 사상에 기인함과 동시에 이토 히로부미의 사상의 영향도 받은 것으로서 이것은 이 두 사람으로 대표되는 메이지 전기의 두 사상적 조류가 항쟁한 결과로써 성립되었음을 의미한다. 이에나가 사부로 씨에 따르면 모토다 나가자네는 서양 근대사상이 풍미하는 메이지사상계에서 붕괴하고 있는 유교사상의 '보루'를 고수하고 기회가 있으면 구세력을 회복하려고 노력한 '최후의 투사'인 것이다.[56*] 이에나가 사부로 씨는 모토다 나가자네가 서양사상의 유입을 조금이라도 막으려고 전력을 다했다고 보고 있다.

여기서 이에나가 사부로 씨가 제시한 유교사상의 역사적 역할을 총괄해 보는 것도 유익할 것이다. 이에나가 사부로 씨는 다음과 같이 서술하고 있다. 유교는 우선 최초의 율령적 관료정치의 지도원리가 되었고, 그 다음으로 귀족사회의 종교 및 예술 탐닉에 미약하나마 찬물을 끼얹었다. 또한 토쿠카와 막부하의 집권적인 봉건제도를 옹호하는 어용사상으로 처음에는 천주교(切支丹) 및 불교배척에 종사하고 나중에는 초닌(町人) 사상의 억제를 위한 중요한 역할을 하였으며,[57*] 메이지시기에는 "잔존 봉건세력을 위해서 유교는 자본주의 산업사회를 기반으로 하는 근대사상에 대한 탁월한 억제작용을 했다"고 한다.

필자는 이와 같은 총괄에 공감한다. 왜냐하면 모토다 나가자네가 측근으로서 천황에게 강한 영향력을 행사하면서 유교가 잔존 봉건세력과 그 권력유지의 지배이데올로기로 기능하게 만들고, 또한 이것이 근대와 현대까지도 살아남게 되면서 만들어진 비참한 결과는 이후의 일본국민 역사, 그중에서도 특히 여성의 역사가 보여주고 있음을 통감하기 때문이다. 이에나가 사부로 씨 또한 "그가 시보(侍輔) 또는 시강(侍講)이라는 지위덕분에 …… 성지(聖旨)를 빌어 자신의 주장에 권위를 실을 기회를 놓치지 않았다"고 서술하고 있다.

이에나가 사부로 씨는 모토다 나가자네가 거리낌없이 개인공격까지 할 정도로 격렬한 반근대주의자였던 예로 1886년의 『성유기(聖諭記)』를 들고 있다. 여기에서 그는 제국대학의 한 교수이름을 거론하면서 "모두가 양학에 전념하여 …… 국체가 군신의 대의도덕(大義道德)의 요체를 알지 못한다. …… 이들의 머리로 학생을 가르치면 장래의 해악이 실로 두렵다"고 성유(聖諭)의 이름으로 엄포를 놓고 있다. 지적 자유만을 섬기는 대학인에게 성유의 형태로 내려지는 엄포가 얼마나 무서운 것일지는 상상하고도 남는다. 이는 우리처럼 교편을 잡은 자들에게 언제 또다시 반복될지 모른다.

또한 이에나가 사부로 씨는 앞에서 서술한 1879년의 「교학대지」도 그 모두(冒頭)에 '성지(聖旨)'라고 되어 있지만 초고에는 이 문구가 없고 문장의 내용도 모토다 나가자네의 다른 저작들과 다르지 않다는 점에서 모토다 나가자네가 자신의 사상을 '성지'라는 형식을 빌어 표현했음을 쉽게 짐작할 수 있다고 서술하고 있다.[58*] 앞에서 언급한 것처럼 '성유(聖諭)'의 이념은 "서양풍 경쟁에서 두려운 것은 장래에 결국 군신부자의 대의를 알지 못하게 되는 것"이므로 「교학대지」와 동일하다. 또한 이에나가 사부로 씨는 모토다 나가자네가 유교를 국교로 삼으려고 했음을 지적하고 있다. 이것은 「교학대지」에 "앞으로 조상의 훈서(訓書)에 기초하여 오직 인의충효를 확실히 하고, 도덕적 학식은 공자를 중심으로 해야 한다"고 적혀 있는 것을 보면 알 수 있다.

그렇지만 이에나가 사부로 씨는 교육칙어 기초에 이토 히로부미의 뜻을 따르는 이노우에 코와시가 관련하기도 했기 때문에 유교의 색채가 옅어지고 근대 국가도덕을 포함하게 된 것이라고 보고 있다. 이에나가 사부로 씨에 따르면 이노우에 코와시는 한학보다도 국학적인 교양을 지녔고 헌법의 기초자이기도 했으며 "일본신민은 평안 질서를 방해하지 않고 신민의 의무에 반하지 않는 경우에 한하여 종교의 자유가 있다"(제국헌법 제28조)는 법에 저촉되는 것을 싫어했다고 한다. 따라서 이노우에 코와시는 교육칙어의 기초를 위탁받은 후 두 차례에 걸쳐 야마가타 아리토모에게 편지를 보내면서 "오늘날의 입헌군주제에 의하면 군주는 신민의 양심의 자유를 간섭해서는 안된다"고 썼다.[59*] 즉 군주는 국민의 양심의 자유까지 간섭해서는 안 된다는 것이다.

1890년 10월 30일 궁중에서 교육칙어가 발포되었다. 나카지마 쇼조 씨는 교육칙어의 제정과정과 성격에 대해서 유교 국교론자였던 모토다 나가자네를 이노우에 코와시가 중화시켰다고 해석하고 있다.[60*] 유교는 사상적인 논쟁을 일으킬 위험이 있었다. 이노우에 코와시 자신도 유교논리를 지니고 있었지만 헌법초안을 비롯한 여러 법안을 작성한 자이자 세계의 견문자였다. 그렇기 때문에 교육칙어를 정치적·학문적 레벨과 분리시키고 논쟁을 넘어서게 하였다. 이것은 이토 히로부미가 천황을 비정치적이자 초월적인 존재로서 탁월하게 만들어서 정변의 위험을 사전에 피한 것과 동일하다.

따라서 교육칙어는 정권을 넘어서는 초월적 존재인 천황의 모범적인 '저작'이 되었다. 그 결과 정치정권에 휘둘리지 않는 '보편'의 진리로서 군주가 신민 개개인에게 전하는 메시지로서 직접적으로 기능하였고 천황과 직접 연결되는 '신민' 교육에 공헌하게 되었다. 이 두루마리가 어진영과 한 쌍을 이루어 전국의 소학교에 배포되었고, 실제로 1945년 여름까지 근대적으로 위장된 국가주의적 유교논리는 일본인의 성서가 되었던 것이다.

황후의 애독서『여사서(女四書)』

　하루코황후가 어려서부터 동궁비로서 황후학을 연마했음은 모든 전기문
에 기술되어 있다. 그중에서도 황후는『여사서(女四書)』를 숙독하였고 한문
의 읽는 순서를 나타내는 방점을 지우고 소리내어 읽었다고 한다. 황후가
돌아가신 1914년에 출판된 황후의 유덕(遺德)을 그리는 기억문집『쇼켄황태
후(昭憲皇太后)』에는 황후가 7살 무렵부터 사서와 오경을 주석을 달지 않고
읽었다고 쓰여 있고,[61*] 우에다 케이지(上田景二)의『쇼켄황태후사(昭憲皇太后
史)』에는 "밤중에 친히 …… 모토다 나가자네 등이 강의 하는 것을 들으셨다.
…… 황후폐하는 어려운 경서읽기에 조금도 싫증내는 기색을 보이지 않으
셨다. 그것도 당연한 것이 황후폐하께서는 어려서부터 화한학(和漢学)에 조
예가 깊으셔서 춘추(春秋), 좌씨전(左氏伝), 상서(常書)를 …… 줄줄 해설하셨
다"는 히지가타 히사모토의 담화가 실려있다.[62*] 우에다 케이지에 의하면
황후가 12, 3세 때 "여사서 등은 읽는 순서를 나타내는 방점이 있어서 읽기
어렵다고 말씀하셔서" 스승이 호분(胡粉)[97]으로 지워 드렸다고 한다.[63*]
　또한 호소카와 준지로(細川潤次郎, 1834~1923)도 "특히 여사서를 정독하시
어 무슨 일이 있을 때에는 시녀들에게도 여사서에 이렇게 쓰여 있기 때문에
이렇게 해야 한다고 말씀하시는 경우가 종종 있으셨다. 그런데도 여사서를
모르는 자가 많아서 여관들도 어떤 책인가 궁금해 할 정도였다"라고 회상
하고 있다.[64*] 또한 호소카와 준지로는 다음과 같이 회상하고 있다.[65*]

---

97) 조가비를 태워서 만든 백색 안료를 말한다.

황후는 늘 '여사서'라는 서적을 보신 것 같다. 주위 사람들에게 때때로 여사서에 이러이러한 것이 있다고 말씀하시는 일이 종종 있으셨기 때문에 이것을 듣고 후쿠바 비세가 어떤 책인지 한번 보고 싶어 했다. 그리고 황후가 어떤 점을 수양의 근원으로 삼으셨는지도 알고 싶어서 여기저기 찾아다녔지만 그다지 유명한 책은 아니었기 때문에 찾기 힘들었다. 하나하나 탐색하여 카네자와(金澤)라는 사람이 소장하고 있던 것을 빌려서 읽어보니 그 책 속에는 내훈(內訓)이라는 한 구절이 있었다. 이것은 닌코천황(仁孝天皇, 1800~1846)의 황후가 만든 부분으로 실로 황후의 도리에 대해 절실하게 훈계를 한 것이었다. 이로써 비로소 황후폐하가 이 책을 숙독하시는 취지를 알았고 또 폐하의 수양의 깊이를 살필 수 있었다고 한다.

시보(侍補) 모토다 나가자네 등은 이와 같은 유교적 소양을 지닌 황후를 바람직하게 여겼을 것이다. 『메이지천황기』에 의하면 1871년 7월에 궁내성이 개혁안을 제출하여 사족을 시종으로 발탁하고, 군덕배양의 일환으로 "황후를 비롯한 여관들은 동서고금의 대세를 알 필요가 있으니 평소에 독서를 장려하고 천황의 강독이 행해질 때 삼가 경청하셔야만 한다"고 정해졌기 때문에 천황의 학문수양에 황후와 여관들도 참석하게 하셨다고 한다.[66*] 단 황후의 일과는 천황과 달리 카토 히로유키가 『흥지사략(興地史略)』을, 후쿠바 비세가 『코지키(古事記)』를, 후쿠바 비세와 모토타 나가자네가 『열녀전(烈女伝)』과 『제국도설(帝国図説)』을 강의하였다. 카타노 마사코 씨는 천황에게는 『서국입지편(西国立志編)』 중심의 유럽적인 학문으로 강의가 이루어진 것에 비해 황후는 일본적 전통에 입각한 내용으로 이루어졌다고 지적하고 있다.[67*]

아무튼 황후의 상징적 부속물로서 어진영에 그려졌던 『메이지효절록』과 『부녀감』이 유교적인 여전(女伝), 여훈서(女訓書)를 약간 손질한 내용이었다는 점은 국가적 시책이 유교적 전통에 따른 여성규범 제시였을 뿐만 아니라 이것은 실제로 황후자신이 내면화했던 도덕과 밀접하게 관련되어 있었다.

『여사서』란 『사서(四書)』를 본떠 만든 여훈사서(女訓四書)를 말하며, 『여논어(女論語)』·『여계(女誡)』·『내훈』·『여효경(女孝経)』의 총칭이다. 에도시대 이후 많은 번역서가 유포되면서 봉건시대 여성규범의 원형이 되었다.[68*] 후카야 마사시 씨에 따르면 이러한 여훈서에 적혀 있는 유교적 여성상이란 다음과 같다. 유교의 '천―지(天―地)'론에 입각하여 모든 존재를 천―지로 해석하고, 태어날 때부터 땅인 여성은 하늘인 남성과의 사이에 절대적인 차이를 지니고 있다. 그 차이로 인해 남자에게 지배되고 종속되며 이와 동시에 지배받고 보호받는다는 것을 긍정적으로 받아들이고 감사하도록 수양을 쌓는 것을 미덕으로 여기는 여성상이다.[69*]

『여효경』에는 다음과 같은 구절이 있다.[70*]

> 출가 전의 여자에게는 아버지가 곧 하늘이고 출가 후에는 남편이 곧 하늘이다. 하늘은 양(陽)으로서 만물을 소생시키고 땅은 음(陰)으로서 하늘이 만들어 내는 만물을 양육하므로 남편을 따르는 것은 천지의 도리이다. 무릇 여자는 부모 집에 있을 때는 어버이를 존경하고 시집간 뒤로는 남편을 존경하는 것, 이것이 모든 여자가 효행하는 길이다.

이처럼 천지자연의 이치로 설명되는 유교의 여성관은 무엇보다도 남녀의 차이를 절대시하는 우주관에 근거함과 동시에 이른바 '부자유친', '군신유의', '부부유별', '장유유서', '붕우유신'이라는 '오륜'으로 이루어진 가부장제사회·봉건사회의 수직관계인 계층구조적 질서를 유지하는 윤리를 행동규범으로 삼고 있다. 따라서 이른바 '삼강(三綱)' 즉 '군신', '부부', '부자'라는 국가, 가족의 지배·피지배 관계가 특별히 지켜지게 된다. 이러한 윤리질서 속에서 여성은 우선 군주에게 종속됨과 동시에 남편 및 아버지에게 종속된다.

가부장제사회에서는 토지소유와 가계유지를 위한 혈통존속이 중심과제였다. 따라서 통시적인 권력의 직계계승(혈통)이 무엇보다도 중요하고 미덕의 순서는 시간의 흐름에 따라 위치가 정해진다. 즉 조상·시부모·부모는 우선적으로 존중되어야 하고 아들은 하위 개념이다. 여기에 성의 차이가 더해지면 계층사회의 최하위는 아들의 처와 딸이 된다. 가족이 서로 마주보며 평등하게 모이는 수평이라는 개념은 근본적으로 존재하지 않는다. 그렇기 때문에 유교는 가부장제사회와 봉건제, 또는 절대주의가 결합된 모든 시대에서 피라미드형 계층사회를 유지하는 효과적인 이데올로기가 될 수 있었던 것이다. 황후보다도 황태후의 지위가 높아서 뭇을 놀라게 했던 '미풍양속'도 유교적 관점에서 보면 당연한 것이고, 이것이 궁중의 '정통적인' 모델이었던 것이다.

또 여성을 위한 교훈서에서 빈번하게 보이는 것이 의붓자식을 사랑하는 후처에 대한 칭찬이다. 원래 남성의 종자보존이 우선이므로 이론적으로 자식을 키우는 여성은 누구든지 남편의 종자를 키우는 유모와 다를 바 없으며 가장(家長)의 친자이기만 하면 남성의 혈통은 유지되기에 처의 친자 여부는 이차적인 문제에 지나지 않는다. 또 첩의 자식이 대를 잇는 것은 통상적인 일이었기 때문에 처는 그것을 당연히 받아들여야만 했다. 설화나 열전에 등장하는 의붓자식을 사랑하는 어머니가 모성도덕의 규범으로, 반대로 의붓자식을 괴롭히는 어머니가 악녀의 전형으로 등장한 것은 이와 같은 편의를 위해서였다.

남계제(男系制) 사회에서는 남성에게 편리하고 유익한 것은 '미덕', 유해한 것은 '악덕'이라고 불렀다. 물론 약자인 어린아이에 대한 보편적인 사랑이 숭고한 미덕임은 당연하다. 문제는 그것이 남녀에게 공통된 미덕이 아니라 처만을 위한 미덕, 또는 악덕으로 여겨져 온 데 있다.

따라서 황후에게 실자(実子)가 없는 것은 유교가 설파하는 모성도덕과 모순되지 않았다. 그녀는 천황의 측실이 낳은 아이를 친자처럼 감싸 안았다고 기록되어 있다. 이렇게 행동함으로써 황후는 유교적 모성의 귀감이 되었던 것이다. 황후가 읽었다고 기록되어 있는 『여사서』 속의 『내훈』에는 중국의 황후가 "황자를 많이 생산하지 못하는 것을 괴로워하셔서서 재능이 뛰어나고 미모가 출중한 여자를 직접 황제에게 보내어 받들어 모시게 하고, 만약 황제가 그 여인을 총애하시면 한없이 기뻐하셨다"라고 적혀 있다.[71*] 후카야 마사시 씨에 따르면 이러한 황후는 '공순의 극한'이었다.[72*]

황후가 몸소 재능있고 용모가 아름다운 여자를 남편에게 보내어 그 여자가 총애받는 모습을 보고 기뻐한다는 것은 인간의 애정과 신뢰, 존엄에도 어긋나기 때문에, 그 부자연스러움을 궁극적인 미덕으로 가르치기 위해서는 견고하고 거역하기 어려운 미덕의 체계가 압박을 가해야만 한다. 또한 그 미덕이 내면화되기 위해서는 여성이 자신의 존재이유가 남계 존속의 중개라는 점을 자각하고 있어야만 한다. 이것이 황후의 예로 이야기되고 있는 것은 우연이 아니다. 왕족이 남자를 통한 혈통 존속의 중요성을 보여주는 최고의 예가 되기 때문이다.

이『내훈』은 명나라 인효문황후(仁孝文皇后)가 저술한 책으로 특히 국가의 군주를 섬긴 왕비들의 미덕을 칭송하고 이를 규범으로 삼으라는 취지로 일관된 국가주의적 여훈서이다. 그 내용의 일부분은 다음과 같다.[73]*

> 공손과 검소의 본보기로는 순제(舜帝)의 왕비 아황(娥皇)과 여영(女英)보다 덕이 높으신 분이 없고, 정숙한 몸가짐과 유순함의 본보기로는 주나라 대왕의 왕비인 태강(太姜)보다 완벽한 분은 없고, 성실함과 진실함의 모범으로는 주나라 왕계(王季)의 왕비 태임(太任)보다 덕이 높으신 분이 없고, 효와 공경의 마음을 실천하는 모범으로는 주나라 문왕(文王)의 왕비 태사(太姒)보다 철저하신 분은 없습니다. …… 본디 화려한 보석장식은 보물이 아니며 탁월한 인격이야말로 보물인 것입니다.

마지막 부분은 하루코황후의 노래인 "금강석도 닦지 않으면"을 상기시킨다. 왕비를 유교 부덕(婦德)의 귀감으로 삼는 점을 보더라도『내훈』은 하루코황후의 황후학 교과서로 특히 중시되었던 것은 아닐까 추측된다.

『내훈』에서 말하는 여성의 미덕은 "유순정정(柔順貞静), 온량장경(温良荘敬), 화평을 즐기고 속이거나 원망하지 않는다. 넓은 도량으로 미워하거나 질투하는 마음이 없다. 매우 인자하여 해를 입히지 않는다"[74]*이다. 한편『내훈』에서 가장 금해야 할 여성의 악덕은 다음과 같이 '나태'와 '질투'이다.[75]*

> 처음부터 여성의 잘못이라고는 없습니다. 게을러서 중도에 그만두는 것, 질투하

는 것, 심히 비뚤어지는 것입니다. 게을러서 중도에 그만두면 뻔뻔해져서 효경(孝敬)에 대한 생각이 퇴색됩니다. 질투를 하면 다른 사람에게도 해가 되고 자신에게도 재앙이 옵니다.

또한『내훈』의「사군장(事君章) 제13」(임금을 모시는 방법에 대해)에는 "속담에 '물에 잠기는 것은 진흙이고 집안이 망하는 것은 질투하는 처 때문'이다"라는 구절이 있다.『시경』에는 "처들이 질투하지 않는 즐거운 군자(君子), 행복이 넘쳐나고 마음이 편하다"라고 되어 있다.[76*] 야마자키 준이치(山崎純一) 씨는『시경(詩経)』의 원문을 "질투를 잊은 왕비는 얼마나 즐거운가. 복이 풍성해지고 마음이 편안하다"라고 해석한다. 그러나 "즐거운 군자"라고 되어 있으므로 즐거운 것은 남편 쪽일 것이다. 또「집전(集伝)」에는 "황후의 덕이 아랫사람에게 두루 미치니 질투의 마음이 없다. 따라서 일반 첩들은 그 덕에 기뻐하며 이를 칭송한다"라는 구절이 있다.[77*]

또한 다른 교훈에서는 새로운 국가가 기초를 닦을 때에는 다음과 같은 황후의 내조가 있었다고 강조하고 있다.[78*]

예로부터 국가의 기반을 잡는 것은 모두 내조의 덕이 있었고 이는 후세에 모범이 된다. 하(夏)·상(商)의 초기에는 도산(塗山)과 유신(有莘) 모두 교훈의 공을 분명하게 세웠다. 성주(成周)가 번성하니 문왕(文王)의 왕비는 부부금실이 매우 좋고 예의 바르며 가정을 원만하게 하였다. 우리 태조 고(高) 황제는 이를 이어 번성하니 효자고(孝慈高) 황후가 내조한 공으로 나라가 더욱 융성해졌다. 생각하건대 뛰어난 지덕의 자질로 정절과 인자함의 덕은 예나 지금이나 의무로 삼아야 할 것이다.

특히 명나라 창건 당시 고(高) 황후는 다음과 같이 명민성찰(明敏聖察), 정절, 인덕의 자질을 갖추었다고 한다.[79*]

개국 시기의 고난과 마주하자 태조 고황제와 함께 명조 창건의 임무에 노력하시어 태평성대를 실현한 뒤에는 교화(教化)의 기초를 폭넓게 쌓으셨습니다. 궁녀가 배워야 할 규범을 후궁(後宮)에 알려 어미인 자의 모범을 천하에 분명히 하셨습니다. …… 그 가르침은 상하귀천이나 사안의 대소와 관계없이 참으로 도덕의 최고 요점이고 행복과 경사의 큰 근본입니다. 왕비인 자가 이 가르침에 따르면 천황과 부부가 되어 국가의 종묘를 받들고 천하를 교화시키며 행복과 경사의 근원을 넓힐 수 있을 것입니다. 제후(諸侯)·대부(大夫)의 부인과 무사·서민의 처가 이 가르침을 따르면 집안에서는 남편을 도와 오랫동안 부귀를 누리고 집안을 풍요롭고 평화롭게 하며 자자손손 그 행운을 물려줄 수 있을 겁니다. 『시경』에서는 '태사(太姒)는 주나라 황실의 명예를 유지하여 많은 남아를 생산하셨다'라고 말하고 있습니다. 부디 이 가르침을 존경합시다.

한편 『내훈』의 제15장 「봉제사장(奉祭祀章)」에는 왕비의 의무가 쓰여 있다. 즉 결혼의 의미는 다음과 같다.[80]*

　　사람의 도리가 그 혼례를 중시하는 것은 바로 아이를 낳아 조상의 후손을 잇게 하고 부부가 함께 조상의 제사를 지내기 때문입니다. …… 무릇 왕비는 천지의 신들을 한결같이 제사지내어 국가의 기초를 굳건히 하고 계절마다 돌아오는 종묘 제사에는 공물과 제기를 깨끗이 하여 왕의 업무를 도와주는 것입니다. 반드시 인과 효의 마음으로 성의와 경의를 다해 제사를 지내고, 스스로 양잠(養蠶)을 맡아 …… 이른 아침부터 늦은 밤까지 일에 매달리셨지만 고생스러워 하지 않으셨습니다.

이를 통해 하루코황후가 만들어낸 황후와 '양잠'의 연결고리의 기원이 실제로는 중국의 여훈에 있었음을 알 수 있다.

이처럼 중국의 원전을 일본문장으로 번역한 여훈서에는 『여효경』·『여논어』·『여계』·『내훈』을 의역한 1656년의 『여사서』, 1691년 쿠마자와 반잔(熊沢蕃山, 1619~1691)의 『여자훈(女子訓)』이 있었다.[81]* 에도시대 전기에는 중국에서 직수입하거나 불교사상을 담은 것 등 난해한 것이 많았지만 역시 그 기본은 유교사상이었고, 에도시대 중기에는 가정과 테라코야(寺子屋)[98])에서 사용할만한 평이한 독본 또는 습자용 교본이 번역, 출판되었다. 이시카와 마츠타로(石川松太郎) 씨에 따르면 이 시기에 여자용으로 편집된 훈서는

---

98) 에도시대의 서당, 글방을 말한다.

약 1,200종이 넘는다고 한다.[82*] 1737년의 『여금천금의 자보(女今川錦の子宝)』
에는 "남편을 얕보고 나를 내세우는 것은 천도(天道)를 두려워하지 않는 것
이다." 또한 "예를 들자면 남편은 임금과 같고 여자는 시종과 같다"는 문장
이 눈에 띈다.[83*] 유학자의 여훈도 여러 권 출판되었는데, 미토학(水戸学)의
아이자와 세이시사이(会沢正志斎, 1782~1863) 등은 유교윤리를 답습하고 "무릇
천지의 도에는 그 귀한 것의 수가 적고 천한 것의 수가 많다. …… 한 집안
에서 한 남편에게는 처가 있고 첩도 있다. 여러 여자가 함께 한 남자를 섬
기는 것은 천지의 도리이다"라며 일부다처를 천지자연의 도리로서 정당화
하고 있다.[84*]

　황후가 여훈서에서 제시하는 미덕의 구현자이자 광고자가 된 것은 지금
까지의 고찰을 통해 분명해졌지만 황후의 속마음을 아는 사람은 없다. 마르
크 마리우스(Marc Marius)라는 프랑스인은 다음과 같이 일본인이 쓸 수 없는
황후의 심중에까지 생각이 미치고 있다.[85*]

　황후폐하는 업무가 많으셨지만 그 외에는 다소 외롭고 고독한 생활을 보내셨습니
다. 중요한 업무를 완전히 끝냈을 때의 만족감 이외에는 이렇다 할 즐거움이 별로
없으셨습니다. 하늘은 폐하에게 어머니가 되는 기쁨을 주시 않으셨습니다. 긴죠천
황(今上天皇, 당시 재위 중인 타이쇼천황을 의미함)은 선제(先帝)의 후계자이시지만
황후폐하의 친자는 아닙니다. 하지만 폐하는 따뜻하고 자애로운 어머니의 마음으로
황자의 교육에 힘쓰셨습니다. 폐하만이 유일한 황후이자 정비(正妃)이셨지만 나라
의 관습상 선제에게 총애를 받고 있는 여성이 있는 것을 참고 견디셨습니다.

　한편 호라구치 켄쥬(洞口献寿)는 하루코황후를 "고금에 비할 데 없이 뛰어
나고 현명한 황후"라고 절찬하면서 유교적 미덕의 귀감으로서 다음과 같은
황후의 전설을 만들어 냈다.[86*]

　황후폐하는 실로 우리나라 여성을 수백 년 동안 이끌어 온 『여대학』의 화신이라
고도 할 수 있는 분이십니다. …… 실로 폐하는 여신(女神)의 화신이십니다. …… 본

래 여성은 아무리 현명하고 똑똑해도 질투나 시기와 같은 불길한 요소를 조금도 지니지 않은 자는 없는데 폐하께서는 이와 같은 여성의 특유성(特有性)이 조금도 없으셨습니다. …… 지금까지 여성들의 귀감이 되고 양처현모의 전형으로 일컬어졌던 사람이 없는 것은 아니지만…… 그녀들을 완전무결하다고는 할 수 없습니다. 하지만 폐하께서는 실로 완전무결한 전형이시기에 후대까지도 여성들의 귀감으로서 칭송받는데 부족함이 없으십니다.

이처럼 구세력의 보존과 유지를 바라는 정부와 그 이데올로그(ideologue)인 유교적 도덕가(道德家)는 과거의 여성차별과 젠더 시스템을 내면으로부터 유지시키는 도덕을 바로 황후를 통해서 근대로 이양시킨 것이다. 국민에게는 황후가 생각하는 바를 적은 책, 와카(和歌), 말씀, 초상 등의 정교한 조작을 통해 황후가 마치 스스로 주도권을 가지고 여자의 도덕을 지도하는 모범이 된 것처럼 묘사되었다. 황후는 유교적인 젠더 시스템 유지에 지대한 공헌을 했던 것이다.

수신교과서의 여훈

앞에서 언급한 바와 같이 니시무라 시게키는 1879년에 천황과 모토다 나가자네의 뜻을 받들어 소학교 수신서 『소학수신훈(小学修身訓)』(상·하)를 편찬하였다.[87*] 이 교과서의 상권은 학문, 생업, 입지(立志), 수덕(修徳)의 네 부분으로 나누어져 있다. 그 첫머리에는 "하늘의 명을 숙명이라고 한다. 숙명에 따르는 것을 도(道)라 한다. 도를 닦는 것을 교(教)라 한다"라는 유교적 도덕관의 기본이 제시되어 있다.[88*] 또한 제5조에는 "사람의 도가 있다. 따뜻한 옷에 배불리 먹고 안락하게 지내면서 배우지 않으면 짐승에 가깝다. 성인(聖人)이 이를 근심하여 계율로써 사도(司徒)를 만들고 인륜을 가르쳤다. 이 것이 부자유친, 군신유의, 부부유별, 장유유서, 붕우유신이다”와 같이, 맹자의 가르침인 오륜이 제시되어 있다. 여성에 관한 가르침은 특히 ‘입지’에 다음과 같은 세 가지 조항이 제시되어 있다. 첫째, “여자는 남자가 제멋대로 즐기기 위한 미모의 장식물이 아니다. 생각건대 여자도 남자와 똑같이 특별한 하나의 개인이다.” 둘째, 지금 행해지고 있는 하찮은 기예를 배우지 말고 “재능과 지혜, 즉 이성적인 두뇌와 타인을 배려하는 감성이 필요하다.” 셋째, “여자는 훌륭한 책을 쓰지 못한다. 계산법을 만들어내지 못한다. 천리경을 발명하지 못한다. 증기기관을 만들어 내지 못한다. 그렇지만 이보다 더욱 더 위대한 자를 만들어낸다.” 즉 선량하고 높은 덕을 지닌 남녀를 그 슬하에서 키워내는 것은 기계를 창조하는 것보다 더 위대한 일이라면서, 세계 역사상 이보다 더 뛰어난 것은 없다고 가르치고 있다.[89]*

이 수신서는 여성의 재생산 능력을 남성의 학술·기술능력과 비등한 것이라고 평가할 뿐만 아니라 기계를 만드는 것보다도 선한 인간을 키우는 쪽이 훨씬 위대하다고 말하고 있다. 이것은 유교서에서 인용한 것이 아니라 서양인 조셉 드 메스트르(Joseph de Maistre, 1753~1821)가 한 말을 인용한 것이다. 언뜻 보기에 남녀를 대등하게 평가하고 있는 것처럼, 혹은 읽기에 따라서는 남성보다 여성이 위대한 것처럼 보이는 것이 이러한 담론의 교묘한 부분이다. 하지만 이 담론에는 남녀의 역할이 자연스럽게 결정되어 있어서 바꿀 수 없다는 대전제가 깔려있다.

여성은 학문·수학·과학·공학, 즉 인간이 문화와 문명이라고 부르는 것은 어떤 것도 할 수 없다는 단정에서 시작하고 있는 것이다. 그녀가 할 수 있는 것은 아이를 낳고 기르는 것뿐이라고 미리 한정하고 이는 기계의 발명이나 창조보다 위대하다고 서술하고 있다. 여기에는 특별히 고의적인 거짓은 없다. 생명의 재생산이 없으면 인류는 멸종해버리고 선량한 국민을 양육해 주지 않으면 국가를 유지할 수 없음은 사실일 것이다. 이것은 우선 여성을 재생산의 울타리 속으로 몰아넣고 이곳 일은 ‘바깥’ 일보다 위대한 것이라고 말하는 것과 같다. 인디언을 보호지구에 가두고 이곳 생활이 바깥 문명보다 위대하다고 칭찬하는 것과 같은 논리이다.

여성은 '아이를 낳을 수 있는' 신체를 지닌 존재에 불과하다. 이것은 생리적 문제일 뿐 그 이상도 이하도 아니다. 남성이 정액을 분비하는 것만으로 살고 있지 않은 것처럼 개인은 자신의 생리적 특성만으로 사는 것이 아니다. 당연히 여성도 남성과 같이 국가·사회·문화를 공유한다. 거기에서 무엇을 할지는 여성이 스스로 선택하고 결정해야 한다. 남성은 생리적 특성에 한정되지 않고 여성만이 생리적 특성으로 운명과 생업까지 결정되는 것은 이상하다. 실제로 남성은 자본주의적인 이윤을 낳지 않고 과학기술의 진보에도 공헌하지 않는 생리적 존재인 여성을 열등시하고 생식기계로서의 역할에 만족하게 해야 한다고 생각한다. 여성의 지적능력을 절대적으로 부정하는 것과 재생산 능력을 과대하게 칭찬하는 것은 속임수에 불과하다. 그만큼 자녀 양육이 위대한 것이라면 당연히 남성도 양육을 해야 한다. 실제로 중세시대의 자녀교육은 전적으로 남성의 몫이었다. 이러한 내용의 수신교과서가 지향하는 목적은 여성을 치켜세워 재생산의 역할로 몰아 일탈하지 못하도록 억누르는 데 있다.

이 수신서의 내용 중 「수덕(修德)」이라는 항목에는 여성을 위한 교훈이 일곱 조항이나 적혀 있다. ① "청절(淸貞)" ② "사담(私談)을 하지 않고 어두운 곳을 혼자 걷지 않는다." ③ "가정의 검약" ④ "부덕(婦德 : 다소곳하게 정절을 지킨다), 부언(婦言 : 험담하지 않고 언쟁하지 않으며 조신하다)" ⑤ "여성이 덕을 잃으면 인심이 부패하여 큰 재앙이 된다"이다. 이상은 각각 『여논어(女論語)』와 『여훈』 등 중국의 유교 여훈서에서 인용한 것이고 『여대학』에서는 ⑥ "여자는 그저 온순하고 정조를 지키는 마음이 깊고 조용함이 온당하다"라는 것을 인용하였다. 마지막은 "귀녀(貴女) 데스텔(Isabella d'Este, 1474~1539)"이라는 서양여성이 말한 "남자의 일은 사랑을 떠나서도 할 수 있다. 여자의 경우는 일생동안 결코 사랑을 떠날 수 없다"라는 구절로 끝을 맺고 있다.[90*]

사랑은 남녀모두에게 동일하게 귀중한 것이다. 그러나 사랑은 생업이 아니다. 남성이 사랑을 생업으로 여기지 않는 것은 본래 사랑을 생업으로 삼을 수 없기 때문이다. 그러나 남성의 사랑과 성에 순종하며 살 수밖에 없는 사회현상에서 사랑은 여자에게 생업이다. 이와 같은 사회에서는 이러한 비대칭적인 관계가 생겨나기 쉽고 또한 일반적이다. 남성의 사랑, 성에 의존하지 않고 살아가는 생업을 쉽게 찾아낼 수 있다면 많은 여성이 성의 노예, 혹은 사랑의 노예와 같은 생애를 보내지 않고 살았을 것이다. 남자의 성과 사랑에 매달려 살아갈 수밖에 없는 여성들의 인생은 평범한 여성들의 개인적인 생애를 좀 더 폭넓게 역사 속에서 찾아내거나 문학을 연구함으로써 한층 더 명확해질 것이다.

이와 같은 내용은 『상급수신(上級修身)』 하권의 「처사(処事)」라는 강목에 한층 명백하게 설명되어 있다.[91*]

애초부터 성은 남자와 여자로 나누어져 있으므로 각기 그 할 일이 나누어져 있다. 남자의 일을 여자도 할 수 있다고는 하나, …… 이것은 일반적인 것이 아니다. 만약 여자가 집안일을 그만두고 집 밖으로 나가서 다른 일을 하려고 하면 인간사회에 화를 불러 올 것이다.

즉 여기에서는 여성에게 남성의 일을 할 능력이 있더라도 만약 여성이 집안에 있기를 그만두면 인간사회에 재앙이 생길 것이라고 말하고 있는 것이다. 왜냐 하면 여성이 집에 있는 가족 형태야말로 국가의 기반이기 때문이다. 이것은 "가정은 국가의 핵심이다. 집안의 일은 나아가 사회의 풍속이 된다. …… 그러므로 한 집안을 다스리는 법은 즉 국가를 다스리는 법과 같다"[92*]라고 서술되어 있는 「가륜(家倫)」이라는 강목에 한층 명확히 나타나 있다. 이와 같은 『상급수신』 하권에는 "아내는 질투하는 마음을 추호도 가져서는 안 된다"며 『여대학』의 내용을 그대로 인용하고 있다.

이외에 스에마츠 겐초(末松謙澄, 1855~1920)가 편찬한 『수신여훈 고등소학교여자용(修身女訓 高等小学校女子用)』(1893년 4월, 東京八尾新助書店 発行)은 주로

소학교 여자용으로 사용된 수신서이다. 이 책의 1권은 모범적인 여성을 열거하는 열전형식으로 구성되어 있다. 구체적으로 제1화는 효행. 제2화는 일곱 아들과 막내딸의 이야기로 효심 깊은 아들과 딸이 가난한 부모에게 효행을 다한다는 이야기. 제3화는 유배된 타치바나 하야나리(橘逸勢, 782(?)~842)를 극진히 간병한 그의 딸에게 나라에서 정5위(正五位)를 내린 이야기. 제4화는 조부모에 대한 효행. 제5화는 형제의 우애. 제6화는 마츠다이라 사다노부(松平定信, 1758~1829)와 막내 여동생과의 형제애. 제7화는 코고노 츠보네(小督の局)의 친구로 친절한 여성의 이야기. 제8화는 근신(勤慎). 제9화는 예의바른 차림새나 태도. 제10화는 분노를 참은 이야기. 제11화는 말씨. 제12화는 타인을 비방하지 않는 미덕. 제13화는 사심(邪心), 나쁜 추측, 의심을 버리라는 교훈. 제14화는 죄를 다른 사람에게 뒤집어씌우지 말 것. 제15화는 속이지 말 것. 제16화는 약속을 지킬 것. 제17화는 자랑하지 말 것. 제18화는 도박금지 등 제28화까지 이어지고 있다. 이 중에서 마지막 제28화는 군주의 덕이며 그 내용은 다음과 같다.[93*]

> 한시도 군주의 덕을 잊어서는 안 된다. 잊으면 사람이 아니다. 우리 인민이 부모를 섬기고 자손을 키우면서 무사히 이 세상을 사는 것은 군주의 덕이 아닐 수 없다. 그러므로 평소 하는 일에도 남녀 모두 각자의 역할을 수행하고 납세는 물론 무엇이든지 성실하게 국민의 의무를 다 함으로써 그 은덕에 만분의 일이라도 보답해야 한다.

제2권은 나이 많은 학생을 위한 교과서이기 때문인지 여성의 몸가짐과 부부의 마음가짐에 관한 교훈이 많다. 우선 "대개 여자는 다른 집으로 시집을 간다. 시집간 이후에는 시부모를 부모로 여기고 효행을 다해야 한다. 남편의 부모인 시부모가 어찌 내 부모와 다르겠는가"[94*]라고 되어 있는데 이것은 『여대학』의 도입부분과 완전히 동일하다. 이어서 계모를 섬기는 기특한 딸, 같은 집에 사는 남편 친구의 처와 사이좋게 지내는 양처의 이야기가 계속되고, 더 나아가서 "모든 부부의 도는 화합을 으뜸으로 삼는다. …… 원래 한 남자의 아내라 함은 마치 나팔꽃 넝쿨과 같고 남편은 그 울타리와 같다. 나팔꽃도 울타리에 의지하지 않으면 훌륭하게 꽃을 피우거나 열매를 맺지 못하고 그저 풀숲에 감겨 있다가 …… 결국은 소와 말에게 짓밟힐 뿐”[95*]이라고 적고 있다. 이처럼 여성은 울타리에 휘감긴 나팔꽃 넝쿨과 같은 존재이기 때문에 그 울타리가 없다면 꽃을 피울 수도 없고 땅위로 뻗어 나가다가 소나 말에게 짓밟혀 버리는 것이 당연하다고 경고하고 있다. 남편이 있어야만 여성이 있다는 사실을 이만큼 명확히 보여주는 예도 없을 것이다.

이러한 수신서들을 보면 메이지여성들이 어릴 때부터 에도시대와 전혀 다름이 없는 가부장제 하에서 여자의 심성과 가치관을 주입받았다기보다는 그것을 인식시키려는 체제와 권력 하에서 살아왔음을 역력히 알 수 있다. 또한 이러한 교훈이 이 정도로 많이 여러 단계에서 집요하게 반복되었다는 것은 그것이 본래 무리한 요구라는 것을 증명하는 것이기도 하다. 이케다 미츠마사(池田光政, 1609~1682)의 아내가 딸들에게 준 교훈 중에는 “여자는 오직 조용히 스스로 마음을 다스리고 어떤 일이든지 남자를 이기려고 하지 말라”는 구절이 있는데 이는 자칫하면 남자를 이길 수도 있기 때문에 이 점을 주의시키고 있다고 밖에 생각할 수 없다.[96*]

더욱 우스운 것은 계속해서 “특히 부부 사이는 아무리 추남이라 해도 존중해야 한다”고 말하고 있는 부분이다. 이것은 어쩔 수 없이 추남과 내키지 않은 결혼을 한 여성들을 달래기 위한 교훈일 것이다. 이것도 “여자는 집안일을 남자는 바깥일을 배우게 된다. 아내는 집안일에 마음을 쓰고 모든 일을 오직 자애로서 행하고 질투심을 가장 조심해야 한다. …… 봉재는 여자의 직분이니 귀한 몸이라도 이를 배워야 한다”라는 『여대학』 내용과 동일하다.

주의해야 할 것은 『수신여훈』에 「근로」라는 절이 들어가 있다는 점인데 그 내용은 다음과 같다.[97*]

근로란 내 자신을 죽이고 어떠한 고생도 참고 견디며 힘껏 일하는 것을 말한다. …… 즐거움을 추구하지 않고 마음을 다잡아 게을리 하지 말아야 한다. 새벽에 일어나 밤늦게까지 방적과 재봉 일을 열심히 해야 한다.

이처럼 1893년에 출판된 수신서에 '방적'이 여성의 미덕으로 등장하고 있다는 점은 매우 중요하다. 1870년대 후반부터 1880년대 중반에 걸쳐 일본의 산업계는 방적업을 중심으로 기계기술을 본격적으로 도입하는 산업혁명이 일어났다. 1890년에는 면사의 생산량이 수입량을 웃돌았고, 더욱이 청일전쟁 무렵부터는 중국과 조선으로 면사의 수출이 더욱 늘어나 1900년에는 수출량이 수입량을 초과하였다. 또한 국산 누에고치를 원료로 하는 생사(生糸)는 외화 획득의 중요 수단이었다. 막부 말기 이래 생사는 최대 수출품으로 자리 잡았고 제사업(製糸業)은 농촌의 양잠을 기반으로 하였다. 수출용 생산은 러일전쟁 후 미국을 대상으로 급속히 신장하여 1909년에는 청나라를 제치고 세계 최대가 되었다.[98*]

이처럼 일본의 자본주의를 발전시킨 잠사업(蚕糸業)은 메이지초년부터 정부의 장려정책과 양잠업자들에 의해서 촉진되었다. 일본 잠사업 발전의 기초조건은 저소득 농가가 공급한 값싼 누에고치와 저임금 노동력이었다.[99*] 이것이 아니면 해외시장에서 높은 생산력을 가진 선진 자본주의국가 산업과의 경쟁에서 이길 수 없었고 또한 수출을 늘릴 수 없었다. 따라서 수신서 속에 새롭게 근로와 방적이라는 두 단어가 등장한 것이다.

여기에서는 여성이 단지 근로의 미덕을 아는데 그치지 않고 이른 아침부터 밤늦게까지 노동이 힘들어도 참아야 한다고 가르치고 있다. 노다 타다히로(野田忠広) 씨에 의하면 제사공장에서 근무하는 여공의 생활은 "식사 때는 밥을 다 먹기도 전에 일어나야 하므로 휴식이라고는 거의 없다"[100*]고 할 정도로 도망 방지와 장시간 노동을 위해 외출도 금지되는 등 철저하게 혹사당하고 있었다. 1889년에는 방적여공의 비참함을 고발한 요코야마 겐노스케의 『일본의 하층사회』가 출판되었다. 이 책에는 키류(桐生)와 아시카가(足利)에 있는 제사공장 여공의 실상에 대해서 "노동 시간은 눈뜨자마자 바로 작업을 시작하여 밤12시까지 일하는 것이 흔하였다. 음식은 거친 보리밥,

잠자리는 돼지우리와 같이 누추하기 그지없다"고 기록되어 있다.[101*]

일본의 부국강병은 이처럼 말단 여성의 노동력으로 지탱되었고 따라서 이러한 노동력을 위한 교육으로서 인내의 미덕이 교과서로 준비되고 나아가 황후가 직접 이들을 표창하기도 했다. 다음 제4장에서 서술하듯이 하루코황후는 직접 양잠을 하고 정부가 직접 경영하는 토미오카(富岡)의 제사공장를 방문하였는데 이는 황후의 미덕으로 표상되었다.

이 '새로운' 여성수신교과서에는 '근로'와 함께 또 다른 새로운 '근대적' 미덕이 등장하고 있다. 그것은 여자일지라도 "국가를 위해, 군주를 위해"[102*] 의용(義勇)의 행동을 해야 한다는 것이다(단 도가 지나친 것은 보기 흉하다). "무릇 여자일지라도…… 대개 국은(国恩)을 생각하고, …… 군주를 위해 충성을 다하는 일이 어찌 남자와 다를 바 있으랴…… 충효를 위해서는 전력을 다해 게을리 하지 않음이 남자와 같다"고 하여 닛타 타카하루(新田義治)의 가신(家臣) 우류 다모츠(瓜生保, ?~1337) 어머니의 일화를 전하고 있다.

전쟁에서 남편과 아들을 잃고 의기소침한 다른 여자들 속에서 우류 다모츠의 어머니는 군주를 위해서는 수많은 자식을 잃어도 후회하지 않는다, 아직 전쟁에 나갈 수 있는 아들이 세 명 더 있다고 말했다고 한다. 이 수신서는 국가와 군주를 위해서는 할애하기 어려운 사랑, 즉 자식에 대한 사랑도 할애하여 충성하는 것이 여성이 해야 할 바이고, '자신의 미련으로 인해' 남편과 자식들에게까지 충성심을 잃어버리게 하는 여자가 되어서는 안 되며, 그런 여자는 가장 한심스러운 여자라는 말로 끝을 맺고 있다.[103*] 종합하자면 여성은 먼저 자식을 낳는 위대한 일을 해야 하고, 그 다음으로는 낳은 자식을 미련 없이 국가에 바쳐야 하는 것이다.

국가와 천황을 위해서는 여성도 의용의 심신을 가져야 한다는 것, 그리고 최고의 충의는 남편과 자식을 자진해서 전쟁에 내보내는 것이라는 인식이 이미 시작되고 있었다. 장시간 저임금이라는 하급 노동과 병사의 산출이라는 근대국민국가의 여성 역할이 유교적인 가부장 도덕과 뒤섞여 두각을 드러내고 있음을 확실히 알 수 있다.

　마지막으로 1892년 교육칙어가 발포된 이후의 『소학수신교과서(小学修身教科書)』의 제1권을 살펴보자. 「교학대지」에 강조되고 있는 것처럼 초급 14과까지는 문자가 없고 그림만 있다. 15과부터 이윽고 글자가 등장한다. 그 그림을 살펴보면 우선 제1쪽에는 해서체로 '충효인자(忠孝仁慈)'라고 쓰여 있다. 제1과는 국기 게양과 신사참배인데 이 그림의 의도는 설명이 필요 없을 정도로 분명하다(그림 60). 제2과는 부모에게 공손히 절을 하는 남녀 아이의 그림이다(그림 61). 이는 부모에 대한 존경과 효행이 으뜸임을 보여주는 것이다. 제3과는 베를 짜는 어머니와 이를 돕는 딸, 그리고 닭에게 먹이를 주고 있는 아들이다(그림 62). 여성이 베를 짜는 노동은 메이지국가가 장려한 여성의 산업 공헌이었기 때문에 여성은 어려서부터 여성의 노동 분담을 알아 둘 필요가 있고, 한편 남자는 산업, 농업, 목축에 종사해야 한다는 성의 역할분담을 보여준다. 제4과는 형과 함께 학교에 가는 남자 아이이다. 형제의 우애, 장유의 질서가 나타나 있다(그림 63). 제5과는 어머니의 실 감기를 돕는 여자 아이이다(그림 64). 이것도 제3과에서 설명한대로 국가에 중요한 여성의 역할을 나타낸다. 제14과는 교육칙어의 봉독과 이를 고개 숙여 주의 깊게 듣고 있는 학생과 교사이다(그림 65).

　제15과에는 가타카나로 크게 "군주(キミ, 君) 백성(タミ, 民)"이라고 적혀있고, 마차를 타고 행차하는 천황과 길가에서 머리 숙여 인사하는 신민이 묘사되어 있다. 마차 속의 모습은 보이지 않는다(그림 66).

　제16과는 "부모(オヤ, 親) 아이(コ, 子)"라고 적혀 있고, 아버지가는상석에 당당히 앉아 있고 어머니는 관람자에게 등을 내보이며 아버지의 시중을 들고 있으며 장남처럼 보이는 남자아이가 양 손을 바닥에 대고 부모에게 인사를 하고 좌우의 여자아이 역시 바닥에 손을 대고 있다(그림 67). 제17과는 "노인(トシヨリ, 年寄り) 아이(コドモ, 子供)"이며 방석에 앉아있는 할아버지에게 손자가 담배 함 같은 것을 가지고 가고 있다(그림 68). 제18과는 "형(アニ, 兄) 남동생(オトウト, 弟)"으로, 형이 동생의 글쓰기를 봐주고 있다(그림 69). 제19과는 "언니(アネ, 姉) 여동생(イモウト, 妹)"으로, 두 자매가 인형놀이를 하고 있다.

그림 60 『소학수신교과서』 제1권, 1892년, 제1과

그림 61 같은 책, 제2과

그림 62 같은 책, 제3과

그림 63 같은 책, 제4과

그림 64 같은 책, 제5과

그림 65 같은 책, 제14과

그림 66 같은 책, 제15과

그림 67 같은 책, 제16과

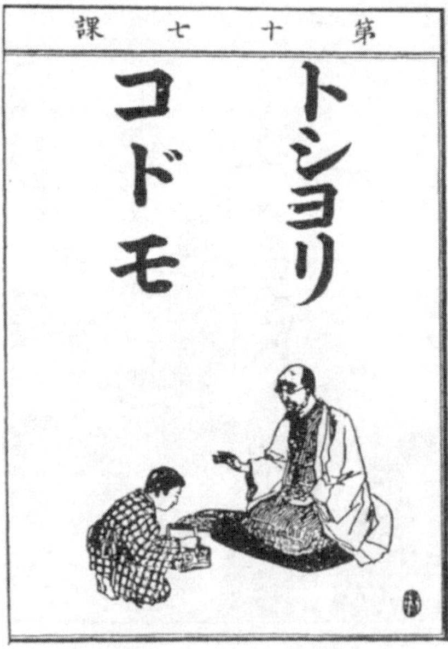

그림 68 같은 책, 제17과

그림 69 같은 책, 제18과

그림 70 같은 책, 제19과

그림 71 같은 책, 제20과

그림 72 같은 책, 제21과

그림 73 같은 책, 제22과

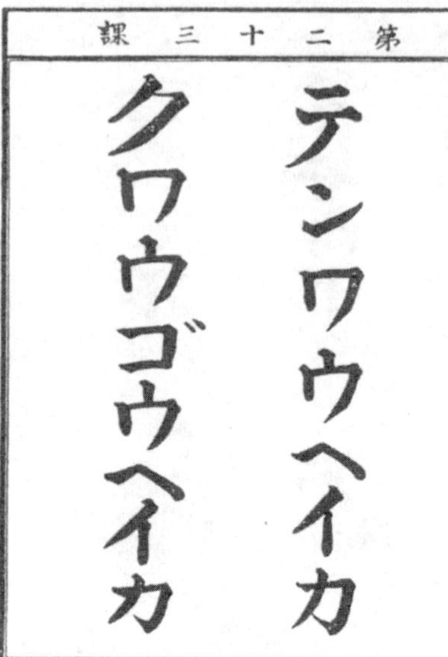

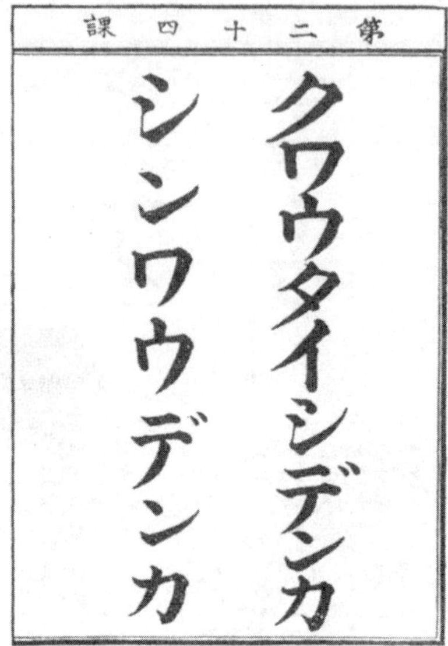

그림 74 같은 책, 제23, 24과

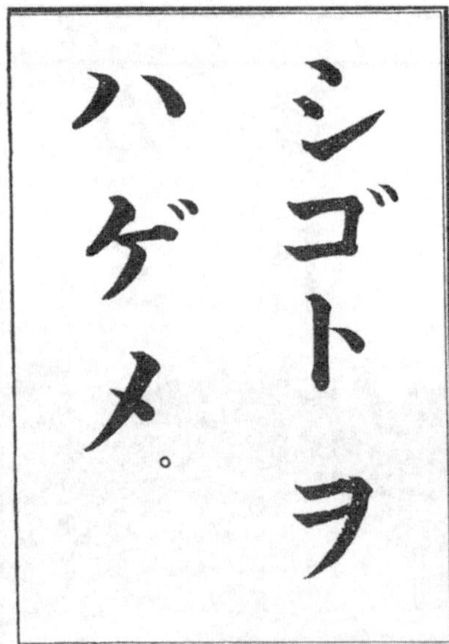

그림 75 같은 책, 제27과

그림76 같은 책, 제28과

그림77 같은 책, 제31과

남자아이는 공부, 여자아이는 인형놀이라는 성별역할의 스테레오타입 (stereotype)을 보여주는데 속옷만 입고 있는 인형과 옆에 놓인 재봉 상자로 보아 재봉과 육아를 배우고 있는 것이다(그림 70).

제20과는 "선생(センセイ, 先生) 친구(ホウイウ, 朋友)"이며 교단에 선 교사와 교실의 학생이 그려져 있다(그림 71). 제21과 "조상(センゾ, 先祖) 친족(シンルイ, 親類)"은 가족과 친족이 신도식으로 제사지내는 모습을 그리고 있다(그림 72). 제22과는 "신(カミ, 神) 사람(ヒト, 人)"이고, 이세신궁(伊勢神宮)에서 제사 지내는 모습이 그려져 있다. 이를 통해 가족의 제사와 국가의 제사는 그 범위가 확대되는 형태로 배열되어 있음을 알 수 있다(그림 73). 제23과와 제24과에는 그림이 없다. 페이지 가득 "천황폐하(テンワウヘイカ) 황후폐하(クワウゴウヘイカ)"와 "황태자전하(クワウタイシデンカ) 친왕전하(シンワウデンカ)"라고 쓰여 있을 뿐이다(그림 74). 여기에 그림이 없는 것은 인쇄하는 것이 황송하다는 의미일 것이다.

제25과부터 제28과까지는 각각 "은혜를 잊지 마라(オンヲワスルナ)", "정직해라(シャウジキニセヨ)", "열심히 일해라(シゴトヲ ハゲメ)", "괴로워도 참아라(ツラキモ コラヘヨ)"로 되어 있다. "열심히 일해라"(그림 75)에는 "근업"이라고 적혀 있고, 그 뒷부분에는 모내기를 하는 농민들, 그림 앞부분에는 집을 짓는 목수, 바로 앞에는 외상장부를 들고 짐을 진 상인이 그려져 있는데 이는 농·공·상 모두에게 열심히 일하라고 가르치고 있는 것이다. 비참한 것은 "괴로워도 참아라(인내)"이다(그림 76). 눈이 내리는 개천에서 무를 씻고 있는 여자가 있고, 이를 학교에 가는 학생이 동정하기보다는 감탄하며 바라보고 있다. 겨울에 물을 사용하는 부엌일이나 빨래 등의 괴로움을 불평하지 말고 참고 해야 한다고 말하고 있는 것이다. 제31과에는 마침내 "충의"가 등장한다. 여기에는 신사가 그려져 있다(그림 77). 나라를 위해 죽어 신사에 모셔지는 것이 "충의"임을 가르치고 있는 것이다.[104]*

같은 해에 출판된 『소학수신』 제2권에는 정부의 교육방침이 명확히 나타나 있다. 제1장은 「충군(忠君)」이고, 제1과는 "천황폐하의 은혜는 한이 없다.

항상 충의를 잊어서는 안 된다"로 시작한다. 제2과는 "어진영을 배알할 때
는 예의 바르게 해라. 불경한 행동이 있어서는 안 된다"이고, 제3과는 "군주
를 위해 반드시 충정심(忠貞心)을 다해야 한다"이며, 제4과는 궁성 쪽을 바라
보며 절을 하는 것이다.[105*] 메이지국민이 이와 같은 교과서로 배운 사상은
대략 세 가지로 정리할 수 있을 것이다. 첫 번째는 유교적 질서를 지키기
위한 가족도덕이고, 두 번째는 천황숭배와 국체유지 및 충군애국이며, 세
번째는 부국을 위한 근로와 인내의 미덕이다. 여기에는 여성이 남성과 다른
방식으로 국가에 공헌하는 방법이 성별역할의 명확한 구별에 기초하고 있
음을 알 수 있다. 즉 여기에는 명백한 젠더 차별의식이 관철되고 있다는 점
을 다시 한 번 확인해 둘 필요가 있다.

유교도덕의 재편

카와시마 타케요시(川島武宣) 씨는 메이지정부가 발족 당시부터 농민과 사
족의 반란으로 고민하고 자유민권사상의 보급에 곤혹스러워했기 때문에 정
치를 안정시키기 위해 수많은 노력을 해왔는데 그중 하나가 '유교적 가정도
덕에 의한 교육정책'이었다고 분명히 밝히고 있다.[106*]

카와시마 타케요시 씨에 의하면 그 목적 중 하나는 자유주의교육에 대한
대항이고, 최종적으로는 '가장의 권력을 신성화하고 그것을 전통의 힘으로
보강하는 한편 권력지배를 표면적으로 잘 보이지 않게 하거나 또는 온화한
것'으로 만들어 천황을 가장으로 삼는 국가권력의 확립을 지향한 것이다.
모토다 나가자네가 관여한 1879년의 「교학대지」에서부터 1882년의 『유학강
요』, 그리고 마지막으로 '교육칙어'로 결실을 맺는 연속적인 제작과정이 이
루어졌다. 카와시마 타케요시 씨는 일찌감치 메이지의 수신교과서에 주목

하고 이를 분석하였다. 그는 1권부터 4권까지 모두 충과 효가 병행적으로 다루어지고 있다면서 그 논리를 다음과 같이 3단계로 분석하고 있다.107*

1단계에서는 부모에 대한 존중과 절대복종을 가르친다. 2단계에서는 천황과 국민의 관계를 친자관계와 비교한다. 그 예로는 제4권의 제1과에 나오는 "천황폐하가 …… 항상 신민을 위해 고심하시는 것은 아비가 그 자식을 생각하며 한시도 잊지 않는 것과 같다. …… 우리가 항상 천황폐하를 따르고 받들어 모시는 것은 먼 곳에 있는 아비를 생각하는 것과 같다"는 구절을 들고 있다. 3단계는 천황과 국민의 관계를 본가(本家)와 분가(分家)라는 동족 집단으로 여기게 만드는 '의제(擬制)'를 완성시키는 것이다. 이 의제를 통해 '국민의 종가(宗家)'를 만든다. 다음과 같이 고등 제3권 제3과에 나오는 내용을 그 예로 들고 있다.

> 천황은 황조의 정통이시고 신기(神器)를 이어받아 전수시키신다. 신민도 동일한 천신(天神)으로부터 나오니 개벽 초부터 황조황종과 신민과의 사이는 종가와 지가(支家)처럼 아버지와 아들 관계와 같은 것이다. 따라서 군신유의와 부자유친은 완전히 하나이기에 충과 효는 분리될 수 없다.

일본의 경우 각각의 교육자들이 지닌 사상적 경향이 무엇이든 간에 여성에 대한 양처현모교육이 국가의 교육정책이 되었을 때는 큰 틀에서 보면 이와 같은 가부장제적 가족이데올로기를 최종적으로는 천황제 국가질서에 집어넣으려는 의도가 추진되었다는 점에 주목해야 함을 강조하고자 한다. 기본적으로 이런 입장에 서 있는 후카야 마사시 씨는 1889년 이후의 여자교육론이 유교적인 여성상을 부활시켰다고 지적하였다.108*

교육칙어의 발포 전후의 1890년에 하세가와 요시지로(長谷川吉次郎)는 『교육시론(教育時論)』에서 "무릇 하루에 낮과 밤의 차이가 있음은 음양의 조화이다. 사계절이 있는 것도 음양의 조화이다. …… 남자는 양이고 여자는 음이다. 즉 여자는 안(內)이기에 온순함은 선천적인 자연의 이치임을 누가 감히 의심하겠는가"[109*]라며 마치 에도시대로 회귀한 것처럼 보이는 순연한 유교적 남녀관을 말하기에 이르렀다. 이 담론은 위에 든 예와 같이 인위적인 성의 차이를 자연화하고 운명화하는 전형적인 예이다. 이 정도는 아니더라도 "남자는 세상과 교류하고 바깥일에 힘쓴다. 여자가 집안에 있으면서 가사를 돌보는 것은 본래부터 정해진 길이니 온순하게 남자를 돕고 정조를 지키며 질투하지 않고 남자에게 순종하는 것이 여자의 도리"라는 글도 있다.[110*]

1892년에는 나가에 마사나오(永江正直)가 『여자교육론』을 저술하였다. 그는 여기에서 "훗날 어머니로서의 의무를 다하게 하는" 교육 이외에는 모두 쓸모가 없고, "영어를 없애고 산술의 수준을 낮추고 …… 재봉, 가사, 육아법을 충분히 익혀야 한다. 박물(博物), 물리, 화학도 훨씬 간단하게 만들고 생리와 위생에 관한 과목은 소상히 가르쳐야 한다"고 적고 있다. 또한 "여사서에서 열거한 여자의 네 가지 덕목은 마땅히 삼가 명심하여 지키고 이를 실행에 옮기도록 해야 한다"고 주장하고 있다.[111*]

여기에서는 뚜렷하게 『여사서』가 부활하고 있다. 아니 오히려 한 번도 죽지 않았을지도 모른다. 화족여학교의 교장이 된 니시무라 시게키는 1897년의 졸업식에서 "여자의 학문은 남자처럼 고등한 학력을 필요로 하지 않는다. 이 학교의 졸업이 훗날 남편을 섬기고 자식을 키우고 가정을 유지하는 지식을 갖추는 데 부족함이 없다고 믿는다"[112*]면서 여성의 교육수준을 남성보다 낮게 평가하였다. 또한 네이리츠학사(成立学舎) 여자부(女子部) 교장을 역임한 여성교육자 타나하시 아야코(棚橋絢子, 1839~1939)도 "여자는 부모와 시부모에게 정순(貞順)의 도리를 다하고 남편을 하늘처럼 받들라"면서 사서를 강조하였다.[113*]

후카야 마사시 씨는 이와 같은 1890년 전후의 유교회귀(교육칙어와 연동한)가 청일전쟁을 승리로 이끌면서 야기된 사상계 전반의 국가주의적 여자교육론과 일종의 모순을 일으키게 되었다고 지적하였다.[114*] 즉 여성을 가정 내로 한정시키고 종(從)의 입장으로 강요하면 국가에 공헌할 수 없다는 것이다.[115*] 코야마 시즈코(小山静子) 씨는 이 문제를 해결한 것이 청일전쟁 직후인 1895년에 나온 호소카와 준지로(細川潤次郎, 1834~1923)의 「국력과 여자교육의 관계」였다고 지적하고 있다.[116*] 청일전쟁 이후, 일본이 청나라에 이긴 것은 청일 양국의 교육보급 차이 때문이라고 선전되었는데 이 논리가 여자교육의 보급과 확대에 이용되었다고 지적하고 있다. 즉 아시아 각국과 서구 선진국의 여자교육의 진전 정도가 국력을 측정하는 기준으로 제시되고, 여자교육이 앞선 나라의 여성은 단순히 노동력을 제공하는 것만이 아니라 견문도 넓고 공공심(公共心)도 있으며 애국정신은 물론 지성과 교양도 갖추고 있기 때문에 남자의 사업에 조력자로서 공헌할 수 있다는 논리가 되었다고 적고 있다.

말할 것도 없이 이 이념은 이미 『부녀감』에서 볼 수 있었던 것으로 봉건시대 무사 집안의 여성교육과 근대 자본주의국가의 부르주아 또는 프티 부르주아의 자녀교육에서는 그 요구되는 덕목이 바뀌는 것이 당연하다. 하지만 이것은 전혀 본질적인 변혁이 아니다. 기본구조인 가부장제는 흔들림이 없기 때문이다. 일본이 지닌 개별적인 문제는 빅토리아왕조 시기의 영국 등과는 달리 남편을 하늘로 섬기는 유교가 여성 개인으로서의 자립과 자각을 폐쇄시켜 왔다는 데 있다.

왜 서구여성은 여권사상 또는 적어도 남녀평등사상을 발전시켜 온 것일까. 게다가 그 출발은 14세기 크리스틴 드 피장(Christine de pisan, 1364~1430)[99)]까지 거슬러 올라간다. 서구의 여성해방사상사에 대해서는 미즈타 타마에(水田珠枝) 씨의 연구를 비롯하여 많은 역작이 있기 때문에 지금 여기서 새삼스럽게 거론할 필요는 없을 것이다. 또한 메이지시기의 여권사상에 대해서도 많은 연구가 있다. 하지만 메이지시기부터 쇼와시기까지의 일본 근대국가

---

99) 프랑스 시인. 베네치아 출생. 파리에서 교육을 받고 생계를 위하여 저술을 시작하였다. 우의적(寓意的) 방법으로 전통적 주제를 다루면서 신선한 감성을 나타내는 수많은 서정시 외에, 사랑·종교·도덕·역사·정치 등에 관한 보다 야심적인 저작 『부녀(婦女)의 나라』(1405), 『삼덕(三德)의 글』(1405), 『현왕(賢王) 샤를 5세 선행의 글』(1404) 등이 있다. 특히 여성의 지위를 둘러싸고 그녀가 시인 장 드 묑(Jean de Meung, 1240~1305)을 공격한 일로 시작된 '장미이야기 논쟁'은 수많은 인문주의자를 휩쓴 논쟁으로 발전하였다.

에서 여성의 사회적, 정치적 지위의 열등성은 숨길 수 없는 사실이고 그 근간에 천황제를 기축으로 하는 가부장제의 강화가 있었던 것은 명백한 사실이다. 필자는 일본 근대의 여성해방과 독립이 서구의 여권사상이나 권리획득의 발전과 비교해 현저하게 정체된 원인은 우선 여기에 있다고 생각한다. 여성의 평등과 권리획득 사상은 근본적으로 남녀를 불문하고 개인의 해방과 독립 사상과 함께 발전하는 것이 당연한데 일본에는 이것이 존재하지 않는다. 또한 근대에 이르러 서구로부터 학습된 것이었다는 점이 여성해방 측면에서 일본의 후진성을 드러내고 있다.

또 정치, 철학사상과는 별도로 남녀양성의 관계를 규정한 종교의 가르침과 여기에서 파생된 도덕관은 두 문명의 격차를 한층 더 벌어지게 만드는 토대가 되었다. 그리스도교와 불교의 양성관 차이가 동서에 있어서 여성해방의 진전과 깊게 관련되어 있음은 부정할 수 없다. 그리스도교나 불교 모두 남성을 주체로 삼는 종교이다. 이 종교들의 주체인 신과 부처는 남성이다. 양쪽 모두 가부장제 사회에서 창출된 종교라는 점은 역사가 증명하는 바이고, 신과 부처는 가부장제 사회의 윤리와 질서의 대변자인 남성 사제와 승려의 말을 통해서 가르침을 전했으므로 여기에 남녀평등의 원리가 있을 수 없다. 유대 그리스도교의 여성차별과 여성혐오사상 그리고 그 역사는 서구 젠더 연구의 중심과제이다.[117*] 또한 불교의 여성멸시사상과 이것이 근대에 이르기까지 일본의 권력지배에서 맹위를 떨친 영향에 대해서는 미나모토 준코(源淳子) 씨의 역작이 있다.[118*]

이와 같은 전제에도 불구하고 여성해방 사상이 아시아보다 그리스도교 문화권에서 더욱 발전한 이유는 무엇 때문일까. 이것은 유대의 구약성서와 바울의 전도서, 가톨릭교회가 실시한 모든 제도를 차치하고 적어도 예수의 복음 속에는 남녀를 불문하고 하나님 아래 인간은 똑같은 죄인이므로 동등한 구제를 받을 수 있다는 교리가 분명히 적혀 있기 때문이다. 또한 그리스도교는 남녀를 불문하고 개인과 신을 직접적으로 연결하는 종교이므로 영혼의 결합은 기본적으로 현세의 어떠한 권력보다 우선적인 것으로 여겨진다.

바로 이러한 이유 때문에 현실사회의 정치적 권력과 개인의 신조는 종종 팽팽하게 맞서고 이를 통해 사회변혁이나 체제비판의 계기를 만들어냈다.

이노우에 코와시가 그리스도교 사회를 시찰하고 가장 우려했던 점은 이러한 것이었다. 그렇기 때문에 앞에서 서술한 바와 같이 정치가들은 일본 근대국가를 구축하는 과정 속에서 그리스도교를 심하게 탄핵하고 박해했던 것이다. 이 경우 기존의 권력관계에 바탕을 둔 사회질서를 준수하고 하부의 존재(이 경우는 여자)를 상부의 존재(이 경우는 남자)에 종속시키는 것을 자연의 이치나 불변의 도덕으로 가르치는 유교야말로 천황제와 가부장제를 영속시키는 내면적 윤리로 재차 확고하게 재편성될 필요가 있었다. 여자교육론자인 카토 히로유키가 1907년 출판한 『우리 국체와 그리스도교』는 국가주의에게 그리스도교가 얼마나 위험한지 낱낱이 알리고 있다. 그는 다음과 같이 말한다.119*

불교는 우리 국체를 해쳤지만 오늘날 그리스도교가 국체를 해치려고 하는 것에 비하면 미미한 편이다. 불교도 그리스도교도 세계종교이기 때문에 국가라는 것은 전혀 안중에 없다. 석가와 그리스도는 큰 은혜를 입은 자신의 국가를 위해 노력한 적이 전혀 없다. 목적은 오직 천국인데, 이는 공자가 충효를 역설한 것과는 천양지차이다. …… 이와 같은 세계적인 종교가 일본에 들어왔으니 아무래도 일본에게는 불리하다. 불교는 본지수적(本地垂迹)100)이라는 무례하기 짝이 없는 말을 꺼내어 농락했는데, …… 그리스도교는 하늘의 아버지인 유일신 이외에는 일체 숭배하지 않는다. …… 일본은 세계에 유례없는 족부(族父) 통치이기 때문에 황조황종과 천황 이외에 지존으로 존경할 만한 존재는 없다. 이 지존 위에 더 유일한 진짜 신을 모신다는 것은 국체가 허락하지 않는 바이다.

그는 여기서 우치무라 간조가 분별없이 어진영에 경례를 하지 않은 것을 예로 들면서 그리스도교 신자가 국가의 위험인물이라고 단언한다.

---

100) 불교가 융성했던 헤이안시대 중기에 나타난 신불습합(神佛習合) 사상 중 하나. 부처가 다양한 모습으로 변하여 일본에 나타난 것이 800만에 이르는 일본의 신들이라는 사상.

이와 같은 생각 속에는 서구 그리스도교 국가와 일본 국가주의의 근본적인 차이가 나타나 있다. 서구각국에서 군주는 신이 아니다. 국민은 국왕과 함께 신에게 기도를 한다. 절대주의시대에 국왕은 신으로부터 왕권을 수여받았다고 주장하고 근대 시민사회에서 국왕은 종교의 통합책, 즉 최고의 그리스도교 신자로 행동함으로써 국민의 신임을 얻었다. 그러나 일본은 천황을 신으로 간주하고 이것이 일본 종교가 되었다. 문제는 두 가지이다. 하나는 그 종교가 어떻게 유교와 융합할 수 있는가이고 또 하나는 남편을 하늘로 여기고 군주로서 모시는 여성에게 국가를 어떻게 인지시킬 것인가이다.

최고의 국수주의적 국체론이라 할 수 있는 아이자와 세이시사이의『신론(新論)』적이편(迪彝篇)이 1880년대 후반에서 1890년대 중반 정도에 출판되었는데 이는 천황과 유교가 어떻게 결합했는지 보여주고 있다.[120*] 야스마루 요시오(安丸良夫) 씨는 아이자와 세이시사이가 민심을 국체론으로 통합하고, 국가 규모의 제사와 제정일치를 그 방법으로 제창한 중요한 인물이라고 규정하고 있다.[121*] 이 책은 일본이 태양의 빛을 발하는 신의 나라이고, 아마테라스오미카미(天照大神)의 자손인 천황이 태양처럼 천지의 도리를 밝게 만든다면서 천황을 우주론과 결부시키고 있다. 이 사상은 이미 아는 바와 같이 모토오리 노리나가(本居宣長, 1730~1801)를 비롯한 에도 후기의 국학자들이 주장했던 것으로 그다지 새로울 것은 없다. 하지만 문제는 이 책이 출판된 시기이다.

요컨대 책의 요지는 일본만의 국체를 '정교일치(政敎一致)'로 한다는 점에 있다. 이것은 천황신앙 이외의 모든 신앙을 사전에 봉쇄한다는 점에서 이 시대의 이데올로기와 다를 바가 없다. 아이자와 세이시사이는 군신, 부자, 부부, 장유, 붕우의 오륜은 자연의 대도(大道)로서 인간이 생각한 것이 아니라고 한다. 이것은 천조(天祖, 아마테라스오미카미)가 3종의 신기를 받았을 때부터 생겨난 도리인데 '다행히도' 오진천황(應神天皇) 시대에 한나라로부터 공자의 진리가 전해져 이를 '이용하여' 만민을 지도하였던 것이다. 이리하여 유교의 도덕은 보편적이고 하늘의 이치이기 때문에 보편적인 하늘의 신인 천황의 가르침과 모순되지 않는다. 이러한 틀 속에서 여성에 대한 그의 가르침은 다음과 같다.

우선 "무릇 남녀의 구분을 제대로 하고 내외의 구별을 엄격하게 하는 것은……우주가 생긴 때부터 저절로 갖추어진 도리이다." 따라서 그는 여제를 내세우는 나라들을 '짐승의 행동'이라고 경멸한다. 그리고 "여자를 어머니라는 종자라고 생각해보면, 너희 여자는 다른 종류의 종자를 계승하는 때부터는 종자의 성(姓)이 바뀌게 된다. …… 종자를 분명히 알 수 있도록 전하는 것이 남성, 숨어서 그것을 받는 것이 여성임은 천지자연의 이치이므로 남녀가 같다고 하는 것은 천지음양의 이치에 어긋나는 사설(邪說)"122*이라고 규정짓고 있다. 또한 첩을 얻어서는 안 된다는 것도 자연의 이치에 어긋나는 설이라고 한다. 즉 외국에서는 왕후도 일부일처를 고수하고 있지만, "무릇 고귀한 자는 그 수가 적고 비천한 자는 그 수가 많은 것이 천지의 도리이다. 하늘에서도 태양은 오직 하나"이듯이 "양은 고귀하고 음은 비천하거니와 남녀의 길도 수많은 신민이 한 군주를 섬기는 것과 같이 한 집안에는 한 남편에게 처와 첩이 있다. 따라서 많은 여자들이 한 남자를 섬기는 일은 천지자연의 도리"123*인 것이다.

이와 같은 엄청난 논리에 의하면 결국 일부다처제는 만세일계의 종을 보존하는 수단일 뿐만 아니라 만민이 한 군주를 따르는 천황제국가의 메타포(metaphor, 은유)이자 지배원리이기도 하다. 여기에서 유교와 국체, 그리고 제정일치는 모순되지 않는다. 또한 가부장제 사회는 하늘이 정한 질서가 되므로 여성은 하늘의 이치에 따라 남성에게 종속되는 존재가 된다.

그러나 유교의 원전에 비추어 보면 군주는 덕으로 지배하는 것이지 자연의 이치에 의한 것이 아니다. 『논어』에서는 하늘이 하나가 되게 한 것은 부자(父子)이고 군신은 의(義)를 매개로 만난다.124* 임금과 아버지, 신하와 자식을 동렬로 놓고 절대적인 충성을 강조하는 견해가 유교의 일반명제가 되는지는 의문이다.125* 『논어』에서 군주의 교체는 군주에게 덕이 모자라는 까닭에 하늘이 허락하지 않은 것이고, 세습도 하늘이 그것을 허용하느냐에 달린 것이지 세습이냐 아니냐는 본질적인 문제가 아니다. 『맹자』에는 '민심이 천심'이라는 글귀까지 있다.[126*] 왕조교체가 격심했던 중국에서는 군주의 권위가 신격화되어야 했지만 군주의 혈통은 신격화되지 않았다. 이런 의미에서 가부장적인 부계혈통의 순수성을 최고의 가치로 여기는 일본의 군주관은 중국과 달랐다.

하지만 한나라시대 이후의 군주제와 관료제도를 우월하게 만드는 모든 국가적 제도를 지탱해온 유교는 지배질서를 운명시하는 국가 종교적 성격을 띠었다.[127*] 또한 그 질서가 조상의 제사와 상하의 예로 지켜진다고 하면 궁극적으로 이것은 황조인 조상의 신성(神性)에 지배권의 기원을 두는 천황제 국가와의 결합이 가능하다. 마루야마 마사오(丸山眞男) 씨는 근세 초기의 유교가 신도와 융합하여 국학을 준비했다고 고찰했는데 이는 메이지국가의 종교관, 특히 국가신도와 유교도덕의 융합을 고려하는 데 매우 의미심장하다.[128*] 하야시 라잔(林羅山, 1583~1657)은 "어떤 사람이 신도와 유도(儒道)가 어떻게 다르냐고 묻는다면 이치는 하나뿐이라고 답하겠다. …… 오호라, 왕도(王道)가 일변하여 신도에 이르고 신도가 일변하여 유도에 이른다"[129*]고 말하면서 주자학에서 시작하여 신도로 귀의한 안사이학파(闇斎学派)[101)는 순신도(純神道)와 순유교(純儒教)가 내용적으로 신비한 결합에 의해 하나의 진리로 합쳐진다고 생각한다.[130*]

또한 마루야마 마사오 씨는 유교와 국가신도의 융합에 대해 또 하나의 계기를 지적한다. 오륜의 기본원리는 상하, 존비(尊卑), 친소(親疎)라는 차별원리이고, 유교에서는 군신, 부자, 부부, 형제라는 '특수한 인간관계'를 제외한 인간 일반의 문제는 기본적으로 존재하지 않는다. 일반적인 개인이란 존재가 있을 수 없기 때문에 개인이라는 개념 자체가 존재하지 않는다. 따라

---

101) 에도 전기의 주자학자이자 신도가인 야마자키 안사이(山崎闇齊, 1619~1682)의 사상을 중심으로 한 일파를 말한다. 그가 주창한 주자학을 안사이학이라 하고, 종래의 신도와 유학을 통합하여 스이카신도(垂加神道)의 길을 열었다. 그의 사상은 미토학(水戶學)과 함께 말기시기의 존왕양이사상에 큰 영향을 주었다.

서 사람은 일본민족이나 군주나 신하라는 특수한 관계로만 존재할 수밖에 없다는 것이다.[131*] 따라서 천황에서 말단까지 이르는 지배체계는 유학자와 모토오리 노리나가의 황국론으로 지지되고 신성화되게 된다. 천황지배 체계는 "천황으로부터 위임에 대한 명백한 철회가 없는 한 구체적으로는 이 계층을 아래로부터 순차적으로 지탱하는 순종의 정치윤리로 나타날 수밖에 없다"[132*]는 것이다.

이와 같이 유교는 인간이 "개인으로서 불가침의 인권을 지니고 있다는 사상의 정착을 근대에 들어서도 집요하게 거부했기"[133*] 때문에 군신, 부자, 남녀 간에 구축된 존비상하의 위계질서를 견고하게 지탱하는 데 이보다 좋은 기회가 없었다. 나머지는 하늘이 정한 부자관계를 군주관계 밑에 두든지 혹은 국체론자의 표어에도 있듯이 "충효일본(忠孝一本, 부모에 대한 효도와 천황에 대한 충의는 그 근원이 동일함)"을 철저히 하면 되는 것이었다.

따라서 국가는 여성을 국민화 하는데 유교윤리를 교육의 근본에 두기만 하면 여성을 근대국가의 일원으로 자각시킬 필요가 없다. 또한 남성도 개인으로서 자각적인 존재로 만들 필요가 없었다. 그렇게 하지 않더라도 여성은 충분히 국가의 국민으로서의 기능을 완수할 수 있다. 이것은 즉 유교도덕을 철저하게 시키고 여성을 아버지·남편·아들의 권력 하에 두어 아버지·남편·아들을 통해 천황과 연결시킴으로써 가능하다. 여성과 천황의 간접적인 연결 관계는 무엇보다도 여성에게 선거권·재산권·집회의 자유를 주지 않는 것, 여성이 공적·정치적 세계로부터 단절되어 있다는 점에서 잘 나타난다.

한편 여성들이 직접적으로 연결된 것은 황후이다. 여성들은 자신의 경우를 황후에게 비추어 볼 수 있었다. 황후는 정치와 경제에 관계하지 않았다. 황후의 활동범위는 주의 깊게 한정되어 있었다. 시종이었던 히지가타 히사모토는 황후에 대해 1868년 천황께서 후궁의 정치참견을 단호히 금하신 이후 영명하신 황태후 폐하(하루코황후)께서는 이제껏 정치에 대해 한 마디도 참견하는 일이 없으셨다. …… 황실과 정치를 명확히 구분하시어 이와 같은

성세(盛世)를 가져오셨다. ······ 정치상으로는 참견하지 않으셨지만, ······ 일
상적인 일에 대해서는 매우 세심한 주의를 기울이셔서 음으로 양으로” 천
황의 노고를 위로하여 궁중의 존경을 받았다고 적고 있다.[134*]

황후는 남편과 남성지배자의 그늘에서 봉사하도록 기대를 받던 여성들과
성(性)적으로도 행동범위에서도 직접적으로 연결될 수 있는 국가 여성역할
의 모델이었던 것이다. 황후 어진영의 부속물이 유교적 여훈서였던 것은 우
연도 변덕스러움도 아니다. 이것이 여성국민에 대한 그녀의 메시지였다.

반(反) 유교의 여성론 — 합류점으로서의 내셔널리즘

“여성의 하늘은 남편이다”를 기본이념으로 하는 유교적 여훈서에서 근대
일본의 수신과 도덕철학에 이르기까지 연면히 계승되어 온 여성에 대한 남
성의 지배관념을 전제로 했을 때 1872년 후쿠자와 유키치의 『학문의 권장』
첫머리에 나오는 “하늘은 사람 위에 사람을 만들지 않았다”는 구절은 유교
도덕을 향한 과감한 반박으로 무한한 가치를 지녔음을 알 수 있다. 그는 이
어서 다음과 같이 쓰고 있다.[135*]

본디 세상에 태어난 자는 남녀 모두 사람이다. ······ 그런데도 집안에서는 공공연
히 사람을 치욕스럽게 하는데(처첩동거를 의미한다—인용자주), 이를 문제삼는 자
가 없는 것은 무엇 때문인가. 『여대학』이라는 책에는 여자에게 삼종지도가 있어서
어려서는 부모를 따르고 결혼해서는 남편을 따르며 나이 들어서는 아들을 따라야
한다고 적혀 있다. 또한 여기에는 남편이 술을 마시고 기생에게 빠져 집안을 돌보
지 않는 등 음란 방탕한 행동을 해도 여자는 음란한 남편을 하늘같이 여기며 안색
은 부드럽고 말투는 온화하게 하며 이를 이상하게 여기지 않고 표내서는 안 된다.
불경에 죄 많은 여자라는 문구가 있다. 그 문구를 보니 실로 여자는 태어나면서 대

죄를 저지른 죄인과 다름없다. 또한 한편으로는 여자를 책망하니 『여대학』에서는 처의 칠거지악으로 음란하면 안 된다며 분명하게 그 재판을 적고 있다. 이는 남자에게는 매우 편리하다. 너무도 편파적인 가르침이 아닌가. 필경 남자는 강하고 여자는 약하다는 힘의 논리로 남녀상하의 법도를 세우는 가르침인 것이다.

또한 "오늘날 인간사에서 남자는 밖에서 일하고 여자는 집안을 돌보기 때문에 이것이 거의 본성처럼 여겨지지만 스튜어트 밀은 여성론(婦人論)을 쓰면서 영원히 바꾸면 안 되는 이 관습을 깨트리는 시도를 했다"고 적고 있다. 이 부분에 대해 마루야마 마사오 씨는 "이 표현은 군신의 의에 대한 맹신을 타파하자는 주장과 동일할 것입니다. 인성(人性)이 무엇인지 이해한다면 선천적이라고 생각해왔던 군신의 의(義)도 실제로는 그렇지 않으며 선천적이지 않은 것은 바꿀 수 있다고 앞서 말했지만 이 논리와 마찬가지로 남녀관계도 '천연'적이지 않음을 분명히 한 것이 밀의 글"136*이라고 설명한다.

후쿠자와 유키치가 "이것은 사람 집이 아니라 짐승의 우리라고 하지 않을 수 없다. …… 한 지어미로 하여금 여러 남편을 거느리게 하고 이를 남첩(男妾)이라 부르며 가족 이등친(二等親)의 지위를 부여한다면 어떻겠는가"라고 비판하고 있듯이, 처첩동거와 일부다처는 제일 먼저 버려야 할 대상이었다. 또한 그는 첩을 긍정하는 것은 후계자를 위해서라고 말하는 사람들에게 "맹자의 가르침에 세 가지 불효가 있는데 후계자가 없는 것을 가장 큰 불효라고 하였다. 하지만 이렇듯 천리에 어긋나는 것을 주장하는 자는 맹자나 공자일지라도 기탄없이 죄인이라 할 수 있다"며 비판하고 있다. 더 나아가 그는 "우선 사람의 마음을 아프게 하는 것은 국체론이다. 그 극심함은 국체와 문명이 서로 병립할 수 없도록 만든다. 이 단계에 이르러서는 세상의 논리가들도 입을 다물고 말하지 않는 자들이 많다. 이 상황은 마치 맞붙기도 전에 서로 물러나는 것과 같다"면서 국체, 혈통, 정통론까지 언급한다.

국체비판은 이미 1875년부터 다음과 같이 금기시되었다.

혈통이란 서양말로는 라인(line)이라고 한다. 이것은 나라의 군주가 부자상속으로 혈통이 끊어지지 않는 것을 의미한다." "국체는 마치 신체와 같고 황통 또한 눈과 같다. …… 영국인이 동양의 여러 국가를 통치하기 위해 신체를 죽이고 눈을 살려두는 예는 적지 않다." "단지 혈통의 연장에만 주목하여 이를 연면하는 방법을 버리고 논하지 않으면 충도 불충도, 의도 불의도 존재할 수 없다. 쿠스노키 마사나리와 아시카가 타카우지(足利尊氏, 1305~1358)[102]를 구별하기도 어렵다." "고금의 통론을 들어보면 우리나라는 금구무결(金甌無缺, 국력이 강하여 남의 나라 침범을 받은 적이 없음)하기에 만국을 초월하는 나라라며 의기양양하다. 여기에서 만국을 초월한다는 것은 단지 황통의 연면함을 자부하는 것인가. 황통을 이어나가는 것은 어렵지 않다. …… 우리나라의 정통(政統)은 예로부터 몇 번의 개혁을 거쳤고 그 양태는 다른 나라들과 다르지 않기에 자랑할 만한 것이 못된다. 그렇다면 저 금구무결이란 곧 유사이래 국체를 완강히 지켜내어 외국에게 정권을 빼앗긴 적이 없다는 것만을 말하는 것이다."[137*]

여기에는 '근대 일본에서 가공할 만한 마력을 휘두른' 국체론의 금기시에 대한 명쾌한 반론이 제시되어 있다. 요컨대 후쿠자와 유키치에게는 황실혈통의 연면이 그다지 중요하지 않다. 일본역사를 보더라도 격렬한 정권교체는 다른 나라 못지않다. 중요한 것은 다른 나라에 정복된 적이 없다는 점이라고 말하고 있는 것이다. 젠더적 관점에서 본다면 자손을 남기지 않는 것은 불효라는 유교의 도덕관을 비웃고, 이를 이유로 혈통을 계승하기 위해 다처제도를 긍정하는 논리를 부정하고 있다. 후쿠자와 유키치의 입장에서는 자손을 얻기 위해 축첩을 하는 것이야말로 천지자연의 이치를 어기는 죄인 것이다. 따라서 일본의 존엄도 국가의 독립에 있는 것이지 황통의 연속성에 있는 것이 아니라는 것이다. 이 논리에서는 부부의 도덕과 반(反) 국체론이 일치하고 있다. 실로 납득할 만한 상식이다.

---

102) 무로마치막부(室町幕府)의 초대 장군. 고다이고천황(後醍醐天皇)을 도와 카마쿠라막부를 무너뜨리고 켄무신정(建武新政)의 계기를 만들었으나, 이후 고다이고천황에게 반기를 들고 코메이천황(光明天皇)을 옹립하고 스스로 정이대장군(征夷大將軍)이 되어 무로마치막부를 열었다. 이에 반해 쿠스노키 마시시게는 마지막까지 고다이고천황을 받들어서 메이지시기에 충신의 대표명사로 일컬어졌다.

후쿠자와 유키치는 유교적 도덕의 온상이라 할 수 있는 여성도덕관을 매우 혐오하였다. 따라서 1899년에는 교호시대(享保時代, 1716~1736)의 『여대학』을 조목조목 반박한 『여대학평론(女大学評論)』을 썼다. 이것 또한 시원시원하기 짝이 없는 문체로 전문을 인용하고 싶지만 장황해지기 때문에 삼가고, 핵심부분인 남녀지배의 「자연화」라는 항목을 인용하고자 한다.

그 전제로서 후쿠자와 유키치가 공격하는 『여대학』은 어떤 것이었는지 간단히 정리해 두고자 한다. 이것은 1716년에 오사카의 카시와바라 세이우에몬(柏原清右衛門)과 에도의 오가와 히코쿠로(小川彦九郎)의 기획으로 출판된 『여대학보상(女大学宝箱)』을 말한다. 이시카와 마츠타로 씨에 의하면 이것은 "봉건제지배에서 '이에(家)'를 지탱하는 부덕(婦德)과 그 육성에 관련된 조항이 남김없이 모두" 열거되어 있는 근세의 대표적인 여훈서로 여겨지고 있다.[138]* 사실 이 책자에는 삽화와 여자의 직업, 각지의 특산물 등을 기입한 부록이 있는데 이것들을 종합해보면 신흥 상인계급의 아내를 대상으로 삼은 근세적인 가정 교훈서라는 것이 필자의 개인적인 생각이다. 이시카와 마츠타로 씨는 이 책을 "근세 후기는 물론이고 메이지와 타이쇼를 거쳐 쇼와의 제2차 세계대전에 이르기까지 계속 가르쳐 왔다는 것은 근대가 되어서도 '이에'와 이를 지탱하는 이념이 천황제국가의 지배에서 지속적으로 소중히 여겼음에 근본적인 이유가 있었다"고 총괄하고 있다.[139]*

이와 같은 이시카와 마츠타로 씨의 입장에는 에도시대의 '이에'에 대한 관념과 근대국가의 가족 개념을 동일시하는 사고가 엿보이는데, 이에 대해서는 나중에 서술하듯이 다른 견해를 가지고 있다. 그러나 여기에서 말하고 있는 것이 정치와 경제의 체제가 아무리 변해도 가부장제는 변화하지 않는 공통된 기반이라는 의미에서는 옳다. 또한 그것은 『여대학』 자체가 이미 근대적 요소를 많이 내포하고 있었기 때문이기도 하다. 이 책에는 가내공업과 상업적 영업을 함께 하는 일가(一家)의 살림을 담당하는 주부가 이미 등장하고 있기 때문이다.

그러나 '본문'의 골격은 중국의 『여사서』를 따르고 있다. 예를 들면 "무릇 여성 마음의 나쁜 병은 고분고분하지 못하거나 화를 내고 원망을 하거나 사람을 헐뜯고 질투하면 지혜가 부족해진다"라는 조항 하나만을 보더라도 내훈과 흡사한 내용이다.[140*] 다시 이시카와 마츠타로 씨의 정리에 따르면『여대학』의 내용은 19개조와 맺음말로 되어 있으며 조문은 다음과 같다.

1. 여자교육의 필요성과 이념
    1) 여자는 성장하면 다른 집으로 시집을 가기 때문에 교육에 특별히 힘쓸 것.
    2) 여자는 얼굴보다도 마음씨가 고와야 한다.
    3) 어릴 때부터 남녀유별을 분명히 교육시킬 것.
2. 아내로서의 마음가짐
    1) 두 남편을 섬기지 말 것.
    2) 칠거의 법.
    3) 시부모 가르침을 따를 것.
    4) 남편 명령에 순종할 것.
    5) 시누이와 친지들과 사이좋게 지낼 것.
    6) 질투엄금.
    7) 다언무용(多言無用).
    8) 근면.
    9) 미신금지.
    10) 검약.
    11) 분수에 만족할 것.
3. 주부로서의 마음가짐
    1) 남편의 친척을 우선시 할 것.
    2) 다른 집에 출입하지 말 것.
    3) 솔선하여 모든 집안일을 관리할 것.
    4) 하녀에게 자세하게 지도할 것.
    5) 여성의 마음가짐 일반.

『여대학』의 편찬자는 알 수 없지만 원판으로 보이는 1716년판의 본문 말미에 "에키겐 카이바라(益軒貝原, 1630~1714) 선생 씀"이라고 되어 있으므로

일반적으로 그렇게 알고 있다.[141]*

후쿠자와 유키치는 유교적 여성도덕의 핵심부분을 파고든다. 그것은 『여대학』의 다음과 같은 문장이다.

> 여성은 주군이 따로 없다. …… 대체로 여성의 덕은 사람을 따르는 것에 있다. 남편을 대할 때 안색과 말투를 공손하고 정중히 하며 온순하고 순종적이어야 한다. …… 이것이 여자의 제일 첫 번째 일이다. …… 만약 남편이 화를 낼 때는 두려워하고 순종해야 한다. 화를 내고 다투어 남편의 마음을 거슬러서는 안 된다. 여자는 남편을 하늘로 섬겨야 한다. 부디 남편을 거슬러 천벌을 받지 말라.

이에 대해 후쿠자와 유키치는 다음과 같이 맹렬히 반론한다.[142]*

> 여성에게 주군이 없다고 한다. 여기에서 주군은 도대체 누구란 말인가. 나는 봉건시대의 사람이므로 …… 군신주종(君臣主從)은 곧 번주(藩主)와 사족의 관계이다. …… 이런 경우라면 농민(百姓)과 초닌(町人)은 남자라도 번과 관련이 없으니 남녀 모두 주군이 없다고 할 수 있다. 이래서는 조리에 맞지 않는다. 왜냐하면 농민이 연공을 바치고 초닌이 세금을 내는 것이 곧 국군국주(國君國主)를 위하는 것이므로 스스로 주군이 있다고 하지 않는가. 그렇다면 연공이며 세금이며 농민과 초닌 남녀 모두 일하는 자라면 같은 일을 하는 여자가 가신이나 영민(領民)이 될 수 없다는 것도 불합리하다. …… 여자는 남편을 하늘로 여겨야 한다는 것은 어불성설이다.

이 조항은 뜻밖에도 국민국가와 봉건제의 차이를 명료하게 부각시켜 여성과 국가의 관계에 대해 날카롭게 추궁하고 있다. 즉 봉건시대에는 직접 주군을 섬기는 것은 번사(藩士)였기 때문에 농민과 초닌은 남성이라도 주군이 없다고 말할 수 있고, 또 연공을 바치고 있었다면 노동은 남녀공동으로 얻은 수확물이기 때문에 여자라도 관계가 있지 않느냐는 것이다. 국가가 직접 국민을 지배하게 된 근대국가에서 이런 논리는 무익하다는 것이 후쿠자와 유키치의 요지일 것이다.

여기에서 후쿠자와 유키치가 『여대학』을 비판하는 데 참고했다고 여겨지는 도이 코카의 『문명론여대학(文明論女大学)』(1876년)을 참조해보자. 그는 1716년판의 19개조를 모두 반론하고 있는데 특히 제6조 "여성은 주군이 없다"에 대해서는 다음과 같이 반론하고 있다.[143*]

> 남편은 스스로 남편이 되고 주군은 스스로 주군이 된다고 서로 생각하고 있다. …… 우리 일본제국의 여자는 남자와 마찬가지로 일본제국 인민의 권리를 가진 자로서 일본제국에 보답할 의무를 가지고 있다. 여자가 자신을 경시하고 국민의 의무를 외부로 돌려서는 안 된다.

후쿠자와 유키치는 형식 내용 모두 이러한 도이 코카의 비판을 답습했다고 생각된다. 두 사람 모두 근대국가의 여성 위치에 대해 문제를 제기하고 있는 것이다.

이시카와 마츠타로 씨는 뛰어난 통찰력으로 이러한 주장이 주군→남편→처라는 수직형·유교형의 지배·피지배 질서를 재편성하여 처와 남편을 병렬시킨 후 새롭게 쌍방 모두 신하로서 천황을 따르는 삼각형의 질서로 재편성한 것이라고 지적하였다.[144*] 존왕양이에서 자유민권으로의 과정에 있었던 도이 코카는 이때 남녀 모두 천황의 자식이라면서 남녀평등과 계급평등을 주장하는 단계에 있었다. 후쿠자와 유키치와 도이 코카를 비롯한 메이지의 계몽가는 '남편이야말로 처의 주군이다'라는 에도의 유교적 남녀윤리의 중대한 이념 구조를 변화시킬 필요성을 통감하고 있었던 것이다.

봉건시대의 여성은 가장을 매개로 하여 지배자에게 간접적으로 지배를 당했다. 그러나 앞에서 서술한 바와 같이 국민국가에서는 국민이 최고 권력자와 직접적으로 '긴밀한' 관계를 맺을 필요가 있다. 세금과 그 원천인 자원이 남녀 공동의 노동에 의한 것이라는 후쿠자와 유키치의 논리는 병사의 어머니인 여성 입장에서의 국민징병제도에 대해서도 동일하게 적용된다. 즉 여자가 가장만을 유일하고 절대적인 군주와 하늘로 여겨서는 곤란하다. 유일하고 절대적인 군주와 하늘은 천황이다. 따라서 남편과 아내는 나란히 서서 천황을 숭배해야 한다. 숭배 받는 천황 역시 부부가 나란히 서있어야 한다. 이것이 바로 어진영이 부부상으로 받들어지게 된 이유이다.

1889년에 우에키 에모리(植木枝盛, 1857~1892)도 과격한『동양의 부녀(東洋之婦女)』를 출판하면서 후쿠자와 유키치와 도이 코카의 뒤를 이었다. 이 논고의 특색 또한 일본의 남존여비를 야만적인 동양의 구폐라고 탄핵하고, 그 원흉인 유교의 여성멸시를『공자』,『맹자』,『여소학』,『여대학』의 예를 들어 낱낱이 비판하고 있다.[145]* 우에키 에모리의 독자성은 유교의 폐해를 일본, 중국, 한국에 공통되는 동양일반의 구습이라고 보는 점과 유교뿐만 아니라 불교와 신도 모두 마찬가지로 여성차별에 빠져있음을 지적하고 더 나아가 이것이 전제정치의 악과 결탁하고 있음을 지적하고 있다는 점이다.

이중에서 다음과 같은「전제주의(專制主義)」라는 부분은 예리한 통찰로 가득 차 있다.[146]*

> 남존여비의 풍습은 크게 전제주의와 서로 견인차 역할을 했다. 지금의 부전제(夫專制)는 소수가 다수를 지배하고자 욕심을 부리는 것이기 때문에 전제를 행하려면 가능한 한 한 쪽은 존중하고 다른 한 쪽은 비하하여 계급을 만들어야 한다. 왜냐하면 모두가 동등해지면 전제는 매우 어려워지기 때문이다. 전제 치하에서는…… 큰 지도를 작은 지도로 축소하는 것이 더 나아가서 한 가정에까지 영향을 미친다. 호주는 엄격한 위세를 가지고 일족을 전제하고, 부부 사이에 엄청난 존비(尊卑)가 있도록 힘쓰는 것과 같아서…… 무릇 일국(一國)으로 하여금 전제주의를 숭상하게 만든다. …… 전제의 바람이 휘날리는 사회에는 전제의 가풍이 행해짐을 알아야 한다. …… 전제시대에는 가족 내에서의 전제가 있고, 가족 내에 전제가 있는 경우에는 부부간의 전제가 있음을 어찌 면할 수 있겠는가.

이를 요약하면 다음과 같다. 전제정치란 인간 사이에 존비를 상정하지 않고서는 성립될 수 없는 것이므로 모두가 평등해지면 전제정치는 불가능해진다. 따라서 누군가를 존귀한 존재로 삼아 타자를 전제적으로 지배하려는 사회에서는 국가를 축소한 것과 같은 전제적인 가족이라는 존재가 필연적으로 생긴다는 것이다. 매우 훌륭한 논리라고 할 수 있다.

이보다 5년 앞선 1884년에 엥겔스는 『가족·사유재산 및 국가의 기원』에서 "문명과 함께 결정적으로 지배하게 되는 가족형태는 단혼, 여자에 대한 남자의 지배, 사회의 경제단위로서의 개별가족이다. 문명사회를 총괄하는 것은 국가이고, 이것은 모든 전형적인 시기에는 예외 없이 지배계급의 국가이며 어떤 경우에나 본질상 피압박·피착취계급을 압박하기 위한 기관"[147*]이라고 기술하고 있다. 엥겔스에 의하면 여성차별과 남성에 의한 여성의 지배는 '최초의 계급지배'인 것이다.[148*]

우에키 에모리는 남성에 의한 여성 차별이 단순히 유교나 불교와 같은 도덕관 때문이 아니라 국가 지배체제와 관련이 있음을 지적하였다. 이 점에서는 엥겔스와 공통된다. 그러나 그의 한계는 일본이 근대화하여 자본주의 국가, 이른바 자유주의 국가가 되면 여성이 해방된다고 생각했던 점이다. 자유주의 국가에서도 남성의 여성지배가 끝나지 않았음은 오늘날의 세계를 보면 알 수 있다. 이것은 자본주의 국가가 계급간의 차별을 결코 해소하지 못하고 오히려 격화시킨 것과 마찬가지이다. 자본은 새로운 차별구조를 필요로 하고 소비인구의 증가와 노동력의 재생을 위해 여성을 생식으로 몰아넣었기 때문이다. 자본주의 체제와 여성차별에 대해서는 우에노 치즈코(上野千鶴子) 씨나 모리타 세이야(森田成也) 씨 등의 연구를 참조하기 바란다.[149*]

우에키 에모리는 여성에게 교육과 취업권을 부여하고 재산을 상속시키며 사회에 나가 활약하게 하자고 제언하고, 이를 위해 유교의 가르침을 '깨뜨려 부술' 것을 제창하였다. 그리고 그 목적은 "여성은 아기를 잉태할 수 있는 사람이고 수유의 의무를 진 사람이며 가정의 교육을 담당하는 사람이다. 여자가 선량하면 선량한 아이를 얻을 수 있다. …… 천하의 선량한 인물은 천하의 선량한 어머니에게서 나온다. 선량한 사회는 선량한 어머니를 통해 이루어진다"[150*]라는 것이다. 요컨대 우에키 에모리는 그의 뛰어난 식견에도 불구하고 여성독립해방의 목적이 인간으로서 평등한 사회를 실현하기 위해서가 아니라 결국 선량한 어머니를 통해 선량한 아이를 얻고 이를 통해 선량한 사회를 얻기 위해서였던 것이다. 여성은 선량한 모성으로서 국가의 자녀를 육성하기 위해 해방되어야 하는 것이다. 이것은 니시무라 시게키가 말했던 화족여학교의 교육목적과 다르지 않다.

계몽가들의 남녀대등론은 여성의 근대화와 국민화에 큰 공헌을 했고 여권확장운동에도 결정적인 영향을 주었다. 그러나 이것은 청일전쟁 이후에 진행된 내셔널리즘의 조류 속에서 지나친 서구의 악폐로서 배척되었다. 천황제의 국체 내부에 남계남자의 절대화가 있는 상태에서 이미 서술한 구습복고의 관념론자들이 궁내성에 군거하며 교육을 통해 질서유지를 위한 이데올로기인 유교도덕을 부활시켰다는 것은 기술한 바와 같다. 또한 결국 계몽가들의 남녀평등론 자체가 가부장적 성별역할을 내포한 것이었다는 본질적인 한계와도 더불어 그것은 여성의 근대화에 다소 공헌을 한 뒤 천황을 정점으로 하는 국가가족론으로 흡수되어 갈 운명이었다.

또한 필자는 이시카와 마츠타로 씨가 말하는 '나란히 선' 남녀, 즉 병렬한 부부상도 허구의 형식에 지나지 않는다고 생각한다. 이것은 계몽적 여권론자가 꾼 꿈이다. 여성은 천황 앞에서 남성과 대등하지 못한 존재로 호주지배 하에서 생식적 역할과 하급노동으로 국가에 봉사해야 했다. 나란히 선 천황부부의 어진영이 허구였던 것처럼 이 나라에서 여성은 단 한 번도 남성과 나란히 선 적이 없었다.

제4장 니시키에錦絵 속의 황후–변모하는 의상

천황의 시각화–니시키에에서 어진영으로

천황과 황후의 공식 초상인 어진영이 하사되기 훨씬 이전부터 민중은 천황과 황후의 초상화에 익숙해진 상태였다. 어진영을 복사한 신문부록이나 석판화가 민중에게 제공되었고 니시키에는 오늘날의 텔레비전 뉴스처럼 천황과 황후의 근황을 민중에게 전했다. 2000년에 마스노 케이코(増野恵子) 씨는 석판화가 황실의 표상으로서 질적으로나 양적으로 중요한 의미를 지녔다고 발표했는데 이는 새로운 의견이었다. 메이지천황의 표상에 대한 지금까지의 선행 연구는 모두 메이지유신 초기의 니시키에를 천황 시각화의 중요한 미디어로 분석해왔다.[1]*

석판화와 니시키에의 천황 표상에는 전혀 다른 의미와 목적이 있었다. 제1장에서 말했듯이 석판화 초상은 기념비적 초상들이었고 그 메시지는 위계제와 황통을 알리는 것이었다. 여기에 나타난 천황과 황후의 신체는 현실적인 시간과 사건에서 분리된 불사의 몸이었다. 그러나 니시키에 속의 천황과 황후는 에마키(絵巻)와 같이 역사적 시간과 사회적 공간 속을 움직이며 다양한 행동을 함으로써 일본국가의 사건이라고도 할 수 있는 황실의 사건을 민중에게 알렸다.

특히 천황의 행차가 그려진 니시키에를 중점적으로 분석한 사사키 스구루 씨는 니시키에가 전한 것은 '만기친정(万機親政)'103)의 이미지였다고 서술하고 있다.2* 메이지초년에 태정관이 발포한 '만기친정'의 포고는 천황의 오사카 행차(3월 21일~4월 8일) 직후에 나왔다. 이때 천황은 모든 다이묘들을 이끌고 오사카로 진군하여 천황이 군사의 최고 지휘관임을 민중에게 보여주었다. 이 포고는 이와 같은 구체적인 천황의 행동에 입각한 것이었다. 민중을 주목시키기 위해 천황이 친히 정사를 돌보는 모습을 선전하는 것이 유신을 추진하는 관료 오쿠보 토시미치의 목적이었다. 또한 9월 20일부터 12월 22일에 걸쳐 이루어진 천황의 동행(東幸)104)은 수행하는 자가 3,300여 명이나 되는 화려한 대행렬이었다. 더욱이 행차 중이던 천황은 농민과 어민이 천황을 볼 수 있는 지점에 출석하여 유사 이래 처음으로 민중 앞에 그 모습을 드러냈다.

이와 같이 민중과 접하는 천황의 신체 자체는 민중에게 선명하고 강렬한 인상을 주었다고 여겨지지만 실제로 그 장소에 있던 민중의 수는 한정되어 있다. 이렇게 과감한 결단과 (아마도) 거액을 들여서 감행한 일대의 선전을 소수 민중의 뇌리에만 남는 한순간의 일로 만들어버릴 수는 없다. 축제가 정치적인 것이었음은 고금을 통해 변함이 없다. 그중에서도 15세기 후반 또는 16세기에 크게 유행하였고 19세기까지 그 형태를 바꿔가며 계승되어 온 서구의 '왕의 입시행렬(入市行列, entree)'은 절대왕정의 왕권을 선전하는 정형이다. 이 대규모 행렬과 야외행사는 반드시 기록판화로 남겨져 기억되

---

103) 국정을 임금이 친히 돌보는 것, 또는 그런 정치를 말한다.
104) 1868년에 실시된 메이지천황의 토쿄행행(東京行幸)을 줄인 역사적 용어이다. 참고로 행행(行幸)은 임금이 궁궐 밖으로 거동하는 것을 의미한다.

어 왔다.[3*]

이것이 19세기 후반에는 사진으로, 현대에 와서는 움직이는 영상으로 바뀌었지만 판화든 사진이든 영상이든 정치적 시상(視象)은 반드시 기록성이 있으며 동시에 복제기술로 대량생산되는 미디어를 필요로 했다는 점에는 차이가 없다. 복제가 가능한 판화는 염가로 대량 배포할 수 있는 민중용 미디어였기 때문에 한 회뿐인 순간의 행사를 기록으로 남겨 현장에 없었던 민중에게도 보여주기 위해 반드시 사용되었던 것이다.

케너다인(David Cannadine) 씨는 영국의 빅토리아여왕과 에드워드 7세(Edward VII, 1537~1553)가 몰락 조짐이 보이는 국가의 수장으로서 국민에게 새로운 군주상을 제시하기 위해 새로운 미디어를 찾았으며, 사진과 인쇄기술의 발전과 더불어 전통적인 왕실의례를 대량으로 또 전국적으로 발간되는 대중 저널리즘의 선정성을 이용하여 선전했다고 분석하고 있다. 신문과 잡지의 일러스트가 대중에게 소비되는 적당한 매체라는 점을 이용한 것이다.[4*] 이런 의미에서 일본의 황실초상이 1880년대 이후 신문부록으로 유포된 것도 영국 왕실과 대중 저널리즘의 관계를 아는 자에 의한 것이라고 추측해볼 수 있다.

니시키에는 기본적으로 대중 저널리즘이며 막말기 이래 격변하는 세상사를 민중에게 전달함으로써 사업을 신장시켜 온 발행처가 대중의 욕망과 정부의 의향에 기초하여 작성한 것이다. 저널리즘에 아직 사진이 등장하지 않은 막말기부터 메이지전반기의 세상사를 전하는 미디어가 바로 니시키에였다. 엄청난 양, 이것을 다루는 시국, 세상 모습, 유행, 오락, 내란, 범위, 풍자 등 주제의 다양함과 그 표현양식의 다양함은 놀랄만한 것이어서 그야말로 19세기 후반 일본의 매스미디어라고 할 수 있다.[5*] 판화가 있었기에 현장에 있던 민중들뿐만 아니라 그곳에 없었던 일반 민중들까지도 천황친정에 관심을 갖게 되고 그 업적이 기록됨으로써 천황의 위력이 민중의 기억 속에 남게 되었다.

원래 축제 행렬도나 번화한 시가도, 또 토카이도(東海道) 간선도로의 풍경 등 천황순행도의 원형이 된 각 요소는 우키요에 판화의 도상(図像) 목록에 있었을 뿐만 아니라, 1861년의 『카즈노미야 입궁 행렬 그림(和宮樣御參內御行列図)』, 1863년 장군의 『어상락 그림(御上洛図)』,[6*] 같은 해의 『천황 카모행행 그림(天皇加茂行幸図)』[7*] 등과 같이 신분이 높은 사람의 순행도 전례는 매우 풍부했다. 따라서 1868년 카이사이 요시토시(魁斎芳年, 1839~1892)가 그린 천황순행도 『부슈 로쿠고 선도 그림(武州六鄕船渡図)』 등은 니다이 히로시게(二代広重, 1826~1869)가 그린 장군 상락도 중 요시다역(吉田駅) 토요카와(豊川)의 오하시(大橋)를 통과하는 그림이나 1863년에 토카이도 53차 가운데 로쿠고가와(六鄕川)를 통과하는 모습을 그린 토요하라 쿠니치카(豊原国周, 1835~1900)의 『선교괘도 행열 그림(船橋掛渡行列之図)』과 똑같은 형식이다.[8*]

장군 행렬과 천황 행렬의 차이는 후자가 상당히 눈에 띄는 위치와 색채로 국화 문양을 발염한 깃발을 펄럭이고 있다는 정도이다. 또한 우키요에 화가의 그림인 만큼 작자는 이 사건을 사실적이고 기록적으로 기술한 것이 아니라 익숙한 대로 그리고 있음을 알 수 있다. 화가나 출판처가 뉴스를 미리 알고 실제로는 보지 않은 것을 마치 직접 본 것처럼 그렸다는 증거 가운데 하나가 천황의 동행(東幸)을 그린 『토카이도 오이카와 풍경그림(東海道大井川風景之図)』(魁斎芳年, 1868년)이다(그림 78).[9*]

그림 78 토카이도 오이카와 풍경그림, 니시키에, 1868년, 魁斎芳年

실제로 천황이 오이카와를 건넌 것은 10월 4일이었는데 이 니시키에는 7월에 판매되었다. 또 실제로는 임시다리를 만들어 강을 건넜는데 화가는 천황기를 휘날리는 대행렬이 용감하고 씩씩하게 강을 건너는 극적인 상황으로 표현하였다. 천황의 가마는 수행하는 자들이 짊어지고 무사들은 말을 타고 그 부하들은 헤엄을 쳐서 일제히 오른쪽에서 왼쪽으로 토쿄를 향해 물속을 전진하는 모습은 마치 수중전과 같이 용감하고 씩씩하다. 그들의 전방에는 후지산이 우뚝 솟아 있다. 작자는 명백하게 이 사건을 사실적이고 기록적으로 기술할 생각이 아니라 서쪽에서 동쪽으로 향하는 천황친정의 기세를 정치적 또는 상징적으로 그린 것이다. 정확하게 말하자면 천황을 그린 니시키에는 친정의 시각적 선전(propaganda)이었다.

또한 천황의 동행이 이전의 무사행렬과 참근교대(参勤交代)[105]하는 다이묘행렬과 도상적으로 같은 정형을 답습했기 때문에 이것을 보는 민중들에게 지배자가 바뀌었음을(지배의 형태는 바뀌지 않더라도) 각인시킬 수 있었다고 생각된다. 특히 지배자가 바뀌었다는 사실은 가마 안의 천황은 '보이지 않기'(다이묘나 쇼군도 보이지 않았다) 때문에 천황은 국화 깃발과 전위 후위를 지키며 검은 색 '서양 옷'을 입고 총검을 매고 행진하는 병사들의 모습을 통해 표현되었다. 예를 들면 카이사이 요시토시의 『토쿄후 긴자토오리 그림(東京府銀座通之図)』(1868년)(그림 79)과 앞에서 서술한 『부슈 로쿠고 선도 그림』에서도 행렬의 대부분을 차지하는 통제된 검은 색 서양군복 집단과 숲처럼 솟아있는 그들의 총검이 새로운 '근대적인' 지배자의 새로운 근대적 지배체제를 잘 표현하고 있는 것이다.

사사키 스구루 씨는 메이지천황을 제재로 하는 니시키에가 80장 정도라고 하지만 필자가 본 것만도 이를 웃돌며 정확한 수치를 알 수 없을 정도로 많다. 천황을 그린 니시키에가 많았던 것은 천황을 주제로 한 니시키에가 베스트셀러에 들었고 특히 1868년의 동행을 그린 니시키에가 인기가 많았

---

105) 에도막부가 다이묘의 통제책으로 다이묘들을 1년 걸러 에도에 출사시킨 제도 그들의 처자는 인질로서 에도에 거주시켰다.

그림 79 토쿄후 긴자토오리 그림, 니시키에, 1868년, 魁斎芳年

기 때문이다.10* 여기에는 천황친정이라는 대사건과 마찬가지로 수도 토쿄의 시각적 표상을 인상짓는 효과도 있었다. 수도의 위치 전환은 후지산(富士山)을 중심으로 이루어졌다. 그림 78의 '오이카와(大井川)'에서 후지산은 화면 왼쪽 전방, 즉 동쪽에 보이는데106) 그림 79의 '긴자토오리'에서 후지산은 행렬에서 먼 후방, 즉 서쪽에 보인다. 후지산 서쪽에 있던 도시가 동쪽으로 바뀌었음을 천황행렬을 따라 이동하는 화면을 통해서 알기 쉽게 보여주고 있는 것이다.

　서양 옷을 입은 군대가 민중에게 새로운 국가를 보여주기 위한 중요한 표상이었음은 얼굴을 보이지 않는 존재였던 메이지천황이 신체를 국민 앞에 보이고 또한 이것을 니시키에로 표현한 최초의 테마가 1870년 군대의 『대조련 그림(大調練之図)』이었다는 점에서도 분명하게 알 수 있다(그림 80). 사사키 스구루 씨는 최초로 천황의 얼굴이 그려진 것은 1877년 발행된 『닛포사의 광영(日報社ノ光栄)』(닛포사의 사장 후쿠치 겐이치로(福地源一朗)가 세이난전쟁(西南戦争)107)의 현지상황을 천황에게 보고하는 그림) 및 같은 해의 『각슈인 개업식 그림

---

106) 쿄토에서 토쿄를 바라볼 때 후지산은 오른쪽, 즉 동쪽에 위치한다.
107) 1877년에 사이고 타카모리가 일으켰으며, 메이지정부에 대한 사족들의 마지막이자 최대

그림 80 대조련 그림, 니시키에, 1870년, 猛斎芳虎

(学習院開業式図)』이었다고 지적하면서 1877년 이전에는 천황이 보이지 않았다고 한다.[11*] 그러나 1870년의 대형판화『대조련 그림』(6매 연속, 猛斎芳虎)에서는 화면중심에 백마를 탄 천황이 제복을 입은 군대를 직접 지휘하며 전진하고 있다.

코니시 시로(小西四郎) 씨는 이 그림에 대해 "그림 속 병사들의 훈련에는 참의(参議) 오쿠보 토시미치도 참여하였다. 오쿠보는 일기에 '주상 10시 전에 도착. 말을 타고 군대 전후에 서심. 실로 처음 있는 일이며 기쁨을 금할 수 없다'라고 썼다. 일반 토착민(土民, 원문 그대로)이 직접 천황을 본 것은 이때가 처음이었다"라고 적고 있다.[12*] 능동적이고 남성적인 천황상은 그야말로 오쿠보가 바라는 이상적인 이미지였다. 따라서 1870년이라는 시기에 천황 자신이 등장한 니시키에의 주제가 백마를 타고 만군을 지휘하는 모습이었다는 것에서 당국의 정치적 의도를 엿볼 수 있다.

그러나 분명하게 1877년 이후에는 얼굴이 보이는 천황을 그림의 주인공으로 클로즈업하는 니시키에가 속출하고 있다. 1877년 8월 21일 제1회『내국권

___

반란이다.

그림 81 내국권업박람회 개장식 그림, 니키시에, 1877년, 楊洲周延

업박람회 개장식 그림(内国勧業博覧会開場御式之図)』(楊洲周延, 1877년)(그림 81)은 박람회가 있었던 우에노공원(上野公園) 내의 미술관에 아직 일본식 상투를 튼 남성과 유카타를 입은 여성 등 잡다한 민중이 쇄도하고 있는 개장관경의 화면 한 장(『미술관지도(美術館之図)』, 四代広重)과 『기계관 그림(機械館之図)』(楊洲周延)(그림 82) 두 장을 포함하여 연작 세 장으로 이루어진 대형판화이다. 이『기계관 그림』에서는 국영 토미오카(富岡) 제사공장의 '묘령여성(妙齢婦人)' 50여 명이 누에고치에서 실을 뽑아내고 있다. 이에 대해 아사이 유스케(浅井勇助) 씨는 "(두분의 폐하는—인용자 주) 10월 26일 이 기계관에 행차하셔서 약 7천 엔어치 구입하셨고 당일 회장은 화려한 조명과 함께 사람들이 많이 모였다"라고 해설하고 있다.13*

'개장식' 그림에는 미술관 정면의 국화 문양 현수막을 친 옥좌 앞에 천황과 황후 부부가 서 있고, 화면 오른쪽 현수막 아래에는 산조 사네토미 외 중신들이 위엄 있는 예복차림으로 줄지어 서있으며 오쿠보 토시미치가 개장 축사를 낭독하고 있다. 화면 왼쪽 아래에는 빨간 머리에 수염을 기른 외국 인사들이 놀란 듯 또는 난처한 듯 흩어진 자세로 낮게 그려져 있다. 중앙에 위치한 천황은 다른 사람들보다 훨씬 크며 양쪽 다리를 벌리고 듬직하

그림 82 내국권업박람회 기계관 그림, 니키시에, 1877년, 楊洲周延

고 위압적인 자세로 서있으며 그 얼굴은 젊고 수염이 없다. 복장은 양장(대
례복)이다. 한편 천황과 같은 키의 황후는 전통의상을 입고 있다. 『기계관 그
림』에서도 천황은 서양 옷, 황후는 전통의상이다. 황후의 얼굴은 천황의 얼
굴과 마찬가지로 우키요에풍의 미인화로 그려져 있으며 하루코황후와 전혀
닮지 않았다.

　1877년 『화족학교 학습원 개업식 그림(華族学校学習院開業式図)』(3장 연속, 蜂
須賀国明)에서도 같은 점을 찾아 볼 수 있다.[14*] 1877년에 특히 대형연작으로
만들어진 니시키에의 테마가 산업진흥과 교육진흥이라는 점과, 이 모두가
일본의 '개업'이었다는 점에 주목할 필요가 있다. 또한 그 가운데 토미오카
제사공장 여공의 작업이 특필된 것도 이미 새로운 국가에서 여성노동의 역
할이 강조되고 있음을 짐작하게 한다. 이외에 1877년대에는 병사훈련, 승마,
꽃구경, 단풍놀이, 황태자 탄생, 황태자의 첫 식사를 비롯하여 연회, 스모・

연극 구경 등에 이르기까지 공적으로든 사적으로든 다양한 천황과 황후의 동향이 니시키에로 그려졌다.

사사키 스구루 씨는 천황의 얼굴이 등장하는 6대순행(六大巡幸)을 민중에게 천황을 보여주는 정치학으로서 분석하고 있다.[15*] 여기에서 사사키 스구루 씨는 천황의 순행대상을 거론하고 있는데 이 점이 흥미롭다. 그 내용을 살펴보면 행차한 곳은 ① 현청, 재판소, 학교 ② 군사시설 ③ 권업시설 ④ 상급관리 검열 ⑤ 현청 공무원, 교직원, 장교에게 술과 안주를 하사 ⑥ 초혼사(招魂社)[108] ⑦ 식상흥업, 지역개발 독지가 ⑧ 특별한 일반인에게 '용안배례' 등이 있다. 실제로 생산되고 소비된 니시키에 중에는 분명히 앞의 내용과 같이 국가의 중요사가 민간에게 회자되도록 하는 의도를 지닌 주제도 많지만 이와 상관없이 오히려 천황이나 궁중의 연중행사, 천황과 황후와 측실·여관까지 포함한 '생활모습'을 소개한 것이 대부분을 차지하고 있다. 민중은 분명 살아 있는 천황의 이미지를 후세의 '황실기사(皇室記事)'식으로 소비하고 싶었던 것이다. 이것은 어떤 의미로는 천황친정이라는 계몽기의 밀월적인 시기였다.

1870년대 후반부터 1880년대 중반까지 성장해가는 황태자를 중심으로 하는 황실일족이 자주 시각화되고, 철도, 역, 미술전, 박람회, 번화가 등 문명개화 세태에 관한 것이 많아지며 더욱 화려해지는 한편, 천황에 관해서는 열병식(閲兵式), 조련, 군대의 광경이 일관되게 증가하고 있다. 주제에 눈에 띄는 변화가 나타난 것은 1888년 헌법논의를 위해 추밀원(枢密院) 회의에 참석한 천황의 모습이다. 또한 이 해에는 천황을 주인공으로 하는 '열병식'·'실제연습'·'악대'·'체조'·'참하(参賀)[109]' 등과 같은 천황의 일련의 집무를 그린 『황국태평감(皇国泰平鑑)』(井上探景)이 발행되었다.[16*]

1889년은 이후 역사자료로 사용되는 니시키에가 다량으로 생산된 해이

---

108) 국가를 위해 죽은 혼을 모신 신사. 후에 지방의 것은 고코쿠신사(護國神社)로, 토쿄의 것은 야스쿠니신사로 개칭된다.
109) (특히 새해에) 궁중에 가서 축하의 말이나 글을 올리는 것을 말한다.

다. 이 해의 큰 테마는 헌법발포와 관련된 일련의 판화들과 국회의사당과 국회에 관한 판화이다. 여러 명의 화가가 이 테마로 경쟁을 하였다. 이들 대부분은 헌법발포일의 천황을 연작으로 그려냈고 궁성을 나서는 그림(宮城御出門図), 의사당으로 향하는 마차행렬, 헌법발포식, 발포 후 시가행차도, 시가축하도 등이 다수 발간되었다. 같은 해 태자의 책립식 역시 주요 주제가 되었다.

1890년은 압도적으로 제3회 내국박람회가 차지하고 있다. 나중에 서술하겠지만 이 해의 박람회 행차그림의 특징은 천황이 황후와 황태자를 동반한 황실가족도라는 점이다. 1891년 이후 천황을 주제로 한 것은 급격하게 감소하고 천황 자신이 모습을 보이는 것은 지속적으로 생산되고 있는 연습과 군대 주제로 한정된다. 이러한 이유에 대해 사사키 스구루 씨는 1891년에 행차가 감소한 점을 지적하고 있다.[17*] 또한 타키 코지 씨는 1890년의 어진영 하사가 순행과 니시키에를 필요 없게 만들었다고 지적하고 있다.

사사키 스구루 씨는 1890년 어진영의 하사, 다음 해의 행차 격감, 이에 대응하듯이 천황을 주제로 한 니시키에가 감소한 것에 대해서 다음과 같이 고찰하고 있다. 건설시기의 상징이었던 살아 있는(이라는 설정) 천황상을 보여줄 필요가 없어진, 혹은 보이지 않는 상황이 다시 요청되어 살아 있는 천황은 민중에게 점점 보이지 않게 되었다는 것이다. 니시키에 대신 어진영을 통해서 국민이 천황을 보도록 하는 시스템이 만들어진다. 그렇다기보다는 이미 어진영 이외의 천황을 볼 수 없게 된 것이다. 이러한 관점 또한 대중의 욕망으로 소비된 것이 아니라 국민의 의무로서 배례가 강요되었음은 앞에서 서술한 바와 같다.

황후상의 변모 – 서구적 여성상으로

이제 니시키에에서 황후가 어떻게 표상되었는지 연대를 따라 고찰해보고 자 한다. 앞 절에서 보았듯이 1877년 제1회 내국박람회를 그린 니시키에에 서 황후는 천황과 함께 그려져 이미 천황의 반려자로서 민중 앞에 시각화되 어 있었다. 민중들은 1872, 3년에 제작된 어진영을 쉽게 접할 수 없었기 때 문에 이러한 니시키에를 통해 부부로서의 천황, 황후와 친숙해졌을 것으로 생각된다.

천황과 황후가 행사참석을 위해서가 아니라 어떤 의미에서 보면 진짜 부 부상(어진영은 공간을 공유하지 않는다)이라고 할 수 있는, 즉 동일화면에 한 쌍 의 부부상으로 그려진 것은 1879년에 발행된 『봉락천람(奉楽天覧)』(豊原国周) 이 최초이다(그림 83). 이 그림에서 천황과 황후는 모두 전통적 의상을 입고 갸름하고 하얀 얼굴의 우키요에풍 미남미녀이고, 천황은 칼을 차고 황후는 부채를 들고 있는데 둘 다 손이 보이지 않는다.

다음으로 부부상이 그려진 것은 1885년의 『고귀초상(高貴肖像)』(豊原国周)

그림 83 봉락천람, 니시키에, 1879년, 豊原国周

그림 84 고귀초상, 니시키에, 1885년, 豊原国周

이다(그림 84). 매가 그려진 금병풍 배경에 국화를 꽂은 화병으로 국화 문장(紋章)을 암시하고 있고 두 사람은 서로 마주보고 의자에 앉아 있는데 천황이 양복으로 바뀌었다. 늑골형의 사령관복과 서양식 머리, 눈썹과 눈 모두 다부진 남성적 용모이며 칼에 손을 대고 있다. 한편 황후는 쥬니히토에(十二單)와 붉은색 하카마를 입고 오스베라카시 헤어스타일에 종이와 붓을 들고 있다. 여기에는 천황이 군인이라는 것과 황후가 가인(歌人)이라는 것이 표상되어 있다.

천황이 양복이고 황후가 전통의상이라는, 성의 차이에 따른 의상의 차이를 보여주는 부부 그림은 1886년까지 그대로 이어진다. 예를 들어 『니시키초화족학교 학습원 개업 그림(錦町華族女学校学習院開業之図)』(平沢国明, 1877년)(그림 85), 『내국권업박람회 개장식 그림(内国勧業博覧会開場御式之図)』(楊洲周延, 1877년)(앞에서 제시함), 『그랜드군 응접 그림(グランド君興応の図)』(楊洲周延, 1879년), 『왜금춘지무(倭錦春之舞)』(楊洲周延, 1885년), 『황국고관감(皇国高官鑑)』(石斎国直, 1887년), 『권진첩견학(勧進帳見学)』(豊原国周, 1887년) 등 일일이 열거하기 힘들 정도이다. 또한 1887년 이후에도 『천도 삼십년 축하봉영 그림(尊都三十年祝賀奉迎之図)』(梅堂香斎, 1898)에는 천황은 양복, 황후는 전통의상으로 그려

그림 85 니시키초화족학교 학습원 개업 그림, 니시키에, 1877년, 平沢国明

그림 86 키아리니곡마단 유람 그림, 니시키에, 1886년, 楊州周延

져 있다.

카타노 마사코 씨는 1885년 가을의 국화 원유회(園遊会)를 마지막으로 황후의 전통의상은 그 이듬해에 걸쳐 모두 양장으로 바뀌었다고 지적하고 있다. 미국에 유학하고 있던 세 명의 여성이 양장입는 법을 완벽히 배워 왔고, 1885년 11월 천장절(天長節)에는 양장을 입고 있었다는 외교관 부인의 기록도 있다.[18*] 공식기록상 황후의 첫 번째 양장은 1886년 7월 30일, 화족여학교의 졸업수료증 수여식 때인데, 『메이지천황기』에는 "이날 황후는 처음으로 양장을 하시고 식단에 오르셨다"라고 적혀 있다.[19*]

니시키에에 천황과 황후 모두가 양장 모습으로 처음 등장하는 것은 1886년 11월 1일 천황이 황후와 함께 후키아게교엔(吹上御苑)에서 이탈리아인 키아리니(Chiarini)의 곡마단[110]을 보는 그림 『키아리니곡마단 유람 그림(チャリネ大曲馬御遊覧之図)』(楊州周延)일 것이다(그림 86). 그리고 오래간만에 부부도로 발행된 1887년 『황국귀현관화 그림(皇国貴顕観花図)』(楊州周延)에서 양장차림의 천황과 황후가 꽃구경을 하는 모습이 그려졌다(그림 87). 뒤에 있는 여관들의 복장도 화려한 양장으로 바뀌어 있다. 1887년의 궁정관련 니시키에를 보면 여성들의 복장이 일제히 양장으로 바뀌어 있다. 그 대표적인 것이 1887년의 『개화귀부인경(開化貴婦人競)』(3매 연속, 楊州周延)[20*]과 같은 해의 『매원창가 그림(梅園唱歌図)』(3매 연속, 楊州周延)(그림 88) 등이다.[21*]

그림 87 황국귀현관화 그림, 니시키에, 1887년, 楊州周延

---

110) 1886년에 일본을 방문한 서양 곡마단으로 일본에서는 챠리네(チャリネ)라 불렀다. 당시 코끼리나 호랑이 등의 곡예를 선보이면서 대대적인 화제를 불러일으켰다. 이후 각지에서 '일본 챠리네'라 칭하는 곡마단이 등장할 정도로 서양곡마의 대표명사가 되었다. 1889년에 다시 일본에서 공연을 하였다.

그림 88 매원창가 그림, 니시키에, 1887년, 楊州周延

『매원창가 그림』에서는 호사스러운 빅토리아왕조풍 의상에 장갑을 끼고 꽃과 깃털, 리본으로 요란하게 장식한 모자를 쓴 여성들이 바이올린과 오르간을 연주하고 있으며 알 수 없는 악보를 보고 노래하고 있다. 깃털을 두른 상의를 입고 붉은 색과 흰 색 깃털을 부착한 모자를 쓴 중앙의 키가 큰 귀부인은 황후로 보인다. 갸름한 얼굴이라는 특징을 제외하면 실제로는 몸집이 작은 황후와 전혀 닮지 않았다. 그 옆에는 역시 목까지 올라오는 옷깃의 군복을 입은 황태자로 보이는 소년이 의자에 기대어 음악을 듣고 있다. 이는 황태자에게 서양풍의 음악교육을 하고 있는 것이거나 감상하고 있는 것으로 보인다.

1884년의 화족령(華族令) 이후 새로운 귀족계급이 형성되었는데 궁정이나 화족여성들 사이에는 무용과 서양음악, 양장이 필수교양이 되었고, 민중들은 이처럼 호화로운 귀족적 문화를 인기 있는 영화배우의 생활을 보는 것 같은 선망과 동경을 갖고 소비했던 것으로 생각된다. 양장 귀부인의 요염한 자태를 보여주는 수많은 니시키에가 대량으로 생산된 것은 민중이 이를 소비했기 때문인데 한편으로 이처럼 양장 귀부인의 표상이 거세게 밀려온 것은 니시키에의 주제가 항상 그랬듯이 정부의 시책과 긴밀하게 결부되어 있었다.

　제1장에서 말했듯이 궁중과 정계의 남성요인의 제복을 양복으로 정한 것
은 1872년 11월이었다. 그러나 궁중여성의 의복이 전통의상에서 양장으로
바뀐 것은 1887년이다. 따라서 니시키에는 궁정에서 일어난 일을 매우 충실
하게 그리고 있음을 알 수 있다. 마치 삽화신문처럼 국가의 사적(事績)과 시
책에 호응하고 이를 민중에게 보여주고 있었던 것이다.

　『메이지천황기』는 1887년 1월 17일에 여자의 양장장려와 궁중여성의 복
장규정에 관한 『황후사소서(皇后思召書)』에 대해 다음과 같이 적고 있다.[22*]

> 　여자의 복장은 옛날에 이미 정해졌다. 코토쿠천황(孝德天皇)의 다이카개신(大化
> 改新) 때부터 지토천황(持統天皇) 시대에는 조복(朝服) 규정이 있다. 겐쇼천황(元正
> 天皇) 때에는 좌임(左袵)[111)]이 금지되었다. 쇼무천황(聖武天皇)때 이르러서는 특별
> 히 모든 여성에게 명하여 새로운 모양의 의복을 입게 했다. …… 엔포(延寶, 1673~
> 1680) 때부터 허리를 띠로 묶게 되는데 점차 그 폭이 넓어져 오늘날과 같은 복식형
> 태에 이르게 되었다. 하지만 의(衣)만 있고 상(裳)이 없으면 완전치 못하다. 본래 구
> 제도를 따르는 것은 문운(文運)을 진작시킨다. 하지만 과거의 유례가 없으면 좌례
> (坐禮)만을 고집할 수 없으니 나니와(難波)[112)] 시기의 입례(立禮)는 자연히 활기를
> 띠게 될 것이다. 게다가 지금 서양의 여성복장을 보아하니 일본의 구제도와 같이
> 의(衣)와 상(裳)을 갖추고 있는데 이것이 입례에 적합할 뿐만 아니라 신체의 동작과
> 걸음걸이에도 편리하다면 그 재봉(裁縫)을 따르는 것이 당연한 이치이다. 그렇지만
> 이 개량에 대해 특히 주의해야 할 점은 가능한 한 우리 국산을 사용하는 것이다.
> 만일 국산을 많이 사용하게 되면 제조의 개량도 이루어지고 아울러 미술의 진보와
> 함께 상공업에도 이익을 가져다 줄 것이니 결국에는 이것이 여러 가지를 매개하게
> 되어 의복에만 한정되지 않을 것이다.

　이와 같은 『황후사소서』 보다 앞선 1887년 1월 1일에 황후는 "처음으로

---

111) 오른쪽 섶을 왼쪽 섶 위로 여미는 것을 말한다.
112) 코토쿠천황(孝德天皇)이 현재의 오사카시 일대에 645년부터 조영하기 시작한 나니와궁(難
　　波宮)에 천황이 기거한 시기. 나니와궁은 686년에 화재로 소실되었다.

양장 대례복을 입으시고 축하를 받으셨다.”(『메이지천황기』 제6권) 1882년을 전후로 황후를 알현하는 방식이 정해져 있지 않았다. 『메이지천황기』를 보면 잘 알 수 있듯이 메이지국가의 발족 초기부터 황실은 유럽황실의 귀빈을 맞이하게 되었는데 최초로 방문한 것은 1872년 10월 17일의 러시아 황태자 알렉시스이다.[23*]

그러나 1873년 이와쿠라사절단으로부터 정보가 입수되었다. 같은 해 2월 18일, 사절단은 벨기에에서 레오폴드 2세(Leopold Ⅱ, 1835~1909)를 알현했는데 이때 알현식 순서는 황제가 거처하는 정전(正殿)에서 국왕을 먼저 알현하고, 이후 황후의 궁전을 방문하는 것이었다.[24*] 마찬가지로 같은 해 3월에 사절단은 베를린에서 빌헬름 1세를 알현하고 나서 독일제국의 황후이자 프러시아왕국의 왕비인 아우구스타를 알현하였다. 알현하는 동안 황후는 서서 이야기를 나누었고 이때 황후는 몇 개 국어를 구사했다고 한다.[25*]

사절단의 보고에 의하면 그러고 나서 3일 후 아우구스타 황후는 병원을 방문했다. 이러한 황후의 행위는 그대로 일본에 들어오게 된다. 같은 해 6월 8일, 사절단은 빈에서 오스트리아 황제 프란츠 요제프(Franz Joseph Ⅰ, 1830~1916)와 황후를 알현했다.[26*] 이러한 사정은 그때마다 일본에 보고되었고 『메이지천황기』에는 그 답례로 외국공사 취임 시에 황후의 알현이 시작되었다고 적혀 있다. 6월 25일에는 황후가 러시아 대리대사를 알현하고 9월 1일에는 이탈리아 황제의 조카를 알현하고 있다.[27*] 『메이지천황기』에 의하면 독일공사 덴호프(Donnhoff)의 아내로 독일귀족 출신이면서 황제의 동생인 칼 친왕을 모신 경험이 있는 여성이 있었는데 황후는 1883년 5월 22일에 이 부부를 불러 독일궁정의 사정을 들었다고 한다.[28*] 덴호프가 귀국한 후 프러시아 왕비 아우구스타의 예전 비서였던 몰의 아내이자 프러시아 왕실의 여관이었던 여성이 그 역할을 계승하였다. 몰은 다음과 같이 황후 자신이 적극적으로 유럽풍을 원했다고 쓰고 있다.[29*]

황후는 정말로 아름다웠고, 게다가 그녀의 의연한 행동은 왕후 귀부인의 전형이었다. …… 원래 여성들 대부분이 그렇듯 옛날 일본의 왕비들은 공적인 장소에 나타나지 않았다. 메이지유신 이후 왕비들도 서양풍으로 교체할 의무를 지게 되었다. 따라서 감수성이 강한 황후는 서양풍 왕후의 의무를 다하려고 했다. 독일제국 황후 겸 프러시아왕국 왕비 아우구스타가 일본 황후의 모범이 되었다. 국민교육제도에 대한 관여, 환자 간호, 일본적십자회장을 맡게 된 것, 외교단을 비롯하여 지속적으로 토쿄의 궁중을 방문하게 된 외국 왕후(王侯)들의 접대, 여기에 시대의 모든 정신적인 동향에 관심을 기울이는 것 등이 일상생활 가운데 황후가 가장 유념하시는 것이었다. 황후가 가장 알고 싶어 하셨던 것은 이러한 왕비로서의 업무였다. 이후 황후는 독일 제2제국 최초 황후의 구체적인 예에 따라 많은 업적을 거두셨다.

덴호프를 황후의 곁에 두도록 한 것은 그 무렵 독일에 있었던 이토 히로부미이다.[30*] 그는 '입헌황후'의 이미지를 가지고 있었다. 그가 헌법학을 공부하기 위해 유학시켰던 후지나미 고토타다(藤波言忠, 1853~1926)는 이토 히로부미가 심취했던 슈타인의 헌법학을 1887년 말부터 33회에 걸쳐 천황에게 강의했는데 여기에는 황후도 동석하였다.[31*] 황후가 지은 "외국과의 교제가 넓어지고 있으니 뒤떨어지지 않을 요량으로 따라가야지"라는 와카는 『어곤덕(御坤德)』에 실려 있다.

황실외교는 1888년 6월 일본을 방문한 오를레앙공(Orleans公) 일족을 "유럽의 여러 왕족과 동등한 예"로 대접할 수 있게 되면서 진전되었다.[32*] 같은 해 5월 8일 외빈의 아내는 황후를 알현하게 되었다. 아내는 황후만을 알현한다. 같은 해 11월 20일 궁전의 명칭을 바꾸고 황후의 알현소인 '오동나무실(桐の間)'이 설치되었다. 천황은 '봉황실(鳳凰の間)'에서 접견하고 이후에 황후가 '오동나무실'에서 알현하는 방식이 되었다. 외국의 정보가 들어 온지 한참 후에 이르러서야 황후의 알현방식이 정해진 것이다.

헤이스팅스(S. A. Hastings) 씨는 "양장은 일본이라는 국가뿐만 아니라 일본인의 모습을 바꾸는데도 공헌하였다. 우키요에 화가에 의해 황후는 갑자기 키가 커지고 영국의 유행화와 같은 모습이 되었다"고 말했다.[33*] 양장은 단순히 의복뿐만 아니라 행동거지와도 관련된 것임은 앞에서 언급한 『황후사소서』에서도 알 수 있다. 여기에는 황후의 양장이 "입례(立礼)"와 "보행(步行)"에 편리하다고 쓰여 있는데 이는 이전의 좌례(座礼)에서 입례로 바뀌는 기본적인 변화를 의미하는 것으로 서양외교관 접대나 외교관의 서양궁정 방문 등 서양식 국가행사 시행에 의례와 복장의 변화가 필요하고 따라서 남성뿐만 아니라 여성의 양장도 필요했던 것이다. 거듭 언급하지만, 서양에서는 군주도 신하도 모두 부부동반으로 의식에 참여하기 때문에, 남녀가 다른 복장을 입어 온 메이지 초기부터 1882년 전후의 궁정의례는 근대적 부부의 나란한 모습이라는 관습에 비추어 보아도 이상했던 것이다.

헤이스팅스 씨는 황후가 양장을 입은 경우를 주제별로 조사하였다. 이 가운데 1889년 헌법발포, 1889년 영국대사부인 알현(장밋빛을 띤 연보랏빛 가운), 1890년 신년(하얀 돋을무늬와 머리장식(tiara)), 1890년 벚꽃 원유회의 서양식 가운, 1893년 벨기에대사와 부인 알현("파리에서 직수입한 의상으로 추정"), 1894년 신년의 양장 등을 열거한 후, 황후의 양장은 무엇보다도 외국을 의식하고 있고 그 증거로서 실제로 가장 빈번히 그리고 직접 그것을 본 것은 "외교관"이었음을 지적하고 있다.[34*]

그러나 황후는 『황후사소서』에서 일본의 고사에 입각하여 양장채용을 정당화하고 있다. 천황제 지배시기인 고대에는 오히려 현재의 서양에 가까운 복장을 하고 있었다는 논리이며 이것은 남성복제 개혁시의 이론과 동일하다. 즉 이 포고는 양장이 일본국가의 오랜 전통과 일치하고 있다는 이념을 보여준 것이다.

이에 의거하여 궁중여관의 전원에게 양장을 입으라는 명령이 내려졌다. 이때 황후와 여관이 사용하기 위한 코르셋과 가운, 신발 등을 베를린에 주문했다. 그러나 언제까지나 외국에서 의상을 구입할 수는 없기 때문에, 포고문에는 특별히 "재봉을 배울 것"을 명령하고 있다. 여관 전원의 양장을 제작하는 것은 대사업이었을 것이다. 여관이나 귀부인이 재봉에 힘쓰는 모습을 그린 니시키에가 상당수 남아 있다.

1887년의 『여관 양복재봉 그림(女官洋服裁縫之図)』(3장 연속, 楊州周延)에서는

그림 89 여관 양복재봉 그림, 니시키에, 1887년, 楊州周延

그림 90 귀녀재봉 그림, 니시키에, 1887년, 松斎吟光

여관이 옷감을 자르거나 재봉틀을 밟고 있는 모습이 그려져 있다. 재봉을 하는 여관들 중앙에는 키가 크고 당당한 양장차림의 황후가 양장차림의 황태자와 함께 그려져 있다(그림 89). 이 판화에는 재단이나 봉제 방법을 적어 놓은 설명서가 적혀 있다. 이어서 화족여학교나 화족의 가정에서도 양복을 재봉하는 모습이 『귀녀재봉 그림(貴女裁縫之図)』(3장 연속, 松斎吟光, 1887년)에 그려져 있다(그림 90). 재단, 봉제, 다리미질, 부속장식을 위한 레이스 뜨기, 솔질 등과 같은 공정이 그려져 있다.

또한 황후의 포고는 대량으로 소비되는 양복용 옷감에 대해서도 언급하며 국산이용을 희망하고 있다. 몰은 이를 위해 황후의 의상을 쿄토(京都)의 니시진(西陣)에서 짜도록 했다고 한다. 이를 계기로 양복옷감의 국내생산이 장려되었다. 『메이지천황기』 1891년 12월 28일 기록에는 "천황이 국산을 매우 장려하셔서 여성의 양장과 같은 것은 수입하지 말고" 본국에서 생산하라는 뜻을 황태후와 황후에게 명하고 쿄토의 직물업자에게 양복감을 생산하도록 명했다고 되어 있고 이날 황후가 그 제품을 친왕비(親王妃), 대신(大臣)의 부인들, 토쿄자혜의원(東京慈惠医院) 간사에게 하사하셨다고 한다. 『메이지천황기』는 "이때부터 국산양복감이 크게 유행했다"고 적고 있다.[35*]

1887년 5월에 화족여학교는 6월 1일부터 학생들이 양복을 착용하기로 결정하였다. 『메이지천황기』(제6권)는 "여자체육을 소홀히 해서는 안 된다고 판단하여 보통체조의 교습을 시작했다. 그렇지만 너무 화려하게 흘러갈 것을 염려하여 옷감과 형식을 제한하고 비싼 장식을 사용하지 못하게 했다"[36*]고 적고 있다. 화족여학교의 학생이었던 아오야마 치요도 재봉강습에 참가했던 경험을 적고 있는데 실제로는 체육에 편리하기는커녕 갑갑하고 불편했다며 그 실태를 비판하고 있다.[37*]

양장화가 지니는 의미

궁중과 상류계급의 여성을 덮친 양장화라는 폭풍은 직접적으로는 이토 히로부미의 국제감각과 궁중개혁 및 '황후개조'의 이념에서 나온 것이다. 제1장에서 말했듯이 황후의 양장은 일찍이 이토 히로부미가 의도하고 천황을 설득한 결과 겨우 실현된 것이지 황후가 스스로 생각해낸 것은 아니다.

그는 1883년에 독일과 오스트리아의 궁정귀족, 어용학자들과의 교제에서 얻은 문화적 감각을 갖고 귀국하자마자 궁정문화 개혁에 착수하였다. 몰과 그의 아내를 초빙한 것도 이토 히로부미였다.

그는 1887년 5월 2일에 독일귀족이었던 몰을 궁내성 고문으로 초빙했다. 『메이지천황기』에는 "시국의 진보를 감안하여 궁중의 제반의식 및 제도를 바꾸기 위해 힘을 기울이게 되었다. 몰은 예전에 독일궁중에서 시종직에 봉직했던 바 궁중의식에 정통한 자이다. 앞으로 알현, 향연, 어회식(御会食) 등 고쳐야 할 제반의식이 많다"고 되어 있다(『메이지천황기』 제6권, 1887년 5월 20일). 몰을 추천한 것은 아오키 슈조인데 그들은 가장 열심히 궁중풍속의 서양화를 추진하고 황실을 국제화의 상징적 지도자로 활용하는 일에 전념하였다.

사카모토 카즈토 씨는 이토 히로부미에게 양장은 일본의 근대화 그 자체를 상징하는 중대사였다고 지적한다. 자주 인용되는 말이지만 궁정의사로 초방된 독일인 베르츠(Erwin von Balz, 1849~1913)와 몰은 모두 일본의 전통의상을 지지하며 양장화에 반대하였다. 베르츠가 건강이나 미적 취미를 이유로 일본여성의 양장화에 반대했을 때 이토 히로부미는 "당신은 고등정치가 요구하는 바를 전혀 모른다. …… 우리나라 여성들이 일본의 전통의상을 입으면 '인간취급'이 아니라 마치 장난감이나 인형취급을 받는다"고 대답했다고 한다.[38*]

또한 몰은 양장화에 대한 이토 히로부미의 의지가 얼마나 단호했는지에 대해 쓰고 있다.[39*]

> 궁중여성을 위해 민족의상 채용을 제의했다. …… 하지만 내가 이 문제에 관심을 갖도록 촉구했던 독일공사나 나도 이토백작의 생각을 바꿀 수 없었다. 페테르부르그, 부다페스트, 루마니아의 다른 궁정에서는 민족의상이 사용되고 있다는 논거도 이토백작에게는 아무런 인상을 주지 못했다. 그는 '일본에서 중세는 이미 극복되었다. 먼 훗날에는 일본이 민족의상으로 복귀할지도 모른다. 그러나 지금은 궁정여성의 의례용 의복으로 양장을 엄수하기로 결정했다'고 말했다.

또한 사카모토 카즈토 씨는 "한 나라를 상징하는 황후의 신체표현은 국내적으로는 당연히 있어야 하는 행위의 본보기를 보여줌과 동시에 국제정치와도 밀접하게 결부되어 있었다. 즉 여기에는 일본이 서구열강의 문화인류학적 흥미의 대상이 되는 것을 거부하고 대등한 문명국으로서의 대우를 주장하는 절실하고 단호한 의사표시가 존재하고 있다"고 지적한다.[40]* 그러나 이러한 의사는 천황의 의사가 아니었다. 천황은 이토 히로부미의 서구화 추진정책에 반발하여 모토다 나가자네를 아군삼아 이에 저항하였다. 천황은 여성의 양장을 혐오하여 1878년에는 외국에 파견하는 주임관의 아내가 양장을 입고 입궐하는 것을 허용하지 않았다. 사카모토 카즈토 씨는 이러한 일련의 과정에서 나타난 황후의 공적을 신중히 살펴본 후에 이를 높게 평가하였다. 즉 천황과 이토 히로부미의 대립에 대한 중재와 요소요소에서 보여준 신하에 대한 배려에서 "정치의 안정"이라는 역할을 분석해내고 여기에 황후의 존재를 빼놓고는 일본의 '정치'와 '궁중'의 관계를 이야기할 수 없다고 말한다.[41]*

이것은 제3장에서 말했듯이 모토다 나가자네가 일본의 서구화에 위기를 느끼면서 유교도덕의 재편을 통해 서양식 자유주의, 개인주의에 제동을 걸고 국체의 본의를 지키기 위해 『교학성지』를 발포한 것과 관계가 있다. 모토다 나가자네와 천황이 전통의상의 여성을 좋아했다고 하는데 천황의 경우에는 어렸을 때부터 익숙했던 구습에 대한 애착이었을 것으로 생각되지만 모토다 나가자네의 경우는 전통적인 부덕(婦德)의 준수와 연관되어 있었을 것이다. 나중에 말하겠지만 근대화의 깊은 곳에서 유지된 유교도덕과 마찬가지로 전통의상을 입은 여성과 정숙한 도덕의 결합은 일본의 복장문화 안에 뿌리 깊게 남았다. 이리하여 황후와 여관들, 또는 상류여성들이 공식적인 자리에서는 양장을 입지만 사적인 영역에서는 전통의상을 유지하는 '이중복제(二重服制)'가 정착된 것이다.

그럼에도 불구하고 1887년 포고를 통해 여성의 공식의상이 완전히 바뀐 것은 이토 히로부미를 비롯한 국가계획자가 문화인류학적 사고를 지니고

그림 91 만국의상감, 니시키에, 1882년, 小林清親

있었기 때문이다. 이 문제에 대해서는 당시의 일본 미디어가 '인종도상(人種図像)'을 전시하기 시작한 것과 결부시켜 보아야 한다. 니시키에에서도 '세계 각국의 풍속'이 빈번히 그려졌다.

1882년 코바야시 키요치카(小林清親, 1847~1915)가 그린 『만국의상감(万国衣裳鑑)』이 그 일례이다(그림 91). 이 그림에서는 중앙에 메이지천황으로 보이는 대례복 차림의 인물이 서 있고 이것이 화면의 중심이 되고 있다. 그 뒤에 청나라로 여겨지는 중국인 부부가 중국의상 차림으로 앉아 있고 그 왼쪽에 베일로 얼굴을 가린 회교도 여성, 더 나아가서 왼쪽 끝에 터번을 쓰고 상반신을 노출한 남녀—인도인인지 인디언인지 불명—가 야만의 극치로서 자리잡고 있다. 마찬가지로 화면 오른쪽에는 한국인으로 보이는 부부, 맨 끝에는 징기스칸과 같은 모자를 쓰고 스커트를 두른 아시아 남성이 있다. 화면 앞쪽 좌우에 호위하듯이 전면을 차지하고 있는 것이 서구근대의 신사와 군인이다.

모든 인물의 앞쪽에는 주인공처럼 크게 그려져 있는 두 사람의 여성이 앉아 있다. 왼쪽 여성이 1873년의 어진영과 같은 옷차림을 한 황후이고 이와 마주앉은 여성은 서구의상의 정장 차림을 한 귀부인이다. 이 그림은 1882년에 그려진 탓인지 양장의 천황과 전통의상의 황후가 성차(性差)의 표

그림 92 일청한귀현어초상, 니시키에, 1894년, 春斎年昌

시로서 당연하게 받아들여지고 있다. 게다가 전통의상의 황후는 양장의 외국 귀부인과 다른 문명에 있지만 이와 대등한 위엄을 지니고 있는 것처럼 그려져 있다. 그러나 이것은 이 그림을 생산하거나 소비한 일본인이 문명의 정도와 의복 관계에 민감했음을 말해준다. 서구와 일본의 황실은 아시아, 아메리카, 혹은 아프리카의 야만과는 다른, 문명의 중심 영역에 있다고 보고 있음을 확실히 알 수 있다.

순사이 토시마사(春斎年昌)는 1894년에 『일청한귀현어초상(日清韓貴顯御肖像)』이라는 집단초상화를 제작하였다(그림 92). 중앙에 유달리 큰 화환으로 장식된 메달리온 안에 군복의 메이지천황이 늠름하게 그려져 있다. 그 왼쪽에 '중국국왕', 오른쪽에 '조선국왕'이 좀 더 작게 그려지고, 천황의 왼쪽 위에 이토 히로부미와 텐진(天津)에서 조약을 맺은 이홍장(李鴻章, 1823~1901), 오른쪽 위에는 대원군(1820~1898)이 조그맣게 그려져 있다. 또한 좌우 상단에 일본군 사령관, 하단에 오토리 케이스케(大鳥圭介, 1832~1911) 공사 등 3국의 외교관이 그려져 있는 것을 보면 이는 1894년에 발생한 청일전쟁에 대해 알려주는 것임을 알 수 있다.

　1894년에 조선에서는 민족주의적인 농민반란, 즉 동학당의 난이 일어났는데 조선정부는 청에게 그 진압을 의뢰하였다. 청은 조선에 출병할 때 서로 알리기로 한 텐진조약(天津条約)에 따라 이를 일본에 알리고 일본도 이에 대항하여 반란진압에 참가했다. 그러나 조선의 내정개혁을 둘러싸고 청일 양국은 대립하게 되었고, 일본은 청에 선전포고를 하고 청일전쟁에 돌입하였다(청일전쟁으로 전쟁을 표현한 니시키에가 크게 번성하였다). 중앙에 천황이 크게 군림하고 그 머리 위에 크게 일장기와 욱일기(旭日旗)가 놓여 있는 것은 일본군과 일본국가가 청과 조선을 지배함을 보여주고 있다. 이 그림에서 주목할 만한 것은 청의 황제도 조선의 왕도 민족의상을 입고 있는데 일본의 천황은 양복을 입고 있다는 점이다. 이는 일본만이 서구화·근대화를 달성했음을 명료하게 보여주고 있다. 19세기 후반 이후 아시아 각국에서 복장은 세계시스템의 '어느 편'에 속하는지를 보여주는 근대의 가장 선명한 기호였다.

　또한 잡지『타이요』에서는 수차례에 걸쳐 "남(南)의 미인, 북(北)의 미인"이라고 하며 문화인류학적 차이를 보여주는 여러 의상을 실었는데 여기에서도 변경의 여성이 모두 민족의상을 입고 있는 것은 이 여성들이 사는 나라의 지방성과 주변성을 분명히 보여주고 있다. 이미 몰에 대한 이토 히로부미의 대답에서도 분명하게 드러나듯이 근대화를 추진하는 자들에게 있어서는 남성이 민족의상을 버렸음에도 불구하고 여성이 민족의상을 입고 있는 것은 그 나라가 완전히 문명화된 것이 아닌 반문명화이고 절반은 지방성 안에 남아 있음을 의미한다. 그러나 수구파에게 여성의 전통의상은 남성의 근대화가 필연이라고 해도 여성은 오랜 습관미덕, 전통문화의 수호자여야 한다는 뿌리 깊은 요구에서 나오는 최후의 보루였다. 조지 모스 씨는 프러시아국가 안에서 남성은 자본주의의 기수여야 하는 한편 여성은 전통문화의 수호자로 여겨지고 있었다고 지적하면서 "국민적 상징은 여성을 모성으로서, 또한 격동의 남성세계에서 향수를 불러일으키는 전통의 관리자로서 전통적 역할에 동화되어 있었다"고 주장한다.[42]*

　여기에서 지배자들 사이에 두 가지의 모순되는 지향이 있었음을 알 수 있다. 수구파는 여성을 정순(貞順)한 부덕의 기호로서 전통의상 유지를 원했고 근대화 추진자는 근대화의 기호로서 여성도 양장화하려고 했다. 선행 연구에 의하면 황후의 양장화가 늦어진 이유는 천황의 반대 때문이었지만 그 근원에는 이와 같은 신구의 갈등이 있었다. 그러나 입헌군주국가의 형식을 최종적으로 정비하는 단계에 들어서 결국 근대화추진파가 승리하고 황후의 양장화가 결정되었다. 그러나 이것은 궁중과 상류계층, 그리고 공식적인 영역에만 한정된 것이었다. 실제적인 일부다처제와 여성에 대한 화순(和順)과 정숙한 도덕(淑德)이라는 유교도덕의 강요는 그대로 유지되고 이를 은폐한 채 일본의 지배계급은 상류계급의 양장화를 추진하였다. 명백하게 일본은 국내 및 국외로 차별을 만들어내는 서구화, 즉 근대화의 시선을 다른 곳이 아닌 서구에서 직수입했다고 할 수 있다.[43*]

이것은 놀랄만한 일이 아니다. 서론에서 얘기했듯이 현재 우리의 인식으로는 제국주의적 단계에 들어선 나라들은 강력한 인종차별과 계급차별 및 성차별로만 그 질서를 유지할 수 있기 때문이다. 메이지국가의 형성과정에서 이를 추진했던 자들이 서구 앞에서 열등함을 의식하고 대등해지려던 의식은 서양인의 의식에 그대로 있는 국가와 인종의 우열질서―그 질서 안에서 아시아는 서구에 비해 열등하다―를 명백히 용인하고 그 장치로 들어가 이데올로기를 공유하였다. 이러한 의미에서 양장화는 탈아입구(脫亞入歐)의 명백한 시각화였고 황후의 양장은 일본 서구화의 간판이 되었던 것이다.

또한 국내적으로 보면 황후의 완벽한 양장이나 액세서리는 국민을 압도하고 칭찬과 선망과 동경심을 만들어 냈을 것이다. 일반 서민여성은 여전히 전통의상 차림이던 메이지시기에 양장은 문화적 자본이 많음을 보여주는 것이고 국내의 문화적 계층성을 명확히 하는 것이었다. 이러한 의미에서 황후의 양장은 국내외에 황실의 탁월함을 보여주는 것이기도 했다.

그러나 궁중에서 여성이 착용하고 있던 전통의상에는 전근대의 풍속이나 위계제도의 잔재가 남아 있었기 때문에 이 또한 서민의 일상과 완전히 동떨어진 것이었다. 따라서 이토 히로부미의 양장개혁에는 대외적 의도 이외에 전통식 방(和室)과 전통의상으로 굳어진 보수적인 후궁(後宮)과 구습의 세계를 무너뜨리는 의향도 있었다.44* 여기에는 양장=근대사상, 전통의상=복고구습이라는 도식이 명백히 드러난다. 이것은 1870, 71년 이후에 나타난 양장에 대한 공격과 전통의상의 부활, 그리고 유교적 복고사상의 세력회복이 전통의상의 부활과 호응하고 있다는 점으로도 증명할 수 있을 것이다. 표상의 분야에서 신체와 의상은 명백하게 정치성의 표현인 것이다.

황후의 양장은 사회에 놀라운 사건으로 받아들여졌다. 1887년 1월 9일자 『초야신문(朝野新聞)』에는 다음과 같은 글이 실려있다.45*

> 제왕이 궁중에서 풍속의식을 변경하기가 얼마나 어려운지 가히 상상할 만하다. …… 그런데 우리나라는 이와 정반대로 명예의 근원이 되는 황실에서 먼저 개혁의 기상이 시작되었다. …… 우리 황실의 존엄한 궁중에서 나오는 것은 모두 상등(上等) 사회의 의식이 된다. …… 황실을 개혁의 중심으로 삼아 사회풍조를 일변시키는 것은 실로 중요한 일대기회라 하지 않을 수 없다.

이것을 보면 궁중에서의 양장은 상류사회에까지 이른다고 하는데 이 신문기사는 이토 히로부미의 목적을 대변하고 있음을 알 수 있다.

신문뿐만이 아니었다. 진보적인 『조가쿠잡지』(1887년 1월 5일 발간)를 주간한 이와모토 요시하루는 사설 「1887년을 맞이하다」를 썼다. 또한 그는 「여권확장의 원계(遠計)」라는 제목으로 서구의 기사도를 장려하면서 "고상한 여성을 존경하고 숭배하는 서구의 미풍"을 칭찬하고 있다. 여기에 실린 삽화에는 꽃병 받침대를 가운데 두고 왼쪽에 전통의상의 여성과 오른쪽에 양장차림의 황후로 보이는 여성이 서로 마주보는 모습이 그려져 있다.46* 여성의 신구(新旧) 모습을 전통의상과 양장으로 대치시키고 있는 흥미로운 그림이다(그림 93).

일반인들에게 양장이 높은 사회적 위치를 보여주는 것으로 여겨졌음은 같은 해 6월 2일자 『토쿄니치니치신문(東京日日新聞)』의 기사 「여성의 복제(服制)」를 통해 추측해볼 수 있다. 여기에는 "사회의 개량은 제반 사물에 대

그림 93 『조가쿠잡지』, 1887년 1월 5일, 사설삽화

해 살펴보는 것인데 그중에서도 의복의 개량은 우리나라에서 가장 볼만한 개량이다. …… 지금은 양복을 차려입지 않으면 귀부인이나 신사로 보이지 않기 때문에 만약 많은 사람들 사이에서 상당한 존경을 받으려면 남녀 모두 양복이 아니면 안 된다고 생각하기에 이르렀다"고 적혀 있다.[47*]

황후는 1887년에 양장차림으로 빈번히 행차하였다. 이해 2월 3일에 황후는 쿄토부고등여학교(京都府高等女学校)에 행차하였다. 이미 1879년에 이미 5만 엔을 하사했던 황후는 이 날 100엔을 하사하였다. 같은 달 16일에는 오사카부고등여학교(大阪府高等女学校)에 행차하였다. 1887년 3월 16일에 하쿠아이샤(博愛社)[113]를 천황과 황후의 관할 하에 두고 명칭을 일본적십자사로 바꾸었다. "유럽 각국의 전례에 따라 본사를 천황과 황후의 관할아래에 두

---

113) 1877년 세이난전쟁 당시 사노 츠네타미(佐野常民, 1823~1902), 오규 유즈루가 중심이 되어 상병자 구호를 목적으로 설립한 단체이다.

고……제네바 만국적십자 중앙사장인 모아니에에게” 그 공인을 요청했다.
9월 2일 모아니에의 공인 회람문서를 동맹국들에게 보내고 “이제부터 우리
적십자사도 다른 모든 나라와 동일한 자격을 갖게 된 것”[48*]이다. 3월 26일
황후는 공과대학에서 서양 활인화(活人畵)[114]를 보고 하쿠아이사에 1,000엔
을 하사하였하였. 같은 달 28일에는 육군사관학교 열병식에 참가하고 물리
화학의 실험·운동 등을 견학했다. 다음날 29일에는 화족여학교에 일문(日
文) 교과서를 하사했다. 이러한 상황을 살펴보면 국내에서 양장을 입은 황후
의 역할은 간호와 학예, 특히 여자교육에 집중되었음을 알 수 있다.

1887년 3월 18일 황후는 자신이 지은 와카를 화족여학교에 하사하였다.
이것이 쇼와시기까지 계속 불리게 되는 “금강석(金剛石)”과 “물은 그릇에 따
라(水は器)”인데 가사는 다음과 같다.[49*]

> 금강석도 갈고 닦지 아니하면 보석처럼 빛이 나지 않는다.
> 사람 또한 학문을 통해서만 참된 덕이 드러난다.
> 시계바늘이 끊임없이 도는 것처럼 시간을 아껴가며 노력한다면
> 무슨 일이든 이루지 못할 것이 없다.
>
> 물은 그릇 모양에 따라 여러 가지 형태로 변한다.
> 사람도 친구에게서 좋고 나쁜 영향을 받는다.
> 자신보다 나은 좋은 친구를 찾아 함께
> 자신을 격려하며 배움의 길로 나아가자.

이 노래들은 일본 여학생의 교훈가로 정착함과 동시에 여성교육의 추진
자이자 모범자인 황후라는 이미지를 젊은 여성들에게 정착시켰다. 가사의
의미는 아마도 여성의 근면과(프로테스탄트적 자본주의적 윤리인 ‘시계’라는 상징이
중요함은 이미 말했던 대로이다) 향학심, 정조(순결)와 같은 교훈이다.

---

114) 분장한 사람이 적당한 배경 앞에 가만히 서 있어 마치 그림 속의 인물처럼 보이게 하는
　　것. 흔히, 역사적 인물이나 명화를 소재로 한다. 메이지시기에서 타이쇼시기에 걸쳐 집회의
　　여흥으로 행해졌다.

그림 94 황후어제창가, 니시키에, 1887년, 豊原国周

　같은 해에 토요하라 쿠니치카는 『황후어제창가(皇后御製唱歌)』라는 니시키
에를 그렸다(그림 94). 이것은 전통식 꽃모양으로 장식된 양장을 입고 모자와
장갑으로 몸을 단장한 황후가 전통식과 서구식이 혼합된 옷을 입은 여학생
에게 노래를 가르치고 있는 장면을 그린 것이다. 화면 위쪽에는 노래가사가
적혀 있기 때문에 민중들은 어떤 노래가 하사되었는지 알 수 있었고 황후가
기묘한 양장을 입고 있는 것도 볼 수 있었다. 근대화된 일본여성의 새로운
모습은 양장한 황후로 상징되었던 것이다.

　생각해보면 키오소네와 마루키 리요가 양장차림을 한 황후의 어진영 초
상을 결정한 것도 이때이므로 모든 것이 이와 같은 상황과 관련되어 있었음
을 알 수 있다.

대일본제국헌법 발포

일본의 근대화가 그 골격인 헌법을 완성한 것은 1889년이다. 근대국가 형성의 최고 순간인 헌법발포식은 기록과 선전화로서 니시키에의 큰 테마였다. 또한 세계의 외교관을 초대하고 국민에게도 선전된 이 헌법발포식은 이미 실시되고 있던 황후의 양장이 가장 활약한 국제적 무대가 되었다. 헌법발포식의 진행경과를 니시키에가 모두 기술하고 있음은 이미 말한 대로인데 그 절정인 '의식' 그 자체를 그린 요슈 치카노부(楊州周延, 1838~1912)의 『헌법발포 그림(憲法発布之図)』은 그중에서도 뛰어난 구도를 보여주는 작품이다(그림 50).

샹들리에가 달려 있는 넓은 방에서 특히 키가 큰 한 무리의 외국인 고관들과 이보다 키가 작은 정부의 고관들이 장막 앞에 밀집해 있다. 천황은 2단 높은 단의 옥좌 앞에 서서 이토 히로부미로부터 헌법을 받고 있다. 물론 모두 양장이다. 외국인과 일본인, 그리고 일본인 가운데도 예전에 쿠게나 무사였던 자, 조상이 다이묘나 화족이었던 자, 유신의 공으로 작위를 얻은 자 모두가 동일한 제복의 양장이다. 그들은 이제 메이지 근대국가의 중추인물들임이 이러한 예복에 나타나 있다.

의식을 그리는 방법은 1877년의 제1회 『내국권업박람회 개장식 그림』과 같은 형식인데, 다른 점은 전자에서는 일본의 박람회에 놀라는 외국인이 잡다한 자세로 아래쪽에 그려져 있는데, 이번에는 외국고관들이 모두 한층 더 키가 크고 당당하게 위쪽에 그려져 있다. 이는 일본이 국제사회를 중시하고 있음과 동시에 귀빈에 대한 처우에 국제성을 체득하였음을 보여주는 것이라 하겠다. 또한 앞의 그림과 가장 큰 차이점은 황후가 천황이나 다른 사람들과 마찬가지로 양장이라는 것이다. 황후의 좌우와 뒤를 따르는 여관들도 각양각색의 양장을 차려입고 있다. 여기에는 이제 전통의상을 입은 여성은 한명도 없다. 이 가운데 황후는 주위의 어느 여성보다도 키가 크다. 자줏빛 가운과 장밋빛 모자를 쓰고 있다.

황후의 위치는 1단으로 2단인 천황보다 한 단 낮고 신하보다 한 단 높다. 또한 그 대좌는 천황의 대좌에서 떨어져 있다. 이는 황후가 천황과 동등하지 않기 때문에 동일한 위치에 있을 수 없음을 보여주고 있다. 같은 의식을 그린 코지마 쇼게츠(小島勝月)의 니시키에에는 천황의 예복과 중신들의 예복, 그리고 황후의 의상이 조금씩 다르다. ─황후는 밝은 분홍빛 프릴이 달린 가운을 입고 빨간 모자를 쓰고 있다─그러나 황후의 위치가 천황보다 몇 단 낮고 따로 설치되어 있는 점은 동일하다.[50*]

의식을 마친 천황부부는 같은 마차를 타고 아오야마(青山)연병장에서 시내를 행진하고 궁성으로 귀환하였다. 이노우에 탄케이(井上探景, 1864~1889)의 『헌법발포 아오야마관병식 진도(憲法発布青山観兵式真図)』에서는 마치 제방처럼 멀리 보이는 지평선까지 다 덮어버린 검은 병대의 군복행렬 앞을 네 필의 말이 끄는 마차를 타고 나아가는 천황과 황후의 모습이 그려져 있다(그림 95). 여기에서도 황후의 의상이 다른데 분홍색인 것은 동일하다. 마차의 창문은 활짝 열려 있기 때문에 민중은 부부를 잘 볼 수 있었다. 몰은 이때의 상황을 다음과 같이 적고 있다.

그림 95 헌법발포 아오야마관병식 진도, 니시키에, 1889년, 井上探景

"헌법발포 축제는……국민도 각각 축제에 참가하였다. 그 때문에 천황 부부께서 마차로 시내를 돌아 우에노공원(上野公園)까지 가시는 계획이 세워졌다. 천황의 마차가 지나갈 많은 개선문이 도로에 세워졌다. 그리고 수만 명의 민중이 천황이 지나가시는 도로 양쪽에 공손하게 정렬했다. 모든 것은 기대대로 진행되었다. 그리고 천황 부부께서는 마차에 동승한 모습을 충성스런 신민에게 보여주셨다. 이제까지는 부부가 함께 마차에 타시고 그 모습을 일반대중에게 보여주시는 관습은 없었다. 그런 점에서도 이번 일은 황실 관습의 새로운 장을 열었다."[51*]

타카기 히로시(高木博志) 씨는 헌법발포식의 프로그램은 몰이 베를린의 비슷한 의식을 모범으로 삼아 작성하였고 유럽의 왕실의례와 호환성을 갖게 하는 것이 중요했다고 말하고 있다. 과거의 황실행사는 쿠게(公家) 사회내부에서 행해지고 기본적으로는 고위고관직을 맡은 남성만의 의례였다.[52*] 따라서 몰이 기록하고 있듯이 국가적으로 중대한 의식에 여성인 황후가 참가하는 것은 이전엔 생각할 수 없는 일이었다. 그러나 유럽의 외교관을 초청하는 메이지 이후의 의식에서 '황후'가 차지하는 공간이나 역할은 새롭게 창조될 필요가 있었다.[53*] 또한 입헌군주제가 정비되었음을 상징하는 헌법발포식에서 이번에는 황후의 위치를 국민에게도 알릴 필요가 생겼다고 할 수 있다.

헌법발포로부터 4년 후, 황실은 서구왕후의 의례습관에 준하여 천황과 황후의 은혼식을 개최하였다. 타카기 히로시 씨에 의하면 이것은 이토 히로부미가 주장한 것으로 천황은 은혼식이라는 말을 원하지 않았기 때문에 공식적으로는 대혼식이라고 하였다.[54*] 서양음악과 서양요리 등 모두 서구풍으로 진행되었고 답례품마저 은으로 만든 과자그릇이었다(『메이지천황기』 1894년 3월 9일). 난사이 도시타다(南斎年忠)가 그린 『대일본제국 은혼식(大日本帝国銀婚御式)』(1894년)에서 천황은 중앙의 3단 높은 대좌 위에 서서 축사를 받고 있지만 황후는 그 왼쪽에 별도로 설치된 한 단 낮은 대좌 위의 옥좌에 앉아 있다(그림 96). 결혼 25주년을 축하하는 의식을 성대하게 치렀다는 것은

그림 96 대일본제국 은혼식, 니시키에, 1894년, 南斎年忠

국민에게 일부일처제의 모범을 보이기 위한 새로운 의식이었다. 그러나 이 경우에도 천황과 황후가 나란히 서 있는 것은 아니었다.

요슈 치카노부는 천황부부가 헌법발포 축제로 들끓는 시가지를 행렬하는 떠들썩하고 열광적인 모습을 3장의 대형판화로 그렸다. 천황과 황후의 마차 행렬은 신바시(新橋), 긴자(銀座), 니혼바시(日本橋), 만세바시(万世橋), 오나리도(御成道), 히로코지(広小路)를 지나 우에노(上野)까지 이어졌다. 도로 양쪽에는 은행, 회사, 조합, 신문사 등이 아치 등과 같은 장식을 여러 개 설치하고, 각 마을에서는 다시(山車),115) 가장행렬, 깃발행렬을 하고 학교 학생들은 길가에서 송영하였다. 우타가와 쿠니토시(歌川国利, 1847~1899)가 그린 『헌법발포 식축제의 경황 및 니쥬바시 행렬 그림(憲法発布式祝祭之景況併二二重橋御成行列之図)』(1889년)은 전방을 가득 메운 사람들과 후지산(富士山)보다도 높은 다시(山車)의 행렬이 천황의 마차를 가릴 정도로 북적이는 모습을 전하고 있다(그림 97).

이 그림의 구도는 대단히 재미있다. 천황의 마차와 기마군, 다시(山車)와

---

115) 축제 때 끌고 다니는 장식된 수레를 말한다.

그림 97 헌법발포식축제의 경황 및 니쥬바시 행렬 그림, 니시키에, 1889년, 歌川国利

군중이 모두 같은 방향, 즉 오른쪽에서 왼쪽으로 향하고 있고, 행진집단이 화면을 오른쪽 위에서부터 비스듬히 아래로 이분하고 있다. 화살표 방향으로 짜여진 구도가 천황의 행렬에 융성하게 수반되어 가는 민중의 세력을 그려내고 있다. 한편 배경을 이루는 궁성(宮城)은 청명한 하늘과 수평을 이루며 고요하게 서있고, 니쥬바시(二重橋) 위로는 멀리 하얀 후지산이 선명하게 보인다. 후지산으로 에도(江戸)의 시가지를 특정하여 원근감을 내는 것은 가츠시카 호쿠사이(葛飾北斎, 1760~1849)의 『부악삼십육경(富嶽三十六景)』 가운데 『에도니혼바시(江戸日本橋)』와 『다치카와혼조(立川本所)』 등을 비롯한 에도 각 명소의 그림에 자주 사용된 창작수법이다. 축제의 떠들썩함이나 군중의 움직임 등을 그리는 수법 또한 『연중행사에마키(年中行事絵巻)』 등과 같은 에마키모노(絵巻物)116)에서 빈번하게 사용된 전통적인 창작법이다. 일본의 시각문화는 지배자와 시가지와 군중을 그리는 것에 매우 익숙한 뛰어난 전통을 지니고 있었다. 여기에서 새로운 것은 후지산과 궁성이 근대천황제의

---

116) 일본 회화형식의 하나로 옆으로 긴 종이나 비단을 수평으로 이어서 장대한 화면을 만들고 경치나 이야기 등을 연속해서 표현한 것을 말한다.

상징이 되고 있다는 점이다.

이 화면에서는 민중이 떠들썩한 모습으로 가장 격렬하게 움직이고 있고, 천황은 천천히 움직이며 궁성과 후지산은 전혀 움직이지 않는다. 움직이지 않는 것은 영원의 상징이다. 여기에서는 민중의 소란스러움을 넘어 영원히 움직이지 않는 후지산이 부동의 일본국을 상징하고 있다. 화면의 위쪽 하늘에는 움직이지 않는 후지산과 다시(山車) 위의 활인화(活人畵)가 같은 높이로 대치하고 있다. 오른쪽 끝의 다시(山車) 위에는 푸른 소나무가 두 그루 솟아 있는데 이것이 화면에서 가장 높은 위치에 있다. 두 그루의 소나무는 천황과 황후의 번영을 축하하고 있다. 후지산은 생명이 없지만 소나무는 생명이 있다. 국체의 상징인 후지산은 영원하다. 천황과 황후는 후계의 혈통을 이어감으로써 영원하다. 소나무는 장수는 하지만 영원하지는 않다. 그러나 그 생명을 어린 소나무에 전해줌으로써 영원한 생명을 전승한다. 이 소나무의 상징적 의미는 일본의 회화나 꽃꽂이의 상징체계 속에서 전승되어 온 것이다. 그러나 이것이 일본고유의 상징은 아니다. 서구에서도 상록수, 특히 월계수가 소나무와 마찬가지로 왕의 계통전승에 사용되었다. 수목(樹木)의 도상학(図像学, iconography)과 그 의미에 대해서는 졸저『장미의 도상학(薔薇のイコノロジー)』을 참조하기 바란다.55*

실제 현장에 없었던 시민이나 지방에 사는 대다수의 민중들은 헌법발포식으로 들끓는 토쿄거리의 광경을 이러한 니시키에로 체험했을 것이다. 또한 니시키에는 동경에서 일어난 경사스러운 사건을 전국의 민중에게 알리는 현재의 텔레비전 보도와 같은 역할을 했음에 틀림없다. 이때 식장 내외의 요인들과 아오야마연병장을 가득 메운 구름떼 같은 군대, 이들은 동일한 양복을 입고 일사분란하게 움직이는 인간들은 국가권력을 표상하고, 각양각색의 의상을 입은 길가의 인간들은 민중을 표상하고 있다. 민중 앞에 처음으로 천황과 나란히 등장한 황후는 양장차림이지 않으면 안 되었다. 이것은 근대국가 안에서 근대적인 여성이 어떤 위치를 차지하는지 민중에게 알려주는 중요한 계기였기 때문이다.

황후의 국가적 역할—간호·식산·교육

천황의 양장이 황후의 양장보다 15년 빨랐던 이유 중 하나는 군주상에 근대적이고 국제적인 호환성을 부여하기 위해서였다. 이외에도 천황상을 서양군복으로 바꾼 것은 제1장에서 서술한 바와 같이 서양식 제복을 의무화하는 군대와 징병제도 창출과 관련이 있었다. 즉 근대국가에서 국민의 말단까지 징병하는 징병제도는 남성을 국민으로 변화시키는 새로운 제도였고 각양각색의 민족의상을 입은 농민이나 노동자를 일본국가의 군인제복으로 통일시키는 것은 그 상징적 행위였다. 군의 총수인 천황만 민족의상을 입을 수는 없다. 천황은 서양군복을 착용함으로써 남성국민의 지도자임을 보여줄 수 있었다. 즉 천황의 양장은 일본남성의 국민화를 위한 불가결한 요소였다.

그렇다면 황후의 양장은 어떠한가. 헤이스팅스 씨는 황후의 양장이 '제복여성' 즉 여성 직업집단의 국가적 수요와 관련이 있다고 지적하였다.[56*] 황후의 양장은 여성의복의 탈아입구(脫亞入歐)라는 목적 이외에 학생, 간호사 등과 같이 제복을 착용하는 국가적 여성의 창출 및 제도화와도 관련이 있다. 앞에서 서술했듯이 일본적십자는 1887년에 시작되었고 화족여학교(이후 여자학습원)는 1885년에 문을 열었다. 일본여성의 고등교육이 이루어진 화족여학교는 화족 부인(夫人)이나 정부고관 부인을 양성하는 장소였고, 적십자는 황후가 주재하는 화족의 부인과 정부고관의 부인의 자선 및 전시(戰時) 협력의 장이 되었다. 황후는 여자교육, 간호(전시의 여성 협력)의 총수로 여겨졌다. 한편 고등여학교령이 내려진 것은 1899년이므로, 서민과 중류계급 여성은 제복과 양장 모두 10년이나 뒤떨어졌다.

앞에서 서술한 바와 같이 징병령은 국민에게 모든 계급을 막론하고 서양식 병역에 임해야 하는 의무를 부여하였다 병사의 제복은 무사계급의 붕괴를 시각화하고 평등한 국민이라는 존재 탄생의 상징이 되었다. 한편 1880년대 중반까지 관료도 군대도 아니었던 여성의 복장은 통일되지 않은 상태였다.[57*] 헤이스팅스 씨는 메이지초년의 천황군복과 마찬가지로 황후의 양장은 단순한 변덕스러운 유행도 아니고 공허한 서구숭배도 아니라고 서술하고 있다. 그녀는 "황후의 새로운 의복채용은 신생 일본의 변혁되고 통일된 귀족계급 창설의 마무리를 의미한다"고 지적하고 "황후의 의복전환이 기존 두 귀족의 최고위 계승자에 신정부 지도자를 포함시킴으로써 새로운 귀족계급을 만든다는 1884년의 귀족령(화족령) 반포 직후에 이루어진 것은 결코 우연이 아니다"라고 지적하고 있다.[58*] 이로 인해 쿠게(公家)와 부케(武家) 모두 같은 의복을 입게 되었고 언뜻 보기에 일본의 엘리트계급이 하나로 보이게 된 것이 중요하였다. 또한 그녀는 "황후의 양복은 여성의 중요한 공적 역할의 탄생과 일치하였다. 교직, 간호, 군대 원조 등과 같은 역할은 모두 제복을 필요로 하였다. 황후의 새로운 의복은 일본 여성들을 대상으로 가정과 농촌, 공장, 그리고 로쿠메이칸(鹿鳴館)에서 국가에 봉사하라는 호소였다"고 주장한다.[59*]

카타노 마사코 씨는 『메이지천황기』에 근거하여 1868년부터 1912년까지 황후가 행차한 목적지를 조사하여 황후의 공적인 활동 영역을 검증하였다.[60*] 이에 의하면 1868년에는 황후의 행차가 없었지만 1869년에는 갑작스레 시작되어 11회에 이르렀고 1883년에는 두 자리 수치로 증가했다. 1912년까지의 행차를 합하면 군사 28회, 신사와 절 42회, 아오야마어소(青山御所, 황태후가 거처한 곳) 56회, 별궁 167회, 관청 9회, 신하(臣下) 47회, 학교 78회, 일본적십자전람회제사 81회, 승마장 8회, 천황 송영 53회, 어소 115회, 유람 30회, 피서 15회, 병원 38회, 자선 6회이다. 덧붙이자면 천황은 1868년부터 1899년까지 군사 194회, 신사와 절 9회, 아오야마어소 54회, 별궁 69회, 관청 8회, 신하 48회, 학교 28회, 경마 50회, 순행 10회이다.

카타노 마사코 씨는 천황과 황후의 행선지들로 보아 천황은 '군사·병사(兵事)'가 주요 영역이고 황후는 '문화·학사'가 중심임을 알 수 있다고 하였다.[61*] 분명 천황의 군사 194회는 대단한 수치이다. 한편 황후는 천황을 송영하거나 황태후를 방문하는 등 황실의 가족적 의무의 행차가 많았는데 이를 제외하고 가장 많은 것은 일본적십자·전람회·전시회 81회, 학교 78회, 병원 38회이다. 또 천황은 가지 않고 황후만 간 곳은 적십자사, 병원, 자선 관련이다.

한편『메이지천황기』기사를 자세히 조사한 카타노 마사코 씨에 따르면 1868년부터 1912년까지 황후의 업적은 다음과 같다. 이미 다룬 부분도 일부 있지만 황후의 역할을 정리하는 의미에서 다시 살펴보고자 한다.[62*]

> 1869년 10월 12일 내정쇄신 장교국(長橋局)[117] 폐지.
> 1870년　2월 25일 여관 등 쇄신.
> 1871년　7월 20일 내정쇄신.
>　　　　　8월　1일 여관파면, 신임.
> 1872년　4월 24일 내정쇄신.
>　　　　　8월　5일 우치다 쿠이치가 어진영 사진 촬영.
> 1873년　1월 10일 황후가 처음으로 신년하례를 받음.
>　　　　　3월　2일 천황이 머리를 깎고 화장을 지움.
>　　　　　5월　5일 후궁에 불에 나서 아카사카(赤坂) 별궁으로 이전.
>　　　　　6월 24일 황태후와 함께 군마현(群馬縣) 토미오카제사공장에 행차.
> 1874년　1월　7일 후쿠바 비세, 카토 히로유키, 모토다 나가자네의 강의에
>　　　　　　　　　황후 동석.
>　　　　　5월　4일 황후가 소지한 돈을 여관의 퇴직금으로 하사.

이 무렵까지 황후를 둘러싼 기사와 업적은 오로지 후궁의 근대화와 황후의 위치확립에 초점이 맞추어져 있었다. 황후가 후궁 이외의 국가·국민에 대한 업적을 시작한 것은 1875년 여자사범학교 설립에 관한 지원부터일 것이다. 그러나 기록된 황후의 최초 행차가 토미오카제사공장이었다는 점은 주목할 만한 가치가 있다. 이것은 식산흥업에 동원된 여성들을 무엇보다 먼

---

117) 장시(掌侍) 4사람 중에서 제1위인 사람. 천황에 대한 주청을 전달하고 칙지의 전달을 담당한다.

저 칭찬하기 위한 것이고 이는 나중에 서술하는 바와 같이 황후의 국가적
역할 중 하나로서 여성노동력의 환기로 인한 산업촉진이 목적이었다.

> 1875년 1월 3일 토쿄여자사범학교 설립 당시 5,000엔 하사.
> 1877년 1월 29일 천황과 황후의 행차에 관련된 법규결정.

이때 측실이 황자와 황녀를 낳는 일은 '황실의 내사'로 취급되어 일반인
민에게는 공포되지 않고 궁내성에서 여러 관성으로만 통보되었다. 이것은
정부가 일부다처라는 후궁제도를 국민에게 공개해서는 안 된다고 여겼음을
보여주고 있다.

> 1877년 3월 및 4월 19일 황후, 황태후 붕대제작.

1877년은 세이난전쟁이 일어난 해이다. 사이고 타카모리에 대한 신임이
컸던 천황은 불쾌한 나머지 3월 21일부터 어소에 틀어박혀 정무를 포기하
였다. 한편 황후와 황태후는 관군의 부상병을 위하여 '붕대를 만들었다'고
한다.『메이지천황기』에 의하면 이때 "황태후와 황후는 출정한 장졸 가운데
다치고 병든 자가 많음을 가슴 깊이 애달파하시고 여관들을 독촉하여 손수
멘잔시(綿撒糸)[118]를 만드셔서 정토총독인 다루히토친왕을 통해 다른 위문
품과 함께 붕대를 부상자에게 나누어 주셨다"[63*]고 한다. 전시 부상병에 대
한 황실여성의 위문품은 이것이 처음인데 카타노 마사코 씨에 따르면 이것
은 이와쿠라사절단에게서 배운 것이라고 한다.[64*] 이후 전시에 '붕대를 만드
는 것'은 일본 황후의 전통이 되었다. 쇼와천황의 황후도 1940년 전쟁 당시
수많은 붕대를 만들었고 붕대를 감는 모습이 '황후의 인자함'으로 국민들에
게 제시되었다.[65*] 타이쇼와 쇼와시기의 황후역할 대부분이 이 시기에 만들
어지고 계승되었다.

---

118) 'めんきっし'의 관용음이다. 무명을 풀어 약액(藥液)에 적신 것을 말한다. 수술 자리나 상
처에 댄다.

1877년 7월 3일 깃발에 관한 제도를 결정. 황태후와 황후 행차 시 천황과 동
                일한 방법으로 기를 들도록 함.
        9월 11일 궁정야화를 시작.
       12월 28일 『메이지효절록』을 황족과 정부 관료들에게 반포.
1878년 1월 18일 금요배식(金曜陪食)에 황후 참석.
        4월   2일 황태후가 '국산 장려'를 위해 양잠소를 아오야마어소에 설치.

황후도 역시 여기에 간 적이 있다. 양잠장려는 하루코황후는 물론이고 역
대 황후들에게 계승되었다. 양잠, 제사(制糸), 방적과 같은 천과 의복에 관한
흥업장려는 황후의 소관이 되었다. 서구나 중국에서도(제3장에서 논한 '내훈(內
訓)'을 상기하길 바란다) 고대 이후에 방직은 여성 미덕의 상징이며 여왕이나
왕비가 장려하는 주요 산업이었다.

1882년 12월   2일 『유학강요』 배포.
1883년   『부녀감』 편집.
1884년   9월   5일 화족여학교 창립령.
1885년   6월   8일 황태후 신쥬쿠교엔(新宿御苑) 내 화족양잠사 행차.
                 사장 츠지 요시노부(辻安伸) 자작의 안내로 잠실(蠶室)에 들
                 어가 양잠하는 모습을 소상히 살펴 봄.
        11월 10일 로쿠메이칸의 여성자선회에 행차, 구매.
1886년   3월   7일 황후 이토 히로부미를 만남.
         3월 26일 천황의 병환으로 황후가 금요배식을 대신함.
        11월 11일 하쿠아이샤(博愛社) 병원의 설립을 명령함.

1880년대 중반에 황후는 국민도덕교육의 중요한 담당자가 되었다. 동시
에 여자교육과 병원사업과의 관계도 확립되었다.

1887년   1월 17일 여자제복사소서(女子制服思召書)
         3월 16일 하쿠아이샤를 일본적십자로 개칭, 황후의 후원을 결정.
         3월 18일 화족여학교에 금강석(金剛石) 와카를 하사.

4월 27일 지케이이의원(慈惠醫院) 조직을 설립하고 황후의 영지를 하사.

5월 9일 지케이이의원 환자를 위문.

10월 13일 『부녀감』 완성.

11월 8일 천황과 황후 후지나미 고토타다로부터 슈타인 헌법학 수강.

11월 17일 로쿠메이칸 여성자선회에 행차, 구매.

1888년 1월 23일 일본적십자 행차.

9월 14일 황후가 사노 츠네타미(佐野常民, 1823~1902)와 함께 이시구로 타다노리(石黑忠悳, 1845~1941), 마츠다이라 노리츠구(松平乘承, 1851~1929)에게 세계적십자에 대한 보고를 들음.

1889년 6월 15일 스즈키 신이치와 마루키 리요가 사진촬영.

11월 2일 요시히토친왕 입태자.

1890년 9월 16일 터키군 조난에 대해 황후가 일본적십자에서 의원과 간호사 파견.

1891년 2월 28일 일본적십자에서 노우비(濃尾)[119]대지진에 구호를 하사.

12월 28일 국산 옷감 장려 영지.

황후양장이 공식화된 1880년대 후반을 전후로 간호, 여자교육, 도덕교육의 3대 임무가 더욱 더 강화되고 적십자 활동을 통한 황후의 업적이 국외에도 미치고 있음을 알 수 있다. 또 이때 양장차림의 어진영도 촬영되어 근대적 황후상이 결정되었음은 앞에서 서술한 바와 같다. 또한 국산옷감의 장려는 포목산업 장려와 수입축소라는 국책과 연관되어 있기 때문에 네 번째 임무인 식산흥업에 대한 여성의 참여방식 ― 의·식·주라는 가정 내 생산과 소비분야에서의 여성의 공헌을 볼 수 있다. 이상은 평상시 황후 역할인데 전쟁 시에는 황후의 활약이 더욱 특별해진다.

1894년 11월 25일 황후, 청일전쟁이 시작되자 연합함대에 영지.

10월 8일 이날 이후 3회에 거쳐 붕대제작.

1895년 3월 22일~23일 히로시마 육군예비병원을 위문.

---

119) 미노(美濃)와 오와리(尾張)를 말한다.

병사들에게 방한용 풀솜을 하사. 이 풀솜은 대혼제(大婚祭)의 헌상품임.

1896년　7월 16일 시종에게 산리쿠지방(三陸地方)[120]의 해소(海嘯) 피해지 방문.
1902년　10월 10일 적십자사 총회에 행차.
1904년　6월 17일 러일전쟁 시 붕대 배포.
　　　　8월 25일 황후, 사카모토 료마(坂本龍馬, 1836~1867)가 해군을 수호하는 꿈을 꿈.

청일·러일전쟁 당시 황후는 붕대나 방한도구를 병사에게 보내 전의를 고무시켰다. 또 러일전쟁 당시에는 황후의 꿈에 사카모토 료마가 나타나 "저희 해군을 수호하겠습니다. 염려마십시오"라고 말했다고 적혀 있다. 이 이야기는 전국으로 퍼져 전의를 고무시켰다. 여기에서는 카타노 마사코 씨의 말대로 황후가 무녀와 같은 역할을 했다는 점에 주목해야 한다. 이때 메이지천황은 러시아 황족과의 친밀한 교제가 있어서인지 "이번 전쟁은 짐의 의지가 아니다"라며 눈물을 흘리면서 개전(開戰)을 주저하였고 당뇨와 만성 신장염에 걸려 병상에 누웠다.[66*] 그러나 황후는 용감하게 행동하여 부상병에게 의안(義眼)과 의지(義肢)를 하사하고 여관을 파견하여 위문하도록 하였으며 토쿄 육군예비병원을 위문했다.[67*]

1906년　2월 21일 일본적십자 독지간호여성회(日赤篤志看護婦人會), 애국여성회(愛國婦人會)에 영지.
　　　　4월 9일 화족여학교를 학습원에 병합하라는 영지.
1912년　4월 21일 마츠카타 마사요시를 통해 세계 적십자총회에 10만 엔 의탁.

위와 같은 기록을 통해 판단해보면 국가적인 사업에 관련된 황후의 영역은 오로지 여자교육, 간호 특히 전시의 간호활동(자선회 수익도 병원에 기부되었다), 직포제사 관련산업육성 및 장려라는 세 부분에 집중되어 있다고 볼 수

---

120) 토호쿠지방의 북동부지역을 말한다.

있다. 그리고 이 세 가지 사업에 종사하는 학생, 간호사, 여공은 모두 제복을 입은 여성들이었다. 그녀들이 근대 일본국가의 신여성에게 요구되는 국가적 역할을 담당하고 있었던 것이다.

첫 번째 여자교육은 국가의 기반이자 기초단위인 가정의 양처현모 육성과 관련되고 두 번째 간호사는 근대국가의 국민건강과 위생을 지킴과 동시에 무엇보다도 전시의 구원체제 확립에 불가피하였다. 세 번째 여공은 일본의 최대 수출품인 생사 등을 생산하고 부강한 산업국가에 공헌하는 저렴한 노동력이었다.

이 세 가지 역할의 공통점은 다음과 같다. 여자교육의 목적인 양처현모는 일가의 남편 즉 남성이 '호주=가장'임을 전제로 하고 집안, 즉 사적 세계에서 담당하는 여성역할을 집약한 것이다. 간호사란 의사를 정점으로 하는 의(医)라는 계급제도에서 남성의 하급 보조역할로만 인정되었던 직업이다. 또한 여공은 계급사회의 하층 여성을 대상으로 하고 있을 뿐만 아니라 남성숙련공에 비해서 고용조건이나 신분에서 열등한 노동력으로 여겨졌다. 이러한 의미에서 세 종류의 역할 모두 남성 주변에서 남성을 보조하는 위치에 놓여 있는 것으로 남성본위 사회에서의 여성역할이라는 공통성을 갖고 있다.

두 번째 공통점은 양처현모, 간호역할, 방직이나 양잠, 직물을 짜거나 하는 손일에 능한 것은 모두 가부장제 사회에서 여성의 본질로 여겨져 왔던 모성, 보살피는 역할, 수작업에 의한 의류제작이라는 가정 내 여성역할의 사회적 연장이었고, 공적 영역에서 여성성 발현으로 여겨지는 분야였다는 점이다.

따라서 여성들은 근대국가에서 새롭고 명예로운 직업과 활동 영역을 부여받은 것이 아니라 과거의 가정 내 여성역할이 국가적 이익에 따라 연장되고 확대된 것에 지나지 않는다. 과거의 성별역할은 탈구축된 것이 아니라 국가적 규모로 확정된 것이다.

그때까지 여성이 가정에서 사적으로 해왔던 간호, 가정노동, 육아, 가사를 국가적인 여성의 역할로 확대시키고 공적으로 신성시하기 위해서는 천황을 내조하는 처이자 국가의 여성 역할을 온몸으로 보여주는 황후를 이용하는 것이 가장 효과적이었다. 양장차림의 근대적인 황후의 행차로 인한 영역의 시각화는 황후가 국가의 여성을 대상으로 행하는 여성역할의 선전이 되었다.

이 모든 것을 지휘한 자가 바로 이토 히로부미였음은 1906년 6월 11일 경성(지금의 서울) 애국여성회 지부대회에서 이루어진 '여성의 사회적 진출'이라는 그의 연설에서 분명해진다. 그는 "대체로 어느 나라든지 각 나라마다의 풍속습관이 있으며 동양 여성은 일가를 보살피는데 소위 남자는 밖에서 일하고 여자는 집안을 지키는 풍습이 있다. 청나라와 한국 여성은 아직 이 풍습에서 벗어나지 못하고 있는데 일본여성은 조금씩 사회에 진출하여 여자도 남자를 도와 사회적인 일에 종사한다"고 말하면서 일본여성은 아시아적 정체를 탈피하여 지위를 향상시키고 남성의 조력자로서 사회에 진출하고 있음을 강조하였다. 이어서 그는 다음과 같이 말하고 있다.[68*]

밖에 나가 사회를 위해 일하는 것은 종래의 동양 풍속에 전혀 없었던 일로 이는 최근 서구에서 나타난 경향이다. 일본에서도 39년 전에는 여성이 사회적 사업에 종사하는 것은 공적인 자리는 말할 것도 없고 친척들 간의 교제 외에는 거의 없었을 정도였다. …… 나는 1882년에 헌법제도 조사 칙명을 받아 유럽에 갔을 때 주로 독일, 오스트리아, 이탈리아에 있었다. 그리고 외국의 황실을 방문하고 각각의 황후도 알현하면서 친히 사회적 사업에 열중하는 실상을 목격하였다. 독일에서는 현 황제의 백모이신 분이 학교와 병원사업에 아주 열심이어서 자신이 황실에서 받은 봉급에서 비용을 지출하시고 서양 풍속인 은혼식, 금혼식 때 각지에서 헌상 받은 금은 제품을 모두 그 비용으로 사용할 정도였다. 그리고 친히 여자학교를 창립하시고 때때로 몸소 행차하시어 교육현장은 물론 주방까지도 순람하시며 부엌의 청결, 칼의 녹슨 부분까지도 신경을 쓰셨다. 신뢰할 수 있는 여성을 교장으로 두어 감독하게 하고 여러 가지로 상담하는 경우도 적지 않으셨다. 때로는 간소함과 청결함을 중시하는 식탁에서 학생들과 함께 식사를 하시기도 하였다. 병원도 그 감독 하에 있어서 때로는 친히 병실을 위문하시기도 했다.

　이러한 사고방식을 지니고 있던 그이기에 러시아 황후가 오천 명을 수용하는 모스크바 고아원의 총재라는 것, 영국 황태자비가 수제물품 판매로 얻은 이익을 빈민구제 사업이나 보육원 시설 운영에 사용한 사실 등과 같은 '근대 황후의 역할'을 하루코황후에게 아뢰었을 것으로 여겨진다. 화족여학교, 지케이병원 창설, 일본적십자사 사업진흥 등은 모두 이토 히로부미가 귀국한 후의 일이다. 헤이스팅스 씨는 이토 히로부미는 황후가 솔선하여 서양왕실을 모범으로 삼아 사회사업에 종사함으로써 일본여성의 사회진출이 촉진되었다고 생각했다고 지적하였다.[69*]

니시키에와 공식기념벽화에 그려진 황후의 역할

　1877년의 『니시키초 화족여학교 개업식 그림(錦町華族女学校開業式図)』(3장 연속, 平沢国明)은 여자교육과 황실관계를 나타낸 초기 니시키에 작품이다. 이것은 황후만 특별하게 그린 그림이 아니라 천황과 황후 두 분의 행차를 그린 것이다. 황후 개인과 여성교육과의 밀접한 관계를 보여주는 니시키에는 앞에서 언급한 『황후어제창가(皇后御製唱歌)』(1887년)이다. 이 그림에 그려진 황후의 창가가 황후의 덕과 더불어 여자교육에 큰 영향을 주었음은 이미 언급한 바와 같다.

　『니시키초 화족여학교 개업식 그림』 니시키에에서는 줄지어 앉은 내빈과 교사가 옥좌의 천황과 황후를 우러러보고 있다. 이 때문에 히나단(雛壇)의 히나인형처럼 화려한 의상의 황후가 잘 보이고, 나폴레옹식 모자를 쓴 영웅적인 천황, 권위있는 산조 사네토미와 토쿠다이지 사네츠네, 축사를 읽고 있는 타치바나(立花) 교장 등이 누구인지 잘 알 수 있도록 이름이 적혀 있다. 학교의 개교를 위해 천황이 1,000엔, 황후가 500엔을 하사했다는 것도 적혀 있다. 그 아래에 있는 학생들은 중신들의 절반 정도 크기로 작게 그려져 있는데 모두 공손하고 긴장된 모습이다. 천황과 황후, 중신을 우러러보는 그림에서 시선은 니시키에를 사는 민중의 시선과 그대로 동화되고 있다. 이것은 황실이 여자의 고등교육을 장려한다는 것을 민중에게 알리는 것이었다.

화족여학교와 황후의 관계가 황후의 업적 중에서도 중시되었음은 메이지 시기가 끝나고 15년 후인 1927년에 그려진 성덕기념회화관(聖德記念絵画館) 벽화의 주제로도 선택되었다는 것으로 증명된다. 모두 80점이나 되는 벽화 중 황후가 등장하는 벽화는 16개의 주제이지만 이 중 연대적으로 네 번째인 『여자사범학교 행계(女子師範学校行啓)』(1927년)와 여덟 번째인 『화족여학교 행계(華族女学校行啓)』(1927년)처럼 같은 주제로 두 개이나 그려졌다는 것은 황후에게 여자교육 확립이 얼마나 중요한 업적이었는지 보여준다. 『여자사범학교 행계』는 1875년 11월 29일 오차노미즈(お茶の水) 여자사범학교 개교식에 참석한 황후를 그리고 있다(그림 98).

제1기 입학생인 아오야마 치요는 여자사범학교 개교식에 행계한 황후에 대해 다음과 같이 쓰고 있다.70*

　　머리모양은 오스베라카시, 히나인형 옷처럼 예쁘게 겹쳐진 하얀 옷깃 위에 빨간 치리멘으로 만든 키모노(着物)와 붉은색 하카마. 그 위에 걸친 겉옷은 노란 바탕에 빨간 국화꽃을 수놓았고, 붉은색 하카마의 옷자락사이로 하이힐의 앞코가 살짝 엿보였습니다. 아직 20대인 젊디젊은 황후는 정말로 향기가 나는 듯 아름다웠습니다.

수석 입학한 아오야마 치요는 『권선훈몽』이라는 한서 중 자모(慈母)의 가르침을 발표한 후 황후로부터 컴퍼스와 같은 작도세트를 하사받았다. "이날의 일은 신궁회화관(神宮絵画館) 그림에 남겨지기도 했고 신문에서는 일본이 시작된 이래 성대한 일이라며 떠들썩하게 다루었다(말년의 아오야마 치요와 그 친구는 그림에 틀린 부분이 있다고 말했습니다만)."71*

화가 야자와 겐게츠(矢沢弦月, 1886~1952)는 황후가 학교정면 현관에 도착

그림 98 여자사범학교 행계, 성덕기념회화관벽화, 1927년, 矢沢弦月

하여 문부대보(文部大輔) 타나카 후니마로(田中不二麿, 1845~1909)와 섭리(摂理) 나카무라 마사나오(中村正直, 1832~1891)의 안내를 받으며 전시(典侍) 타카쿠라 쥬코(高倉寿子)와 두 명의 여관(女官)을 거느리고 현관으로 들어가는 뒷모습을 그리고 있다.[72*] 황후는 여관과 함께 전통의상을 입고 있는데 다만 문양이나 색깔이 아오야마 치요가 본 것과는 다르다. 그림 오른쪽 위에는 고관들이 정열하고 있고 그림 왼쪽 아래에는 남녀 교직원, 더 아래에는 하카마

차림의 학생들이 고개를 숙이고 있다. 아오야마 치요에 의하면 학생의 의복은 제각각이었다고 했던 만큼 이 부분도 다른 것 같다.

이 구도는 머리를 숙이고 맞이하는 자들의 시선에서 그려졌다. 따라서 황후는 뒷모습으로 그려졌고 얼굴을 볼 수 없다. 전하고자 하는 것은 황후가 이 학교에 왔다는 것뿐이다. 벽화제작을 위한 자금을 낸 모체가 사범학교 동창회인 사쿠라인회(桜陰会)였던 만큼 학교건물의 건축적 재현이 중시되고 있다. 단 이들 벽화의 구상원화는 모두 고세다 호류(五姓田芳柳, 1864~1943) 2세가 그렸다고 하므로 그의 의향이 있을지도 모른다. 여기에서 중요한 것은 건축물이다.

그러나 기묘하게도 이 벽화의 연작 중 두 번째로 여자교육을 주제로 삼은『화족여학교 행계』(跡見泰)에서도 황후는 뒤돌아 있다(그림 99). 봉납자는 학습원 동창회인 토키와회(常盤会)이다. 황후는 단상 위에 서서 등 뒤에 여관을 거느리고 교장 타니 타테키의 축사를 듣고 있다. 오른쪽 위로 간사 시모다 우타코의 얼굴이 보인다. 학생들은 모두 하카마 차림에 똑같은 모양으로 머리를 묶고 있으며 같은 색 제복을 입고 고개를 숙이고 있다. 여기에서도 황후를 직시하고 있는 사람은 한 명도 없다. 황후의 얼굴도 보이지 않는다. 그림은 이 행사를 외부에서 엿본 사람의 시선으로 구성되어 있다. 시선은 행사장의 엄숙한 분위기에 압도된 듯하다.

공식적인 역사화 속의 황후는 똑바로 쳐다볼 수 없는 존귀한 존재로 표상되어 있다. 고위관료와 교사는 물론이거니와 학생들까지도 황후를 뚫어지게 바라보고 있는 니시키에의 모습과는 매우 다르다. 이를 통해 황후의 얼굴을 보는 것이 서민들의 욕망이었음을 알 수 있다. 이 차이는 한쪽은 신문처럼 실시간으로 민중을 향한 복제 미디어인 판화(니시키에), 이른바 하위문화인 것에 비해 다른 한쪽은 메이지가 이미 역사적 과거가 되고 천황과 황후의 업적이 건국신화로 바뀐 시대에 이른바 일본제국 초창기의 대제(大帝)인 '메이지천황 전설'을 창출하기 위해 제작된 '예술·회화'였다는 것에 있다.[73*] 이 사업은 쿄토 후시미(伏見)에 있는 메이지천황의 능묘와 대치시키

그림 99 화족여학교 행계, 성덕기념회화관벽화, 1927년, 跡見泰

는 의미에서 재단법인 메이지신궁봉찬회(明治神宮奉讚会)가 내원에 신궁, 외원에 성덕기념회화관을 계획하여 헌금을 모아 '당대 일류화가가 80개의 주제로 그린 작품을 진열'한 것으로 1927년에 완성되었다.[74*]

여기에 선택된 80개의 주제는 메이지천황의 탄생과 즉위, 유신과 같은 중대 사건을 비롯하여 '류큐번(琉球藩)[121]설치', '군인칙유하사', '헌법발포식', '교육칙어하사', '히로시마대본영군무총재(広島大本営軍務総裁)(청일전쟁)',[122]

---

121) 지금의 오키나와현(沖縄縣)의 옛 명칭이다.

'대만평정', '대러(対露)선전포고 어전회의', '카라후토(樺太) 국경확정',123) '한일합방' 등 역사학상의 쟁점으로 이루어져 있다. "이것들은 의심할 여지없이 메이지천황의 성덕을 기리는 상징적인 사례로서 전해져 왔음을 보여"주고 "메이지를 위대한 과거로써 전통을 재발명"하였던 것이다.[75]* 주제 선정은 1916년부터 1921년에 걸쳐서 이루어졌고 선정위원은 이름을 알 수 없는 역사가 한 명과 미술학교 교장 마사키 나오히코(正木直彦, 1862~1940), 메이지신궁봉찬회 이사장 미나카미 히로미(水上浩躬, 1861~1932)이다.

서구에서는 궁전에 왕후의 업적을 그리는 대벽화가 상식적인 일이지만 일본에서는 매우 획기적인 시도였다. 서양에서는 상식적이었다고 하지만 이 벽화는 다른 어떤 국가의 경우에서도 볼 수 없는 독자적인 방식으로 제작되었다. 주제가 일본제국의 건국사화(建国史話)이고 국가주의적 사상을 근거로 선정되었다는 점은 어느 나라에서나 시공주(施工主)인 권력자를 신격화하기 위해 궁전벽화가 존재하는 이상 당연한 일이다. 그러나 일본의 경우 각각의 벽화가 주제와 관련되고, 이해관계가 얽힌 집단과 기업, 한 집안이 기금을 내어 봉납하는 형태로 제작된 점, 고세다 호류 2세가 시대적 고증을 근거로 원화를 그린 점, 유화화가와 일본화가가 거의 절반씩 선정되었다는 점 등은 서구의 대벽화에서는 볼 수 없는 특징이다.

예술적 구상의 일관성과 양식의 통일, 창의성과 박력은 선택된 한 명의 화가가 자유로운 작업을 통해서만 성취할 수 있다. 하지만 여기에서는 시대고증과 의상 등의 세부적이고 역사적인 사실에 충실하려고 한 나머지 예술가들의 자유로운 상상력이 사라져버렸다. 여기에는 청일전쟁에 대한 연작판화에서 보였던 코바야시 키요치카의 사실성도, 정열도, 시정(詩情)도 없다. 이것은 화가가 자신의 상상력과 감동에 기초를 두지 않고 메이지천황의 업적을 기록한다는 관념에 사로잡혀 제작한 결과이다.

80점 중 황후가 등장하는 벽화는 앞에서 말했듯이 16점이다. 그 내용은

---

122) 히로시마대본영은 청일전쟁 당시 천황에 직속되었던 육해군 최고 통수부를 말한다.
123) 카라후토는 사할린의 일본 명칭이다.

① 황후책립(冊立)·1868년(깃샤(牛車)124)에서 주니히토의 옷자락만 보인다), ② 토미오카제사장 행차·1873년(전통의상), ③ 황후 모내기관람·1875년(전통의상), ④ 여자사범학교 행차·1875년(전통의상), ⑤ 내국박람회 행차·1877년(전통의상), ⑥ 노가쿠(能楽) 관람·1878년(전통의상), ⑦ 초안어가(初雁御歌)·1878년(전통의상), ⑧ 화족여학교 행차·1885년(전통의상), ⑨ 토쿄지케이의원(東京慈恵医院) 행차·1887년(양장), ⑩ 헌법발포식·1889년(양장), ⑪ 헌법발포 관병식·1889년(보이지 않음), ⑫ 어가회시(御歌会始)·1890년(양장), ⑬ 대혼(大婚) 25년 식전·1894년(양장), ⑭ 히로시마예비병원 행차, ⑮ 적십자사총회 행차·1902년(양장), ⑯ 관국회(観菊会)·1909년(양장)이다.

천황과 황후 부부가 출석한 의식 ⑤, ⑥, ⑩, ⑪, ⑫, ⑬, ⑯과 천황과의 결혼 ①, 소몬카(相聞歌)125) ⑦을 제외하면 황후의 단독 표상은 '토미오카제사장 행차', '황후 모내기관람', '여자사범학교 행차', '화족여학교 행차', '지케이의원 행차', '히로시마예비병원 행차', '적십자사 행차'로 7가지 주제뿐이다. 식산흥업 주제가 하나, 농업장려가 하나, 여자교육장려가 둘, 간호의료가 셋이다. 이 결과는 『메이지천황기』와 행차기록의 황후의 주요업적과 일치한다. 문자기록과 회화기록은 모두 황후의 주요역할을 교육, 식산, 간호에 집중하고 있는 것이다.

식산흥업을 장려한 황후의 업적 중 그 중심이라고 할 수 있는 섬유산업 장려그림 『토미오카제사장 행계(富岡製糸場行啓)』(荒井寛方)는 연대적으로 보아 가장 오래되었다(그림 100). 『메이지천황기』 제3권의 78페이지에 의하면 1873년 6월 19일 황태후와 황후는 고즈케노국(上野国)126) 토미오카제사장에 행차하였다. 이때 황후는 "물레가 잘 돌아서 이 시대를 살리는 길이 열리는 구나"라는 훌륭한 식산흥업 장려의 와카를 읊었다. 전통의상에 다스키127)를

---

124) 옛날, 귀인이 타던 가마 모양의 수레를 말한다.
125) 만요슈의 3대 분류 중 하나인 소몬(相聞)에 속하는 와카이며 특히 연가(戀歌)가 많다.
126) 고대 일본의 지방행정구분이었던 지방(國)의 하나이다.
127) 양 어깨에서 양 겨드랑이에 걸쳐 X자 모양으로 얽매어 일본옷의 옷소매를 걸어 매는 끈을 말한다.

그림 100 토미오카제사장 행계, 성덕기념회화관벽화, 1927년, 荒井寬方

맨 젊은 여공들이 일제히 좌우로 늘어서서 누에에서 생사를 뽑고 있는 곳에
황록색 코우치기(小袿)를 입은 황태후와 흰색 바탕에 붉은 학 무늬 의상을
입은 젊은 황후가 들어온다. 그 뒤를 전시 타카쿠라 쥬코와 몇 명의 시종들
이 뒤따르고 있지만 수증기로 희미하게 처리되어 있다. 황후의 얼굴만이 뚜
렷이 희다. 이 그림은 황후를 맞이하는 공장의 시선으로 구성되어 있다.

　1872년 가을에 가동하기 시작한 공장은 대장성이 제사업 발전을 위해 프랑스에서 기사를 불러 건설한 모델적인 시설물로서 공장의 청결함과 설비의 신선함이 그림의 주안점이었다. 여공들은 머리에 비녀를 꽂고 있으며 황후나 여공 모두 젊고, 선도자인 남성 노인은 한 명도 없기 때문에 여기가 오직 여자의 세계임을 알 수 있도록 그려져 있다. 황태후와 황후는 몸소 양잠을 한다고 알려져 있었기 때문에 이곳의 여자들은 위아래 모두 양잠과 관련되어 있는 것이다. 여기에서는 『일본의 하층 사회』에서 고발한 여공의 비위생적인 비참한 생활과 중노동 그리고 영양부족에서 오는 높은 비율의 결핵사망 등을 전혀 찾아볼 수 없다.

황후와 식산흥업과의 관계를 명시한 니시키에는 권업박람회의 행차 등을 제외하면 그다지 많지 않다. 그중에서 특필할 만한 것은 1884년의 『여관양잠 그림(女官養蚕之図)』(三代広重)이다(그림 101). 여기에서는 1884년임에도 불구하고 양잠작업을 하고 있는 여관과 황후 모두 전통의상을 입고 있어서 이 작업이 전통적 문화임이 강조되고 있다. 제3장에서 살펴보았듯이 예로부터 내려오는 많은 여훈서들이 의류와 관계되는 여러 가지 일을 여성의 소양으로 열거하고 있다. 『여식목(女式目)』에서는 "10살이 넘으면 옷 짜는 법과 바느질 하는 법을 가르쳐 어머니를 돕게 해야 한다"고 하고 『여오경(女五経)』

그림 101 여관양잠 그림, 니시키에, 1884년, 三代広重

에서는 "여자의 소양이란 무엇보다 먼저 속이 깊어야 하고 …… 오직 실을 잣고 베를 짜는 일에 열심이어야 한다"고 쓰여 있다.

『본조여감(本朝女鑑)』에서는 중국에서 유래된 말을 인용하여 "여자가 누워 있는 머리맡에 물레를 둔다. 여자는 어려서부터 실 잣는 기술을 손에 익히고 방적, 실 짜기, 재봉, 세탁기술을 힘써 익혀야한다. 이를 여공(女工)이라고 하며 시집간 후 이 능력을 잘 사용하여 집을 돌봐야 한다"고 적고 있다. 또한 "방적이라는 말이 가리키는 것 중에는 남편을 섬기고 가정을 정결히 하는 정성을 담고 있다"고 한다. 나카노 세츠코 씨는 방직을 여성의 성차별적 역할의 상징적인 작업으로 보고 있다. 즉 왕비와 후궁을 비롯한 상류층 여성도 방적과 재봉을 못하면 옷이 몸에 맞지 않기 때문에 여공이 할 수 없으면 이 일을 직접 해야 했고 하물며 서민의 아내가 이 일을 안 하면 남편 옷이 부족하기 때문에 모든 계층에 걸쳐서 여성의 필수적인 일이었다고 서술하고 있다.[76*]

이 점은 모두 서구와 동일하다. 동서고금을 막론하고 천에 관련된 작업이 여성과 운명적인 관계를 유지해 온 것은 서로 인과관계가 있는 세 가지 요인이 원인이라고 생각된다. 첫째, 인류 초기의 노동 분업과정에서 생존에 필수적인 의식주 가운데 의(衣)와 관련된 부분이 강한 힘을 필요로 하는 나머지 두 가지 노동보다 여성에게 적합하고, 게다가 가내노동이므로 육아와 가사라는 성적 노동과 양립할 수 있기 때문에 여성이 분담하게 되었다는 것이다.

둘째, 직물 짜는 일의 산업화와 자본주의가 성립하기까지 의류의 공급은 오로지 가정 내에서 자급자족되었다는 점, 초기 자본주의시대에 들어와서도 저렴하고 질 좋은 여성 노동력을 가내공업 형태로 동원하는 것이 세계적 경향이었다는 점이다. 요즘의 파트타임에 해당하는 노동은 제대로 된 노동자를 고용하는 것보다 훨씬 저렴하고 더구나 해고가 용이하기 때문에 중세부터 근세와 근대에 이르기까지 가정 내 여성이 은연중에 이류노동자로서 산업 발전을 담당했던 것이다.[77*]

셋째, 예로부터 여성이 실을 잣고 옷감을 짜는 것은 가정을 부유하게 한다고 전해져 왔는데 이것은 둘째 부분에서 서술했듯이 수익으로 연결되는 내조라는 점, 자급자족이 싸게 먹히기 때문이라는 점도 있지만 결국 여성이 가족에 대한 사랑 때문에 하는 일로 여겨지면서 여성의 미덕으로 전환되었다는 점이다. 덧붙여 말하자면, 여성이 한가하면 불륜으로 빠질 우려가 있다고 여겨졌기에 집에 틀어박혀 한가하게 지내는 것이 아까워 방직을 하는 것은 필요성에 의해서라기보다 오히려 가정적이고 자애로움으로 충만한 정숙한 여성이라는 도덕적 가치와 연결되었던 것이다.

이처럼 천과 관련된 작업과 여성의 운명적인 관계는 성적(性的) 분업, 생물학적 차이에서 오는 역할, 여성의 미덕(여성스러움)이라는 복합적인 의미로 전승되었다. 일본의 경우에는 중국 황후의 고사를 모방하여 새로이 메이지 근대국가의 여공 장려와 여성미덕의 고양을 위해 황후의 양잠이 부흥되었다.[78*] 이 연장선상에서 황후의 양재(洋裁) 장려도 지극히 자연스럽게 이루어져 국민에게도 위화감 없이 받아들여졌다. 이로써 황후는 전통적인 '의(衣)'의 정책을 담당하는 여자라는 여성역할을 근대화하고 강화하는 역할을 완수하였다. 고등여학교의 수예·가정과목 교육 강화도 이 노선을 따라 수구파에 의해 추진되었다. 니시키에에서도 양장차림의 중·상류층 여성이 양잠하는 모습을 그린 우타가와 쿠니마사 4대(歌川国政四代, 1848~1920)의 『미인양잠 그림(美人養蚕之図)』이 1887년에 발행되었다. 위정자인 남성들의 입장에서 양잠은 세계 최대의 생사 수출국인 일본의 식산과 연결되기 때문에 양잠제사의 장려를 황후가 담당해 준 것은 일석이조의 가치가 있었다. 물론 황후는 그 밖의 다른 의무와 마찬가지로 이를 열심히 수행하였다.

황후와 간호의 관계

그러나 민중이 황후의 독자적인 공적 역할을 무엇보다도 가장 가깝게 알
게 된 것은 전쟁중 황후와 간호의 관계이다. 코바야시 키요치카는 청일전쟁
을 주제로 한 니시키에의 연작을 그리면서 황후를 주인공으로 판화 두 점을
제작하였다. 이 연작은 서양의 화법에서 명암과 원근을 받아들였고 우키요
에 판화가 전승해 온 구도와 각도를 자유자재로 변화시켜 마치 영상적이라
고도 할 수 있는 박진감과 전쟁의 시정(詩情)—낙성의 불꽃 속에 떠오르는
병사의 모습과 출정하는 병사가 바라보는 아침노을 등—이 흘러넘치는 명
작이다. 이 시정은 민중에게 황국의 영광과 군인의 영웅화 감정을 환기시키
는데 성공하였고 전쟁 니시키에는 후대의 전쟁영화와 같은 역할을 하였
다.[79*]

코바야시 키요치카가 전쟁과 황후를 그린 최초의 작품은 1895년의 『야전
병원행계 그림(野戰病院行啓之図)』이다(그림 102). 이것은 청일전쟁 당시 황후가
2월 16일에 토쿄 육군예비병원, 3월19일부터 수일에 걸쳐 히로시마 육군병

그림 102 야전병원행계 그림, 1895년, 小林清親

원 본원 제1, 제2, 제3분원, 구레진수병원(吳鎭守病院)[128] 등에서 부상병을 위문한 업적을 그린 것이다. 탄바 츠네오(丹波恒夫) 씨에 의하면 친히 황후의 위문을 받은 부상병은 "감격하여 소리내어 우는 환자도 많았다"고 한다.[80*]

황후는 연보라색 바탕의 비교적 간소한 양장차림이고 여관들은 황후보다 더 간소한 양장차림이다. 황후를 맞이하기 위해 환자를 일으켜 세우거나 엎드려 머리를 조아리는 백의의 간호사가 화면의 반을 차지하고 있다. 코쿠니 마사(小国政, 생몰연도 미상)도 토쿄 육군예비병원의 행차 그림을 3장 연작으로 그렸는데 여기에는 황후가 황태자를 동반하고 있고 침대 위에 엎드려 머리를 조아리고 있는 환자는 감격으로 흐느끼고 있는 듯하지만 간호사는 한 명도 그려져 있지 않다.[81*]

코바야시 키요치카는 그림 중심에 당당하고 위엄 있는 황후를 놓고 나머지 절반은 청결한 백의의 간호사가 일하는 병실을 표현하여 전시의 간호 상황을 고전적인 수법으로 그렸다. 전쟁판화 시리즈의 모든 그림이 폭력과 굉음, 파괴의 남성적인 흑색과 적색의 세계였던 것에 반해 이 한 장만은 고요함과 평안, 그리고 위안을 나타내는 흰색과 연보라색의 연하고 밝은 색조이다. 이 그림에는 원장 사토 스스무(佐藤進, 1845~1912)와 황후궁태부(皇后宮太夫) 카가와 케이조(香川敬三, 1841~1915), 단 두 명의 남성만이 검은색 복장의 경직된 모습으로 남성성을 나타내고 있다. 둥글고 부드러운 흰색의 여성들은 실로 전시 여성의 평화적 역할을 잘 표상하고 있다.

코바야시 키요치카는 1895년에 청일전쟁이라는 같은 주제로 『황후폐하의 인자(皇后陛下の御仁慈)』(3장 연속)를 제작했다(그림 103). 아사이 유스케 씨의 해설에 따르면, 이 그림은 황후가 손수 만든 붕대를 가져와 황후궁태부 카가와 케이조를 통해 육군대신 사이고 쥬도(西郷柔道)에게 건네는 장면이다.[82*] 이에 대해 "우리 육해군 장병들은 말할 것도 없고 일반 신민도 이를 전해 듣고 황후의 인자하심을 우러러보지 않을 수 없었다"고 한다. 같은 해 10월

---

128) (1945년 이전의 일본 해군에서) 지역 해군 관구의 감독기관을 말한다. 요코스카(橫須賀), 구레(吳), 사세보(佐世保), 마이즈루(舞鶴)에 두었다.

그림 103 황후폐하의 인자, 니시키에, 1895년, 小林清親

25일 황후는 출정 군인들에게 방한용 면을 하사하였다. 『메이지천황기』에 의하면 11월 17일, 제2군 사령관 백작 오야마 이와오(大山巌, 1842~1916)는 이와 같은 은혜에 감사하였고 장졸들도 모두 감격하여 황은의 만분의 일이라도 보답하고자 결심했다고 서술하고 있다.[83*] 이 그림에서도 황후 앞의 테이블에 산더미처럼 쌓여 있는 새하얀 붕대가 황후의 미덕을 위생과 청결로 상징한다.

한편 성덕기념벽화의 연작 중 간호를 주제로 한 최초의 작품은 1927년 5월 9일 『토쿄지케이의원 행계(東京慈恵病院行啓)』이다. 화가는 미치타니 쿠니시로(滿谷国四郎, 1874~1936)이고 봉납자는 토쿄지케이회(東京慈恵会)이다. 앞에서 언급한 것처럼 황후는 원래 유시교리츠병원(有志共立病院)이었던 것을 지케이병원으로 개칭하여 보호 장려했던 것을 계기로 이날 개원식에 참석하였다. 이후에도 황후는 연간 교부금을 하사하고 위문을 게을리 하지 않았다.

미치타니 쿠니시로는 개원식 후에 환자를 몸소 위문하는 황후를 그렸다(그림 104). 사방을 둘러싸고 있는 병원의 벽은 희고 청결한데 흰 침대와 간호사의 백의(굵은 가죽 벨트는 타카기(高木) 원장이 일본에서 최초로 고안해낸 간호사 제복이었다)는 더 희며 황후가 쓴 모자의 깃털은 그보다 훨씬 더 흰 순백색이다. 병든 아이에게 봉제인형을 건네주는 간사장 타루히토친왕비(熾仁親王妃, 1835~1895) 카오루코(薫子)가 쓴 모자도 순백색이다. 흰색 위에 흰색이라는 섬세한 배색

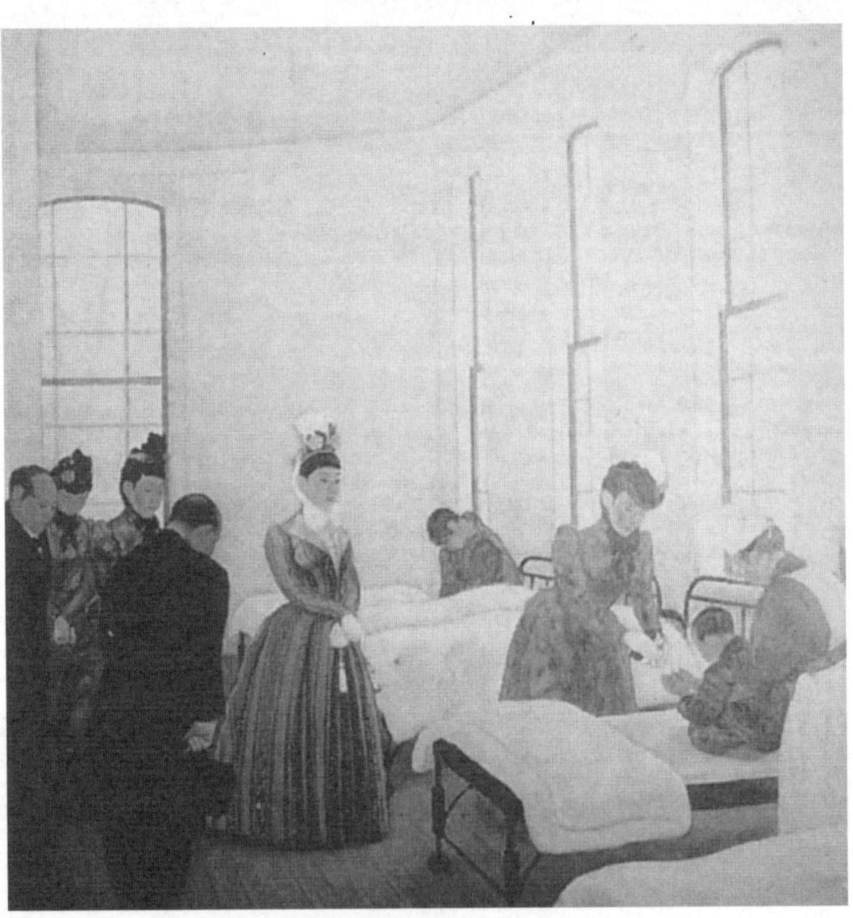

그림 104 토쿄지케이의원 행계, 성덕기념회화관벽화, 1927년, 満谷国四郎

이 뛰어나다.

그림의 중심에 선 황후가 구도 상 제일 위에 위치하고 있고, 시종과 여관, 친왕비는 그보다 낮으며 고개를 숙인 환자와 간호사는 더 낮다. 황후의 시선은 환자 쪽을 향하고 있다. 황후와 마주하며 머리를 숙이고 있는 사람은 원장 타카기 카네히로(高木兼寬, 1849~1920)이다. 중요한 것은 황후, 환자·간호사, 원장이 삼각형 구도로 이루어진 것이고 이는 주제의 의미를 나타내고 있다. 이처럼 계산된 구성은 미치타니 쿠니시로의 기량을 보여준다. 이 그림이 삽화가 아니라 예술품이 된 것은 색채와 구도가 주제의 의미를 상징하고 있기 때문이다.

그러나 미치타니 쿠니시로와 코바야시 키요치카의 닮은꼴은 부정할 수 없다. 황후, 간호사·환자라는 주제가 두 그림을 비슷하게 만들고 있다. 그러나 미치타니 쿠니시로의 그림에서는 간호사도 환자도 이쪽을 향하고 있지 않고 모든 시선을 황후에게 집중하고 있다. 한편 코바야시 키요치카의 그림에서는 황후와 간호사가 동등하다기보다는 공간적으로는 간호사들 쪽이 크다. 간호사들은 이쪽을 향해 황후를 환영하고 있고 그중에는 웃고 있는 사람도 있다. 여기에서는 환자도 주인공이다. 맨 앞 쪽의 환자 볼에는 하얀 눈물이 보이기 때문이다.

만화적이라고해도 어쩔 수 없지만 예술 그림의 무표정과 니시키에의 인간 드라마 중 서구의 극적인 역사화(歷史畵)에 가까운 것은 바로 후자 쪽이라고 할 수 있다. 서구의 역사화는 인간의 감정을 표현하는 드라마이다. 일본의 예술회화는 감정이나 정신을 표현하는 창작법을 받아들이지 않았다. 이것은 일본의 전통회화에 없었던 요소일 뿐만이 아니라 일본이 서구와 만났을 때 서구는 이미 역사화를 포기하고 있었기 때문이기도 하다. 일본은 감정이나 정신의 드라마를 만화나 삽화로 표현하게 되었다.

이것은 황후의 『히로시마 예비병원 행계(広島予備病院行啓)』(石井柏亭, 日本医師会 奉納)에서 한층 더 확실해진다(그림 105). 청일전쟁 중인 1895년 3월 22일, 24일, 26일, 28일에 황후는 히로시마 육군부속 예비병원을 방문했다. 보

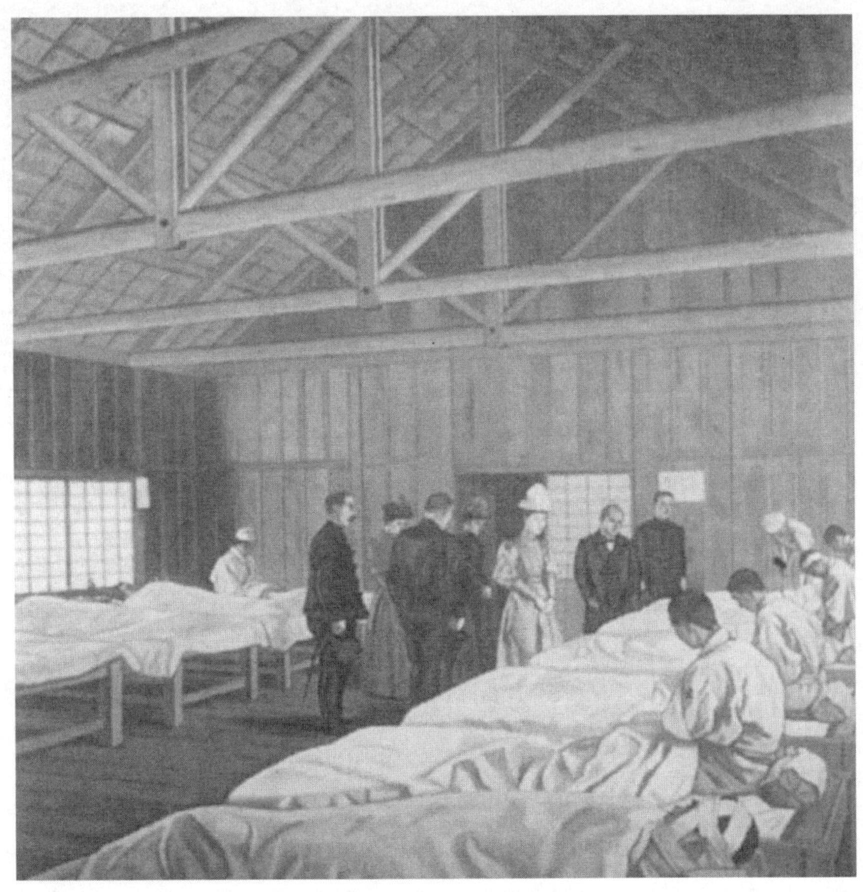

그림 105 히로시마 예비병원 행계, 성덕기념회화관, 1927년, 石井柏亭

랏빛이 도는 분홍색 양장에 흰 깃털 모자를 쓴 황후가 그림 안쪽 침대 앞에
서 있다. 어두운 보라색 의복의 권전시 2명이 뒤에 있고 등을 보이며 황후
를 맞이하는 검은 복장 남성이 야전위생장관 이시구로 타다노리이며 그 뒤
로 옆모습이 보이는 것이 원장 사토 스스무이다. 단 한 명 있는 간호사는
구석에서 깊숙이 고개를 숙이고 있어서 얼굴은 보이지 않는다. 또한 간호사
는 대충 배경인물로 묘사되어 있다. 화면의 대부분을 차지하는 것은 하얀

침대와 부상병이다. 황후를 맞이하여 상반신을 일으킬 수 있는 환자와 그러지 못하는 환자가 있다. 특히 황후의 뒤쪽 침대 중 몸을 일으킬 수 있는 부상병은 한 명밖에 없다.

같은 사건을 그린 코바야시 키요치카와의 차이는 크다. 아마도 사진을 근거삼아 그렸을 이시이 하쿠테(石井柏亭, 1882~1958)의 그림은 전장병원의 객관적인 정경이 그려진 것처럼 보이는데 코바야시 키요치카의 그림은 드라마이다. 현실에 가까운 것은 이시이 하쿠테의 그림일 것이다. 원래 성덕기념회화관의 그림은 민중에게 보여주기 위한 것이 아니다. 여기에서는 황후도 간호사도 주인공이 아니다. 1927년에는 '나라를 위해 싸운' 부상병이 주인공이 된다.

성덕기념회화관 벽화 중 간호를 주제로 삼은 마지막 작품은 1902년『적십자사총회 행계(赤十字社総会行啓)』(湯浅一郎)이다(그림 106). 이것은 국제적 조직이 된 적십자 사업의 지위를 보여주는 의식적인 삽화이다. 맨 앞쪽의 왼편에는 외국대사들의 뒷모습이 보인다. 빨간 머리와 청나라 모자가 이를 보여주고 있다. 오른편에는 대신들이 있다. 축사를 읽는 황후와 같은 테두리 안에 있는 것은 모두 황족이고 황후 뒤에 위치한 것은 여관이 아니라 궁비(宮妃)들이다. 앞쪽에 뒷모습을 보이고 있는 것이 적십자 총재 코마츠노미야 아키히토친왕(小松宮彰仁親王, 1846~1903)이고 황후의 뒤에는 고마츠미야 요리히토친왕(小松宮依仁親王, 1867~1922)이 있다. 부사장 하나부사 요시모토(花房義質, 1842~1917) 이하 적십자사 관계자는 테두리 밖의 단 아래에 위치하고 강단의 훨씬 아래에는 직원 관계자들이 구름처럼 줄을 서있다. 이 모두가 위계질서 속에 있다.

황후가 옆모습으로 그려지는 것은 이런 종류의 기념비적 회화에서는 희귀한 경우이지만 이 벽화 중에는 황후가 옆이나 뒷모습으로 보이는 경우가 많다. 이것은 천황이 정면성을 유지(기마도 등 예외가 몇 점 있지만)하고 있는 것과는 차이가 있다. 여기에서도 황후는 황실이 주도하는 적십자운동의 단순한 상징에 불과하다. 맨 앞쪽에서 외국고관이 그림을 보고 있는 것은 국제

그림 106 적십자사총회 행계, 성덕기념회화관, 1927년, 湯浅一郎

적인 시선이 도입되었음을 보여준다.

황후가 적십자병원에 관여한 것에 대한 연구는 많이 있다.[84*] 몰은 다음
과 같이 증언하고 있다.[85*]

옛날 일본의 왕비들은 무릇 여성들이 그러했듯이 공식적인 장소에는 나타나지
않았다. 메이지유신 이래 왕비들도 서양식으로 교제할 의무를 지게 되었고 감수성
이 강한 지금의 황후는 서양식으로 왕후의 직무를 열심히 다하셨다. 독일제국 황후
겸 프러시아왕국 왕비 아우구스타의 실례가 일본 황후의 모범이 되었다. 국민교육

제도에 대한 관여, 환자 간호, 일본적십자회장 취임, 외교단과 함께 토쿄의 궁중을 방문하는 외국의 왕후들에 대한 접대, 그리고 시대의 정신적인 모든 움직임에 관심을 기울이는 것 등이 일상생활 속에서 황후가 가장 마음을 쓰신 것들이었다.

한 나라의 왕비가 전시와 평시를 불문하고, 간호 사업에 관여하는 습관 또한 서구 선진국에서 들어왔다. 이미 언급한 바와 같이 황후가 이와쿠라사절단의 보고를 통해서 간호 사업에 관여하는 서구의 습관을 알게 되었다는 카타노 마사코 씨의 의견은 앞서 서술한 이와쿠라 토모미의 알현으로부터 3일 후에 이루어진 아우구스타 왕비의 병원 방문에 관한 보고를 말하는 것으로 보인다. 또한 이토 히로부미는 유럽을 둘러보고 국가의 근대화에는 여성동원이 불가결하다고 생각하고 여자 유학생 제1호인 오야마 스테마츠(大山捨松, 1860~1919)와 이토 우메코(伊藤梅子, 1848~1924) 등을 통해서 상류층 여성에게 간호사 양성과 병원설립 및 확장을 위한 원조사업을 하도록 했다.[86*]

원래 일본에서 간호사가 최초로 등장한 것은 보신전쟁 때로 관군의 외과의를 맡았던 영국인 의사 윌리엄 윌리스(William Willis, 1837~1894)가 요코하마 수문관(修文館)을 군진(軍陣) 병원으로 삼아 간호할 여성을 고용한 것이 최초였다.[87*] 간호 당번과 방식에 대해서도 당시 서류가 남아 있다.[88*] 이후 메이지정부는 사이고 타카모리에게 의뢰하여 윌리엄 윌리스에게 사츠마번(薩摩藩)의 의학교육을 담당하게 했다. 오야마 스테마츠와 유시교리츠토쿄병원, 현재의 지케이의과대학을 설립한 타카기 카네히로는 두 사람 모두 사츠마 출신이었다. 오야마 스테마츠는 로쿠메이칸에서 바자회 개최를 통한 기금모집 등으로 유시교리츠토쿄병원 간호사교육소의 설립운동과 여성자선회(婦人慈善会) 운영을 하였다.

카메야마 미치코(亀山美知子) 씨는 일본에서 간호사에 대한 인식도가 낮은 이유는 후르벳키(Guido Hermann Fridolin Verbeck, 1830~1898)의 조언에 따라 독일의학이 최고라고 여기며 간호사가 존재하지 않고 수녀와 하녀밖에 없었던 독일에서만 의사를 초빙했기 때문이라고 한다. 한편 해군만은 윌리엄 윌리스와의 관계로 인해 영국의 의학으로 기울어 타카기 카네히로는 나이팅게일 간호사학교를 개교한 성 토마스 병원에서 유학하였고 오야마 스테마츠는 고네티컷(Connecticut) 간호사학교에서 공부하였다. 오야마 스테마츠 일행의 노력으로 1884년에는 미국장로교회의 마리 L 리드(Mary. L. Reed)가 강습을 시작하였고 바자회는 수익을 올려 간호사교육소도 열게 되었다.

이와 같은 자선회에 황후를 추대하기 위해 이토 우메코는 1886년 6월에 30명의 이름을 적어 청원서를 냈는데 그 내용은 다음과 같다.[89*]

서양 문명 각국의 예를 살펴보면 부자와 인자(仁者)가 돈을 모아 단체를 결성하고 구제병원을 건립하여 자혜의 마음으로 빈민에게 베푸는 곳으로 만듭니다. 이때 대개 황실을 추대하여 대표로 삼습니다. 또는 황후궁, 황녀, 황비가 몸소 총재의 자리를 맡아 황실의 인자함과 지혜의 원천이 백성에게 전해지게 합니다. …… 황후폐하의 성덕은 자비롭고 인자한 만민의 어머니로서 가난하고 병든 자의 불행을 빠짐없이 항상 돌보아 주십니다. 실로 서양 문명 각국의 예를 참작하시고 아울러 우리의 옛 시료(施療)[129) 제도를 고려하시어 본 자선회의 총재를 맡아주시는 은덕을 베풀어 주신다면 병원확장과 시료 구제방법이 준비되는 날만 기다리면 되리라 생각합니다.

이리하여 1887년 지케이의원의 개원식에 황후가 행차하였고 이에 대해 "만사 조상의 유의(遺意)에 따라 서구 문물도 중재하신 것"이라며 그 덕을 칭송하였다.[90*] 여성자선회의 오야마 스테마츠, 나베지마 나가코(鍋島栄子, 1855~1941), 모리 야스코(毛利安子, 1843~1925) 등은 이후 '일본적십자 독지간호여성회', '대일본여성교육회(大日本婦人教育会)', '대일본여성위생회(大日本婦人衛生会)' 등과 같이 모두 황실과 관련된 단체에 이름을 올리고 활동하였다. 이 귀부인들은 자주 황후에게 보고하였다. 카타노 마사코 씨는 황후의 이름으로 귀부인들이 총동원된 것을 국가재정이 부족한 가운데 메이지정부가 가장 뒤떨어져 있던 구빈·구호·복지에 대해 여성들에게 자선을 장려함으

---

129) 무료로 치료해 주는 것을 말한다.

로써 보완하고 이를 위해 황후를 이용했다고 지적하였다.[91*] 이것은 분명하지만 이 전략이 일본에만 한정된 것은 아니다. 제6장에서 고찰하겠지만 서구각국은 왕비를 이용하는 방법을 터득하고 있었고 일본은 해외시찰과 유학을 통해 이 방식을 배웠다. 자선이 여성 특유의 미덕으로 여겨져 온 가부장제도 국가의 오랜 역사 속에서 국가가 해야 할 복지를 여성의 자선이 대신해왔던 것이다.

그러나 근대국가가 간호사의 중요성을 인식한 것은 전쟁기간이었다. 보신전쟁이 최초의 간호사를 등장시켰고 세이난전쟁이 하쿠아이사(博愛社) 창립의 계기가 되었으며 황실보호 아래 최초의 38명이 1887년에는 2,179명으로 늘어났다. 그 사이 서구에 시바다 쇼케(柴田承桂, 1849~1910)와 하시모토 츠나츠네(橋本綱常, 1845~1909)를 파견하여 적십자에 관한 정보의 수집을 맡겼다. 그 결과 각국은 간호사의 구호활동이 일반적이라는 인식에 도달하여 1886년에 병원설립을 결정하고 전시구호라는 설립목적을 위해 간호사 양성과 전시예비병원의 창설, 그리고 평상시는 간호사의 교육과 훈련을 실시하였다.

1886년 11월 일본정부는 제네바 조약과 적십자 조약에 가맹하고 하쿠아이사를 일본적십자사로 개명하였으며 황실로부터 연간 5,000엔을 원조 받아 '황실 후원'임을 선명하게 내세웠다.

종래의 간호사 양성은 그리스도교 신자들이 열심이었기 때문에 그리스도교 배척운동이 고조되었던 1892년 전후에 황실이 이 활동을 맡은 것은 유효한 대항수단이었다고 카메야마 미치코 씨는 지적하고 있다.[92*] 또한 정부는 '일본적십자유효상(日赤有效償)' 조례를 만들어 상훈국(賞勳局)에서 훈장을 줌으로써 사원(社員)이 될 것을 권유하였다. 그리하여 1889년 미나미토시마(南豊島)에 약 11,000평을 확보하고 황실이 본사 건설비용으로 80,000엔을 기부하였다. 1887년 5월 19일, 타루히토친왕비 등 귀부인 몇 명과 하시모토 츠나츠네, 이시구로 타다노리가 중심이 되어 독지간호여성회(篤志看護婦人会)를 설립하였다. 이는 여러 나라의 자원봉사 간호사를 모방한 것이었다.

적십자사 규약 제1조는 "본회의 목적은 일본적십자사 사칙 제1조에 의거하여 전시 군인환자의 간호법을 연구하는 것으로 한다"이므로 설립 목적이 전시 구호활동이었음이 분명하다.[93*] 또한 규약에는 "간호라는 직업이 무엇보다도 귀중한 이유를 제시"하고 "우리나라 여성의 미풍을 양성 조장"이라는 문구가 들어 있다. 이에 대해 카메야마 미치코 씨는 "간호를 천시하는 가치관의 전환과 사회적 활동과는 거리가 먼 일본여성을 새로운 사업에 참가시킴으로써 부덕을 고양시키려는 것이었다고 말할 수 있다. 이것은 다른 측면에서 보면 여성이 직접 국가와 군사에 참여할 수 있는 방도임을 국가가 알아챘다는 것이다. 이후 남자는 군인, 여자는 간호사가 되었다"고 지적한다.

실제로 간호사는 군대와 마찬가지로 졸업 후 20년 동안 소집에 응할 의무가 있었다. 전시뿐만 아니라 1891년 노비(濃尾) 대지진[130)]에는 1기생이 동원되었다. 1894년 청일전쟁이 일어났을 때에는 8월 1일부터 3일에 걸쳐 간호사 대표 타카야마 미츠(高山みつ) 이하 20명이 히로시마 예비병원으로 향했다. 이때 여성이 병사의 간호를 맡은 것에 대해 성적인 문제가 일어날 것을 우려한 정부는 일부 난색을 표했다. 이에 대해 이시쿠로 타다노리는 간호사를 파견하지 않으면 '다른 나라에서 독지간호부가 일본을 방문할 경우 입장이 난처하다'며 설득하였다.[94*]

타카야마 미츠는 이시쿠로 타다노리에게 성적 문제와 같은 불상사가 일어날 시에는 목숨을 걸고 책임을 지겠다고 대답하였다. 그녀는 간호사들에게 "여러분들은 죽음을 결심하고 부덕(婦德)을 완수하겠다는 각오를 해야 한다"는 훈계의 말을 전하였다. 이시쿠로 타나노리도 대책을 강구하여 히로시마에 위문차 방문한 독지간호여성회 회원 니레이 스가코(仁礼寿賀子) 등에게 병사들의 단속을 요청하였다. 그 방법이란 병사들에게 상관의 처자가 간호

---

130) 1891년 10월 28일 이른 아침 기후현(岐阜縣)과 아이치현(愛知縣)을 중심으로 지진이 일어났다. 이 지진은 일본 내륙에서 발생한 것으로는 최대 규모(M8.0)로 사망자가 7,273명에 이른다.

사로 들어왔다며 견제하는 것이었다. 게다가 이시쿠로 타다노리는 간호사를 선별할 때 병사의 정욕을 자극하지 않도록 나이가 많고 '미모가 없는 자'를 뽑았다. 이에 대해 카메야마 미치코 씨는 "불상사는 모두 여성의 책임으로 돌릴 생각이었다"고 지적하고 있다.[95*]

청일전쟁에서 간호사 활약은 전국적으로 알려져 간호사 지원이 증가하였다. 타카야마 미츠는 전시구호의 마음가짐을 '나라를 향한 정의감과 충성심에서 나오는 친절'로 정의하면서 여성의 충군애국 행위의 모범을 보였고, 그 결과 일반여성으로는 처음으로 서훈(叙勲)을 받았다. 1904년 러일전쟁 때에도 간호사에 대한 관심이 높아졌다. 각종 공제조합병원과 빈곤간호사업, 그리고 히덴인(悲田院)[131] 등 불교관계 구제의료 사업이 생겨났다.[96*] 러일전쟁 후 사립병원이 급증했지만 간호사의 상황은 호전되지 않았다. 의사 나가오 세츠조(長尾折三, 1866~?)는 『당세의사기질(当世医者気質)』에서 사립 "병원장의 태도는 유곽의 여성들을 부리는 여주인 같았고," "간호사는 젊은 창녀"처럼 여기저기 뛰어다니며 심부름을 하다가 농락당하고, 관립병원 원장은 염라대왕이며 간호사는 감옥의 옥졸 같았다고 썼다.

간호사의 학력은 대부분 고등소학교나 심상소학교를 마쳤을 뿐이었다. 카메야마 미치코 씨는 이것이 지방에서는 조혼이 관습화되어 여자에게 학문은 불필요하다는 관념이 뿌리 깊었기 때문이라고 분석하고 있다. 남자 형제의 희생이 되어 일하는 사람도 많아서 몹시 가난한 여성의 일부가 간호사가 되었다.[97*] 카메야마 미치코 씨는 남성 간호사는 개업시험을 치르고 의사로 전향하기도 했지만 여성의 경우는 학력문제와 더불어 여자는 결혼해서 양처현모, 남성은 입신출세라는 근대 일본의 규범이 여성간호사의 레벨을 높이지 않은 이유라고 말한다.[98*]

국책이나 시각표상에서 칭송받았던 간호사이지만 현장의 실태나 간호사를 보는 일반의 눈은 너무나 참담했다. 이시쿠로 타다노리는 당시의 간병인

---

131) 불교의 자애사상을 바탕으로 가난한 사람과 고아를 위해 만들어진 시설을 말한다.

에 대해서 "환자가 거칠다는 것은 알려져 있었기 때문에 응모하는 여성은 누구나 닳고 닳은 여자로 산전수전 다 겪어서 남자를 남자로 생각하지 않는 자들"이라고 쓰고 있다.[99*] 카메야마 미치코 씨는 이와 같은 편파적인 담론이 힘을 가지게 된 원인을 다음과 같이 지적하고 있다. 여자가 집 밖에서 일하는 것에 대해 일본사회 전반이 편견을 가지고 있었고, 집밖에 나와 일하는 여성은 삼종칠거(三從七去, 자식이 없고 가풍에 맞지 않으며 나쁜 병 등 이혼의 '정당한' 사유를 제시하는 유교의 가르침)로 인해 집에 있을 수 없는 탈락자라는 가치관에서 비롯된 일하는 여성에 대한 차별과 여자가 일할 수밖에 없는 빈곤계급에 대한 차별이 있었다는 것이다.

간신히 간호사로서 존중받고 긍지를 가질 수 있던 사람은 준텐도병원(順天堂病院)의 간호사 나가스기 모토겐(長杉本兼)처럼 몰락한 무사의 과부라는 신분을 지닌 여성 정도였다. 이러한 여성은 한 번은 신분 있는 남성의 아내였고 게다가 사별로 인해 현재 가정 밖에서 홀로 일해도 그다지 멸시받지 않은 것이다.

간호사는 남성의 신체와 접촉하는 직업이기 때문에 초기에는 남성에게 폭력을 당하는 일이 많았고 따라서 청일전쟁 때에는 간호사를 히로시마에 보내면서 '용모가 아름답지 않은' 간호사를 선택하는 사태마저 발생했다. 간호 여성의 대다수는 애초부터 온갖 의미의 성희롱을 당하는 환경 속에 있었다. 이것은 카메야마 미치코 씨가 『근대 일본간호사(近代日本看護史)』(전4권)에서 특필하는 부분이다.

그러나 실로 이렇듯 간호와 간호사에 대한 인식이 낮고 간호사가 천시당할 수밖에 없는 현실 속에서 황후와 함께 있는 백의의 간호사를 그린 니시키에는 중요한 역할을 했다고 할 수 있다. 헤이스팅스 씨가 서술한 바와 같이 간호사라는 직업이 생겨남으로써 많은 여성이 제복을 입게 되었다. 제복으로 인해 간호사는 국가에 동원된 여성 병사임이 확실해졌다. 마침내 청일전쟁과 러일전쟁을 거쳐 15년 전쟁에 돌입할 무렵 남성은 군인, 여성은 간호사를 지향하는 아동교육이 이루어졌다. 코바야시 키요치카의 그림에 군인의 검정색, 간호사의 흰색이라는 두 가지 제복은 황후의 보라색 양장 모습으로 인해 통합되어 있다.

전통의상으로 회귀한 황후

헤이스팅스 씨는 황후의 복장과 관련해서 미국 연구자만이 찾아낼 법한 흥미로운 사실을 발견하였다. 일본 남성은 동석하는 처가 양장일 때와 전통의상일 때의 예의범절이 다르다고 지적한 것이다.[100]* 즉 예의범절과 복장의 일치이다.

한 영국의 대신(大臣) 부인은 "어떤 고관부인이 남편과 함께 나를 방문했다. 남편이 공직에 있기 때문에 부인은 유럽풍 의상을 입었고 유럽전통에 따라서 남편 앞을 지나갈 수 있었다. 그러나 필시 다음 기회에 나를 방문할 때에는 남편이 퇴직했을 것이다. 그때 부인은 아름다운 기모노를 입을 것이며 남편은 그 나름의 멋진 방식으로 부인보다 먼저 들어올 것"이라고 말했다. 또 1896년에 벨기에의 대신부인이 이토 히로부미 백작부인을 방문했을 때 그곳에서 몇 명의 일본 여성을 만났는데 모두들 기모노를 입고 있었다. 그런데 "그 여성들이 밤이 되면 아름다운 파리풍 의상과 화려한 보석으로 치장하는 것이 신기했다"[101]*라고 말했다. 즉 일본 여성은 낮 동안의 사적인 장소에서는 전통의상을 입고 공적인 자리에서는 양장으로 갈아입는다는 것이다. 고관 부인에게 양장이라는 것은 공적인 직무상의 제복이고 전통의상은 사적인 옷이라는 구분이 있었다. 따라서 남편이 퇴직하고 지위에서 물러나면 다시 전통의상으로 되돌아가는 것이다.

이것은 일본 남성이 하루 동안 시간대에 따라 전통의상과 양장을 구분해서 입는 것으로도 알 수 있다. 남성의 경우는 양장을 입는 것이 공적인 세계로의 출발이고 전통의상으로 되돌아오는 것이 무장해제이자 사적 세계로의 귀환이었던 시대가 오래 지속되었으며 지금까지도 남아 있다. 또 항상 전통 의상을 입는 남성은 일본적 예도(芸道)에 속한 사람이거나 기본적으로 국수 주의자인 경우가 많다. 이것을 여성에게 적용시키면 여성은 항상 사적 세계 에 머물러있어야 한다는 유교적 윤리에 비추어 보았을 때, 전통의상을 입은 여성은 가정 내에 머무르는 온순한 여성이고 제복 여성을 포함한 양장의 여 성은 공적 세계, 즉 가정 밖에 있음으로 전통적 여성윤리를 일탈한 여성이 된다. 우선적으로 전통의상은 사적 영역이고 양장은 공적 영역이라는 차별 화가 있고, 여기에 사적 영역에 있어야만 한다는 여성윤리가 더해져 점차 양 장을 입는 것이 압박을 받게 된 것은 사실 헌법이 정비된 직후부터였다.

헤이스팅스 씨는 국수주의적인 1890년 중반 무렵이 되어서도 황후는 완 고하게 양장을 계속 입었다고 생각한다.[102*] 그 이유는 다음과 같다.[103*]

> 그녀의 의복은 국가에서 여성의 중요성을 상징하는 제복이었다. 황후는 여생의 후반기에 여자학습원, 일본적십자, 군사병원의 여성 봉사활동을 계속해서 지원하였 다. 그녀는 졸업식이나 운동회에 참석하고 회의에 참가하고 병동을 방문하여 환자 들의 붕대를 감았다. 메이지황후는 이렇게 행동과 의상이라는 측면에서 근대 일본 의 건설을 위한 여성의 본질적 중요성을 표상하고 있었던 것이다.

그러나 니시키에를 잘 보면 황후는 양장 변혁 시기인 1887년 이후 오로 지 양장만을 입었던 것은 아님을 알 수 있다. 예를 들면 순사이 토시마사가 1889년에 그린 『입태자 의식 그림(立太子式之図)』에서 황후는 전통의상으로 되돌아와 있다. 이 그림은 황태자의 생모 야나기하라 나루코가 천황을 가운 데 두고 황후와 나란히 서 있다(그림 107).

이 그림에서 황후가 전통의상으로 되돌아온 것은 두 가지 이유 때문이라 고 할 수 있다. 하나는 황실의례가 이 무렵 이후 전통으로 회귀하는 것을 볼 수 있는데 결혼식, 대상제(大嘗祭),[132] 장례식 같은 황실혈통과 관계되는 의식에서 황후는 (천황도 때로) 전통의상을 입는다는 규약이나 관습이 있었

그림 107 입태자 의식 그림, 니시키에, 1889년, 春斎年昌

다는 것이다. 다른 하나는 생모와 황후가 동석하고 측실자식이 황위를 계승
한다는 사항이 근대적 일부일처의 제복이라고도 할 수 있는 양장과 위화감
이 있었다는 것이다. 반대로 말하자면 후궁의 구제도에 비추어 옛 관습을
따르게 되면 이는 부도덕한 것이 아님을 소쿠타이로 분명히 밝히고 있는 것
이다. 소쿠타이를 입은 여자는 여관(女官)이나 황후 모두 천황의 후궁 중 한
사람으로 볼 수 있다는 점을 나타내고자 한 것이다.

그러나 실제로는 같은 1889년에 요슈 치카노부가 그린 『유람후 쉬는 그
림(後遊覧御休憩図)』이나 토요하라 쿠니치카의 『하마고덴 어유람(浜御殿御遊
覧)』,『궁중 월병 어가회(宮中月並御歌会)』 등과 같이, 해변에서 쉬고 있는 황
후가 헤이안시대로 다시 돌아온 듯 완벽한 쥬니히토에 차림으로 전통의상

---

132) 천황 즉위 후 처음 지내는 신상제(新嘗祭)를 말한다. 신상제는 천황이 햇곡식을 천지의 여
    러 신에게 바치고 친히 먹기도 하는 궁중 제사이다.

그림 108 현세가인집, 니시키에, 1890년, 陽州周延

을 입은 여관과 함께 그려져 있는 작품은 의외로 많다. 이중에서 흥미로운 니시키에는 양장을 입은 여성과 전통의상을 입은 여성을 섞어서 그린 요슈 치카노부의 『현세가인집(現世佳人集)』(1890년)이다(그림 108).

우선 그림 왼쪽에 샤미센을 들고 옷자락을 늘어뜨린 '게이샤'가 있고 그 위로 전통의상을 입고 거문고를 타는 '신사영녀(紳士令女)', 그 오른쪽 밑에 하카마를 입고 책보자기를 든 '학교생도'가 서 있다. 중앙에는 가장 신분이 높은 '귀현영양(貴顯令孃)'・'귀현부인(貴顯夫人)'이 꽃꽂이를 하면서 와카를 읊고 있는데 둘 다 전통의상이다. 귀현부인과 영양 뒤에 서 있는 사람이 '여관'인데 이 모습은 노송나무 부채를 든 코우치기(小袿) 차림의 당당한 황후와 비슷하다. 그림 오른쪽에는 신사의 부인, 즉 부르주아의 처가 전통의상 차림으로 바느질을 하고 있다. 그녀 왼쪽에 모자를 쓰고 서양책을 손에 든 키가 큰 양장차림의 '교사'가 서 있다. 그림 오른쪽 아래에는 '권처(權妻)'라고 되어 있는데 이것은 첩을 일컫는 말로 한쪽 무릎을 세우고 앉아서 에조시(絵双紙)[133] 같은 것을 보고 있다.

---

133) 에도시대, 항간의 사건 등을 간단한 그림을 넣어 설명한 인쇄물을 말한다.

이와 같은 여성의 신분직업 일람은 일하는 여성을 삽화로 그려 넣은 에도시대의 『백인여랑(百人女郎)』과 『여대학보상』을 상기시키는 전통적인 그림인데 1890년 당시의 여성풍속을 그린 것으로 본다면 여기에는 양장과 전통의상이 뒤섞인 당시 여성복장의 복잡한 상황이 드러나 있다.[104*] 뿐만 아니라 각각의 복장과 행동이 그 당시 여성의 '성적인 계급제도'를 차별화하여 보여주고 있다.

그림 구성을 보면 중앙의 가장 높은 곳에 위치한 황후로 보이는 여성이 전통의상을 입고 최고위에 군림하고 있는 것이 일목요연하고 황후의 무릎 아래로 명문가 자녀와 부인이 위치하면서 삼위일체를 이루고 있다. 화도(華道)와 가도(歌道)는 높은 지위의 교양을 상징한다. 황후를 정점으로 피라미드를 더 연장하면 양 끝단에 학교생도와 교사가 있다. 하카마 차림의 생도는 늠름하고 양장차림의 교사는 서양책을 손에 든 근대여성의 대표적인 모습이다. 이 삼각형의 정점에 황후가 있는 것은 그녀가 여자교육을 총괄하고 있음을 시사하고 있다. 그러나 황후와 높이가 가장 가까운 사람은 거문고를 타는 신사의 딸과 바느질을 하는 처이며 바느질일을 하는 모범적인 처 밑에 에조시를 읽는 첩이 있다. 이것은 양처현모와 가정 밖 여성의 성적인 차별화이다. 첩과 대칭적 위치, 즉 그림의 가장자리에 그려져 있는 사람은 게이샤로 이 그림에서는 전체적으로 첩과 게이샤가 여자세계의 하층부에 있고 황후가 정점에 놓여 있다.

여기에서는 여성의 의복이 계급과 직업, 그리고 신분을 나타내고 있지만 양장을 입은 여성은 교사뿐이다. 황후는 헤이안시대의 역사적 의상을 입은 모습으로 탁월하게 묘사되어 있다. 그 밖의 여성이 모두 1890년 당시의 현실적인 의복을 입고 있는 것에 반해 황후의 옷차림은 현 시대를 뛰어넘어 초시대적인 황실의 상징이 되고 있다. 이를 참조하면 니시키에에서 황후가 집요하게 쥬니히토에로 표상되고 있는 의미를 이해할 수 있다. 또 세상의 여염집 처나 딸들이 여전히 전통의상으로 살아갔다는, 즉 사적 영역에서 생활하고 있었다는 측면에서도 그녀들이 전통의상으로 그려진 것을 이해할 수 있다.

여기에서 공적 세계에 살고 있는 사람은 여교사뿐이다. 따라서 헤이스팅스 씨가 고찰한 바와 같이 양장을 입은 것도 그녀뿐인 것이다. 의복이 여성의 신분·직업·계급을 나타내는 기호였다는 점과 일반 자녀가 아직 전통의상 단계에 있었다는 점을 생각하면 양장 전성기의 니시키에에서 실제로는 양장과 전통의상의 표상이 병존했던 이유를 이해할 수 있다.

그러나 1894년 요사이 노부카즈(楊斎延一, 1872~1944)가 그린 『은혼식대전 봉축 그림(銀婚式大典奉祝之図)』의 경우는 이와는 다른 고찰이 필요하다(그림 109). 여기에서 황후는 전통의상으로 그려져 있는데, 천황부처의 은혼식이 일부일처제의 칭송으로 선전되었음에도 불구하고 왜 전통의상을 입었을까. 예를 들어 같은 주제로 그린 요수 치카노부의 니시키에에서는 황후가 당당한 양장차림으로 그려져 있다. 왜 동일한 행사에 임하는 황후를 그리면서 한쪽은 양장, 다른 한쪽은 전통의상으로 그려졌을까. 여기에는 1894년이라는 시대상이 영향을 미쳤을 것으로 여겨진다. 청일전쟁을 기점으로 양장에 대한 반동과 전통의상으로의 복고가 일어났다고 보고되어 있기 때문이다. 청일전쟁의 승리를 축하하는 대축하연을 그린 1895년 요사이 노부카즈의 『제국만

그림 109 은혼식대전 봉축 그림, 니시키에, 1894년, 楊斎延一

그림 110 제국만세 대원수폐하 환영황성 어어배사 그림, 니시키에, 1895년, 楊斎延一

세 대원수폐하 환영황성 어어배사 그림(帝国万歳大元帥陛下歓迎皇城於御盃賜図)』에서도 황후와 여관들은 일제히 전통의상으로 갈아입고 있다(그림 110).

헤이스팅스 씨에 의하면 대부분의 일본 남성은 여성이 양장을 함으로써 집을 버리고 밖으로 나가는 것, 즉 외향적인 접대나 자선, 바자, 댄스 무도회 등에 쉽게 적응하는 것을 두려워했다고 한다. 예를 들면 니토베 이나조(新渡戸稲造, 1862~1933)는 "서양여성들의 바보스러운 소지품, 코르셋과 넘치는 장신구, 가면무도회" 등을 "인간의 존엄에 대한 모독"이라고 말했다.[105*] 그리스도교 신자이자 서구의 사상과 고전에 뛰어났던 니토베 이나조는 1900년에 『Soul of Japan(무사도)』를 썼고 세계 각국에서 번역되었다. 그는 일본 여성의 자기희생과 정절의 미덕을 찬양하고 여성이 음악과 무용을 하는 것에 대해 다음과 같이 썼다.[106*]

나는 페르시아 왕족에게 동감한다. 그는 런던에서 무도회에 초대받아 같이 어울리도록 권유받았을 때 자신의 나라에서는 그런 종류의 재주를 보여주기 위한 특별한 소녀들 무리가 준비되어 있다고 쌀쌀맞게 말했다.

즉 춤 따위를 추는 것은 천한 직업여성이라는 것이다. 그는 이 글 속에서 여성의 정절은 남성의 충의와 똑같으며 여성이 남편을 위해 목숨을 바치는 것은 남편이 주군이나 국가를 위해 생명을 바치는 것과 똑같다고 쓰고 있다.[107*] 결국 그리스도교 신자인 니토베 이나조도 여성도덕에 관해서는 유학자와 거의 다를 바 없었던 것이다.

이토내각(伊藤內閣)은 세간에 '무도내각(舞踏內閣)'이라고 불릴 정도로 이토의 주최로 1887년 4월 로쿠메이칸에서 가장무도회가 열렸다.[108*] 이 무도회에서 시부사와 에이치(渋沢栄一, 1840~1931)는 오타 토칸(太田道灌, 1432~1486)[134]으로, 야마가타 아리토모는 갑옷을 입은 무사로, 이노우에 코와시는 서양 광대 등으로 가장했다. 시모다 우타코는 무라사키 시키부(紫式部)가 되어 "이토총리와 도망쳤다"는 추문까지 만들어졌다.[109*] 나중에 일본 여성의 정숙한 도덕에 대한 모범적인 교육서를 쓰고 국수주의적 자녀교육을 했던 시모다 우타코의 추문은 상당히 흥미롭지만 지금은 확실한 자료가 없다. 로쿠메이칸과 서구적 타락에 대한 국수주의자와 그리스도교 신자들의 반감은 거세었다.

헤이스팅스 씨는 다음과 같이 분석하고 있다. 일본이 서양의 영향을 받기 이전에는 일본 남성이 모여 즐길 때, 그 자리에 있는 사람은 처나 친척이 아닌 직업여성이었기 때문에 무도회에서 일본 남성이 게이샤에게 대하는 것과 똑같은 행동을 일본 여성에게 하지는 않을까 두려워했다. 즉 남녀 합동모임에서 자신의 처나 딸이 타락하는 것은 아닐까하는 의구심이 강했다는 것이다. 이 경우에 이토 히로부미나 이노우에 카오루 두 백작부인들이 원래 게이샤출신이었다는 점도 이러한 의심이나 반감의 요소가 되었다고 헤이스팅스 씨는 말한다.

양장여성을 천박한 직업여성으로 보는 것—댄스, 무도회, 남성 서비스와 양장의 결합—이 '가정 안에 있는 전통의상 차림의 여성—정숙', '가정 밖

---

134) 무로마치 시대의 무장이다.

에 있는 양장차림의 여성—성적 방종'과 같은 복장도덕관을 형성하였다. 이 것은 점차 확대되어 여교사와 간호사의 '성적방자'에까지 이른다. 가정 밖 에 있는 여성, 다시 말해 양장차림의 여성이 도덕적으로 애매한 존재로 인 식되고 남성의 보호 속에 있어야만 여성의 도덕이 유지될 수 있다는 여성관 은 가부장제 사회의 통념이다.

이와 같은 반동화는 이미 제3장에서 살펴본 일본국가의 유교도덕 재편에 의한 보수화와 그 축을 같이 하며 진행되었다. 가부장제와 천황제 강화의 반동기가 찾아온 것이다. 1894년의 청일전쟁, 1905년의 러일전쟁을 거치면 서 일본이 군국화되고 국수주의가 거세지는 가운데 '근대화'의 상징이었던 양장은 '서구의 타락'을 상징하는 것이 되어 갔다.110* 1905년 7월에 타오카 레이운(田岡嶺雲, 1870~1912)은 잡지 「텐코(天鼓)」 제7호에 「일본복론(日本服論)」 을 발표하고 "의복이라는 것은 운동을 위한 것이 아니라 권위와 예의를 위 한 것이다. 때문에 의복이라고 올바르게 정의할 수 있는 것은 노동을 하는 데 어떠한지 생각하는 것이 아니라 예법에 맞는 행동거지를 위한 것이어야 한다"며 전통의상의 우월성을 강하게 주장했다. 이에나가 사부로 씨는 이것 이 반동기의 이론적 지주였다고 한다. 국수주의자는 더 나아가서 일본 여성 의 정숙한 도덕과 전통의상을 결부시켜 서양 여성의 육체성과 일본 여성의 헌신의 미덕을 차별화하였다.111*

1900년 요사이 노부카즈의 『태평풍의 수(泰平豊の寿, 황태자 결혼식)』에서는 황태자비나 황후 모두 옛 전통의상을 입었다(그림 111). 이 혼례에 관해서는 양장모습이 눈에 띄지 않으므로 황실의 혼례는 모두 옛 법도대로 치루어졌 다고 볼 수 있다. 또 타이쇼시대에 들어서서 메이지천황과 황후는 소쿠타이 와 코우치기 차림으로 묘사되는 경우가 대단히 많아진 것도 주목할 만하다. 1915년의 미조구치 소분(溝口宗文, 1872~1945)의 족자가 그 예이다(그림 112). 니 시카와 유코(西川祐子) 씨만이 "황후 초상은 그림에 따라 고대 전통의상과 양장의 병용이 구별되어 사용되었다"고 날카롭게 지적하면서 이것은 봉건 적인 '이에(家)'라는 가족과 근대적인 '가정'이라는 가족을 반영하는 이중구

그림 111 태평풍의 수, 니시키에, 1900년, 楊斎延一

그림 112 메이지천황·쇼켄황태후 어존영, 1915년, 溝口宗文

조이고 전통의상=보수, 양장=근대라는 이중구조와 '이에'에 대한 개념의 이중성을 관련지었다.[112*] 어쨌든 1897년 이후로 내셔널리즘의 융성과 함께 양복이 기피되고 전통의상이 존중되게 되었다는 점은 부정할 수 없다.

메이지가 끝나고 사람들이 황후를 역사적으로 축성(祝聖)[135]하려고 했을 때 황후는 양장이 아니라 이중제복으로 표상되었다. 황후 찬가(頌歌)인 센게 타카토미(千家尊福, 1845~1918)가 감수한 『쇼켄황태후(昭憲皇太后)』(頌德会, 1914년)의 권두 그림으로는 깃털 장식 모자를 쓴 매우 서구적인 양장의 황후사진을 왼쪽에, 이츠츠기누(五衣)[136] 차림의 황후사진을 오른쪽에 나란히 올렸다(그림 113). 이것은 전편(全編)을 통해 일관된 황후의 업적에 대한 찬미, 즉 '유교의 정숙한 도덕'의 모범이자 '입헌황후'인 쇼켄황태후라는 이중 찬사

그림 113 센게 타카토미(千家尊福) 감수, 『쇼켄황태후』, 1914년, 권두 그림

135) 신성한 용도에 쓸 물건을 거룩한 것으로 만들기 위해 주교나 사제 등이 기도하는 일을 말한다.
136) 귀부인이 겉옷에 받쳐 입던 우치기(겹으로 된 윗옷)를 다섯 벌 겹쳐 입는 것을 말한다.

와 연결된다. 쇼와시기에 들어와서 작성된 성덕기념회화관 벽화에도 황후
는 양장과 전통의상 두 가지로 균등하게 표상되었다.

황후의 전통의상은 일본의 전통문화와 유교적 부덕(婦德)의 상징이고 황
후의 양장은 일본국가의 근대화, 서구화를 통해 선진 국가와 호환성을 획득
한 승리의 증명이며 제복을 입은 여성(국가에 동원되는 여성)의 공적 역할의 상
징이었다. 선행 연구가 말하듯이 황후복장은 전통의상에서 양장으로 시대
적 흐름에 따라 단선적으로 전개된 것이 아니다. 이 두 가지 제복은 항상
병존하고, 메이지국가 형성에 황후가 이루어낸 신구(新旧)의 상반되는 이중
적 기능을 상징하고 있었던 것이다.

제복개혁이 있었던 1887년 이후에도 황후는 일본고대의 구습유지를 위한
식전행사나 직무를 담당할 때는 전통의상을 입었다. 황후가 의식에서 입는
전통의상은 전통 창조, 국가적 기원과 창조된 기억―신격화되었던 과거로
거슬러 올라간 권위를 국민에게 나타내는 것이었다. 한편 천황은 처음부터
끝까지 양장을 하여 세계 제국 내의 군인으로서 표상되었다. 구습, 전통, 민
족성의 표상은 황후에게 가탁되었던 것이다.

또 세계 속에서 살펴보면 서구의복은 서구 선진 각국을, 민족의상은 아시
아를 의미한다. 세계에서 드물게 나타나는 황후와 여성들의 '이중복장' 관
습을 메이지시기에 완성시켜 전통의상과 양장 사이에 부조화를 만들어 낸
일본은 그 속에서 겉으로는 서구를 위장하고 안으로는 '일본=아시아'를 유
지하는 구조를 표상하였다. 이것은 국체를 고수하는 한편으로 세계만방과
대치하고자 하는 일본 근대의 이중적 자세의 표상이었다.

일본에서 여성의 전통의상과 양장의 '혼용'은 지금도 계속되고 있다. 지
금도 여자의 전통의상은 분명히 '여성성'과 '국가주의'의 표상이다. 가정적
인 여성임을 나타내기 위해 일본 여성은 맞선자리에서 전통의상을 입는다.
외국 손님 앞에서 전통의상을 입는 여성도 많았다. 민족의상을 고집하는 아
시아, 아프리카 각국의 여성들 앞에서 일본 여성의 양장은 일본이 서구화되
었다는 일본의 선진성을 나타낸다. 한편 서구의 귀빈들 앞에서는 전통의상

을 입어 스스로를 아시아화한다.[113]* 이중 제복은 아시아에 대해서는 서구임을 나타내고 서구에 대해서는 아시아임을 나타낸다. 근대화와 민족주의를 필요에 따라 몸에 걸친다. 어떤 본질이 있어서 일본과 서양을 몸에 걸치는 것이 아니라 바로 이중성이 본질인 것이다. 옷 갈아입히는 인형처럼 양장과 전통의상을 바꾸어 입는 황후의 이미지는 근대화와 보수의 이중적 방향으로 추진된 여성 국민화의 훌륭한 표상이었다.

<h1>제5장 가족으로서의 국가 초상</h1>

'황실일가' 형성–황태자의 탄생

    1879년 8월 31일 황태자 요시히토친왕이 태어나 무사히 성장하자 니시키에는 황실의 가족초상을 대량 생산하기 시작하였다. 일반적으로 한 쌍의 부부 사이에 자녀가 태어나면서 부부는 가족으로 바뀐다. 부부는 자식을 중심으로 가족초상을 만들고 자녀의 결혼을 맞이하여 두 쌍의 부부상을 만들며 마지막으로 손자에게 둘러싸여 대가족 초상을 만든다.

    제1장에서 보았듯이 석판초상화에는 황실의 가족이 서서히 늘어나 1901년에는 3세대 가족이 메달리온 속에서 빛나는 존재가 되었다. 이것은 황통의 영속성을 보여주는 계통도(系統図)이다. 혈통으로 숭배되는 가계에서 계통도만큼 중요한 것은 없다. 그러나 비록 고귀한 가계가 아니더라도 가부장제가 존재하는 곳에는 반드시 계통도의 표상이 있다. 오래되었다는 것과 영속한다는 것이 집안의 가치이고 존재 이유임은 지위 고하를 막론하고 동서

양 모두 마찬가지이다.

필자의 아버지는 큐슈(九州) 농민의 자식에 불과했지만 수 백 년에 걸친 가계도가 있다는 것을 본가의 긍지로 삼았다. 더욱이 적출 남자가 끊이지 않았다는 것은 더 큰 자랑이었으며 대가족이 농가의 큰 객실에 모여 금색 병풍을 배경으로 가장을 중심으로 촬영한 기념사진이 남아 있다. 일본에서 이러한 심성은 메이지부터 패전 또는 지금까지도 뿌리 깊게 남아 있다.

이러한 기념촬영적인 기능을 지닌 석판화와 달리 니시키에는 이른바 황실의 일대기에 맞추어 발생하는 사적·공적 행사의 기록이다. 이런 점에서 민중과 동일한 인생을 살아가고 그 속에서 발생하는 중대한 행사의 기록과 동일한 주기로 일어나는 황실에 관한 니시키에의 사적이고 신변에 관련된 주제는 신분의 경계를 없애고 천황에 대한 국민의 사랑과 친밀감을 환기시키는 데 매우 도움이 되었다. 민중은 니시키에를 통해 왕자의 탄생 순간을 함께 하고 차세대 천황의 성장을 바라보며 그의 결혼에 감동하고 황손의 탄생으로 황실이 영원함을 알게 된다. 니시키에는 오늘날 황실사진의 역할을 이미 해내고 있었다. 게다가 무도회나 의회나 국빈접대 등과 같은 화젯거리와는 달리 왕차의 탄생이나 결혼 등은 일반서민의 인생에 일어나는 신변적인 사건과 본질적으로 같은 것이다. 따라서 민중은 다른 뉴스보다도 천황일가의 신변에 관심이 있고 이 주제를 통해 실제로는 아라히토가미(現人神)[137] 라고 여겨진 천황이 인간적인 친밀감으로 가깝게 받아들여졌다.

실은 이것이 본장의 주제이다. 근대국가의 왕은 국민들로 하여금 왕이 자신들과 똑같은 부모이고 가족이며 자식이라고 여기도록 해야만 국민을 통치할 수 있다. 다만 근본적으로 단 한 사람이 별다른 설명 없이 수많은 인간을 지배하기 위해서는 왕이 보통 인간—칸트로위츠(Kantrowicz) 씨가 말하는 인간의 신체를 갖고 있는 보통 인간—이어서는 안 된다. 그는 지배의 정통성을 신의 혈통으로 보증 받아야 한다. 혈통의 영원성으로 죽지 않는

---

137) '이 세상에 인간의 모습으로 나타난 신'을 의미하는 단어이다. 일본에서는 주로 제2차 세계대전 종결 이전의 천황의 존칭이다.

'왕의 신체'를 갖고 있어야 한다. 때문에 절대적인 숭배와 추앙의 대상인 천황의 신체(神体)와 다를 바 없는 어진영은 불가결하고 그것이 공식 석상에서의 배례를 위해 배포되었음은 앞장에서 살펴본 바와 같다.

그러나 왕이 국민의 충성을 획득하고 영속적인 질서를 유지하는 데는 혈통만으로는 불충분하다. 린 한트(Lynn Hunt) 씨에 의하면 "왕은 복종으로 맺어진 정치체(政治体)의 우두머리"에 지나지 않는다.[1] 왕이 국가를 지배하는 데는 그 국가가 지배와 복종의 도덕으로 구조화되어 있어야 한다. "농민은 지주에게, 장인(匠人)은 스승에게, 유력자들은 왕에게, 처는 남편에게, 자식은 부모에게 복종했던 것이다." 또한 린 한트 씨는 "국가의 권위는 명확히 가족의 권위를 모델로 삼고 있다. 예를 들어 '양친에 대한 자식의 존경심은 군주에 대한 신민의 정당한 복종과 연결된다'는 1639년 왕의 선언은 이를 말해준다"[2]고 한다. 즉 왕정이라는 것은 신민의 자발적인 복종을 전제로 하고 있으며 더구나 그 복종은 부모에 대한 자식의 헌신으로 배양된다는 생각이 확고했음이 제시되고 있는 것이다. 따라서 프랑스혁명이 이러한 '왕=아버지'를 죽였을 때 영국의 왕정을 지지하는 반혁명론자 에드몬드 버크(Edmund Burke, 1729~1797)는 '사회생활의 규율을 구성하는 가정 내의 신뢰와 충성에 관련된 원칙들'이 모두 전복되고 공동체가 붕괴되는 것은 아닐까 두려워했다.[3]

이와 같은 두려움은 이토 히로부미가 일본국가의 제도를 설계함에 있어서 혁명을 경험한 프랑스를 기피하고 프러시아의 정치체제(영국의 경우도 청교도 혁명으로 왕을 처형했다)를 모방하려고 했을 때 느끼고 있었음에 틀림없다. 왕=아버지가 배제되었을 때 국민은 그 복종의 모범을 어디에서 찾아야 할 것인가. 린 한트 씨는 혁명기에 문학과 회화에서 '좋은 아버지'의 이미지가 대량으로 생산되었음을 지적하고 프랑스 국민이 혁명에서 원했던 것은 아버지 자체의 배제가 아니라 '나쁜 아버지'의 배제였다고 말하고 있다.[4]

이것은 공화정이 가부장제를 폐기한 것이 아니라 절대왕정을 폐기했을 뿐임을 의미한다. 아버지의 지배는 계속되고 인민의 적인 '나쁜 아버지' 가 아닌 '인민의 아버지'가 대신해야 하는 것이다. 그래서 공화정의 '기초'로 창출된 것이 '가족의 복권'이었다. 왜냐하면 '좋은 아버지'란 권력이 아닌 사랑으로 가족을 통합할 수 있는 남성이기 때문이다. 혁명 후 1793년 헌법은 "가정의 아버지와 어머니가 참된 시민"이라고 선언하였다.[5*] 당연히 남성 역할의 아버지와 여성 역할의 어머니라는 가부장적 성역할의 분담은 변하지 않았다. 그러나 복종이 아니라 자연스러운 감정인 사랑이 새로운 가족의 연결고리가 되어야 했다. 낭만주의야 말로 프랑스 혁명과 공화정의 심성이었던 것이다.

세계사가 '왕=아버지'를 죽인 프랑스혁명을 경험한 후 근대 서구의 군주국가에서는 왕의 절대권 저지를 위한 헌법이 제정되고 왕은 통치의 정통성을 보증하는 혈통뿐만 아니라 '좋은 아버지'의 미덕으로 국민의 신뢰를 얻어야만 했다. 특히 왕이 아버지이고 왕비가 어머니라는 점이 강조됨으로써 왕이 국가의 아버지이고 왕비가 국가의 어머니라는 이론이 형성되었다. 이에 따라 인종·지역·출신이 다른 국민이 마치 하나의 '가족'이라고 생각하게 되었다. 엥겔스가 『가족과 사유재산 및 국가의 기원』에서 서술했듯이 인류역사의 어느 시점에서 출현한 가족이라는 형태는 처음에는 존재하지 않았고 끊임없이 형태를 변화시켜 왔으며 앞으로도 변화할 것이다. 그러나 국가가 인류 역사에 등장한 이래 가족은 국가를 다스리는 최소이자 최강의 단위로 여겨져 유지되어 왔다. 가족은 체제나 국가가 멸망해 교체되어도 살아남는 불멸의 단위로 여겨지고 이 관념을 국가로 확대함으로써 인위적인 집단인 국가도 마치 운명적이고 자연적이며 인간의 생리적 요구에 맞는 보편적이고 불멸한 것이라고 여기게 할 수 있었다.

일본은 '프랑스혁명'을 체험하지 않았다. 중국의 국가통치와 질서유지를 위한 철학인 유교가 부모에 대한 자식의 공손을 모든 도덕의 기초로 삼았음은 제3장에서 고찰한 바와 같다. 그리스도교는 신을 가족 위에 두고 있다. 그러나 유교에서는 가족윤리가 하늘의 진리였기 때문에 유교적 가족윤리를 교육과 조칙(詔勅)으로 유지하는 것은 사회질서와 천황제를 유지하는 기반이 되었다. 부모에게 순종하는 것과 가족이라는 소집단을 위해 봉사하는 것을 알게 됨으로써 사람은 자아를 버리고 집단에 봉사하며 권위를 따르는 것을 학습한다.

제2장에서 고찰했듯이 모토다 나가자네 일파가 제시하는 '한 집안의 덕이 높으면 한 국가의 덕이 있다'는 지침은 가족이 국가질서의 기반이라는 생각을 보여준다. 가족은 사람이 집단에 봉사하며 자아를 버리고 지배받는 것을 배우는 최초의 학교이고 국가는 그 완성이다. 국가는 가장이 국민을 통치하게 하고 그 가장을 통치한다. 바꾸어 말하면 천황은 가정을 통치하지 않고서는 국민을 통치할 수 없다.

이러한 이유로 한편에서는 생명을 걸고 받들어 모셔야 할 아이콘으로서의 어진영이 절대군주의 숭배용으로 국민에게 하사되었고, 다른 한편에서는 근대적인 가정의 아버지와 어머니로서의 천황과 황후를 국민에게 보여주는 친밀한 니시키에가 대량으로 유포되었다. 죽지 않는 신체와 육체인 신체, 즉 '왕의 두 개의 신체'를 어진영과 니시키에가 상호보완적으로 표상했던 것이다.

메이지천황의 가족도(家族図)는 황태자 탄생도에서 시작된다. 이것은 요절한 두 번째 황태자 유키히토친왕(敬仁親王, 1877~1878)이 태어난 1877년에 발행되었다. 여기에는 『만만세영의　수(万々歳栄の寿)』(歌川国利─梅寿国利)라는 경사스러운 제목이 붙어있다(그림 114). 만세(万歳)란 무릇 천황의 대(代)가 만년동안 계속된다는 뜻이므로 황태자의 탄생에 어울리는 제목이라 할 수 있다. 이 그림의 가장 높은 곳에는 생모인 야나기하라 나루코가 발 안쪽에 그려져 있고 여기에는 이름을 적어 생모에 대한 숭배를 나타내고 있다. 막 태어난 아기는 그림 속의 인물 중에서 가장 화려한 전통의상을 입은 여성에게 안겨 있는데 이는 황후일 것이다. 주위에는 간소한 의상의 여관이 목욕물을 나르고 밥상을 가져오는 등 부지런히 움직이고 있다.

이 구도와 인물의 배치는 그리스도교 초상 가운데 '마리아의 탄생'과 동일하다. 일반적으로 마리아의 탄생에는 산통중인 성녀 안나와 유모, 부지런

그림 114 만만세영의 수, 니키시에, 1877년, 歌川国利

히 움직이고 있는 많은 여성들, 그리고 아기의 목욕을 위한 대야와 물병이
그려진다. 이 니시키에에도 칠기로 만든 호화스러운 대야와 동일한 재질의
물병이 그려져 있다.

　파리국립도서관의 소묘실에는 '루이 14세 탄생' 동판화가 다수 소장되어
있는데 필자는 이것이 '마리아의 탄생'과 같은 형태임을 발견하였다. 서구
근세에서 높은 신분을 지닌 자의 후계자 탄생은 대사건으로 기록되었고 그
들은 성스러운 인물의 탄생 초상을 사용하여 왕의 탄생을 그렸다. 왜 예수가
아니라 마리아인가 하면 예수는 신의 아들로서는 특이한 방법 — 초라한 마
굿간에서 지푸라기와 동물에 둘러싸여 — 으로 태어났기 때문이다. 통상적인
실내에서 태어난 것은 마리아라고 여겨졌기 때문에 근세에 제작된 성모의
탄생도는 왕후부터 부르주아계급까지 출산도(出産図)의 원형을 제공하였다.

　아이의 탄생은 앞에서 말한 것처럼 가부장제 가족의 대사건이므로 그들

은 성서에도 적혀 있지 않고 교리적으로도 대항종교개혁 시기(이 시기에 마리
아의 교리적 위치가 문제되었다) 이전에는 전혀 중요성을 지니지 않았던 마리아
의 탄생도를 교회 안에 그렸다. 또한 교회는 신자의 일반적 삶과 관련된 주
제를 교회에 그림으로써 세속과 성스러움을 연관 지으려고 했다. 피렌체에
서 시민사회가 융성하면서부터 마리아 탄생에 대한 주제가 많아진 것은 이
때문이다.

　태어나 1년도 못 살고 죽은 첫째와 둘째 황태자에 이어서 1879년 8월 31
일에 세 번째 황태자 요시히토친왕이 탄생했을 때『황자 탄생 그림(皇子御降
誕之図)』(一兢斎芳景)이 발행되었다(그림 115). 태정대신 산조 사네토미, 우대신
이와쿠라 토모미, 궁내대신 토쿠다이지 사네츠네, 궁내대보 마데노코지 히
로후사, 시종번장 타카사키 마사카제 등이 모두 무늬 있는 하카마 정장차림
으로 입궐하여 유모에게 안긴 황태자를 바라보며 기뻐하고 있다. 중요인물
중에서 이름이 적혀 있지 않은 사람은 두 사람뿐이다. 병풍 앞에 홀로 서
있는 전통의상의 천황과 유모가 보여주는 갓난아기를 보고 가장 기뻐하고
있는 여성이다. 그녀는 유일하게 머리에 사이시(釵子)를 꽂고 고귀한 코우치
기(小袿)를 입고 있기 때문에 쉽게 황후라는 신분을 알 수 있다. 한편 생모인
야나기하라 나루코는 적혀 있는 이름으로 보아 황후 바로 위에서 천황을 향

그림 115 황자 탄생 그림, 니시키에, 1879년, 一兢斎芳景

해 바닥에 손을 대고 있는 여성이다.

이미 서술한 바와 같이 황후는 황태자의 탄생을 각별히 기뻐하며 사랑으로 키웠다고 하고 또한 서구각국 윤리와의 호환성을 배려하여 애매한 요소를 가능한 한 보이지 않게 하려고 마치 황태자가 황후의 친자인 것처럼 그려져 있다. 그러나 그림 중앙에는 수직방향으로 황후와 생모가 위아래로 겹쳐 보인다. 이는 황태자에게 두 명의 어머니가 있음을 보여주는 것이다. 또한 전면에 나와 있는 것은 표면상 황후이지만 안쪽에 있기는 하나 여성 중에 생모가 가장 높게 그려져 있다. 이러한 위치 관계는 불임인 황후와 아들을 낳은 측실의 관계를 암시하고 있다.

공적인 기념비인 석판 황실도에는 천황·황후·황태후·황태자만 그려지고 생모는 보통 그려지지 않는다. 그러나 예외는 있다. 황태자의 초상 중 가장 빠른 시기의 것으로 여겨지는 1885년 『대일본제국 고귀어초상(大日本帝国高貴御肖像)』은 메이지천황을 중심으로 황족과 궁비(宮妃)를 집단으로 그린 것인데 이중에서 특별한 장식이 있는 메달리온으로 영광스럽게 그려진 3대 귀현(貴顕)은 천황·황태후·황후이다(그림 116). 그리고 황태후와 황후 사이에 황태자가 있고 그 바로 아래에는 생모가 있다. 즉 천황을 중심으로 천황 바로 아래에 황태자, 황태자 아래에 생모인 야나기하라 나루코가 배치되어 이 세 명이 그림의 중심축을 차지하고 있다. 한편 황태후와 황후는 지위는 높지만 중심축에 있지 않은데, 이 여성들은 모두 아이를 낳지 못했다. 1889년 『황국 귀현초상(皇国貴顕肖像)』(潮瀬茂一)에도 생모가 그려져 있다.6*
이 그림은 상단에 천황·황후·황태후, 하단 왼쪽에는 야나기하라 나루코, 오른쪽에 황태자가 그려져 있다. 그러나 이들은 예외적인 것이며 1889년 황태자가 입태자 의식을 통해 황후의 아들로 인정받은 후에는 생모가 석판화에서 모습을 감추었다. 앞에서 언급했던 1891년 교육칙어사본의 황실상 등에서는 천황·황후·황태자의 삼위일체가 어린 국민에게 규범으로 제시되었다.

그림 116 대일본제국 고귀어초상, 석판, 1885년

니시키에가 국민에게 보여준 근대가족

'황실일가'의 니시키에가 1880년대 중반부터 10여 년에 걸쳐 빈번하게 나타나게 된 것은 1887년 9월 31일에 9살이 된 황태자가 후계자로 책봉되었기 때문이다.[7*] 이는 측실 자식이 황후의 친자가 되었음을 의미한다.[8*] 9살이 된 황태자는 황후가 양재(洋裁)를 하는 장면에 등장하거나(그림 89) 서양음악 합주를 황후와 함께 듣거나(그림 88) 정원에서 눈싸움 하는 소년들을 발코니 에서 몸을 내밀고 바라보거나(『雪中梅莊群児遊戲図』, 楊洲周延, 1887년) 하면서 참으로 사랑스러운 모습으로 빈번하게 등장한다. 니시키에 안의 황태자는

그림 117 쿠단사카 위의 야스쿠니신사 경내 그림, 니시키에, 1888년, 井上探景

점차 성장하여 1888년이 되자 궁중을 나와 국민 앞에 모습을 보이게 된다. 그 가운데 하나가 1888년 이노우에 탄케이의 『쿠단사카 위의 야스쿠니신사 경내 그림(九段坂上靖国神社境内真図)』이다(그림 117). 그림 왼쪽에 야스쿠니신 사가 보이고 중앙에는 천황이, 그 왼쪽에는 황후가 서 있다. 10살이 된 황태 자는 황후의 말에 귀를 기울이듯이 황후 쪽을 바라보고 있다. 야스쿠니신사 는 1869년 보신전쟁 당시 전사자의 혼령을 모시기 위해 건축되었는데 처음 에는 토쿄쇼콘사(東京招魂社)라고 했다가 1879년 야스쿠니신사로 이름을 바 꾸었다. 여기에는 유신동란 7,751명, 세이난전쟁(물론 관군만) 6,971명, 청일전 쟁 13,619명, 타이완 정벌 1,130명, 북청사변(北清事変)138) 1,256명, 러일전쟁 88,429명, 1차 세계대전 4,850명, 만주사변 17,175명, 태평양전쟁 2,133,760명 등 전사자들의 혼령이 합사되어 있다.9*

　전 일본수상이었던 코이즈미 준이치로(小泉純一郎)는 오늘날 일본의 평화 가 존재하는 것은 나라를 위해 죽은 사람들 덕분이므로 수상으로서 당연히 야스쿠니신사에 참배한다고 말하며 신사참배를 되풀이하였다. 그러나 지금

---

138) 1900년에 일어난 의화단운동. 청나라 말기에 산동지방에서 의화단을 중심으로 백성이 북 경에 있는 서양 공사관을 습격했던 사건인데, 이 난을 영국, 미국, 러시아, 독일, 프랑스 일 본 등의 연합군이 진압하였다.

일본이 평화로운 것은 평화를 위해 노력한 많은 사람들의 덕분이다. 또한 군인만이 나라를 위해 죽은 것이 아니다. 실로 많은 일본인들이 여러 전란이나 공중폭격으로 나라를 위해 죽었다. 야스쿠니신사는 국가가 공훈이 있다고 인정한 군인병사의 혼령을 모신 신사이기 때문에 코이즈미 수상은 나라를 위해 죽은 군인들에게 감사하며 참배하는 것이라고 고쳐 말해야 한다. 그렇지 않으면 평화를 위해 싸우다 죽었지만 여기에 모셔지지 않은 사람들의 영혼이 고이 잠들지 못할 것이다. 이곳은 여러 외국 도시에 반드시 있는 무명전사자의 묘지나 전쟁으로 희생된 시민과 어린이들의 공동묘지가 아니다. 사실 우리들의 평화는 그와 같은 무수한 사람들의 희생으로 얻어진 것이다.

야스쿠니신사가 군사적 성격을 지니고 있음은 일본육군의 창설에 공헌하고 쇼콘사 건축에 진력했던 오무라 마스지로(大村益次郎, 1824~1869)의 동상이 경내에 우뚝 서 있는 것으로도 분명히 알 수 있다. 일본을 위해 죽은 희생자나 전사자는 무수히 많지만 여기에 합사된 사람은 기본적으로 메이지유신 이후의 관군 또는 메이지국가가 일으킨 식민지 획득 전쟁에서 국가가 공훈을 인정한 군인이나 군무원(軍務員)들이다. 야스쿠니신사가 창립부터 제사에 이르기까지 메이지천황 및 천황제국가와 깊숙이 관련되어 있는 것은 징병제도와 군사력을 정비한 것이 메이지천황이기 때문이다.

징병된다는 것은 전쟁을 전제로 전쟁발발 시 국가에 생명을 바친다는 뜻이고 죽음을 전제로 하는 것이다. 야스쿠니신사가 신정부 수립을 위해 많은 피를 흘린 지 얼마 되지 않은 1869년에 창립된 것은 전사자의 영혼을 달래는 책임이 신정부와 신국가에 있었기 때문이다. 천황을 위해 죽은 국민의 영혼은 천황이 달래지 않으면 안 된다. 이것은 메이지 초기에는 천황친정의 수립을 위한 전사자의 진혼이었다. 그러나 일본이 세계시스템 속에서 중심적인 위치를 확보하기 위한 영토 확장과 식민지 획득을 위해 전쟁을 일으킨 1880년 후반 이후에 야스쿠니신사는 국가의 이름으로 죽은 국민을 국가가 축성(祝聖)하는 장이 되었다.

전쟁을 수행하기 위해서는 국민의 동의를 얻는 여러 가지 문화정비가 필요하다. 그중에서도 중요한 것은 전사자의 진혼과 기념이다. 군주나 국가를 위해 죽은 영혼이 국가의 기억 속에 영원히 살아있음을 보증하는 것은 국가의 종교화이고 국가신도(国家神道) 신사에 어울리는 임무이다. 이로써 국가 자체가 종교가 된다. 종교는 사후의 영원성을 보증하는 기능이 있기 때문이다. 영원히 기억되고 불멸의 기억을 유지하는 장치나 신앙만큼 국민의 죽음을 장려하고 유족을 위로하는 것은 없다. 국가는 위령장치 없이 징병제도를 유지할 수는 없다. 징병이 시작이고 위령이 끝이다. 전사자 진혼을 통해 국가는 종교적 공동체가 된다. 앤더슨 씨는 『상상의 공동체』에서 다음과 같이 서술하고 있다.[10*]

> 무명전사의 묘비, 이것만큼 근대문화로서의 내셔널리즘을 멋지게 표상하는 것은 없다. …… 이러한 기념비의 문화적 의의는…… 내셔널리즘의 상상력이 사(死)와 불사(不死)에 관련되기 때문이며 국가가 종교적 상상력과 강한 친화성을 지니고 있음을 보여주고 있다.

10살이 된 황태자를 동반한 야스쿠니 참배는 일본의 소국민(小国民, 아직 어린 국민이라는 뜻–옮긴이)들에게 국가를 위해 목숨을 바치는 것에 대한 의의를 가르친다는 의미에서 중요한 사항이었다. 그림의 배경에는 자녀를 동반한 많은 여성이 참배하려는 모습이 그려져 있다. 이는 황태자 교육이 소국민 교육의 모델이 되게 하려는 의도이다. 또한 자녀에게 애국심을 가르치는 것은 국가 안에서의 여성=어머니의 중요한 역할이었다. 따라서 자녀를 동반하고 있는 것은 여성뿐이다. 자녀교육을 오로지 어머니가 담당한다는 성별역할분담이 명확해진 근대에는 어머니로 하여금 애국심을 가르치게 하는 것이 다음 세대의 국민을 육성하기위한 가장 중요한 과제가 되었다. 그림 속에서 황태자가 천황 쪽이 아니라 이야기를 하고 있는 황후 쪽으로 귀를 기울이고 있는 것은 야스쿠니신사에 대해 설명하는 것이 황후=어머니임을 보여주고 있다.

사실 미와타 마사코는 1897년의 『여자교육요언(女子敎育要言)』에서 "여자교육은 만세일계의 천황을 모시는 국체와 일치시켜야 한다. 국가를 위해 웃으면서 죽을 수 있는 미래의 해국아(海国児)와 군국아동(軍国児童)을 키우는 양처현모를 양성하는 것이 여자교육의 목적"이라고 쓰고 있다.[11*] 이와 같은 교육이념이 『교학성지』에서 시작되어 교육칙어로 응집되었음은 이미 서술한 바와 같다.

카노 미키요(加納美紀代) 씨는 「'대어심(大御心)'과 '모심(母心)' ― '야스쿠니의 어머니'를 만들어내는 것」이라는 제목의 논문에서 2차 세계대전의 전쟁옹호자인 코라 토미(高良とみ, 1896~1993)가 다음과 같이 쓴 것을 문제 삼고 있다.[12*]

> 지금 조국은 일본의 어머니를 갈구하고 있습니다. 자신이 키운 소중한 자식을 국가에 바침과 동시에 자신의 땀과 정성과 생명을 다 바쳐 나라를 지키고 국민의식을 고양시켜 조국을 반석 위에 올려놓아야 한다는 각오가 되어 있는 어머니를 갈구하고 있습니다.

엘쉬테인(J. B. Elshtain) 씨는 『여성과 전쟁(Women and War)』(1987)이라는 훌륭한 저서에서 아들을 전쟁에 나가라고 명령한 것이 실은 어머니였다는 사실을 풍부한 사례로 증명하고 있다. 그중에서 가장 유명한 것은 1차 세계대전 중 영국의 지원병 모집을 위해 제작된 포스터에서 어머니가 군인들을 향해 "출병하라!"고 말하고 있는 것이다.[13*] 왜 황후가 야스쿠니신사를 방문하는 것일까. 이것은 소국민 교육을 위해서만은 아니다. 야스쿠니신사의 주인공이 남성 전사자라면 참배자는 주로 남편이나 아들을 잃은 여성이다. 전쟁 자체에 참가할 수 없는 여성이 전쟁과 관련되는 것은 두 가지인데 그것은 부상병의 간호와 전사자의 진혼이다.[14*] 황후는 전시에 일본여성의 역할을 온몸으로 솔선수범하였다. 적십자

활동의 지원, 아들을 잃은 많은 어머니와 남편을 잃은 아내들의 눈물의 대변자, 그리고 불멸의 종교적 공동체인 국가에 대한 헌신을 자녀에게 가르치는 일, 이것이 여성인 황후가 체현하는 여성 역할이었다.

먼 곳을 응시하는 천황=아버지와 가르치는 황후=어머니, 그리고 배우는 황태자=소국민이라는 황실일가의 그림은 1888년이 국민에게 요구하는 가족 모델을 보여주고 있다. 메이지국가는 황태자를 얻어 가족을 형성한 이 시기에 교육칙어 발포를 시작으로 차세대 국민형성과 그 형성의 모체가 되는 '가정'의 재편성에 온 힘을 쏟게 되었다. 바로 국가의 사이클이 천황가의 사이클과 일치하는 것이다. 앞의 그림에서 보았듯이 1891년의 교육칙어 사본에는 천황·황후·황태자가 삼위일체를 이루고 있었다. 1880년대 후반 이후 성장기에 들어선 황태자를 포함하는 니시키에에는 가족도에 담겨진 국민가족형성의 의도가 존재한다.

황태자는 1889년 11월 3일에 입태자 의식을 맞이하였다. 칙어는 "츠보키리명검(壺切ノ名劍)139)이 역대 왕조의 황태자에게 전해짐으로써 짐에게까지 이르렀다. 지금 이것을 그대에게 전하니 그대는 이것을 몸에 지니도록 하라"고 말하고 있다. 요사이 노부카즈의 『입황태자어식 츠보키리마루 어전진 그림(立皇太子御式壺切丸御伝進図)』에는 천황 혼자 왕좌에 앉아 있고 황태자가 츠보키리마루검을 천황으로부터 전수받는 모습이 그려져 있다.15* 그러나 순사이 토시마사가 그린 『입태자 의식 그림』에는 단상 위에 천황을 중심으로 왼쪽에 황후, 오른쪽에 생모인 야나기하라 나루코가 서 있다(그림 107). 황후는 머리에 꽂은 사이시(釵子)로 금방 알 수 있다. 또한 1889년인데도 황후와 생모는 둘 다 전통의상이고 천황과 황태자는 군복차림이다.

이후 천황이나 황후의 행차에 동반하는 황태자의 모습이 자주 그려지게 되었다. 1890년 제3회 내국박람회에 행차하는 천황일가의 모습은 여러 장 그려졌는데 그 그림의 중심에는 대부분 황태자가 있다. 예를 들면 요슈 치

---

139) 입태자 의식 때 천황으로부터 하사받는 것으로 대대로 황위계승자의 표시로서 전승되었다.

그림 118 권업박람회내 일람 그림, 니시키에, 1890년, 陽州周延

카노부가 1890년에 그린 『권업박람회내 일람 그림(勧業博覧会内一覧之図)』에
서도 그림의 기하학적 중심은 황태자이고 천황은 무언가를 가르치는 듯이
황태자 쪽으로 시선을 향하고 있으며 황태자도 천황 쪽을 바라보고 있다(그
림 118). 한편 그림 좌우에 유달리 호화롭고 고귀한 차림의 두 여성이 모두
중앙의 부자 쪽을 응시하고 있는데 이는 황후와 생모이다. 국외적으로는 논
외이지만 국민은 황태자의 생모와 형식적인 어머니의 공존을 인정하고 있
었던 것 같다. 입태자 의식에 관한 그림이 두 가지 형태로 그려졌던 것도
대외와 대내의 이중성을 고려한 것이 아닌가 생각된다.

　여기에서 산업진흥에 관해서는 황후가 아니라 천황이 황태자의 교육을
맡고 있었다는 점을 주목해야 한다. 이 구도는 제3회 『내국권업박람회(第三
回内国勧業博覧会)』(朝華楼芳照)에서도 반복된다.[16*] 다만, 동일한 주제를 그린
토요하라 쿠니치카의 그림에서는 생모나 여관이 황태자의 어깨를 황후 쪽
으로 밀고 있고 황후는 황태자를 뒤돌아보며 손을 내밀고 있으며 그 앞쪽에
천황이 혼자 서 있다.[17*]

　1890년에는 제국의회가 개설되었는데 이 해에 그려진 『국회의사당 행행

그림(国会議事堂行幸之図)』에서는 국회의사당 정면에 황태자가 천황, 원훈(元勲)들과 함께 중심에 서 있고 천황은 황태자에게 손을 내밀면서 무언가를 말하고 있다. 정면의 국기, 분수와 함께 중심축에 있는 것은 황태자이다. 한편 여관을 거느린 황후는 그림 왼쪽에 밀려나 있다. 이로써 정치야말로 남성의 영역임이 강조되고 있다(그림 119).

　일반적으로 1892년을 전후로 한 황실가족 동반 그림에는 황태자에 대한 국무(国務) 교육적인 주제가 많은데 민중의 입장에서는 이를 통해 황실일가가 가족으로서 친숙해졌음을 상상해볼 수 있다. 황태자는 1900년 5월 10일에 결혼식을 거행한다. 이 주제도 대판(大判) 3장 연작 등 많이 다루어졌다. 사카마키 코교(坂巻耕漁, 1869~1927)의 2장 연작, 요사이 노부카즈의 3장 연작, 그밖에 작자 미상의 것도 많다. 연작은 일반적인 예물에 해당되는 결혼어성

그림 119 국회의사당 행행 그림, 니키시에, 1890년

약 그림(結婚御成約図), 황태자비 전하의 참내 그림(参内図)140), 어혼례식도(御婚礼式図)의 순서로 되어 있는데 격식은 다르지만 서민의 혼례와 동일하다. 요사이 노부카즈의 그림에서 황태자비는 참내할 때에는 양장차림(하얀 비단에 은색 국화와 당아욱 모양)이지만 결혼식에서는 쥬니히토에 차림이다. 실제로 혼례는 소쿠타이와 쥬니히토에 차림으로 거행되었다.18*

아사이 유스케(浅井勇助) 씨에 의하면 황태자비의 간택기준은 건강한 몸이었다고 한다. 당연히 오섭가(五摂家)의 여식이 간택되었는데 여관의 이야기로는 황후가 자신의 집안인 이치조가(一条家)는 자식을 못 낳아 면목이 없으므로 이번에는 다른 가문에서 뽑는 것이 좋겠다고 말씀하셔서 쿠조가(九条家)의 네 번째 여식인 세츠코(節子)가 간택되었다고 한다. "쿠조가의 네 번째 따님은 귀족으로는 참으로 보기 드물게 강건하셔서 미래의 국모로 내세우기에도 충분하시기에 이번에 황태자비로 간택"19*된 것이다. 쿠조가는 에이쇼황태후(英照皇太后, 1833~1897)를 배출한 가문이다.

필시 심사숙고를 거듭했을 황태자비의 간택은 대성공이었다. 왜냐하면 황태자비가 3남 4녀의 자녀를 낳았기 때문이다. 결혼한 지 11년째인 1911년에 황실의 기쁨을 전하는 가족도 『일본수풍 그림(日本寿豊之図)』(작가 미상, 武川卯之吉 판화)이 나왔다(그림 120). 이 그림의 배경은 소나무 산수와 화병에 꽂힌 국화인데 이는 황실의 영속성을 상징한다. 커다란 국화 송이 오른쪽으로 의자에 앉은 천황과 그 뒤에 서 있는 황후, 그리고 천황과 대치하는 형태로 의자에 앉아있는 황태자, 그 옆에 선 황태자비 세츠코, 1대와 2대의 천황 사이에 네 명의 황녀와 황자가 그려져 있다. 이 그림이 기쁨으로 가득 차 있는 것은 황녀에게 안겨 있는 갓난아기가 미래의 천황이 될 제1황자(남자)이기 때문이다.

이 그림은 『대일본제실어존영(大日本帝室御尊影)』(上条与茂太郎, 카와사키(川崎) 시민뮤지엄 소장) 석판화와 매우 흡사하다(그림 121). 다른 점은 타이쇼천황

---

140) 궁중을 찾아가 뵙는 일을 말한다.

그림 120 일본수풍 그림, 니시키에, 1911년, 작자미상

그림 121 대일본제실어존영, 석판, 上条与茂太郎

부부가 모두 서 있고 메이지천황 혼자만 앉아 있다는 것, 1911년에 갓난아기였던 친왕이 마루에 서서 벌써 장난감 '전차'를 끌고 있는 것, 누나인 황녀가 두 번째 황태자를 안고 있는 것이다. 따라서 제작 연대는 1912년이나 1913년 정도일 것이며 석판에 적힌 1902년이라는 날짜는 잘못된 기록일 것이다. 실제 제작연도는 1912년일 가능성이 높다. 두 번째 황손 남아가 탄생함으로써 메이지천황으로 시작되는 신국가 일본제국의 천황제는 드디어 반석 위에 오른 것이다.

중앙에 있는 황녀들의 의상과 머리모양, 첫째인 황녀가 갓난아기를 안은 모습도 1911년의 니시키에와 동일한 형태이기 때문에 이 석판이 니시키에를 모방했든지 아니면 그 반대이든지 어떠한 형태로든 두 그림의 교류가 있었음을 알 수 있다. 다만 석판은 메이지시기와 타이쇼시기에 사진관에서 촬영된 가족기념사진 형식을 취하고 있고 이는 황실일가의 숭배용 사진으로서 발행되었다. 한편 니시키에는 소나무 산수나 어전의 카펫 및 휘장 등이 황거(皇居)의 분위기를 표상하고 있고 갓난아기를 들여다보는 황녀들의 사랑스러운 모습이나 이를 자애로운 눈빛으로 지켜보는 세츠코 황태자비의 어머니로서의 시선, 모두를 지켜보고 있는 황후의 시선 등이 자식을 중심으로 하는 행복한 2세대 가족을 표상하고 있다.

탄바 츠네오 씨는 황녀들이 궁중 관습인 진홍색 하카마가 아니라 당시 민간에 유행하고 있던 자색 하카마를 입고 있어서 '서민적인 느낌을 준다'고 해설하고 있다.[20]* 이러한 세부적인 사항을 포함하여 이 니시키에는 민중에게 황실의 미래가 영속될 것이라는 밝은 전망과 함께 남자 자손이 태어남으로써 인생의 완성을 맛보는 모든 가부장적 가족이 느끼는 공감을 불러일으킬 수 있었으며 또한 그것을 위해 생산된 것이다. 바로 자손을 재생산하는 부계가족의 그림, 즉 '황실앨범'의 창시였다.

왕정국민국가의 대표적 주제 – 로열 패밀리의 도상(圖像)

『일본수풍 그림(日本寿豊之図)』와 같은 왕실일가의 단란도(団欒図)는 16세기 절대왕정의 시각표상이 창출된 이래 그려져 온 일련의 왕가번영을 선전하는 그림 계보에 속한다. 절대주의왕정의 대표적인 문화적 후원자 루이 14세는 가족의 초상화를 니콜라 드 라르질리에르(Nicolas de Largilliere, 1656~1746)에게 그리스신화에 나오는 신들의 모습으로 그리게 했다. 루이 14세는 태양신 아폴론(Apollon), 왕비 마리 테레즈(Marie Therese D'Autriche, 1638~1683)는 달의 여신 다이아나(Diana), 그 사이에 아이들이 아모르(Amor)[141]처럼 나체로 그려져 있다.[21*] 이 그림에는 황태후가 중심에 그려져 있기 때문에 3세대 계통도이기도 하다.

하지만 무엇보다도 단란한 왕가일족 단란도를 창시한 것은 합스부르크의 여왕 마리아 테레지아(Maria Theresia, 1717~1780)이다. 그녀는 남편 로렌의 프란츠(Franz, 1708~1765)와의 사이에 16명의 아이를 낳아 '국가의 어머니'로 일컬어졌다. 그중 4명은 어릴 때 사망하였다. 마튼 반 마이텐스(Martin van Meytens, 1695~1770)가 그린 가족초상화에는 의자에 앉은 부부 주위에 11명의 아이가 그려져 있다(그림 122).[22*]

제일 연장자인 왕녀는 아버지 옆에, 그림의 중심을 차지하고 있는 왕위계승자인 요셉(이후 요셉 2세)은 차남 레오폴드 2세(형의 뒤를 계승했으나 1792년에 사망)와 함께 여왕 가까이에 눈에 띄게 그려져 있다. 그러나 가장 어린 왕녀와 왕자(그중에 루이 16세의 왕비가 된 마리 앙투아네트가 있다)는 매우 작게, 마치 배경인물과 같이 그려져 있다. 그러나 나이 많은 왕녀가 갓난아기 왕자를 어르고 있는 것은 『일본수풍지도』와 동일하다.

어두워서 잘 보이지 않지만 프란츠의 옆 테이블에 제국의 왕관과 홀(

---

141) 로마 신화에 나오는 사랑의 신. 그리스 신화의 에로스에 해당한다.

그림 122 마리아 테레지아 가족, Martin van Meytens, 빈 미술사미술관

笏)142)이 놓여 있고 여왕 옆의 테이블에는 헝가리와 보헤미아의 왕관이 있다. 이 아이들은 신성로마제국과 헝가리, 보헤미아의 왕권계승자이고 프랑스왕비였기 때문에 아이가 있다는 것은 합스부르크 가문의 번영을 의미하는 증거나 다름없다. 동시에 왕자는 어머니 무릎에 손을 올리고 왕녀는 작은 새를 안고 있으며 어린 왕녀들은 팽이로 보이는 놀이를 하고 있다. 또한 그림 앞쪽에는 강아지가 놀고 있다. 이것은 일반가정과 같은 단란한 분위기를 전하고 있다. 여왕의 딸이 1762년에 자신의 가족생활을 그린 그림이 쉘부른 궁에 있는데 여기에서 여왕은 난로 앞에서 슬리퍼 차림으로 쉬고 있는 남편에게 차를 건네주고 있고 여자아이는 인형놀이, 왕자는 기병 장난감 놀

---

142) 신하가 임금을 뵐 때 조복에 갖추어 손에 드는 옥이나 대나무로 만든 패를 말한다.

그림 123 부엌에서의 마리아 테레지아, 1762년

이를 하고 있다(그림 123). 즉 여왕은 평범한 부르주아 가정주부와 다를 바가 없다.

웽거맨(E. Wangermann) 씨는 마리아 테레지아와 프란츠의 가정은 칼 6세(Karl VI, 1685~1740) 때까지의 제국적인 장대함과 귀족취미를 싫어하고 동시대의 부르주아적 취미에 가까웠다고 말하고 있다.[23*] 프러시아 대사는 마리아 테레지아가 '부르주아 같은 결혼생활'을 하고 있다고 보고하였다. 즉 부부는 한 침대에서 자고 가능한 한 아이들과 함께 보냈다. 게다가 그녀는 윤리관이 엄격하여 궁중에 출입하는 자들에 대한 윤리적 검열을 실시하였다. 부부의 엄격한 윤리관도 귀족적이라기보다는 부르주아적이다.

근세 최대의 모성 여왕이었던 마리아 테레지아를 모범으로 삼은 것이 영국의 빅토리아여왕이었다. 빅토리아여왕이 다스린 시기는 메이지시기와 겹치기 때문에 특히 중요하다. 그녀도 남편 앨버트 공과의 사이에 9명의 아이를 낳았다. 1842년에 랜드시어(Sir Edwin Henry Landseer, 1802~1873)가 그린 『왕녀와 황태자를 안은 빅토리아여왕』이라는 원형 그림이 있는데 여기에는 모성에 빛나는 젊은 여왕이 마치 라파엘로(Raffaello Sanzio, 1483~1520)의 성모상처럼 의식적으로 이상화(理想化)되어 있다(그림 124).

1845년에는 총 5명의 아이가 등장하는 『아이 방에서의 로열패밀리』가 그려졌다(그림 125). 여왕은 제일 어린 아이를

그림 124 여왕과 황태자를 안은 빅토리아 여왕, 1842년, Landseer, 로열 컬렉션

그림 125 아이 방에서의 로열패밀리, 석판, 1845년

무릎에 앉히고 있고 이 아이를 두 왕녀가 어르고 있다. 황태자 에드워드(Albert Edward, 1841~1910)는 의자 위의 모형 군함에 영국국기를 꽂으면서 놀고 있다. 장미 꽃바구니를 안은 장녀가 그 모습을 믿음직스러운 듯이 보고 있다. 앨버트 공은 황태자를 바라보며 미소를 짓고 여왕도 황태자에게 시선을 보내고 있다. 여왕 앞에는 강아지가 놀고 있다. 매우 이상적이고 희망이 가득한 로열 패밀리의 단란한 모습이 담겨있는 그림이다. 그리고 이 그림의 주제와 의미는 물론 기본적 구성이 메이지천황일가의 단란함과 동일하다. 귀여운 아이들과 자애로운 부모, 이는 아이를 중심으로 하는 근대가족의 모습이다.

여왕의 아이가 차츰 늘어가는 모습은 석판을 통해 국민들에게 전해졌다. 황태자가 탄생한 1841년에 『신이 여왕을 구하다』라는 제목의 목판이 발행되었다. 이것은 대영제국의 국가악보의 표지로 여왕이 성모처럼 황태자를 안고 세 왕녀에게 둘러싸여 있다.[24]* 그림 왼쪽 아래에는 여왕이 사랑했던 하일랜드(Highlands)의 별장,[143] 오른쪽에는 자유의 상징인 프리지아 모자(Phrygian Cap Phrygian Cap)[144]를 우러러 보는 사람들이 그려져 있다.

다음은 1843년의 『방에 있는 여왕과 앨버트 공』(석판)인데 여기에서 앨버트 공은 말이 되어 황태자를 등에 태우고 두 왕녀가 넥타이와 목에 걸린 화환을 잡아당기며 놀고 있다(그림 126). 이는 서민 아버지의 사랑스런 모습으로 영국 국민의 마음을 사로잡았을 것이다. 실제로 빅토리아여왕은 아이를 지독히도 싫어해서 아이보다 싫은 것은 없었다고 전기문 작가들은 전하고 있지만[25]* 여기에서 중요한 것은 국민이 여왕을 부르주아 가정의 양처현모와 동일하다고 여기는 것이다. 게다가 이러한 이미지가 어디까지나 국민의

---

143) 스코틀랜드의 발모랄(Balmoral) 성을 말한다. 1842년 빅토리아여왕이 스코틀랜드를 방문했을 당시 여왕은 애버딘 근처의 산간 휴양지인 브레마를 방문하였는데 이때 하일랜드의 풍경에 반하였다. 이후 여왕은 매년 이곳을 방문하고 발모랄 성을 지었다. 이른바 여름 궁전인 셈이다.

144) 끝이 앞으로 처진 원추형의 모자이다. 이것은 원래 고대 로마시대의 해방노예들이 썼던 것이었으나 18세기말 프랑스혁명과 미국독립전쟁에 참가한 혁명가들이 동일한 명칭의 모자를 사용하였다. 이는 자유와 독립을 쟁취하려는 자신들을 고대의 해방노예들에 빗대어 표현하기 위해서였다.

대다수인 서민이 구입할 수 있도
록 석판이나 목판 등과 같은 값
싼 복제 미디어였던 것도 일본과
마찬가지이다.

　민간에 퍼진 판화를 그대로 대
형 유채화로 만든 유명한 작품이
왕실 컬렉션에 있다. 여왕의 화
가 중 한 사람이었던 프란츠 자
비에 윈터할터(Franz Xaver Winter-
halter, 1805~1873)가 그린 『1846년
의 로열패밀리』이다(그림 127). 이
것은 여왕부부가 예복을 입고 중
후한 의자에 앉아 있기 때문에
공식 초상화로 여겨진다. 맑게
갠 전원을 배경으로 단란한 가족

그림 126 방에 있는 여왕과 앨버트 공, 1843년, 석판

의 모습을 보여주는 이 그림에서는 얼굴이 정면을 향하고 있는 여왕과 그
무릎에 기댄 황태자가 주인공이다. 꽤 성장한 두 왕녀는 갓 태어난 둘째 왕
자를 들여다보며 어르고 있다. 이것도 일본황실의 단란함과 동일하다. 여성
은 일찍부터 가족 안에서 보살피는 역할을 담당하고 있었다. 아기는 매우
사랑스럽고 언니들 쪽을 향해 아장아장 걸어가는 셋째 왕녀도 아주 귀엽다.
　빅토리아여왕의 중류취미는 시각 미디어뿐만 아니라 앨버트 공이 살아있
을 당시의 스코틀랜드 생활을 기록한 『하일랜드 생활일지』(1868년)에도 잘
나타나 있다. 이것은 2만부를 돌파할 만큼 인기를 끌었으며 영국인이 사랑
하는 자연묘사와 전원에서의 일상생활, 왕가의 행사 그리고 여행 등이 꾸밈
없는 문체로 쓰여 있다. 서민은 왕실의 생활 모습, 반듯한 규칙이 있는 간소
한 생활에서 자신들의 이상을 발견하였다. 여왕일가의 생활감정은 국민과
코드가 맞았다. 그중에서도 중류계급은 여왕을 자신들이 속한 계급의 일원

그림 127 1846년의 로열패밀리, 1846년, Franz Xaver Winterhalter, 로열 컬렉션

으로 간주하게 되었다.[26*]

그러나 실제로 빅토리아여왕의 시대는 영국 식민지 확장의 최전성기였다. 정치적으로 제국주의적 정신의 체현자였던 여왕에게 국력은 소유력을 의미하였고 이러한 소유력은 군비로 뒷받침되었다.[27*] 여왕은 디즈레일리(Benjamin Disraeli, 1804~1881)가 수상이었던 1877년에 '인도여제'라는 칭호를 자신의 왕관에 추가했는데 이 무렵부터 여왕은 그림자처럼 따라다니는 터번을 두른 남자하인 압둘 카림(Abdul Karim)을 항상 곁에 두었다. 이는 여왕이 인도를 종속하고 있다는 기호였다.[28*]

본래 여성은 제왕에 부적합하다고 여겨졌었지만 제국주의 영국은 빅토리아여왕을 유효하게 이용할 수 있었다. 즉 한편으로는 제국의 지배자이고 다른 한편으로는 어머니이자 아내라는 빅토리아의 상반되는 특성을 이용하였

기 때문이다.

우선 여왕이 어머니이자 아내임은 국가가 여성 및 가정적 영역(domestic sphere)을 '통치'하는데 편리했다. 이와 동시에 여성을 영국의 제국주의적 사명에 끌어들이는 데에도 도움이 되었다고 호만즈(Homans) 씨는 분석하고 있다.[29]* 호만즈 씨가 중시하는 것은 여왕의 모성과 풍요로운 신체(다산)가 '어머니와 같은 대지'라는 영국자신의 표상을 활기차게 만들었다는 것이다. 영국은 고대 로마의 식민지 때부터 자국을 '브리타니아(Britannia)'[145]로 표상하여 왔는데 빅토리아가 여성이었기 때문에 본래 추상적인 국가의 의인적(擬人的) 표상과 여왕의 젠더가 겹쳐졌다고 필자는 생각한다. 제6장에서 고찰하겠지만 영국의 만화는 자주 브리타니아와 여왕을 동일시하고 있다. 여왕의 다산성(多産性)은 영국의 아들을 낳는 어머니와 같은 비옥한 토양의 표상이었다.

어머니와 같은 대지와 여성지배자를 관련짓는 것은 토지가 여성으로 상징화된 서구에서 흔한 일이었다. 빅토리아여왕의 아버지 켄트(Kent, 1767~1820) 공은 왕위계승자가 차례로 죽고 왕위계승과 거리가 있는 부인 뱃속의 아이에게서 왕위계승의 희망을 보았을 때 고심하며 영국으로 돌아가 그 아이가 영국의 토지에서 태어날 수 있도록 노력하였다. 나중에 성공했을 때 그는 "나는 이 아이의 영국 탄생(English birth)을 실현하려는 의무를 다하였다. 이로써 그녀에게 옛 영국(Old England)의 대지 위에서 물질적인 영양을 줄 수 있었다"고 말했다.[30]*

로이 스트롱(Roy C. Strong) 씨는 어머니와 제국주의자의 이미지를 잘 화합시켰던 빅토리아여왕의 이미지를 '모성적 왕정'의 초상으로 평가하였다.[31]* 그는 엘리자베스 1세와 빅토리아여왕의 표상 차이를 지적하고 다음과 같이 고찰하였다. 즉 엘리자베스 1세는 엘리자베스 여왕시기의 상층계급에 속하

---

145) 현재 영국 브리튼 섬에 대한 고대 로마시대의 호칭이다. 브리타니아라는 명칭은 원래 이 지역의 원주민이던 켈트족의 일부인 브리튼족에서 따왔다고 한다. 이후 브리타니아는 영국을 의인화한 여신을 의미하였다.

는 여성의 자유, 이른바 '빅토리아여왕시기의 여성이 관여하지 않는 높은 자유와 지위'를 표현했지만 빅토리아여왕시기의 여성지위는 '난로와 아이 방'에 한정되었고 여왕도 자진해서 아이 방에서의 자신을 내보이고 여성국 민에게 손수 모범을 보였다는 것이다.[32*]

　로이 스트롱 씨는 19세기 영국의 성격이란 본질적으로 중산계급의 성격 이었다고 보고 있다. 따라서 여왕이 자신을 중산계급(middle class)의 여왕임을 표상으로 강조한 것은 국민의 탄탄한 지지를 얻는 전략으로 성공했다고 볼 수 있다. 빅토리아의 초상은 반드시 가족과 함께 있다. 그녀는 가정적이고 부르주아적인 견실함, 친근감, 편안함을 표상한 것이다.[33*]

　이 시기에 근대국민국가의 거의 모든 선진국에서 공통적인 규범이 되었 던 '빅토리아여왕 시기의 여성규범'이 창출된 사실은 잘 알려져 있다. 여성 은 '가정의 천사'이고 '양처현모'이어야하며 소녀는 그렇게 교육되어야만 한 다는 것이다. 『가정의 천사(The angel in the house)』는 코번트리 페트모어(Coventry Patmore, 1823~1896)가 1854년부터 62년에 걸쳐 출판한 책으로 결혼의 행복을 강조하고 아내의 청아한 행복을 칭찬하는 내용이었다. 시대의 경향과 부합 되어 그의 생전에 20판을 넘었고 19세기말까지 미국 등 해외에서도 25만 부 가 판매되었다.[34*]

　산업발전과 식민지 획득으로 국력이 유래 없이 발전하고 그 번영의 담당 자가 된 중산계급의 아내가 '가정의 천사'가 되도록 요구받은 것은 다음과 같은 이유였다. 즉 일찍이 없던 경쟁적인 시장경제와 식민지획득전쟁이라 는 치열한 생존경쟁에 내던져진 19세기의 남성이 전쟁터라는 공적인 직장 으로부터의 피난처이자 평안과 휴식의 성역으로서 가정을 요구하였기 때문 이다. 여자는 생존경쟁에서 상처받고 돌아오는 남성을 맞이하고 상처를 치 료하며 영혼을 맑게 해주는 천사의 역할을 할당받았던 것이다.

　'가정의 천사', 즉 영국형 양처현모를 이상적인 여성모델로 삼은 빅토리 아여왕시대의 여성관에는 다음과 같은 배경이 있었다. 즉 농업경제 또는 가 내공업이 중심이던 중세의 직주동거(織住同居) 상태 속에서 남녀가 함께 다양한 노동을 공유하던 경제구조가 변한 결과 대도시로 집중되는 산업중심 지역과 가족의 거주공간이 분리됨으로써 남성은 공적인 직장에 있고 여성은 아이와 함께 사적인 주택에 남겨져 산업 활동에서 배제된다(적어도 중류이상의 여성은)는 패러다임의 변화가 있었다.

남성 영역인 직장과 여성 영역인 가정으로 분할된 남녀는 공사(公私)의 성별 분업에 따라 남성은 물건을 생산하고 여성은 생명·아이생산과 피폐한 남성의 노동에너지 및 노동의욕 재생산 역할로 분할되었다. 자본주의사회에서는 남성의 노동에너지를 충분히 끌어내고 미래의 노동력을 보급하는 것이 존속과 발전을 위해 불가결하였다. 가족을 위해 필사적으로 일하는 남성과 그 남성을 치유하는 여성은 자동차의 양 바퀴가 되어 산업자본주의 사회를 유지하였다. 이것은 자본주의 경제를 기반으로 하는 근대국민국가가 국가적으로 필요로 하는 성별분담이기도 하였다. 왜냐하면 국가는 기업과 마찬가지로 기업발전이 곧 경제라는 이유뿐만이 아니라 가족을 지키기 위해 생명을 아낌없이 내놓는 전사가 필요하고 미래의 전사들 또한 보급 받을 필요가 있기 때문이다.

왕비의 역할

여성의 가정화(家庭化)에 박차를 가한 것은 영국에서 1830년대에 있었던 여성참정권 요구 운동이었다. 다음과 같은 교훈서는 여성이 있어야 할 곳이 사적 영역임을 강조함으로써 체제를 유지하려는 목적을 지니고 있었다. 코번트리 페트모어 이전에도 사라 루이스(Sarah Lewis)가 1838년 '여성의 운명(Woman's Mission)' 시리즈, 즉 『잉글랜드의 여성들(The Women of England)』, 『잉글랜드의 딸들(The Daughters of England)』, 『잉글랜드의 어머니들(The Mothers of

England)』, 『잉글랜드의 아내들(The Wives of England)』을 출판했다. 그녀는 가정을 흔들림이 없는 안정된 장으로 칭송하고 지아비를 섬기는 좋은 아내와 아이를 사랑하는 온화한 어머니라는 여성의 도덕적 영향력으로 지탱되는 중간계급의 가정이야말로 국가안정의 기초라고 논하였다. 이것은 1838년부터 1841년까지 16판이나 발행되었다.

마찬가지로 빅토리아여왕은 이 시기의 작가였던 엘리스부인(Mrs Ellis)[146]도 "우리들이 마음에 새겨 두어야 할 것은 경애하는 빅토리아여왕 자신이 군주임과 동시에 아내, 어머니라는 것"이라고 말하듯이 여성의 모범이었다. 즉 어머니이자 아내인 것이 '여성의 운명'이며 여왕은 그것을 수행하고 있기 때문에 존경받고 사랑받는다는 것이다. 빅토리아여왕은 전부터 남편 앨버트 공이 자신보다 지능이나 교양이 모두 뛰어나다고 믿고 남편에 대한 경애를 열심히 표명하였는데 이러한 빅토리아여왕의 태도는 "여자에게 가장 중요한 것은 남성에 비해 열등하다는 점을 기꺼이 받아들이는 것"이라고 말하던 엘리스부인에게 바람직한 태도도 여겨졌다.

1866년에는 힉스(George Ellgar Hicks)가 『여성의 사명 — 아이의 인도자』, 『여성의 사명 — 남성의 반려』, 『여성의 사명 — 노인의 위로자』 3부작을 그렸다. 카와모토 시즈코(川本静子) 씨에 따르면 이중 첫 번째와 세 번째는 분실되었다고 하는데, 그 제목만 보아도 빅토리아여왕시대의 여성규범에 관한 키워드를 알 수 있다. 이것이 근대 일본에 수입되어 근대 일본의 양처현모 사상을 형성하였다. 빅토리아여왕시대의 여성규범이 산업사회에 적합하도록 부분적으로 보정이 가해졌다고는 하지만 그 주된 내용이 남성을 사회의 주요 담당자로 간주하고 여성을 이류 국민[35*]으로 취급하며 생존의 이유를 오로지 어머니라는 존재에만 한정했던 점은 일본에 전승되어 온 유교부덕과 합치하는 부분이었다.

이와 같은 경우는 프러시아 왕비 루이제에게도 일어났다. 프러시아 국왕

---

146) '엘리스부인'은 필명이고 본명은 엘리스(Sarah Stickney Ellis, 1812~1872)이다.

프리드리히 빌헬름 3세의 아내인 왕비 루이제는 1806년 프랑스군의 침공에 앞서 프러시아를 탈출하였다가 1810년에 귀국하였는데 그 사이 프러시아를 구하기 위해 정치적인 활동을 하여 나폴레옹에게 '아름다운 적'으로 불리던 왕비이다.[36] 그녀는 '독일 여성의 명예', '살아있는 게르만인', '애국심과 신앙심', '여성의 전통적 덕목'의 체현자로 여겨진 국민적 상징이었다. 1899년 『베를린 화보(Berliner Illustrirte Zeitung)』가 '19세기에 가장 의의 깊은 여성'에 대한 인기투표를 했을 때 루이제가 1위, 빅토리아가 2위였다.[37]

왕비 또는 여왕의 국민적 인기는 무엇을 의미하는가. 조지 모스 씨는 "국왕과 황제는 군사와 경제, 정치 및 문명화를 담당하지만 여왕은 가정과 모성, 미덕이라는 시민적 가치를 담당하게 된다. 국민의 인기는 필연적이고 불가결한 필요에 의해 창출되어야 했다"고 말한다. 왜냐하면 '국왕일가의 부르주아화'는 중산계급이 달성한 승리, 즉 귀족이나 군주가 이룬 승리의 특징인 '권력 혹은 권위'가 아니라 '생활양식으로 이룩한 승리'를 표상했기 때문이다.[38]

이것은 혈통에 의해 예를 들어 비윤리적인 생활을 해도 권위를 휘두를 수 있는 귀족이나 왕이 아니라 그야말로 미덕으로 삶을 살아가는 시민(부르주아)의 공감을 얻는 것이 여왕을 이용한 국민인기의 비결이었던 것이다. 이런 의미에서 조지 모스 씨가 거론하고 있는 『아이들에게 둘러싸인 왕비 루이제』(1808년)는 중요한 도상(図像)이다.[39] 그림엽서용 석판화로 발행된 이 그림에는 가정적인 전원풍경 속에서 아이에게 둘러싸인 젊고 아름다운 어머니 루이제가 그려져 있다(그림 128). 조지 모스 씨는 이 광경이 젊은 베르테르를 매혹시킨 괴테의 샤를로테와 닮았다고 평하고 있다. 베르테르는 아이들에게 빵을 주고 있는 샤를로테의 모성적인 모습을 보고 사랑에 빠졌다.

왕비와 가정의 연결은 시민적 가치를 중시하는 국민에게 공감을 불러일으켰기 때문에 왕비는 가정과 연결되어 표상되고 죽음의 순간에도 신하가 아닌 남편과 아이에게 둘러싸였다. 빅토리아여왕의 경우도 매우 동일하다. 앨버트 공이 죽은 뒤 상복을 벗지 않고 남편의 영정사진에 의지하고 있는

그림 128 아이들에게 둘러싸인 왕비 루이제, 석판, 1808년

사진이 그녀의 다수 제작되었다. 이 때문에 국무를 방치한다는 비난을 여러 차례 받았지만 국민의 다수는 여왕에게 공감하였다. 그녀는 딸과 아내, 어머니와 슬픔에 잠긴 미망인이라는 여자의 운명을 긴 인생에서 실제로 보여주었다. 남편이 죽음을 슬퍼한 나머지 마부였던 다부진 체격의 남성을 항상 곁에 두었고 그의 사후에는 기념상을 세우게 할 정도였다. 그러나 아들이 즉위했을 때 이 마부의 기념상은 파괴되었다.40*

왕비 루이제의 죽음에 즈음하여 신학자 슐라이어마허(Friedrich Daniel Ernst Schleiermacher, 1768~1834)는 회중에게 "가정생활이야말로 시민적 가치관의 중심적 요소였다. 왕비 루이제는 정치에 개입하였지만 결혼과 가사에 만족했다고 여겨진다. …… 루이제는 정치적으로 용감했지만 남녀의 본분에 어긋나는 일은 결코 없었다"41*고 설교하였다. 조지 모스 씨는 부르주아의 시민적 가치는 "근대국민국가 최강의 이데올로기"이고 "왕비 루이제가 가정과 결합되어 표현됨으로써 시민적 가치와 내셔널리즘이 결합되었다"고 분석하고

있다.[42] 즉 왕비는 일반시민과 국가를 연결하는 접착제였던 것이다. 그녀들은 일반시민이 자연스럽게 살아가는 사적생활을 국가의 공적생활과 연결하는 역할을 한 것이다.

루이제의 표상은 그녀의 사후에 더욱 추상적으로 확대된다. 그녀는 나폴레옹 및 프랑스혁명에 대항하여 싸운 국민적 영웅으로 여겨졌는데 독일과 영국 등 신교(新教) 국가는 프랑스혁명을 귀족계급의 방탕에 대한 신의 심판으로 여겼던 것 같다.[43] 독일은 애국주의와 도덕성의 이름으로 프랑스와 싸웠다. 이때 나폴레옹에게 패배한 프러시아의 상징이 처녀성과 순결을 체현한 왕비 루이제였다. 또 왕비는 패배를 딛고 일어서는 프러시아 부흥의 상징이기도 하였다. 왕비의 사후 그녀는 세속적 성녀로 여겨지면서 성모와 꼭 닮은 모습으로 데드 마스크(death mask, 사망자의 얼굴에 석고를 발라 형을 떠낸 것)가 제작되었다. 조지 모스 씨는 왕비가 패배 또는 부흥이라는 프러시아 왕정의 살아 있는 상징이었다고 정의한다. 또 성모와의 동일화를 통해 국민적인 그리스도교의 신화창조에 공헌하였고 그 신화는 다음 세기까지 계속되어 히틀러(Adolf Hitler, 1889~1945) 마저 이 표상을 사용했다고 서술한다. 국가를 신화적으로 체현하는 여성상이야말로 왕비의 궁극적인 역할이다. 마찬가지로 쇼켄황태후(昭憲皇太后)가 진구황후(神功皇后)와 합체하여 신화가 되고 국토의 수호여신이 되는 것은 제6장에서 분석하기로 하겠다.

한편 1892년 전후로 일본에도 빅토리아여왕과 루이제 왕비의 '미덕'이 소개되었다. 『조가쿠잡지』 제66호에는 빅토리아여왕에 대한 기사와 사진이 게재되어 있다. 기사 내용은 "아, 대영제국의 여왕은 윈저성의 아내이자 어머니이다. 이러한 좋은 예가 상부에 있고 수많은 민초들이 이에 따라 순종하는 영국에는 좋은 가족과 좋은 아내, 좋은 어머니가 있는 것"[44]이라고 여왕의 부부애와 모성애를 격찬하면서 여왕이 여자의 최대 책임은 어머니인 것이라 했다고 소개하고 있다. 『타이요』 6호에도 「영국여황의 가정(英国女皇の家庭)」(S·U 生)이라는 제목의 기사가 실렸는데 많은 아이를 낳은 빅토리아의 노고와 검소한 교육과 어머니의 사랑이 강조되어 있다.[45]

프러시아의 왕비 루이제에 대해서도 『쇼넨카이(少年界)』에는 "여왕은 결혼식에서 꽃다발을 준 소녀를 안아 올렸다. 아버지가 없는 아이에게 트리를 선물해 주었다. 국민은 모두 그녀의 자애를 기념하고 무덤에는 꽃이 끊이지 않았다"[46*]는 기사가 실려 있다. 1895년 『타이요』 9호(가정란)에도 「독일 황후와 그 가정」이라는 기사가 있다. 여기에서는 독일의 황제 빌헬름 2세가 '여자의 활동 영역은 부엌(Küche), 교회(Kirche), 아이(Kinder)'라고 한 것을 인용하면서 독일의 부덕(婦德)과 일본의 부덕이 별반 큰 차이가 없음을 강조하고 있다. 니토베 이나조(新渡戸稲造, 1862~1933)도 『무사도(武士道)』에서도 언급하고 있듯이 일본의 지식인들은 이러한 빌헬름 2세의 말을 흔히 '3K'라고 불렀다.[47*]

훨씬 나중이긴 하지만 1939년에 발행된 『주부의 벗(主婦之友)』 3월호는 황제의 이 말을 인용하면서 다음과 같이 적고 있다.

> 아이를 키우는 육아, 부엌살림을 하는 가정(家政), 신을 공경하는 마음의 교회, 이 세 가지는 독일에만 국한된 것이 아니라 전 세계의 여성이 잊지 말아야 할 중대 책무이다. …… 왜냐하면 육아는 다음 세대의 국민이자 전사를 양성하는 것이고 가정 또한 전시에 없어서는 안 될 물질절약을 실시하여 …… 거대한 전비(戰費)의 일부를 여성의 몸으로 담당하게 되는 것이며 더욱이 신을 공경하는 것은 …… 전사한 장군과 병사의 위대한 훈공에 감사하고 명복을 빌어주는 것이기 때문이다.

주부의 사적인 역할에 관한 내용은 텅 비어있고 그 속은 국가가 군사체제에 돌입했을 때 애국적 전시역할로 채워졌던 것이다. 여기에 무엇을 써넣을지는 남성 위정자가 결정한다. 여성의 자궁은 노동자와 병사를 낳아 기르는 빈 주머니이다. 자애가 본성이라면 간호 또한 당연한 역할이 된다. 신을 공경하는 마음의 대상은 반드시 그리스도교의 신일 필요는 없다. 숭배 정신만 있으면 위대한 자 앞에서 자기를 버리고 자신을 희생할 수 있다. 중요한 것은 스스로 결정하지 않는 것, 사적으로나 공적으로나 자기결정권을 갖지 않는 것이다. 남성을 따르는 것이 본성인 주부는 국가가 어떻게든지 이용

가능한 만능 가구(家具)이다.

일본의 대중매체는 기꺼이 서구각국의 왕비나 여왕이 수행한 가정적인 이미지와 담론을 이중적 의미로 소비하였다. 『주부의 벗』, 『타이요』, 『조가쿠잡지』 등은 매번 서구 선진국의 왕후와 왕비가 지닌 이미지와 언행을 게재하였다. 그 첫 번째 이유는 일본과 서구 선진국과의 호환성을 실감하게 하고 서민의 개화와 상승지향 의지를 만족시키기 위한 것이고, 두 번째 이유는 이것이 근대국가 속의 여성역할을 황후로 각인시키려는 보수주의자들에게 유익하기 때문이다. 선진국의 여왕과 왕비도 좋은 아내이자 좋은 어머니라는, 문학적이고 시각적인 메시지는 근대국가에서 여성국민의 규범을 왕비라는 이상적인 모습으로 보여줄 수 있는 가장 좋은 수단이었다.

근대세계와 주부의 탄생

메이지 초기부터 계몽사상가에 의해 일부일처제도나 폐창론, 여자의 지위향상, 가족제도의 개혁이 논의되었음은 이미 기술한 대로이다. 그들은 서구의 근대국가를 배워서 가족을 국가의 기초단위로 설정하는 것이 근대국가의 기반 조건임을 인식하고 있었다. 오치아이 에미코(落合惠美子) 씨는 '근대가족'을 다음과 같이 8가지 조건을 갖춘 것으로 정의하였다. 첫째 집안 영역과 공공 영역의 분리, 둘째 가족 구성원 상호간의 정서적 관계, 셋째 자녀 중심주의, 넷째 남자=공공 영역, 여자=집안 영역이라는 성별분업, 다섯째 가족의 집단성 강화, 여섯째 사교(社交)의 쇠퇴, 일곱째 비(非)친족의 배제, 여덟째 핵가족의 형성이다.[48*] 니시카와 유코 씨는 여기에 '가족을 총괄하는 사람이 남편(남성)이라는 것과 가족이 근대국가의 기초단위라는 것'[49*]을 추가하였다.

  ‘가족’제도는 봉건의 유제(遺制)이고 근대는 개인이 가족으로부터 해방됨을 의미한다는 식의 소박한 이해는 이미 과거의 이야기이다. 필립 아리에스(Philippe Aries) 씨는 가족이나 실내를 주제로 한 도상이 드문 16세기 이전에는 공공장소가 중심이 되고 가족이 차지하는 장소는 없었으며 가족은 의식이나 가치로서 존재하지 않았다고 서술하였다.[50*] 또 필립 아리에스 씨는 ‘근대적인’ 가족의식이 나타나기 시작한 것은 18세기 이후이고, “가족의식의 발달은······귀족이나 부르주아, 유명한 장인이나 상인들의 계급에 한정되어 있었다. 18세기 이후 이 의식은 모든 신분으로 확대되어 의식 속에서 전제적(專制的)인 것으로 뿌리 내렸다”고 지적하면서 다음과 같이 말하고 있다.[51*]

> 과거 몇 세기 동안의 변혁은······개인주의의 승리라고 일컬어진다. 부부의 에너지 전체가 자발적으로 소수만 낳은 자손의 출세로 향하고 있는 근대적인 생활 어느 곳에서 개인주의를 찾아볼 수 있겠는가. 오히려 개인주의는 앙시앵 레짐(Ancien Rgime)[147] 시기의 가족, 즉 다산(多産)한 가계의 쾌활한 무관심 속에 존재한다고 할 수 있지 않을까. ······ 이러한 가족의식의 급속한 성장을 도외시하면 현대풍습의 변혁 전체를 이해하기 힘들다. 승리를 거둔 것은 개인주가 아니라 가족이다.

  가족은 과거 어떠한 체제보다 근대국가에서 보다 확고한 제도가 되었음은 앞에서 언급한 하야카와 노리요 씨, 오치아이 에미코 씨, 무타 카즈에(牟田和惠) 씨,[52*] 코야마 시즈코 씨,[53*] 우에노 치즈코 씨[54*] 등의 연구로 밝혀졌다. 이들의 일치된 견해는 근대가족과 가정 제도가 국민을 국가에 편입시키기 위한, 즉 국민화를 위한 근대적 정치장치였다는 점이다. 니시카와 유코 씨가 밝힌 대로 대부분의 근대국가는 남성국민을 주권자로 삼아 출발하였고 이로써 여성의 권리를 제한하고 법적인 무능력 상태로 만든 후에 가족을

---

147) 1789년의 프랑스 혁명 때에 타도의 대상이 된 정치·경제·사회의 구체제를 말한다. 세기 초부터 시작된 절대왕정시대의 체제를 가리키지만 넓은 의미로는 근대사회가 성립하기 이전의 사회나 제도를 가리키기도 한다.

지휘하는 남성가장이 주권을 가진 국민이 되었다. 모든 국민이 가족에 속하고 가족이 국가를 나타내며 국가는 가족의 가장을 통해 국민을 거느리고 제어한다. 이것이 프랑스, 영국, 일본을 불문하고 모든 근대국가의 구조이다.

그러면 왜 프랑스혁명을 거친 나라와 시민혁명이 없는 일본이 모두 근대가족을 국민통제의 기초조건으로 삼았을까. 여기에서는 양자의 차이가 아니라 공통성을 보아야 한다. 이미 우에노 치즈코 씨는 근대국가의 기반인 자본주의가 그 구조상 생산과 재생산의 분리를 전제로 유지됨을 설명하였다. 모리타 세이야 씨의 문장을 빌리면 "자본은 생산과정에서 젠더 중립적으로 영향력을 행사하는 것이 아니라 남성을 노동과 동일시하고 여성을 사적 영역으로 배제시키려고 한다. …… 또 자본은 노동자의 모든 생활의 시간을 노동시간으로 바꾸려고 한다."[55*] 왜냐하면 "생산수단은 …… 단지 노동을 흡수하기 위해, 그리고 지극히 적은 양의 노동에도 존재하는 잉여가치를 흡수하기 위해 존재"하기 때문이다.[56*]

이렇게 인간이 생활하는 시간 전부를 탈취하는 것이 목적인 자본주의적 기구 속에서 노동의 신체는 남성과 여성 어느 쪽이 적합할까. 여성의 생리와 그 가능성으로서의 임신 및 출산은 모든 시간을 노동으로 바꾸려는 자본의 요구와 전혀 맞지 않는다. 이전에 필자는 어떤 기업가가 월경과 출산이 있는 여성은 기업의 입장에서 '신체장애자'에 불과하다고 말한 것을 그의 딸로부터 들은 적이 있다. 이는 필자의 학생이었던 그녀에게 인생의 전환점이 될(페미니스트가 될) 만한 충격이었는데 필자는 이 발언에 자본의 본심이 드러나 있다고 생각했다. 모리타 세이야 씨는 다음과 같은 지타 센(Gita Sen) 씨의 감탄을 인용하였다.[57*]

노동자의 출산과 육아는 생산단위, 즉 개별 자본가에게는 직접적인 관심사가 아니다(이것은 자본의 모순 가운데 하나이다. 노동력의 재생산은 총 자본의 관심사이지만 자본가의 직접적인 관심사가 아니다). 그 결과 임신, 출산, 육아를 위한 노동자의 중단은 이러한 중단을 최소화하려는 자본가에게는 단순한 코스트(Cost)로 간주된다. …… 자본주의는 출산을 생산단위의 장애물로 바꾸었다는 점에서 유일한 존재이다!

여성의 신체는 단순노동에서 노동에 부적합하지는 않는다. 그러나 육아에 걸리는 오랜 시간을 생각하면 여성을 생산현장에서 배제하고 전면적으로 남성을 끌어내는 것, 또 남성이 모든 시간을 자본에 바칠 수 있도록 육아와 가사를 전면적으로 여성에게 떠맡기는 것이 반드시 필요해진다. 이러한 이유에서 모리타 세이야 씨는 "자본주의는 성차별적일 수밖에 없다"[58*]고 말한다. 언뜻 보면 개인의 권리인 평등이나 자유가 획득된 것처럼 보이는 근대—자본주의 사회에서 가장 철저한 성차별적 분업이 제도화되었을 뿐만이 아니라 가정에 머물며 가사와 육아에 전념하는 '주부'를 여성의 '미덕'으로 심성에 침투시키는 문화(도덕, 종교, 이미지)가 융성하게 되었다. 그 이름이 바로 일본에서 '양처현모'이다.

베르호프(Claudia Von Werlhof) 씨는 '주부'가 각각의 근대국가에서 뿐만 아니라 세계적인 규모로 근대의 발전을 위해 불가결한 존재가 되었다고 지적한다.[59*] '주부'란 '임금도 이윤도 얻을 수 없는 생산자'이다. 이것은 왜일까? 주부노동은 생존경제(subsistence, 생명 유지)이기 때문이다. 주부는 생존경제의 생산자이기 때문에 노동에서 현금수입을 전혀 얻지 못하고 노동력도 생산물도 팔 수 없다. 베르호프 씨에 따르면 세계 생산자의 80%가 이에 속한다.[60*]

베르호프 씨에 의하면 세계시스템이 정비되는 과정은 선진국 자본이 세계규모로 축적되는 과정인데 이 대규모 자본축적은 두 가지 사업에 의해서만 가능하다고 한다. 하나는 '뒤떨어진' 세계를 식민지화하는 것. 또 하나는 '여성 생산자를 근대적인 주부로 전화시키는 것', 즉 '여성의 주부화'이자 이류 국민화(정치와 경제에서 소외되어 있다는 의미에서)이다. 베르호프 씨는 세계의 근대화 과정에서 '뒤떨어진 나라'의 '식민지화'와 뒤떨어진 '여성의 주부화'는 병행하여 진행되었다고 본다. 양자의 차이는 선진국과 후진국 모두

자국내부에서 각각 뒤떨어진 여성 집단을 떠안고 그것을 주변화하고 있다
는 것이다.

베르호프 씨는 선진공업국이 지배하는 식민지의 대지에 구속되어 있는
'농민'과 가정 내에 구속되어 있는 '주부'는 자본이 지배하는 정상적인 경제
와 사회로부터 '외재화(外在化)'되고 경제와 사회의 지하층이 되어 '보이지
않게' 됨으로써 항상 인간의 생명을 생산하고 있는 그들을 마치 인간이 아
닌 것처럼 취급하기 쉬워진다고 지적한다.[61*] 왜냐하면 '토지'와 '자궁'은 자
본의 이용이라는 관점에서 보면 이외의 사회적인 생산과는 다른 형태로 조
직화될 필요가 있었기 때문이다. 양자 모두 아무리 문명화가 진행된다고 해
도 엄연히 존재하는 '자연'의 힘에 의해 제약받고 지배받는 '뒤떨어진' 부분
이기 때문이다. 그들은 자연에 의해 지배를 받고 있기 때문에 자본주의적
발전의 '혁신에 반대하는' '비생산적'이며 '위험'한 '저개발'자로 간주된다.

자본의 핵심인 공업은 자연에서 추상화된 형태로 표현되는 물건을 생산
해낼 뿐 생명유지의 책임은 지지 않는다. 생명을 자본으로 바꾸는 생산을
하는 자본은 생명 자체를 생산할 수 없다. 이것은 자연의 제약을 너무도 많
이 받는다. 따라서 생명의 생산은 자본의 '한계'를 나타낸다. "농민과 주부
는 자연의 제약과 자본주의적 생산 목적의 무제한성을 연결해 주는 중요한
임무를 띠고 있다." 즉 자본은 노동력이고 구매자이기도 한 생명이 무제한
으로 보급되는 것을 전제로 하지만 이를 스스로 생산해내지는 못한다. 이것
을 제공할 수 있는 것은 토지와 자궁, 농민과 주부뿐이다. "자본주의는 다른
어떤 착취적 사회보다도 가장 중요하고 절대적으로 필요한 '투입물'인 살아
있는 노동력이 '무한히' 공급될 것이라는 허구에 의존하고 있다."[62*] 즉 여
성이란 자본주의의 적인 '자연의 한계'를 신체화한 존재이다.

자본의 축적은 '노동력'을 제공하는 여성의 출산력 위에서 이루어졌지만
앞에서 서술한 이유, 즉 여성은 출산을 하기 때문에 자본축적의 장애가 된
다. 따라서 자본은 여성을 기구의 외부와 주변에 놓고 종속시킬 필요가 있
다. 여성을 자궁으로부터 떼어놓을 수는 없다. 따라서 여성은 자궁에서 분

리되는 대신 사회에서 분리되었다. 그 이후로 여성의 관리는 개별 남성과 국가에 맡겨지게 되었다. 여성은 자신의 신체에 대해 무지하고 영향력도 없는 '출산 기계'로 바뀌었을 뿐만 아니라 모든 육아노동을 책임지게 되었다. 이를 달성하기 위해 여성은 그 이외의 모든 힘과 능력, 그리고 자율성을 파괴당했다. 여성들은 인간적 본질을 형성하는 모든 것에서 분리되었다. 다른 모든 생산수단, 재산, 직업, 화폐, 의사결정, 자신의 사고에 대한 지배, 생각, 감정의 발달과 그 사용법으로부터 분리된 후 훈련과 억압, 지령을 받게 된다. 여성과의 공동·공적생활, 경제, 시민권, 인권, 지위, 세계, 자유, 아이덴티티(identity), 존엄으로부터 분리되었다.[63*] "이후 정작 생명을 부여하는 당사자들 자신은 참다운 삶을 살 수 없게 된 것이다."

여성의 특수성이란 "그녀들 자신이 생산수단인 동시에 자연"이라는 점에 있다. "그녀들은 이때부터 그(자연의-인용자 주석) '한계'(예를 들면 월경주기나 출산력 '부족' 또는 과잉과 불임, 여러 차례의 임신-인용자 주석)를 극복하기 위해 싸워야 한다. 이리하여 주부로서의 여성은 자기 자신의 적(敵)이자 억압자가 되었던 것이다. 그녀들은 사회와 남성에게 받은 폭력적인 대우를 내면화하여 자기에 대한 일종의 '간접적' 지배를 발전시켜 왔다. …… 남편이 직접 지배하는 집 안에서의 노동조건이든 …… 국가에 의한 '이국(異国) 지배'가 이루어진 경우든 노동조건은 똑같이 폭력적이었다. 국가는 인구정책 속에서 여성의 노동을 몸째 관리하려 하고 또 노동을 점점 더 표준화한다. …… '주부'라는 것은 …… 어디에 있든지 …… 전 세계에서 …… 무엇을 하고 있든지 상관없이 모든 여성이 책임져야 하는 일반적인 사회적 지위가 된다."[64*]

여기서 베르호프 씨는 자본주의 세계시스템 속의 주부노동으로서 근대여성의 노동이 지니는 풀기 어려운 패러독스에 대해 설명한다. 그것은 자연과 생명으로부터 자신을 격리시킴으로써 필연적으로 위기를 맞이하는 근대 공업화사회의 위안과 간호가 주부의 주요한 임무로 되었다는 것이다. 주부는 "사회 속에서 자신이 가장 소외된 인격체임에도 불구하고 그녀는 파괴되고 소외되며 분리되고 차단되어 서로 대립적으로 배치된 것을 수선하고 치유하며 연결하고 화해시켜서 계속 살아갈 수 있도록 해야 한다. 그녀는……이 통일성을 항상 재생산해나가야만 하는 것이다.”65* 또한 “분업 및 인간의 분열은 세계적 규모의 자본축적에서 경제적으로 ‘재결합’ 되었는데 이는 또 주부에 의해 인적(人的) 수준에서 ─끊임없이 그리고 동시에 세계적 규모로 ─재결합되어야만 한다. 자연과 인간 그리고 사회가 죽은 것과 기계 그리고 ‘자본’으로 취급된 후에 이를 다시 재(再)인간화, 재활성화하기 위해 주부가 존재한다. 만약 이러한 수고가 없다면 생명도 경제도 존재할 수 없을 것이다. …… 이 임무는 결코 종료되는 일 없이 끊임없이 중단되고 결과는 바로 지워 없어진다.”

한편 무임금, 무보수, 무명예, 무평가, 보이지 않는 헌신을 주부는 어떻게 견딜 수 있을까. “주부가 이것들을 견뎌내기 위해서는 절대적인 사랑을 필요로 한다. 이 사랑은 영속적으로 재생산되어야 한다. 그것은 가사노동과 같아야 한다. 즉 무한하고 죽음조차도 초월하여 계속 살아 있으며 조건을 제시하지도 않고 한계도 없으며 이유를 다는 일도 없이 손해를 보는 경우…… 라도 사랑은 유지되어야 한다. 주부는 사랑해야 한다. 노동, 아이, 남편, 가정 …… 을 사랑해야 한다. 이와 같은 어머니와 아내로서의 사랑 없이는 결코 그 의무를 다할 수 없다.”

게다가 가사노동은 무상이기 때문에 ‘주부’들의 노동력은 쉽게 사용할 수 있다. 공적인 영역에서도 무상이다. 주부는 ‘무료’로 일하는 것에 익숙하고 이미 남편과 생산수단인 육체를 가지고 있어서 새삼스럽게 지불할 필요가 없다고 여겨진다. 주부의 노동력은 착취하기 쉽다. 더구나 그것은 여성이 ‘저절로’ 갖추고 있는 ‘자비’로써 실천되기 때문에 칭찬하는 말 이외의 보수는 필요 없다고 여겨진다. 이리하여 국가적이고 가정적인 생명생산과 노동력 재생산, 간호 등과 같은 복지활동은 여성에게 맡겨진다. 이것들은 모두 자본주의적 국가유지에 반드시 필요한 것이다. 여성이 가정을 유일하게 있을 곳이라고 운명적으로 굳게 믿도록 만드는 윤리교육, 자립할 수 있는 일자리나 법적 권리를 부여하지 않는 것, 자신들의 지위를 바꿀 수 있는 정치적 권리를 주지 않는 것, 그리고 무엇보다도 운명적으로 '사랑하는' 것을 가르치는 것으로 자본도 국가도 유지할 수 있다. "주부가 자본주의에서 사라져야 하는 이유는 전혀 없으며 오히려 주부는 근대사회의 특수하고 가장 중요한 발명품으로 아주 유용하다고 판명"된 것이다.

베로니카 벤홀트 톰센(Veronika Bennholdt Thomsen) 씨는 「왜 제3세계에서도 주부가 계속 만들어지는가」라는 논문에서 주부가 여러 선진국에서 제2, 제3세계로 전파된 경과에 대해 논하고 있다. 여기에 따르면 "주부는 19세기에 제1세계에서 나타났다"[66*]고 한다. 즉 일찍이 "생산과 소비, 생식적 재생산 단위에서 농민의 아내는 남편의 일에 종속되는 것이 아니라 동등하게 필요한 가치 있는 일을 하였으며 그녀들의 능력이나 지식은 오늘날과 달리 남성의 일과 전적으로 동일한 가치가 있었다. …… 남성과 여성은 하나의 단위가 전체로서 기능하기 위해 서로 협력하였다. 남성의 공헌은 여성과 마찬가지로 가사노동이었다. 여기에는 공사의 구별, 가정 내의 지불되지 않는 노동과 가정 외의 지불되는 노동의 구별은 전혀 없었다." 그러나 자본의 축적과정에서 남성의 프롤레타리아화와 여성의 주부화가 발생하였다. "그것은 프롤레타리아화 과정과 비교할 수 있고 그 과정과 밀접한 관련이 있는 긴 역사적 과정의 결과이다. 이 과정을 '도메스티케이션(Domestication)' 또는 '주부화'라고 한다. 주부가 하고 있는 가사노동은 여성의 타고난 천성에 기초한 일련의 일을 일컫는 것이 아니라 특정한 역사적 산물이다. 주부는 경제시스템의 요청 때문에 자연발생적으로 나타난 것도 아니다. 그것은 교회, 입법 조치, 의학, 노동의 조직화(보호법, 가족임금)를 통해 만들어진 것이다." 전 세계에 존재하는 여성의 다양한 일을 '여성의 가사노동'으로 치부해버리는 구조적인 원리는 남성을 임금노동으로, 여성을 무상노동으로 분할하는 성별분업의 한 기능에 지나지 않는다. "근대적 화폐와 상품경제가 지배적으로 되자마자 여성은 무상노동 또는 저임금 노동으로 내몰리게 되었다. 화폐경제에 접근할 수 없는 여성은 남성에게 의존할 수밖에 없다."

2000년에 출판된 『젠더화 된 국민국가—긴 19세기의 여러 내셔널리즘과 젠더 질서』는 국민국가와 젠더의 관계성에 대해 국제적인 비교를 실시한 논문집이다.[67]* 여기에는 서구와 아시아 각국이 어떻게 여성을 국민화했는가 하는 문제의식 속에 아시아에 속하는 일본을 다룰 필요성이 논해지고 있다. 이다 브롬 씨가 서론에서 인용된 프레이(Fley) 씨는 국가와 국민형성은 어느 나라에서나 대개 19세기부터 20세기 초에 걸쳐서 이루어졌다고 전망하고 있다.[68]*

1986년에 스리랑카의 연구자 쿠마리 자야와데나(Kumari Jayawardena) 씨는 19세기부터 20세기 초의 아시아와 중동 12개 국민에 대해 연구하고 이러한 제3세계 내셔널리즘이 지니는 공통된 특징은 근대화에 의해 콜로니얼(colonial, 식민지화의) 권력과 싸울 힘을 기르려고 한 것에 있다고 결론지었다.[69]* 근대화란 전(前)자본주의적 구조, 전제군주제, 종교적 정통주의 등을 파기하는 것, 또 최종적으로 국가의 독립을 쟁취하기 위해 내셔널 아이덴티티를 창조하는 것이다. 쿠마리 자야와데나 씨에 따르면 여성해방은 국민의 근대적 자립을 구축하기 위한 중심적 과제였다. 소녀와 여성교육의 정비는 국민강화를 위한 중요한 수단으로 간주되었다. 쿠마리 자야와데나 씨는 "특히 중류계급의 여성을 좋은 아내, 좋은 어머니, 그리고 현명한 주부(housewife)로 육성하는 것은 적극적이고 역동적인 '내셔널 아이덴티티'를 창조하기 위한, 문명을 초월한 투쟁의 현상"[70]*이라고 지적한다.

실제로 이러한 아시아와 중동의 국가에서는 여성조직, 여성그룹, 정치단체를 지지하거나 개혁을 추진하는 운동이 일어났다. 그 공통된 목적은 강한 국민을 만드는 데 있었다. 쿠마리 자야와데나 씨는 힌두, 이슬람, 유교의 12개 국민에게서 공통된 특징을 보았다고 지적하면서 그들의 차이는 문화적·전통적인 차이에 있다고 했다. 개인의 평등 관념이 중심에 있는 서구철학과는 대조적으로 인도와 일본에는 자기부정의 철학이 있고, 남편과 시어머니에 대한 기혼여성의 완전한 종속, 축첩, 조혼(child marriage) 등이 공통적으로 존재한다는 것이 쿠마리 자야와데나 씨의 견해이다.

일본과 인도의 근대화를 비교하여 그 차이와 공통성을 살펴볼 때 공통점은 가족(family)을 국가적 상징(national symbol)의 중심에 두는 것이다. 프랑스혁명 이후 서구에서는 국민을 가족으로 보는 것이 정착되었는데 아시아도 이를 답습하였다. 국가를 가족으로 보는 것은 국가를 불멸의 보편적인 글로벌한 충절의 일체, 젠더와 연대의 계급성을 초월한 정신 공동체로 인식시키는데 도움이 된다. 또한 이것은 내셔널 아이덴티티와 내셔널 로열티(national royalty, 조국에 대한 충성심)를 구성하기 쉽고 개인과 공동체의 유대관계를 견고히 하는 힘을 갖는다. 어머니는 국가를 존경하는 국민을 양육하고 국민의 규범을 가르치며 남녀의 성역할을 가르치고 모국어를 가르침으로써 국가를 강화하는 존재로 간주된다. 내셔널 머더(national mother, 국가모성)로서의 여성이라는 수사(rhetoric)는 서구뿐만이 아니라 아시아 국민에게도 있다. 인도는 조국을 '머더 인디아(mother india)'로 표상했다고 쿠마리 자야와데나 씨는 말한다.

그러나 쿠마리 자야와데나 씨에 따르면 일본은 권위주의적이어서 어머니가 아니라 아버지가 국가적 상징을 지배하였다.[71]* 일본은 천황을 아버지로 삼아 국민의 종속과 숭배를 요구했고 여기에서 어머니는 종속적인 상(像)이었다. 일본의 어머니는 자신의 아들을 천황의 아들로 여기도록 교육을 받았다. 일본의 어머니는 국가에 아들과 남편의 생명을 기꺼이 바치도록 교육받았다. 1901년에 결성된 애국여성회는 전쟁으로 아들이나 남편을 잃은 어머니를 위로하는 모임이었는데 자신의 아들을 국가에 바친 여성이 이상적인 국가모성으로 여겨졌다고 한다. 하지만 쿠마리 자야와데나 씨는 이렇게까지 극단적이지는 않아도 이러한 생각이 다른 나라들에게 전혀 없는 것은 아니라고 말한다. 결국 동양과 서양의 근대국가가 지니는 공통점은 가족에 대한 충성이라는 젠더화된 국민적 상징을 최대한 이용했다는 점이고 여기에서 중요한 것은 '사(私)와 공(公)이 합체하는 것'이다.

공(公)인 나라와 사(私)인 개인의 합체는 자연스러운 것으로 파악된 가족이라는 관념에 의해서 성취된다. 여기에 후지타 쇼조 씨가 정의한 '천황제 지배원리'인 가족국가관의 핵심이 있다. 후지타 쇼조 씨는 다음과 같이 말

한다.[72*]

> 천황제는 체계였던 그 자신의 이론을 가지고 있다고는 말하기 어렵지만 권력의 정통성을 뒷받침하는 이데올로기는…… 바로 '가족국가관'이라는 것이다. 이것은 국가를 '가족'의 연장으로 확대하여 이해시키려는 것이므로 이를 통해 천황은 제일 높은 가장이 되고 신민은 천황의 '아기'가 된다. 이 국가관은 일본사회의 가부장제적 구성에 의거하고 또한 각각의 봉건적인 가부장제적 세계를 국가적 규모로 통합한다.

이와 같은 후지타 쇼조 씨의 정의는 이론(異論)의 여지가 없는 논리이다. 여기에는 천황제 근대국민국가와 가족의 제휴라는 근대 일본의 구조가 기본적으로 제시되어 있다. 그리고 그 세계와의 공통성은 가족이라는 자연스럽고 친근한 개념을 강조함으로써 국가를 국민 공통의 모체로 삼는 것이다. 일본적 특이성은 아버지가 국가의 부모를 온 몸으로 체현하고 있을 뿐만 아니라 국가 기원신의 자손으로서 스스로 신이 되었다는 점이다. 따라서 일본의 가부장제는 신적 권위의 핵심을 담당함으로써 다른 어떠한 나라보다도 견고하고 불가침성을 가진다. 왜냐하면 천황은 남성이라는 존재에 의해서만 신성을 유지할 수 있기 때문이다.

이는 앞에서 기술한 바와 같이 이노우에 코와시가 고심한 시라스(シラス)론에서 전형적으로 제시되었다. 여기에서 어머니의 지위는 다른 나라보다 낮게 평가되어야 한다. 메이지천황의 황후가 다산이 아니고 계모이자 양모(養母)였다는 사실도 아버지의 독점체제를 확고히 하는데 일조하였다. 빅토리아여왕과 루이제 왕비는 다산이었고 후사를 낳았기 때문에 그리스도교 문화권에서 성모와 비슷한 입지를 획득할 수 있었다. 일본의 황후는 다산이 아니었을 뿐만 아니라 유교적 전통의 족쇄가 채워져 있었기 때문에 그녀들보다 현저히 낮게 평가되었다. 그러나 지위의 높고 낮음은 상대적인 것에 지나지 않는다. 어느 쪽이든 여성의 종속성은 국가적 질서형성에 불가결하고 주부의 종속성은 각 가정에서나 국가에서나 모두 필요했던 것이다.

　이와 같이 자본주의 발전과 국민국가 형성과 함께 제1세계에서 발생한 여성의 주부화를 추진하는 흐름은 이를 구조화하는 여러 제도나 문화와 함께 근대국가 일본에도 전파되어 '근대가족'을 형성하고 그 속에서 여성의 존재방식을 결정하였다. 이는 세계시스템이 구축되는 과정에서 발생한 세계적 현상이지 일본에만 국한된 것은 아니었다. 그러나 일본의 유교적 전통과 천황제 내셔널리즘이 이것과 특이한 결합을 만들어냈을 때에는 서구의 근대가족과 외형적으로 다른 모습을 띠게 되었고 일본여성의 억압은 여러 선진국 중에서도 가장 가혹한 것이 되었다. 왜냐하면 일본은 서구 선진국과 같은 시민적 윤리를 갖지 못하고 전 근대의 여러 제도와 여성 멸시가 그대로 잔존하는 상태에서 새로운 국민적 의무를 여성에게 부과했기 때문이다. 이는 유교적 굴레에 묶인 채로 서양 드레스를 입고 춤추는 여성과 비슷하였다.

국민국가와 가족

　앞에서 서술한 선행 연구에서는 근대 세계시스템을 형성하는 의사(意思)가 자본주의의 의사라는 점과 자본주의가 예로부터 여성을 지배해 온 구조 즉, 가부장제를 폐기하지 않고 새롭게 이와 합체하여 근대세계 전체를 망라한 새로운 가족제도의 재편을 이루었음을 충분히 밝혀 왔다. 가족을 자본이 아닌 국가적 측면에서 고찰할 때 왜 근대국민국가는 가족을 기초단위로 삼는 형태로 가족과 제휴했는지 분명해진다. 이것은 국민국가의 구조적 본질에 기인한다.

　가부장제도는 상당히 오랫동안 정치·경제 체제가 다른 인류사를 망라하고 있다. 이것은 때로 극소수의 귀족지배계급이 다수의 노예를 지배하는 고대국가의 구조를 지탱하였다. 봉건시대에는 토지소유자인 영주와 충성을

맹세하는 무사와 기사가 대다수 농민과 장인(匠人) 위에 존재하였다. 고대사
회에서는 귀족출신의 시민이 '국가'의 중심이었다. 소수 귀족간의 국가공동
체가 중심을 이루었고 이것이 '가족'의 이상으로서 국가의 중심그룹이었다.
봉건사회에서는 토지를 사이에 둔 지역과 지연공동체가 계급의 상하를 관
통하는 지배의 기초단위였다. 본질적으로는 '가족'보다도 주종관계나 지연
관계가 사회의 단위였다.

　가부장제 가족은 항상 존재하였다. 가족의 가장은 가족 안의 여성이나 연
소자를 지배하였고 더 나아가 보다 큰 권력의 지배를 받았으며 그 큰 권력
또한 그 위의 권력—대부분 여러 형태의 국가—에게 지배당했다. 권력구
조의 최소단위인 가족은 국가와는 간접적인 관계만 갖고 있었다. 가부장제
가족의 여성은 사회 최하층의 눈에 보이지 않는 존재로 생애를 공개하는 일
없이 살았고 오직 아버지와 남편을 '천하'로서 따르도록 교육받았고 또 그
렇게 제도화되었다. '여자의 하늘은 남편'이라는 말은 그러한 유교의 사상
을 응축한 가르침이었다. 여자가 천하국가에 대해 생각하는 경우는 없었다.
국가 또한 가족이나 주부를 중시하지 않았다. 근대국가가 처음으로 가족과
주부를 중요시하게 되었다. 이것은 자본이 주부를 필요로 했고 아울러 근대
국민국가의 지배형식이 이전의 국가와는 달랐기 때문이다.

　국민국가는 역사상 처음으로 계급을 수평으로 놓고 전 인민을 직접 지배
하는 국가형태이다. 국민국가의 제도는 정부나 국왕, 아니면 국민에 의한
직접지배로 유지된다. 대의제(代議制)에 의한 의회, 헌법, 국민개병과 납세의
무는 국민국가의 기본적인 조직과 제도이다. 무타 카즈에 씨는『전략으로써
의 가족—근대 일본의 국민국가형성과 여성(戰略としての家族—近代日本の国
民国家形成と女性)』에서 국민을 국가에 편입하는 근대적인 정치장치로서의
가족제도를 연구하였다.[73*] 그 기본은 호적제도이다.

　메이지초년의 정부는 신분계급을 불문하고 각 가족을 일원적으로 파악하
는 '호적제도' 실시에 신속하게 착수하였다. 호적법은 1871년에 공포되었는
데 이는 모든 국민을 어딘가의 호(戶)에 속하는 것으로 파악하는 법률이었다.

여기서 '호'란 주거를 가리키고 생산과 재생산이 이루어지는 단위이다. 1898
년의 메이지민법에서 '이에(家)'148)의 구성원은 호주, 호주 직계존속, 호주의
배우자, 직계비속, 호주의 형제자매, 기타 방계가족으로 규정되었다. 여기에
서는 많은 권리가 남계 우선과 장유(長幼)의 서열화를 기본으로 삼았다.

호주에게는 구성원에 대한 호주권과 보호부양의 의무, 가산을 관리할 권
리, 조상을 모시는 제사의 의무를 포함한 상속권이 부여되었다. 또한 '이에'
를 대표하여 구성원의 신분이동을 신고할 의무가 주어졌기 때문에 국가는
호주를 통해서 국민의 동향을 알고 감독할 수 있게 되었다. 이와 같은 법
정비를 통해 국가는 호주의 권위를 매개로 국민 모두를 파악하고 통괄하였
으며 이렇듯 가부장의 권위를 지니는 호주는 가족국가의 단위가 되었던 것
이다.

코야마 시즈코 씨에 의하면 가정은 호적제도의 도입으로 국가의 기초단
위로 파악되고, 호적제도, 세법 및 징병제의 정비와 침투로 인해 전 국민적
으로 '이에'가 보편화되고 국가의 직접적인 관리대상이 되었다고 서술하고
있다.74* 또한 '이에'는 촌락공동체나 동족의 보호와 구속으로부터는 자유로
워진 반면 국가의 직접적인 통치 하에 놓이게 됐다고 한다.75* 이와 같은 호
적과 '이에'의 개념은 징병제도와 직결되어 있었다. 코야마 시즈코 씨는 메
이지 초기에 징병제도가 발족될 당시 호주나 대를 이을 아들, 양자라는 명
의가 징병면제의 조건이었기 때문에 가산이나 가업이 없는 일반서민에게도
'이에'의 관념이 급속도로 보급되었다고 지적한다.76* 국가체제가 정비됨에
따라 면제범위는 좁아졌고 1889년에 개정된 징병령은 가족의 생활을 파악
하고 징병유예의 기준을 엄격하고 공정하게 했기 때문에 국가는 한층 더 적
극적으로 가족을 관리하게 되었다.77*

이처럼 제도적으로 호적제도와 징병제도는 '이에' 또는 '가족'이라는 단

---

148) 메이지민법에 채용된 가족제도 '이에'는 호주와 가족으로 구성된다. 호주는 '이에'의 통솔
자이고 가족은 '이에'를 구성하는 자들 중 호주가 아닌 자를 말한다. 에도시대에 발달한 무
사계급의 가부장제적인 가족제도를 기초로 하고 있다.

위가 국가의 기초단위임을 명백히 하였다. 그러나 가족의 국가귀속 의식, 아들, 특히 장자가 징병되는 사태에 대한 국민의 동의를 얻는 것은 법을 정비하는 것만으로는 불가능하였다. 따라서 개인을 국민화하는 것, 즉 국가의 운명을 자신의 일처럼 여기도록 민중을 교육하는 것이 중요해졌다. 이를 위해 생겨난 여러 가지 교육용 포고, 특히 교육칙어, 정치가·지식인의 훈화, 매스미디어를 통한 시각표상의 선전 등에 의한 민중의 국민화가 급선무가 된 것이다.

특히 제국주의시대에서는 식민지 쟁탈전의 승리가 국가번영과 존망을 좌우했기 때문에 국가를 위해 병역에 종사하고 필요할 경우 국가를 위해 죽는 것, 즉 애국자가 되는 것은 국민에게 요구되는 최대 의무가 되었다. 실제로 생명을 잃는 것은 젊은 남성(이것은 모국에서 멀리 떨어진 곳에서 식민지 쟁탈을 위해 싸우는 종주국의 경우이고, 자신의 땅에서 전쟁이 일어나는 식민지의 경우는 모든 국민이 생명을 잃을 가능성이 있다)이다. 그러나 젊은 남성을 낳고 키우는 것은 어머니이다. 만약 어머니가 국가를 사랑하지 않고 국가를 위해 죽는 것을 아들에게 가르치지 않으며 또 아들을 자진해서 국가에 바치지 않는다면, 그리고 무엇보다도 아들들을 낳지 않는다면 국가는 성립되지 않는다. 자본은 노동력이, 국가는 병력이 고갈된다. 다음 세대의 국민을 병사로 키우는 것이 국가와 여성을 직접적으로 연결시키는 고리가 되었다.

보다 자세히 말하자면 여성들을 국가의 중요한 일원으로서 존중하고 의무를 가르치며 그 가르침에 따라 자식을 낳게 하고 국가를 위해 교육시키며 아들과 남편을 자진해서 국가에 바치고 과부가 되어도 강하게 살아남아 유복자와 노부모를 부양하도록 만드는 것이 반드시 필요하였다. 그 목적을 위해 이미 황후는 1870년대 후반부터 1880년대 중반에 거쳐 일가를 지탱하는 강한 여성들에 대한 가르침을 『부녀감』에서 제시하였다. 1880년대 중반 이후부터 '양처현모 교육'이 강력하게 주장된 것도 같은 이유이다. 양처현모에 관한 연구 중 고전에 속하는 후카야 마사시 씨의 『양처현모주의 교육(良妻賢母主義の教育)』은 양처현모주의와 국체관념의 관련성을 지적하고 양처현

모주의의 일본적 특수성인 천황제국가의 여성관을 양처현모주의로 파악하였다.[78*]

양처현모는 왜 필요하게 되었는가

양처현모에 관한 연구는 메이지여성사에서 가장 많이 연구된 영역이므로 이 연구를 모두 소개하는 것은 불가능에 가깝다. 다만 이러한 연구들은 양처현모를 일본적인 특수형태로 파악하면서 전통적인 유학·여훈(女訓)과의 관련성을 강하게 인정하는 설[79*]과 일반적으로 서구근대국가에서 동일하게 나타나는 젠더적 구조로 보는 설[80*]로 크게 구분된다. 논의의 결말은 앞 절에서 소개했던 세계시스템의 주부 창출이라는 패러다임으로 생각했을 때 자연스럽게 명확해진다. 즉 자본을 기본으로 하는 근대국가는 가족과 주부를 그 기반에 둘 수밖에 없었던 것이다.

일본에 있었던 것은 영국, 프랑스, 미국, 인도에도 있었다. 그러나 각 국가의 가족관은 문화적 차이에 따른 고유한 형태를 만들어냈다. 기본적인 패러다임의 동시성과 역사적·문화적인 차이가 교차되는 가운데 각국의 가족관이 성립되는 것은 당연하다. 이 점에서 쇼와에 접어들어 완성되는 천황중심의 가족국가주의 사상에 나타난 여성상의 전형을 양처현모주의에서 찾아내고 이것이 일본의 독특한 개념임을 강조한 후카야 마사시 씨의 주장은 필자가 생각하는 문제파악과 가장 가깝다. 이것이 서양의 가족관과 다른 점은 첫째 그리스도교가 아닌 유교에 그 중심을 두고 있다는 것, 둘째 신보다 하위이며 결혼이라는 성스러운 의식(secrament, 결혼은 신이 명한 의식이었다)으로 맺어진 국왕부부를 가족국가의 모범으로 삼는 것이 아니라 그 자체가 신(神)인 천황을 궁극적으로 국가의 '아버지'로 삼는다는 것이다.

이와호리 요코(岩堀容子) 씨는 양처현모 사상에서 '이에'를 지킨다는 사적 영역의 사항이 공적 영역에서의 남자활동에 뒤지지 않는 중요한 직무임을 인정하는 점이 유교와 다르다고 지적하고 여기에서 서구사상의 영향을 발견한다.[81*] 이와호리 요코 씨, 후카야 마사시 씨, 코야마 시즈코 씨 모두 유교에는 양처가 있지만 현모 사상은 없다고 적고 있는데 이는 사실과 반대된다. 유교에는 예로부터 현모사상이 존재하였다. 『내훈(內訓)』의 '모의장(母儀章) 제16'에는 다음과 같이 적혀 있다.[82*]

공자가 말하기를 여자는 남자의 가르침에 따르고 그 도리를 발전시키는 자로서 홀로 일을 독단해서는 안 된다. …… 그러나 여성은 밖으로 나오지 않고 오로지 집 안에서 자식에게 예의범절을 가르치는 자이다. 자식을 가르치는 것은 덕과 의로 지도하고 적은 욕심과 겸양의 덕을 기르게 하며 근면과 검약을 솔선수범하여 가르치고 자애에 기초하여 엄격하게 대처함으로써 아이를 자립시키고 그 덕을 성취하는 것이다.

시모미 다카오(下見隆雄) 씨는 『유교사회와 모성―모성 위력의 관점에서 보는 한·위·진시대의 중국여성사(儒教社会と母性―母性の威力の観点でみる漢魏晋中国女性史)』에서 한나라 말기에 쓰인 유향(劉向, B.C. 79?~8?)의 『열녀전(列女伝)』을 분석하고 있다. 여기에서 그는 맹모설화를 예로 들어 유교에서는 어머니가 자녀교육에 "타고난 위력을 지닌 존재로서 인정받고 또한 큰 권한을 위탁받았으며 책임을 지니고 있다"고 결론짓고 있다.[83*]

또한 유교의 여성훈에는 이미 가족의 화목을 국가화목의 기반으로 삼는 사상도 존재한다. 『내훈』 육친장(陸親章)에는 "이리하여 가족도 화목해지고 타인도 화목해지며 한 가족이 화목해지고 온 나라가 화목해져 천하도 화목해질 것"[84*]이라는 글이 있다. 제2장에서 서술한 바와 같이 이것은 모토다 나가자네가 1877년에 『메이지효절록』의 서문으로 제시한 것이고 이 사상을 기초로 『교학성지』와 교육칙어가 만들어졌다. 1889년 발포된 헌법과 1890년에 발포된 교육칙어로 근대 일본의 지배구조가 법적으로 확정되고 그에 걸

맞는 국민상이 정해졌다. 교육칙어에서 제시하고 있는 "부모에게 효도하고 형제간에 우애 있으며 부부가 서로 화합하고 친구는 서로 믿어야 한다"가 유교의 오륜과 비슷하다는 점은 여러 연구자들의 일치된 견해이다. 제3장에서 서술한 바와 같이 이 구절은 유학자 모토다 나가자네의 초고에도 있던 것이다. 교육칙어를 통해 이루어진 국가의 공식성명이 유교윤리의 국교화를 지향하고 있다는 점은 이 문제를 다룰 때 무시해서는 안 되는 부분이다.

코야마 시즈코 씨, 이와호리 요코 씨, 후카야 마사시 씨가 지적하듯이 분명히 양처현모의 본격적인 성립시기는 고등여학교의 규정 및 고등여학교령의 제정되어 여자교육 체제가 확립되고 이로 인하여 여자취학율이 높아진 1890년대 후반부터이며 청일전쟁의 경험을 통해 여성에게도 국가의식이 요구되었던 것과 관계가 있다는 것이 정설이다.

화족여학교의 교장이었던 호소카와 준지로(細川潤次郎, 1834~1923)는 청일전쟁 직후에 「국력과 여자교육의 관계(国力と女子教育の関係)」(『대일본교육회잡지』 제165호, 1895년 5월)를 발표하였는데 그 내용을 살펴보면 다음과 같다.[85*]

> 현재 청일전쟁에서 승리한 원인은 청일 양국의 교육보급 정도의 차에 기인한다는 교육계의 주장이 있다. 조선·터키·이집트와 영국·프랑스·미국 등 서구각국을 비교해보면 여자교육이 활발한 나라가 국가의 부강을 도모할 수 있음을 알 수 있다. 왜냐하면 여자교육이 왕성한 국가에서는 여자가 농업과 상업을 돕는 것에만 그치지 않고 여자의 활동이 남자가 하는 농·공·상의 보조하는 등 남자와 큰 차이가 없고 견문 또한 넓으며 그 사상은 자연히 국가의 행복과 불행에 관계되어 공동심이 강해지고 애국심을 가질 수 있기 때문이다. 따라서 여성의 내조와 국민적 자각이 국가 부강에 공헌한다.

여자고등사범학교의 교장이었던 아키즈키 신타로(秋月新太郎, 1839~1913)는 『다이니혼쿄이쿠카이잡지(大日本教育会雑誌)』(1894년 3월~1897년 11월)에 「여자교육소견(女子教育管見)」이라는 논문을 제출하였다. 여기에서는 여자교육에 대해 다음과 같은 세 가지의 목적을 제시하고 있다. 첫째 국가 경제상의 이익, 둘째 현모양성, 즉 "여자는 국민교육의 기초를 만드는 가정교육의 중심 인물이라고 할 수 있다"는 것. 셋째 "국민일반의 도덕을 함양시키는 것이 이익"이고 "여자는 은연중에 사회도덕을 좌지우지하는 힘 있는 자이므로 국가·고향·사회를 불문하고 그 단체의 도덕 여부는 그곳에 속한 여자의 품성에 의한다"고 적고 있다.

문부대신 사이온지 킨모치(西園寺公望, 1849~1940)는 1895년 1월에 문부성령 「고등여학교 규정」을 발포하면서 "선량한 국민을 양성하기 위해서는 반드시 여성의 내조의 힘을 빌려야 한다. 서양 각국이 여자교육에 가장 힘을 쓰는 것은 이 때문이다. 여자 자신 또한 충분한 교육을 받아 천부적으로 타고난 좋은 지능과 재능을 발달시키는 것은 당연한 일이다. 우리나라 또한 이를 주의할 필요가 있다"고 선언하였다.[86*]

이상의 예를 보건데 메이지국가가 근대국가를 건설하면서 남성뿐만 아니라 여성의 '국민화'에 본격적으로 나섰음을 알 수 있다. 여성은 서구열강의 국가국민 형성에 비해 확실하게 뒤떨어져 있었기 때문이다. 이에 관한 가장 전형적인 견해는 사회파 다윈주의자(darwinist)인 호소카와 준지로의 말에서 찾아볼 수 있다. 그는 다음과 같이 주장한다.[87*]

> 여자교육이 활발한 나라에서 여자의 활동은 남자와 큰 차이가 없고 견문 또한 넓고…… 공동심이 강해지며 애국심을 갖게 된다. 이에 반해 여자교육이 부진한 나라에서는 여자가 가정의 외부와 단절되어 활동이 없다. 따라서 견문이 좁고 사상은 한 가족과 한 고향에 머무르게 되어 공동심과 애국심이 없는 것과 다름없으니 국민의 절반은 있어도 없는 것과 같고…… 즉 절반의 사람은 오히려 나머지 절반의 힘을 줄이는 자가 된다.

이상과 같은 주장에 대해 코야마 시즈코 씨는 이 시기에 여성이 가정 내에서 부인과 어머니로서 수행한 역할과 여성의 높은 도덕성은 국가적 시점에서 그 가치를 인정받고 가사와 육아를 통해 국가에 공헌하는 구체적 국민으로 파악되었음을 의미한다고 지적하면서 바로 이 점에 양처현모사상이

등장한 의의가 있었다고 본다.[88*]

분명 위정자나 지식인 남성은 '국민의 절반'인 여성을 근대국가 속에 받아들이려고 하였다. 하지만 만약 그녀들을 공연히 남성과 평등하게 '국민'화 한다면 그들의 진정한 목적, 즉 국내의 모든 기득권력 구조의 유지와 보존—이것은 개국 이후 세계로의 권력 확장과 손쉽게 연결되는 지배원리이다—은 붕괴하고 만다. 그들의 입장에서 정의와 '천리(天理)'란 계급이 높은 자가 낮은 자를 지배하고 남성이 여성을 지배하는 것이기 때문이다. 이것은 세계시스템 속에서는 당연히 국력이 강한 국가가 약한 국가를 지배하고 침략하는 것이 '천리'라는 이치—힘의 논리를 낳는다. 계급지배와 여성지배, 이민족지배라는 세 가지 지배원리는 불가분의 결합을 이루며 근대국가의 기본원리가 된다.

만약 여성을 남성과 똑같이 국민으로 대우한다면 지배원리는 무너진다. 여성은 남성과 일단 그 본성에서 차별당하고 자연의 이치에 따라 생명유지(재생산)에만 적합한 것이라면서 '사적' 세계, 즉 '가정' 속에서만 생존을 허락받는다. 이처럼 가정이라는 창 없는 독방에 여성들을 몰아넣고 가장(국민이란 가장이다)이라는 창 또는 문을 통해서만 '공적세계—국가'와 연결된다. 가장(국민)의 생명을 유지하고 가장(국민)의 씨앗을 낳고 다음 세대의 가장(국민)을 공급하는 것이 그녀들의 역할이고 그녀는 그 성적 영위를 통해서만 간접적으로 국가에 공헌하고 또 국가로부터 인지되고 평가받는다. 여자들이 직접 국가와 연결되는 일은 (총력전 체제 이외에는) 없다.

이와 같은 여성의 국가 내 역할을 규정하는 것이 '양처현모'로 대표되는 부덕(婦德)이고 이에 근거한 여성교육의 이념이자 여성의 국민화이다. '양처현모'란 국가 내에서 여성이 존재 이유를 '어머니' 또는 '아내'로만 인정하는 사상이다. 달리 말하면 어머니 또는 아내로서 국가의 큰 일—병사와 노동자 재생산을 보증—에 공헌한다는 존재이유가 주어졌음을 의미한다. 앞서 서술했듯이 미와타 마사코는 1897년의 『여자교육요언』에서 "여자교육은 만세일계의 천황을 모시는 국체와 일치시켜야 한다. 국가를 위해 웃으면서 죽을 수 있는 미래의 해국아(海国児)와 군국아동(軍国児童)을 키우는 양처현모를 양성하는 것이 여자교육의 목적"이라고 적었다.[89*]

또한 1908년 러일전쟁에서 승리한 후 문부대신 코마츠바라 에타로(小松原英太郎, 1852~1919)은 전국 고등여학교장회의에서 "국운발흥기에 즈음하여 국가의 기초인 가족제도를 유지하는 데 여자교육은 특히 중요하다. 여자교육의 목적은 양처현모를 만드는 것이다. 즉 충효의 길을 분별하여 부도(婦道)를 닦고 상식을 키우며 집안 살림을 꾸려나갈 수 있도록 하는 것이 중요하다"고 연설하였다.[90*]

무타 카즈에 씨는 국정교과서 『수신』의 1911년 제2기[91*]를 분석하였다. 여기에서는 충효일치의 유교도덕이 소가족의 애정과 친밀감의 형성으로 인해 심적인 응축성을 높이고 가족적인 심성에 기초하여 나라의 부모인 천황과 황후의 자애를 강조하게 되는 과정이 제시되고 있다.[92*] 무타 카즈에 씨는 1877년까지의 수신교과서에는 부모에 대한 유교적인 철저한 복종이 설명되어 있는데 1900년 수신교과서에는 '가족의 단란함'이 분명하게 나타난다는 점을 제시하였다.[93*]

심상소학교 1학년의 수신교과서에는 모토다 나가자네의 신념에 따라 그림으로 알기 쉽게 가르침을 제시하고 있는데 그중 15과는 『가정의 즐거움』이다(그림 129).[94*] 상당히 흥미로운 것은 역시 무타 카즈에 씨가 거론한 1892년의 『수신입문(修身入門)』이다. 여기에서는 두 명의 남녀 어린이가 각자의 밥상에서 식사를 하고 있고, 어머니는 그림의 바로 앞쪽에서 아이에게 등을 돌리고 쟁반 위의 국그릇을 남자아이 쪽에 내밀고 있는데 얼굴은 보이지 않는다. 어머니 앞에는 밥상이 없고 오로지 시중을 들고 있을 뿐이다. 또한 여기에는 아버지가 없다. 이 그림은 식사를 챙기는 것은 어머니임을 아이에게 가르치고 있다. 또 그 보완책으로 아버지는 밖에 일하러 나간다.

그런데 위의 심상소학교 1학년 수신교과서에는 가족 전원이 식탁에 둘러앉아 있고 정면에는 아버지와 할아버지, 옆에는 할머니, 그림 바로 앞쪽에는 어머니와 여자아이의 뒷모습이 그려져 있다. 또 오른쪽에서 남자아이는

그림 129 가정의 즐거움, 국정교과서 제2기, 심상1학년 수신교과서, 1911년

젓가락을 들고 있다. 이것은 완전히 새로운 '가정의 즐거움', 즉 단란한 가족의 그림이다. 그러나 그림을 주의 깊게 살펴보면 얼굴이 보이도록 정면으로 그려진 것은 아버지와 할아버지인데 이는 그들이 가장임을 보여주고 있다. 한편 어머니는 여전히 얼굴이 보이지 않고 게다가 여기에서도 나무 밥통의 뚜껑을 열고 그릇에 밥을 담으며 시중을 들고 있다. 여자아이는 미래의 주부역할을 암시하듯이 등을 보이며 어머니 옆에 앉아 있다. 할머니·할아버지·아버지의 시선은 모두 오른 쪽 남자아이에게 쏠려 있다. 남자아이가 가족 전원의 주목을 받고 있음을 분명하게 알 수 있다. 어머니는 나무 밥통 안에 시선을 두고 시중을 드느라 여념이 없다. 제목은 가족의 단란함을 알리고 있지만 이미지는 가족의 단란함 안에 담겨진 남녀의 성차 구조를 여실히 표상하고 있다. 단란한 식사를 준비하고 시중을 드는 것은 주부이며 즐기는 것은 그 이외의 가족이다.

그렇다고 해도 이러한 증거를 살펴보면 가족의 단란함이라는 근대가족의 모습을 소학생에게까지 침투시키려는 정부의 의도가 분명해진 것은 적어도 청일전쟁 이후의 일이고 이때부터 군국적인 내셔널리즘의 진전이 가족의 칭찬과 이를 유지하는 양처현모라는 형태의 여성 국민화가 밀접하게 관련되어 있었음을 추측할 수 있다.

『조가쿠잡지(女学雜誌)』의 변천

그러나 이러한 일은 단선적으로 발전한 것이 아니라 이미 존재하고 있던 경향이 확대되고 강화되었다고 보아야 한다. 그리스도교 계몽잡지 『조가쿠잡지』 1888년 2월 18일호는 "일본에 행복한 가족은 적다"고 비난하고 "과연 우리나라에는 한 가족이 단란하고 화락하여 참으로 행복으로 가득찬 집이 얼마나 있는가. ······ 가정의 친목은 결국 한 나라에 영향을 미치고 ······ 국권은 ······ 확립될 것이다. 이것이 바로 일본제국의 행복"이라며 가족의 단란함이 일본제국의 확립에 필요하다고 주장하고 있다.

또한 이 잡지의 1888년 3월 24일자 사설 「일본의 가족」은 주부를 '가족의 여왕'이라고 부르면서 남녀동권론을 주장하는 운동가를 배척하고 고루한 대가족 며느리도 부정하였다. 이어서 유학자 모토다 나가자네의 서문과 별반 차이가 없는 다음과 같은 국가주의적 사상을 개진하였다.[95*]

정중하게 일본의 자매 여러분께 바란다. ······ 여러분은 가족의 여왕으로서 ······ 매우 불행한 일본의 가족을 완전히 바꿔라. 강단에 서서 당당하게 여권론을 펼치는 것은 여러분의 명예이다. ······ 로쿠메이칸(鹿鳴館)에서 춤을 추고 금안장의 말을 타는 것 또한 여러분의 씩씩한 놀이이다. ······ 그러나 우리는 이와 함께 은밀하고 정숙한, 지극히 소리 없는 대사업을 추구하지 않으면 안 된다. …… 가정이 단란하고 화평하여 즐거워지면 …… 일본국의 대 폐해는 홀연히 사라질 것이다. 가정이 정돈되면 나라가 정돈되고 가정이 화합하면 나라가 화합되고 가정이 강해지면 나라가 강해진다. …… 가정을 강하게 만들면 바로 그 힘은 수십만 육해군과 다를 바 없다.

이와모토 요시하루가 주간한 『조가쿠잡지』는 메이지 초기의 계몽사상을 계승하고 그리스도교적 입장을 견지하여 전통적인 '이에'를 여성의 인내와 예속의 장소라고 비판하고 부부간의 인격적인 평등, 가족구성원의 '상사상애(相思相愛)'와 '화락단란(和楽団欒)'을 중시하는 '가정(home)'을 새로운 가족의 이상상(理想象)으로 제창하였다고 평가되는 것이 정설이다.[96]*

한편 이노우에 테루코(井上輝子) 씨는 이와모토 요시하루가 1880년대 후반 이후에 전회(転回)하고 있음을 지적하고 있다.[97]* 이노우에 테루코 씨는 『조가쿠잡지』가 초기(1885년~1887년)에는 "서양사회의 여성상과 가정상을 기준으로 삼아 일본사회의 여성상·가정상을 비판"하고 남성중심의 유교적인 가족으로부터 남녀가 대등하고 능동적이며 근대적 세계와 맞설 수 있는 일본여성의 창출을 제창하여 "우리나라 초기 여성해방운동의 기관지(機関誌)적 역할을 완수했다"[98]*고 평가한다. 아마도 이 시기의 『조가쿠잡지』만큼 메이지여성의 계몽을 위한 제안과 문제점을 적극적으로 제시했던 자료는 없을 것이다.

이노우에 테루코 씨는 이어서 전환기(1887년~1893년)를 제시한다. 이 시기에는 근대적인 '가정'의 제안과 과학적인 가정학(家政学)의 실천으로 남녀차별의 배경이 되는 정치와 법률문제, 가정·교육·도덕 문제, 문학과 여성의 문제, 폐창금주(廃娼禁酒) 문제, 여자직업 문제 등 광범위한 사회문제에 대한 주장 논평이 이루어졌다고 평가한다.[99]*

그러나 후기(1893년~1904년)에는 수년간의 침묵이 있은 후 내셔널리즘으로 전향하여 '실가론(室家論)'을 제시하면서 일본전체를 뒤덮은 국수주의에 대응했다고 파악하고 있다. 실가란 '홈(home)'을 번역한 말이지만 '홈'이 사랑과 단란함을 표방하고 있는 것에 반해 '실가'는 가족에 대한 여성의 헌신, 자기희생, 전쟁협력을 뜻하므로 이와 같은 정의의 변혁에서 이와모토 요시하루의 사상적 전향을 찾아볼 수 있다는 것이다. 이 용어의 전환은 초기 계몽파의 전향이 나타난 예로써 매우 흥미롭다.

이와모토 요시하루의 사설 외에도 『조가쿠잡지』에는 여러 종류의 다양한 형식과 내용의 기사가 실려 있는데 실로 잡다하여 일괄된 정의를 내리기는 어렵다. 이것은 시간순으로 변화하기도 하지만 동시에 다면적이다. 그만큼 메이지 중기의 여학사상과 여성문제를 알 수 있는 방대하고 풍부한 자료인 것이다. 필자의 견해로는 『조가쿠잡지』가 창간 당시부터 다양한 면을 지녔다고 생각된다. 시대를 앞서가는 여권사상의 격문(檄文)도 있고 국책에 영합하는 기사도 있었다. 무엇보다 분명하게 두드러진 것은 일관된 국가주의 경향이고, 결국 여기에서 이와모토 요시하루가 이루려고 한 것은 '여성의 국민화'였다는 점이다. 이는 여권사상과 동떨어져 있는 것이 아니라 서로 연결되어 있다.

예를 들면 제1호(1885년 7월 20일)에 게재된 『축 조가쿠잡지 발행 시모후사(下総) 오스가 사다코(大須賀さだ子)』 축문에서는 "우리나라에 남존여비가 아주 심해서 여자는 남자에게 노예취급을 당하고 여자 자신들도 이를 감수하며 이 근거 없는 풍습을 각인시키고 있다. …… 지금은 왕정이 유신으로 문물이 융성하여 해외 각 나라와 어깨를 나란히 할 때이므로 이 폐습을 힘써 타파해야 한다"며 만국과 어깨를 나란히 하고 경쟁할 것을 분명히 지향하고 있다. 제5호 사설에서 이와모토 요시하루는 "오늘날의 여성은 그저 어떤 일이든지 세상과 상관없이 국민으로서의 의무를 전혀 다하지 않아도 된다고 생각한다. 우리는 이렇게 집안을 돌보는 것을 본분으로 삼는 것 외에 집 밖의 일에도 힘써서 국민으로서의 의무를 다해야 한다. 또한 남자는 바깥일을 하며 국민으로서의 의무를 다하는 것 외에도 집안의 일을 돌이켜보도록 하는 것이 우리들이 갈망하는 바"라고 하면서 남녀 모두 공사(公私)에 구분 없이 모두가 국민인 이상 사회를 실현시키는 것이 이 글의 취지임을 역설하고 있다.

게다가 그는 그 직후 다음과 같이 쓰고 있다. "여성 여러분, 지금의 기회를 다행으로 여겨 분별없이 여성의 정숙하고 온화한 미덕을 가볍게 여기거나 결코 나아가서는 안 되는 지위에까지 마구 나아가 오히려 세상을 해치고 가정을 파괴하는 우를 범하지 말아야 한다." 즉 남녀가 공과 사를 함께 하며 국민다워야 하지만 정숙 온화한 미덕을 버리고 여성이 요구해서는 안 되는 지위까지 바라는 것은 가정을 파괴하고 세간에 피해를 주기 때문에 안 된다는 것이다. 이 사설에는 이와모토 요시하루가 지향하는 여학사상의 본질이 나타나 있다. 첫째, 여성은 국민으로서의 자각을 가지고 의무를 다해야 한다. 둘째, 남녀 성역할의 구조를 파괴해서는 안 된다. 이 두 번째 견제가 끊임없이 독자에게 던져지는 메시지라는 점은 이 잡지를 수십 권 읽어보면 명백해진다. 제8호에 실린 「여성의 책임」이라는 논설도 그 견제구 가운데 하나이다. 내용을 살펴보면 다음과 같다. "오늘날의 여성이 다행히도 서구자유의 바람이 불어오는 성스러운 시대에 태어나 처음으로 인간으로서 정당한 취급을 받게"된 것은 축하할만한 일이다. 그러나 남성과 동등한 권리를 얻으려는 것은 잘못이다. 왜냐하면 권리에는 의무가 따르고 권리를 주장하기 위해서는 세금을 내고 일가를 부양하는 의무를 다해야 한다. 여성이 권리를 요구한다면 그만큼의 일을 해야 한다. "이것을 간단히 말하면 남편을 도와 남편이 하고자 하는 것을 이루도록 근심을 없애고 기쁨을 더하여 뒤를 걱정하지 않고 밖에서 온 힘을 쏟게 하는 것은 아내의 의무이다." 그리고 일가의 회계, 자녀교육, 음식과 의복의 조절을 현명하게 하기 위해서는 정치·경제·생리·화학이 필요하다는 것이 논설의 주된 내용이다.

먼저 여성이 남성과 동등한 인간이고 국민임을 전제로 하고 여성은 가정에서 가사와 육아 그리고 내조에 전념해야 한다는 것이 『조가쿠잡지』의 주장이다. 남성은 생산하여 보수를 얻고 세금을 내어 국가에 대한 발언 권리를 얻지만 여성에게는 그 권리가 (본래) 없다고 여기고 있기 때문에 『조가쿠잡지』의 목적은 여권확장이 아닌 가부장적 성별역할 분담을 유지한 상태의 '근대적 주부'의 창출인 것이다. 이 사상은 모든 기사·논설·기고에 일관된 것으로 너무 많아서 일일이 셀 수가 없다. 앞에서 서술한 『조가쿠잡지』의 기본이념을 되풀이하면 첫째 여성의 국민화, 둘째 근대적 주부의 창출인데 그 주된 동기는 일본국가의 융성이다. 즉 여성을 근대화시키고 국민화하는 것이 일본국가의 부강과 향상으로 연결된다는 신념이다.

서구의 여성은 그 교육으로 이와 같은 책무를 다한다고 여겨졌기 때문에 일본여성의 모델은 서구 선진각국의 규범적이고 국민적인 여성이다. 제6호 「이스트레이크(Eastlake) 부인의 연설」은 이 부인이 메이지여학교에서 연설한 내용에 대한 해설이다. 여기에는 여자교육의 융성에 대해 "일본여성으로 하여금 서구각국의 여성과 동일한 진보를 하고 동일한 교육을 받게 하려는 것이기 때문에 실로 애국사업이라고 할 수 있다"라고 적혀 있다. 위에서 서술한 1888년 논설 「가족의 여왕—가족을 강하게 만드는 여성은 군대와 같다(家族の女王――一家を強くする女性は軍隊に等しい)」의 예를 보더라도 1888년에 이미 가족국가론으로 귀결된 내셔널리즘을 명백하게 읽어낼 수 있다.

또한 천황제에 대한 이와모토 요시하루의 공감(sympathy)도 애초부터 존재하였다. 『조가쿠잡지』는 정월이나 국가 경축일, 그리고 특히 황후 탄생일에는 특집을 마련하여 황후의 삽화나 황후에 관한 기사를 게재하였고, 1887년에는 황후의 양장 포고와 동시에 양장과 전통의상의 여성초상을 실어서 신구여성의 초상을 대비시키기도 하고 황후가 만들도록 한 『부녀감』을 선전하기도 했다. 카타노 마사코 씨는 황후를 '국모'로 보는 담론은 이와모토 요시하루가 『조가쿠잡지』에서 창출한 것임을 지적하고 있다.[100*]

1885년 8월 10일 제2호의 서두에는 황후의 삽화 『황후어가회 그림(皇后御歌会の図)』이 실려 있다(그림 30). 이 그림에서 황후는 헤이안시대의 뇨고(女御)[149]와 같은 소쿠타이를 입고 발 앞에 앉아 있다. 이것은 이때 소개된 황후의 우타, 즉 후카야마유키(深山雪)에서 읊은 와카 "모르는 사이에 눈 쌓여

---

149) 천황의 침소에서 대기하는 고위 여관. 주로 섭관의 여식이 맡았으나 헤이안 중기 이후에는 뇨고 대신 황후가 대기하는 것이 관례로 되었다.

늘어진 죽엽 가지를 걷어 올리며 바라보는 쿠마노의 산이여"가 이치조천황(一条天皇)의 황후 테이시(藤原定子, 977~1001)를 섬긴 세이쇼 나곤(清少納言, 966~1025)이 발을 걷어 올리고 보여준 향로봉에 관한 일화와 관계되기 때문일 것이다. 이것은 음(音)도 카카리코토바(かかり言葉)[150]도 아름다우며 황후의 깊은 교양을 사모하게 만드는 우타로서 황후가 지닌 가인으로서의 재능과 일본전통문화에 대한 교양을 보여준다. 이에 대한 해설에서는 다음과 같이 말하고 있다.

> 현명하게도 황후는 궁중에 직물전(織澱)을 두고 손수 구레하(吳羽)·아야하(綾羽)[151]의 솜씨를 발휘하시거나 여학교를 방문하시어 열심히 노력하는 학생들의 모습을 칭찬하셨다. 또 빈민구제를 위해 소지하신 돈을 하사하시는 등 실로 고맙고 현명하신 여성이라고 말하지 않을 수 없다.

황후는 손수 방적을 하여 여성이 가정에서 해야 할 일을 완수함과 동시에 밖에서는 여자교육, 빈민구제를 하는 현명한 여성으로서 여성의 모범이 되었다. 이와모토 요시하루는 일본의 가정이 아시아적 여성멸시에서 탈피하여 여성의 지위를 향상시키고 남녀가 동등한 가정을 만들기 위해 고귀한 황후를 모델로 삼고자 했다. 『조가쿠잡지』에는 천황이 전혀 등장하지 않는다.

청일전쟁에서 러일전쟁에 이르는 일본의 보수화와 유교적인 여자교육의 재구축 시기에 이와모토 요시하루가 국수주의로 전향한 것은 분명한 사실이지만 본래 내셔널리즘은 근대 주부론과 모순되는 것이 아니라 때로는 같은 뿌리를 지니게 된다. 1889년 『조가쿠잡지』 제179호 사설은 「부녀자 및 애국의 정」이다. 이 글의 끝머리에서 이와모토 요시하루는 "그 마음으로 남자의 애국심을 고무시키고 그 손으로 아동의 애국심을 만들어 간다면 머지않아 일본인 모두 빠짐없이 일본을 위해 죽는 용사와 열녀가 될 것이다. 오

---

150) 술어에 관계되는 말에 붙어 그 술어의 진술에 영향을 미치는 조사를 말한다.
151) 각각 오나라와 한나라에서 건너온 야마토 조정의 베를 짜는 기술자를 말한다.

호라 동양의 부강국으로 우뚝 서고 국민이 온 나라를 가득 메울 것이다. 이리하여 밝게 빛나는 태양과 함께 높이 올라서게 되면 이로 인해 전 세계가 교화될 것"이라며 감격하고 있다.

『조가쿠잡지』 제238호는 1890년에 교육칙어가 발포되자마자 이것을 전문 복사하여 독자적인 해설을 달았다는 것은 앞 장에서 소개한 바와 같다. 이와모토 요시하루는 교육칙어에 대한 해설에서 그리스도교가 유교와도 교육칙어와도 모순되지 않는다는 주목할 만한 해석을 한다.

> 공자의 가르침은 근본적으로 충효를 중시한다. 불교 또한 왕법(王法)을 중시하고 친족이 화목해야 한다고 가르친다. 그리스도교 또한 왕을 두려워하고 모두 힘 있는 자를 따라야하며 부모를 공경하라고 가르친다. …… 남녀 모두 덕을 쌓아 성으로 차별해서는 안 된다. 교육칙어는 대도(大道)의 지침이고 앞날의 광채이며 일본교육의 큰 모범이다. 공손하게 만세를 외친다.

이후 이와모토 요시하루는 기독전(基督伝)을 연재하며 그리스도교를 국가주의적으로 재조명한다. 이것은 선진국들이 모두 그리스도교와 국가주의를 공존시켜온 만큼 특이한 점은 아닐 것이다. 다만 그리스도교가 권력에 순종하라고 가르쳤다는 해석은 기상천외하다. 더 나아가 특필할 만한 것은 이보다 몇 호 뒤에 실린 사설에서 이와모토 요시하루는 그리스도교 신자를 전쟁에 가담시켜야만 하는 최적의 수사법을 만들어냈다. 그것은 자신은 사람을 죽일 수 없고 애국심도 없지만 "백인이 폭력으로 다른 인종을 침범하려는 것을 적어도 도리 상 가만히 보고 있을 수는 없다."[101]* 즉 아시아를 구하는 것은 아시아의 선두주자인 일본이라고 결론짓고 있는 것이다. 이것은 나중에 대동아공영권으로 이어지는 사상이고 이 논법은 수사학적으로 현재도 국수주의자와 전쟁긍정론자가 자주 사용하는 상투적인 문구이다.

교육칙어에 대한 해설이 있은 후인 1890년 7월 5일호에서는 마침내 「나라는 마치 가족과 같다(国は猶ほ家の如し)」라는 제목의 국가주의를 표명하였다. 이 글은 세계사를 전망하면서 세계 식민지주의의 지도를 내려다보는 장

대한 스케일로 채워져 있다. 그는 동양각국, 중국, 인도, 조선이 여러 백인국가의 노예가 되었지만 일본은 아직 타국에 굴한 적이 없다며 자랑스러워하고 이러한 일본을 다음과 같이 폭풍우가 몰아치는 바다 위에 떠있는 한 척의 배에 비유한다.

> 조상 이래 우리는 함께 동쪽 하늘의 평화로운 땅에 거주하면서 한 번도 장소를 달리한 적이 없다. 바라건대 영원히 손을 맞잡고 가자. 우리는 영원히 한 배에 탔다. 우리나라는 마치 가족과 같다. …… 가족이 서로 화목하지 않으면 남자는 나가서 아무것도 이루지 못하고 가족의 정이 돈독하지 않으면 인간은 야수와 같다. 가족의 뜻이 하나가 되지 않으면 일족의 번영은 영원히 희망이 없다. 나라는 마치 가족과 같다. 그리고 일본국은 예로부터 하나의 가족이다. 어찌 한 가족인 것처럼 하지 않을 수 있겠는가.

여기에서 가족과 국가는 운명공동체로서 한 척의 배로 비유되고 있다. 또 뒷부분에서는 가정 내의 여자역할이 국가 내의 역할과 대응하고 있고, 이 배에 타는 것은 남녀 모두라는 것을 강조함으로써 국가 내의 여성역할을 시사한다.

물론 이와모토 요시하루가 말하는 것처럼 여자도 같은 배를 타고 있기 때문에 난파당할 때에도 함께한다는 것은 사실이다. 하지만 만약 그렇다면 왜 항로도 모르고 키도 맡겨지지 않았으며 상등선실에서 샴페인을 마신 일도 없는데 난파당할 때만 함께하는가. 필자는 말하고자 한다. 자매들이여, 우리들은 오히려 과감하게 이 배를 버리자고.

적어도 이와모토 요시하루는 교육칙어의 발포와 축을 같이하여 애국과 국가주의를 분명하게 표명하였다. 이것이 이른바 '전향'인 것일까. 근대국가가 근대적인 일부일처제 가족을 거느리고 애국과 국가주의를 지향하는 것은 메이지 초기의 계몽파나 여권론자에게 공통적으로 나타났다.『조가쿠잡지』는 천황제에 비판적이었던 적이 한 번도 없다. 아직 한 번도 성별역할의 사회적 분담을 파괴하려고 시도했던 적도 없다. 천황제 안에 있는 젠더 구조를 용인하고 있는 한 이와모토 요시하루가 주장하는 남녀평등은 일시적인 서구풍의 유행이고 상황변화에 따라 내셔널리즘으로 회수되는 과정을 겪게 되었다. 그의 가정론(home論)은 일본여성의 근대화, 즉 국민화를 촉진하는 결과를 낳았다.

가족과 국가의 결합

서구의 근대사상을 도입한 계몽파의 남녀동권론은 어느 것이나 여성의 국민화를 주장하였다. 이미 서술한 바와 같이 개명적인 자유민권파였던 도이 코카의 『문명론여대학』(1876년)은 제3장에서 인용한 바와 같이 남녀동권 사상을 발전시켰다. 즉 남녀는 함께 '일본제국의 인민'으로서의 권리와 의무를 지니고 "우리 일본제국의 여성은 남자와 마찬가지로 일본제국 인민의 권리를 지닌 자로서 일본제국에 보답할 의무를 지닌 자"[102]*라고 주장하였다. 또한 "여성이 자녀를 낳는 것은 남자의 병역과 같고 자녀를 키우는 것은 학교의 교사와 같다. 모두 여성의 큰 임무이자 매우 중요한 항목이라고 할 수 있다"[103]*면서 양처현모, 즉 자녀 출산, 자녀의 제국적 교육으로 제국에 공헌하는 여성을 창출한다는 국가주의적 양처현모주의의 색채를 선명하게 보여 준다.

또 1874년부터 1875년에 걸쳐 「처첩론」을 써서 근대적인 일부일처제 가족론의 논리를 펼친 모리 아리노리는 문부대신이었던 1877년에 기후현(岐阜県)에서 부장 및 현회상치위원(県会常置委員)들에게 연설을 하였다. 여기에서 그는 여자교원 교육에서 국가를 위하는 애국심을 배양하기 위해 '어머니가 자녀를 양육하는 그림', '자녀를 가르치는 그림', '장년이 되어 군대에 가기 전 어머니와 이별하는 그림', '국난을 맞아 자녀가 용감하게 싸우는 그림',

‘자녀의 전사 보고를 어머니에게 전하는 그림’ 등을 교실에 걸 것을 제안하면서 여자교육이 국가의 안위와 관계되는 중요성을 지닌다고 강조하였다. 하야카와 노리요 씨는 이 귀중한 자료를 소개한 후 국가의 의무를 다하고 본분에 따라 일하는 선량한 어머니는 군국의 어머니, 야스쿠니의 어머니로 비약하는 것이라고 서술하였다.104*

하가 쇼지(羽賀祥二) 씨는 계몽파의 이러한 ‘양처현모’ 모델과 ‘애국심’이라는 개념, 그리고 애국심을 가르치는 교육자로서의 어머니라는 이미지는 서구로부터 들여온 것이고 메이지 초기에 교재로 널리 사용된, 본느(Louis Charles Bonne)가 쓰고 미츠쿠리 린쇼(箕作麟祥, 1846~1897)가 번역한 『태서권선훈몽(泰西勸善訓蒙)』에서 비롯된 것이라고 지적하였다. 이 텍스트는 ‘나라에 대한 의무’, ‘병역과 보국의 마음’, ‘자신을 극복하고 나라를 위해 재산과 생명을 아낌없이 던지는 마음’을 교육시킨다. 또 ‘부모를 사랑하듯이 나라를 사랑하라’며 가족에 대한 애정을 보국의 마음의 기초로 삼고 더 나아가서 ‘나라는 가장 사랑해야 할 것’이라고 끝맺고 있다.105* 니시무라 시게키 또한 1889년에 “우리나라는 개국 이래 2천여 년 동안 한 번도 애국정신을 발휘할 기회가 없었다. 최근 외국과의 교류가 활발해져 애국이라는 말이 서양에서 들어옴과 동시에 애국정신이라는 것이 국민에게 매우 필요하게 되었다”고 적고 있다.106* 일본은 열강들이 식민지 획득을 둘러싸고 각축을 벌이는 국제사회에 참가하게 되면서 애국사상—국가에 대한 충성과 봉사, 최종적으로는 개인의 최고 희생인 죽음을 요구하는 심성—과 국민개인을 그곳으로 유도하기 위한 장치가 필요하였다.

서구각국은 여러 건국신화, 신, 전통적 사상, 자연적 감정, 정치사상 등을 동원하여 애국심을 형성하였다. 애국심이란 논리가 아닌 심성이다. 인간은 논리만으로는 죽을 수 없다. 앤더슨 씨는 내셔널리즘이 정치적 이데올로기가 아니라 그 이데올로기에서 생겨나고 또 그에 선행되는 대규모적인 문화시스템이라고 말한다.107* 그는 “내셔널리즘의 상상력이 사(死)와 불사(不死)에 관련된다면 이는 종교적 상상력과 강한 친화성을 갖고 있음을 보여 준다"고 지적하면서 종교는 여러 방법으로 죽은 자와 앞으로 태어날 자의 연쇄, 즉 재생의 신비를 암시하여 죽을 수밖에 없는 인간의 운명을 애매하게 만들었다고 적고 있다.[108*]

앤더슨 씨의 중요한 지적은 내셔널리즘의 여명기인 19세기가 종교의 황혼기였다는 점, 그리고 그때까지 종교가 만족시켜 오던 피하기 어려운 죽음과 우연의 운명을 필연성과 불멸의 존재가 합체하는 황홀감으로 바꾸는 작용을 내셔널리즘이 대신하게 되었다는 점을 지적한 부분이다. 앤더슨 씨는 "그렇다. 내가 프랑스에 태어난 것은 우연이다. 그러나 프랑스는 불멸이다"[109*]라는 도브래(Gabriel Auguste Daubree, 1814~1896)의 말을 인용한다. 즉 인간은 영원불멸한 것을 위해서는 죽음을 받아들인다. 종교의 순교자가 천국의 영원한 삶을 위해 죽는 것은 종종 있는 일이다. 국가를 불멸의 존재로 만드는 것, 이로 인해 자신 또는 가까운 자의 영적 재생을 믿게 함으로써 국민은 죽는 것이 쉬워진다고 여기게 되는 것이다.

후쿠자와 유키치도 『학문의 권장』 중 일신독립, 일국독립론에서 "나라를 위하는 것은 가족을 위하는 것과 같고 나라를 위해서는 재산을 잃는 것뿐만 아니라 목숨도 아낌없이 내놓아야 한다. 이것이 곧 보국의 대의"라고 하면서 '독립의 권리와 의무'를 유지하기 위해 필요한 '인민의 직분'으로서 보국심을 들었다.[110*] 과연 이것이 본느로부터 받은 영향이었는지는 분명하지 않다. 그러나 후쿠자와 유키치가 입헌군주제를 기초로 하는 국민개병의 근대국가를 형성하면서 본느가 말한 것과 같은 스스로 나라에 아낌없이 몸을 바치는 국민을 간절히 원했음은 분명하다.

이시다 료이치(石田良一) 씨는 이와 같은 계몽사상가의 애국윤리는 "문명개화운동부터 자유민권운동에 이르는 국민계몽운동의 사상적 핵심을 이룬다"고 지적하면서 이 무렵의 문부성도 그 영향을 받아 전적으로 "자주애국의 윤리를 강조하고 충군윤리는 주장하지 않았다"고 말한다.[111*] 하지만 1877년 무렵 즉 『교학성지』 발포 전후부터 아마도 천황의 측근인 모토다 나가자네들에 의해서 자유민권운동 고조에 대한 위기감을 반영한 유교의 충효윤리가 강조되기 시작하였고 애국이라는 근대윤리와 충군이라는 봉건윤리가 대립 갈등하다가 최종적으로는 교육칙어에 의해서 '봉합되었다'고 본다. 이시다 타케시 씨 또한 '애국과 충군의 기묘한 유착'을 '천황제 이데올로기'론으로 보고 있다.[112*]

이시다 타케시 씨는 전근대적인 가족관계와 사회관계를 유지하고 전근대적 집단에 대한 심정(가족주의)을 남긴 채 위로부터의 국민통합과 획일적인 집권화를 실현해가기 위해서는 유교적 가족주의가 지닌 역사적 제약에 수정을 가하면서 가족주의=효제충신(孝悌忠信)과 근대적 애국심=공동애국이 서로의 모순된 요소를 포함한 채 타협하고 통일해야 했다고 말한다. 그리고 이 두 가지 요소는 "나라를 가족으로 생각하게 함으로써 가족의 심정을 확대하고 연장하면 애국에 이른다는 연속성을 확립하고, 이러한 애국이 자연적인 심성으로 자리잡게 된다"는 가족국가관을 매개로 '유착접합'했다고 본다.[113*]

이 고찰은 경청하지 않으면 안 된다. 이미 서술했듯이 자연스러운 애착과 혈연이라는 형태로 '자연화'된 운명공동체인 가족 간의 애정과 가족 간의 지배와 종속의 논리인 유교규범을 결부시켜 국가에 대한 애정과 의무로 확대하고 공과 사를 통합함으로써 충·군·효와 애국심을 '유착'시킬 수 있는 것이다. 또한 유착과정에서 메이지 초기의 계몽가와 자유민권주의자의 자주애국이 유교주의 복권에 의한 충군애국으로 전환되었다고 볼 수 있다. 이와모토 요시하루의 전향도 이러한 큰 흐름으로 바라볼 수 있을 것이다.

가족과 국가의 결합이 전쟁을 수행할 당시에 국민의 전쟁 동원과 죽음에서 얼마나 유효했는지에 대해서는 많은 선행 연구가 밝히고 있다. 그러나 그것은 가족과 국가를 한 공간 위에 공존시킨 것에 불과하다. 앞에서 서술했듯이 일본의 경우 국가가 불멸의 시간 속에서 상상되지 않고서는, 즉 영원하다고 믿어지는 황조의 영광과 일본국가의 영원성을 말하지 않고서는 불멸성을 확보할 수 없다. 진무천황 또는 아마테라스오미카미를 가족국가의 신화적 조상으로 보고, 천신·천조에서 유래되는 국체사상을 이용하여 천황가의 조상은 모두 국민의 조상이고 천황가는 모든 국민의 본가라고 말함으로써 비로소 국가는 종교의 대체물이 될 수 있었다.

니시카와 유코 씨가 말한 바와 같이 "부자관계가 수직방향인 '이에', 다시 말해 가족이 조상숭배를 매개로 국가와 연결되는 시간축 중심의 신화가 형성"된 것은 이 때문이었다.[114]* 타키 코지 씨가 말하듯이 왕을 죽인 시민혁명의 경험이 있는 시민국가는 왕을 죽임으로써 고대로부터 계속되어 온 지배를 단절시킬 수 있었다. 찰스 1세와 루이 16세의 처형이 바로 그것이다. 이것은 메이지국가의 가장 나쁜 본보기였다. 황통은 반드시 영원해야 한다. 이것이 서구에서는 반드시 신이어야 했다.

하가 쇼지 씨는 불멸이라는 점에서 유례가 없는 일본제국의 신화를 창조한 것은 메이지초년의 '경신(敬神)애국사상'이라고 지적하였다.[115]* 이 애국사상은 메이지초년에 교부성(教部省)[152]의 국민교화정책에서 제창되어 일시적으로는 국가 이데올로기의 지위를 부여받았다. 이는 1877년에 교부성이 폐지될 때까지 국민교화의 이데올로기였고 이후에는 국가신도적 입장의 교파신도의 교의로 계승되었다. 경신애국사상이란 무엇인가. 이것은 유신혁명을 '진무천황'의 건국신화와 연결하면서 이를 계승하는 제2의 건국과정으로 보는 역사의식에 입각하여 형성되었다. 그리고 동시에 이러한 건국과정은 동아시아의 구석에 존재하는 약소 후진국으로서의 독립이 아니라 '만국의 총제국'인 신국(神国)의 발전을 지향한다는 장대한 국가의식을 내포하고 있었다.

이와 같은 건국론과 신국사상을 표현하는 경신애국사상은 히라타(平田)국학이 주장한 창조·주재신설(主宰神説)을 중심으로 하는 국가신(国家神)의 체계학으로부터 강하게 영향을 받으면서 메이지초년 10년 동안 국민교화정책 속에서 선전되었다.[116]* 히라타국학이란 히라타 아츠타네(平田篤胤, 1776~1843)의 이론이고 그 중심내용은 국학적 우주 형성론이라고 할 수 있는 천황

---

152) 교도직을 관할하고 신도·불교 교의, 신사와 절·능묘에 관한 사무를 관리한 관청이다.

중심 우주론이다.117*

이에 따르면 최초의 우주는 미분화된 커다란 허공이었고 이로부터 천(天)·지(地)·천(泉)이 분화되어 세계 각국이 생성되었다고 한다. 여기에서 매우 중요한 점은 유대 그리스도교에서는 신이 카오스에서 만물을 생성하고 최초로 생성된 것은 국가가 아니라 한 쌍의 인간이었다는 것과 달리 국학에서는 천지창생의 원초부터 국가가 존재했다고 하는 점이다. 이러한 틀에서는 국가 이외에 우주는 없고 국가가 없는 우주도 없는 것이다. 이는 국가라는 것을 인위적 부산물로 보고 우주 속의 신과 인간의 관계를 본질적 문제로 삼는 유대 그리스도교적 우주관과는 전혀 다르다. 이 두 가지 우주관은 근대국가의 형성에서 다시 한번 그 차이를 드러냈다.

더 나아가 히라타에 따르면 일본은 하늘과 가장 가까운 위치에 있고 황국은 '천지의 근본'이며 천황은 '사해만국의 대군(大君)'이다. 하지만 외국은 스쿠나히코나노카미(少彦名神)153)와 오쿠니누시노카미(大国主神)154)가 건너가서 만든 나라이므로 본래 일본을 추종해야만 한다. 우주에서는 황통의 신들(조상신)이 중심이 되어 질서를 형성하고 있고 황통의 연속성만이 수직적 질서의 절대성과 불변성을 표상한다. 황통신화의 우주론이 세계를 지배하는 원리가 될 경우에만 수직적 질서가 절대적이 되고 또한 그 절대성 하에서만 평화가 있다고 한다.

이것이 일본제국주의가 서구의 제국주의와 결정적으로 다른 점이다. 서구의 자본주의는 인종적 우월론이라는 '과학'으로 아시아의 각국에 대한 정복과 침략을 설명했지만 일본은 천황중심의 우주론적 신화를 광신적인 무기로 사용하였다. 하가 쇼지 씨는 애국관념을 서구로부터 수입했다고 보면서 이것이 봉건윤리와 결합하고 유착하여 충군애국이라는 천황제 이데올로

---

153) 일본신화에서 다카미무스히노카미(高皇産靈神)의 아들로 몸이 작고 민첩하며 인내심이 많다. 오쿠니누시노카미와 협력하여 국토 경영을 하고 의약·주술 등의 법을 만들었다고 한다.
154) 일본신화에서 이즈모노쿠니(出雲國)의 주신이다.

기가 형성되었다고 보는 이시다 타케시 씨 견해는 편파적이라고 비판하였다. 즉 애국관념은 일본신화와 신(神) 관념이 연결된 형태로 주장되고 성립되어가는 천황제에게 중요한 의미를 갖고 있었다는 것이다. 하가 쇼지 씨는 경신(敬神) 자체가 천황제를 지탱하는 중추적 사상이고 국가를 신과 결부시켜 설명할 수밖에 없는 한 경신애국사상 또한 본질이라고 말한다.[118*]

유신정부가 건국이념을 창출하는 것은 매우 중대한 사안으로, 앞에서 서술했듯이 「인민고유(人民告諭)」에서는 천조=아마테라스오미카미의 은혜로 인민의 생명이나 생산의 풍요로움이 보증되고 천조의 혈통을 잇는 천황은 천조의 천의에 따라 인민을 양육하는 백성의 부모이고 또한 천조의 신칙(神勅)으로 군신관계가 불변적으로 정해져 있다고 적혀 있다. 국민을 형성하는 각각의 가족은 가장인 아버지에 대한 존경과 복종이라는 유교적 미덕을 수신으로 몸에 익힌 후, 본가가 천황인 조상을 함께 지니는 분가를 구성한다. 카와시마 타케요시 씨가 명확하게 정리했듯이 가부장제 가족은 최고의 가장인 천황을 신성시하고 공통의 조상으로 창출된 황조를 숭배함으로써 국가적인 정신공동체를 만들어낸다.[119*] 부권의 절대성과 조상숭배라는 가부장제도의 이데올로기가 국체의 기초였던 것이다.

헌법과 교육칙어체제가 확립됨으로써 근대 일본의 지배구조가 법적으로 확정되고 이에 걸 맞는 가정과 국민의 모습이 정해졌다. 메이지국가의 천황은 한편으로는 근대정치학의 범주에서 말하는 주권자 또는 통치권의 총괄자이지만 이에 머물지 않고 신화세계=국가기원까지 거슬러 올라가 권위를 부여받고 교육과 도덕상의 최고권위자 지위에 놓였다. 이리하여 천황은 절대 신성불가침의 존재, 즉 신이 된 것이다.[120*]

제6장 황후상의 신화화

왕비상의 창시 – 제국의 왕비 리비아

리비아 드루실라(Livia Drusilla, B.C. 58~A.D. 29)는 서구의 역대 왕비 가운데 초상을 조직적으로 대량 생산한 최초의 왕비로 여겨지고 있다.[1*] 아직 대량 복제 미디어가 없었던 시기임에도 불구하고 그녀는 대량 복사한 메달이나 조각상 등을 로마제국의 전 영토에 남겼다. 이는 리비아 드루실라가 고대 로마제국의 초대 황제 아우구스투스(Augustus, B.C. 63~A.D. 14)의 왕비, 즉 서구 최초의 왕비였을 뿐만 아니라 2대 계승자 티베리우스 황제(Tiberius, B.C. 42~A.D. 37)의 어머니였기 때문이다. 제국의 식민지 도처에서 왕비의 석상과 메달이 발견되고 있다.[2*] 대부분 둥근 형태로 크게 조각되어 제국의 공공건물에 배치되어 있었다. 바트먼(Bartman) 씨는 파괴되지 않고 남아 있는 것만 해도 백여개 정도인 것을 보면 원래는 수천여 개에 이를 것이라고 추측하고 있다.[3*]

동전(coin)은 원래 복제미디어이기 때문에 그 수가 막대하고, 보존이 잘 되는 보옥(宝玉)·귀석(貴石)·카메오(cameo)도 많이 남아 있다. 고대 부흥기인 르네상스시기에는 이러한 유품을 통해 리비아 드루실라의 초상이 복원되었다. 실제로 1,500년 후까지 그 모습을 오랫동안 남긴 역사상의 여성인 리비아 드루실라는 특별한 여성이었다. 그 이미지는 여왕의 초상이 제국에서 어떠한 의미를 지니고 있었는지 알 수 있는 좋은 재료이다.

르네상스시기의 이탈리아는 그 문화적 배경을 고대 로마에 둠으로써 자신의 문화를 영광스럽게 만들려고 했기 때문에 고대에 대한 기억을 재생해 내거나 고대적인 취미를 만들어 내기 위해 대량으로 남아 있는 리비아 드루실라의 초상을 이용하였다.[4*] 사실 고대 로마의 속주(属州)였던 갈리아(Gallia, 프랑스), 게르마니아(Germania, 독일), 브리타니아(Britannia, 영국)는 근대 이후 고대 로마의 여성상을 자국의 상징으로 사용하게 되기 때문에 서구 근대국가의 영광을 나타내는 아이코노그라피(iconography)[155]의 원천은 고대 로마제국에 있다.[5*] 리비아 드루실라를 최초로 부활시킨 것은 안드레아 풀비오(Andrea Fulvio, 1470~1543)의 『일러스트리움 이매진스(Illustrium Imagines)』(1517년)[6*]이다. 이것은 리비아 드루실라와 그다지 닮지는 않았지만 고대의 동전을 모방하여 왕비상을 그렸기 때문에 그 자체가 영광스러움을 표현하는 원형 메달리온에 포함된다. 이는 메이지시기에 생산된 석판의 머나먼 원천이다. 1557년 에네아 비코(Enea Vico, 1523~1567)의 『아우구스토룸 이매진스(Augustorum Imagines)』는 실제로 남아 있는 3개의 동전에 새겨진 초상을 보다 정확하게 복원하였다(그림 130). 특히 하단 왼쪽 메달리온 속의 왕비는 아들 티베리우스 황제 시대에 작성된 '사루스 아우구스타(Salus Augusta)' 기념메달을 직접 모방한 것이다.[7*]

여기에서 '사루스 아우구스타'라고 되어 있는 것은 리비아 드루실라가 아들이 황제가 되었을 때 '율리아 아우구스타(Iulia Augusta)'로 개칭되었기 때문이다. 아우구스타라는 칭호는 황제에게 처음으로 주어진 지고(至高), 지상(至上)이라는 의미를 지닌 호칭의 여성형이기 때문에 그 왕비로서 최고의 지위

---

155) 상징성 ·우의성(寓意性) ·속성 등 어떤 의미를 지닌 도상을 비교하고 분류하는 미술사 연구방법을 말한다.

그림 130 아우구스토룸 이매진스, Enea Vico, 1557년

를 지닌 여성이 하사받게 되었다. 이 칭호는 신성로마의 황제를 일컫는 합스부르크의 왕비에게 바쳐져 왔지만 프러시아 왕비도 이 이름을 사용하고 있고 몰이 하루코황후의 모델이라고 했던 왕비의 이름도 아우구스타였으며 루이제 왕비의 경우도 루이제 아우구스타였다. 에네아 비코의 판화에서도 동전이나 기념메달 형식의 원형 메달리온 안에 왕비를 그려 넣어 역사를 초월한 권위를 상징하고 있다.

그런데 리비아 드루실라의 초상이 이처럼 대량으로 생산되어 광범위하게 유포된 근본적인 원인은 역대 로마황제가 그녀를 혈통적으로 자신의 원조 (元祖)로 간주하고 있었기 때문이다. 즉 혈통의 정통성과 고귀함을 과시하기 위해 그녀의 초상을 제작한 것이다. 바트먼 씨에 의하면 그 때문에 그녀의 얼굴은 언제나 똑같이 그려져야 했고 그 형상은 궁정에서 엄격하게 관리되었다고 한다.[8*]

초대황제 아우구스투스에게는 아들이 태어나지 않았다. 그래서 그는 가까운 친족 여성이 낳은 남아를 양자로 삼기 위해 이리저리 찾았지만 결국 처가 데리고 온 티베리우스를 후계자로 삼았다. 이로써 리비아 드루실라의 지위는 매우 높아졌을 뿐만 아니라 이후 아우구스투스의 가문 율리우스(Iulius)와 처의 가문 클라우디우스(Claudius)에서 황제가 선택되는 세습제가 고착되었다. 제정(帝政) 계승의 계통도에 여계인 클라우디우스 계가 들어갔다는 것은 남성 계통 속에서 여성이 시각화되었음을 의미한다. 게다가 후년에 칼리굴라(Caligula, 12~41) 황제, 클라우디우스(Claudius, B.C 10~A.D 54) 황제까지가 그녀의 후손으로 여겨졌기 때문에 그녀의 혈통은 황계의 시조로 숭배되었던 것이다.

로마사회는 엄격한 가장제(家長制)로 공적인 세계에 여성을 참여시키지 않았고 더구나 명예로운 공공조각에 여신 이외에는 여성의 기념초상을 허용하지 않았다.[9*] 그러나 리비아 드루실라로 인해 고대 로마의 여성상은 급격히 변했다. 아우구스투스가 갈리아, 히스파니아(Hispania, 스페인)로부터 귀환한 것을 축하하기 위해 기원전 9년에 원로원이 건립한 로마제정의 대기념비 '아우구스투스 평화의 제단'에는 월계관을 쓴 황제와 베일을 쓴 리비아 드루실라가 동등한 위엄을 갖춘 모습으로 표현되어 있다(그림 131).

왕비상 건립에는 제국통치의 정치학도 작용하고 있었다. 공화정 말기부터 제정에 걸쳐 로마는 백년 이상이나 지속되는 내란과 게르만 민족과의 전투로 피폐해졌고 특히 귀족계급의 남자인구가 부족해졌다. 황제는 평화가 찾아오자마자 인구증가를 위해 귀족의 결혼, 출산과 육아를 장려하고 이를

그림·131 평화의 제단, 부분, 기원전 9년, 로마

위해 가족과 부부의 가치를 높이며 풍기를 바로잡고 도덕확립과 국가의 정
통성 확보를 위해 예로부터 내려오는 국가종교를 부흥시켰다. 또한 가족이
나 어머니를 칭송하기 위하여 이전의 로마사회에서 찾아볼 수 없었던 황후

의 상을 창시하고 제국의 여성역할을 제시할 필요가 생겨났다. 리비아 드루실라의 상을 통해 로마는 처음으로 여성의 권력을 표상하는 새로운 시각언어를 창출하였다. 바트먼 씨는 그녀의 상이 "이후로도 계속되는 여성권력자에 대한 도상의 선구이고, 여성의 상이 공공적 세계에서 어떠한 역할을 했는지 보여주는 좋은 예가 되었다"고 적고 있다.[10]

리비아 드루실라의 도상은 크게 세 종류로 나눌 수 있다. ① 황제가 살아 있을 때의 황제부부상, ② 황제가 죽은 뒤 '황제의 어머니'로서 권위를 보여준 상, ③ 역대 클라우디우스 왕조의 황제에 의해 신격화된 도상이다. 첫 번째 유형은 평화의 제단에서 볼 수 있고 부조(浮彫)나 동전, 메달 등에서도 많이 볼 수 있다. 여기에서 바트먼 씨는 황제 아우구스투스의 얼굴은 유명한 '프리마 포르타의 아우구스투스'156)(14~29년 추정, 바티칸 박물관) 이후 전혀 늙지 않지만 리비아 드루실라의 얼굴에는 연령이 드러난다는 흥미있는 고찰을 하였다.[11] 이것은 황제가 이집트와의 전쟁에서 승리한 후 사실상 제위에 오른 기원전 27년경, 즉 36세의 장년으로 '불사(不死)의 신체를 지닌 왕'으로서 영구히 멈추었지만 리비아 드루실라는 '어머니'의 신체로서 자연스럽게 나이들어 갔음을 보여준다.

하지만 실제로 남아 있는 리비아 드루실라의 상은 세 번째 유형이 압도적으로 많다. 즉 그녀는 여신이라는 신격을 얻어서 살아남게 된 것이다. 이는 제국에서 황후 리비아 드루실라의 역할과 관련되어 있었다. 로마는 국가종교를 가졌고 정치는 종교와 밀착되어 있었다. 로마의 원시종교는 가족행사였고 그 책임을 가장이 맡고 있었다. 이것은 농장의 번영과 관련되어 있었고 가족과 집의 중심은 화로(focus)였다. 화로를 관리하는 일은 젊은 처녀가 담당하였다. 화로의 수호여신 베스타(Vesta)는 로마의 국가적인 12신 가운데 중심을 차지하고 있었다.

화로 부근에는 곡물 등의 식료품을 저장하는 페누스라는 저장고가 있었

---

156) 로마 근처의 프리마 포르타(Prima posta)라는 곳에서 발굴되었기 때문에 일명 '프리마 포르타의 아우구스투스'라고 부른다.

고 이를 지키는 신이 있다고 여겨
졌다. 이 때문에 베스타는 저장된
식료를 상징하는 풍요의 뿔을 상징
적 부속물로 지니고 있다. 일가(一
家)에 있는 중요한 아궁이 불 가운
데 왕의 불은 국가적인 중요성을
지닌 것으로서 처녀인 무녀들에 의
해 엄격하게 보호되었다. 로마의 안
정된 곡물 공급은 아우구스투스에
의해 제국의 중요한 관청업무가 되
어 '아우구스투스의 곡물'이라는 말
이 생겨났고 제국의 식료가 안정적
으로 공정하게 분배되는 것을 선정
(善政)의 증거물로서 메달 등에 기념
하고 있다.

리비아 드루실라는 종종 베스타
의 무녀로 표상되었는데 루브르 미
술관에 있는 '리비아'가 그 예이다
(그림 132). 여기에서 리비아 드루실라
는 베스타의 무녀가 항상 쓰고 있던
베일을 쓰고 풍요의 뿔과 보리이삭
을 들었으며 머리에는 풍성한 꽃을

그림 132 베스타의 무녀로서의 왕비 리비아, 루부르 미
술관

장식하고 있다. 이밖에도 리비아 드루실라는 대지, 풍요, 결혼을 주관하는 케
레스(Ceres), 옵스(Ops),[157] 유노(Juno)와 같은 여신들과 동일시되었다. 바트먼 씨
는 이렇듯 리비아 드루실라가 여신과 동일시된 것은 제국에서 그녀가 수행

---

157) 로마신화에서 결실과 수확의 여신. 농경의 신 사투르누스(Saturnus)의 아내이고, 그리스신
화의 크로노스(Kronos)에 해당한다.

한 역할에 기인한 것이고, 황제는 제국을 구축함에 있어서 여성의 역할을 한 정시킴과 동시에 일정한 종교의례에는 여성을 동원했다고 지적하였다.

원래 보나 데아(Bona Dea)158)라든가 포르투나(Fortuna Muliebris)159)는 여성만이 제사를 행하는 여신이었지만 황제는 곡물의 재생이나 수확에 해당하는 봄의 국가적 제사행사에는 여성을 동원하였다.12* 케레스(곡물풍요의 여신)의 제사는 4월 12일에서 19일까지이고, 결혼의 수호여신이자 최고신 주피터(Jupiter)의 아내 유노와 베스타의 제사인 베스타리아는 6월인데 이들 여신의 신전은 왕비 리비아 드루실라가 건립하였다. 이러한 행위를 통해 리비아 드루실라는 국가의 풍작과 인구의 번영을 여성들의 역할로 보여주는 한편 황후로서 로마의 가난한 미혼여성들에게 지참금을 하사하거나 결혼을 장려하는 등 제국의 전통적인 여성의 생식역할을 선전하였다.13* 그녀가 건립한 많은 신전 가운데 기원전 7년에 세운 콩코르디아(Concordia)160) 신전은 아내의 미덕인 정절과 남편의 뜻에 따라 조화(concord)를 도모한다는 하우스 와이프의 전통적 역할을 강조한 것이었다.14*

리비아 드루실라가 명확하게 여신으로 표현된 것은 41년에 즉위한 그녀의 자손 클라우디우스 황제의 메달(대영박물관)에서이다(그림 133). 곡물은 든 왕비가 왕좌에 앉아 있고 "디바 아우구스타(여신 아우구스타)"라고 새겨져 있다. 실제로 이러한 기념메달은 서구인에게 매우 친숙한 것이었다. 프랑스 공화정치도 빅토리아여왕도 모두 이러한 제국의 여성표상을 도입했던 것이다. 바꾸어 말하면 고대 로마제국에 위대한 왕비의 신격화된 상이 존재했기 때문에 서구는 여성이 위대할 수

그림 133 여신으로서의 리비아 메달, 41년, 대영박물관

---

158) 로마신화에서 순결과 풍요의 여신.
159) 로마신화에서 행복, 풍요, 다산(多産)의 여신. 그리스신화의 티케(Tyche)에 해당한다.
160) 로마신화에서 조화, 결합, 평화, 화해의 여신.

있다고 여기게 된 것일지도 모른다. 마리아 워너(M. Warner) 씨는 안토니누스 피우스(Antoninus Pius, 138~161) 황제 때 조각된 의자에 앉은 '브리타니아'가 빅토리아여왕의 재위 60주년 기념식(Diamond Jubilee) 당시에 주조된 페니(penny)로 바뀌었다고 하지만[15*] 필자는 브리타니아가 로마의 속주였기 때문에 이것을 여왕 제국의 표상으로 삼기 위해 '아우구스타' 동전의 왕비상과 함께 참조한 것이 아닐까 여겨진다. 왜냐

그림 134 1897년의 페니 동전, 빅토리아 여왕의 재위 60주년 기념, 대영박물관

하면 이 동전은 둘 다 대영박물관에 있기 때문이다(그림 134).

이상과 같이 서구의 제국표상의 본보기인 고대 로마의 정치적 이미지는 왕비라는 존재가 어떠한 국가적 역할을 부여받고 어떻게 시각화되었는지에 관한 범례를 보여준다고 할 수 있다. 이것은 무엇보다 생명의 생산자, 대지(국토) 풍요의 상징이고 남편에게 정절을 지키는 온순한 아내의 역할이었다. 그러나 이것이 황제 혈통의 시조가 되고 여러 황제의 어머니가 되었을 때에는 그 초상이 여신으로 신격화되었던 것이다.

대영제국의 표상 – 여왕 빅토리아

19세기의 왕국은 표상을 요구한다고 호만즈(Margaret Homans) 씨는 말한다.[16*] 이는 국민의 심성을 통합하고 세계에 자국의 우월성을 과시하며 식민지 쟁탈전에 국민을 동원하기 위한 애국심을 배양하고 선전하기 위해서이다. 세계 최대 종주국인 영국의 여왕은 19세기형 왕실의 대표로서 자신의 신격화된 이미지를 수없이 제조하였다.

그림 135 1672년의 동전, 대영박물관

마리아 워너(Marina Warner) 씨에 의하면 대영제국의 상징은 빅토리아여왕이 중심을 이루지만 여왕의 초상 자체는 그다지 힘을 발휘하지 못하였다.[17*] 클리포드 기어츠(Clifford Geertz) 씨가 지적하였듯이 지도자는 그 자체가 카리스마를 지니는 것이 아니다. 게다가 그녀는 키가 작고 뚱뚱하였다. 그녀는 빅토리아라는 '기호'였다.[18*] 여왕이 상징이 되는 것은 고대 브리타니아 초상과 합치될 때이다.

1672년에 찰스 2세(Charles II, 1630~1685)는 앞에서 거론한 안토니우스 피우스 시대의 동전을 반(半) 기니(guinea)[161] 짜리 동화로 주조하였다(그림 135). 창과 방패를 들고 헬멧을 쓴 군인 아테나(Athena)[162]의 모습을 한 브리타니아 옆에는 해군을 상징하는 배가 조각되어 있다. 17세기에 부활한 이 브리타니아는 이후 영국의 제국주의 전성기에 대영제국의 상징이 되어 정치적 이미지나 타블로(tableau),[163] 연극, 만화로 활약하게 되었다. 왜냐하면 이것은 영국 국민에게 고대 로마제국의 후예라는 유구한 전통을 선전하고, 식민지에게는 세계를 정복하고 있던 백인문명의 권위를 가르치는 것이 되었기 때문이다.

여기에는 여러 가지 대영제국의 상징이 덧붙여져 애국주의를 고취시켰다. 17세기에는 바다의 신 넵튠(Neptune)[164]이 브리타니아에게 홀(笏)[165]을 부여했다는, 즉 바다의 신이 대영제국에게 해상지배권을 위양했다는 신화가 만들어졌다.[19*] 해양국인 영국의 축제에는 항복자 해신으로부터 트로피나

---

161) 21실링에 해당하는 영국의 옛 금화이다. 지금은 단순한 계산 단위로 사례·기부금의 가치 표시로 쓴다.
162) 그리스신화에서 지혜·예술·기술·학문·전술 등의 여신. 로마신화의 미네르바(Minerva)에 해당한다.
163) (벽화에 대하여) 판자·캔버스에 그려진 그림을 말한다.
164) 로마신화에서 바다의 신. 그리스신화의 포세이돈(Poseidon)에 해당한다.
165) 옛날 관리가 정장을 할 때 오른손에 쥐는 가늘고 긴 널조각. 주로 나무나 상아로 만들었다.

노획품을 받는 브리타니아가 등장하고 이것이 판화로 남겨졌다. 1740년에
는 제임스 톰슨(James Thomson, 1700~1748)이 쓴 『지배하라! 브리타니아여(Rule
Britania)』에 토머스 어거스틴 안(Thomas Augustine Arne, 1710~1778)이 곡을 붙인 음
악이 그의 가면극 『알프레드(Alfred)』에서 마지막을 장식하였다.166)

　　요컨대 브리타니아는 본래 로마제국의 속주를 나타내는 기호적 표상이었
지만 근대에는 스스로 브리타니아를 제국의 지배자로 바꿔 사용한 것이다.
그러나 이것이 브리타니아라는 국가의 로마적 기원과 고대 계승자로서의
지위를 상징하고 있는 한 세계지배를 지향하는 대영제국의 상징에 걸맞는
것이었다. 이탈리아의 피를 잊은 적이 없었던 나폴레옹(Napoleon Bonaparte,
1769~1821)도 고대 제국양식을 부활시켜 고대 로마의 개선문을 파리에 세우
고 카이사르(Gaius Julius Caesar, B.C. 100~B.C. 44)의 독수리를 자신의 문장(紋章)으
로 삼았다. 근대의 제국주의는 모두 고대 로마제국의 황제 스타일을 모방하
였다. 이것은 히틀러와 무솔리니에 이르러 극치에 달한다.20*

　　빅토리아여왕 시대에는 브리타니아가 바다의 신과 특별한 관계임을 보여
주기 위해 세 갈래의 창을 들고 전쟁의 여신 아테나의 갑옷과 승리의 상징
인 올리브를 지니게 되었다. 브리타니아는 해양 군사국가의 상징으로 변신
한 것이다. 빅토리아여왕의 재위 60주년 기념식이 개최된 1897년에 만들어
진 페니는 바로 이런 것이었다. 브리타니아의 군사적 특징은 19세기를 거쳐
계속되었다. 1896년의 50펜스짜리 8각형 동전은 뒷면에는 여왕의 얼굴, 앞
면에는 브리타니아가 새겨져 있다. 이는 브리타니아와 빅토리아여왕이 표
리일체가 된 것으로 여왕이 신격화된 온건한 예이다.

　　최초로 여왕의 프로필을 우표로 만든 것은 식민지 트리니다드(Trinidad)167)
에서였다. 이것은 1854년에 인쇄되었고 일명 페니 블랙이라고 불리었다. 모
리셔스(Mauritius)168)에서는 1854년, 바베이도스(Barbados)169)에서는 1852년에 인

---

166) 『지배하라 브리타니아여』는 영국에서는 국가에 준하는 애국적 국민가이다.
167) 카리브해 소앤틸리스제도 남쪽 끝에 있는 섬나라.
168) 인도양 서부에 있는 섬나라. 마다가스카르(Madagascar) 동쪽의 큰 섬 1개와 작은 섬 3개로

쇄되었다. 1880년대부터 1890년대에 걸쳐 제국의 식민지 도처에서는 여왕이 인쇄되었다. 워너(Warner) 씨는 브리타니아가 본국보다도 식민지에서 빈번하게 사용된 것은 유색인종의 식민지로 하여금 백인의 신체를 지니고 고전적 양식으로 인격화된 권력을 쉽게 받아들이게 만들기 위한 전략이었다는 중요한 지적을 하였다.[21*] 그러나 이것은 오히려 지배의 기호였을 것으로 생각된다.

워너 씨에 의하면 브리타니아를 가장 대담하게 제국주의적으로 해석한 것은 1895년의 플로린(florin)[170] 금화인데 이 시기는 브리튼의 자긍심이 절정을 이루었던 시기이다. 이 금화에서는 브리타니아가 빅토리아(Victoria)[171]의 모습으로 세 갈래의 창과 방패를 들고 서있고 옷은 해풍에 휘날리고 있다. 이것의 모델은 재정장관 겸 조폐국장의 딸 수잔 힉스비치이고 판화가는 G. W. 솔즈이며 조지 5세(George V, 1865~1936) 즉위(1910년)까지 유통되었다. 필자는 이 금화를 볼 수 없는 것이 유감스럽다. 왜냐하면 '해풍을 맞고 있는 여성=해양국'이라는 상징형식이 나중에 서술하게 될 메이지시기의 위대한 여성상과 유사하기 때문이다. 또 승리의 여신 빅토리아라는 이름과 여왕 이름의 일치는 세계정복의 승리를 노래하는 대영제국의 상징인 여왕의 신격화를 한층 쉽게 만들었다. 이는 고대의 여신 아테나, 승리의 여신(니케)이라는 신격(神格)이 살아있는 여왕의 신체와 표리일체가 되어 식민지에 대한 문화적·인종적 우월성을 강조함과 동시에 영국의 세계 지배 정통성을 나타내는 기호가 된 것이다.

여기에서 빅토리아여왕 시대의 영국인이 본 일본의 이미지를 살펴보면 대영제국의 제국의식과 '뒤떨어진' 아시아라는 타자에 대한 시선이 선명하게 표현되어 있다.[22*] 토다 마사히로(東田雅博) 씨에 의하면 영국의 풍자잡지

이루어져 있다.
169) 카리브해 동부, 소앤틸리스제도 중 윈드워드제도 동쪽 끝에 있는 섬나라.
170) 유럽 각국에서 유통된 각종 금·은화이다.
171) 로마신화에서 승리의 여신. 그리스신화의 니케(Nike)에 해당한다.

『펀치(punch)』에 맨 처음으로 묘사된 일본인은 흑인이었다고 한다. 영국인의 다원주의에 의하면 최고로 발달한 인류는 백인이고 다음이 황색인종, 마지막이 흑인종이기 때문에[23*] 일본인은 제일 뒤떨어진 흑인종과 동일시되었던 것이라고 할 수 있다. 1852년『펀치』22권에 실린「일미개국교섭(日美開国交涉)」이라는 제목의 풍자화가 그것인데, 여기에는 보트를 타고 온 무례하고 품위 없는 미국 해군이 왠지 멍청해보이는 흑인 아이에게 약삭빠른 모습으로 개국에 대해 말을 걸고 있다(그림 136). 미국이 품위 없는 해군으로 그려져 있는 것은 미국을 비꼬는 시선으로밖에 보지 못하는 식민 선진국 영국인의 시선을 볼 수 있으므로 오히려 우습게 여겨지지만 일본이 둔하고 무지한 멍청한 아이로 묘사되고 있는 것은 당시 막부의 대응 등에 대한 비아냥일 것이다.

이것이 1894년 9월 29일호에 실린 만화「거인을 죽인 일본」에서는 완전히 바뀐다. 청일전쟁에서 승리한 일본은 이제 흑인이 아니라 거인 중국을 퇴치한 호전적인 일촌법사(一寸法師)[172] 사무라이로 묘사되었다. 작지만 흉포한 사무라이이다(그림 137).

게다가 1904년 6월 6일호에 실린 러일전쟁의 풍자화「애국주의의 교훈」에서는 기력을 상실한 듯 비만한 존 불(John Bull, 영국 부르주아의 의인상(擬人像))이 '게이샤'에게 러시아를 이긴 비결에 대해 설명을 듣고 있다(그림 138). 일본은 자포니즘(japonisme)[173] 만화에서 빈번히 '게이샤'로 표상되었다. 이것은 물론 우키요에라는 편파적인 문화 수용이 초래한 오리엔탈리즘의 시선임에 틀림없지만 이와 동시에 식민지를 여자로 표상함으로써 지배와 피지배의 관계를 보여주는 로마시대 이래의 전통이다. 또한 일본을 남성에게 서비스하는 직업 여성 게이샤로 표상함으로써 일본의 가치를 깎아내리려는 의도도 포함되어 있다. 아시아로 향하는 영국의 식민주의자에게 일본여성은 성

---

172) 오토키조시(お伽草子)중 하나로 소인(小人)의 출세설화이다. 난쟁이를 가리키기도 한다.
173) 프랑스어로서 직역하면 '일본주의'이지만 '일본 붐', '일본 취미' 등의 의미이다. 19세기 후반에 프랑스 파리를 시작으로 하여 서양 전체에 퍼진 '일본적인 것'의 유행을 말한다.

그림 136 일미개국교섭, 『펀치』, 1852년

그림 137 거인을 죽인 일본, 『펀치』, 1894년

그림 138 애국주의의 교훈, 『펀치』, 1904년

그림 139 맹우, 『펀치』, 1902년

적으로 가장 호감이 가는 존재였다고 한다. 즉 아시아를 바라보는 영국 식
민주의자의 시선에는 강자의 성적인 시선이 내포되어 있었던 것이다.[24*]

한편 1902년 2월 9일호에 실린 「맹우(盟友)」[25*]에서는 '성장한' 일본 제국
주의가 대영제국과 어깨를 나란히 하고 있는 여성상으로 표현되어 있다(그
림 139). 영국은 백인여성으로 키가 큰 브리타니아이다. 해양 지배의 상징인
세 갈래의 창을 들고 있고 헬멧 위에 왕자(王者)를 상징하는 사자가 장식되
어 있으며 화려한 칼을 들고 있다. 한편 일본은 키가 작은 땅딸막한 여전사
이고 역시나 갑옷과 투구 차림으로 나기나타(長刀)[174)]를 들고 있다. 헬멧은
서구식이고 그 위에 용을 얹고 있다. 일본은 돌 위에 서서 브리타니아와의

키 차이를 메우고 브리타니아 쪽을 올려보고 있다. 브리타니아는 일본을 내려다보며 보호하듯이 어깨를 껴안고 있다. 토다 마사히로 씨는 이것을 남녀역할로 해석하였다. 발돋움을 하여 가까스로 영국과 어깨를 나란히 하고 있지만 진정으로 대등하다고는 할 수 없다. 민족의 상과 게타(下駄)가 영국인의 시선으로 바라본 후진성을 보여주고 있다. 이것이 영일동맹 체결 시기의 영국인이 바라본 양국의 이미지이다.

그림 140 탈회, 『펀치』, 1905년

그러나 1905년 10월 7일호의 여순(旅順)공략을 다룬 풍자화 「탈회(奪回)」에서 '일본'은 더 이상 흑인도 소인(小人)도 게이샤도 아니다(그림 140). 일본은 성숙하고 당당한 여성상으로 성장하였다. 게다가 동양의 무사와 아테나 여신의 합체이다. 펄럭이는 드레이프(drape)[175]는 서양풍이고 나기나타는 일본도로 바뀌었다. 또한 더 이상 게타가 아니라 샌들을 신고 있다. 그녀는 해안에 서 있고 그 뒤로 일본 해군의 군기(軍旗)를 의미하는 아침해가 떠오르고 있다. 바로 떠오르는 태양, 즉 발흥하는 해양국 일본의 표상이다. 세계시스템 속에서 주변국이었던 일본이 세계 중심인 영국을 위협하는 존재로 등장한 것이다. 아시아 인종에 대해 버리기 힘든 차별의식과 자신이 세계의 중심에 있음을 믿어 의심치 않는 대영제국의 시선은 동양의 '한쪽 구석'(지구에 구석 따위는 없다)에서 개국한 일본제국이 청일전쟁과 러일전쟁을 거쳐 어디로 가려고 하는지 확실하게 보고 있던 것 같다.

---

174) 긴 자루 끝에 휘어진 칼이 달린 무기이다. 고대 중국의 언월도(偃月刀)와 비슷하고 에도시대에는 부케(武家)의 여인들이 사용하였다.
175) 의복에서 치렁거리는 주름장식을 말한다.

그림 141 왕비 루이제의 반신상, 1810년, Johann Gottfried Schadow

빅토리아여왕이 고대 로마제국의 상징을 부활시킴으로써 세계의 제국 지배를 나타낸 것과는 정반대로 프러시아에서는 루이제 왕비가 아내이자 어머니, 국모로서 '게르만의 성모'로 불리는 그리스도교적 신격을 지니게 되었다.26* 구국의 어머니로 불리던 루이제 왕비가 죽었을 때 사람들은 데드마스크(death mask)를 만들고 이것을 기초로 반신상(半身像)의 성모상을 만들었다. 갓프리드 샤도(Johann Gottfried Schadow, 1764~1850)의 『왕비 루이제의 반신상』이 그것이다(1810년)(그림 141). 조지 모스 씨는 프러시아가 왕비와 성모를 동일시함으로써 빛바랜 신앙심을 부활시키고 국민적인 그리스도교 신화를 창조하고자 하였음을 지적하였다. 이를 통해 프러시아는 종교에 대한 신앙과 왕정에 대한 숭배를 합체하려고 했던 것이다.

원래 프러시아는 고대 로마의 속주였던 게르마니아를 국가표상으로 지니고 있었다. 그러나 조지 모스 씨에 따르면 그것은 프러시아가 바라던 국민통합의 상징이 되지는 못하였다. 프로테스탄티즘(Protestantism)에 깊이 빠진 국민의 신앙심을 흡수하지 못하였고 가족과 시민적 가치를 중시하는 국민의 상징도 되지 못했다. 왜냐하면 독신인 게르마니아는 아이를 낳지 않아서 어머니가 될 수도 가족을 가질 수도 없었기 때문이다.

그래서 국민은 루이제 왕비를 국민통합의 상징으로 삼았다. 앞 장에서 언급한 『아이들에게 둘러싸인 왕비 루이제』는 어머니의 사랑과 아이의 사랑스러움, 그리고 전원의 평온함이라는 이상을 표현하고 있었다. 또 왕비의 사후에 제작된 1879년 프리츠 셰퍼드(Fritz Shepard)의 『왕비 루이제와 왕자(황제 빌헬

름 1세)』는 보편적인 어머니상이고 라파엘로
의 『시스티나의 마돈나(The Sistine Madonna)』와
비슷한 점이 많다(그림 142). 루이제 왕비는 아
이를 안고 있는 어머니상이 됨으로써 국민
에게 국토 또는 국가 그 자체, 수호자이자
진혼자(鎭魂者)가 되었다.

라파엘로의 『시스티나의 마돈나』(드레스덴
(Dresden) 미술관)에서는 마리아가 신의 아이를
안고 천상의 여성으로서 구름 위에 서서 바
람과 빛을 받고 있다(그림 143). 그 아래에는
교황이 무릎을 꿇고 모든 사람에게 성모를
우러러보도록 인도하고 있다. 아이를 안은
모성의 상징인 마리아는 영원한 여성, 천상
의 여성이 되었다. 프러시아가 루이제 왕비
상에 투영한 것은 영원한 여성, 괴테(Johann
Wolfgang von Goethe, 1749~1832)가 『파우스트
(Faust)』에서 말한 '영원한 여성', 즉 '어머니'
였다. 왕비에게 있어서 대를 잇는 황자를 안
은 모성이라는 표상만큼 효과적인 것은 없
었다. 이것은 온 국민과 가족이 관련된 것이
었기 때문이다. 특히 여성국민에게는 그것
이 자신의 신체적 인생과 깊이 관련되어 있
음과 동시에 국가의 운명과도 관련되어 있
음을 말없이 알려주었다.

왕비의 신체, 왕비의 행복—자식을 가진
어머니의 행복, 그리고 자식을 나라에 바치
는(마치 성모가 인류를 위해 자식을 바친 것처럼)

그림 142 왕비 루이제와 왕자, 1879년, Fritz
Shepard

그림 143 시스티나의 마돈나, 1512~13년,
Raffaello Sanzio, 드레스덴 미술관

숭고한 사명, 이것은 여자에게 부여된 최고의 명예이고 이로 인해 여성은 여자이면서도 국가라는 불멸의 존재와 연결된다는 신념을 부여받을 수 있었다. 또 젊은 남자에게 '어머니'는 이 때문에 생명을 버릴 수 있는 국가의 이미지와 일치하였다. 세상의 병사들은 전사할 때 '어머니'의 이름을 부른다.[27*] 자신에게 생명을 준 사람을 위해 죽는 것은 자신을 길러준 국가를 위해 죽는 것과 동일하다. 병사와 어머니는 조국을 위해 싸우는 한 쌍이기 때문에 죽은 병사의 피를 씻기 위해서는 어머니의 눈물이 반드시 필요하다.

진혼 역시 어머니의 사명이다. 생명을 낳는 것도 어머니, 시체를 받는 것도 어머니이어야 한다. 그리스도교 세계에 널리 알려진 젊어서 죽은 아들의 유체를 안고 우는 '슬픔의 성모'는 천년이 넘도록 아들을 먼저 보낸 어머니들의 슬픔을 치유해왔다. 어머니들을 위로하는 것은 성모가 그것으로 위로받았듯이 아들의 죽음이 개죽음이 아니라고 믿는 것, 불멸의 것 — 인류나 국가를 위해 죽었다는 것을 믿는 것이었다. 그리고 서구에서는 위정자가 그렇게 믿게 할 수 있는 것은 그리스도교의 어머니뿐이었다. 이것을 왕비와 함께 국가적 모성으로 삼음으로써 종교와 내셔널리즘이 일치되었다.

일본에는 그리스도교가 없었기 때문에 새롭게 국가종교를 창출해야만 했다. 이토 히로부미가 독일에서 통감한 것은 이것이었다. 독일에는 그리스도교가 있지만 일본에는 그리스도교를 대체할 수 있는 것이 없다. 일본에서 독일의 그리스도교에 필적하는 것은 '오로지 황실 뿐'인 것이다.

빅토리아여왕도 자신을 성모로 표상하려고 하였다. 그녀는 존재로서든 상징으로서든 이중적으로 유리하였다. 첫째 그녀는 아테나였다. 여성이면서 '아버지 주피터(Jupiter)[176]의 자녀'이고 전쟁의 여신이었다. 아테나가 여성임은 그녀의 호전적인 성격에 방해가 되지 않았다. 여성의 생리에 부가되는 가부장적 남성의 조소를 이겨내기 위해서는 최고의 신인 아버지 주피터에게서 태어난 아테나를 자신의 상징으로 삼는 것이 가장 효과적이었던 것이

---

176) 로마 신화에 나오는 으뜸 신. 그리스 신화의 제우스(Zeus)에 해당한다.

다. 1838년 여왕이 즉위하였을 때 대관식을 풍자한 영국의 잡지는 여왕을 조소하며 "페티코트(petticoat)여 영원하라"고 우롱하였다.[28*] 그들도 여성의 신체—페티코트는 여왕의 하반신을 상징—와 왕권은 모순된다고 믿고 있었던 것이다.[29*] 따라서 여왕은 고대의 숭고한 여신이 여성이면서도 실제로는 모든 남자 신들이 무서워할 만큼 '남성'적이었다는 점을 이용한 것이다.

다른 한편으로 빅토리아여왕은 명백한 여성이며 게다가 대를 이을 황자를 낳은 모성이기도 했다. 따라서 그녀는 성모가 될 수 있었다. 이중적이고 얼핏 보기에는 상반되는 이 속성을 지녔기 때문에 빅토리아여왕의 표상은 모든 여왕 중에서도 가장 풍부한 도상을 창출해냈다. 윈터홀터(Franz Xavier Winterhalter, 1805~1873)는 1852년에 황자 아서의 돌을 기념하는 『1851년 5월 1일』을 그렸다(그림 144). 사실 이 날은 런던의 만국박물회가 개최된 해로, 그

그림 144 1851년 5월 1일, 1852년, Franz Xavier Winterhalter, 로열 컬렉션

림 배경에는 멀리 유명한 파빌리온(pavilion) 수정궁이 보인다.

또 이날은 황자의 생일이면서 황자에게 이름을 지어 준 웰링턴(Arthur Wellesley Wellington, 1769~1852) 공의 82세 생일이기도 하였다.[30]* 3명의 동방박사의 예배와 선물을 받는 성모 마리아처럼 여왕은 예수를 방불케 하는 갓난아이를 웰링턴 공에게 내밀고 있다. 알몸인 황자는 마치 아기예수처럼 그려져 있다. 그리고 모자의 보호자인 앨버트 공은 숭고한 고독감을 풍기며 친근한 모습의 모자와 신하—이것은 국민의 여왕과 황자에 대한 숭경을 나타내고 있다—들과 떨어져 서 있다.

그러나 앨버트 공의 존재는 매우 중요하다. 루이제 왕비가 하지 못한 것을 빅토리아여왕은 할 수 있었다. 왜냐하면 앨버트 공이 추가됨으로써 '가족단란'의 삽화뿐만 아니라 그리스도교의 '성스러운 가족'이 창조될 수 있었기 때문이다. 라파엘로의 『카니지아니의 성스러운 가족(The Canigiani Holy Family)』(뮌헨, 알테 피나코테크(Alte Pinakothek))과 매우 유사하다(그림 145). 윈터홀터와 앨버트 공은 독일인이었다. 그들은 신을 존경하는 마음이 두터웠고 프로테스탄트의 가족윤리를 성스럽게 만드는 도상을 알고 있었다고 생각된다. 가족은 아버지 없이 존재할 수 없다.

신(왕)의 자식을 낳은 여왕의 남편인 앨버트 공은 요셉(Joseph)과 비슷한 입장이다. 그러나 그 존엄성은 친자의 보호자이자 가장이라는 사실로써 보증된다. 요셉의 얼굴에 비친 빛은 앨버트 공의 얼굴에 그대로 나타나 있다. 역광을

그림 145 카니지아니의 성스러운 가족, 1506년, Raffaello Sanzio, 뮌헨

받은 성(聖) 안나(Anna)의 옆얼굴은 장군의 옆얼굴과 비교된다. 예수와 황자는 쌍둥이처럼 닮아 있다. 그리고 빅토리아여왕은 성모이다. 다만 성모의 원광 대신 왕관을 쓰고 있다. 빅토리아여왕은 성모이자 여왕인 것이다.

조지 모스 씨는 근대국가가 각자 '국가의 이상적인 여성의 모범'을 창출 하였다고 서술하였다. 게다가 그것은 영국이나 프러시아 모두 왕비였다. 프 러시아에서는 해방전쟁의 승리가 프러시아의 수호성인(守護聖人) 루이제 왕 비 덕분이라고 하면서 세단(Sedan) 전투[177]의 전야에 당시 국왕이자 이윽고 제2제정의 초대 황제가 될 아들은 프러시아 군대에게 축복을 내려달라며 그녀의 묘소에서 기도를 올렸다. 조지 모스 씨는 나치도 제2차 세계대전 중 국민의 명예가 위기에 닥쳤을 때 루이제 왕비를 여성이 취해야 할 행동의 본보기로 삼았다고 지적한 후[31*] 다음과 같이 말하고 있다.[32*]

> 많은 전통적 상징이 새롭게 소생한 한편 제3제국 시기에 사실상 국민적 상징인 게르마니아가 버려진 것은 주목할 만하다. 게르마니아가 지녔던 공적인 상징으로 서의 기능은 시민사회와 아무런 직접적인 관계가 없었기 때문이다. 게르마니아는 자신의 가족이 없었고 국가에 바칠 자식도 낳지 않았기 때문에 독일 여성의 모범이 되지 못했다. 이를 대신하여 프러시아의 여왕 루이제가 소생되었다. 가족이 의인화 되어 있지 않고 국민 전체를 의미했던 순결한 게르마니아보다 '프러시아의 성모' 쪽이 제3제국에 적합하다는 것이 분명해졌다.

성모로서의 왕비가 국민통합에 얼마나 효과가 있었는지는 1934년 '어머 니 날'에 행해진 괴벨스(Paul Joseph Goebbels, 1897~1945)의 연설에서 증명된다. 여기에서는 다음과 같이 '어머니'라는 단어가 별다른 설명 없이 독일민족이 라는 공동체를 연결시키는 기능을 하고 있다.[33*]

---

177) 1870년 7월부터 1871년 5월까지의 보불전쟁 중 프러시아가 승기를 장악한 전투. 1870년 9 월 2일, 이 전투에 참가한 프랑스군 전력은 전면 항복을 하고 최고사령관 나폴레옹 3세는 포 로가 되었다.

　게르만의 어머니! 여성이나 어머니만큼 새로운 독일에 중요한 역할을 하는 자는 없다. …… 국력의 원천이 되는 것은 다름 아닌 그녀들이다. …… '모친'을 떠올리는 것은 '독일인임'을 떠올리는 것과 똑같다. 어머니를 자랑스럽게 여기는 것만큼 우리를 강력하게 단결시키는 것이 어디 있겠는가.

　『모친의 사회사(Histoire des meres)』를 쓴 니빌러(Y. Knibiehler) 씨는 "조국을 어머니라고 느낄 때 그것은 조국이 자식의 피를 필요로 하고 있을 때이다"라고 적고 있다.[34*] 대량의 피가 필요했던 프러시아의 근대에서 인류를 위해 자식을 희생시킨 성모가 조국과 동일시되었을 때 병사들 사이에서는 죽는 것이 영원히 사는 것이 된 것이다.

메이지 근대국가 형성기의 '여성신격' 창조

　메이지정부가 일본의 지폐 디자인과 번각을 하기 위해 1875년 이탈리아인 키오소네를 초청한 것은 고대 서구 이래의 화폐문화를 일본에 도입하는 중요한 계기가 되었다. 서구에서 고대 이후의 지폐·화폐·우표는 황제와 왕, 여왕과 왕비의 초상과 함께 그들의 국가적 권위의 상징이 활약하는 무대였다. 이것은 크기는 작지만 도처로 대량 유포되는 국가와 제국의 복제된 이미지로 남녀노소와 지위고하(액수에 따라서는 빈민층이 평생 보지 못하는 경우도 있지만)를 막론하고 볼 수 있는 권력—통화(通貨)를 발행하고 있는 주체—의 최대 광고 미디어였다. 고대 로마의 경우를 보면 황제의 얼굴을 새긴 화폐가 유통되는 곳이 제국의 권력이 미치는 범위였다. 근세 화폐경제가 시작될 무렵에는 피렌체의 플로린 금화에 새겨진 백합이 유럽시장을 석권하였다. 빅토리아여왕시대에는 대영제국의 식민지에서 발행되는 우표에 대부분

여왕의 초상이 그려졌다.

메이지유신에 의해서 일본은 번찰(藩札)[178]을 폐지하고 모든 국민들에게 동일한 화폐를 유통시켰다. 이것은 국민국가 형성의 한 과정이었다. 더불어 국민 전체가 화폐를 통해 공통적인 상징을 보게 되었다. 이때 영국·미국·독일에서 선진기술과 기술자를 들여온 일본은 화폐에 새겨 넣는 이미지도 전면적이지는 않지만 상당히 많은 부분을 서구로부터 받아들이게 되었다. 실제로 초기 지폐의 도상은 서구의 전통형식과 메이지정부 입장과 갈등 속에서 결정된 흔적이 엿보인다. 왜냐하면 일본에는 화폐에 인물초상을 새겨 넣는 관습이 전혀 없었음에도 불구하고 "서양에서는 그리스·로마시대 이래 화폐에 초상화나 의인상(擬人像)을 장식하는 전통이 있었고 이후 서구에서는 모두 이를 실시하게 되었기 때문에 이와 흡사한 도안을 새겨 넣은 것"이었기 때문이다.[35*]

키오소네도 처음에는 이것을 당연시했을 것이다. 서구의 미술사학자 엘렌 코넌트(Ellen Conant) 씨는 화폐 조형미술사와 키오소네의 관련성을 서구문화사적 입장에서 고찰하고 있다. 그녀는 에도시대의 번찰이 문자만으로 이루어진 데 비해 여기에 회화 표현 추가를 권한 사람은 키오소네였다고 지적한다. 사실 키오소네 이전에도 일본에서 최초로 지폐 인쇄에 관여한 킨들이라는 인물이 회화 표현의 추가를 강력히 권장하였고 이것이 키오소네 작업의 기반이 되었다고 볼 수 있다.

또 엘렌 코넌트 씨는 고대의 권위적인 상(像)이 근세와 근대에 서구에서 부활한 것은 고대 화폐를 통해서였다는 점을 지적하면서 화폐학과 고고학이 19세기 유럽의 수집가들의 관심을 크게 끌었던 점과 일본통인 하인리히 폰 지볼트(Heinrich von Siebold, 1852~1908)가 동서양의 옛날 돈을 방대하게 수집했다는 점도 지적하고 있다. 그리고 엘렌 코넌트 씨는 키오소네가 하인리히 폰 지볼트로부터 서구의 고전학(古錢学)과 일본미술에 관한 지식을 전수받았

---

178) 에도시대부터 메이지초년에 걸쳐 각 번(藩)이 발행한 지폐로 번의 관할 영역에서만 통용되었다.

을 가능성이 있다고 지적한다.

리아 베레타(Lia Beretta) 씨는 키오소네가 제노바의 아카데미아 리그스티카 (Accademia Ligustica di Belle Arti)에서 조각을 공부하고 사촌 남동생 다비드(David)와 함께 이탈리아의 걸작 회화를 복제화집으로 만들 계획으로 피렌체에서 15세기 르네상스시대 화가들의 작품을 번각했던 경력을 조사하였다.[36*] 이러한 경력은 화가와 소묘가로서의 키오소네가 기본지식과 도상, 구도작성의 근간이 되는 풍부한 능력을 축적하고 있었음을 보여준다. 우에무라 타카시(植村峻) 씨는 치밀한 조사를 통해 키오소네가 지폐와 우표의 번각과 인쇄 기술을 도입하여 이 영역에 대한 일본의 기초를 다졌음을 밝혀냈다.[37*]

그러나 리아 베레타 씨는 키오소네가 숙련된 동판작가의 기술만큼 뛰어난 예술적 소양과 교양을 지녔기 때문에 '이들 작업에는 위조 방지(정밀한 그림을 그려 넣는 이유 중 하나는 위조 방지 목적이었다)를 위한 목적뿐만 아니라 예술적이고 미적인 기준이 요구되었다'는 것을 강조하고 있다.[38*] 아마도 리아 베레타 씨는 키오소네의 기술적인 측면만 강조되고 예술성이 경시되어 온 것이 탐탁해하지 않았을 것이다. 16세기에 절정을 이룬 이탈리아의 판화예술에 대해 아는 사람은 키오소네의 작업에서 그 전통을 엿볼 수 있다. 이는 철저한 인물 중심의 이상적인 조형표현이며 무수한 선으로 정교하고 치밀하게 표현된 명암과 입체의 조소(彫塑)적 묘사로 이루어져 있다.

결국 이 일과 어진영이 키오소네에 의해 제작되었다는 것은 무관하지 않다. 키오소네가 번각한 스가와라 미치자네(菅原道真, 845~903)와 후지와라 카마타리(藤原鎌足, 614~669) 등의 두부상(頭部像)에는 숭고한 인물상을 그려내는 키오소네의 이상주의가 사실묘사 능력과 함께 두드러지게 나타난다. 이것을 이후의 쇼토쿠태자상(聖德太子像)의 단조로움과 비교해보면 인물표현에 대한 키오소네의 우수성을 잘 알 수 있다. 실제로 나중에 관찰해보겠지만 영국인 킨들의 지휘 하에 있던 1870년부터 1874년까지의 지폐에는 회화 양식의 그림이 많지만 키오소네가 초빙된 이후부터 비로소 조소적이고 인상적인 인물상이 지폐에 새겨지게 되었다.

이와 동시에 키오소네는 일본의 금공예에도 정통했다. 1907년에 그는 출신학교인 아카데미아 리그스티카 안에 키오소네 미술관을 개관할 정도로 많은 일본의 금공예품과 직조물을 수집하였다. 리아 베레타 씨는 "수집품 중에는 당시 화상(画商)과 외국인 수집가들이 거들떠보지 않았던 것도 있었는데(칼날 등) 이러한 물품들은 근대국가로서의 이미지뿐만 아니라 오랜 문화를 지닌 일본의 이미지를 창출하는데 효과적인 장식 모티프를 디자인해야 했던 조각가로서는 오히려 풍부한 연구재료가 되었다"고 적고 있다.[39*]

이렇게 말할 수 있는 것은 키오소네가 인물상 이외의 세부적인 문양과 디자인에는 전통적인 일본의 디자인을 적절히 사용했고 결과적으로 일본만의 독특한 지폐를 창안하는데 성공했기 때문이다. 문양에는 그 문화의 전통이 가장 단적으로 나타난다. 지폐의 가장자리나 메달리온 테두리에는 일본의 오동나무와 국화 문장(紋章), 파도 모양, 쌍각류(双脚類), 물떼새와 같은 문양이 세세하게 복원되어 예로부터 격식 높은 서구의 두툼한 당초무늬와 덩굴식물 문양과 공존하고 있다.[40*]

분명 키오소네는 서구 고대 이래의 관습에 따라 그가 디자인할 지폐에 우선적으로 천황의 초상을 집어넣으려고 생각했겠지만 이 일은 그가 일본에 오기 3년 전인 1872년에 전 홍콩 조폐국장 킨들(영국인)이 시도했다가 실패한 상태였다. 킨들은 1861년 요코하마에 지점을 연 영국 오리엔탈뱅크가 일본정부의 요청으로 외국 조폐기술자 고용 계약을 체결한 뒤 조폐의 수장직을 맡게 되었다.[41*] 육군소령이기도 했던 이 영국인은 천황을 배알할 때 정중히 경례하지 않아 사이고 타카모리가 '무례하다'고 격노하는 등 이문화 대립이 심했기 때문에 1874년에 킨들 추방을 건의한 의견서가 대장대신(大蔵大臣) 오쿠마 시게노부(大隈重信, 1838~1922)에게 제출되었고 같은 해 12월 태정대신의 결재로 1875년 1월에 일본을 떠났다.[42*]

1872년에 킨들은 메이지천황의 초상을 화폐에 그려 넣을 것을 건의하였는데 그 내용은 다음과 같다.

세계 각국의 화폐에는 국왕의 초상을 모각(模刻)하는 것이 보편적입니다. 국왕의 초상을 그려 넣는 것은 군주가 국민을 어진 마음으로 사랑함을 뜻하고 또한 국민이 군주에게 존경심을 품게 되며 더 나아가서는 화폐에 대한 존중심을 고양시킬 수 있습니다. 일본의 화폐는 조각이 치밀하고 정교하지만 전적으로 세계에 통용되는 도리에 어긋나 있고 군주와 신하가 서로 가깝다는 취지가 결여되어 있습니다. 미국도 일본의 새 화폐에 천황의 초상이 없음을 애석해하고 있으니 이번에 천황의 초상을 사용할 수 있도록 조치해 주시기 바랍니다.

이 건의에 대해 대장대보(大藏大輔) 이노우에 카오루(井上馨, 1835~1915)는 찬성했지만 궁중의 반대가 심하여 받아들여지지 않았다. 『메이지천황기』 1872년 5월 19일 기록에 따르면 대장성은 조폐권두 마스다 타카노리와 고용외국인 킨들이 세계 각국의 제도를 모방하여 천황의 초상을 화폐에 새겨 넣을 것을 건의하였지만 이를 거부하였다고 한다.[43*] 세계 국왕의 초상은 국가권력의 상징이었지만 천황의 초상이 아이콘이라는 성격의 차이로 인해 거부되었음은 제1장에서 서술한 바와 같다. 이는 천황이 신성한 존재라는 국체 본래의 뜻과 관련되기 때문에 거부는 당연한 것이었다. 영국인 킨들이 이를 이해할 수 없었던 것도 당연한데 킨들이 미움을 사 배척당한 것은 성품이 나빠서였을지도 모르지만 이 또한 무시할 수 없었을 것이다.

이런 경위가 있었기 때문에 1875년에 일본으로 온 키오소네는 처음부터 천황을 새겨 넣으려고 하지는 않았다. 1877년에 키오소네는 최초의 지폐 '국립은행 지폐(신권)'의 돌출형 조각원판을 완성하여 일본 최초의 근대적인 지폐 국산 제1호를 내놓았다. 우에무라 타카시(植村峻) 씨에 따르면 제1호 '국립은행 지폐 1엔'의 앞면에는 '부국강병'을 반영하여 군함 갑판에 해군병사 한 명이 키를 조정하고 있고 또 다른 해군병사는 먼 곳을 주시하는 장면이 묘사되었다.[44*] 천황 대신 국화 문장과 훈일등국화대수장(勳一等菊花大授章)이 중심부 바로 위에 각인되어 있다. 뒷면에는 빈센트 라구사(Vincenzo Ragusa, 1841~1927)가 조각한 에비스(惠比壽)[179]와 다이코쿠(大黑)[180]가 그려져 있다.

1878년에 발행된 '국립은행 지폐 5엔'도 '식산흥업' 자체를 명확히 그린 도안이다. 즉 대장장이가 일하는 모습과 검은 연기가 피어오르는 근대적인 지폐국(紙幣局) 건물이 그려져 있다.45* 뒷면에는 역시 에비스가 있다. 키오소네는 대장성 및 정부의 의향에 충실히 따라 '부국강병'과 '식산흥업' 이념을 이 두 장에 표현하려고 했지만 서구적인 가치기준으로 볼 때 지폐의 디자인 측면에서는 실패작이었다.

무엇보다도 부국강병이나 식산흥업과 같은 추상적 개념을 해군병사와 대장장이라는 즉물적인 리얼리즘으로 묘사하는 착상은 그래픽 디자인으로서 효과적이지 못하다. 근세 서구에서는 식산흥업이 대장장이 신 불카누스(Vulcanus)로, 부국강병이 군신 마르스(Mars)로 '상징'되었을 뿐 묘사되지는 않았다. 또 영국에서는 해양을 향하는 승리의 여신 아테나와 브리타니아가 부국강병 이상의 의미, 즉 건국과 영광을 상징하였다. 또 좁은 화면에 3차원 공간을 디자인하는 것은 지폐로서의 평면적 장식성을 파괴한다. 좁은 공간에 많은 것을 써 넣었기 때문에 메시지가 명확하지 않은 것이다.

키오소네는 필시 장인(匠人) 예술가로서의 식견으로 일본 지폐의 디자인을 세계적 표준에 견주어도 손색없는 것으로 만들겠다는 사명감이 있었을 것이고 따라서 이후 리얼리즘의 그림 구성을 중단하였다. 서양처럼 초상화를 메달리온에 넣어 평면적으로 디자인하여 지폐의 앞면을 질적으로 통일함과 동시에 일본정부가 표출하고자 하는 이념을 의인화할 수 인물상을 찾아내어 각인시키는 방향으로 전환했다고 생각된다. 이리하여 그가 만든 세 번째 작품이 1878년 '진구황후가 그려진 지폐 1엔'이다(그림 146). 우에무라 타카시 씨에 의하면 이 지폐는 '진구황후 지폐'로 불리며 꽤 인기가 많았다고 한다. 같은 해 역시 진구황후를 디자인한 '대일본제국 정부기업공채(政府

---

179) 칠복신 중 하나이다. 오른손에 낚싯대를 왼손에 도미를 안은 바다·어업·상가의 수호신이다.

180) 칠복신 중 하나이다. 오른손에 요술 망치를 들고 왼쪽 어깨에 큰 자루를 둘러메고 쌀섬 위에 올라앉은 복덕(福德)의 신이다.

그림 146 진구황후가 그려진 지폐 1엔, 1878년

그림 147 대일본제국정부기업공채, 500엔 증서, 1878년

起業公債) 500엔 증서'가 발행되었다(그림 147). 근대 일본의 지폐 디자인으로서 1878년 이탈리아인 키오소네에 의해 최초로 등장한 인물초상화가 여성, 그것도 황후였던 것이다.

1엔 지폐는 삼중 메달리온이 지면을 채우는 구도로 디자인되었다. 중앙

의 큰 메달리온에는 꼭대기에 국화 문장과 대
일본제국 국립은행 이름이 들어가 있고 좌측
에는 대장성 장관의 인장이 있으며 우측 메달
리온 안에는 풍만한 살집의 진구황후 흉상이
그려져 있다. 형식면에서는 빅토리아여왕의 초
상을 메달리온에 넣은 1855년 태즈메이니아
(Tasmania)181)의 우표(이것과 같은 형태는 수없이 많
다)와 같다(그림 148). 진구황후는 우표로도 발행
되었다. 1899년 1월 1일부터 9개월간 발행된
13종의 '국화 시리즈' 중 하나가 그것이다.46*

그림 148 태즈메이니아의 우표, 1855년

우에무라 타카시 씨는 키오소네가 진구황후의 초상을 조각하기 전에 『코지
키(古事記)』와 『니혼쇼키(日本書紀)』를 읽었고 오직 "총명예지(聰明叡智) 모용
장려(貌容壯麗)"라는 구절만을 토대로 지적인 여성상을 추구하며 인쇄국에
근무하는 여자 직공을 모델로 데생을 거듭했다고 적고 있다.47* 이 지폐 속
황후의 묶은 머리와 장식구들은 전승되어온 고대 디자인을 계승하고 있지
만 쌍꺼풀이 있는 큰 눈과 높은 코를 지닌 얼굴은 입체적이어서 서양 여성
과 일본 여성이 절충된 인상을 준다.

'기업공채증서(起業公債証書)'에서 진구황후는 그림 우측에 거대한 전신상
으로 앉아 있는데 발아래에는 지구본, 칸델라(Kandelaar),182) 쇠망치 등이 놓여
있고 일본 국토를 내려다보고 있다. 지구본은 16세 빅토리아여왕의 초상에
서 부속물로 그려졌던 것이고 그녀의 사후에 건립된 기념비(Sir Thomas Brock,
런던, 1910년~1914년)에도 조각되어 있다(그림 149, 그림 150). 여왕은 한 손에 지구
본을, 다른 한 손에 왕홀(王笏)을 들고 뚱뚱하고 당당한 체구로 왕좌에 앉아
있다. 우에무라 타카시 씨는 이 부속물이 빅토리아여왕으로부터 유래되었
다고 지적하고 있지만 빅토리아여왕의 경우 지구본이라는 부속물은 상당히

---

181) 오스트레일리아 남동에 있는 섬을 말한다.
182) 휴대용 석유등이다.

그림 149 16세 빅토리아여왕, 1835년, 로열 컬렉션   그림 150 빅토리아여왕 기념비, 1914년, Sir Thomas Brock, 런던

드물어 샅샅이 찾아봐도 이 두 개밖에 없었다. 또 여왕의 기념비가 세워진 시기는 1914년이기 때문에 키오소네가 직접 빅토리아여왕에게서 이 디자인을 따왔다고 보기는 어렵다. 구체(球体) 자체는 그리스도교 도상 속의 '구세주'가 손에 든 부속물로 전 세계에 전파되었다. 지구본이 세속화(世俗画)에 등장한 것은 16세기 이후로 합스부르크가 황제가 세계지배의 기호로 종종 그리게 했다. 칼 5세(Karl V, 1500~1558)가 파르미자니노(Parmigianino, 1503~1540)에게 그리게 한 작품, 펠리페 4세(Felipe IV, 1605~1665)가 벨라스케스(Velazquez, 1599~1660)에게 그리게 한 초상화 등이 대표적이다. 키오소네가 그린 상(像)에 가장 근접한 것은 18세기 영국여왕 앤(Anne Stuart, 1665~1714)의 초상이지만 이것도 지구본과 거대한 체격, 가운이 공통될 뿐이다(그림 151).

그림 좌측에는 농민이 일하고 증기 기관차가 달리며 멀리 보이는 바다에

범선과 증기선이 떠 있다. 따라서 이
지구본은 일본 앞에 펼쳐진, 그리고
배가 나가려고 하는 지리적인 '세계'
를 의미하는 것이 아닐까 여겨진다.
키오소네는 쇠망치와 칸델라로 공업
과 광업을 상징화했고 진구황후가 내
려다보고 있는 대지 위의 아주 작은
농부의 모습으로 농업을 나타내려고
했다. 식산흥업의 목적은 변함이 없었
다. 더구나 이것은 기업공채(起業公債)
였다. 기차와 증기선은 문명의 근대화
를 나타낸다. 부국강병은 수평선 위에
떠 있는 검은 배와 지구본으로 상징되
고 있다. 진구황후 발아래에 지구본이
있는 것은 세계 지배를 의미한다. 무

그림 151 대영제국여왕 앤(재위 1702~1714)

엇보다 가장 주목해야 할 점은 진구황후가 '삼한정벌'을 한 황후라는 것이
다. 그리고 여기에서 유의해야 할 점은 진구황후가 풍경에 비해 거대한 스
케일로 그려져 마치 국가의 수호신처럼 천공에 떠있는 듯이 보이는 것이다.
국토를 내려다보고 있는 이 거대한 도상은 분명 서구 도상의 정형(定型)처럼
진구황후가 일본국 자체를 상징하고 있다. 단독 여성상에 의해 국가가 표상
된 일본의 최초의 예이다.

  '삼한정벌'이 '국가적'인 상징으로 등장한 것은 이것이 처음은 아니었다.
1873년 8월 23일에 발행된 10엔 지폐의 뒷면(앞면에는 아악도(雅樂図) 또는 일본
신화에서 타카마노하라(高天原)에 있었다는 하늘 문이 열리는 그림[天の岩戸開きの図])
의 '진구황후 삼한정벌' 전투장면이 그것이다. 앞면을 타카마노하라에 있었
다는 바위굴의 문이라고 해석하면 국가가 최초의 지폐로 선택한 인물은 천
황의 성조(聖祖)인 아마테라스오미카미(天照大神)와 추아이 천황(仲哀天皇)의

부인이자 오진천황(応神天皇)의 어머니인 진구황후가 된다. 우에무라 타카시 씨는 미국의 내셔널뱅크에 발주된 이 지폐의 디자인에 대해 다음과 같이 서술하고 있다.[48*]

> 미국 건국에 이르기까지의 다양한 역사적 사건과 건국 당시의 영웅들이 그려졌다. 국론이 둘로 나누어져 5년 동안 치러진 남북전쟁 직후의 대립된 국민감정을 건국정신의 고취를 통해 다시금 통일하려는 의도도 작용했다고 할 수 있다. 이것은 일본의 실정에도 맞아떨어졌기 때문에 이와 같은 역사화가 이와 같은 기법으로 새로운 지폐에 사용되었을 것이다.

1873년 같은 날에 발행된 '국립은행 지폐(20엔)'의 앞면에는 '스사노오(スサノオ)[183]'와 '야마타노오로치(ヤマタノオロチ)'[184]가, 그 뒷면에는 '오쿠니누시노미코토(大国主命)'[185]가 천상계의 두 신에게 창을 바쳐 지배권을 반환하는 '국가 양도'의 그림이 그려졌다. 또 같은 날 발행된 2엔 지폐의 앞면에는 닛타 요시사다(新田義貞, 1301~1338)가 이나무라가사키(稲村ヶ崎)[186]에서 칼을 바다에 던져 노여움을 가라앉히는 그림과 코지마 타카노리(児島高徳, 1310~1381)가 고다이고천황(後醍醐天皇, 1288~1339)에 대한 충성의 마음을 벚나무에 새기는 그림이 좌우에 그려져 있다. 마찬가지로 1엔 지폐 앞면에는 타미치 장군(田道将軍)과 군선(軍船), 뒷면에는 호죠 토키무네(北条時宗, 1251~1284)가 몽골군을 격퇴하는 기마전이 그려져 있다. 즉 1873년 천황의 도상화를 거부당한 뒤 건국신화의 남자 신이나 역사상 천황의 충신, 또는 몽골군 격퇴 등과 같이 이적(夷敵)을 물리친 주제에서 디자인의 원천을 찾고 있음을 알 수 있다. 이 가운데 진구황후의 '삼한정벌'도 포함되어 있었던 것이고 이와 같

---

183) 아마테라스오미카미의 동생. 신라로 건너가 배를 만드는 재료로 쓰이는 수목(樹木)을 가지고 와서 식림(植林) 방법을 가르쳤다고 한다.
184) '야마타노오로치(八岐大蛇, 八俣遠呂智)'는 일본신화에 등장하는 전설의 큰 뱀. <八岐大蛇>는 『니혼쇼키』 상에서의 표기. 『코지키』에서는 <八俣遠呂智>으로 표기한다. 약칭으로는 '오로치(オロチ)' 혹은 '遠呂智'이다.
185) 일본신화에서 등장하는 이즈모국(出雲國)의 주신(主神).
186) 현재 카나가와현(神奈川縣) 카마쿠라시(鎌倉市)의 남부.

은 역사적 또는 신화적인 설화로 천황친정, 황실숭배, 외적배제라는 메이지 천황제국가의 의의와 정신, 그리고 '삼한정벌'로 외국 침공이라는 국가이념을 상징하려는 발상이 이미 존재하였다. 이 시기의 정부에서는 정한론을 둘러싼 논쟁이 일어났고 같은 해 8월에 참의(参議) 사이고 타카모리가 정한론에 대한 건의를 태정대신 산조 사네토미에게 제출하였다.

우에무라 타카시 씨는 "타협의 산물로서 메이지천황 대신 진구황후의 초상을 사용하게 된 것"이라고 설명하였다. 천황상이 회피되었기 때문에 황후상이 선택되었다는 것은 충분한 이유가 될 수 있겠지만 1873년에 이미 신화·역사상의 건국·애국설화의 일환으로 진구황후가 등장했고 이후 키오소네가 지폐에 역사·전설상의 인물들을 잇달아 새겨 넣은 것을 보더라도 킨들과 키오소네 모두 군주의 초상이 아니라 서구의 그리스신화를 대신하는 일본의 건국신화와 일본역사 속 인물들을 국가의 상징으로 바꾸기로 했던 것으로 여겨진다.

다만 키오소네의 발명은 역사그림이 아닌 인물초상을 통해 동일한 이념을 표상하려고 했던 점이 신선했다. 이후 그가 지폐에 새겨 넣은 역사상 인물은 스가와라 미치자네(1888년 5엔 지폐), 타케노우치 스쿠네(武内宿禰, 84~367)(1889년 1엔 지폐), 와케 키요마로(和気清麻呂, 733~799)(1890년 10엔 지폐), 후지와라 카마타리(1891년 100엔 지폐) 등 천황의 충신들이었다. 단, 일단 선택된 진구황후상은 전폭적인 지지를 얻으며 위에서 언급한 바와 같이 1878년에 두 번, 1881년부터 1883년 사이에 발행된 10엔, 5엔, 1엔, 50전, 20전 다섯 종류 가운데 엔 단위 지폐에 그려졌다. 대표적인 것이 키오소네에 의해 1883년 9월에 발행된 개조지폐 10엔의 앞면이다. 이것은 1878년에 발행된 1엔 지폐와 동일한 형태이다. 이처럼 반복되어 등장한 점을 보면 단지 천황을 대체한다는 단순한 이유만은 아니었을 것이다. 왜 진구황후가 채택되었어야 했는가에 대해서는 좀 더 깊은 이유가 있었음에 틀림없다.

일본에서 '진구황후 지폐'가 최초의 본격적인 초상지폐로 채용된 경위는 1877년 4월 13일 대장대신 오쿠마 시게노부가 우대신 이와쿠라 토모미 앞

으로 보낸 「개조지폐의 문양에 대한 문의」에 기재되어 있다.[49*] 여기에서
진구황후의 초상을 지폐에 채용하는 이유에 대해 "진구황후의 섭정에 즈음
하여 삼한에서 금은을 공납하였다는 기록이 니혼쇼키에 있습니다. 이것은
금은의 귀중함을 알게 하는 가장 좋은 예라고 생각합니다"라고 설명하고
있다. 우에무라 타카시 씨는 이 자료를 근거로 진구황후의 기록에서 보이는
해외로부터의 공납이라는 것이 당시의 정한론과 대외확장론에 들어맞았기
때문이라고 설명하였다. 하지만 사카베 히로시(酒部洋) 씨는 치바대학(千葉大
学) 문학부 사학과 졸업논문에서 "여성의 지위가 이전보다 향상된 전후(戰後)
에도 여전히 지폐에 여성상이 채택되지 않았는데 메이지시기에 그것도 일
본 최초로 본격적인 인물초상이 들어간 지폐에 여성인 황후가 채용된 데에
는 마땅한 이유가 있었다고 봐야 한다"고 주장하였다.[50*]

사카베 히로시 씨에 의하면 그 첫 번째 이유는 『코지키』에 나오는 황후
의 아들 오진천황의 역사적 위치가 일본사에서 획기적인 문명개화를 이룩
한 시기로 여겨지기 때문에 그 '천황의 어머니'가 중요시되었다는 것, 즉 메
이지는 문명개화의 시대였고 고대 문명개화시대에 등장한 어머니를 근대
문명개화의 어머니와 관련지었기 때문이다. 그리고 두 번째 이유는 1868년
에 책봉된 새로운 황후에게 국가적인 존재로서의 권위를 부여할 필요성이
있었기 때문이다. 이와 같은 논의는 지도교수인 필자와의 대화 도중에 나온
결론으로 필자의 견해도 이와 동일하다.

다만 여기에는 다른 문제도 있다. 그것은 1880년 2월에 천황이 모토다 나
가자네에게 오쿠마 시게노부가 지폐를 개조하면서 진무천황을 인쇄하고 싶
다고 상주해왔는데 어찌하면 좋을지 의논했다는 사실이다.[51*] 우선 오쿠마
시게노부의 취지는 "지폐는 귀중하기 때문에 서양 각국에서도 제왕의 초상
이 지폐에 인쇄되고 있는데 지금 우리나라는 지폐의 가치가 계속 떨어지고
있고 백성이 그 귀중함을 모르고 있으니 그 가치를 높이기 위해서라도 기필
코 진무천황의 '성스러운 모습'을 인쇄하고 싶다"는 것이었다. 이때 모토다
나가자네는 격분하며 다음과 같이 대답하였다.

신 나가자네 아뢰옵나이다. 지폐가 아무리 귀중하다 하더라도 천민, 행상인도 화폐를 손에 들고 인력거꾼, 노름꾼도 이것을 주머니에 넣어 오물과 먼지로 때가 탈겁니다. 그런데도 황조의 성스러운 모습을 드러내라 하시니 어찌 탄식하지 않을 수 있겠사옵니까.

게다가 화폐의 가치가 오르내림에 따라 황조의 가치가 떨어지는 일이 생겨서는 안 된다고 주장하였는데 이 말을 듣고 천황은 오쿠마 시게노부의 간청을 거절하였다. 이때 진구황후의 '존상(尊像)'은 이미 1877년에 허가가 났고 널리 유포되었으니 괜찮다는 결론이 났다. 이는 모토다 나가자네가 진무천황은 메이지천황과 마찬가지로 '성스런 모습'이기 때문에 지폐로 만들 수 없지만 황후는 '존상', 즉 지위가 높은 사람의 초상이고 그 자체가 신성함을 지닌 아이콘이 아니라고 말했을 것이라고 미루어 짐작할 수 있다.

국체주의자에게 진무천황의 국가 창업과 천황의 유신은 결합된 것이기 때문에 그 상(像)은 여성인 황후의 상(像)과 차원이 달랐다. 이와 동시에 진구황후는 여성이었기 때문에 지폐에 등장할 수 있었다. 여성이라는 본질적인 낮은 위치 때문에 허용된 것이다. 천황이 아닌 황후였기에 허용되었다는 추측도 가능하다. 필시 진무천황이 아니라 그 어떤 천황이라도 허용되지 않았을 것이다. 게다가 진구황후는 지폐에 사용해도 좋은 여성의 신체임에도 불구하고 국가주의적 의미와 상징을 풍부하게 담고 있는 신체였다.

진구황후 표상의 역사적 의미

결론적으로 말하자면 진구황후는 오쿠마 시게노부의 문서에도 기록되어 있듯이 금은 가치의 중시와 우에무라 타카시 씨가 말하는 메이지시기의 대외정책 반영이라는 이유 이외에도 메이지유신 초기의 국체 확립과 황후 책봉이라는 쌍방의 선전으로 선택된 것이다. 천황을 대체하는데 어떤 황후가 좋을지 묻는다면 히덴인(悲田院)[187]과 세야쿠인(施薬院)[188] 등을 지은 코묘황후(光明皇后, 701~760)가 더 적합할 것이다. 사실, 이케다 시노부(池田忍) 씨가 말하듯이 메이지 말기 무렵부터는 코묘황후의 상이 증가하기 때문에 메이지 초기에 진구황후가 지폐로 선택된 것은 이 시기 고유의 정치적 의미가 있기 때문일 것이다. 이를 위해서는 『니혼쇼키』와 『코지키』에서 진구황후가 지니는 역사적 의미와 쇼켄황태후(昭憲皇太后)와의 각별한 밀접성을 밝혀낼 필요가 있다.

마에다 하루토(前田晴人) 씨는 『진구황후 전설의 탄생(神功皇后伝説の誕生)』에서 『코지키』와 『니혼쇼키』의 편찬의도였던 '뛰어나고 강한 정치적 목적'에 대해 논하고 있다. 즉 그 목적은 텐무천황(天武天皇)이 통치하는 일본국의 시초와 천황통치의 정통성, 진신(壬申)의 난 이후의 국가체제 강화와 그 권력의 강대함, 신성함을 선전하는 것에 있었고 이를 통해 한반도에 대한 텐무천황의 관점과 세계의식이 표상되었다고 지적한다.[52*]

텐치천황(天智天皇, 626~672) 2년(663년), 백제 멸망 위기에 즈음하여 파견된 왜군이 백제의 백촌강에서 당의 수군과 싸워 참패를 당했는데 이후 신라가 당의 통일신라에 대한 간섭을 배제하는 움직임을 보이며 일본과의 긴밀한 외교관계를 구축하기 위해 자주 사절단을 일본으로 파견하였다. 텐무천황은 이러한 신라의 국제적인 약점을 이용하여 강압적인 태도를 취했고 『코지키』와 『니혼쇼키』에는 텐무천황을 중심으로 하는 왜국(倭国)의 국제의식이 반영되었다.

『니혼쇼키』 케타이천황(継体天皇, 450~531) 6년(512년) 12월 조(条)에는 백제가 가야(伽倻) 할양을 요구해왔는데 이때 권력을 쥐고 있던 오토모 카나무라(大伴金村)가 이 요구를 인가하려 하자 동료인 모노노베 아라카히(物部アラカ

ㄴ)의 아내가 다음과 같이 충고를 했다고 적혀 있다.

> 저 스미요시오미카미(住吉大神)은 처음으로 바다 밖의 금은이 가득한 나라인 고
> 려, 백제, 신라, 가야 등을 태중(胎中) 호무타천황(譽田天皇)에게 이어받도록 하셨
> 습니다. …… 만약에 이를 잘라서 다른 곳에 주시면 본토의 구역이 아니게 됩니다.

여기에서 태중의 천황이란 진구황후의 아들을 말한다. 다시 말해 이 부인
은 진구황후 시대에 오미카미(大神)가 정한 질서를 바꿔서는 안 된다고 간언
한 것이다. 마에다 하루토 씨가 지적했듯이 여기에서 중요한 것은 백제를 비
롯한 한반도에 있는 나라들이 진구황후 시대에 '바다의 방패막이'로 정해졌
다는 역사인식이 기록으로 남아 있다는 점이다. 즉 "바다 밖의 나라들을 '바
다의 방패막이'로 보는 견해는 바로 진구황후의 전설을 지주로 삼아 비대해
졌다. 다시 말해 왜국에서 일본국으로의 국호 전환도 텐무천황 시기에 달성
되었고 대국 일본의 근본방침을 떠받치는 역할이 진구전설(神功伝説)"[53*]이었
던 것이다.

『코지키』와 『니혼쇼키』에서 오진천황은 『코지키』 중권의 마지막 천황으
로 자리 잡고 있다. 마에다 하루토 씨는 중권에서 하권으로, 즉 아시하라노
나카츠쿠니(葦原中国)라는 신성한 국토에서 인간계로 무대를 전환하는 경계
점에 오진천황이 출현한다고 분석하였다. 진무천황은 『코지키』 상권에서
중권으로의 중개역할을 하며 황조천신(皇祖天神)의 혈육을 아시하라노나카
츠쿠니에 보급하고 오진천황은 신의 아들에서 천황으로 이어지는 교두보
역할을 하며 타카마노하라(高天原)를 거점으로 하는 황조천신의 혈육을 하권
맨 처음에 등장하는 닌토쿠천황(仁徳天皇, 257~399)에게 전하는 역할을 맡았
다. 이것은 현인신(現人神)인 텐무천황에게 특히 중요한 역사의 요점이었다.
오진천황의 중요성을 나타내는 것은 그의 각별한 출생과 태중 천황이라는
신비스런 별칭이고 결국 이 두 사람은 모자신(母子神)이었다고 마에다 하루
토 씨는 추측한다.[54*]

　　여기에서 문제가 되는 것은 진구황후와 스미요시신사(住吉神社)의 신들과의 관계이다. 『코지키』에 수록된 '추아이기(仲哀記)'에서 황후의 이름은 오키나가타라시히메노미고토(息長帯比売命)인데 니시야마 이사오(西山徳) 씨에 의하면 이 '타라시(帯)'라는 것은 신에게서 나온 천황의 혈통을 말하기 때문에 고대에는 천황의 별칭을 '타라시'라고 불렀다고 한다.[55*] 『코지키』에 의하면 '신을 알현하는' 무녀인 진구황후는 "서쪽에 나라가 있다. 금과 은을 근간으로 하며 갖가지 진귀한 보물이 그 나라에 많이 있다"는 계시를 받았으나 천황은 서쪽에는 바다밖에 없다며 계시를 부정하였고 타케우치 스쿠에(武内宿弥)의 권유로 거문고를 튕겼다가 그 자리에서 즉사하게 된다. 타케우치 스쿠에가 두려워하며 신에게 묻자 신은 '신의 태중의 사내아이'가 이 나라의 주인이라는 계시를 내린다. 그 신이 바로 아마테라스오미카미와 소코츠츠노오(底筒男), 나카츠츠노오(中筒男), 우와츠츠노오(上筒男)=스미요시오미카미(住吉大神)의 세 명의 신을 가리킨다고 『니혼쇼키통석(日本書紀通釈)』에서는 해석하고 있다.[56*]

　　이는 오진천황이 황후와 신과의 신성한 혼인으로 점지 받았음을 시사하고 있는 것이다. 바로 신의 아이를 임신한 성모(聖母)이다. 이와 관련하여 『니혼쇼키』(권9)에는 진구황후가 서거한 천황을 모신 이츠키노미야(斎宮)가 오야마다무라(小山田邑)라는 곳에 있는데 이를 성모(聖母)의 저택이라 부르고 "그 유적에 황후를 모시고 성모궁(聖母宮)으로 떠받들어 모신다"고 적혀 있다.

　　스나가 타카시(須永敬) 씨에 따르면 큐슈지방(九州地方)에는 진구황후를 '성모(聖母)'로 모시는 신앙이 존속하고 있다고 한다.[57*] 나카야마 타로(中山太郎) 씨는 무녀에 대한 연구에서 "큐슈에는 성모대신(聖母大神) 혹은 성모저택(聖母屋敷)이라고 칭하는 것이 각지에 존재한다"고 서술하고 있고, 니시다 나가오(西田長男) 씨는 신의 아들(御子神)을 낳은 모신숭배의 전형으로서 '성모'라는 신의 이름을 부여하였고 "성모숭배는 일본의 신도(神道)에서도 보편적인 현상이었다"고 지적한다.[58*] 이것은 본래 진구황후를 모신 것은 아니었지만 차츰 양자가 결합하게 되었다는 것이다. 결국 고대의 모신신앙이 원형으로 존재했다는 사실을 밝힌 것이지만 역사적인 연구로는 충분하지 않다. 앞으로 고대 일본종교사의 모신신앙 문제를 깊이 연구할 필요가 있다.

아무튼 천황이 죽은 후 진구황후는 신탁(神託)에 따라 배를 내어 신라와 백제를 정복하여 신라 임금의 문에 지팡이를 세우고 스미요시오미카미의 사나운 신령을 수호신으로 삼아 제사를 드리고 돌아왔다. 뒤에서 설명하겠지만 이 부분은 중세시대에 바뀌었다. 귀국 시에도 거친 바다와 풍랑을 만나지만 해신의 수호로 무사히 귀국하여 해변에서 오진천황을 낳는다. 후에 진구황후가 합사된 스미요시신궁(住吉神宮)의 세 명의 신(츠츠노오란 이름을 지닌) 스미요시오미카미는 아마테라스오미카미에보다 먼저 만들어진 신으로 "오츠(大津) 맨 앞쪽의 항구에 모셔져 왕래하는 배들이 편히 바다를 건너기"를 기도한 신이고 왕의 관리 하에 있던 배, 항구, 외교사절단의 수호신, 항해의 수호신이었다.[59*]

이처럼 진구황후와 그녀의 아들 오진천황은 신과 천황의 직계를 잇는 역사의 연결고리로서 천황의 역사가 바뀌는 시점에 놓인 존재였다는 점, 진구황후가 낳은 아이가 신의 아들이었다는 점, 또 그 신을 태중에 품은 진구황후가 삼한을 지배하고 일본의 국제적인 지배 위치를 결정했다는 점 때문에 천황제국가의 역사를 재확인하는 측면에서 중요한 의미를 갖고 재생된 것으로 보인다.

특히 진구황후가 확정한 대외정책은 페리(Matthew Calbraith Perry, 1794~1858)의 내항 이후 서구 선진국으로부터 위협을 받은 일본의 국체와 위신을 회복하는데 적합한 표상이었다고 할 수 있다. 이 사실은 1852년 요시다 쇼인(吉田松陰, 1830~1859)의 서한으로도 짐작할 수 있다. 요시다 쇼인은 1851년에 미토(水戶)로 가서 국학을 연구한 뒤 황국사(皇国史)에 눈을 떴고 1852년에 쿠루하라 료조(来原良蔵, 1829~1862) 앞으로 "옛 성제(聖帝)가 오랑캐를 거둬들이는 웅대한 계략"을 접하고서 "고려, 신라를 정복하고 백제, 가야에 사자(使者)를 보낸 것"을 생각하고 러시아 등의 열강에 대항해야 한다는 편지를 보냈다. 니시야마 이사오(西山德) 씨는 "진구황후의 위업은 메이지유신의 원동력 가

운데 하나"라고까지 쓰고 있다.[60*]

필자는 사실의 정당성을 논하는 것이 아니라 국체수호 사상 소유자에 의해서 진구황후의 전설이 어떻게 소비되었는지 문제시하고 있는 것이다. 이것은 전쟁 전이나 전쟁 중의 교과서에서 진구황후가 어떻게 사용되었는지를 보면 한층 더 명백해질 것이다. 1920년 『심상소학교 국사』 상권에는 다음과 같이 쓰여 있다.[61*]

> 이리하여 이제부터 조선은 천황의 은덕을 입게 되었다. …… 또 제15대 오진천황 시절에 왕인이라는 학자 등이 백제에서 건너와 학문을 전파하고 베를 짜는 사람, 대장장이 등 장인도 점차 건너오게 되어 우리나라는 더욱 더 개화되었다. 이것은 전적으로 진구황후의 공덕에서 비롯된 것이다.

여기에서는 메이지의 문명개화가 고대의 문명개화와 비교되고 있음을 알 수 있다. 또 이러한 황후상에는 적십자 활동과 간호와 위문에 중점을 둔 훗날의 황후표상에 적합한, 코묘황후에게서는 찾아볼 수 없는 관념, 즉 '국가적 모성(전사의 어머니)'이라는 국책상 가장 중요한 여성의 규범이 담겨 있다는 점도 간과할 수 없다.

또 일본사 연구가들은 일본 근세의 대외관계, 특히 한반도와의 관계에서 위정자를 비롯한 에도의 민중이 진구황후의 전설을 어떤 식으로 소비했는지에 대해 구체적으로 연구하였다.[62*] 특히 즈카모토 아키라(塚本明) 씨의 연구내용 중 필자에게 중요했던 점은 진구황후와 용(龍)의 관계이다. 이는 다음 절에서 기용관음상(騎竜観音像)과 관련된 황후의 도상을 살펴볼 때 상당히 유익할 것이다.

그런데 황후와 용의 관계에 관한 문헌은 몽고군의 습격 후에 만들어진 『하치만구도군(八幡愚童訓)』[189]인데 이는 이와시미즈하치만궁(石清水八幡宮)의 신관(神官)이 외국 격퇴를 달성한 신의 공덕을 강조하여 막부로부터 상을 받으

---

189) 카마쿠라막부시대의 신도서(神道書). 2권으로 이루어져 있다.

려는 목적으로 작성한 위사(僞史)이다.63* 여기에는 몽고 격퇴 부분의 앞 단락에 진구황후의 신라정벌이 기록되어 있다. 여기에서 진구황후가 정벌에 나선 이유는 보물을 빼앗기 위해서가 아니라 침략을 당했을 때 전사한 추아이천황에 대한 복수를 위해서라고 되어 있다. 이때 진구황후는 스미요시오미카미의 권유로 바다 속에 사는 아즈미노이소라(安曇磯良)190)를 앞세워 바카라용왕(婆迦羅竜王)에게 받은 신주(神珠, 조수의 간만을 조종하는 것)를 이용하여 승리하는데 이때 외국의 왕과 신하들은 앞으로 '일본의 개'가 되어 일본을 지키고 연공을 상납할 것을 약조한다. 진구황후는 활 끝으로 큰 바위에 '신라의 왕은 일본의 개다'라고 써넣고 돌아왔다. 신라에서는 이를 후세의 수치라 여겨 지우려고 했으나 더욱 선명해질 뿐 지금도 남아 있다는 것이다.

여기에서 한반도 축생관(畜生観)이 나왔는데 즈카모토 아키라 씨는 여기에 중세의 한반도멸시가 잘 드러나 있다고 설명하였다. 그러나 이것은 몽고군의 습격에 대한 공포와 실제 전투에서의 패배로 인한 열등감의 표현이고 "비정상적인 정신상태 속에서 진구황후의 전설이 요괴처럼 재생되었다"고 지적하고 있다.

14세기의 『타이헤이키(太平記)』(권39)에는 진구황후가 원정을 떠나면서 모든 신들을 히타치(常陸)에 있는 카시마(鹿島)로 초대했을 때의 아즈미노이소라 이야기가 나온다.64* 아즈미노이소라는 그곳에 오지 않았는데 그 이유는 조개와 벌레들이 달라붙어 있는 흉한 모습이 창피했기 때문이라고 한다. 이에 대해서는 바닷사람들 사이에서 믿어 온 반신반인(半神半人) 샤먼(shaman)이라는 설이 있다.65* 결국 아즈미노이소라가 용궁에 심부름을 가서 진구황후에게 간쥬(干珠)191)와 만쥬(満珠)라는 신비한 보물을 가져온다. 진구황후는 이것으로 조수간만을 조정하여 정한(征韓)을 이루어낸다.

이후 분로쿠(文綠)·게이쬬(慶長) 시대에 토요토미 히데요시(豊臣秀吉, 1537~1598)의 두 차례 조선침략으로 일본의 한반도관은 무력의 위세를 과시하는

---

190) 신도의 신이다. 바다의 신이라 여겨지며 아즈미씨(安曇氏)의 조상신으로 여겨지고 있다.
191) 바다에 던지면 간죠(干潮)가 된다고 여겨지는 구슬을 말한다.

침략긍정론으로 변하였다.66* 이때 토요토미 히데요시의 우필(祐筆)192) 야마나카 키츠나이(山中橘内)가 바친 치쿠젠(筑前)193) 시카노시마(志賀島) 기치조사(吉祥寺)의 유래에 시카노시마와 진구황후의 관련성이 나타나 있다. 토요토미 히데요시 일행은 쿄토에서 히젠(肥前)194) 나고야(名護屋)로 향하는 도중 나카토노쿠니부(長門国府)에서 진구황후와 추아이천황의 사당을 참배하고 진구황후의 정복을 전례로 들어 진구황후 이래 중단되었던 일본으로의 조공을 부활시킨다는 침략이론의 정통성을 만들어냈다. 이처럼 토요토미 히데요시는 조선을 침략대상으로 삼는 인식을 강화하였다.

타카기 쇼사쿠(高木昭作) 씨에 따르면 중세까지는 인도·중국·일본이 세계를 구성하고 인도에서 불교가 발생하여 동쪽으로 점점 세력을 넓혀 중국에서 유교가 만들어졌으며 나아가 일본에 와서는 신도가 되었다고 여겼지만 토요토미 히데요시 이후 신국관(神国観)에 변화가 생겨 신도가 근본이 되고 이로부터 불교와 유교가 파생된 것으로 여기게 되었다고 한다.

몽고내습 당시의 열등감으로 인해 자신을 중심으로 보는 17세기의 세계관, 무력으로 오랑캐를 배척하는 사상으로의 변환은 메이지 초기에서 청일·러일전쟁 이후로의 세계관 변화와 비슷하다. 즈카모토 아키라 씨는 에도시대 민중의 축제나 설화 속에서는 아즈미노이소라가 도깨비로 변하고, 기온마츠리(祇園祭)의 야마보코(山鉾)195) 등에서는 진구황후의 출병을 도깨비 퇴치와 관련지어 항복한 도깨비=조선인이 공물을 바치는 설화로 변했다고 지적한다. 『대일본사(大日本史)』를 지도한 토쿠가와 미츠쿠니(徳川光圀, 1628~1701) 등과 같은 에도시대의 역사가와 사상가 사이에서는 아마도 토요토미 히데요시에 대한 반론이었겠지만 천하태평을 무력으로 달성한 장군은 어디

---

192) 부케(武家)에서 문서와 기록을 맡던 직책을 말한다. 또는 문필에 뛰어난 재능을 가진 사람을 말한다.
193) 현재 후쿠오카현(福岡縣)의 북서부에 해당하는 지역.
194) 현재 사가현(佐賀縣)의 일부와 나가사키현(長崎縣)의 일부에 해당하는 지역.
195) 축제 때 끌고 다니는 장식 수레의 일종으로 산 모양의 장식대 위에 창, 칼 등을 꽂은 수레를 말한다.

까지나 덕과 예로써 정치를 하므로 "외국의 왕을 개로 보는 일은" 없다고 하였다. 즈카모토 아키라 씨는 "사상가는 한반도를 축생시하는 것에서 벗어 났지만 민중은 히데요시의 조선정벌과 황후의 정벌, 도깨비 퇴치를 결부시 켰다"고 하였다.[67*]

여기에서 주목해야 하는 것은 기온마츠리의 야마보코에서 민중은 진구황 후가 임신 중에 출정하고 귀국 후 무사히 출산했다는 전설 때문에 순산을 지키는 신으로 진구황후를 받들고, 기온마츠리 기간 동안 진구황후의 순산 지폐를 배포했다는 사실이다. 또한 후네호코(船鉾)[196]에서는 배에 복대를 감 은 진구황후 모습의 모형을 희망자에게 나누어 주었다.[68*] 복대를 진구황후 와 연결하는 것은 후네호코뿐만 아니라 근세 사회에서는 일반적이었고 17 세기 이후 임산부의 건강을 논한 많은 의학서는 이 전설을 인용해 복대의 효능을 말하기도 했다.[69*]

진구황후를 주신으로 모시는 신사로는 후시미(伏見)의 고코구(御香宮)가 있 으며 그 제례는 '이국퇴치모방(異国退治まねひ)'이라고 불린다. 히타치카시마 (常陸鹿島)의 제례는 이국항복, 삼한정벌의 큰 제전(祭典)이며 정복 시 진구황 후의 복중에 있었던 오진천황을 받들어 모시는 하치만사(八幡社)는 전국에서 제사를 지내는데 이곳에도 같은 전설과 제례가 있었다. 즈카모토 아키라 씨 의 서술에 따르면 근세의 민중 제례에는 진구황후와 관련된 것이 많았다고 한다. 이처럼 민중 사이에 깊고 넓게 침투되어 있던 여성 신격이었기 때문 에 아마테라스오미카미와 마찬가지로 막말유신기에 새로운 사상을 담는 그 릇으로 재창조될 수 있었던 것은 아닐까. 마키하라 노리오(牧原憲夫) 씨는 키 오소네가 그린 '기업공채증서'의 진구황후에 대해서 진구황후가 복고를 통 해 개화와 국권 확장의 상징이 되었다고 지적하였다.[70*]

그렇다면 메이지의 '국민적인' 조선관은 어떤 것이었을까. 즈카모토 아키 라 씨는 1879년의 사료로서 『아케보노신문(曙新聞)』의 논설을 들고 있는데

---

196) 야마보코의 일종이다. 진구황후의 설화로 야마보코 전체가 배 모양을 하고 있다.

이는 메이지정부가 외국으로부터 업신여김을 당한 선례로서 1875년 러시아와의 가라후토치시마(樺太千島) 교환조약, 1876년 미일수호조약, 조선과 화친을 맺은 것 등을 언급하면서 "선황(先皇)이 일본의 개나 다를 바 없다고 여겼던 국왕과 동등한 조약"을 맺는 것에 대해 분개하는 글이다.[71*] 막말기의 열등감이 이전의 몽고 내습 때와 같은 반작용이 되어서 진구황후를 부활시켰다고 볼 수 있지 않을까.

즈카모토 아키라 씨는 메이지시기의 조선의식을 "중세적 전설에서 유래하는 노골적인 멸시관에 근거하여 정한론을 옳다고 보는 '감각'이 『니혼쇼키』에 의거하여 국체를 논하는 사상가나 조선을 국위(国威) 확장의 대상으로 보는 정치가들과 함께 유감스럽지만 민중에게도 분명히 인식되고 있었다"라고 지적하고 있다.[72*]

필자는 우선 메이지 초기에 몽고 내습 때와 같은 공포와 열등감에서 오는 대외의식의 단계가 있었고, 결국 청일·러일전쟁 이후 토요토미 히데요시 시대의 자기중심적 신국관이 부흥했다고 생각한다. 실제로 진구황후상의 전성기는 막말유신기부터 1892년 무렵까지이고 청일·러일전쟁 이후 쇠퇴한다. 이와 동시에 융성했던 여성 신격의 표상은 모두 사라진다.

즈카모토 아키라 씨는 메이지유신 당시 이러한 형태로 진구황후가 민중 사이에 공유되어 왔기 때문에 메이지정부는 국권확장이 내재된 천황체제 하에서 국민통합의 상징으로 삼을 수 있었다고 결론짓는다. 이에 대해 필자는 더 나아가 순산수호신이라는 민중의 신앙 속에 잠재된 어머니라는 것―이는 일본에서 가장 결여된 신격이었다―을 진구황후에게 위임함으로써 근대국가의 여성역할, 황후의 후계자 출산, 민간인의 남아출산을 여성에게 가르치고 아울러 현재의 황후에 대한 숭배를 불러일으킬 수 있었다고 생각한다.

메이지유신기에 진구황후상이 시각화된 예로서는 키쿠치 요사이(菊池容斎, 1788~1878)가 1860년에 그린 『어신상－진구황후상·태중천황어영(御神像－神功皇后像·胎中天皇御影)』(古橋懐古館)이 있다. 이것은 두 폭으로 되어 있는데 왼쪽에는 적자인 오진천황을 안고 있는 타케우치 스쿠네가 앉아 있고 오른쪽에는 아직 임신중으로 보이는 진구황후가 당당한 체구로 허리에 칼을 차고 양손에 활을 들고 서 있다(그림 152). 이 그림에는 모성의 신체와 무인(武人)의 신체가 통합되어 있다. 키오소네가 진구황후를 매우 당당한 신체로 그린 것도 어쩌면 키쿠치 요사이의 황후상을 참조했던 것일지도 모른다. 전통적으로 묶은 머리는 양쪽 모두 공통이다. 키쿠치 요사이가 이것을 『어신상』이라고 명명한 것도 유념해야 한다.

더욱이 주목해야 할 것은 『조가쿠잡지』 제1호(1885년)가 권두 그림으로 유아를 안은 타케우치 스쿠네를 게재하고 있다는 것이다(그림 153). 앞장에서 서술한 바와 같이 그리스도교적 여권 계몽잡지로 여겨지던 이 잡지 및 주간 이와모토 요시하루가 창간호에서 태중 천황을 그림으로 나타냈다는 것은 국가모성과 황태자 탄생을 칭송하는 사상이 애초부터 이 잡지 속에 담겨 있었다는 증거이다.

대표적 일본화(日本画)로는 1890년 제3회 내국박람회에 출품된 유키 마사아키(結城正明, 1840~1904)의 『진구황

그림 152 어신상—진구황후상·태중천황어영, 1860년, 菊池容斎, 古橋懐古館

그림 153 『조가쿠잡지』, 제1호, 1885년, 권두 그림

그림 154 진구황후가 발을 닦는 그림, 1890년, 結城正明

후가 발을 닦는 그림(神功皇后髮洗図)』이 있다(그림 154). 이것은 박람회에서 삼등묘기상(三等妙技賞)을 받았는데 『니혼쇼키』에 따라 진구황후가 신라 토벌에 앞서 신의 뜻을 구하기 위해 큐슈의 카시히노우라(樻日浦)에서 머리를 헹구고 바다에서 올라와 머리를 빗고 있는 장면을 그리고 있다. 진구황후가 만약 토벌이 신의 뜻에 맞는다면 머리는 저절로 두 갈래로 나누어질 것이라고 말하자 머리는 그대로 두 갈래로 나누어졌다. 황후 앞에서는 병사가 무릎을 꿇고 거울을 들고 있다. 이것이 삼종의 신기(神器) 중에서도 오미카미의 미타마시로(御霊代)[197]로 여겨진 야타노카가미(八咫鏡)이고 여기에 황위의 상징이 드러나 있다고 생각된다. 황후는 신라가 마주보이는 바닷가에서 남장을 하기 위해 긴 머리를 미즈라 모양[198]으로 묶으려 하고 있다.

　진구황후는 신라정벌로 조선 복속의 기초를 다졌을 뿐만 아니라 임신중 출정, 개선 후 출산이라는 "아이를 낳는 신체와 군신의 합체"[73*]를 나타냈다. 또한 "오진천황은 황후와 신의 성혼에 의한 자식으로서 성스러운 국토

---

197) 죽은 이의 영혼 대신에 모시는 칼·거울·화상(畫像) 등을 말한다.
198) 고대의 남자 머리 모양의 하나이다. 머리털을 가운데서 좌우로 갈라 양쪽 귀 언저리에서 끝을 고리 모양으로 묶는 것을 말한다.

에서 인간계로의 경계(『코지키』중권 최후의 천황)"74*를 나타냄으로써 신과 천황을 연결하는 고리역할을 하고 천황의 역사가 바뀌는 순간에 위치하였다. 또한 진구황후는 신의 자식을 낳고 신을 태내에 둔 황후가 삼한을 정복했다는 일본의 국체와 위신의 확인, 제국주의적 천황제의 새로운 국가체제의 뛰어난 표상이고 이와 동시에 국가에서 여성의 어머니 역할을 칭송하는 존재가 된 것이다.

그러나 메이지초년부터 중기에 이르기까지 지폐나 그림에서 진구황후라는 여성상이 왕성하게 생산된 마지막 이유는 하루코황후와의 관계에서 찾아야 한다. 황후는 담론 속에서 종종 진구황후와 비교되었다. 1914년에 황태후가 죽었을 때 출판된 『쇼켄황태후(昭憲皇太后)』에는 근대국가의 황후로서 얼마나 여러 방면에 걸쳐 위업을 이루었는지 열거되어 있는데 여기에는 양잠, 농상(農桑), 구제, 자선, 여자교육, 전장위문, 수예, 인형애호 등 국가적 모성과 여성의 성역할이 전형적으로 제시되어 있다.75*

이러한 기술 속에는 황후가 어떤 그림을 좋아했는지 나타나 있다. 예를 들면 1876년 폐도령(廃刀令)이 발포된 아침에 황후는 야마토 타케루(日本武尊)199) 의 족자를 걸게 했다고 한다. 이는 내부의 적을 평정한다는 정치를 신화로 상징하는 것이 조정에서도 상식적인 일이었음을 알려주는 일화이다.76*

이 책에는 하루코황후가 씩씩한 성격으로 "진구황후의 지난날을 상기시키는 큰 일"을 하셨다는 구절이 있다.77* 이에 따르면 황후는 1888년 1월 23일 치카도(近戸, 코베(神戸)?−필자)에서 육해 양군의 공방(攻防) 훈련을 본 후 군함을 타고 귀항하였다. 이 날은 매우 추웠지만 황후는 "여성의 연약한 몸이시면서도…… 고래가 포효하는 듯 거친 바다의 산 같은 파도에 흔들리는 배에도 아랑곳하지 않고 아무 탈 없이 태연하게 타고 오신 일은 실로 감탄스럽기 그지없습니다. 진구황후가 삼한정벌에 나섰을 때도 이러시지 않으셨을까 싶어 진정 황공할 따름이었습니다"라고 적혀 있다.

---

199) 고대 전설의 영웅으로 천황의 명을 받들어 쿠마소(熊襲)를 치고 후에 토고쿠(東國)를 평정하였다.

이와 같이 황후의 건장함이 진구황후와 비교되고 있을 뿐 아니라 같은 책에 있는 "외국인이 본 황후" 부분에서 외국인 마르크 마리우스는 황후의 영리함과 성스러운 모습을 찬미하고 "태고 일본의 역사 첫 페이지에 진구황후라고 칭하는 위대한 한 여성이 있었다. 이 황후는 설화를 통해 훌륭한 성품을 지녔다고 전해져 내려오며 일본인에게는 야마토(大和) 민족혼의 화신으로서 비춰지고 있다"라며 진구황후와 함께 쇼켄황태후를 일컫고 있다.[78]*

이상과 같은 담론을 고려해보면 이상적으로 여겨지는 황후의 역할에는 식산흥업, 국민자녀 교육, 양처현모 개념보급 등과 같은 현실적인 국책원조라는 역할 이외에 천황제국가의 신화적 역사를 환기시키는 역할, 즉 '국가의 연속과 불변의 수호자'로서 상징적 역할이 맡겨져 있었다고 여겨진다. 황후의 표상은 양장한 근대적 초상으로 충분한 것이 아니라 그녀를 통해 어머니인 조국의 불변성이 표상되어야 한다. 메이지초년의 '여성신격' 등장은 황후상의 신격화와 관련이 있었다.

비상하는 여성상

앞절에서는 진구황후상이 이상적인 국민적 여성상으로 창출되는 과정에 대해 언급하였다. 이때 키오소네가 기업공채증서에 그린 진구황후의 모습에는 천공을 군림하고 국토를 내려다보는 수호여신으로서의 상징성이 있음을 지적하고 이것이 하루코황후의 모습과 겹쳐졌다고 추정하였다. 그러나 일본에는 최고의 여성 신격(神格), 즉 아마테라스오미카미(天照大神)가 존재한다. 메이지는 천황가의 조상신이자 태양신으로서 최고인 이 신을 어떻게 표상하였고 또 이것은 황후상과 어떠한 관계에 있었을까.

필자는 아마테라스오미카미가 막말유신기에 민중 사이에서 크게 부활하였다고 생각한다. 그러나 국가신도(国家神道)의 중심이 되어 이세신궁(伊勢神宮)에 모셔졌지만 이것이 천황과 관념적으로 합체됨으로써 천황상과 마찬가지로 절대적으로 신성시되어 지폐 등으로 시각화되는 것은 허용되지 않았다. 킨들시대의 지폐에도 아마테라스오미카미가 아닌 아마노이와토(天岩戸)200) 앞의 주악(奏楽)만이 그려졌다. 따라서 키오소네가 국토와 모성을 표상하고자 했을 때에도 여신이 아닌 진구황후를 선택한 것이다. 황후와 황조(皇祖)는 우주론 속에서 다른 차원에 존재하였다. 아마테라스오미카미는 이곳의 중심 기둥이지만 황후는 신이 아니다.

아마테라스오미카미가 여성이자 태양신임은 『니혼쇼키』에 나와 있는 대로 의심할 여지가 없다. 아마테라스오미카미는 여신인 동시에 태양이었다.79* 『니혼쇼키』 제5단(第五段)에는 "여기에 동시에 태양신을 낳으셨다. …… 아마테라스오미카미라고 한다. …… 이 아이는 아름다운 빛으로 천하를 비춘다"라고 되어 있다. 일본이 '선진 문명국' 가운데 여성을 국가의 기원신이자 최고신으로 삼은 유일한 나라이기 때문에 본질적으로 모계제라고 보는 서구 젠더사 연구가의 해석은 오해이다.

이 문제에 대해서 1930년 타나카 지고헤이(田中治吾平) 씨의 『아마테라스오미카미 신격론(天照大神神格論)』은 적어도 필자가 납득할 만한 이론을 제시하고 있다. 이에 따르면 일본의 선주민족은 모든 인류의 선사시대와 마찬가지로 모계제였지만 외부에서 들어온 황실족은 부계제를 도입하고 선주 모계제 종족을 정복하였다. 황실족의 조상은 다카미무스비(高皇産霊神)201)이고 선주 모계제 종족의 조상은 아마테라스오미카미였다. "이 의문에 대한 해답을 제시해 주는 우리나라 모계시대의 유풍(遺風)이 하나 있다. 그것은 오야(オヤ)202)가 어머니의 호칭이었다는 점이다. 이것은 여자가 호주임과 동

---

200) 일본 신화에 등장하는 바위로 만들어진 동굴이다. 태양신인 아마테라스오미카미가 이곳에 몸을 숨겨 세상이 어두컴컴해졌다는 이와토카쿠레(岩戸隠れ) 전설의 무대이다.
201) 일본 신화의 신으로 천지 생성을 의미하는 신이다.

시에 여신이 가장이었던 시대의 단면을 보여준다."80*

　이 이론은 서구의 고고학적·인류학적·신화학적 모계제 연구 성과와도 부합한다.81* 가부장제 사회의 부계 전통을 근간에 두고 있는 일본은 동일한 이데올로기를 지닌 불교·유교와 합체했지만 무슨 이유에서인지 시조 여신인 아마테라스오미카미를 폐기하지 않았다. 본지수적(本地垂迹)203) 사상 속에서 아마테라스오미카미는 관음보살(観音菩薩)과 대일여래(大日如来)가 됨으로써 젠더가 애매모호해졌지만82* 그 여성성을 불식시킬 수는 없었다. 이는 건국에 관한 천황의 신화화와 결부되어 있던 우주관의 파괴로 이어지기 때문이었다. 실제 부계제였던 그리스에서도 우주만물의 본질로 거슬러 올라가 보면 모체인 여신으로 귀결될 수밖에 없었기 때문에 바흐오펜(Johann Jakob Bachofen, 1815~1887)이 신화 속에서 찾아낸 것처럼 정복민족 도리스(Doris)인이 폴리스(police) 국가를 형성하는 과정에서 여신의 존엄을 격하시키고 최고신 주피터의 여성제압이 행해졌던 것이다.83*

　그러나 지배적 체제가 위기에 빠진 막말기의 민중은 세상을 바로잡기 위한 상징으로서 아마테라스오미카미를 추대하였다. '괜찮지 아니한가(ええじゃないか)' 운동과 오시오 헤이하치로(大塩平八郎, 1793~1837) 반란의 깃발, 그리고 안세대지진(安政大地震)의 '나마즈에(鯰絵)'204), 니가타지방(新潟地方) 농민봉기의 깃발 등에 아마테라스오미카미가 자주 등장하였다. 이 현상에 관해서는 치바 케이(千葉慶) 씨의 최근 연구가 있다.84* 결국 세상을 바로잡으려는 운동이 추대했던 아마테라스오미카미의 의미는 우선 여성신격이 남성으로 상징되는 기성 권위와 체제에 대한 이의제기이자 '거꾸로 된 세계'의 창출수단으로 유효했다는 점, 토막근왕 사상(討幕勤王思想)을 황조와 결부시킨 점 등을 포함하여 민중은 모든 것이 맨 처음으로 돌아가고 새로워지기를

---

202) 현재 일본어에서 '오야'는 '親'의 의미, 즉 부모라는 의미로 쓰인다.
203) 부처나 보살이 중생을 교화하기 위한 방편으로 여러 가지 다른 신령의 모습으로 나타나는 것을 말한다.
204) 땅속에서 '메기(鯰)'가 지진을 일으킨다는 속설 때문에 등장하였다.

원했던 것이다. 또 문화인류학적으로 말하자면 민중은 대지의 풍요, 생명의 재생을 여성 신체의 풍요 및 재생능력과 관련지으면서 대지와 자연, 곡물의 결실을 어머니로 상상한 것이다. 이는 고대 로마에서 곡물과 생명의 풍요가 베스타, 케레스, 옵스 등과 같은 여신으로 표상되었던 것과 동일하다.

따라서 앞에서 말한 것처럼 천황친정을 알리는 1868년 『어유서(御諭書)』에서는 무지한 민중의 민심을 잡기 위해 이번에 친정을 하게 된 천황이라는 분이 '아마테라스의 자손'이라고 가르치게 된 것이다.[85*] 유신 후 천황은 아마테라스오미카미의 신통력을 흡수한다. 아베 야스나리(阿部安成) 씨는 "나마즈에(鯰絵) 속에 그려진 아마테라스가 밖으로 나와 살아 있는 무츠히토(睦仁)가 된다"고 적고 있다.[86*] 치바 케이 씨는 "세상을 바로 잡는 아마테라스를 역으로 이용한 유신칙어 고유(告諭)" 이후, 아마테라스오미카미의 힘과 천지창조 신화를 국체신화에 기초를 두는 천황제의 권위화와 결부시키고 아마테라스오미카미를 민중과 격리시켜 이세신궁에 모셔둠으로써 천황 자신이 진무천황이 되었다고 한다.[87*] 필자도 이러한 치바 케이 씨의 견해에 동의한다.

천황제는 고대로 회귀하고 오래된 권위를 '재이용'[88*]하였으며 아마테라스오미카미를 만세일계의 시초로 삼아 자신의 권위를 확립하였다. 그리고 이러한 모든 과정에서 아마테라스오미카미의 '여성성－풍요－모성'을 최대한 이용하였다. 영원히 계속되리라 믿어 왔던 정권의 붕괴를 눈앞에 둔 민중은 변화하는 정권·권력보다 오래되고 모든 것의 시초였던 존재, 혹은 모든 것의 기층(基層)에 있는 존재, 시간 속에서 변하는 것이 아니라 자연이나 대지처럼 태고부터 변하지 않은 존재가 아마테라스오미카미라고 여기고 그곳으로 회귀하려고 하였다. 이것이 반드시 아마테라스오미카미일 필요는 없었다. 하지만 당시의 권력자인 남성에게 대항하는 여성은 필요하였다.

황조 아마테라스오미카미를 자신의 시원(始原)으로 삼은 천황친정은 대상제(大嘗祭)를 통해 이를 자신의 신체에 받아들임으로써 원초적인 존재와 현 정권이 일치함을 민중에게 납득시켰다. 그렇기 때문에 아마테라스오미카미

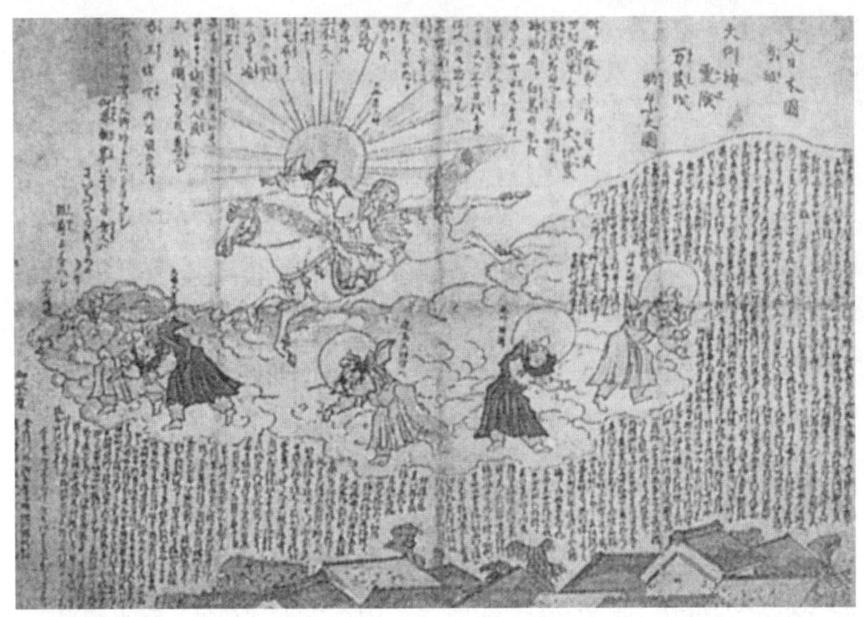

그림 155 대일본제국 제조 오미카미가 영험하게 만민을 도우시는 그림, 나마즈에, 1855조

와 천황은 근대에 '처음으로' 권위로 확립된 것이다.[89*]

필자가 특히 아베 야스나리 씨의 연구에서 시사를 받은 것은 1855년의 나마즈에(鯰絵)『대일본제국 제조 오미카미가 영험하게 만민을 도우시는 그림(大日本帝国帝祖大明神霊験万民を助け給ふ之図)』이라는 한 장의 도상이다(그림 155).[90*] 에도의 상공에서 태양을 배경으로 아마테라스오미카미가 말을 타고 비상하면서 인민을 구제하는 이세신마(伊勢神馬)[205]의 털을 지상에 흩뿌리는 신들을 지휘하고 있다. 이것은 막말기의 위기 때 최고신 아마테라스오미카미가 천공으로 비상하며 국토와 인민을 구제하는 여성상으로 표현되고 있는 것으로 필자에게는 매우 중요한 도상이다. 이 그림에 대해 아베 야스나리 씨는 다음과 같이 말한다.[91*]

---

205) 신사에 바친 말을 의미한다.

지진은 대일본제국에서 발생한 일이
고 이곳은 신의 은혜가 나타나는 신국
(神國)이라고 적혀 있다. 이는 신국의 백
성을 사랑하는 최고 높은 분이자 대일본
국 천황의 조상신이기도 한 것이다. 그
리고 한 눈에 확실히 알 수 있도록 태양
신 아마테라스도 그려져 있다. 최고이면
서 보편적인 천황의 조상신이고 또한 태
양 같은 아마테라스가 세계의 중심에 자
리 잡고 있는 것이다. 아마테라스의 등
장이 질서회복의 원동력이 되었다고도
할 수 있다.

정치로는 해결할 수 없는 대재앙,
자연의 복수, 위협당하는 국토, 이에
대항할 수 있는 것은 위대한 대지모신

그림 156 우의천녀, 1890년, 本多錦吉郎, 개인소장

(大地母神)밖에 없다. 공개적으로 시각화된 적이 없던 아마테라스=대지모신
상(大地母神像)이 민중의 상상력 속에서 구제자로서 구름 위로 출현한 것이
다. 천공을 달리는 구제자로서의 여성상 — 세계에서 이 만큼 보편적인 여성
상은 없다.

메이지 초기부터 1890년대 초반 무렵까지 비상하는 위대한 여성초상이 배
출되었다. 그중에서 가장 대담한 것은 1890년 혼다 긴키치로(本多錦吉郎,
1850~1921)의 『우의천녀(羽衣天女)』(개인소장)이다(그림 156). 투명한 하고로모(羽
衣)206)를 몸에 걸치고 천상으로 귀환하는 천녀가 눈 아래로 아득히 펼쳐진
미호(三保)의 마츠바라(松原)207)와 후지산(富士山)을 내려다보고 있다. 이 그림은
1890년 제3회 내국박람회에 출품되어 포상을 받았다. 아라야시키 토오루(荒屋

---

206) 새의 깃으로 만든 가벼운 옷을 말한다. 신선이 입고 하늘을 난다고 한다.
207) 현재 시즈오카현(靜岡縣)의 미호반도(三保半島)에 있는 관광지. 백사장에 총 7킬로미터 정
    도 이어지는 소나무 숲으로 유명하다. ‘하고로모전설’의 무대이기도 하다.

그림 157 신녀 그림, 1876년~1878년, Antonio Fontanesi, 치바
현립 미술관

鋪透) 씨는 이 그림이 같은 박람회에 출품된 하라다 나오지로(原田直次郎, 1863~1899)의 『기류관음(騎龍観音)』과 함께 화제를 불러일으켰다고 서술하고 있다.[92*] 실제로 박람회장에서 이 작품을 본 카와이 신조(河合新蔵, 1867~1936)는 이 그림이 4척 7척(四尺七尺)(약1미터 30센티×2미터 30센티)의 대작이고, "천녀가 유유히 창공을 향해 펄럭이며 상승하는데 발밑으로 미호의 마츠바라와 후지산 등이 구름과 연기 사이로 아득하게 보이는 그림으로 보는 사람으로 하여금 황홀감을 느끼게 하고 다수의 출품작 가운데 이채를 띠며 많은 호평을 받았다"고 절찬하고 있다.[93*]

아라야시키 토오루 씨에 따르면 '천녀'가 한 손을 위로 올린 모습은 폰타네지(Antonio Fontanesi, 1818~1882)의 소묘 『신녀 그림(神女図)』(1876년~1878년, 치바 현립 미술관)의 영향을 받은 것이라고 한다(그림 157). 『신녀 그림』은 원래 아사이 추(浅井忠, 1856~1907)가 소장했던 것으로 공부미술학교(工部美術学校)의 미술교사였던 이탈리아인 폰타네지가 1878년에 사임하고 떠날 때 제자들에게 건네준 소묘 중 한 장이라고 한다. 혼다 긴키치로가 이 소묘를 접할 기회가 있었음은 아사이 추 등이 결성한 도카회(十日会)에 혼다 긴키치로도 가담했다는 점에서 확인할 수 있다.

그림 158 바커스, 헬레니즘시기, 로마, 캐피토리니 미술관

그림 159 진리의 우의, 1480~90년경, 보티첼리의 『비방』(부분), 우피치 미술관

　　다만 필자는 폰타네지의 소묘가 『신녀 그림』으로 명명된 이유를 알 수 없다. 이것은 오해 때문일 것이다. 그리스도교의 천사는 성이 없고 게다가 나체가 아니다. 또한 이 소묘에는 날개도 없기 때문에 그리스신화의 여신을 그린 것일지도 모른다. 그러나 잔을 들고 한쪽 손에 포도송이를 든 도상은 전통적으로는 바커스(Bacchus)[208]밖에 없다. 아마도 폰타네지는 이 도상을 로마의 캐피토리니(Musei Capitolini) 미술관에 있는 바커스신(그림 158)과 같은 고대조각과 피렌체의 우피치(ffizi) 미술관에 있는 보티첼리(Sandro Botticelli, 1445~1510)의 『비방(誹謗)』에 등장하는 「진리의 우의(真理の寓意)」상을 합체시킨 뒤 물결치는 머리와 국부를 가린 천을 더한 것일지도 모른다(그림 159). '신녀'의 양다리 자세는 보티첼리와 완전히 똑같다. 아무튼 혼다 긴치키로는 폰타네지의 소묘를 통해 이탈리아 미술의 고전적 전통인 '구상화(構想画)의 여성상 조형법'

---

208) 로마신화에 나오는 술의 신. 그리스신화의 디오니소스(Dionysos)에 해당한다.

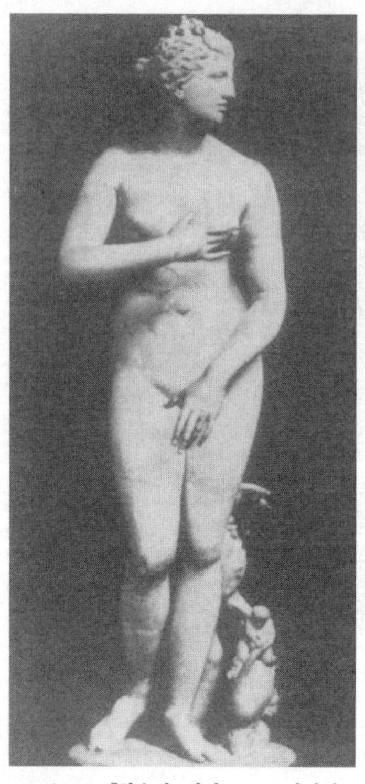
그림 160 『함수의 비너스』, 로마시대 조각, 로마, 카피톨리노 미술관

그림 161 『시학』, 라파엘로 공간의 천정 모자이크, Raffaello Sanzio, 바티칸 미술관

을 처음으로 배웠다고 할 수 있을 것이다. 실제로 혼다 긴키치로의 '천녀'와 폰타네지의 소묘는 팔찌를 한 오른팔을 들어 올리는 모습이 닮았을 뿐 왼손 동작, 표정, 소지품은 전혀 비슷하지는 않다. 천녀의 왼손 동작은 로마 카피톨리노(Capitolino) 미술관에 있는 『함수의 비너스(含羞のヴィナス)』(그림 160)에 가깝고, 이를 참조한 라파엘로의 『성녀 카타리나(聖女Catharina de Alexandria)』(런던국립갤러리)의 오른손도 마찬가지이다. 본래 우의천녀는 분명히 날개가 없다. 따라서 이 여성이 날개를 가진 것은 서구의 천사상(天使像)에서 착안된 것임에 틀림없다. 아니면 바티칸(Vatican) 미술관 라파엘로 공간의 천정 모자이크 『시학(詩学)』의 날개 달린 당당한 여성상(구름을 밟은)에서 힌트를 얻은 것일지도 모른다(그림 161). 그녀는 왼손에 하프를 들고 있다. 이는 천녀가 왼손에 츠

즈미(鼓)209)를 들고 있는 것과 동일하고
천녀는 악기를 왼손으로 감싸는 동작을
취하고 있다. 라파엘로의 경우 날개가
있다는 것은 고귀한 영성(靈性)의 상징
이지 천사의 상징은 아니다.

혼다 긴키치로는 쿠니사와 신쿠로(国
沢新九郎, 1847~1877)의 가르침을 받아 서
양고전에 능통하였다. 그의 제자 키쿠치
츄타로(菊池鑄太郎)는 「서너 가지 추억(思
いでの三つ四つ)」에서 그가 존 버넷(John
Burnett, 1784~1868)의 『Practical Treatise of
painting』(1837년 판) 번역서 『회사삼요(絵
事三要)』에서 클로드 로랭(Claude Lorrain,
1600~1682), 루반스(Peter Paul Rubens, 1577~
1640), 코레조(Correggio, 1494~1534), 라파엘

그림 162 『유디트』, 산조반니세례당, 『천국의 문』
(부분), Lorenzo Ghiberti, 피렌체

로, 귀도 레니(Guido Reni, 1575~1642) 등 많은 화가를 소개하였다고 회상하고 있
는 것을 보아도 분명하다.[94*] 따라서 그가 이 웅대한 여성상을 그릴 때 이탈리
아의 르네상스 미술에서 영감을 얻었을 가능성이 크다. 게다가 위에서 언급
한 작품은 모두 접근이 용이한 국립미술관에 전시되어 있는 작품들이기 때문
에 참조하기 쉬웠을 것이다.

그렇지만 필자가 이러한 르네상스시기의 여성상 중 '천녀'와 가장 닮았다
고 생각하는 것은 피렌체의 도시국가를 상징하는 위대한 여성상이다. 이것
은 피렌체 세례당의 이른바 '천국문(Gates of Paradise)'에 조각된 로렌초 기베르
티(Lorenzo Ghiberti, 1378~1455)의 『유디트(Judith)210)』이다(그림 162). 유디트는 적의
침략에서 유대민족을 구한 구국의 여자영웅이자 피렌체의 수호성녀였다.[95*]

---

209) 가죽을 발라 만든 일본 타악기의 총칭이다.
210) 아시리아(Assyria)의 장수를 죽이고 동포를 구출한 유대의 여걸.

이 여성은 적장의 머리를 칼로 베어 왼손에 들고 오른손은 칼을 높이 쳐들고 있다.

오른손을 높이 올리고 왼손에 물건을 든 자세, 전신을 부드러운 활처럼 젖히고 머리 위로 '드레이프(drape)'211)를 드리우고 있는 것, 바람에 흔들리는 우아한 의상 등 유디트와 '천녀'는 명백히 유사하다. 양자의 차이는 유디트가 승리의 칼을 우러러보며 신에게 감사하고 있는 것에 반해 천녀는 발밑에 펼쳐진 일본을 상징하는 후지산과 국토를 내려다보고 있는 것이다. 유디트가 구국의 여성영웅이었다는 점을 생각하면 작자가 여기에서 자세뿐만 아니라 영웅적이고 위대한 여성상이라는 구상도 받아들였으리라는 추측도 성립될 것이다. 또한 키오소네가 그린 거대한 스케일의 천상의 진구황후상과 마찬가지로 눈 아래로 일본국토를 내려다보고 있기 때문에 이 불상을 닮은 여성은 일본의 수호여신으로, 청랑한 대지는 천녀가 지키는 특권화된 국토로 보인다. 이 때문에 1890년의 국민을 '황홀'하게 만들었을 것이다.

하지만 아무리 천공 위에 떠있는 인물상이 성중래영(聖衆来迎)212), 운상관음(雲上観音) 등 불화(仏画)의 전통에 있었다고는 해도 이처럼 서구적인 리얼리즘에 기초하여 그려진, 중량감을 지닌 거대한 신체가 지상에 떠오른다는 착상은 어떤 의미로는 회화의 착상이 본래 의미의 리얼리즘을 넘어서 상징적 차원까지 이르렀음을 보여주고 있다.

필자는 이처럼 대담한 추상적 관념화의 원천을 혼다 긴키치로의 만화에서 찾고자 한다. 그는 소묘력이 매우 뛰어나고 게다가 기지와 착상이 풍부한 서양만화와 비교하여 손색이 없는 세태풍자 만화를 1870년대 후반부터 1880년대 중반까지 양산하였다.96* 이러한 풍자만화는 본질적으로 우의화(寓意画)이다.

예를 들면 1879년 2월의 『당세번창카미즈모(当世繁晶かみ相撲)』에서는 살찐

---

211) 고대에 귀부인이 정장할 때 장식으로 어깨에 걸치던 길고 얇은 천을 말한다.
212) 임종시 아미타불이나 관음, 대세지보살 등 성중이 맞으러 와서 정토로 인도해 준다는 뜻이다.

'국립은행'이 '세이난전쟁 전몰자'를 상징하는 해골과 스모를 하고 있다.[97]* 이것은 전쟁을 계기로 양쪽의 수가 늘어났다는 것과 '카미(紙, 종이)'와 '카미(神, 신)'의 고로아와세(語呂合せ)[213]라고 할 수 있다. 그러나 이것은 분명히 서구 중세 말기의 『죽음의 무도』를 바탕으로 한 뛰어난 고안이다. 또한 그는 필자가 참고한 문헌에 수록된 것만도 적어도 2점, 이상하리만큼 거대한 신체가 대지 위에 우뚝 선 그림을 그렸다. 1878년 10월의 『불평의 세 장군(不平の三将)』[98]*과 1879년의 『집아랑항의 고동인(執児狼港の古銅人)』이 그것이다(그림 163).[99]* 이는 일본과 청나라 양쪽에 다리를 걸친 거

그림 163 『집아랑항의 고동인』, 만화, 1879년, 本多錦吉郎

대한 나체의 남성상으로 일본과 청나라 양쪽에 속해 있던 류큐(琉球)의 운명을 표상하고 있다. 1890년에 혼다 긴키치로가 비상하는 거대한 여성을 그린 것은 풍자화를 통해 배양되고 있던 그의 우의상(寓意像) 창작수법이 후지산을 내려다보며 상승하는 천녀로 영광화된 국가의 수호여신이라는 착상을 만들어낸 것이 아닐까 생각된다.

마지막으로 천황의 즉위의례인 대상제의 전제로 행해진 후칠일(後七日) 의례에서 천황이 신의 자리에 오르는 신좌(神座) 의식에 앞서 천황내부의 영(靈)과 관련된 후유마츠리(フユ祭)로서 '아마노하고로모(天羽衣)'를 입고 벗는 의식이 1849년까지 계속되었음을 덧붙이고 싶다.[100]* 화가가 이를 알고 있었다고 증명할 수는 없다. 하지만 야곱의 사다리(창세기 28장 10~22절)에서 그

---

213) 속담·성구 등의 가락을 흉내 내어 뜻이 전혀 다른 새로운 구를 만듦으로써 웃음을 자아내게 하는 말장난을 말한다.

예를 볼 수 있듯이 인류의 대다수는 인간이 하늘과 통하는 장소를 갖고 있고 그곳을 성역의 중심으로 보는 신화를 창조하였다.[101*] 천황이 입고 벗는 '하고로모'는 하늘과 교신하는 특권적인 힘을 의미하고 천녀가 올라가는 장소는 세계의 중심이라고 해석할 수 있다.

기용관음(騎龍觀音)과 진구황후(神功皇后)

1890년 제3회 내국박람회에 『우의천녀』와 함께 또 하나의 위대한 여성상이 출품되었다. 하라다 나오지로가 황량한 바닷가에 서 있는 영웅적인 여성상 『기용관음(騎龍観音)』을 출품하였다(그림 164). 아라야시키 토오루 씨는 이 작품을 다음과 같이 해설하였다.[102*]

그림 164 『기용관음』 1890년, 原田直次郎, 고코쿠지(護国寺)(토쿄국립근대미술관기탁)

작품 크기로도 화제가 되었지만 메이지미술회(明治美術會)의 찬조회원이었던 토야마 쇼이치(外山正一, 1848 ~1900)는 제2회 메이지미술회 강연에서 기용관음이 사상적 내용이 없는 공상화에 불과하고 신앙심이 약한 사람은 신불(神佛)을 그려서는 안 된다고 비난하였다. 이에 대해 모리 오가이(森鷗外, 1862~1922)는 작가 '개인적인 미'의 표현에 기초한 작품이라며 반론했다. …… 4년간의 해외유학을 마친 하라다의 시각적 자원 속에는 이 여성상을 그리스도교 사회의

성모상과 같은 숭배상으로 그리려는 구상이 있었다. 이것은 하라다의 조카인 하라다 쿠마오(原田熊雄, 1888~1945)가 『마음이 움직이는 대로(思ひいづるままに)』에서 '숙부 생각에 유럽에서는 흔히 명화를 대사원(大寺院)에 수장하기 때문에 절에 맡긴다는 의미에서 고코쿠지(護國寺)에 가져갔다'고 기록하고 있는 것을 보아도 분명하다.

이러한 해석은 매우 옳다. 사상적 내용이 없다는 토야마 쇼이치나 작가 개인의 미를 추구한 것이라고 변호한 모리 오가이 등과 같은 동시대의 비평은 이 여성상이 지닌 의도를 이해하지 못했다. 하라다 나오지로의 진의는 조카가 말했듯이 서구의 성모상에 필적하는 일본국가의 수호여신을 창출하는 것이었다. 때문에 서구에서 공부한 애국자 하라다 나오지로는 성모마리아의 도상을 빌려 관음의상을 입히고 쇼켄황태후의 얼굴을 그림으로써 위대한 여성상을 만들어낸 것이다. 이런 의미에서 기용관음은 실로 입헌왕정의 형태를 갖추고 세계에 맞서는 제국의 융성기였던 1890년을 상징하는 여성상이라 할 수 있다.

탄오 야스노리(丹尾安典) 씨의 논문에 따르면 기용관음은 용두관음(龍頭観音)이라는 이름으로도 불렸고 에도시기의 『불상도휘(仏像図彙)』에 초상이 실려 있다.[103*] 여기에서 관음은 용이 숨어 있는 소용돌이치는 구름 위에 자리 잡고 있다. 메이지에 들어와서는 카와나베 교사이(河鍋曉斎, 1831~1889)가 1886년에는 하시모토 가호(橋本雅邦, 1835~1905)가 둥근 빛 속에 모셔져 파도 위로 떠오르는 『기용변천(騎龍弁天)』(보스턴 미술관)을 그렸다. 이외에도 1899년 진미회(真美会) 출품작 오카쿠라 슈스이(岡倉秋水, 1868~1950)의 『용두관음(龍頭観音)』, 1917년 제11회 문전(文展) 출품작 마츠모토 후코(松本楓湖, 1840~1923)의 일본화 등이 있다. 탄오 야스노리 씨에 따르면 관음은 일본화에서 자주 다루어진 주제이고 하라다 긴키치로의 작품은 사실적인 유화로 시도되었다는 점에서 독자성을 갖는다고 한다.

미와 히데오(三輪英夫) 씨는 이처럼 거대한 용을 탄 보살은 묘견보살(妙見菩

薩)214)로 여겨지고 따라서 북극성을 신격화한 이 보살이 국토를 보호하고 재앙을 없애며 용을 물리친다고 알려졌다고 지적한다. 이 점은 대단히 중요하다.『불상집성(仏像集成)』에 의하면 몇 종류의 묘견불상 도상 가운데 "날고 있는 뱀과 청룡의 등 위에서 …… 지상을 내려다보는 모습으로 서 있는" 것이 있다.104* 또『북진묘견보살신주경(北辰妙見菩薩神咒経)』에는 "북진묘견보살은 모든 국토를 보호하여 위로는 천자로부터 아래로는 만민에 이르기까지 수호하시고 천하태평과 국토안녕을 이루신다. 영원한 천자이시여. 만만세"라고 되어 있다.105* 이와 같은 도상학적 의미를 지닌 초상이라면 작가가 고코쿠사에 수장한 것도 납득할 만하다. 그러나 문제는 이것이 서양화라는 점이다.

필자의 생각으로는 화가 하라다 나오지로가 이탈리아의 종교화를 충분히 파악하여 뱀을 밟고서 천상에 군림하는 성모 도상과 용을 타고 있는 관음과의 유사성을 끌어냈다고 본다. 피렌체 우피치(Uffizi) 미술관에 있는 조르지오 바사리(Giorgio Vasari, 1511~1574)의『무원죄 수태(無原罪受胎)』는 고귀한 여성이 뱀을 밟고 있다(그림 165). 이 밖에도 스페인의 무리요(Bartolome Esteban Murillo, 1617~1681) 작품과 같은 17세기의 무원죄 도상은 이런

그림 165 『무원죄 수태』, 1541년, Giorgio Vasari, 우피치 미술관

---

214) 불교에서 신앙 대상인 보살의 한 종류이다. 원래 '보살'은 산스그리스도어로 '보디싯트바'의 한자번역인 '菩提薩埵'에서 온 말로 '진리를 구하는 자'의 의미이다. 묘견보살은 중국의 성숙사상(星宿思想)에서 온 것으로 북극성을 신격화한 것이다. 중국에서 북극성은 천제로 간주되었는데 여기에 불교사상이 유입된 것이다. 묘견은 '뛰어난 시력'의 의미로 선악이나 진리를 잘 간파하는 자라는 의미다. 중요문화재로 지정된 묘견보살은 요미우리랜드 내의 성지공원에 있다. 원래 이세신궁(伊勢神宮) 외궁(外宮)의 묘켄도(妙見堂)에 있었던 것으로 추정된다.

형식을 갖추고 있는 것이 많다. 물론 이 경우는 사탄인 뱀을 밟고 천상에 군림하고 있는 것으로 기용관음처럼 영물인 용 위에 올라타 바다로 나아가려는 것은 아니다. 그렇지만 사악함을 물리치고 중생을 구하는 신성한 여성상이라는 구상은 똑같다.

하라다 나오지로가 그린 인물과 풍경은 유화기법으로 불화(仏画)가 지닌 추상성을 벗어나 바다와 바위, 하늘 모양이 매우 생생하게 표현되었다. 그러나 하라다 나오지로의 관음과 위에 서술한 일본화 속 관음의 구상에서 가장 큰 차이점은 다음과 같다. 일본화 속의 관음은 바다 위나 구름 위처럼 땅에서 떨어져 군림하면서 중생을 구제하기 위해 바다에서 육지로 다가오려는 것에 비해, 하라다 나오지로가 그린 관음은 육지와 바다의 경계, 파도가 거칠게 밀려드는 해변에 서서 마치 국토를 방위하는 것처럼 보이고 더 나아가 바다 너머로 출항하려는 듯한 기백으로 정면을 응시하고 있다.

이 '해변의 여성상'은 유키 마사아키의 신라토벌 직전의 『진구황후상(神功皇后像)』과 똑같다. 그녀가 바다 너머 저편을 응시하고 있는 것은 바다에서 육지로 다가오는 관음이 아니라 바다 저편으로 나아가는 관음을 의미하고 있다. 또 이 용을 배로 본다면 루브르 박물관의 가장 중요한 보물인 헬레니즘시대에 그려진, 승리의 여신 니케(Nike)의 바람에 옷이 흩날리는 용감한 모습과도 비교할 수 있다. 원래 니케는 뱃머리에 붙여졌다.

뱀을 밟고 있는 『무원죄의 성모』 도상은 수호하는 땅 위로 비상하여 초승달이나 보름달을 타고서 중생을 위해 기도하는 모습을 하고 있다(그림 166). 앞절에서 논한 『우의천녀』의 비상하는 모습 또한 성모의 『무원죄 수태』나 『성모승천(聖母昇千)』과 비슷함을 알 수 있다. 이 관음도 고요하고 편안하게 기도하는 모습이며 성모처럼 대지와 바다를 배경으로 하늘과 땅 사이에 솟아올라 있다. 대지를 배경으로 거친 바다를 앞에 두고 있는 모습은 거친 먼 바다를 향해 국가수호를 염원하는 여성상으로 보인다. 앞에서 인용한 조카의 증언에 따르면 하라다 나오지로는 이것을 성모상과 다름없는 작품으로 여겼음을 알 수 있다. 또 이탈리아 교회에는 성모의 무원죄 도상이 도처에

그림 166 『무원죄 수태』, 1630년경, Francisco de Zurbarán, 시구엔사 교구협회

전시되어 있기 때문에 그가 무원죄 도상에 익숙했을 가능성은 충분하다. 그는 불교 관음상을 서양화풍으로 표현하면서 관음상과 그리스도교의 성모상, 즉 종종 '바다의 별(Stella Maris)'[106*]로 불리며 어부의 뱃길 안내를 위해 해변에 건립된 성모상과 합체시킨 것으로 볼 수 있다.

그러나 『무원죄의 성모』와 비슷한 도상은 하라다 나오지로의 작품 이전에도 찾아볼 수 있다. 1888년 카노 호가이(狩野芳崖, 1828~1888)의 작품 『비모관음(悲母観音)』이 그것이다(그림 167). 이것은 페놀로사(Ernest Penollosa, 1853~1908)의 조언을 듣고 제작된 것으로 어람관음(魚籃観音)을 그렸다고 보는 것이 정설이지만 필자는 이 구도와 구상도 앞의 그림(그림 166)에서 본 서구의 『무원죄의 성모』 도상을 참조한 것이라고 생각한다. 옆으로 길게 드리워진 구름, 하늘에 떠 있는 여성, 눈 아래의 대지, 구형물체(이것은 지상세계를 의미하고 있다), 자애로 가득 찬 고요하고 편안한 표정도 비슷하다. 카와세 슈지(河瀬修二)는 『미술계의 고금(美術界の今昔)』에서 카노 호가이가 페놀로사에게 원근운연광선법(遠近雲煙光線)을 배웠다고 언급하고 있는데 카노 호가이는 이때 페놀로사에게 서양 성모 도상의 구상을 시사받았을 가능성이 크다.[107*]

그러나 매우 중요한 것은 주제 자체가 카노 호가이 자신의 진지한 문제의식에서 출발했다는 점이다. 오카쿠라 슈스이의 담화에 따르면 카노 호가이는 평소 마늘을 심고서 아이를 임신한 어머니는 마늘을 먹어야 한다고 설

득하며 돌아다녔다고 하는데 그 내용은 다음과 같다고 한다.[108*]

> 호가이는 아이가 태어난 다음에는 이미 늦고 뱃속에 있을 때에 어머니가 먹어야 한다고 생각했습니다. 이를 위해서 그는 여자교육이 필요하다는 것을 깨닫고 여자교육에 관한 것도 조사하면서 관음 그림에 대한 계획을 세웠습니다. …… 호가이가 생각한 여자의 공덕은 대단한 것이어서 …… 아이는 반드시 여자가 키워야 한다는 것입니다. 여자를 교육하면 나쁜 사람도 점점 없어지고 착한 사람이 많아진다는 이치입니다. 이렇게 보면 호가이는 여자를 관음이라고 생각했던 것이고 관음은 원래 남자이지만 자신은 여성으로 그려보고자 관음 그림에 착수했습니다.

이 말은 소박하게 표현된 양처현모·부국강병론이나 다름없다. 카노 호가이가 개명(開明)에 열심인 우국지사였음은 아오키 시게루 씨가 수록한 자료에서 충분히 검증된 바, 이 관음이 전통적인 불화와는 발상

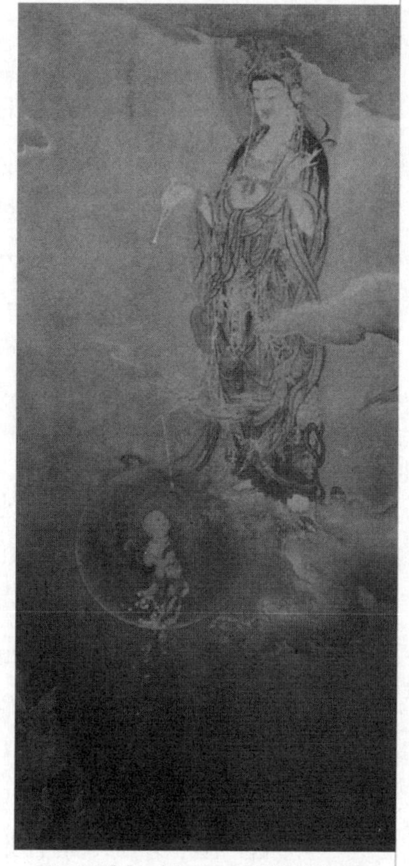

그림 167 『비모관음』 1888년, 狩野芳崖, 토쿄 예술대학

부터 다른, 국가주의적 여성계몽 사상을 담고 있음은 분명하다. 게다가 이 증언을 믿는다면 물방울 같이 생긴 어람에 들어있는 갓난아기는 아직 태내에서 출생하지 않는 영아이고 관음의 물병에서 떨어지는 물방울은 마늘즙임에 틀림없다. 황당무계하겠지만 사실 이 그림은 부국강병을 위한 현모의 육아를 표현하고 나아가 모성숭배를 의도한 것임에 틀림없다.

따라서 하라다 나오지로가 1890년에 『기용관음』을 그릴 때 카노 호가이의 『비모관음』을 염두에 두고 일본의 전통적인 불교주제를 빌려 현대적 이

넘을 표상하고 또 그 텍스트인 무원죄 성모에서 시사를 받았을 가능성이 있다. 양자 모두 불교 도상을 빌려 기존의 일본에 없던 위대하고 신성한 여성으로 국가적 이념을 표현하고자 시도한 것이며 이는 혼다 긴키치로의『우의천녀』도 마찬가지였다. 카노 호가이가 국가적 모성을, 혼다 긴키치로가 영광화된 국토를 일본 전통의 천상의 여성상을 빌려 표현하려 했다면 하라다 나오지로의 관음상은 국가수호와 해외로의 웅비를 상징한다.『기용관음』이 화가 본인의 의사로 고코쿠사에 수장된 것은 중요한 의미를 지닌다. 고코쿠사는 다름 아닌 국가를 수호하는 절이기 때문에 하라다 나오지로가 관음상을 일본의 대지와 바다, 즉 일본국가의 수호여신으로 보았다고 추측할 수 있다.

더구나 전투적인 수호여신이라는 의미에서 관음상은 진구황후상과 합체되고 있다. 이다 타케사토(飯田武郷, 1828~1901)는『니혼쇼키』권9의 진구황후기를 번역하면서『치쿠젠풍토기(筑前風土記)』의 전승을 참조하여 다음과 같이 쓰고 있다. 진구황후는 신라로 가는 여행 도중에 시카노시마(志賀島)에 들려 시카우미신사(志賀海神社)에 행차하셨는데 이때 "거친 파도가 잠잠해지면서 물이 빠지고 솔잎처럼 뾰족한 모양의 섬으로 이어지는 바다 속 길", 즉 섬으로 이어지는 길이 생겼다. "진구황후가 다른 나라를 퇴치할 때 용궁에서 나온 신이 병선(兵船)의 뱃머리에 서서 바닷길을 인도하셨다. 유명한 용의 수도에 흔적을 남겼다. 파도를 가르고 나아가니 바다 속 길이 보인다."[109]*

이것은 3절에서 말했듯이 토요토미 히데요시의 조선 출병 시 창조된 치쿠젠시카노시마신사연기(筑前志賀之島神社縁起)에 근거를 둔 설화이다. 여기에서 진구황후는 '삼한정벌'을 나섰을 때 기카노시마신사를 참배했는데 이때 용궁에서 신(安曇磯良)이 나와 길을 안내하였고 바다가 갈라져 바다 속 길을 걸어갔다고 전승되고 있다. 바다, 파도, 물, 조류와 깊은 관계가 있는 진구황후는 용과도 깊은 관련이 있으며『하치만구도쿤(八幡愚童訓)』도『타이헤이키(太平記)』도 진구황후와 용의 관계를 다루었음은 앞 절에서 언급한 바와 같다.

그림 168 하루코황후 초상(부분)   그림 169 기용관음(부분)

　만약 이것을 착상의 텍스트로 삼는다면 관음은 용에게 도움을 받는 진구황후다. 관음=황후를 태우고 있는 용은 신라정벌로 진구황후를 인도하는 길잡이 신이다. 곶 또는 반도로 보이는 배경은 시카노시마일지도 모른다. 이 그림이 지닌 중요한 의미는 관음이 나타난 곳이 바닷가라는 점이다. 메이지시기에 진구황후가 갖고 있는 대외적인 의미가 중요했음은 이미 서술한 바와 같다.

　국토를 배경으로 거친 바다를 향해 서 있는 관음상은 영국의 빅토리아여왕(승리의 여신, 그리스에서는 니케)처럼 해변에서 바람과 맞서며 일본국가의 수호와 대외 진출, 해외 제패를 상징했다고 할 수 있다. 더 나아가 『기용관음』의 외꺼풀 눈과 의지적인 입술, 동양적이고 간결한 용모, 더구나 이상적인 불상의 모습을 전혀 지니지 않는 개성적인 용모는 분명히 쇼켄황태후와 닮았다(그림 168, 그림 169). 쇼켄황태후가 종종 진구황후와 동일시되었음은 이 장

첫 부분에서 서술한 바와 같다. 이리하여 진구황후=쇼켄황태후=기용관음은 일체가 된다.

1888년부터 1890년, 교육칙어 발포부터 헌법 발포 사이, 그리고 황후가 양장을 통해 국민적 역할을 모범으로 보였던 시기에 유래없는 '위대한 여성상'들이 출현하였다. 일본미술은 일찍이 이와 같은 기념비적인 여성상을 가진 적이 없다. 이후로는 1897년 쿠로다 세이키(黒田淸輝, 1866~1924)의 작품『지·감·정(智·感·情)』이 있을 뿐이다. 필자는 이전에 쿠로다 세이키가 그린 당당한 여자 나체상은 후쿠자와 유키치가 이상으로 삼는 지·정·의(智·情·義)를 겸비한 새로운 여성상을 표상한 것이라고 해석하였다.[110*]

그러나 여성상에 추상적 관념을 표상시키는 서구의 작화법(作画法)을 몰랐던 동시대 비평들은 쿠로다 세이키의 의도를 이해할 수 없었다. 서구에서 고상한 관념을 표상할 때 여성의 몸을 의인상(擬人像)으로 사용하는 것은 의인화(Anthropomorphic)된 세계관에 기초하여 고대 전통에 따라 관습화되었던 것이다. 또한 서구 언어의 명사(名詞) 가운데 대부분의 고상한 개념이 여성명사라는 것의 근거로 그 명사가 생겨난 당시 여계사회가 존재했다는 가설이 있다. 그러나 앞절에서 말했듯이 근대에는 국가·국토·애국이라는 관념이 모(母)=여성=모국의 상징으로 계급과 사상의 대립을 넘어 국민을 하나의 끈으로 연결하기 위해 대량으로 생산되었던 것이다.

1880년대 후반에 나타났던 이들 여성상의 공통적인 특징은 첫째 기본적으로 일본 고대사 또는 신화·전승에 등장하는 여주인공이라는 점, 둘째 통상적인 가부장제 사회의 틀 속에서 여성상이 떠맡고 있는 보편적인 역할—처, 딸, 하녀 등과 같은 현실적인 여성 신분과 역할을 초월한 '초자연적'·'초능력적' 힘을 지닌 위대한 신적 존재로서의 여성상이고 이는 서구적으로 표현하면 어떤 사상을 체현하는 의인상이라는 점이다. 이들 여성상이 초인간적인 존재임을 보여주는 시각적 특징은 그녀들이 단순히 이야기 속에서 그러한 역할을 연기했을 뿐만 아니라 도상 속에서 '비상하는 여성'·'웅비하는 여성'이라는 도상학적 특징을 가졌다는 것이다.

셋째 그녀들이 모두 '관음'·'천녀'·'황후'라는 높은 위계제(hierarchia)의 신성함을 지닌 여성이라는 점이다. 비상하는 천공의 여성이라는 특징은 가부장제 사회에서는 매우 예외적인 여성 범주라고 할 수 있다. 이와 같은 도상은 서구에서는 오직 성모 마리아만이 갖고 있다. 태양으로서 천공에 있는 황조신 아마테라스오미카미가 떠맡던 풍요와 국토는 이를 대신하는 여성상으로 표상되어야 했다.

남성천황은 문명을 상징한다. 천황으로는 표상할 수 없는 '어머니인 국토'는 대지모신으로 표상되어야 한다. 그 도상은 여성 신격을 부여받은 황후와 동일시되었다. 이들은 국토 위를 비상하면서 국민을 보호 구제하는 아마테라스오미카미의 변화된 모습이자 국가모성의 신격화였다. 서구에서 배운 화가들은 일본의 그리스도교 성모로서 황후와 일체화된 국가 모신(母神)을 창출하려고 했던 것이다.

국가신도(国家神道)에서 신인(神人)으로 의미를 부여받는 것은 한 명의 남성 천황뿐이었다. 정치와 제사를 구축한 남성들은 국체를 남성 혈통의 증명만으로 구축할 수 있다고 생각하였다. 그러나 모든 민족은 어머니를 필요로 하고 있다. 서구 중세는 성서의 원전에 존재하지 않았던 성모 숭배를 창출하여 그리스도교를 오래 유지해왔다. 국가신도의 모성은 어디로 갔을까. 유일한 해답은 양성(兩性)을 함께 지니는 천황이다. 이 때문에 천황은 오랫동안 여성화되어 왔다.

이와쿠라 토모미와 오쿠보 토시미치가 메이지유신 초기에 천황의 여성성을 불식시키고자 했던 결과 국가는 여성성을 상실하였다. 그 대체물로 등장한 것이 황후였다. 황후는 근대국가에 필요한 모든 여성의 역할을 떠맡고 국가에 여성성을 부여하며 이를 완전한 것으로 만들었다. 황후는 국민가족 내의 어머니 역할에 대해 모범을 보였을 뿐만 아니라 민중의 심성에 잠재되어 있는 어머니라는 존재, 변하지 않는 것에 대한 희구(希求)를 온 몸으로 받아들이는 국가모신이 되었다.

그러나 이러한 불가결한 역할은 또다시 드러나지 않게 되었다. 메이지의

'위업'을 전하고 칭찬하거나 비판하는 연구는 많지만 그들은 또다시 황후=
여성의 존재와 그 표상의 큰 의미를 알아차리지 못했다.

결론

　이 연구는 두 가지 사실을 분명히 하였다. 하나는 메이지정부가 새로운 국가건설에 즈음하여 여성을 어떻게 국민화했는가이고, 또 하나는 여성의 통제와 지배를 위해 황후가 어떤 역할을 했는가라는 점이다. 하지만 고찰 과정에서 당초 예측하지 못했던 사실이 드러나게 되었다. 그것은 여성의 국민화와 국가적 동원 없이 메이지 근대국가는 건설될 수 없었다는 것이다. 이 점은 19세기 서구의 국민국가 형성 과정의 여성정책을 참조하면 분명한 것임에도 불구하고 메이지를 연구하는 역사가들은 이 점을 그다지 중요하게 여기지 않았다.

　그러나 지금 이 연구를 마치고 인류역사를 뒤돌아보면 모든 인류의 체제 유지에는 여성의 '참여(지배나 협력이라는 형태)'가 불가피했음을 새삼 확인할 수 있다. 왜냐하면 인류의 생명 유지 장치를 장악하고 있는 것이 여성이라는 성(性)이기 때문이다. 또한 이와 관련하여 사람들(민중이라 해도 좋다)의 심성에는 남성주도의 정치, 종교, 철학으로는 충족될 수 없을 만큼 깊게 여성, 즉 생명과 자연의 유지자에 대한 근원적인 숭배(또는 위협)가 계속해서 살아 있기 때문이다. 인류사적으로 과거에서 현재까지 인류의 생명을 생산하고 유지하는 일을 여성이 담당해왔다. 남성이 국가의 권력을 장악한 고대 이후로 남성 군주와 남성 신을 중심으로 유지되어 온 질서가 가부장제 질서이다. 이 질서는 대외적으로는 타국의 권력과 항쟁하여 승리함으로써, 대내적으로는 생명 유지자인 여성의 성적(性的)·인간적 에너지를 지배하에 둠으로써 요컨대 내외의 타자(他者) 지배와 억압으로 유지되어 왔던 것이다.

따라서 국가는 남성의 권력 행사(법·형벌)와 폭력 행사(전쟁)로 유지될 수밖에 없었다. 그러나 이와 같은 남성 측의 폭력이 여성성(인간과 자연의 생명유지)을 극도로 압박하고 배제했을 때 이 체제는 반드시 위기에 빠진다. 이 경우에 내가 '여성성'이라고 말하는 것은 역사적으로 사용되어 온 의미의 여성성이며, 과거에 여성을 오로지 생명의 수여자라고 여겼던 시대에 사용되었던 의미의 여성성이다. 현재 이 말은 무조건 사용할 수 있는 용어가 아니다. 젠더학은 여성을 출산하는 성(性)으로 한정하여 정의하는 것을 그만두었다. 생명의 생산이 정자와 난자의 공동 작업이듯 생명의 재생산은 남녀 양성의 공동 작업이다. 이런 의미에서 지금은 남성에게도 기존의 '여성성'이 요구되며 그 명칭도 바뀌어야 한다.

이와 같이 여성성을 생명생산과 유지의 담당을 목적으로 하는 경향으로 정의하고 권력과 이익 추구의 공격성을 남성성이라고 정의하는 경우, 거듭 강조하지만 국가의 여성성 부정 — 생명 경시 — 은 국가를 위기에 빠뜨린다. 그 위기는 인구 감소로 가장 현저하게 나타난다. 또 그것은 학살과 침략에 의한 인구 괴멸로 나타나는 경우도 있고 민중의 폭동, 반란, 혁명에 의한 체제 파괴의 경우도 있으며 특히 전쟁에 의한 파괴인 경우도 있다. 전쟁·정복·군사행사 등과 같은 폭력 행사는 역사상 항상 '남성다운' 장한 일로 여겨져 왔다.

오랫동안 계속된 막번체제가 허술해진 막말유신기에는 민중의 우치코와시(打ち壊し)215)와 오카게마이리(おかげ参り)216)가 발발하고 농민반란이 성난 파도처럼 일시에 밀어닥쳤다. 이때 민중들이 아마테라스오미카미의 깃발을

내걸고 아마테라스상(像)을 알현했다는 것은 군인집단인 무사계급이 지배해온 오랜 억압체제에 대한 피억압 계급의 반발이고, 원초적인 여신으로의 회귀가 남성성의 안티테제로서 상징적으로 현재화(顯在化)된 것이다. 농민과 여성은 유연관계(類緣関係)에 있다. 농민과 여성은 모두 남성 지배형 사회의 하부와 주변에 놓여 있어서 권력과 문명이 만들어내는 혜택으로부터 가장 멀리 떨어져 있었다. 또한 뒤떨어진 '자연'에 삶의 근거를 두고 역사에 참가하지 못하며 권력에 묵묵히 종속되어 온 '언어를 갖지 못한' 존재들이라는 점에서 같은 부류였다. 여성은 가부장제 사회에서 어떠한 권력도 갖지 못했다는 점에서 하층 민중이나 빈곤한 농민과 똑같이 본질적으로 반(反) 체제적이다. 그렇기 때문에 그들을 어떻게 체제에 참여시키느냐가 새로운 국가건설의 과제가 된다.

유신정부가 이와 같은 남성 민중을 어떻게 국민화했는지에 대해서는 일본의 뛰어난 역사가들이 전심을 다해 연구해왔다. 그러나 여성의 국민화에 대한 연구는 극소수 여성사 연구자들의 성과가 있을 뿐이다. 그러나 서구에서 근대국가가 여성을 어떻게 참여시켰는지에 대한 연구는 최근 들어 매우 활발해졌다. 이미 참고문헌에 열거했듯이 나의 연구는 이러한 국내외 여성사 연구자들의 성과에 힘입었다. 다시 한번 정리하자면 메이지국가의 형성은 지배자나 지식인의 업적뿐만 아니라 여성 통제와 참여의 과정으로 보아야 한다. 왜냐하면 그들이야말로 '국민'의 내실(內実)이며 국민의 반수를 차지하고 있었기 때문이다. 현재도 계속 유지되고 있는 근대국가의 형성은 여성들이 통제되거나 참여하지 않았다면 불가능했을 것이다.

메이지시기 여성의 국민화 과정을 요약하면 계몽적 근대주의자, 이른바 개명파의 남녀평등론에서 그 출발을 볼 수 있다. 그 배경은 세계적인 동향과 깊이 관련되어 있다. 일본의 지도자들은 아직 남아 있는 봉건적인 제도

---

215) 에도시대에 흉년 때 빈민들이 관아와 부잣집 등을 때려 부수고 약탈한 소동을 말한다.
216) 에도시대의 풍습으로 부모나 주인의 승낙 없이 살짝 집을 빠져나가 이세신궁에 참배하던 일을 말한다. 돌아와서도 부모나 주인에게 벌을 받지 않았다고 한다.

를 불식하고 서구각국과 호환성 있는 근대국가의 형식을 정비하여 세계시스템 속에서 제국주의적 중심이 되려고 했다. 주변화된 아시아로부터의 탈출을 꾀하면서 자본주의 경제를 증진시키고 군사력을 강화하여 식민지를 갖는 국가가 되기 위해 세계 진출을 도모했던 것이다. 지혜로운 사람들은 이 사업의 추진이 국민의 절반인 여성의 자발적인 협력 없이는 불가능함을 간파하고 있었다.

가족을 정비하고 그 가족을 국가의 단위로 하여 조세, 징병, 차세대 국민을 육성하는 밭으로 삼기 위해서는 생명유지를 장악하고 있는 여성의 지위를 상대적으로 높이고 그녀들의 자각을 촉구하여 자발적 협력을 얻는 것이 필수이다. 또한 남녀가 양립하는 일부일처제 가족을 창출하여 국가 내에서 여성의 위치를 확고히 할 필요가 있었다. 이러한 시대 분위기와 의무교육 실시 등과 같은 교육 시책에 자극받아 여성들 사이에서도 여성권리의 주장과 참정권 획득 주장이나 운동이 일어났음은 이미 충분히 연구되고 지적되고 있다. 그러나 이 운동은 자유민권운동에 대한 탄압·쇠퇴와 맞물려 탄압받고 쇠퇴하였다.

여성의 국민화 과정에서 그 2단계는 정부 주도로 이루어졌다. 이토 히로부미에 의한 황후의 의복·신체 의례·행동 패턴의 근대화와 서구화, 이에 따른 궁중의 근대화, 그리고 새로운 귀족계급 여성과 그 부부 형태의 서구화, 이른바 로쿠메이칸 문화에서 찾아볼 수 있는 표면적인 서구문화 수입과 유행이 바로 그것이다. 국제외교 무대에서 선진국과의 호환성을 목적으로 한 궁정과 상층계급의 근대화는 양장이 멋지게 어울리는 황후라는 아름다운 스타를 적절히 이용함으로써 최대의 효과를 올렸다.

마찬가지로 천황이 군사·정치·산업이라는 '남성적' 영역에서 국가 지도자라는 역할을 부여받았듯이 황후는 근대국가 속에서 선진국에 의해 여성의 영역으로 새롭게 제시된 간호, 섬유산업, 복지사업, 여자교육 등 네 가지 부문에서 지도자로서의 역할을 부여받았다. 황후가 이들 시설에 행차한 기록이 언론과 시각적 미디어로 국민에게 전달되어 여성은 스스로가 어떻게 국가에 공헌할 것인지 배웠다.

여성의 국민화 과정에서 3단계는 이미 메이지 초기부터 밑바닥에서 꿈틀거리기 시작하여 1880년대 말부터 1900년대 중반에 걸쳐 주류가 된 국민도덕의 반동화(反動化)이다. 구(旧) 봉건세력을 중심으로 하는 수구파와 그 이데올로그인 유학자 및 경신(敬神) 사상가는 중앙정부에서도 뿌리 깊은 세력을 유지하고 있었다. 그들은 서구각국과 대치한 유신 초기부터 일본 근대화 속에서 발생한 '탐탁하지 않은 요소', 즉 민주주의 체제(의회, 참정권)와 그 사상(자유민권 사상), 계급투쟁과 사회주의 사상, 개인평등 이념에 기초한 여권신장운동(젠더 차이의 해소) 등에 대해 노골적인 적대감을 드러냈다. 그들은 천황을 정점으로 하는 과거의 부케(武士)·쿠게(公家)계급의 지배구조를 뒤흔드는 모든 위험성을 저지하는데 온 힘을 기울였다. 이것이 국체 수호를 위한 천황 측근의 교육 시책과 사상 활동이고, 이것이 『교학성지』나 교육칙어로 표명되어 일본국민의 도덕 지침이 되었음은 본문에서 강조한 바와 같다.

이때 수구파는 천황이 아닌 황후를 도덕 교육의 광고탑으로 이용하였다. 황후는 원래 유교의 여훈(女訓)을 익히고 있었는데 스스로 유교적 미덕의 화신이 되어 여성국민의 심성에 유교도덕을 기초로 부덕(婦德)을 심어주는 도구가 되었다. 이리하여 황후는 일본 여성의 서구화·근대화의 아름다운 모델임과 동시에 유교도덕의 화신으로서 여성의 국민화를 위해 최대한 활용되었다.

황후의 초상 속에 보이는 양장과 유교도덕이라는 모순되는 두 가지 상징은 메이지국가의 모순되는 방침을 그대로 표상하고 있었다. 서구의 선진 각국과 대치하면서 그 일부를 수입하고, 한편으로는 이와 불가분의 관계에 있는 또 다른 일부를 저지하는 상반된 작업이라는 이중적 목적의 복잡한 의도가 메이지시기를 관통하였다. 메이지시기 '개혁'이 지니는 양면성은 한편으로는 자유민권의 요구에 부합하여 서구의 국가체제를 모방한 입헌군주제 헌법과 제국 의회를 설치했지만 데이우스 엑스 매키너(Deus ex machina)217)로서 천황을 그 기관으로부터 분리시켰다. 이를 제국헌법 제1조가 명시하고 있다. 천황은 신성한 만세일계이므로 불가침의 성체(聖体)가 되었다.

이것은 구체제를 유지하는 계급사회를 교묘하게 보존하는 한 구절이었다. 목적은 오로지 하나, 가부장적 계급사회와 그 속에서 구세력의 영원한 지배권 확보에 있었다. 혁명이나 국체의 변경은 반드시 저지해야 한다. 국가는 종교가 되었다. 이것은 불가침의 천황을 신성화하고 절대화함으로써 가능해진 것이다. 이로써 모든 사회개혁 사상과 개혁운동은 이데올로기의 대립이나 논쟁이 아니라 '신성모독'으로 간주되었다. 그 때문에 미나모토 준코(源淳子) 씨가 말하듯이 일본 근대에서는 애초부터 모든 사상과 행위에서 개인의 윤리, 다시 말해 '모든 권위로부터 자유로워지려는 개인의 신념이나 신조'가 범죄시되고 사회악으로 여겨졌던 것이다.

또 천황의 신성성을 보증하는 것이 '만세일계'였기 때문에 남자의 장자상속이라는 가부장제의 근간이 국체의 기본이 되었다. 근세까지 애매했던 여제의 가능성이 메이지헌법과 황실전범(皇室典範)으로 명확히 부정된 것은 그 때문이다. 헌법과 전범은 상호보완적인 것이었다. 만세일계를 유지하기 위해 서자 상속제를 인정하고 서구각국 근대가족윤리의 기본인 일부일처제는 서서히 진행시킴으로써 고대 이후 가부장제도의 구습인 일부다처제는 그대로 유지되었다.

이리하여 국가의 기초적인 뼈대에서 남녀 차별 구조가 형성되는 한편 이 차별 구조 속에서 여성에게 일정한 국가적 역할을 부여하는 것, 즉 새로 조직된 '국가'의 구성요소로서 여성을 표면으로 끄집어내는 것, 다시 말하면 여성을 국민화하는 것이 중요해졌다. 이보다 더 중요한 것은 여성들 스스로가 보조 역할에 만족할 수 있도록 법과 교육을 정비하여 지배의 중추로부터 배제시키는 것이었다. 여기에도 서로 모순되는 두 가지 계기가 있었다.

첫 번째는 여성에게 국민으로서의 일정한 국가적 위치를 부여하는 것이다. 이것이 서구의 선진성과 근대국가 체제를 갖추는 데 중요하다는 것을

---

217) 라틴어로 고대 연극에서 급할 때 나타나 돕는 신을 말한다.

인식한 후쿠자와 유키치와 모리 아리노리 등이 메이지 초기에 언뜻 보기에 선진적으로 보이는 여성개혁론을 주창한 이유이다. 그러나 이후 모리 아리노리의 시책에서 볼 수 있듯이 두 번째 계기는 가부장제 이데올로기의 근간인 남성의 지배를 견고하게 유지하기 위해 일단 국민화 된 여성을 국가의 중심으로부터 배제하는 정책이 취해졌다. 처음부터 국정 참여 권리는 주어지지 않았고 정치적 활동과 그 밖의 공적인 활동도 금지되거나 제한되었다. 여성이 사적 영역에 만족하고 이곳을 오직 여성이 있을 유일한 장소로 여기도록 양처현모 교육이 실시되었다. 양처현모의 도덕은 삼종지도·칠거지악과 같은 유교적 유훈(遺訓)에 새 옷을 입히고 근대적인 생기를 불어넣어 근대국가가 필수 단위로 삼는 '근대가족' 형성과 국민 재생산 유지를 위해 새롭게 창출한 근대 국민국가의 윤리가 되었다. 여기에서는 여성의 '국가적 존재의의'가 근대가족의 처·어머니, 즉 주부라는 사실에 있다고 하였다.

그 주된 역할은 말할 것도 없이 미래의 국민을 생산(재생산)하고 양육하는 것이다. 이 전략을 통해 국가는 여성의 성적·지적 에너지를 국가의 지배하에 두는 데 성공하였다. 게다가 그 도덕을 내면화한 일본 여성들은 여성의 권리 신장과 여성해방운동과 같은 불온한 운동, 즉 국가 내부의 공적 영역에 참여하여 그 이해(利害)를 국정에 반영시키는 등 '서구의 해악'으로 치닫지 않고 '일본여성의 독자적인 미덕'을 몸에 익혀 국가의 지배구조를 자신의 내면에서 보강하고 유지하는 존재가 되었다. 이 미덕을 국민의 심성에 심어 주는 방법이 황후를 중심으로 하는 문화정책과 교육정책이었다. 만약 황후가 일본의 자녀들에게 몸소 부덕(婦德)의 모범을 보여주지 않았다면 이 정책은 성공을 거두지 못했을 것이다.

제국헌법 제1조에 제시된 만세일계의 신성함을 보증하는 기본은 천황의 조상이 신이었다는 신도사상(神道思想)이다. 신의 자손이며 즉위 시에 아마테라스를 계승하여 스스로 신체(神体)가 되는 천황을 최고의 군주로 받드는 국가종교가 국민이 믿어야 할 종교가 되었다. 그러나 아마테라스오미카미가 여성이라는 점은 다시금 성(性) 지배의 측면에서 양면성을 낳았다. 부케

(武家)가 지배하던 시대에는 아마테라스오미카미의 대일여래화(大日如来化, 무성화 또는 남성화)가 수적사상(垂迹思想)을 빌려 아마테라스오미카미의 여성성을 은폐해왔지만 막말기의 민중들은 아마테라스오미카미의 여성성을 믿었다. 정부는 민중과 여성을 통치하기 위해 조상신 아마테라스오미카미의 여성성을 부정할 수는 없었다. 그것은 누구도 이의를 제기할 수 없는 '어머니인 일본'이라는 태고의 원형으로서 이용가치가 높았던 것이다.

근대화된 군사국가는 남성 천황으로 상징되지만 태초의 기원인 '어머니인 국토'는 여성으로 표상되어야 한다. 메이지시기의 신도(神道) 재편으로 여신은 신비로 둘러싸인 이세신궁에 모셔지고 불변의 국토, 신의 대지로서 일본의 제국적 우주론을 지탱하는 중심이 되었다. 서구의 여성사 연구자들은 종종 일본이 선진국 중에서 유일하게 국가의 조상신으로 여성을 두고 있다는 점 때문에 일본국가에 여성성에 대한 숭배와 존경이 내재되어 있다고 해석하는 경우가 있다. 그러나 이것은 일본뿐만 아니다. 인도도 아직 여신을 국가의 수호신으로 숭배하고 있다. 더구나 이 점은 인도가 가부장적 계급사회이며 군사적인 국가라는 사실을 방해하지 않는다. 문제는 여성성을 어떻게 지배구성의 요소로 삼는가에 달려 있다. 어머니인 대지의 상징은 가장 빈번하게 국수주의적 애국심과 결부되어 왔다.

메이지국가건설 시기였던 1890년대 중반까지 지폐와 유화, 그 밖의 시각적 미디어로 대량 생산된 '위대한 태고의 여성상'은 국가주의적인 여성상을 시각적으로 창출하려는 시도였다. 이 때문에 중세 이후 국권 확장과 국가모성의 이중적 상징이 되어 온 진구황후상이 부활하고 모성적인 관음상과 천녀상이 창출되었다. 진구황후상은 '어머니라는 존재'와 신국사상(神国思想)의 효과적인 합체이고 관음상과 천녀상은 신성화된 국토·자연·어머니인 대지의 화신이었다. 이 과정 속에서 담론과 시각 이미지는 살아 있는 쇼켄황태후와 신화적인 진구황후 및 관음상을 혼합하였다. 신화화(神話化)된 황후상은 여성성을 믿는 민중의 신앙을 받아들이고 인공적으로 창조된 국가를 '모성인 존재'로서 자연화하여 시간을 초월하는 영원성을 국가에 부여하게 되었다.

　이 시점에서 메이지의 급속한 국가건설 과정과 전략을 뒤돌아볼 때 가장 주목해야 할 정치학은 여성성을 국가의 구조 속에 아주 교묘하게 집어넣은 것임을 알 수 있다. 이것이 결국 가부장제 재강화(再強化)와 국체의 보호유지를 지향하는 것이었다고 할지라도 국가설계자, 특히 이토 히로부미는 이것조차도 여성의 동원 없이는 이루어낼 수 없음을 알고 있었다. 서구를 잘 아는 개명파는 모두 서구각국의 번영과 근대화가 여성의 국민화라는 토대 위에서 구축된 점과 당시 군주국가였던 프러시아·영국·이탈리아·러시아에서는 왕비나 여왕이 여성의 국민화를 위한 광고탑으로 활약했던 점을 이미 알고 있었다. 외국 유학에서 이를 구체적으로 배운 이토 히로부미가 귀국 후 즉각 수구파의 반대를 무릅쓰고 황후를 근대화하고 황후로 하여금 여성의 국가적 역할을 실천하도록 결단을 내렸던 것도 바로 그 때문이었다.

　메이지의 국가설계자들은 여성을 무시하고서는 일본의 근대화와 국민화를 이루어낼 수 없음을 인식하였다. 그래서 여성의 지위를 상대적으로 높이고 그녀들에게 국가 내부에서의 위치와 역할을 부여하는 한편 그녀들의 에너지를 주부 역할로 집중시켜 결국 가족이라는 국가 권력의 하부조직 속으로 회귀시키는데 성공하였다. 천황의 이상적인 아내이자 자애로운 국모라는 쇼켄황태후의 존재는 이 정책을 수행하는데 반드시 필요하였다. 대량 생산된 황후의 표상은 새로운 국가를 건설하는 과정에서 국가 설계자들이 여성을 통치하기 위해 얼마나 고심하였으며 여성을 통한 여성 통치를 위해 표상이 가진 힘을 어떻게 이용했는지 잘 보여주고 있다.

　메이지의 여성을 억압하던 남성 중심의 정치 문화에 대해 연구하면서 나는 몇 번이나 메이지에 태어나지 않아 다행이라고 생각하였다. 메이지의 원훈(元勳)이나 지식인, 유학자들이 쓴 여성과 가족에 대한 담론을 읽으면 여성은 본래 남성보다 열등한 생물이고 그러한 성(性) 때문에 공적인 일을 할 수도 없으며 남편과 아이를 위해 일생을 바쳐야 할 뿐만 아니라 이것을 생애의 기쁨과 삶의 보람으로 삼지 않으면 안 되었다. 다행스럽게 나는 신헌법으로 남녀평등이 보장되어 여자도 개인으로서의 자유와 존엄을 가지고 사회에 참여할 수 있는 전후(戰後) 시기에 인생을 보낼 수 있었다. 이 가치와 귀중함을 알게 된 것은 제국헌법 하에서 참고 따르는 삶을 살아 온 나의 어머니 세대 여성들의 생활을 알았을 때이다.

　그러나 최근 '새로운 교과서를 만드는 모임'이 편집한 『중학 공민(中学 公民)』을 읽으면서 전후의 자유로운 세상에 살고 있다는 기쁨이 완전히 기대에 어긋난 허무한 기쁨으로 바뀌고 말았다. 왜냐하면 『중학 공민』 제4장에는 1870년대 후반부터 1880년대 중반에 걸쳐 재편된 유교적 가족국가관이 부활하였기 때문이다.

　『중학 공민』 제3장 「현대사회의 삶과 문제점」 176쪽에는 식탁에 둘러앉은 부모와 두 명의 아이(이것은 메이지시기의 교과서가 삽화를 통해 제시한 것과 동일하다!) 사진이 '가족의 단란'한 모습이라는 설명과 함께 실려 있고, '가족의 단란함'이 줄어든 이유를 두세 가지 열거한 후에 "가족생활보다 개인생활을 우선해야 한다는 생각과 가족에 속박당하지 않고 개인이 자유롭게 생활할 수 있는 것이 좋다는 생각도 가족의 유대를 약화시키는 큰 요인"이라고 지적하고 있다. '자주 일어나는 가족 내 폭력이나 소년 범죄' 등 '심각한 사회 문제'의 발생은 '가족의 위기를 보여주는 것'이라고 말하고 있다.

말할 필요도 없이 여기에는 경쟁적인 입시전쟁의 억압과 편차식 교육의 폐해, 물질적 욕망을 유발시키는 소비사회의 해악과 기업사회의 가혹한 노동조건이나 주택난의 결과로 가정의 저녁 식탁으로 돌아올 수 없는 아버지의 부재와 교육 포기 등이 전혀 지적되어 있지 않다. 마치 개개의 인간이 개인의 자유를 추구한 결과 가족이 연대감을 잃어버리고 이것이 소년범죄나 가정 내 폭력의 요인인 것처럼 보는 편파적인 사고가 기술되어 있다. 하지만 이 교과서의 집필자에게는 가정 내 폭력의 복합 요인에 대한 정밀하고 실제적인 분석 등은 아무래도 좋은 것이다. 바로 '여성이 가족을 포기한 것이 지금의 위기를 낳았다'고 말하고자 하는 것이 목적이기 때문이다.

마찬가지로 177면 「가족의 역할」에서는 교육과 간호, 보호를 위한 커뮤니티로서 가족의 존재가 사회의 안정에 얼마나 중요한지 강조되어 있다. 즉 "가족은 자녀를 양육하고 인격을 육성시키며 언어능력을 기른다. 그리고 자녀에게 습관과 문화를 전하고……또 장래에 대한 대비를 하며 간호와 보호는 서로 돕는다"라고 적혀 있다. 여기에는 두 가지 큰 문제가 있다. 인간은 가족에 의해서만 문화적·도덕적으로 길러진다고 해석될 수 있다는 점이다. 여기에는 가족이 없는 사람들, 자신의 책임 때문이 아니라 사연이 있어 부모를 잃은 아이, 여러 이유로 인해 가족을 가질 수 없거나 잃어버린 고독한 사람들에 대한 상상력이 전혀 없다. 이래서는 가족을 가질 수 없는 자는 사회의 이탈자로서 타자화될지도 모른다. 이러한 차별이 새로운 사회불안과 소년 범죄를 유발한다고는 생각하지 않는가.

국민 모두를 가족이라는 틀 안으로 집어넣고 여기에서 벗어난 인간을 배제하고 위험시하는 것은 근대 국민국가가 국민을 통치하는 상투적인 수단이다. 이처럼 '가족의 의무'를 확고히 해 두면 전전(戰前)에 그랬던 것처럼 '일가(一家)에서 한 병사를 내놓는' 국민의 의무도 쉽게 침투되어 수행된다. 이때에는 전전에도 그러했듯이 전쟁 또한 '가족을 지키기 위한 것'이라는 이유가 따를 것이다. 이때 '국가는 가족'이고 '천황은 국민의 아버지'이며 국민은 일가의 아버지를 위해 기쁘게 죽어야 한다며 세뇌를 당하는 것이다.

그러나 문제는 이 뿐만이 아니다. 문제는 여기에서 간호나 보호가 가족의 당연한 의무인 것처럼 언급되고 있는 점이다. 사회나 국가로부터도 원조를 받지 못하고 일방적으로 간호나 보호를 떠맡게 된 가족의 살인과 집단자살이 끊이지 않고, 이제는 가족이 고령화된 사회의 간호를 지탱하는 것이 무리인 상황을 어떻게 파악하고 있는가. 이 교과서의 필자는 남성이고, 그는 여기에서 언급된 간호나 보호를 하는 것이 그가 아니라 그'녀'임을 당연히 알고 있다. 일을 하는 남편이나 학교를 다니는 아이는 간호를 할 수 없다. 간호는 압도적으로 가정에 있는 여성의 의무가 되는 것이다.

여기에서 '가족의 역할'이라는 명목은 속임수에 불과하고 실제로는 '여자의 역할'을 의미한다. 실제로 이 교과서의 필자는 이어서 이렇게 말하고 있다. "이른바 성별역할의 분업은 '남자는 일하러 나가고 여자는 가정을 지킨다'는 역할분담 방법을 가리킨다. 여성의 사회진출이 늘어남에 따라 이러한 분담은 비판받게 되었다. 그러나 육아와 가사에 전념하는 전업주부라는 형태도 가족 협력의 한 방법이다." 여기에 교과서의 필자가 정말로 말하려는 것이 있다. 이 문장은 다음과 같이 제대로 읽혀져야 한다. "성별역할의 분담이 비판받게 되었지만 실은 성별역할이라는 것은 가족의 협력형태로서 바람직한 것이다."

교과서 검정과 비판을 고려하여 본심을 숨긴 채 애매한 표현을 하고 있지만 이 문장은 여성의 사회 진출과 그 결과로서 여성이 가사와 육아, 보호에 종사하지 않게 된 현상을 여성이라는 이유만으로 비판하면서 여성이 다시 가정 봉사에 전념할 것을 장려하고 있는 것이다. 이는 유교적 남녀역할의 분담과 전혀 다르지 않다. 우리들이 남녀동권 신헌법 하에서 또 국제적인 남녀평등 권리 확립에 관한 조항에 따라 반세기 동안 획득한 예지(叡智)는 전업주부를 없애는 것에 집약되는 것이 아니다. 여성이 전업주부를 선택할 자유도 포함하여 그것을 선택하지 않을 자유, 혹은 남녀 쌍방이 각각 일과 가정 양쪽 또는 한쪽을 선택할 자유를 갖는 것이다. 가족 협력을 또다시 여성에게만 요구하는 이 문장에는 국가가 보증해야 할 복지를 또다시 여성의 희생에 떠맡기려는 의도가 훤히 드러난다.

내가 말하는 것이 과잉 해석이라고 생각되는 사람은 이 교과서의 다음 페이지에 실린 이른바 「가정은 무상의 노동인가」라는 칼럼을 읽는 것이 좋다. 물론 마지막에는 이렇게 대답하고 있다. 가사는 금전으로 바꿀 수 없는 "가족생활의 기쁨과 즐거움의 원천이기도 하다. 이런 의미에서 가사를 간단하게 노동이라고는 할 수 없지 않는가. 노동이 아닌 활동을 돈으로 환산하거나 돈을 지불하는 것은 그 활동을 오히려 노동밖에 안 되는 것으로 만들게 버리는 것이 아닐까."

이렇듯 애매하게 본심을 숨기고 있는 난해한 문장은 다음과 같이 읽는 것이 타당할 것이다. 가사(설거지와 세탁, 화장실 청소와 노약자의 기저귀 교환)는 사실 창조성도 없고 때로는 더럽고 명예도 금전도 얻을 수 없으며 이에 일생을 소비해도 역사에 이름을 남길 수 없고 재산을 얻을 수도 없으며 존경도 받을 수 없을 정도로 하찮은 육체노동이다. 그러나 이것을 기꺼이 해주는 여성이 있으면 남성은 가정생활이 매우 기쁘고 즐겁다. 따라서 여성은 노동이라든지 금전이라든지 하지 말고 지금까지 그래왔던 것처럼 남편과 자녀에게 봉사해 주길 바란다. 봉사는 숭고하다. 이런 숭고한 일을 금전으로 바꾸면 애써 숭고한 일이 노동으로 여겨지게 되지 않겠는가.

가사를 노동이 아닌 기쁨으로 정의하는 것처럼 보이는 이 편파적인 원문은 교과서 검정에 의해 다음과 같이 수정되었다. "매일의 가사는 단순 반복이라는 면이 있지만 가족생활의 기쁨과 가족의 유대를 낳는 원천이기도 하다. 가사는 돈으로는 바꿀 수 없는 활동이며 돈만으로는 가치를 매길 수 없는 활동이기도 함을 알라." 교과서 검정은 가사가 하찮은 노동이라는 것을 인정하지만 그렇지 않은 면도 있음을 말하고자 한 것 같다. 그러나 결과는 마찬가지이다.

이는 다음과 같이 수정되어야 한다. 가사는 생명을 유지해 나가는 데 있어 최소한의 필수작업이고 이것이 주로 가정 내에서 이루어지기 때문에 과거에는 남성보다 능력이 낮아 지적 활동보다 신체적인 단순작업에 적합하다고 여겨지던 여성의 일이 되어 왔다. 특히 여성이 정치·경제 등 공적이고 사회적인 활동에서 배제되고 오로지 사적 영역인 가정 내에 머무르며 남성과 가족들의 생활을 쾌적하게 만드는 가사노동에만 종사해 온 긴 역사가 있다. 그러나 인간이 모두 평등한 권리를 가지고 자유롭게 인생을 선택할 권리를 가지게 된 현대사회에서는 신체의 건강과 위생 등을 지키기 위한 가사노동이 필수불가결하면서도 이윤이 없는 노동이기 때문에 이익을 얻는 가족 전원이 평등하게 부담하지 않으면 안 된다. 평등한 부담 위에 형성된 가정이야말로 밝고 행복한 가정이다.

게다가 179면 마지막 어구는 다음과 같다. "개인과 가족은 나눌 수 없는 것이고 어느 쪽이 우선하는가 어느 쪽이 더 중요한가의 관계가 아니다."(이것은 "가족은 개인으로 이루어져 있고 또 개인은 가족의 존재를 전제로 하고 있다"로 수정되었다. 하지만 이것도 문제이다) 180면에 있는 이 장의 마지막 절, 이른바 「가족의 부흥」에서는 "가족이 그저 개인의 집합이 되어 개인이 가족보다 우선시되면 가족의 일체감은 사라져간다", "부부동성(夫婦同姓) 제도도 가족의 일체성을 지키는 역할을 해왔다", "가족유지의 중요성은 현대 일본인도 강하게 의식하지 않으면 안 된다"라고 말하고 있다.

경악할 만한 문장이지 않은가. 이것이 교과서를 집필한 집단의 진정한 의도이자 가족국가론의 골자이다. 개인=국가라는 구조야말로 전전의 천황제국가를 지탱한 이론적 근간이었다. 개인을 우선 남성 중심의 가족으로 융해시키고 이어서 천황제국가에 융해시킨다. 이전 메이지정부가 수신교과서를 가지고 실천한 정치학이 여기에서 부활하고 있다.

21세기에 살고 있다고 해서 생각 없이 있으면 안 된다. 내가 메이지여성들의 우울한 생애에 심금을 울리며 쓴 이 책 속의 여성도덕과 가족국가론이 눈앞에서 요괴처럼 부활하고 있다. 멍청히 있으면 또다시 메이지로 돌아가고 만다. 아, 이 책을 써서 다행이다. 모두에게 메이지여성이 얼마나 불행했는지 알릴 수 있을 것이다. 그리고 그때로 돌아가지 않도록 힘께 힘을 모을 수 있을지도 모른다.

이 미숙한 연구서를 내면서 무엇보다도 우선 오랫동안 동료로서 함께해온 치바대학(千葉大学) 문학부 사학과 선생님들께 감사의 말씀을 드린다. 나는 그저 서양미술사 전공자에 불과했지만 이 학과로 인해 일본의 근대와 현대사에 절실한 관심을 갖게 되었다.

또한 항상 나에게 강력한 정신적 지주가 되어 준 '이미지&젠더' 회원 여러분, 특히 치노 카오리(千野香織) 씨, 이케다 시노부(池田忍) 씨, 키타하라 메구미(北原恵) 씨, 니시야마 치에코(西山千惠子) 씨, 카사하라 미치코(笠原美智子) 씨, 김혜신(金惠信) 씨께 감사를 드린다. 여기에서 발표를 듣고 나 자신도 발표함으로써 젠더이론의 깊이를 더할 수 있었다. 이 연구회에서 우선 나의 사고를 확인함으로써 항상 앞으로 나갈 수 있었다. 또 키타하라 메구미 씨는 카타노 마사코 씨와 츠카모토 아키라 씨의 귀중한 문헌을 많이 가르쳐 주셨다. 니시야마 치에코 씨께는 쿠로다 키요타카에 관한 자료를 받았다.

그리고 치바대학 박사과정에서 메이지문화를 연구하고 있는 치바 케이 씨와 와타베 카네코(渡部周子) 씨는 좋은 연구 동료였다. 배운 것도 많았다. 그리고 국회도서관, 와세다대학(早稲田大学) 종합도서관, 치바대학 부속도서관, 이 중에서도 토쿄도립 중앙도서관(東京道立中央図書館)의 도움을 매우 많이 받았다. 외국에서의 조사에 익숙한 나에게도 일본의 도서관은 매우 수준 높은 곳이었다. 도서관의 충실함은 '국가의 영광이다'.

『천황의 초상』의 저자인 타키 코지 선생님께는 『황후의 초상』이라는 제목의 책을 써서 송구스러운 마음이다. 그러나 이전에 이 저서를 접했을 때 『황후의 초상』을 쓰겠다는 계획이 생겨났기 때문에 폐가 될지도 모르지만

'책 제목을 지어준 부모'로서의 은혜는 잊을 수 없다.

　마지막으로 치쿠마서방(筑摩書房)의 도키야 야스코(土器屋泰子) 씨께 감사를 표한다. 도키야 야스코 씨는 패전 후 50년이 된 1995년에 낸『전쟁이 만든 여성관(戰爭がつくる女性観)』에서도 수고해 주셨다.『황후의 초상』은 내 안에서 같은 문제의 연작이다. 일본이라는 나라에 사는 것이 우리 여성들에게 어떤 것인가. 그 문제를 함께 생각해가는 동료이다.

2001년 5월 25일

와카쿠와 미도리(若桑みどり)

:: 저자 주

서장

1 エンゲルス, 戸原四郎 訳,『家族・私有財産・国家の起源』, 岩波文庫, 1965.

2 リーアン・アイスラー, 野島秀勝 訳,『聖杯と剣―われらの歴史, われらの未来』, 法政大学出版局, 1991.

3 若桑みどり,『象徴としての女性像―ゼェンダー史から見た家父長制社会における女性表象』, 筑摩書房, 2000.

4 若桑みどり,『イメージの歴史』, 放送大学振興会, 2000.

5 ベネディクト・アンダーソン, 白石隆・白石さや 訳,『想像の共同体―ナショナリズムの起源と流行』, リブロポート, 1983.

6 ジョージ・モッセ, 佐藤卓巳・佐藤八寿子 訳,『ナショナリズムとセクシュアリティ―市民道徳とナチズム』, 柏書房, 1996. Ida Blom, *Genderde Nations : Nationalisms and gender order in the long Nineteenth Century,* Karen Hageman, Catherine Hall(eds.), Oxford, New York, 2000. I. Blom, "Feminism and Nationalism in the Early Twentieth Century : A Cross-Cultural Perspective", in *Journal of Women's History*, 1995, vol.7, no.4, pp.82~94. Barbara Caine & Glenda Sluga, *Gendering European History 1780~1920*, Leicester University Press, 2000, 'Sex and Race, Nations and Empire', p.87ff. マリア・ミース, C・V・ヴェールホフ, V・B・トムゼン, 吉田暁美・善本裕子,『世界システムと女性』, 藤原書店, 1995.

7 イマニュエル・ウォーラーステイン, 川北稔 訳,『近代世界システム―農業資本主義とヨーロッパ世界経済の成立』, 岩波現代選書, 1981.

8 若桑みどり,『戦争がつくる女性像―第二次世界大戦下の日本女性動員の視覚的プロパガンダ』, 筑摩書房, 1995, 104면.

제1장

1 多木浩二,『天皇の肖像』, 岩波新書, 1988.

2 『明治天皇紀』第二, 吉川弘文館, 1968, 739면.

3 多木浩二, 앞의 책, 29면.

4 『明治天皇紀』第二, 739면.

5 『五箇条の御誓文発布百三十年記念展, 明治天皇の御肖像』, 明治神宮, 1998, 12면.

6 O・フォン・モール, 金森誠也 訳,『ドイツ貴族の明治宮廷記』, 新人物往来社, 1988, 52면.

7 위의 책, 112면.

8 エドワード・サイード, 大橋洋一 訳,『文化帝国主義 上』, みすず書房, 1998.

9 O・フォン・モール, 金森誠也 訳, 앞의 책, 113면.

10 『明治天皇紀』第六, 77면.

11 위의 책, 87면. 이때 栃木県, 茨城県, 岩手県, 敦賀県, 置賜県이 청원하여 하사 허가를 받았고, 和歌山, 山梨, 函館에서 '어사진'이 공개되었다.

12 市川房枝 編, 『日本婦人問題資料集成』第一券 人権, ドメス出版, 1978, 195면.

13 『明治天皇紀』第二, 746면.

14 今井庄次, 「マリア・ルーズ号事件の国際性」, 『有隣』八四号, 有隣堂, 1982.

15 『明治天皇紀』第二, 768면.

16 吉見周子, 『買娼の社会史』, 雄山閣, 1984, 21면.

17 『明治天皇紀』第二, 774면.

18 『明治天皇紀』第二, 770~775면.

19 『明治天皇紀』第三, 9면.

20 『明治天皇紀』第二, 682~683면.

21 『明治天皇紀』第二, 789~790면.

22 『明治天皇紀』第二, 735면.

23 『明治天皇紀』第二, 785~786면.

24 『明治天皇紀』第二, 796~797면.

25 エリック・ホプズボウム, 前川啓治・梶原景昭 他訳, 「伝統は創り出される」, 『創られた伝統』(ホプズウム, レンジャー 編), 紀伊国屋書店, 1992, 10면.

26 위의 책, 18면. 이것은 이 책과 같은 해에 발행된 베네딕트・안더슨, 『想像の共同体』(앞의 책)의 기본 테마이다.

27 『明治天皇紀』第三, 47, 77면.

28 中谷猛, 『近代日本における軍制と〈国民〉の創出』, 西川長尾・松宮秀治, 『幕末・明治の国民国家形成と文化変容』, 新曜社, 1995, 231~251면.

29 『五箇条の御誓文発布百三十年記念展, 明治天皇の御肖像』, 明治神宮, 1998, 17면, 도판 15~17.

30 横田洋一, 「王家の肖像－皇室アルバムの始まり」, 『神奈川県立歴史博物館カタログ』, 2001, 16면.

31 『明治天皇紀』第二, 773면.

32 遠山茂樹, 「天皇と華族」, 『近代日本思想大系』二, 岩波書店, 1988, 38~41면.

33 위의 책, 42면.

34 増野恵子, 「明治天皇のイメージの変遷について－石版画に見出せる天皇像」, 『美術史研究』第28冊, 早稲田美術史学会, 2000.10, 47~49면.

35 横田洋一, 앞의 책, 그림 22.

36 위의 책, 그림 25, 34, 36, 39, 43, 45.

37 O・フォン・モール, 金森誠也 訳, 앞의 책, 56면.

38 『明治天皇紀』第三, 332면; リア・ベレッタ, 「皇室コレクションにおけるジュゼッパ・ウゴリーニ作の肖像画」, 『Spazio』28－1.

39 多木浩二, 앞의 책, 149면.

40 青木茂 編,『由一洋画史料』, 中央公論美術出版, 1948, 265면.

41 위의 책, 294면.

42 위의 책.

43 위의 책, 3~52면.

44 위의 책, 227면.

45 위의 책, 54~61면.

46 『太陽』, 臨時増刊号, 1912, 9면.

47 『太陽』第6号, 1900, 권두 그림.

48 藤沢房俊,『大理石の祖国－近代イタリアの国民形成』, 筑摩書房, 1997, 64~70면.

49 『明治天皇紀』第五, 679면.

50 『明治天皇紀』第六, 765면.

51 「五箇条の御誓文発布百三十年記念展, 明治天皇の御肖像」, 明治神宮, 1998, 30면.

52 『明治天皇紀』第七, 718면.

53 위의 책, 717~718면.

54 多木浩二, 앞의 책, 157~166면.

55 明治美術学会・印刷局朝陽会 編,『お雇い外国人キヨッソーネ研究』, 中央公論美術出版, 1999, 권두 그림 7~10에는 키오소네가 천황과 같은 군복을 입고 포즈를 취하고 있는 귀중한 사진이 실려 있다.

56 『明治天皇紀』第七, 287면.

57 위의 책, 336면.

58 金子堅太郎 編,『伊藤博文伝 下』, 原書房, 1970, 743면.

59 大久保達正 監修,『松方正義関係文書』六, 大東文化大学東洋研究所, 1985, 434~435면. 6月 27日 伊藤 앞으로 보낸 서간.

60 坂本一登,『伊藤博文と明治国家形成―宮中の制度化と立憲性の導入』, 吉川弘文館, 1991, 특히 제3장.

61 御厨貴,「明治憲法体制の確立」,『日本歴史大系』4(大久保利謙 他編), 山川出版社, 1987, 535~541면, 시보는 제도로서는 1879년 10월 13일에 폐지되었지만 사적으로 힘을 가지고 특히 국체 보유의 유교적 공교육에 절대적인 영향력을 가졌다.

62 坂本一登, 앞의 책, 105면.

63 위의 책, 123면.

64 東京大学史料編纂所 編,『佐佐木高行日記―保古飛呂比』10, 東京大学出版, 1979, 546면.

65 坂本一登, 앞의 책, 124면.

66 日野資博,『明治天皇の御日常』, 新学社, 1976; 栗原光太,『人間明治天皇』, 駿河台書房, 1953.

67 坂本一登, 앞의 책, 171~172면.

68 元田竹彦,「古希之記」,『元田永孚文書』一(元田竹彦・海後宗臣 編), 東京大学出版会, 1965, 209면.

69 위의 책, 172면.

70 『明治天皇紀』第六, 602면.

71 1886년 8월 4일에 이토 히로부미 앞으로 보낸 요시이 토모자네 서간, 『伊藤博文関係文書』 八, 搞書房, 1973, 209면.

72 『明治天皇紀』 第六, 651면.

73 『明治天皇紀』 第六, 675면.

74 1886년 7월 19·20·24일 이토 히로부미 앞으로 보낸 青木의 서간, 『伊藤博文関係文書』 八, 71~72면.

75 O·フォン·モール, 金森誠也 訳, 앞의 책, 113면.

76 1883년 1월 8일 宋方正義 앞으로 보낸 서간, 『伊藤博文伝』 中, 原書房, 1970, 339면.

77 深谷博治, 『初期議会·条約改正』, 白楊社, 1940.

78 坂本一登, 앞의 책, 187면.

79 1886년 2월 12일 伊藤 앞으로 보낸 서간, 『伊藤博文関係文書』 六, 425~426면.

80 越智治雄 編, 「矢野龍渓全集」, 『明治文学全集』 十五, 筑摩書房, 1970, 324면.

81 佐佐木隆 編, 「長崎省吾関係文書 一」, 「聖心女子大学論叢 第六十六集」, 92면.

82 1886년 7월 25일자 香川敬三 앞 伊藤 서간, 『香川敬三文書』; 坂本一登, 앞의 책, 197면에서 인용.

83 山川菊栄, 『女二代の記』, 日本評論新社, 1956, 74면.

84 위의 책, 75면.

85 『明治天皇紀』 第二, 773면.

86 遠山茂樹, 「天皇と華族」, 『近代日本思想大系』 二, 岩波書店, 1988, 38~41면.

87 多木浩二, 앞의 책, 104~105면.

88 佐藤秀夫 編, 『続·現代史資料 8 教育 御真影と教育勅語 1』, みすず書房, 1994, 6면.

89 위의 책, 129면.

90 위의 책, 130면.

91 위의 책, 134면.

92 위의 책, 168면.

93 中谷猛, 「近代日本における軍制と「国民」の創出」, 西川長夫·松宮秀治 編, 『幕末·明治の国民国家形成と文化変容』, 新曜社, 1995, 231~251면.

제2장

1 메이지 여자교육 텍스트를 일람에는 三井為友 編, 『日本婦人問題資料集成』 第四巻 教育, ドメス出版, 1976년이 편리하다.

2 「妻妾論」, 『明六雑誌』 第八号, 1974.5.

3 山下悦子, 『日本女性解放思想の起源』, 海鳴社, 1988; 女性史総合研究会 編, 『日本女性生活史(四)近代』, 東京大学出版会, 1990; 加納実紀代, 『自我の彼方へ － 近代を越えるフェミニズム』, 社会評論社, 1990; 井桁碧, 『「日本」国家と女』, 青弓社, 2000.

4 片野真左子, 「初期愛国婦人会考－近代皇后像の形成によせて」, 『女の社会史 一七~二十世紀－家とジェンダーを考える』, 山川出版社, 2001, 265~288면. 이 논문은 황후가 얼마나 이 운동의 중심에 있었는가를 보여주었다.

5 管野スガ, 「肘鉄砲」, 『牟妻新報』 第五八〇号, 1906.4.15, 『管野須賀子』 二, 弘隆社, 1984; 鈴木裕子 編·解説, 『日本女性運動資料集成 三 反天皇制の思想』, 不二出版, 1997, 17면에서 재인용.

6 鈴木裕子 編·解説, 위의 책, 68면; 尾崎秀樹 編, 「大逆事件－1910년 東京地方裁判所検事局陳述書」, 『現代日本記録全集』 一二, 筑摩書房, 1970, 56~72면.

7 堺利彦, 「二種の婦人論」, 『婦女新聞』, 1906.2.5, 1면; 『婦人問題』, 金尾文淵堂, 1907, 30~33면.

8 高群逸枝, 『日本婚姻史』, 至文堂, 1963, 249면.

9 若桑みどり, 「鏡花とプロテスタンティズム」, 『国文学 解釈と教材の研究』, 1985.6, 56~62면.

10 深尾詔, 「高女と遊郭の競争」, 『週刊社会新聞』, 1907.7.21, 5면; 深谷昌志, 『良妻賢母主義の教育』, 黎明書房, 1981, 229~230면에서 재인용.

11 堺利彦, 「婦人の天職」, 『世界婦人』, 1907.1; 川口武彦 編, 『堺利彦全集』 第3巻, 法律文化社, 1970, 339~348면.

12 堺利彦, 『ベーベルの婦人論』(1905.6.4), 『直言』(1905.6.11, 7면). 베벨은 1913년에 죽은 독일 사회주의 정당 창설자. 사회주의 하의 여성 완전평등을 주장하였다. 제1차대전 이전 독일에서 가장 인기가 있었고 독일 노동자는 황제 빌헬름과 베벨 사진을 나란히 걸었다고 한다. 倉田稔, 『ベーベルの婦人論』, 成文社, 1989년 참조.

13 福田英子, 「論説」, 『世界論説』, 1907.1, 2면.

14 清水卯之助 編, 『管野スガ全集 三 大逆事件訴訟記録』, 弘隆社, 1984, 208면.

15 飛鳥井雅道, 『明治大帝』, 築摩書房, 1989, 106면.

16 片野真左子, 「近代皇后像の形成」, 『近代天皇制の形成とキリスト教』(富坂キリスト教センター 編), 新教出版社, 1996, 84면 이하.

17 渡辺幾治郎, 『昭憲皇太后の御坤徳』, 東洋書館, 1942, 20면.

18 『明治天皇紀』 第四, 594면.

19 山川三千子, 『女官』, 実業之日本社, 1960, 72면.

20 위의 책, 49면.

21 上田景二 編, 『昭憲皇太后史』, 公益通信社, 1914, 134~135면.

22 위의 책, 137면.

23 위의 책, 135~139면.

24 위의 책, 85면.

25 위의 책, 234면.

26 위의 책, 360면.

27 위의 책, 229면.

28 위의 책, 394면.

29 위의 책, 546면.

30 위의 책, 37면.

31 위의 책, 102~106면.

32 『太陽』, 1923.5.1.

33 위의 책, 2면.

34 上田景二 編, 앞의 책, 238면.

35 위의 책, 18~19면.

36 万里小路大膳頭, 「陛下はまことにご謙譲に在しまし, 大膳職からさしあげる御膳部はお好き嫌ひを申されずに召し上がる」, 위의 책, 39면.

37 片野真左子, 앞의 논문, 93면.

38 上田景二 編, 앞의 책, 309면.

39 アリス・ベーコン, 久野明子 訳, 『華族女学校教師の見た明治日本の内側』, 中央公論社, 1994, 151면.

40 O・フォン・モール, 金森誠也 訳, 앞의 책, 53면.

41 위의 책, 55면.

42 위의 책, 56면.

43 山川三千子, 앞의 책, 8면.

44 위의 책, 9~10면.

45 위의 책, 15면.

46 위의 책, 17~18면.

47 佐々木克, 「天皇の私的空間―幕末の後宮生活から―」, 『歴史公論』 62号, 1981, 112면.

48 山川三千子, 앞의 책, 50~51면.

49 위의 책, 56~57면.

50 片野真左子, 앞의 논문, 94면.

51 『明治天皇紀』 第六, 799면.

52 山川菊栄, 앞의 책, 33면.

53 위의 책, 73면.

54 위의 책, 76~77면.

55 위의 책, 79면.

56 위의 책, 75~80면.

57 井黒弥太郎, 『黒田清隆』, 吉川弘文館, 1977, 117면.

58 위의 책, 118면.

59 早川紀代, 『近代皇后制国家とゼェンダー』, 青木書店, 1998, 3면.

60 片野真左子, 앞의 논문, 79~132면.

61 佐々木克, 앞의 논문, 112면.

62 위의 논문, 113면.

63 アーネスト・サトウ, 『一外交官の見た明治維新』 下, 岩波文庫, 1960, 139면.

64 佐々木克, 「天皇像の形成過程」, 『国民文化形成』(飛鳥井雅道 編), 筑摩書房, 1984, 190면.

65 『明治天皇紀』 第二, 505면.

66 原口清, 「明治初年の国家権力」, 『大系日本国家史』 四(原秀三郎 編), 東京大学出版会, 1975, 126면.

67 『明治天皇紀』 第二, 504~506면.

68 原口清, 앞의 논문, 129면.

69 『明治天皇紀』第二, 570~671면.

70 渡辺幾治郎, 「吉井友実日記」(1871.8.1), 未公刊, 『明治天皇』上, 頌徳会, 1958, 126면.

71 飛鳥井雅道, 『明治大帝』, 筑摩書房, 1989, 140면.

72 原口清, 앞의 논문, 129면.

73 飛鳥井雅道, 앞의 책, 35면.

74 片野真左子, 앞의 논문, 88면.

75 長志珠絵, 「天子のジェンダーー近代天皇像にみる『男らしさ』」, 『男性論』(西川裕子・荻野美穂 編), 人文書院, 1999, 290면.

76 『明治天皇紀』第六, 94면.

77 坂本一登, 앞의 책, 181면.

78 早川紀代, 앞의 책, 95~136면.

79 『椎密院議事録』第一巻, 東京大学出版会, 1984, 122면.

80 위의 책, 7면.

81 위의 책, 19면.

82 飛鳥井雅道, 「明治天皇・皇帝と天子のあいだー世界列強への挑戦」, 『幕末・明治期の国民国家形成と文化変容』(西川長夫・松宮秀治 編), 新曜社, 1995, 80면.

83 위의 책, 156~157면.

84 美濃部達吉, 『遂条憲法精義』, 有斐閣, 1934, 111면.

85 上杉慎吉, 『新稿憲法術義』, 有斐閣, 1925, 254면.

86 吉田敦彦은 죠몬토키 중기의 토우에 임신한 여신에 대한 신앙을 증명하는 토기가 있다고 하여 세계 각지에 존재한 모계사회와의 공통성을 시사하고 있다. 『日本人의 女神信仰』, 青土社, 1995, 52~54면.

87 高柳真三, 『明治前期家族法の新装』, 有斐閣, 1978, 233면.

88 위의 책, 241면.

89 위의 책, 242면.

90 高柳真三, 앞의 책, 245~247면.

91 早川紀代, 앞의 책, 69면.

92 高柳真三, 앞의 책, 256면.

93 위의 책, 256면.

94 위의 책, 258면.

95 早川紀代, 앞의 책, 76면.

96 福沢諭吉, 『学問のすすめ』, 日本評論社, 1931, 164~165면.

97 『明六雑誌』8・11・15・20・27号, 1874.5~75.2.

98 早川紀代, 앞의 책, 55면.

99 高柳真三, 앞의 책, 429면.

100 「私生児の出現」の章, 위의 책, 219면.

101 위의 책, 3면.

102 総合女性史研究会 編, 『史料からみる日本女性のあゆみ』, 吉川弘文館, 2000, 140면.

103 早川紀代, 앞의 책, 5면.

104 千家尊福, 『昭憲皇太后』, 領徳会, 1914, 223면.

105 『明治天皇紀』 第六, 225면.

106 小林宏, 「井上毅の女帝廃止論－皇室典範第一条の成立に関して」, 『明治国家形成と井上毅』(梧陰文庫研究会 編), 木鐸社, 1992.3, 57면.

107 伊藤博文 編, 『秘書類纂 帝室制度資料』 上, 原書房, 1960, 19면.

108 위의 책, 263면.

109 위의 책, 265면.

110 위의 책, 268면.

111 위의 책, 280면.

112 島善高, 「井上毅のシラス論解－帝国憲法第一条成立の沿革」, 『明治国家形成と井上毅』(梧陰文庫研究会 編), 木鐸社, 1992, 279～326면.

113 『秘書類纂 帝室制度資料』 上, 憲法資料刊行会, 1934; 小林宏, 「皇位継承をめぐる井上毅の書簡に関して－明治皇室典範成立過程の一齣」, 『国学院法学』 19巻4号, 1981.

114 梧陰存稿 巻一, 「五倫と生理との関係」, 『井上毅伝史料編』 第三(井上毅伝記 編纂委員会 編), 国学院大学図書館, 1977, 639～640면.

115 松本三之介, 「明治国家の形成と天皇制構想」, 『近代天皇制の形成とキリスト教』(富坂キリスト教センター 編), 新教出版社, 1996, 56면.

116 長志珠江, 「天子のジェンダー」, 『男性論』(西川祐子・荻野美穂 編), 人文書院, 1999, 291면.

117 『明治天皇紀』 第三, 139면.

118 Ida Blom, Karen Hageman, Catherine Hall(eds.), *Gendered Nations : Nationalisms and gender order in the long Nineteenth Century*, NY : Oxford, 2000, p.10.

119 『明治天皇紀』 第七, 287면.

120 長志珠絵, 앞의 논문, 289면.

121) ジョージ・モッセ, 佐藤卓己・佐藤八寿子 訳, 『ナショナリズムとセクシュアリティ―市民道徳とナチズム』, 柏書房, 1996, 28～29면.

122 カントローヴィッチ, 小林公 訳, 『王の二つの身体―中世政治神学研究』, 平凡社, 1992; 若桑みどり, 「エレオノーラ・ダ・トレドの肖像」, 『世界大美術全集』, 小学館, 1996, 354～355면.

123 ヘレン・ランドン, 保井亜弓 訳, 『ホルバイン』, 西村書店, 1997, 90면.

124 Marina Warner, *Monuments & Maidens, The Allegory of the Female Form*, NY : Atheneum, 1985, p.242.

125 J. H. Plumb & Huw Wheldon, *Royal Heritage, The Story of Britain's Royal Builders and Collectors*, London : British Broadcasting Corporation, 1975, p.75.

126 Elise Goodman, *The Portrait of Madamme de Pompadour, Celebrating the Femme Savante*, Unv. of California Press, 2000 전문 참조.

127 Richard Balzer, "Optical Amusements : Magic Lanterns and other Transforming Images", Catalogue of an Exhibit at the Museum of Our National Heritage, Lexington, MA, 1987; M. Homans, *Royal Representations, Queen Victoria and British Culture 1837～1876*, The Universuty of Chicago Press,

1998, p.12.

128 フォン・モール, 앞의 책, 191면.

129 アリス・ベーコン, 앞의 책, 108면.

130 片野真左子, 앞의 논문, 82면.

131 早川紀代, 앞의 책, 56면.

132 위의 책, 41면.

133 モッセ, 앞의 책, 9~34면.

134 マックス・ウェーバ, 安藤英治 訳,『プロテスタンティズムの論理と資本主義の精神』, 未来社, 1994, 91~100면.

135 モッセ, 앞의 책, 12면.

136 飛鳥井雅道,「『国民』像と『ミッヅルカラッス』」, 앞의 책, 6면 이하.

137 フォン・モール, 앞의 책, 57면.

138 위의 책, 123면.

139 위의 책, 54면.

140 中島昭三,「井上毅と教育勅語の制定」, 앞의 책, 485면.

141 長志珠江, 앞의 논문, 291면.

142 佐藤秀夫 編,『続・現代史資料 8 教育 御真影と教育勅語 1』, みすず書房, 1994, 32면.

143 위의 책, 33면.

144 위의 책.

145 위의 책, 34면.

146 위의 책, 35면.

147 「教職員『奉護』殉職」, 위의 책, 345~350면.

148 위의 책, 346면.

149 日本教育館付設教育図書館蔵,『教育搭合祀者名簿』; 위의 책, 346~370면에서 재인용.

150 위의 책, 354면.

151 위의 책, 370면.

152 토쿄공업대학 학교시설연구센터 소장,『管野誠文庫文書』; 위의 책, 解説 38면에서 재인용.

153 위의 책, 解説 40면.

154 佐藤秀夫 編,『続・日本史資料 9 教育 御真影と教育勅語 2』, みすず書房, 1994, 46~47면.

155 이 문제는 北原恵 씨로부터 구두로 시사되었다. 北原恵 씨가 다이리비나의 배치와 양 폐하 어진영 배치와의 관련을 지적한 것에는 큰 의미가 있다고 하는 것은 천황이 혼자인 경우에는 좌우관계가 문제되지 않지만 황후가 등장하고 비로소 좌우의 위치와 그 관계가 문제가 된다. 그리고 일본의 문화적 전통 가운데 고귀한 커플 배치의 예는 다이리비나였기 때문이다. 여러 백과사전 등이 기술하고 있듯이 에도시대까지는 일반적으로 관람자 측에서 볼 때 남자인형이 오른쪽에 놓여 있었는데 현대에는 왼쪽에 놓여 있다. 즉 천황, 황후의 어진영 설치방법과 같은 배치관계가 되어 있는 것이다. 그러나 어진영 봉게가 이루어지기 훨씬 전에 이미 천황과 황후 부부가 외국의 고관을 맞이하여 알현의식을 행하고 있고 그 때 이미 위치관계가 문제가 되었을 것이다. 분명한 사료는 없지만 궁내청의 이야기로는 1874년 1월 1일, 외국인 부부의 의례를 고려하여 그들의 습관대로 마주볼 때 남성이 왼쪽,

여성이 오른쪽이 되었던 것은 아닐까 하는 것이다. 메이지 초기 외국인과의 호환성으로 천황부부의 위치가 습관적으로 정해졌고 그것이 어진영의 전국적 봉게에서 다시 지정된 것으로 여겨진다.

156 マルセル・グラネ, 谷口孝之 訳, 『中国に関する社会学的研究』, 朋友社, 1999, 336면.

157 村下重夫, 「右と左のさまざまな象徴性」, 『大百科事典』 一四, 平凡社, 314면.

158 「古事記」, 『古典日本文学全集』, 筑摩書房, 1960, 16면.

159 小田亮, 「文化の中の右と左」, 『百科事典』 一四, 平凡社, 313면; Jean Chevalier(ed.), *Dictionnaire des Symboles*, 1969, Paris, p.301.

160 Ranier Babel, "The Duchy of Bavaria, The Court of The Wittelsbachs c. 1500~1750", in *The Princely Courts of Europe 1500~1750*, John Adamson(ed.), London, 1999, p.189.

161 佐藤秀夫 編, 앞의 책, 5면.

162 長志珠江, 앞의 논문, 292면.

163 片野真左子, 앞의 논문, 113면.

164 1875년에 제정된 훈장제도에는 1位에서 4位까지의 대훈위, 旭日章은 여성에게 주어지지 않는다. 여성의 최고위는 제5위의 宝冠章이다. 斎藤昌司, 『勲章法規の解説』, 同文館, 1943, 8면.

165 長志珠江, 앞의 논문, 286면.

제3장

1 近藤芳樹 編, 『明治孝節録』 宮内省, 明治 十年. 福羽에 대해서는 阪本健一의 『明治神道史の研究』, 国書刊行会, 1983, 424~585면 참조.

2 위의 책, 6~7면.

3 片野真左子, 앞의 논문, 125면.

4 서구에서의 이 문제에 대해서는 若桑みどり, 앞의 책 『象微としての女性像』의 「ルクレティアのレイプ」 장을 참조.

5 小野秀雄 編著, 『新聞錦絵』, 毎日新聞社, 1973, 2면; 平田由美, 「毒婦の誕生」, 『ニュースの誕生―かわら版と新聞錦絵の情報世界』(木下直之・吉見後也 編), 東京大学総合研究博物館, 1999, 238~255면.

6 小野秀雄 編著, 위의 책, 그림 20, 157~158면.

7 위의 책, 그림 80, 169면.

8 위의 책, 그림 114, 178면.

9 『明治天皇紀』 第六, 495면.

10 위의 책, 445~446면.

11 『明治天皇紀』 第五, 659면.

12 『明治天皇紀』 第六, 824면.

13 片野真左子, 앞의 논문, 120면.

14 宮内省 編, 『婦女鑑』, 吉川弘文館, 1887, 85~86면.

15 위의 책, 87~90면.

16 위의 책, 1~2면.

17 위의 책, 47~50면.

18 위의 책, 92면.

19 위의 책, 98면.

20 위의 책, 267면.

21 위의 책, 328~332면.

22 深谷昌志, 앞의 책『良妻賢母主義の教育』, 115면.

23 木村匡 編,『森先生伝』, 金港堂, 1899, 197면.

24 위의 책, 194면.

25 西村茂樹,『日本道徳論』, 岩波文庫, 1963, 29면.

26 위의 책, 105면.

27 위의 책, 124면.

28 ゼェムス・ホール, 高階秀爾 監修,『西洋美術解読事典』, 河出書房新社, 1988, 271면.

29 西村茂樹, 앞의 책, 144면.

30 横山順 編,『幼年教育 婦女鑑』, 明昇堂, 1894.

31 위의 책, 1~2면.

32 若桑みどり, 앞의 책, 149~162면.

33 深谷昌志, 앞의 책, 46면.

34 田中不二麿,「理事工程」(1873),『明治初期教育稀覲書集成 第3輯 3−2』(唐沢富太郎 編), 1982, 8면; 土尾忠雄,『明治中期教育政策史の研究』, 講談社, 1963, 35면 이하.

35 内田正雄 訳,『和蘭学制巻1−1−2』, 開成学校, 1887.

36 国民精神文化研究所 編,『日本教育史資料書』5, 国民精神文化研究所, 1937, 102~103면.

37 熊本県教育委員会 編,『熊本県教育史』中, 1931, 333면.

38 海後宗臣 編,『日本教科書大系 近代 編 第1巻 修身(1)』, 講談社, 1961, 19면 이하.

39 国民精神文化研究所 編,「教学大旨」,『教育勅語渙発関係資料』巻1, 国民精神文化研究所, 1928, 3면.

40 위의 책, 4면.

41 早川紀代, 앞의 책, 56면.

42 海後宗臣 編, 앞의 책, 16면.

43 위의 책, 17면.

44 위의 책, 15면.

45 위의 책, 같은 면.

46 위의 책, 31면.

47 위의 책, 35면.

48 三井為友 編,「発芽期の女子教育」,『日本婦人問題資料集成 4 教育』, ドメス出版, 1976, 178면.

49 井上毅伝記 編纂委員会 編, 앞의 책, 497~500면.

50 中島昭三,「井上毅と教育勅語の制定」,『明治国家形成と井上毅』(梧陰文庫研究会 編),

　　　木鐸社, 472면.

51　위의 책, 475면.

52　私家版, 『海後宗臣著作集 第10巻』, 1981, 351~352면.

53　家永三郎, 「教育勅語成立の思想史的考察」, 「史学雑誌」 第56 編 第12号, 8면.

54　위의 책, 10면.

55　위의 책, 1면.

56　위의 책, 3면.

57　위의 책.

58　위의 책, 5면.

59　위의 책, 11면에서 인용.

60　中島昭三, 앞의 논문, 502면.

61　千家尊福, 『昭憲皇太后』, 領徳会, 1914, 122면.

62　上田景二, 『昭憲皇太后史』, 公益通信社, 1914, 346면.

63　위의 책, 9면.

64　위의 책, 353면.

65　위의 책, 133~134면.

66　『明治天皇紀』 第二, 506면.

67　片野真左子, 앞의 논문, 89면.

68　深谷昌志, 앞의 논문, 20~28면; 小山静子, 『良妻賢母という規範』, 勁草書房, 1991, 14~34면.

69　深谷昌志, 앞의 책, 21면.

70　嘉悦孝子, 『女四書詳解』, 尚文館, 1911, 25~36면.

71　「内訓」, 위의 책, 240면.

72　深谷昌志, 앞의 책, 21면.

73　山崎純一, 『中国女性史資料の研究』, 明治書院, 1986, 198면.

74　위의 책, 188면.

75　위의 책, 191~192면.

76　위의 책, 206면.

77　위의 책, 209면.

78　위의 책, 193~194면.

79　위의 책, 195면.

80　위의 책, 215면.

81　石川松太郎 編, 『女大学集』, 平凡社, 1977, 300면.

82　石川松太郎, 『日本教科書大系 往来 編 第15巻 女子用』, 講談社, 1973, 11면; 小山静子,
　　앞의 책, 16면.

83　千河岸貫一, 『女訓評釈』, 博文館, 1902, 4면.

84　会沢女, 塚本勝義 訳註, 『新論・迪彝篇』, 岩波文庫, 1931, 27면.

85　上田景二, 앞의 책, 298면.

86　千家尊福, 앞의 책, 222~223면.

87 西村茂樹,「小学修身訓 上・下」,『日本教科書大系 第二巻 近代 編 修身(二)』(海後宗臣 編), 講談社, 1963, 7면.

88 위의 책, 8면.

89 위의 책, 15면.

90 위의 책, 21면.

91 위의 책, 27면.

92 위의 책.

93 위의 책, 454면.

94 위의 책, 456면.

95 위의 책, 459면.

96 위의 책.

97 위의 책, 468면.

98 荒木幹雄,『日本蚕糸業発達とその基盤』, ミネルヴァ書房, 1996, 13~42면.

99 위의 책, 45면.

100 野田忠広,「衛生より見たる製糸工場」,『大日本蚕糸会報』232号, 1911, 35면.

101 横山源之助,『日本之下層社会』, 岩波文庫, 1899, 468면.

102 위의 책.

103 위의 책, 469면.

104 西村茂樹, 앞의 책, 473~488면.

105 위의 책, 489면.

106 川島武宣,『イデオロギーとしての家族制度』, 岩波書店, 1957, 35면.

107 위의 책, 38~45면.

108 深谷昌志, 앞의 책, 118면 이하.

109 長谷川吉次郎,「女子教育を論ず」,『教育時論』, 1890.7.15, 10면.

110 内藤耻叟,「女子の学問」,『婦女雑誌』, 1891.11.10, 8면.

111 永江正直,『女子教育論』, 博文館, 1892, 146면.

112 『女鑑』, 1891, 79면.

113 「女子成立学校5回卒業式」,『教育時論』, 1893.4.15, 14면.

114 深谷昌志, 앞의 책, 140~142면.

115 위의 책, 141면.

116 細川潤次郎,「国力と女子教育との関係」,『大日本教育会雑誌』第一六五号, 1895.5, 小山静子,『良妻賢母という規範』, 勁草書房, 1991, 43면.

117 중요한 것으로서 다음 네 책을 들 수 있다. メアリ・デイリー, 岩田澄江 訳,『教会と第二の性』, 未来社, 1981; ジョンA・フィリップス, 小池和子 訳,『イヴーその理念の歴史』, 勁草書房, 1987; カレン・アームストロング, 高尾敏雄 訳,『キリスト教とセックス論争ー西洋における性観念の構造』, 柏書房, 1996; Marina Warnet, *Alone of All Her Sex : The Myth and the Cult of Virhin Mary*, London : Weibenfeld & Nicolson, 1976.

118 源淳子,『フェミニズムが問う王権と仏教ー近代日本の宗教とジェンダー』, 三一書房, 2000. 필자는 이미 종교와 여성지배에 대해서『象徴としての女性象ージェンダー史からみ

た家父長制社会における女性表象』(筑摩書房)에서 충분히 논하고 있으므로 이를 참고하기 바란다.

119 加藤弘之, 『吾国体とキリスト教』, 金港堂, 1907, 52면 이하.

120 会沢安, 앞의 책. 주 84) 참조

121 安丸良夫, 『神々の明治維新―神仏分離と廃仏毀釈』, 岩波新書, 1979, 33면.

122 위의 책, 275면.

123 위의 책, 276면.

124 「論語 八」, 『世界文学全集』三, 筑摩書房, 1972, 53면.

125 丸山真男, 「闇斎学과 闇斎学派」, 『丸山真男全集』11, 埯波書店, 1996, 287면.

126 具塚茂樹, 『孟子』, 評論社, 1985, 238면.

127 山田勝芳, 「儒学の国教化」, 『正統と異端―天皇・天・神』(片野達郎 編), 角川書店, 1991, 233면.

128 丸山真男, 「近代儒教の発展における徂徠学の特質」, 『丸山真男全集』1, 埯波書店, 1996, 271~274면.

129 『林羅山先生文集』第六十六, 『京都史跡会本』巻二, 260~361면.

130 丸山真男, 앞의 논문, 258면.

131 위의 논문, 273면.

132 위의 논문, 291면.

133 위의 논문, 273면.

134 千家尊福, 앞의 책, 348면.

135 福沢諭吉, 『学問のすゝめ』, 日本評論社, 1931, 164~165면.

136 丸山真男, 『「文明論之概略」を読む』上, 岩波新書, 1986, 266면.

137 위의 책, 161~192면에서 재인용.

138 石川松太郎 編, 『女大学集』, 平凡社, 1988, 305면.

139 위의 책, 306면.

140 「女大学宝箱」, 위의 책, 311면.

141 위의 책, 307~314면.

142 福沢諭吉, 「女大学評論」, 『福沢諭吉全集』六(慶応義塾 編), 岩波書店, 1959, 480~481면.

143 土居光華, 「文明論女大学」, 『明治初期教育稀觀書集成 第3輯―17』(糖沢福太郎 編), 雄松堂, 1982, 3면.

144 石川松太郎 編, 앞의 책, 321면.

145 植木枝盛, 『東洋之婦女』, 集成社, 1889, 44~52면.

146 위의 책, 75면.

147 エンゲルス, マルクス主義研究所 訳, 『家族・私有財産および国家の起源』, 大月書店, 1955, 274면.

148 위의 책, 95면.

149 森田成也, 『資本主義と性差別―ジェンダー的公正をめざして』, 青木書店, 1997; 上野千鶴子, 『家父長制と資本制―マルクス主義フェミニズムの地平』, 岩波書店, 1990.

150 植木枝盛, 앞의 책, 71면.

제4장

1 多木浩二,『天皇の肖像』, 岩波新書, 1988; Ｔ・フジタニ,『天皇のページェント』, 日本放送出版協会, 1995.

2 佐々木克,「明治天皇のイメージ形成と民衆」,『幕末・明治の国民国家形成と文化変容』(西川長夫・松宮秀治 編), 新曜社, 1995, 117면.

3 ロイ・ストロング, 星和彦 訳,『ルネサンスの祝祭─王権と芸術』, 平凡社, 1987; Carandini, *L'effmero Barocco*, Roma, 1996 참조.

4 デイヴィッド・キャナダイン, 前川啓治・梶原景昭 訳,「儀礼のコンテクスト, パフォーマンス, そして意味─英国君主制と『伝統の創出』, 1820年～1977年」,『創られた伝統』(ホブズボウム 編), 紀伊国屋書店, 1992, 163～255면.

5 小西四郎 編,『幕末・明治錦絵全集』全十二巻, 講談社, 1977; 丹波恒夫,『錦絵にみる明治天皇と明治時代』, 朝日新聞社, 1966; 浅井勇助 編,『近世錦絵世相史』全八巻, 平凡社, 1926.

6 『近世錦絵世相史』一, 48・56・58・61・62・64・67면.

7 위의 책, 76면.

8 위의 책, 66・60면.

9 『近世錦絵世相史』二, 77면.

10 佐々木克, 앞의 논문, 128면 이하.

11 위의 책, 129면.

12 小西四郎,『錦絵幕末明治の歴史 五─明治の新政』, 講談社, 1977, 105면.

13 『近世錦絵世相史』五, 15면.

14 위의 책, 16면.

15 佐々木克, 앞의 논문, 130～131면.

16 『近世錦絵世相史』六, 100・101・103면.

17 佐々木克,「明治天皇のイメージ形成と民衆」, 138면.

18 片野真左子,「近代皇后像の形成」, 113면; J. Y. Simon(ed.), *The Personal Memories of Julia Grant*, Carbondale, 1988, p.304; Mary Crawford Fraser, *Diplomat's Wife*, Stanford, 1984, pp.19, 98, 221, 228.

19 『明治天皇紀』第六, 622면.

20 『錦絵 幕末明治の歴史 九─鹿鳴館時代』, 표지커버.

21 위의 책, 100면.

22 『明治天皇紀』第六, 680～681면.

23 『明治事物起源』, 日本評論社, 1969, 30면;『明治天皇紀』第二, 774면.

24 久米邦武 編,『特命全権大使米欧回覧実記』, 宗高書房, 1878, 1975 복각, 382면.

25 위의 책, 388면.

26 위의 책, 324면.

27 『明治天皇紀』 第三, 124~125면.

28 『明治天皇紀』 第六, 59면.

29 O・フォン・モール, 앞의 책, 54면.

30 『伊藤博文伝』 中, 346~347면.

31 『昭憲皇太后の御坤徳』, 35면.

32 『明治天皇紀』 第七, 88면.

33 S・A ヘイスティングス, 時実早苗 訳, 「皇后の新しい衣服と日本女性 1868~1912」, 『日米女性ジャーナル』 26号, 1999, 12면.

34 위의 책, 8면.

35 『明治天皇紀』 第七, 1891년 12월 28일 조항.

36 『明治天皇紀』 第六, 746면.

37 山川菊栄, 『女二代の記』, 80면.

38 トク・ベルツ 編, 菅沼竜太郎 訳, 『ベルツの 日記』 上, 岩波文庫, 1979, 355면.

39 O・フォン・モール, 앞의 책, 112면.

40 坂本一登, 『伊藤博文と明治国家形成－宮中の制度化と入憲制の導入』, 吉川弘文館, 1991, 188면.

41 위의 책, 194~196면.

42 ジョージ・モッセ, 앞의 책, 124면.

43 今西一, 「民衆世界と差別」, 『近代日本の差別と性文化』 第1部, 雄山閣, 1997.

44 坂本一登, 앞의 책, 186면.

45 『朝野新聞』, 1887.1.9.

46 『女学雑誌』 第46号, 1887.1.5, 101면.

47 『東京日日新聞』, 1887.6.2.

48 『明治天皇紀』 第六, 711면.

49 『明治天皇紀』 第六, 713~714면.

50 丹波恒夫, 『錦絵にみる明治天皇と明治時代』, 朝日新聞社, 1966, 그림 64.

51 O・フォン・モール, 앞의 책, 194~195면.

52 高木博志, 『近代天皇制の文化史的研究－天皇就任儀礼・年中行事・文化財』, 校倉書房, 1997, 124면.

53 醬志珠江, 앞의 논문, 289면.

54 フジタニ, 『天皇のページェント』, 100~103면.

55 若桑みどり, 『薔薇のイコノロジー』, 青土社, 1985.

56 S・A・ヘイスティングス, 앞의 논문, 10면.

57 片野真左子, 앞의 논문, 113면.

58 S・A・ヘイスティングス, 앞의 논문, 10면.

59 위의 논문.

60 片野真左子, 앞의 논문, 91면.

61 위의 논문, 102~103면.

62 위의 논문.

63 『明治天皇紀』第四, 140면.

64 片野真左子, 앞의 논문, 98면.

65 若桑みどり, 앞의 책, 153면, 그림 2.

66 『明治天皇紀』第十, 598면.

67 위의 책.

68 伊藤博文, 『続伊藤博文秘録』, 原書房, 1982, 222~225면.

69 S・A・ヘイスティングス, 앞의 논문, 10면.

70 山川菊江, 앞의 책, 33~34면.

71 위의 책, 35면.

72 明治神宮, 「聖徳記念絵画館壁画」, 1997, 75면.

73 천황의 모습이 점차 민중으로부터 멀어지고 신격화되어가는 과정에 관해 다음과 같은 2개의 논문이 있다. 岩井忠熊, 「明治天皇論」, 佐々木克, 「明治天皇のイメージ形成と民衆」, 앞의 논문은 모두 앞의 『幕末・明治期の国民国家形成と文化変容』에 수록.

74 川合知子, 「明治神宮聖徳記念絵画館研究」, 『哲学会誌』第21号, 1997, 45~58면. 이 연구는 헌금주(献金主) 등 재정적 배경, 역사가로부터 화가에게 내려진 지시 등 제작의 사실관계와 경위를 밝혀냈다.

75 吉見俊哉, 「帝都東京ミカドが君臨する東京の秘密めぐり」, 『別冊宝島「シリーズ歴史の発見」』, 宝島社, 1995.

76 中野節子, 「仮名草子にみる女性の家族と仕事」, 『女と男の時空一日本女性史再考IV』(福田光子 編), 藤原書店, 1995, 308~309면.

77 若桑みどり, 「紡ぐ女」, 앞의 책 참조

78 山崎明子, 「天皇の養蚕」, 『千葉大学社会文化学科研究学科プロジェクト報告』, 1998.

79 小林可津, 「清親考」, 『最後の浮世絵師小林清親』, 蝸牛社, 1977, 83면.

80 丹波恒夫, 앞의 책, 228면.

81 『錦絵 幕末明治の歴史 11 日清戦争』, 83면.

82 浅井勇助, 『近世錦絵世相史』第7巻, 105면.

83 『明治天皇紀』第八, 1894년 10월 25일 조항.

84 亀山美知子, 「看護婦の誕生」, 『女と男の時空』V(奥田暁子 編著), 藤原書店, 1995, 339면 이하.

85 O・フォン・モール, 앞의 책, 54면.

86 久野明子, 『鹿鳴館時代の貴婦人大山捨松』, 中央公論社, 1988, 183면.

87 亀山美知子, 앞의 논문, 339~341면.

88 大久保利謙, 「明治初年医史料 日本陸軍病院記録」, 『中外医時新報』, 中外医時新報社, 1937; 亀山美知子, 『近代日本看護史』全四巻, ドメス出版, 1983~85; 佐藤愛, 「看護婦の発生はバクレン女ではなかった」, 『看護学雑誌』34-4, 医学書院, 1969.

89 『東京慈恵会医科大学百年史』, 546~547면.

90 『昭憲皇太后の御坤徳』, 170면.

91 片野真左子, 앞의 논문, 113면.

92 亀山美知子, 앞의 논문, 363면.

93 위의 논문, 364면.

94 日本赤十字社, 『日本赤十字』, 1903, 119면; 亀山美知子, 앞의 논문, 366면.

95 亀山美知子, 위의 논문, 367면.

96 社会事業研究所, 『近代医療保護事業発達史』, 日本評論社, 1943.

97 亀山美知子, 앞의 논문, 372면.

98 위의 논문, 373면.

99 日本赤十字社, 『日本赤十字社看護婦養成資料稿』, 1927.

100 S・A・ヘイスティングス, 앞의 논문, 9면.

101 N. C. Fraser, op. cit., p.254.

102 S・A・ヘイスティングス, 앞의 논문, 12면.

103 Sharon H. Nolte & Sally Ann Hastings, "The Meiji States's Policy toward Woman, 1890~1910", in *Recreting Japanes Woman, 1600~1945*, Gali Lee Bernstein, ed., Berkley, 1991, p.160.

104 『近世錦絵世相史』 六, 144면.

105 S・A・ヘイスティングス, 앞의 논문, pp.10~11에서 재인용.

106 新渡戸稲造, 佐藤全弘 訳, 『武士道』, 教文館, 2000, 198면.

107 위의 책, 201면.

108 『近世錦絵世相史』 六, 83면.

109 위의 책.

110 S・A・ヘイスティングス, 앞의 논문, 10면; 家永三郎, 「日本人の洋服観の変遷」, 『日本近代思想史研究』, 東京大学出版会, 1955, 295면.

111 下田歌子, 「日本女性の美徳」(片野真左子, 앞의 논문 108면에서 재인용). 이에나가 사부로 씨는 활동에 편리한 양복을 입고 활발하게 행동하는 것이 여성의 「정숙한 도덕(淑徳)」에 반한다고 보고 「洋服の女世間を憚らず」라는 센류(川柳)도 나왔다고 쓰고 있다. 家永三郎, 앞의 논문, 299면.

112 西川祐子, 『近代国家と家族モデル』, 吉川弘文館, 2000, 24면.

113 Ida Blom, op. cit., pp.3~5.

제5장

1 リン・ハント, 西川長夫・平野千香子・天野知恵子 訳, 『フランス革命と家族ロマンス』, 平凡社, 1999, 21면.

2 M. Garqaud & R. Saramikiewitz, *La Revolution francaiseet la Famille*, Paris, 1978, p.135; リン・ハント, 앞의 책, 21면.

3 S. Blakemore, *Burke and Fall of Language : The French Revolution as Linguistic Event*, Hanover, 1988, p.42; リン・ハント, 앞의 책, 21면.

4 リン・ハント, 위의 책, 82~83면.

5 위의 책, 277면.

6 『神奈川県立歴史博物館カタログ―王家の肖像』, 그림 51.

7 『明治天皇紀』第六, 799면.

8 原武史, 『大正天皇』, 朝日選書, 2000, 37면.

9 야스쿠니진자 홈페이지에 의한 데이터.

10 B・アンダーソン, 白石隆・白石さや 訳, 『想像の共同体－ナショナリズムの起源と流行』, リブロポート, 1983, 24~25면; 阿部安成他, 『記憶のかたち－コメモレイション文化史』, 柏書房, 1995.

11 秋枝簫子, 「『良妻賢母主義教育』の逸脱と回収－大正・昭和前期を中心に」, 『女と男の時空』Ⅴ(奥田暁子 編著), 藤原書店, 1995, 451면.

12 高良とみ, 『これからの母・新しい母』, 1942; 加納美紀代, 「〈大御心〉と〈母心〉」, 『女性と天皇制』(加納美紀代 編), 思想の科学社, 1979, 86면에서 재인용.

13 J. P. エルシュテイン, 小林史子・広川紀子 訳, 『女性と戦争』, 法政大学出版局, 1983, 160면.

14 若桑みどり, 앞의 책, 248면.

15 『近世錦絵世上史』六, 116면.

16 위의 책, 130면.

17 위의 책.

18 原武史, 앞의 책, 86면.

19 『近世錦絵世上史』八, 86면.

20 丹波恒夫, 앞의 책, 193면.

21 E. Wangermann, "Maria Theresa : A Reforming Monarchy", in *The Princely Court of Europe*, p.237.

22 Ibid., 그림 316.

23 Ibid., p.286.

24 M. Homans, *Royal Representations : Queen Victoria and British Culture, 1837~1876*, 1986, London, fig.9.

25 スタンリー・ワイントラウブ, 平岡緑 訳, 『ヴィクトリア女王 上』, 中央公論社, 1993, 239면.

26 長島伸一, 「ヴィクトリア女王と王室」, 『英国文化の世紀 三 女王陛下の時代』(松村昌家・川本静子・長島伸一・村岡健次 編), 研究社, 1996, 14~15면.

27 위의 책, 17면.

28 M. Homans, op. cit., fig.1.

29 Ibid., p.14.

30 リットン・ストレイチー, 小川和夫 訳, 『ヴィクトリア女王』, 富山房百科文庫, 1981, 23면.

31 Roy Strong, *And When did you Last see your Father? : The Victorian Painter and British History*, London : Thames & Hudson, 1978 ; *Recreating the Past : British History and the Victorian Painter*, London : Thames & Hudson, 1978.

32 Roy Strong, ibid., p.154.

33 Ira Nadel, "Portrait of the Queen", in *Victorian Poetry*, London, 1987, pp.25, 70.

34 Ian Anstruther, *Coventry Patmore's Angel*, Haggerston, 1992, p.1; 川本静子, 「清く正しく美しく－手引き書の中の『家族の天使』像」, 앞의 책(松村昌家・川本静子・長島伸一・村岡健次 編), 72면.

35 川本静子, 위의 논문.

36 C. Wright, *Beautiful Enemy : A Biography of Queen Luise of Prussia*, New York, 1969.

37 ジョジ・モッセ, 앞의 책, 122면.

38 위의 책, 122면.

39 위의 책, 123면, 그림 36.

40 リットン・ストレイチー, 小川和夫 訳, 앞의 책, 317면.

41 Hermann Dreyhaus, *Königin Luise*, Stuttgart, 1926, p.219.

42 ジョジ・モッセ, 앞의 책, 124면.

43 위의 책, 14면.

44 『女学雑誌』 66号, 1887.7.9, 119~120면.

45 『太陽』 6号, 4,057~4,059면.

46 『少女界』 第14号, 1907.12.1, 42~47면. 이것은 치바대학 사회문화과학연구과의 渡部周子 씨가 발견한 것이다.

47 新渡戸稲造, 앞의 책, 193면.

48 落合恵美子, 『近代家族とフェミニズム』, 勁草書房, 1989, 18면.

49 西川祐子, 『近代国家と家族モデル』, 吉川弘文館, 2000, 15면.

50 アリエス, 杉山光信・杉山恵美子 訳, 『〈子供〉の誕生』, みすず書房, 1980, 381면.

51 위의 책, 같은 면.

52 牟田和恵, 『戦略としての家族－近代日本の国民国家形成と女性』, 新曜社, 1996.

53 小山静子, 앞의 책; 小山静子, 『家族の生成と女性の国民化』, 勁草書房, 1999.

54 上野千鶴子, 『近代家族の成立と終焉』, 岩波書店, 1994; 『家父長制と資本制』, 岩波書店, 1990.

55 森田成也, 『資本主義と性差別』, 青木書店, 1997, 144~146면.

56 カール・マルクス, 見田石介 訳, 『資本論』 1, 大月書店, 1968, 302면.

57 Gita Sen, "The Sexual Division of Labor and the Working Class Family : Towards a Conceptual Synthesis of Class Relations and the Subordination of Women", in *The Review of Radical Political Economics*, vol.1, 1980, p.82

58 森田成也, 앞의 책, 147면.

59 マリア・ミース, C. V. ヴェールホフ, V. B. トムゼン, 古田睦美・善本裕子 訳, 『世界システムと女性』, 藤原書店, 1995, 37면.

60 위의 책, 38면.

61 위의 책, 55면.

62 위의 책, 64면.

63 위의 책, 65면.

64 위의 책, 67면.

65 위의 책, 73면.

66 위의 책, 270면.

67 Ida Blom, Karen Hageman, Catherine Hall(eds.), *Gendered Nations : Nationalisms and gender order in the long Nineteenth Century*, Oxford, New York, 2000.

68 Fley, G., "Introduction : From the Moment of Social History to the Work of Cultural Representation", in *Becoming National. A Reader*, Eley, G. and Suny, R. G., eds., Oxford University Press, 1990.

69 Kumari Jayawardena, *Feminism and Nationalism in the Third World*, London, New Deihi, 1986.

70 Ibid., p.6.

71 Ibid., p.9.

72 藤田省三, 『天皇制国家の支配原理』, みすず書房, 1998, 8~9면.

73 주 52) 참조.

74 牟田和恵, 앞의 책, 35면; 西川祐子, 앞의 책, 11면; 福島正夫, 『日本資本主義と「家」制度』, 東京大学出版部, 1976 참조.

75 小山静子, 『家庭の生成と女性の国民化』, 勁草書房, 1999, 3면.

76 熊谷開作, 『日本の近代化と家制度』, 法律文化社, 1987, 31면 참조.

77 小山静子, 앞의 책, 125면.

78 深谷昌志, 『良妻賢母主義の教育』, 黎明書房, 1966, 11면.

79 樋口恵子, 「賢母と良妻」, 『近代日本の女性像』(田中寿美子 編), 社会思想社, 1968; 中島邦, 「女子教育の体制化ー良妻賢母教育思想の成立とその評価」, 『講座日本教育史』三, 第一法規, 1984; 芳賀登, 『良妻賢母論』, 雄山閣, 1990.

80 小山静子, 앞의 책; 西川祐子, 앞의 책 참조.

81 岩堀容子, 「明治中期欧化主義思想にみる主婦理想像の形成ー『女学雑誌』の生活思想について」, 脇田晴子/S・B・ハンレー 監修, 『ジェンダーの日本史』下, 東京大学出版会, 461면.

82 山崎明子, 앞의 논문, 218면 참조.

83 下見隆雄, 『儒教社会と母性ー母性の威力の観点でみる漢魏晋中国女性史)』, 研文出版, 1994, 24~51면.

84 위의 책, 220면.

85 小山静子, 앞의 책, 43면.

86 「西園寺文部卿の教育意見」, 『教育時論』第365号, 1895.6.5.

87 細川潤次郎, 「国力と女子教育の関係」, 『大日本教育会雑誌』, 1895.5, 5면.

88 小山静子, 앞의 책, 46면.

89 위의 책 참조. 秋枝簫子, 앞의 논문, 306면.

90 三井為友 編, 『日本婦人問題資料集成 四 教育』, ドメス出版, 1976, 305면.

91 수신교과서(修身教科書)에 대해서는 다음 책을 참조. 石田雄, 『明治政治思想研究』, 未来社, 1954, 6면; 唐沢富太郎, 『教科書の歴史』, 創文社, 1956, 276면; 川島武宜, 『イデオロギーとしての家族制度』, 岩波書店, 1957, 37면; 松本三之介, 「家族国家観の構造と特質」, 『講座家族』八, 弘文堂, 1974 참조.

92 牟田和恵, 앞의 책, 85~107면.

93 위의 책, 91면.

94 위의 책, 99면.

95 『女学雑誌』102号, 1888.3.24, 72면.

96 岩堀容子,「明治中期欧化主義思想にみる主婦理想像の形成ー『女学雑誌』の生活思想について」,『ジェンダーの日本史 下』; 三井須美子,「巌本善治の近代家族観」,『都留文科大学研究紀要』29集, 1988; 犬塚都子,「明治中期の『ホーム』論ー明治十八ー二十六年の『女学雑誌』を手がかりとして」,『お茶の水女子大学人文科紀要』42, 1989; 野辺地清江,『女性解放思想の源流ー巌本善治と『女学雑誌』』, 校倉書房, 1984.

97 井上輝子,「『女学』思想の形成と転回ー女学雑誌社の思想史的研究」,『東京大学新聞研究所紀要』17, 1968, 45~60면.

98 위의 책, 16면.

99 岩堀容子, 앞의 논문, 465면.

100 片野真左子, 앞의 논문, 117~121면.

101 『女学雑誌』220号, 1890.7.5, 547면.

102 土居光華, 앞의 논문, 135면.

103 위의 논문, 143면.

104 早川紀代, 앞의 책, 56면.

105 羽賀祥二,「明治前期における愛国思想の形成ー敬神愛国思想を中心として」, 앞의 책, 71면 이하. 明治文化研究会 編,『明治文化全集 第二十三巻』, 日本評論社, 1967, 300~302면.

106 「弘道会大意の演説」,『泊翁叢書』(日本弘道会 編) 第二輯, 日本弘道会, 1912, 502면.

107 アンダーソン, 앞의 책, 27면.

108 위의 책, 26면.

109 위의 책, 27면.

110 慶応義塾 編,「学問のすすめ」,『福沢諭吉全集』三, 岩波書店, 1959, 42~44면.

111 石田良一,「明治の精神と国民道徳の形成」,『日本思想史講座 六 近代の思想一』(古川哲史・石田良一 編), 雄山閣, 1976.

112 石田雄,「イデオロギーとしての天皇制」,『近代日本政治構造の研究』, 未来社, 1956, 21면.

113 石田雄,「家族国家観の形成」,『明治政治思想史研究』, 未来社, 1954, 7~47면.

114 西川祐子, 앞의 책, 22~23면.

115 羽賀祥二, 앞의 책, 73면 이하.

116 橋川文三,『ナショナリズム』, 紀伊国屋書店, 1966, 103~109면.

117 安丸良夫,『近代天皇像の形成』, 岩波書店, 1992.

118 羽賀祥二, 앞의 책, 75면.

119 川島武宜, 앞의 책, 434~444면.

120 小股憲明,「国民像の形成と教育」, 앞의 책, 173면.

제6장

1 Elizabeth Bartman, *Portraits of Livia : Imaging the Imperial Woman in Augustine Rome*, Cambridge University Press, 1999, xxi.

2 Ibid., pp.144~211.

3 Ibid., p.16.

4 F. Haskel, "History and its Imagines", *Art and the Interpretation of the Past*, 1993, pp.13~25.

5 A. Leussi, *Nationalism and Classicism, The Classical Body and National Symbols in Nineteenth Century England and France*, New York, 1998.

6 Ibid., p.8.

7 Elizabeth Bartman, op. cit., p.9.

8 Ibid., p.13.

9 공화정 로마의 대 커트는 공공 공간에 여성의 상(像) 세우는 것을 반대했다. 中野定雄・中野里美・中野美代 訳, 『プリにウスの博物誌』三, 雄山閣, 1986, 1373면.

10 Elizabeth Bartman, op. cit., pp.xxi~xxii.

11 Ibid., p.24.

12 Ibid., p.92.

13 Ibid., p.93.

14 B. Levick, "Concordia at Home", in *Scripta Nummaria Romana*, R. Carson & C. Kraay(eds.), 1978, pp.217~233; S. Tregghiari, *Roman Marriage*, 1991, p.252; R. Palmer, "Roman Shrines of Female Chastity from the Caste Struggle to the papacy of Innocent I", in *Rivista Storica dell'Antichita 4*, pp.113~159.

15 M. Warner, *Monuments and Maidens : The Allegory of the Female Form*, New York, 1985, chp.6, fig.20, 21, 22.

16 M. Homans, *Royal Representations : Queen Victoria and British Culture, 1837~1876*, The University of Chicago Press, 1998, p.xxi.

17 Ibid., p.43.

18 C. Geertz, "Centers, Kings and Charisma : Reflections on the Symbolics of Power", in *Cultures and its Creators*, J. B. David & T. N. Clark(eds.), Chicago, London, 1977, p.157.

19 Bergeron, David, *English Civic Pageantry 1558~1642*, London, 1971, p.144.

20 若桑みどり, 「ファシズムのプロパガンダと古代のカノン」, 『イメージの歴史』, 放送大学教育振興会, 2000, 287~299면.

21 Warner, op. cit., p.49.

22 東田雅博, 『図像のなかの中国と日本―ヴィクトリア朝のオリエント幻想』, 山川出版社, 1998.

23 若桑みどり, 「十九世紀ナショナリズムと植民地への視線」, 앞의 책, 266~267면.

24 ロナルド・ハイアム, 本田毅彦 訳, 『セクシュアリティーの帝国―近代イギリスの性と社会』, 柏書房, 1998, 참조.

25 위의 책, 17면.

26 위의 책, 12면.

27 イヴォンヌ・クニビレール, カトリーヌ・フーケ, 中嶋公子・宮本由美 他訳, 『母親の社会史』, 筑摩書房, 1994, 398면.

28 Margaret Homans, op. cit., p.9.

29 Adrienne Munich, "Queen Victoria, Empire, and Excess", in *Tulsa Studies in Women's Literature 6*,

1987, pp.265~281.

30 J. H. Plumb & H. Wheldon, "Royal Heritage", op. cit., p.256.

31 モッセ, 앞의 책, 258・261면. Wulf Wulfing, Eine Frau als Göttin : Luise von Preussen-Didaktische Uberlegun-gen zur Mythisierung von Figuren in der Geschichte, in *Geschichte-Didaktik*, Heft 3(1981). Paul Seidel, Königin Luiseim Bild ihrer Zeit, in *Hohensollsen-Jahrbuch*, Bd. 9(1905).

32 モッセ, 앞의 책, 198~200면.

33 ウイルヘルム・ライヒ, 平田武靖 訳,『ファシズムの大衆心理上』, せりか書房, 107면.

34 イヴォンヌ・クニビレール, カトリーヌ・フーケ, 中嶋公子・宮本由美 他訳, 앞의 책, 389면.

35 エレン・P・コナント, 「キヨッソーネとその交流及び文化史的背景」, 『お雇い外国人キヨッソーネ研究』(明治美術学会・印刷局朝陽会 編), 中央公論美術出版, 1999, 182면.

36 リア・ベレッタ, 「芸術家エドアルド・キヨッソーネ」, 위의 책, 7면.

37 植村峻, 「大蔵省印刷局におけるキヨッソーネの業績」, 위의 책, 35~48면.

38 リア・ベレッタ, 앞의 논문, 11면.

39 위의 논문.

40 エレン・P・コナント, 앞의 책, 권두 그림 2~9면.

41 久光重平, 『日本貨幣史概説』, 国書刊行会, 1976, 171~172면.

42 킨들과 일본 당국의 의식 차이에 대해서는 다음 논문에 자세하게 나와 있다. 田中智子, 「造幣寮におけるお雇い外国人の処遇問題」, 『日本国家の史的特質－近世・近代』, 思文閣出版, 1995, 293~315면.

43 『明治天皇紀』 第二, 773면.

44 エレン・P・コナント, 앞의 책, 권두 그림 54; 植村峻, 앞의 논문, 51면.

45 위의 책, 권두 그림 55면.

46 『大蔵省印刷局百年史』 第2巻, 大蔵省印刷局, 1974, 197면 삽화.

47 植村峻, 앞의 논문, 57~58면.

48 植村峻, 『紙幣肖像の歴史』, 東京美術選書, 1985, 53면.

49 明治美術学会・印刷局朝陽会 編, 明治 10年 2月 「公文録」, 앞의 책, 22면에서 재인용.

50 酒部洋, 「紙幣の肖像からみた日本の近代史」, 『1998年度 千葉大学 文学部 史学科卒業論文』.

51 『明治天皇紀』 第五, 14~15면.

52 前田晴人, 『神功皇后伝説の誕生』, 大和書房, 1998, 16면.

53 위의 책, 20면.

54 위의 책, 160면.

55 西山徳, 「神功皇后と神道」, 『神功皇后』(神功皇后論文集刊行会 編), 皇学館大学出版部, 1972, 585면.

56 飯田武郷, 『日本書紀通訳』 3, 大鐙閣, 1923, 1830면.

57 須永敬, 「神功皇后を〈聖母〉として祀る信仰」, 『宗教研究』 324号, 2000.6, 45~68면.

58 中山太郎, 「日本巫女史」, 大岡山書店, 1930, 再版 1969年(八木書店), 454면; 西田長男, 「日本の聖母」, 『日本神道史研究 1総論 編』, 講談社, 1978, 457면.

59 前田晴人, 앞의 책, 57~59면.

60 西山徳, 앞의 논문, 585면에서 재인용. 吉田松陰은 大日本思想全集刊行会, 『幽囚録』, 先

進社, 1931, 225~226면에서도 같은 문맥으로 황후에게 언급하고 있다.

61 山口康助, 「神功皇后と歴史教育」, 앞의 책(神功皇后論文集刊行会 編), 681~682면.

62 塚本明, 「神功皇后伝説と近世日本の朝鮮観」, 『史林』 79巻 6月号, 1996, 819~851면.

63 위의 책, 6면; 桜井徳太郎, 宮田登 校注, 「寺社縁起」, 『日本思想大系』 20, 岩波書店, 1975.

64 西端幸雄・志浦由紀恵 編, 『太平記』 巻39, 勉誠社, 1997, 1464~1467면.

65 坂下圭八, 『百科事典』 1, 平凡社, 251면.

66 北島万次, 「秀吉の朝鮮侵略における神国意識」, 『歴史評論』, 1986, 438면; 北島万次, 『豊臣政権の対外認識と朝鮮侵略』, 校倉書房, 1990; 北島万次, 『豊臣秀吉の朝鮮侵略』, 吉川弘文館, 1995; 高木昭作, 「秀吉・家康の神国観とその系譜」, 『史学雑誌』, 1992, 101~110면.

67 塚本明, 앞의 논문, 833~842면.

68 위의 논문, 839면.

69 永瀬康博, 「神功皇后伝説の近世的展開－産婆と腹帯の関係について」, 御影史学研究会 編, 『民族の歴史的世界』, 岩田書院, 1994, 233~238면.

70 牧原憲夫, 「文明開化論」, 『岩波講座日本通史』 16, 岩波書店, 1994, 251~253면.

71 塚本明, 앞의 논문, 833~842면.

72 위의 논문, 851면.

73 飯田端穂, 「上代における神功皇后観」, 『神功皇后』(神功皇后論文集刊行会 編), 1972, 皇学館大学出版部, 22면.

74 前田晴人, 앞의 책, 16면.

75 千家尊福, 『昭憲皇太后』, 頌徳会, 1914.

76 위의 책, 130~131면.

77 위의 책, 143~144면.

78 위의 책, 220~221면.

79 溝口睦子, 『王権神話の二元構造－タカミムスヒとアマテラス』, 吉川弘文館, 2000, 233면.

80 田中治吾平, 『天照大神神格論』, 雄山閣, 1930, 91면.

81 이론과 문헌 모두 若桑みどり, 『象徴としての女性像－ジェンダー史からみた家父長制社会における女性表象』의 「理論的前提」 및 第一章 「大地女神没落」를 참조.

82 久保田収, 「伊勢神宮の本地」, 『日本歴史』 293号, 1972; 伊藤聡, 「中世神道における天照大神－特に十一面観音との同体設をめぐって」, 『アマテラス神話の変身譜』, 森話社, 1996; 伊藤弘夫, 『アマテラスの変貌－中世神仏交渉史の視座』, 法蔵館, 2000, 150면.

83 バッハオーフェン, 岡道男・河上倫逸訳, 『母権論－古代世界の女性支配に関する研究』 全3巻, 1991~1995.

84 千葉慶, 「アマテラス＝明治天皇のシンボリズム」, 千葉大学社会文化科学研究科研究プロジェクト, 『権力と視覚表象』, 2001, 58~94면.

85 明治文化研究会 編, 『明治文化全集』 25, 日本評論社, 1929, 491면.

86 阿部安成, 「鯰絵のうえのアマテラス」, 『思想』 6号, 2000, 49면.

87 千葉慶, 「『王政復古』再考神武天皇＝明治天皇のシンボリズム」, 『千葉大学社会文化科学研究科研究』, 大学院ゼミ報告書, 2000.

88 藤田省三, 「天皇制国家の支配原理」, 『藤田省三著作集』 1, みずみず書房, 1998, 5면.

89 위의 책, 7면.

90 宮田登・高田衛 監修, 『鯰絵―震災と日本文化』, 里文出版, 1995, 資料番号32, 43.

91 阿部安成, 앞의 논문, 42면.

92 高階秀爾 監修, 『絵画の明治―近代国家のイマジネーション』, 毎日新聞社, 1996, 130면.

93 「本多錦吉郎号」, 『日本美術界』第二巻 第三号, 1920; 위의 책, 荒屋鋪透 해설에서 재인용.

94 青木茂 編, 『明治洋画史料記録 編』, 中央公論美術出版, 1991, 150면.

95 若桑みどり, 「女英雄ユーディツトの変容」, 앞의 책 참조.

96 前田愛清水勲, 『自由民権思想の漫画―本多錦吉郎・小林清親』, 筑摩書房, 1985.

97 위의 책. 31면, 21면 그림.

98 위의 책. 25면, 15면 그림.

99 위의 책, 37면, 27면 그림.

100 高木博志, 앞의 책, 32면.

101 エリアーデ, 前田耕作訳, 「イメージとエリアーデ」, 『エリアーデ著作集』第4巻, せりか書房, 1974, 74~57면.

102 高階秀爾 監修, 앞의 책, 130면.

103 丹尾安典, 「原田直次郎騎龍観音解説」, 『日本の近代美術 1油菜の開拓者』, 大月書店, 1993, 87면 이하.

104 中江琳・三輪秀夫, 「原田直次郎と歴史画(1)」, 『美術史研究』337号, 美術研究所, 1987, 2면; 大法輪編輯部 編, 『図説・仏像集成―図上抄による』, 大法輪閣, 1994, 230면.

105 山田安栄 他編, 『信仰叢書』, 国書刊行会, 1915, 434면.

106 ジエイムズ・ホール, 앞의 책, 193면.

107 河瀬修二, 「美術界の今昔」, 『明治日本画史料』(青木茂 編), 中央公論美術出版, 1991, 149~150면.

108 岡倉秋水, 「狩野芳崖」, 앞의 책, 160면.

109 飯田武郷, 앞의 책, 1862면.

110 若桑みどり, 『隠された視線―浮世絵・洋画の女性像』, 岩波書店, 1997, 74~78면.